北京市法学会
市级法学研究课题
成果汇编

2021—2022

北京市法学会　主编

中国政法大学出版社

2023·北京

图书在版编目（ＣＩＰ）数据

北京市法学会市级法学研究课题成果汇编.2021—2022/北京市法学会主编.—北京：中国政法大学出版社，2023.12

ISBN 978-7-5764-1229-1

Ⅰ.①北…　Ⅱ.①北…　Ⅲ.①法学—文集　Ⅳ.①D90-53

中国国家版本馆CIP数据核字(2023)第243779号

出　版　者	中国政法大学出版社
地　　　址	北京市海淀区西土城路 25 号
邮 寄 地 址	北京 100088 信箱 8034 分箱　邮编 100088
网　　　址	http://www.cuplpress.com (网络实名：中国政法大学出版社)
电　　　话	010-58908289(编辑部) 58908334(邮购部)
承　　　印	保定市中画美凯印刷有限公司
开　　　本	720mm×960mm　1/16
印　　　张	34.5
字　　　数	550 千字
版　　　次	2023 年 12 月第 1 版
印　　　次	2023 年 12 月第 1 次印刷
定　　　价	155.00 元

前 言

Preface

　　北京市法学会组织实施的法学研究课题，是经中共北京市委政法委批准设立的市级法学科研项目，主要分为重点课题、一般课题和青年课题，研究期限为一年。市法学会在广泛征集选题建议的基础上，围绕当年首都中心工作、首都法治建设、首都政法工作中的重点、难点、热点问题确定课题指南并报市委政法委批准，通过社会公开招标和专家立项评审确定课题主持人。课题组按照课题计划完成研究任务，向市法学会提交研究成果。市法学会邀请相关领域专家对课题成果进行结项评审，并将通过评审的成果结集出版。

　　本书汇编了2021—2022年度市级法学研究课题结项成果40篇，包括重点课题12篇、一般课题19篇、青年课题9篇。鉴于篇幅有限，青年课题主要为核心成果摘要。上述研究成果涉及立法、执法、司法、法治社会建设等各个领域，旨在为首都法治实践提供法学理论支持，为领导决策提供参考依据，为从事法学研究的各界人士搭建交流平台。

　　课题成果具有三个鲜明特征：一是政治性。始终坚持正确的政治方向，在课题研究开展过程中，以习近平新时代中国特色社会主义思想为指导，深入贯彻习近平法治思想，走中国特色社会主义法治道路。二是实践性。选题来源于法治实践，坚持问题意识，研究首都法治建设中面临的问题，破解难题，提出对策建议，服务首都法治实践。三是前瞻性。通过研究具体问题，提炼出共性问题，阐明法理，为首都法治建设的长远发展提供法学理论支持。

　　借此机会，对课题主持人和课题组成员严谨的科研精神和辛勤的劳动付出致以敬意！向关心支持市法学会工作的有关部门和专家学者表示衷心的感谢！

由于时间、精力、能力等方面的限制，本书的编写难免会出现疏漏，请读者批评指正。

北京市法学会
2023 年 5 月

Contents

前　言 ……………………………………………………………………… 1

━━━━━━━━━━ **第一编　重点课题** ━━━━━━━━━━

以习近平法治思想为指导推进涉外法治人才培养

　　研究　/ 刘朝茂　张　南 ……………………………………………… 3

中国共产党领导人推进法治建设的实践与理论研究　/ 施新州 ……… 14

北京市"两区"建设法治保障研究　/ 萧有茂　王　丽 ……………… 27

北京冬奥会法治保障研究　/ 李　宁　杨　东 ……………………… 54

北京冬奥会法治保障研究　/ 李　宁　刘焰麟 ……………………… 67

政法领域全面深化改革评估指标体系研究　/ 崔　杨 ……………… 79

全力打造国际一流争端解决机构，助力北京国际仲裁中心

　　建设　/ 雷建权　姜丽丽 ……………………………………………… 109

优化首都营商法治环境研究

　　——以"办理破产"能力提升为视角　/ 贾沫澈　涂阳光　容　红 … 121

落实疏解北京非首都功能任务，推进首都功能核心区建设研究

　　——以城市更新相关法规政策为视角　/ 赵雪池 ……………… 135

加强首都社会主义法治文化建设研究　/ 柴　荣 ……………………… 148

《民法典》实施研究

　　——以居住权为中心　/ 马　强 ……………………………… 169

《民法典》实施研究

    ——以居住权为中心 / 席志国 ………………………………… 182

第二编　一般课题

《北京市生活垃圾管理条例》实施情况研究 / 郑文科 ………… 199

北京市养老服务法制化及其体系构建研究 / 刘 建 …………… 212

民事审判方法的基本问题与实际运用 / 单国钧 ……………… 224

有组织犯罪涉案财产处置机制的规范化构建 / 郭志媛 ……… 248

有组织犯罪涉案财产处置机制的规范化构建 / 商浩文 ……… 257

社会治理视角下的众包配送模式用工相关法律问题研究 / 王越宏 … 273

防疫工作中违法犯罪行为处置规范 / 蒋丽华 ………………… 284

首都地区破产管理人履职保障机制完善研究 / 范志勇 ……… 300

防范化解重大风险背景下的金融服务创新研究

    ——保险合同禁止性条款风险分析 / 张严方 ………………… 312

租赁住房建设规划管理相关法规政策研究 / 楼建波 ………… 334

医疗美容服务综合监督管理体系和立法研究 / 王 岳 刘 锋 ……… 354

北京跨境金融数据流动监管研究 / 武长海 …………………… 359

审判辅助性事务管理研究 / 孙玲玲 …………………………… 374

网络舆情法治问题研究 / 米铁男 ……………………………… 386

公共法律服务有效衔接"12345"接诉即办的研究 / 周睿志 … 398

《北京市物业管理条例》实施情况研究 / 谢 琳 …………… 405

关于运用信息化技术进一步提升城市精细化管理水平的

    研究 / 吴莉婧 ……………………………………………… 420

城乡社区治理制度规范体系建设和提升基层治理能力研究

    ——线下七日无理由退货政策分析 / 邓青菁 ……………… 432

民事诉讼法与民法典实施配套研究 / 张钢成 ………………… 460

附　录　青年课题核心成果

商业领域算法风险的法律规制　/ 涂慧丽·············· 475

北京法院应对上市公司破产重整重大问题研究　/ 陈科林·············· 483

我国农村宅基地"三权分置"下流转方式研究和机制创新　/ 吴　迪 ··· 490

人工智能法律伦理规则比较研究　/ 郑　飞·············· 498

优化北京营商环境背景下的专利滥用问题研究　/ 李冬梅·············· 504

营商环境背景下担保制度与破产重整的协同治理研究　/ 乔博娟·········· 517

北京自由贸易试验区加强国际对标深入改革开放和制度

　　创新研究　/ 李　猛·············· 523

互联网公益诉讼研究　/ 田海鑫·············· 532

《社区矫正法》施行后地方社区矫正实施细则及其配套

　　规范研究　/ 曹兴华·············· 540

第一编

重点课题

以习近平法治思想为指导推进涉外法治人才培养研究

刘朝茂　张　南[*]

一、问题的提出

2021 年 2 月 1 日出版的第 3 期《求是》发表了中共中央总书记、国家主席、中央军委主席习近平的重要文章《全面加强知识产权保护工作 激发创新活力推动构建新发展格局》。习近平主席指出：当前，我国正在从知识产权引进大国向知识产权创造大国转变，知识产权工作正在从追求数量向提高质量转变。我们必须从国家战略高度和进入新发展阶段要求出发，全面加强知识产权保护工作，促进建设现代化经济体系，激发全社会创新活力，推动构建新发展格局。习近平主席提出了 6 项举措。其中第 5 项是统筹推进知识产权领域国际合作和竞争。他指出，知识产权是国际竞争力的核心要素，也是国际争端的焦点。我们要敢于斗争、善于斗争。要拓展影响知识产权国际舆论的渠道和方式，讲好中国知识产权故事，展示文明大国、负责任大国形象。中共中央政治局于 2021 年 5 月 31 日下午就加强我国国际传播能力建设进行第三十次集体学习。中共中央总书记习近平在主持学习时强调，讲好中国故事，传播好中国声音，展示真实、立体、全面的中国，是加强我国国际传播能力建设的重要任务。习近平主席强调，要全面提升国际传播效能，建强适应新时代国际传播需要的专门人才队伍。要加强国际传播的理论研究，掌握国际传播的规律，构建对外话语体系，提高传播艺术。

正如中国政法大学全面依法治国研究院黄进教授所说，中国法治的国际

＊ 课题主持人：刘朝茂，北京市法学会二级巡视员；张南，中国政法大学副教授。立项编号：BLS（2021）A001。结项等级：合格。

传播是全面依法治国战略布局的重要组成部分，是建设涉外法治体系、开展涉外法治工作、统筹推进国内法治和涉外法治的关键环节，是中国参与全球治理、推进国际法治、提升中国法治话语权和影响力、推动构建人类命运共同体的必由之路。本文结合笔者自身在知识产权法治国际传播中的一线工作经历、亲身感悟和经验，以如何更好地构建中国知识产权法治国际传播框架为问题导向，理论联系实践，提出七大具体策略，以期达到更好地向世界展现中国知识产权法治故事、为国家和人民服务的目的。

二、中国知识产权法治国际传播的基本语义

首先，我们需要深入了解"中国知识产权法治"和"国际传播"各自的概念和范畴。中国知识产权制度建设理论的核心范畴是法治观。新时代中国特色社会主义法治观为中国知识产权制度建设提供了重要的理论基石和思想引领。知识产权法治思想是一整套把握指导方针、法治本质特征、法治价值构成、法治基本原则以及法治推进方式等内容在内的法治理论体系。它以法律规范为对象，回答和解决知识产权立法、行政执法、司法和守法等基本问题，表现了知识产权法律构建的科学性、正当性和合理性，以及法律实施的有效性、协调性和妥当性等基本认识。

国际传播的定义有广义和狭义之分。在广义上，国际传播是指人类信息跨越国家边界的交流和流动，即跨越国界的信息传播。国际传播是可以"通过政府、组织、个人进行的跨越国界的信息传递过程"。在狭义上，国际传播是指跨越国界的大众传播，即国际大众传播，其传播主体往往是国家政府。中国传媒大学国际传播研究中心李智教授在《国际传播》一书中，很好地从传播主体、传播形态和首要特征三方面区分了广义传播和狭义传播的不同特点：前者的传播主体是政府、组织、群体和个人，传播形态有大众传播、组织传播、群体传播和人际传播，其首要特征是跨国性；后者的传播主体是政府，传播形态主要是大众传播，其首要特征是政治性。同时，李智教授提出广义的国际传播主体自身复杂多样，因此在考察国际传播现象时除了一般传播学的"5W"研究模式外，还应该加强对国际传播主体和国际传播效应的研究，即：主体研究、控制研究、内容研究、渠道研究、受众研究、效果研究和效应研究 7 个本体部分。笔者认为，在这 7 个本体中主体研究最为重要，因为传播主体是一切传播内容的源泉和起点，主体的主观能动性和传播积极性一旦被有效调动起来，其他 6 个研究本体中的问题则会迎刃而解。我们若想开展关于中国知识产权法治国际传播框架的策略分析，就要以主体研究为基础，结合其他 6 个研究本体展开分析与讨论。

三、中国知识产权法治国际传播的现状

（一）国家类型传播主体

根据笔者的观察，从国际传播广义范畴来说，中国知识产权法治国际传播已形成比较完备的框架。从传播主体来看，国家作为主要传播主体的工作模式已较为成熟，中央广播电视总台中国国际电视台（China Global Television Network，简称 CGTN）于 2016 年正式成立，属于副部级事业单位，其经典栏目 Global Watch、China 24 和 Opinion 等自开播以来多次宣介中国知识产权法治建设的最新发展和鲜活事例。（本文作者撰写的英文评论文章是一个典型事例。）其中非常典型的例子是由中国国家知识产权局协助、CGTN 拍摄制作的英文纪录片《中国专利》和 CGTN 2021 年"两会"特别节目《依法治国》之知识产权司法保护专题报道的。《中国专利》于 2019 年 12 月 21 日在 CGTN 英文频道面向全球 170 多个国家和地区首播，提供了非常珍贵的历史素材，比如 1985 年 4 月 1 日中国专利局在开放首日举行了专利申请受理仪式，时任局长黄坤益在仪式上讲话，首位提交专利申请的胡国华先生回忆了提交申请材料等相关情形。这些历史素材全面回顾了中国专利制度建立和发展的历史。国家知识产权局于 2020 年上线全国知识产权宣传周英文网站。最高人民法院知识产权法庭发布 2019 年年度报告中英文版本。两者均获得 2020 年"中国法治国际传播十大典型案例"。这是由中国政法大学全面依法治国研究院举办的年度评选活动。本活动旨在评选讲好中国法治故事、提升中国法治国际影响力的优秀案例，积极推进中国法治国际传播能力建设，向世界展示真实、立体、全面的中国。

（二）组织类型传播主体：跨国公司和中国高校科研机构

1. 跨国公司

一些中国企业在形成跨国公司规模的同时，作为组织类型的传播主体也开始重视在国际传播媒体上进行知识产权法治传播。例如华为创始人任正非于 2019 年 1 月 15 日在深圳华为总部接受了美国消费者新闻与商业频道（Consumer News and Business Channel，简称 CNBC）、彭博社、《金融时报》、《华尔街日报》等多家外媒采访。并在当月 17 日举行的国内媒体圆桌会上对当时美方关于华为"窃取商业秘密"的指责予以明确地回应,他表明"华为绝对尊重他人的知识产权"和"华为在美国经历了几场大官司,都获得良好的结果"。"华为现在 87 805 项专利中,其中有 11 152 项核心专利是在美国授权的,我们的技术专利对美国的信息社会是有价值的。我们已经和很多西方公司达成了专利交叉许可。华为不能代表别的企业,但是我们自己是绝对尊重他人知识产权的。"在短时间内接受国外媒体密集采访,对当时的华为来说比较罕见,但也说明其能够根据需要,主动阐述其保护知识产权的立场,进行知识产权成果的相关国际传播与表达。

2. 中国高校科研机构

中国高校科研机构,作为组织类型的传播主体在知识产权法治国际学术交流中起到长期和持久的作用。例如,教育部人文社会科学重点研究基地中南财经政法大学知识产权研究中心于 2004 年创办了国际学术交流平台"知识产权南湖论坛"。2019 年的知识产权南湖论坛就以"全球化与知识产权保护"为主题,以"新时代版权制度的国际化"和"全球化与知识产权司法"等 7个分论坛为主要内容,汇集中国、美国、德国、日本、韩国、澳大利亚、英国等国家或地区的知识产权理论与实务工作者 1200 余人为应对新时代知识产权保护问题建言献策,为构建全球知识产权保护体系贡献智慧。

同济大学上海国际知识产权学院在联合国世界知识产权组织(World Intellectual Property Organization,简称 WIPO)和中国国家知识产权局的支持下,由上海市政府依托同济大学于 2016 年 11 月成立。它的前身——同济大学知识产权学院聘请了国际知名的知识产权专家德国马克斯·普朗克知识产权法研究所所长约瑟夫·施特劳斯教授(Joseph Straus)为顾问院长。同时,该院与世界 WIPO 学院合办的"WIPO-同济大学联合培养知识产权法硕士项目"是中国唯一的知识产权类项目。该院现有来自 32 个国家的学生 40 人,占全日制硕士总人数 30.8%。该院与德国马克斯·普朗克创新与竞争研究所、德国慕尼黑大学、意大利都灵理工大学、芬兰汉肯经济学院、俄罗斯国家知识产权学院等都建立了长期合作关系。

笔者所在的中国政法大学全面依法治国研究院,自 2021 年推出了一系列"中国法"英文短视频作品,该项工作已被列入中国政法大学"十四五"发展规划方案（2021—2025 年），其中前三部视频聚焦于宣讲中国知识产权法的最新亮点，已被《中国日报》（China Daily）运营的推特账号"@ IPRinCN"、中国政法大学微信公众号、中国政法大学全面依法治国研究院微信公众号等平台推送，在相关受众中获得较好的反馈。其中《中国专利法最新亮点》参评 2021 年国家知识产权局知识产权类视频作品征集活动，从 270 余部参赛作品中脱颖而出，获评一等奖和最佳人气作品奖。《中国著作权法最新亮点》参加了 2022 年全国知识产权宣传周版权宣传活动，为积极建设促进版权事业高质量发展的人文环境和开创版权强国建设新局面提供了更加有力的舆论支撑。新的中国法视频正在持续录制和制作中。

（三）个人类型传播主体：国际组织公务员和学者

1. 国际组织公务员

从个人类型的传播主体来说，笔者将其主要分为国际组织公务员和学者两类，当然也不排除其他个人主体成为传播主体。据笔者观察，WIPO 很多部门中都有来自中国的职员。同时，同济大学上海国际知识产权学院也从 2018 年起通过 WIPO 硕士生项目选派学生到瑞士日内瓦的 WIPO 总部实习。

2. 学者

知识产权学者在中国知识产权法治国际传播中的传播形式主要是通过国际大众媒体推介和发声、在国际期刊发表外文论文和在海外出版外文学术专著等。在国际大众媒体推介和发声方面，以中国政法大学为例，包括笔者在内的来自我校全面依法治国研究院、国际法学院和其他机构的学者都曾担任过知识产权法领域的新闻评论员，撰写过与知识产权相关的社评文章，具备高校智库服务和国际传播的一线工作经验。例如，笔者曾经在 2018 年 7 月 1日 CGTN China 24 栏目接受直播采访《中国创意产业保护和中国知识产权》，对我国知识产权法保护创意产业进行了相关立法、典型案例和已公开数据的介绍与分析。

在国际期刊发表方面（根据目前科研期刊发表现状和国外期刊的出版语言，英文期刊和英文论文是笔者进行数据统计的重点对象），现状呈现出擅长学术国际传播的学者与高校优势突出、国际期刊平台相对集中的特点。

（四）国际传播中遇到的现实问题

第一，在主体研究方面，国家作为传播主体具有权威性和很强的影响力。

如上文所述，中国国家知识产权局与 CGTN 有多次成熟的合作，最高人民法院知识产权法庭也发布了中英文报告。但是，我们也要意识到与知识产权业务相关的其他部委或国家机关作为国际传播的潜在主体目前并不活跃。同时，笔者也观察到，除了上海、广州等知识产权保护意识比较强的地区之外，其他地方知识产权管理部门和法院在知识产权法治国际传播中活跃度也不高。就中国企业中的跨国公司而言，仅有华为等少数企业具有国际传播的主动性；就学者进行学术传播而言，近年来主动进行中国知识产权法治国际传播的学者人数相对稀少并只聚集于国内几所高校。

第二，在控制研究方面，国家对国际传播的控制主要分为行政手段、法律手段、经济手段、信息与技术手段等 4 个主要方面。本文并非面面俱到地对所有控制手段进行广泛研究，而是针对知识产权法治与国家安全的关系进行重点分析。目前，定期针对知识产权传播主体相关的国家安全教育比较薄弱，这是现实问题之一。

第三，在内容研究方面，一般认为国际传播信息的种类分为新闻类信息、广告类信息、娱乐类信息和知识类信息。根据笔者观察，目前中国知识产权法治国际传播主要聚焦于通过大众媒介进行的新闻类和社评类信息传播和借助国际出版平台进行的学术知识类信息传播，广告类和娱乐类信息传播几乎不存在，学术类知识产权法治传播中的推介和概览类作品较多，深入地提出创新理论观点类型的作品较少。

第四，在渠道研究方面，学术界一般认为有符号媒介和技术媒介两种，符号媒介又分为语言符号和非语言符号。这是一个非常广泛而复杂的研究领域，渠道研究本身就可以形成一部科研专著。符号媒介的价值在于传播者主动将自身语言转换成受众的语言，从而完成跨文化、跨语言和跨国界的国际传播。但是，语言传播只是基础。在笔者的工作经验中，就曾遇到过双方都了解对方所说的语言但是不清楚对方的意图或观点的情况发生。同时，我国目前已经构建出全面的"融媒体"技术媒介平台，比如 CGTN 完成了电视端和新媒体段的无缝衔接。笔者将在如何发挥用语言符号结合非语言符号进行中国知识产权法治国际传播上进行分析，同时探讨如何运用法律保护手段更好地护航技术媒介平台的发展。

第五，在受众研究方面，国际传播受众有其独特的定义和特点。刘燕南、史利在《国际传播受众研究》中指出：以民族国家、国际组织、社会机构、企业和个人等为主体，通过传统大众媒介、新媒介或其他可能的媒介所进行的跨国信息传播的对象和信息交流的参与者，包括读者、听众、观众用户或者网民，一般以本国国界以外的人士为主，包括不同国家或地区、不同语言、不同文化群体。取得比较好的效果，这也是笔者在策略研究部分即将开展的分析。

第六，在效果研究方面，国际传播效果的含义有两层：一是带有劝服动机的传播行为在受传者那里引起的心理、态度和行为的变化；二是指传播活动尤其是大众传媒的活动对受传者和社会所产生的一切影响和结果。前者聚焦于对效果的微观分析，后者聚焦于宏观考察。根据笔者在知识产权法治国际传播工作一线个人经验来看，笔者的传播风格属于写实和沉稳的类型，以积极宣讲中国产权故事为主，结合已公开的数据和案例，在直播、录播播放或者社评发表之后，在社交媒体的总体反馈较好。但是在国际传播中，我们必然会遇到需要攻防结合的情况和传播方式。

第七，在效应研究方面，李智教授认为国际传播的效应之一就是全球公民社会的产生。这一概念是指公民们为了个人或集体的目的而在国家和市场活动范围之外进行跨国连接或活动的社会领域，是全球层面上和世界范围内的公民社会，是各国公民个人或团体聚合成的一张"跨国界的指示和行动网络"，即一个达成全球共识并采取跨国行动的公民共同体。推动建立更加开放、包容和公平的国际知识产权新秩序应是中国知识产权法治国际传播的最终效应和目的。如何更好地达到这一效应也是本文所提出的策略之一。

四、加强中国知识产权法治国际传播能力的具体策略

第一，在主体策略方面，笔者针对政府主体、组织主体和个人主体分别提出相应的策略分析。就政府主体而言，除了中国国家知识产权局和最高人民法院知识产权法庭之外，与知识产权业务相关的其他部委或国家机关、地方政府应该有意识地找出本领域内知识产权法治国际传播的亮点和"抓手"，通过大众媒体、自建英文网站、拍摄宣传片、纪录片或短视频等方式持续地讲好中国知识产权故事。中国知识产权故事是多样的、生动的、灵活的和丰富的，其具体的表现方式可以是一个侧面、一组数据，也可以是知识产权权利人的亲身体会或访谈等。就组织主体中的跨国公司而言，2019 年华为在短时间内聚焦对外宣传的模式是很好的学习范本，同时应该主动出击，宣讲自身的知识产权保护亮点，尤其在产品和服务的目标市场国或地区进行有的放矢的宣传。就组织主体中的中国高校和科研机构而言，除了本文提到的具有较强知识产权法治国际传播能力的科研机构外，还应形成"多点开花"的局面，尤其是法学学科知识产权方向中刚刚入选"双一流"学科的知识产权学院，可以发挥"新生代"的力量和后发优势，借助"双一流"的支撑，广纳涉外法治人才，集中力量在知识产权法治国际传播上持续发力，打造独特的学术竞争优势和智库服务。从个人主体学者层面来说，在外文论文发表方面，可以适当借助"社会科学引文索引"（Social Science Citation Index，简称 SSCI）上具有高影响力的出版期刊平台，比如位于第一区间和第二区间（Q1 and Q2）的期刊。当然，这并不是"唯 SSCI"论，而是要在宣传中国知识产权法治建设时注意选择更加具有国际影响力的渠道和平台。在海外出版的知识产权专著或论文集方面，要更加重视借助现有的国家级涉外出版资助渠道，比如大家耳熟能详的中国国家社会科学基金中华学术外译项目和国家新闻出版署的"丝路书香工程"重点翻译项目，注意甄选经典的知识产权原著图书，并注意构建国内外学术共同体，运用与国内外出版社合作的架构优势，积极推进学术出海。

第二，在控制研究策略方面，笔者发现，在知识产权领域内，定期的相关国家安全教育比较薄弱，然而在国际传播中，安全是开展所有工作的基石和保障。笔者认为，首先，知识产权法治国际传播主体要树立正确的国家安全观，深入了解国家安全的 16 个方面。知识产权领域涉及的行业和领域非常广泛，是典型的交叉学科，因此在国际传播中与政治安全、经济安全、文化安全、科技安全、生态安全、海外利益安全、生物安全等领域都可能存在交集。因此在进行知识产权法治国际传播时，传播主体对传播渠道和传播内容务必慎重选择，在必要时可以提前开展专家论证或者向有关部门进行请示与征询。在讲知识产权故事时，传播主体务必采用已经在新闻或者相关出版物上公开出版的案例、事实和数据。其次，在前文提到的国际传播控制手段中，法律手段非常重要。《中华人民共和国国家安全法》第 11 条第 1 款规定，中华人民共和国公民、一切国家机关和武装力量、各政党和各人民团体、企业事业组织和其他社会组织，都有维护国家安全的责任和义务。第 77 条第 1 款第 6 项规定，公民和组织应当履行下列维护国家安全的义务：保守所知悉的国家秘密。第 78 条规定，机关、人民团体、企业事业组织和其他社会组织应当对本单位的人员进行维护国家安全的教育，动员、组织本单位的人员防范、制止危害国家安全的行为。

第三，在内容研究方面，根据前文所述，目前的知识产权法治国际传播主要聚焦于大众媒体新闻传播和学术类知识传播，广告类和娱乐类信息传播很少，同时学术类传播中深入的观点类传播较少。对此，笔者认为，首先，应该扩宽思路，增加形象（信誉）广告的传播。广告一般被分为产品（服务）广告和形象（信誉）广告两类。两者都具有劝服性的目的。前者较具体，以推广产品或服务为主；后者较抽象，以展现信誉为主。笔者认为形象（信誉）广告可以被国家或中国企业中的跨国公司很好地采用，展现自身的知识产权保护立场与态度，宣传知识产权法治取得的成就，化解不必要的误解。其次，我国可以在电影、电视剧的主线、剧情、演职人员、主题曲等方面植入更多的知识产权法治元素，将我国的影视剧出口到国外，利用影视剧作品等娱乐类信息进行更好的国际传播。娱乐类信息淡化了新闻类传播的时政和说教色彩，具有轻松、愉快的特点，更容易被受众所接受，并且传播范围更广。在学术知识传播方面，应当添加中国案例的对外翻译与介绍，尤其要加大最高人民法院案例、典型案例、涉及海外当事人以及海外媒体关注的案例的译介和推广。还应当重视传播中国在互联网、知识产权、智慧司法等世界法治前沿领域率先开展探索的案例，向世界介绍我国的领先经验。无论是新闻、学术知识，还是广告或娱乐类影视作品，我们最终的工作目标，如赵启正教授在《中国故事 国际表达：赵启正新闻传播案例》一书指出的：要以艺术的、文化的方式向外国人介绍一个真实、进步和开放的中国。

第四，在渠道研究策略方面，笔者认为需要在熟练使用语言类媒介符号的同时，大大加强非语言符号媒介的使用。懂外语，特别是精通英语的人才目前很多，但是传播主体在使用语言符号媒介时一定要将英文知识产权法律词汇熟练掌握和运用，加强语内选择力。同时，传播主体更需要在沟通中运用表情、肢体语言、仪态、服装等非语言符号媒介增强沟通的渠道。并且，我们也要意识到跨文化、跨国界传播时相同的非语言符号有可能蕴涵的不同意义。例如，传播主体在参与知识产权国际新闻访谈直播时，要注意达到"聊天"（conversational）的效果，作为专家在发言时要一直注视着主持人的眼睛而不是看其他的方向或者盯视摄像机镜头。此外，传播主体还要注意微笑应该出现在恰当时机，不要在不必要的场景中微笑。这是由于在传播主体讲述非常严肃的甚至带有一定进攻意味的话题时，不必要的微笑容易让观众觉得迷惑（confused）。在服装方面，笔者建议传播主体的外套和衬衣尽量避免丝绒或丝绸面料，因为这两种面料在出镜时会显得不够挺拔；避免格子、大花或碎花图案，因为在镜头中容易出现"跳格"晃动的效果。笔者本人在直播时会选用"深色西服外套+浅色裙+胸针"的着装模式，体现女性法律专家的职业感与亲和力。在坐姿等肢体语言方面，笔者建议传播主体尽量在椅子上坐实而不是坐在椅子的边缘，否则容易让观众觉得传播主体过于紧张或不自信。此外，面对镜头时，一些平时生活中的小动作也需要戒除，例如扶眼镜、整理领带、整理头发或频繁眨眼等，这些都不利于上镜效果。

第五，在受众研究策略方面，笔者认为一定要对国际传播受众进入深入的了解，以这种深入了解为基石而选择制定传播的内容和议题。如何在知识产权法治国际传播中找到中外共同关心的热点、重点、难点问题，设置非常好的新闻、学术或影视作品的议题，是一项长期积累和学习的过程。这就需要传播主体长期跟踪国内外该领域内的重点和热点问题，同时对国外相关受众的教育水平和心理接受程度、新的传播渠道等要素比较熟悉。在国际受众的事实认同方面，笔者建议选取国内外知识产权权利人都会关心的话题，比如我国的知识产权立法、执法和保护方面公开的事实、案例和数据，以体现我国对知识产权保护的决心和力度；在情感认同方面，情感认同在某种程度上比接受信息更重要，比如消除贫困，就是联合国可持续发展的重要议题，也是各国人民普遍关心并能激发人们情感回应的议题，例如中国地理标志助力扶贫的议题，就很可能会引起国际受众的情感关注。在价值认同上，世界上大部分国家对 TRIPS 协定所规定的"知识产权是私权"已达成共识，它能保证权利人的合法权益，同时能促进创新。因此，围绕大部分国家普遍认同的观点建构国际传播议题，将会达到比较好的效果。此外，以用户体验为导向的融媒体时代已然来临，受众很多时候在手机 APP 上接收信息或者观看视频。手机终端 APP 的效果和传统的电视或广播时代截然不同，这就需要传播者在短时间内迅速抓住用户的注意力，同时在新闻直播中要更好地、言简意赅地直奔主题。

第六，在效果研究策略方面，笔者提出两点建议。首先，长期传播会产生持久的影响力，传播主体必须具有较强的耐心和毅力。西方受众面临的是非常多元化的传播环境，在这样的国际环境中，我们的知识产权国际传播变成了其接收的众多信息或观点中的某个要素，这个要素在受众中产生决定性影响力的可能性不易预测。但是，打造好我们自己的知识产权国际传播至少会对西方受众产生一定程度的影响力。同时，长期传播必定会产生持久的影响力。其次，围绕"讲故事"的传播方式进行国际传播，提升讲中国知识产权法治故事的表达力。原国务院新闻办公室主任、中国人民大学新闻学院院长赵启正教授在《舆论斗争拼的就是讲故事》一文中指出，在国际传播中，理论说服是一大难点。国际舆论斗争很难靠理论取胜，要靠讲好故事。故事比理论生动，易于传播，故事的内涵就是我们想表达的道理。中国社会本就丰富多彩，只需在对外交往中用恰当的言行讲述自己和自己身边的真实故事——这些故事自然、生动、丰满、鲜活、易懂，不需要豪言壮语和华丽辞藻，中国和中国人的形象自在其中。因此，中国的知识产权法治传播主体应该注意平时积累国家层面的和地方层面的知识产权故事，锻炼从细节处生动刻画这些故事的表达力。

第七，在效应研究策略方面，笔者认为建立更加开放、包容和公平的国际知识产权新秩序要通过传播中国在跨国界、跨文化的知识产权国际合作来实现。北京大学法学院易继明教授在《中美关系背景下的国家知识产权战略》一文中指出，我国应充分发展知识产权的"技术外交"路径，并在《全球专利格局下的中国专利战略》中指出专利领域的技术外交可以围绕专利审查高速公路和促进专利成果运用与转化等方面来开展。这些事实与成就充分证明了我国为建立更加开放、包容和公平的国际知识产权新秩序所做出的努力。因此，针对这些内容的国际传播在提高传播效应方面大有益处。

五、结论

中国知识产权法治的国际传播是一项持久而细节的要务。我们最终的目的是建立更加开放、包容和公平的国际知识产权新秩序，这需要不止一代人的坚持不懈与努力。笔者坚信，我们在传播主体、控制手段、内容、渠道、受众、效应和效果等七大因素全面提升之后，知识产权法治国际传播必然会达到更好的效果，相关的涉外法治传播人才队伍必然会发展与壮大。让我们拭目以待、砥砺前行！

中国共产党领导人推进法治建设的实践与理论研究

施新州*

中国共产党领导人民推进法治建设经历了百年的探索历史。在这一历史进程中，既取得了突出的成就，也积累了宝贵的经验，展现出独有的特色与优势。但总体上看，对党领导法治建设的系统性的、深度的研究成果仍然不多。对当前研究多而对过去研究少，对某一阶段研究多而系统研究成果少。国外对我们党的法治理论和中国的法治实践关注比较多，但相关学术性研究成果较少。开展党领导的法治建设研究，可以从马克思主义基本原理的高度、从党的发展史的总体进程中，系统梳理法治理论的丰富内涵和党领导人民推进法治的具体实践，挖掘其中的历史动因，阐释中国特色社会主义法治理论来源，对把握法治建设的规律性认识、助推党的法治理论创新具有重要意义。

一、历史脉络：党领导人民推进法治建设的阶段性成就

中国共产党领导人民探索和推进法治建设的百年征程大体可以分为四个时段：1921—1949 年、1949—1978 年、1978—2012 年、2012 年至今。在各个阶段，中国共产党秉承全心全意为人民服务的宗旨，以开拓创新之精神，回答时代之问，出台相应法律法规制度，持续推动法治建设不断"再上新台阶"。

（一）新民主主义革命时期的法治建设（1921—1949 年）：艰辛探索、奠定基础

自 1921 年中国共产党成立至 1949 年党在全国执政，法治建设从党内提出法治主张、制定党内法规到局部执政、发布系列法律规章制度，经历了一

* 课题主持人：施新州，国家法官学院教授。立项编号：BLS（2021）A002。结项等级：合格。

个漫长而艰辛的探索过程。在中国共产党成立初期与第一次国内革命战争时期，中国共产党还处于"摸索"阶段，这一阶段的法治发展主要是以政策法律为导向，围绕工人运动这一重点工作，初步制定劳动保护法案，出台《劳动法大纲》。在第二次国内革命战争时期，注重革命根据地民主政权建设，制定了《中华苏维埃共和国宪法大纲》和《选举法》《惩治反革命条例》等。在抗日战争时期，制定了陕甘宁边区两部宪法性质的法律文件，提出保障人权的主张，在边区形成立法、行政、司法三机关并行的工作格局，推广"马锡五审判方式"、推进审判与调解相结合。在解放战争时期，公布了《中国土地法大纲》，通过了《中国人民政治协商会议共同纲领》，为新中国的成立做基础性的法律准备。

（二）中华人民共和国法治的发展与挫折时期（1949—1978年）：初步建设、曲折发展、经验与教训并存

中华人民共和国的成立是个划时代的大事件，从此全国性的、大踏步的法治建设迈上了新征程。在1949—1966年的社会主义建设阶段，为了保障新中国顺利发展，国家废除了以《六法全书》为代表的旧法治，制定新中国第一部宪法，保证人民当家作主。之后根据宪法通过了《中华人民共和国全国人民代表大会组织法》《中华人民共和国国务院组织法》《中华人民共和国人民法院组织法》《中华人民共和国人民检察院组织法》以及《中华人民共和国地方各级人民代表大会和地方各级人民政府组织法》等一批基本法律。[1]加上五四宪法颁布前颁布的《中华人民共和国婚姻法》《中华人民共和国土地改革法》《中华人民共和国惩治贪污条例》等，至此，新中国成立初期的社会主义法治格局基本形成，国家的基本政治制度、法律原则、人民民主权利都有了成文规定。在1966—1978年社会主义建设曲折发展时期，由于"左"的错误在理论和实践上的累积发展，很多关于社会主义民主法治建设的正确思想没有得到贯彻落实，最终酿成了内乱，给我国法治建设留下了极为深刻的教训。直到1976年，"十年动荡"逐步归于平静。我国开始进入恢复期，对法治建设也开始了新的探索。1978年之后，司法行政机关开始逐步恢复，在

〔1〕 王鑫：《论新中国社会主义民主法制建设的理论与实践》，载《中国浦东干部学院学报》2010年第2期，第57~63页。

一定程度上为后期法治建设的转变打下了基础。

(三)改革开放和社会主义现代化建设新时期(1978—2012 年):拨乱反正、着力完善经济立法

1978 年党的十一届三中全会召开,对之前阶段进行拨乱反正,扭转法治形同虚设的不良态势,恢复民主集中制,恢复司法体制,由此我国的法治建设和发展进入全新阶段。此后颁布了一系列新法,提出法治建设的十六字方针[1],注重推动经济立法,中国特色社会主义法律体系逐步完善。以邓小平同志为核心的党中央领导集体重启法治进程,奠定一系列法治建设框架。邓小平提出:"必须使民主制度化、法律化,使这种制度和法律不因领导人的改变而改变,不因领导人的看法和注意力的改变而改变。"[2]1982 年制定了符合国情的新宪法,重新确立宪法至上的理念,将"无产阶级专政"改为"人民民主专政"。特别是党的十一届三中全会做出改革开放的决策,要求建设"一套经受住中国社会主义市场经济发展与社会转型之考验的复杂制度体系"[3]。以江泽民同志为核心的党中央领导集体着力推进社会主义市场经济法治建设。十四大明确提出,要高度重视法制建设,强化法律监督机关和行政监察机关的职能,严格执行宪法和法律[4]。十四届三中全会深刻总结了改革开放与法治建设的关系,提出做到改革开放与法制建设的统一,20 世纪末初步建立适应社会主义市场经济的法律体系。以胡锦涛同志为核心的党中央领导集体加快推进依法执政和社会主义法治进程。中共十六大确立了科学发展观的指导地位,将"依法执政"确立为党的基本执政方式。中共十七大报告强调"全面落实依法治国基本方略,加快建设社会主义法治国家"[5]。总的来看,这一时期将"尊重和保障人权""鼓励、支持和引导非公有制经济的发展""保

---

[1] "十六字方针"是指"有法可依、有法必依、执法必严、违法必究"。

[2] 邓小平:《邓小平文选》(第 2 卷·第 2 版),人民出版社 1994 年版,第 146 页。

[3] 魏治勋:《百年法治进程的基本逻辑与执政党角色——纪念中国共产党成立 100 周年和"依法治国"方略提出 24 周年》,载《法学论坛》2021 年第 1 期,第 45~56 页。

[4] 江泽民:《加快改革开放和现代化建设步伐夺取有中国特色社会主义事业的更大胜利——在中国共产党第十四次全国代表大会上的报告》(1992 年 10 月 12 日),载《求实》1992 年第 11 期,第 1~16 页。

[5] 魏治勋:《百年法治进程的基本逻辑与执政党角色——纪念中国共产党成立 100 周年和"依法治国"方略提出 24 周年》,载《法学论坛》2021 年第 1 期,第 45~56 页。

护私有财产不受侵犯"等写进宪法，经济体制改革配套法律不断完善，与法治总体上形成了一种良性互洽的关系[1]。2011 年中国特色社会主义法律体系的形成成为我国法治史上的一个里程碑。

（四）新时代中国特色社会主义法治建设时期（2012 年至今）：加快步伐、全面推进

中共十八大以来，以习近平同志为核心的党中央领导集体坚定不移全面推进依法治国，开创了法治中国建设的新局面。一是坚定不移地走中国特色社会主义法治道路。党的十八届三中全会提出要建设"法治中国"，法治国家、法治政府、法治社会一体推进，依法治国、依法执政、依法行政共同推进。十八届四中全会通过了《中共中央关于全面推进依法治国若干重大问题的决定》，并提出把全面依法治国放在"四个全面"战略布局中加以谋划和推进[2]。二是首次提出建设中国特色社会主义法治体系。十八届四中全会对于什么是"中国特色社会主义法治体系"进行了总体部署，提出"新十六字方针"[3]。这意味着在法律体系形成之后，法治建设的重心转向提高法律体系的质量，转向法律的实施[4]。同时，制定了《中华人民共和国监察法》《中华人民共和国网络安全法》《中华人民共和国环境保护法》等一系列贴合时代发展所需的法律法规[5]。在司法中，继续推行诉讼制度革新，以审判为主导展开诉讼，对于部分司法工作人员实行员额制。三是全面建设完善的党内法规体系。至中国共产党建党 100 周年时，全党形成有效党内法规共 3615 部。[6]党内法规制度体系与业已形成的"中国特色社会主义法律体系"协调衔接、贯通互补，成为"中国之治"的闪光点。四是形成了习近平法治思想这一重大理论成果。自 2012 年以来，习近平总书记在多个重要场合重申"法治"主张，先

---

〔1〕 魏治勋：《百年法治进程的基本逻辑与执政党角色——纪念中国共产党成立 100 周年和"依法治国"方略提出 24 周年》，载《法学论坛》2021 年第 1 期，第 45~56 页。

〔2〕 公丕祥：《十八大以来全面依法治国的理论与实践论纲》，载《中国高校社会科学》2017 年第 5 期，第 4~18 页。

〔3〕 "新十六字方针"是指"科学立法、严格执法、公正司法、全民守法"。

〔4〕 蒋传光：《70 年法治的跨越式发展》，载《检察风云》2019 年第 17 期，第 26~27 页。

〔5〕 公丕祥：《十八大以来全面依法治国的理论与实践论纲》，载《中国高校社会科学》2017 年第 5 期，第 4~18 页。

〔6〕 中共中央办公厅法规局：《中国共产党党内法规体系》，载《人民日报》2021 年 8 月 4 日，第 1 版。

后提出"立善法于天下，则天下治"〔1〕"推进全面依法治国"〔2〕等主张，使具有丰富内涵的社会主义法治思想更加明确。五是提出了法治中国建设的战略性规划。印发的《法治中国建设规划（2020—2025年）》，明确提出了未来法治中国建设的"三步走"战略部署，分九大方面三十个小方面描绘了法治中国建设的具体步骤，为中国法治建设指明了前进方向。

二、基本经验：中国共产党领导人民推进法治建设的实践总结与理论形成

（一）始终坚持党的绝对领导

"法治建设举什么旗、走什么路，关键在于由谁来领导、怎样领导。"〔3〕中国共产党百年奋斗史，也是党领导人民推进法治建设和法治实践的历史。坚持中国共产党对法治建设的绝对领导，是在近代中国百年法治建设中形成的一条基本经验，也是中国特色社会主义法治建设的基本特征。

一是坚持党对法治建设的政治领导。就是将中国共产党所坚持的政治立场、政治方向、政治原则和所制定的重大决策等贯彻到法治建设的各个时期、各个领域、各个层面、各个环节。一方面，通过召开全国代表大会等形式，制定发布党的重要文件，将中国共产党对法治建设的战略部署和顶层设计转化为全党全国人民共同奋斗的目标。例如，十五大报告提出了依法治国基本方略并随后写入宪法。另一方面，通过法定程序把党的政治意志上升为国家意志，使党领导法治建设、推行实施政策合法化。在十一届三中全会上，明确了"发展社会主义民主，健全社会主义法制"的基本方针，1993年修改宪法，将这项重要内容写入宪法序言，并在2018年将其修改为"健全社会主义法治"。

二是坚持党对法治建设的思想领导。就是坚持用马克思主义法学理论和法治理论来武装法治建设者的头脑、指导中国特色社会主义法治建设实践。同时积极推动马克思主义法学思想中国化，坚持用毛泽东思想的法治理论，邓小平理论、"三个代表"重要思想和科学发展观中的法治理论以及习近平法治思想指导不同历史时期的实践。

---

〔1〕 2014年2月17日，习近平在省部级主要领导干部学习贯彻十八届三中全会精神全面深化改革专题研讨班上的讲话。

〔2〕 2018年8月24日，习近平在中央全面依法治国委员会第一次会议上的讲话。

〔3〕 朱景文：《百年大党如何引领中国法治发展》，载《人民论坛》2021年第30期，第34~38页。

三是坚持党对法治建设的组织领导。一方面，抓牢用好领导干部"关键少数"，要求领导干部带头践行社会主义核心价值观，带头尊法、守法、依法办事，发挥对法治建设的示范带头和关键推动作用。另一方面，锻造德才兼备的高素质法治工作队伍，让"各支队伍各司其职，各负其责，相辅相成，共同汇聚成推进全面依法治国的磅礴力量"。[1] 在全国上下分两批次先后开展政法队伍教育整顿，清除队伍中的害群之马，建章立制、健全完善纪律执行机制和管理监督体系。

（二）始终坚持社会主义方向

中国特色社会主义法治体系是中国特色社会主义制度的重要组成部分。法治建设的历史经验表明，法治建设"必须牢牢把握中国特色社会主义这个定性，坚定不移走中国特色社会主义法治道路"[2]。一方面，法治建设要紧密服务于各阶段党和国家的总任务、总路线、大方向，坚持走社会主义道路，确保重大战略任务的实现。例如，在社会主义革命和建设时期，党中央在提出过渡时期总路线的同时，提出今后"要逐步实行比较完备的人民民主的法制，来保护和促进社会生产力的进一步发展"。[3] 另一方面，法治建设要注重弘扬社会主义核心价值观、实现依法治国与以德治国相结合。在 24 字社会主义核心价值观中，法治既是社会主义核心价值观的组成要素，也是实现和弘扬社会主义核心价值观的重要载体。十九届四中全会通过的会议决定明确提出，"完善弘扬社会主义核心价值观的法律政策体系，把社会主义核心价值观要求融入法治建设和社会治理"。[4] 2020 年，中共中央印发的《法治社会建设实施纲要（2020—2025 年）》，又将"社会主义核心价值观要求融入法治建设和社会治理成效显著"列为总体目标，要"注重把符合社会主义核心价值观要求的基本道德规范转化为法律规范，用法律的权威来增强人们培育和

---

[1] 景汉朝：《坚持建设德才兼备的高素质法治工作队伍》，载人民网：http://theory.people.com.cn/n1/2021/0322/c40531-32056743.html，最后访问日期：2022 年 3 月 22 日。

[2] 习近平：《坚持走中国特色社会主义法治道路 更好推进中国特色社会主义法治体系建设》，载《求是》2022 年第 4 期。

[3] 彭真：《关于政治法律工作的报告》（1953 年 10 月 30 日），载《陕西政报》1953 年第 10 期，第 1~6 页。

[4] 《中共中央关于坚持和完善中国特色社会主义制度 推进国家治理体系和治理能力现代化若干重大问题的决定》，载《支部建设》2019 年第 34 期，第 10~23 页。

践行社会主义核心价值观的自觉性"。

（三）坚持以人民为中心

与资本主义所标榜的法治不同，中华人民共和国是工人阶级领导的、以工农联盟为基础的人民民主专政的社会主义国家，因此，人民性是我国社会主义国家政权的基本属性。我国的法治建设也深深根植于人民之中，人民路线贯通于法治建设的各个领域、各个阶段、各项措施中。一是法治建设体现人民主体地位。例如新中国成立后，从《中国人民政治协商会议共同纲领》到 1954 年第一届全国人民代表大会的召开，再到通过"五四宪法"，确立人民民主专政的国体和人民代表大会制度的政体，人民民主制度不断健全。在推进法治建设各项工作中，在立法、执法、司法、守法各个环节，坚持贯彻党的人民路线、坚持以人民为中心的发展思想，始终把解决好人民群众最关心最直接最现实的利益问题作为法治建设的重要出发点和落脚点。二是法治建设保障人民合法权益不受侵害。在现行宪法中用 18 个法律条文规定了公民享有的基本权利，并明确规定"国家尊重和保障人权""公民的人格尊严不受侵犯"。同时，通过制定刑事、民事、行政等部门法，明确了公民权利受侵害后的救济途径和救济程序。三是法治建设成效接受人民监督评价。保障人民通过直接或间接的方式，监督行政权、立法权、审判权、检察权、执法权、监察权的依法正确行使，防止公权力的滥用，保障公民、法人和其他组织的合法权益。

（四）坚持与时俱进、创新发展

一方面，在法治建设中坚持与时俱进调整法治建设的目标和实践。例如，在改革开放和社会主义现代化建设新时期，面临的主要任务是，"继续探索中国建设社会主义的正确道路，解放和发展社会生产力，使人民摆脱贫困、尽快富裕起来，为实现中华民族伟大复兴提供充满新的活力的体制保证和快速发展的物质条件"[1]。这一时期，伴随着经济建设的发展和领导法治建设水平的不断跃升，中国共产党提出了依法治国基本方略，将德治与法治相结合，实现了由"法制"向"法治"的重大转变。中国特色社会主义进入新时代后，面临的主要任务是，"实现第一个百年奋斗目标，开启实现第二个百年奋

---

〔1〕《中国共产党第十九届中央委员会第六次全体会议公报》。

斗目标新征程，朝着实现中华民族伟大复兴的宏伟目标继续前进"〔1〕。为了实现这个目标，党中央从坚持和发展中国特色社会主义出发，提出了全面依法治国的重大战略任务，并围绕2020年全面建成小康社会、2035年法治国家、法治政府、法治社会基本建成，设计了法治建设的中长期目标，形成了法治中国建设规划。另一方面，在法治建设历程中特别注重推进社会主义法治理论创新。在法治建设的百年历史进程中，中国共产党带领人民遵循和发展马克思主义基本原理、提炼升华了百年中国法治实践的正反面经验，吸收传承了中华优秀传统法律文化，借鉴汲取了其他国家法治思想理论精髓，汇聚凝结出中国特色社会主义法治理论。中国特色社会主义法治理论包含思想价值论、实践方法论、相关关系论等十分丰富的内涵。这些内容在实践中检验校正、发展创新，同时又为实践提供重要的思想引领。

（五）坚持党政推进型的法治推进模式

从现代化国家的发展历程看，法治推进模式按照动力来源和推进主体可以划分为两种，一种是自下而上的社会演进型模式，另一种是自上而下的政府推进型模式〔2〕。社会演进型法治推进模式，强调法治的生成和推进的动力来自社会内部，法治从社会生活中自发形成和演变而来，其发展符合螺旋式上升的社会发展规律。政府推进型法治推进模式，强调国家或政府是法治建设的领导者和推动者，法治建设在国家或政府的推进下启动和进行，这种法治建设往往带有预设性和阶段性色彩，属于"计划法治"〔3〕。英美以及欧洲大陆上的法国等西方国家，其法治推进模式是典型的社会演进型。新加坡、韩国等国家的法治推进模式则是政府推进型。这些国家的法治理念并非自发孕育形成，而是带有人为构建的痕迹。这种法治是国家"上层建筑"推进下的法治。政府是法治国家的总设计师，也是法治国家的建设者。通过统筹协调、充分利用自身资源，借鉴汲取他国经验，政府可以快速推进法治化的进程，在确保社会秩序稳定的同时，用几十年建设完成社会演进型国家几百年的法治化进程，大大降低社会法治化的探索成本。

---

〔1〕 《中国共产党第十九届中央委员会第六次全体会议公报》。
〔2〕 这里的政府是广义上的政府，包括立法机关、行政机关、司法机关等。
〔3〕 何勤华、任超等：《法治的追求——理念、路径和模式的比较》，北京大学出版社2005年版，第11~14页。

各个国家选择什么样的法治推进模式，究其根本还是经济因素起到决定性作用。例如，党的十一届三中全会以后，随着"以经济建设为中心"的政治路线和"健全社会主义法制和加强社会主义民主"方针的确立，我国才开始了社会主义法治建设。改革开放带来了经济建设的飞速发展，也带来了一些新的社会问题，引发了社会主义初级阶段的无序状态，这要求在尽可能短的时间内形成较为完备的法律体系、提升市场主体的法治意识，使失范迅速得以矫正。这需要国家权力的强力推动，需要政府的主导设计，由上至下的政府推进型的建设模式也就成了当时法治建设的必然选择。在中国共产党的设计和带领下，民主法治建设步入了快车道，制定出台了以八二宪法为核心的一大批基本法律，构建起了社会主义法律体系。但随着改革开放的纵深推进，国家干预经济资源和支配经济活动的空间的弊端也逐渐显现，权力的高度集中、不断扩张以及制约监督机制的缺失使得有些地方政府直接干预微观经济活动，导致部分产能过剩、地方债务和金融风险累积等问题多发。因此，党的十八大之后，以习近平同志为核心的党中央明确提出了法治国家、法治政府、法治社会一体建设。

我国是中国共产党执政的人民民主专政国家，是政党治国体制的典型代表，因此，严格来讲，中国法治建设推进模式与"政府推进型模式"略有区别，可以概括为"党政推进型模式"或"政治牵引型模式"。在这种模式下，党可以调动一切力量集中推进法治的高速建设。"中国共产党将政治理论、政治逻辑、政治立场注入法治建设之中，形成中国法治建设的独特形态"〔1〕，为国家治理提供根本法治保障。

三、愿景展望：进一步深入推进法治建设的理论和实践发展

当前，我国已经实现全面建成小康社会的宏伟目标，实现了中国共产党建党百年的奋斗目标，正在开启全面建设社会主义现代化国家新征程。全面推进依法治国、深入推进法治中国建设是实现 2035 年中期目标和 21 世纪中叶远景目标的重要要求和重点任务。展望未来，我们必须围绕法治中国建设"三步走"的战略部署，努力到 2025 年初步形成中国特色社会主义法治体系，

---

〔1〕 王小鹏：《政党功能：中国特色社会主义制度显著优势的生成动因》，载《探索》2021 年第 3 期，第 82~93 页。

到 2035 年基本建成法治国家、法治政府、法治社会。尽管实现这些目标面临诸多挑战，但有中国共产党的领导、有全国人民的团结努力、有一批又一批法治专业人才队伍的接续奋斗，法治国家、法治政府、法治社会建设定能协同推进，法治理论定能结出更多硕果，法治中国建设的前景无限光明。

（一）深入贯彻落实习近平法治思想，进一步丰富和发展中国特色社会主义法治理论

思想是行动的先导。在当代中国，学习贯彻习近平法治思想是中国特色社会主义法治建设从一个成功到另一个成功的基本保障。面向未来，我们必须更加自觉、更加坚定地学习贯彻习近平法治思想，对习近平法治思想的深刻内涵、核心要义和实践要求形成更加深邃、更加准确的认知和理解。同时，要顺应经济社会不断发展变化的新形势，通过"三个结合"丰富和发展中国特色法治理论，使法治理论之光始终照亮法治中国前行的进程，为建设社会主义法治国家提供更加强大的思想引领、更加牢固的理论支撑。

一是要结合马克思主义法学中国化，丰富和发展中国特色社会主义法治理论。马克思主义法律思想源远流长、博大精深，既包含了马克思主义经典作家所揭示的生产力决定生产关系、经济基础决定上层建筑等历史唯物主义原理以及法律现象产生和发展的一般规律，也包含了马克思主义传承者所形成的丰富法治理论，包含了中国马克思主义者在历次推进马克思主义法律思想中国化过程中形成的创新法治理论。要从马克思主义法律思想的源头上进行学习和探究，深入挖掘和精准阐释其深邃内涵，不断赋予它新的时代意义和时代价值。批判地研究吸收当今世界资本主义国家的法学理论和思想成果，坚持以我为主、为我所用，认真甄别、合理吸收，推动中国的法学理论在世界交流中进步、在各国互鉴中升华。

二是要结合中国传统法治思想现代化，丰富和发展中国特色社会主义法治理论。中华优秀传统法律文化具有不同于其他法律文化的独特的价值理念、制度体系和形成方式，它强调出礼入刑、隆礼重法的治国策略，提倡民惟邦本、本固邦宁的民本理念，追求天下无讼、以和为贵的理想境界，推崇道之以德、齐之以礼的治理方式，提出德主刑辅、明德慎罚的慎刑思想。这些灿若星河的文化遗产，滋养着中华法治文明。要挖掘阐发和吸收中国传统法律文化中的有益成分，特别是关于德治的思想，将其与当代中国的法治理论有

机结合起来，将其有机融入当今中国法治理论创新的历史进程中。

三是结合与时俱进的中国特色社会主义实践，不断丰富和发展中国特色社会主义法治理论。当今中国，波澜壮阔的中国特色社会主义伟大实践不断催生出新经济、新技术、新文化等新的事物，衍生出新阶层、新组织、新理念等新的生产关系和价值观念。中国特色社会主义法治理论必须紧跟中国特色社会主义的发展步伐，深刻洞察生产力和生产关系不断发生着的时代变化，准确捕捉时代发展对法治建设提出的崭新命题，大力研究数字经济、元宇宙、老龄化等新型经济社会形态和发展趋势对法治建设提出的挑战和需求，深入总结基层法治建设探索的新鲜经验，消弭人民群众的法治困惑，升华新时代法治理论的深邃内涵。

（二）坚持中国特色社会主义法治道路，完善政治牵引型法治建设模式

正确处理政治与法治的关系是全面依法治国的基本前提。我们要辩证看待和统筹处理政治与法治的关系，坚定不移走中国特色社会主义法治道路，坚守政治原则，服务政治大局，在执政党的正确领导下开创法治建设新局面。

一方面，要坚持政治引领法治建设，在法治建设中更加自觉坚定地贯彻政治原则。要坚持正确的政治立场、政治方针和政治原则，坚定不移走中国特色社会主义法治道路，决不能照搬别国模式和做法，决不能施行西方"宪政""三权鼎立""司法独立"的那一套。党和法的关系是政治和法治关系的集中反映。坚持党的领导是宪法明确的我国政治生活的基本准则，是法治建设的根本政治前提。党的领导与社会主义法治在内在逻辑上也是完全一致的。党发挥总揽全局、协调各方的核心作用可以为法治建设提供最根本的政治保障；法治建设对于党巩固执政地位、完善执政方式、提升执政能力可以发挥重要的支撑作用。法治建设各条战线、各个方面的参与者必须更加坚定自觉地坚持党的集中统一领导，将其贯彻到全面依法治国的全过程和各方面。政法委员会是党委领导政法工作的组织形式和重要依靠力量，是中国特色社会主义法治建设独特的架构设计和独有的政治优势。坚持党对法治工作的领导，就必须坚持和改进政法委员会对政法工作的领导。各级政法机关要自觉落实各级政法委的部署和要求，及时请示汇报工作推进中的重大问题，加强重要工作的有机协调，切实把法治建设的各项决策部署落到实处。

另一方面，要推进执政党领导法治工作的科学化、法治化。要深入推进

依法执政，将坚持党的领导、人民当家作主和依法治国有机统一起来，善于通过法定的程序将党的号召、决策和主张转化为人民的共识和国家的意志。执政党要积极支持各级国家机关依法行使职权，理顺执政党与国家权力机关、行政机关、司法机关之间的关系。完善党委政法委的工作方式，科学设置政法委的职能定位，将更多的职责和精力聚焦到组织与协调、监督和调查研究等更为宏观和全面的事务上，减少对政法工作的微观干预。深入推进依规治党，完善党内法规制度体系，加强党内法规与国家法律协调衔接，加大党内法规的使用力度。

（三）加强立法、执法、司法、守法各环节的统筹协调和无缝衔接，打造中国特色社会主义法治体系高质量的闭环

要以改革创新的精神，坚持系统推进，统筹抓好科学立法、严格执法、公正司法、全民守法，加强法治建设规划执行检查评估和整改，切实形成中国特色社会主义法治体系高质量的闭环。一是推进科学立法，完善中国特色社会主义法律规范体系。加强重点领域法律规范的立改废释，对涉及全面深化改革、推动高质量发展、完善社会治理、维护国家安全、促进创新驱动、区域协同、数字经济发展等方面立法的抓紧制订和出台。优化立法体制，防止立法中的部门利益和地方保护主义。二是推进严格执法，提升依法行政水平。要坚持严格的尺度和高压态势不松劲，做到违法必究。健全行政处罚裁量权基准制度、执法办案评议考核制度、重大复杂行政执法处理集体讨论决定制度等，严格落实执法责任制。三是促进公正司法，完善中国特色社会主义司法体系。围绕保障审判权和检察权的独立行使，贯彻落实司法责任制的目标，进一步完善和严格落实领导干部干预司法活动、查收具体案件处理的记录、通报和责任追究制度，切实杜绝人为因素对司法权的不当干扰。推进以审判为中心的诉讼制度改革，推进庭审实质化。充分运用大数据等科技手段加强案例指导，帮助司法人员更精准地行使裁量权。深入实施法官办案终身负责制和错案责任倒查问责制，以高悬的责任"利剑"倒逼法官握紧用好"正义之剑"。四是推动全民守法，提升全社会对法治的信仰。提升中小学学校法制教育课的质量，加强法治领域的正面宣传报道，创新全民普法工作。

（四）加强法治人才队伍建设，为建设社会主义现代化法治国家提供牢靠的组织保障

着眼全面依法治国的大局和国际国内经济社会发展的新形势，大力建设一支思想政治素质高、业务工作能力好、职业道德水准佳，忠于党、忠于国家、忠于人民、忠于法律的社会主义法治工作队伍。一是不断加强思想政治建设，切实以习近平新时代中国特色社会主义思想武装头脑。要推动法治工作队伍深入学习宣传贯彻习近平新时代中国特色社会主义思想，特别是习近平法治思想，带头尊崇法治、敬畏法律，增强依法办事的意识。二是不断提高法律职业素养，提升正规化、专业化、职业化水平。完善立法工作队伍培养机制，拓宽立法人才培养渠道。关心爱护执法司法人员，支持执法人员依法履职。构建社会律师、公职律师、公司律师等优势互补、结构合理的律师队伍。发展公证员、基层法律服务工作者、人民调解员队伍，推动法律服务志愿者队伍建设。创新法治人才培养机制，实施新时代法治领军人才培养行动。有计划地安排政法系统机关干部到重大斗争一线和情况复杂的地方经受考验、增长才干。重视青年法治人才的培养，完善激励机制，使年轻法官等司法人才有奔头、留得住。三是深入开展政法队伍教育整治，不断提升作风和反腐倡廉建设成效。持续巩固深化政法队伍教育整顿成果，增强政法队伍自我约束、自我监督的意识。加强廉政风险防范，开展案件线索大起底、廉政风险大排查、重点人员大梳理、作风问题大整改、违法违纪大查究，坚决把隐藏在队伍中的"烂树""毒草"连根拔掉。推动政法领导干部常态化、制度化的交流轮岗。加大源头惩贪治腐的力度，堵塞管理漏洞，提升标本兼治的综合效应。

北京市"两区"建设法治保障研究

萧有茂　王　丽[*]

一、北京"两区"建设法治保障现状

2020年9月4日，习近平总书记在2020年中国国际服务贸易交易会全球服务贸易峰会上的致辞中提出，为更好发挥北京在中国服务业开放中的引领作用，我们将支持北京打造国家服务业扩大开放综合示范区，加大先行先试力度，探索更多可复制可推广经验；设立以科技创新、服务业开放、数字经济为主要特征的自由贸易试验区，构建京津冀协同发展的高水平开放平台，带动形成更高层次改革开放新格局。[1]宣布支持建设中国（北京）自由贸易试验区和国家服务业扩大开放综合示范区（以下简称"两区"）。2020年9月，国务院先后发布了《国务院关于深化北京市新一轮服务业扩大开放综合试点建设国家服务业扩大开放综合示范区工作方案的批复》和《中国（北京）自由贸易试验区总体方案》。2021年9月2日，习近平总书记在2021年中国国际服务贸易交易行全球服务贸易峰会上的致辞中指出，"我们将加强服务领域规则建设，支持北京等地开展国际高水平自由贸易协定规则对接先行先试，打造数字贸易示范区，设立北京证券交易所，为"两区"建设进一步指明了方向。

目前，北京市正在有计划地推进"两区"建设。截至2021年年底，国务

＊　课题主持人：萧有茂，北京市法学会党组书记、专职副会长；王丽，北京融商一带一路法律与商事服务中心理事长。立项编号：BLS（2021）A003。结项等级：合格。
〔1〕　房家梁：《北京：两区建设助力高质量发展》，载中国新闻网：https://www.chinanews.com.cn/gn/2021/02-21/9415604.shtml，最后访问日期：2022年6月1日。

院批复"两区"方案中涉及的251项任务全面落地实施[1]。2022年2月10日,"两区"建设专场新闻发布会进一步确定了2022年工作重点方向[2]。一是推动由点到面扩大开放,从单项政策突破向全链条、全环节集成创新转变;二是加强协同联动,服务国际科技创新中心建设,与全球数字经济标杆城市建设互促互融,以政策创新和项目带动助力国际消费中心城市建设,打造京津冀协同开放高地;三是着力重心下沉,瞄准园区特色,促进体制机制创新和政策突破在园区落地生根。"两区"建设不是一蹴而就的,而是一个长期、持续、不断推进的过程。2022年,北京将从前述三个维度着力,进一步推动"两区"建设跑出加速度、增强显示度。

(一)"两区"建设的制度创新和改革深化需要完善的法治保障

无法治则无善政,遵循法治化建设道路是"两区"建设的必然要求。"两区"建设按照以改革促创新,以法治促改革,以及"凡属重大改革都要于法有据"[3]的要求,无论是围绕制度创新开展国际高水平贸易协定先行先试,还是在防范系统性风险上,都必然需要在法治的轨道上有序推进,建立一个涵盖立法、执法、司法以及涉外法治的"全方位"法治保障体系,构建涵盖鼓励科技创新、助力服务业开放、支持数字经济发展等多个层面的"全覆盖"法治保障体系[4]。

具体而言,全方位法治保障体系要坚持立法先行,一方面通过立法作出一系列重要制度设计,提升制度创新系统性和集成性、深化"放管服"改革

---

〔1〕 北京经济技术开发区:《北京"两区"方案251项任务全面落地实施》,载 http://kfqgw.beijing. gov. cn/zwgkkfq/ztzl/lqztkfq/kfdtkfq/202201/t20220121_2597335. html,最后访问日期:2022年5月27日。

〔2〕 曹政:《二〇二二北京新闻中心举行北京"两区"建设专场新闻发布会 以首善标准打造高水平开放新高地》,载国际科技创新中心:https://www. ncsti. gov. cn/kjdt/lqjs/lqdt/202202/t20220211_58652. html,最后访问日期:2022年4月23日。

〔3〕 中共中央总书记、国家主席、中央军委主席、中央全面深化改革领导小组组长习近平2014年2月28日下午主持召开中央全面深化改革领导小组第二次会议并发表重要讲话,习近平强调,凡属重大改革都要于法有据。在整个改革过程中,都要高度重视运用法治思维和法治方式,加强对相关立法工作的协调,载新京报:https://www. bjnews. com. cn/news/2014/03/01/306863. html,最后访问日期:2022年6月20日。

〔4〕 蔡奇:《坚持以首都发展为统领 奋力谱写社会主义现代化的北京篇章》,载《人民日报》2021年5月6日,第9版。

化、拓展市场化和国际化视野等问题，实现立法和改革相互衔接与促进的目标，发挥立法的引领和推动作用，创新立法模式及法律机制，推动形成与国际经贸规则相衔接的制度体系[1]。在固化北京市先进经验和制度创新成果的前提下，作出前瞻性、指引性规范，为未来制定政策措施预留空间，为"两区"建设提供有法可依的法治保障。另一方面要建立立法调研追踪机制来思考立法是否不足，"两区"建设哪些需要突破现有法律设立新法，哪些法律对"两区"建设没用、有副作用、有反作用，哪些好的法律没有正确实施，法治共同体各自的角色是保障还是冲突。

在执法方面，应当促进行政机关和部门进行规范化执法。与"两区"建设专门立法的进行时状态不同，北京市各级行政机关和部门通过出台地方规范性文件或地方工作文件的方式，支持推进"两区"建设的具体工作细则，并在行政系统层级的指挥监督权作用下，为北京"两区"建设工作奠定执法保障基础。

在司法层面，司法机关及法律实务部门应当积极采取措施，找准司法服务保障"两区"建设的工作切口，充分发挥人民法院及仲裁、调解机构实质性化解矛盾纠纷、保障相对人合法权益、监督行政机关依法行政的功能定位，提升涉外商事审判专业化水平，完善涉外商事审判机制，加强对涉外法治人才培养及国际法研究和运用，保障"两区"建设的深入推进和贸易投资自由化、便利化政策的落实，为"两区"建设提供坚强有力的司法保护屏障。

（二）正确处理"两区"建设与法治保障的关系

国家服务业扩大开放综合示范区，是国务院 3 轮批复方案、5 年试点经验、聚焦 9 大重点领域的"产业开放"探索。中国（北京）自由贸易试验区（自贸区），总面积 119.68 平方公里，是涵盖科技创新片区、国际商务服务片区、高端产业片区三个片区的"园区开放"探索。"两区"设立是党中央、国务院着眼于世界百年之大变局，推动首都高质量发展，推进京津冀协同发

---

[1] 栗燕杰：《"十四五"时期社会保障法治建设展望："十四五"时期社会保障展望》，载王延中主编：《中国社会保障发展报告（2020）No.11："十四五"时期社会保障展望》，社会科学文献出版社 2020 年版，第 254~272 页。

展做出的重大战略部署[1]，"两区"建设的本质是建设和发展。两项政策叠加赋予北京难得的发展机遇，"产业+园区"协同开放新模式，推动全面开放新格局向纵深发展。

应当知道，建设发展与法治保障之间天然存在一定的"摩擦与张力"，"两区"建设与法治保障的关系则是油门与刹车的关系，比如，针对互联网平台经济的各种全新业态模式，明确的法治保障措施将对打击数字寡头、释放市场竞争活力、维护互联网经济安全，消解互联网平台合并产生的反竞争效应起到正向引导作用，而传统的命令控制性行政监管和司法裁判也会造成互联网贷款、区块链等业态的一刀切，减损了金融、数字经济领域的正常发展。2021年阿里巴巴、腾讯与美团等企业连续被国家市场监管总局查处就是例证，如何对其认定与监管，不仅关系着互联网平台的秩序维护，更是影响着数字经济领域发展的未来走向，如何保障高质量发展油门踩得更好更安全是本次研究的应有之义。

"两区"高质量发展不光是政府的事，也是市场的事。政府管规划、资源和宏观调控；市场管资源配置，管微观经济贸易活动。"两区"法治保障要使政府规划更科学、规则更合理，资源配置更公平，就要保障市场更充分、更自由、更便利，保障市场主体更愿意投资、贸易、服务，此中多是贸易、投资的事，需要企业、个人、行业组织、民间组织一同参与的事，法治保障也需要各政府部门、司法机关、民间组织、企业个人跨界合作，尽职担责。

（三）完善"两区"建设的立法创新

北京市高度重视立法保障"两区"建设高质量发展的重要作用，根据中央关于自贸区建设的工作要求，北京市从高标准推进"两区"建设的现实需要出发，坚持立法与监督工作相结合，创新工作方式，高标准推进"两区"建设工作。市人大常委会深入贯彻落实习近平总书记的重要指示精神，贯彻落实市委的重要决策部署，立足于国务院发布的《国务院关于深化北京市新一轮服务业扩大开放综合试点建设国家服务业扩大开放综合示范区工作方案的批复》，按照《中国（北京）自由贸易试验区总体方案》中"要加强地方

---

[1] 中共北京市委理论学习中心组：《以首善标准建设首都》，载《经济日报》2021年5月6日，第9版。

立法，建立公正透明、体系完备的法制环境"的有关要求，将制定《中国（北京）自由贸易试验区条例》写入 2021 年度立法计划。2021 年 7 月，市人大常委会主任会议讨论通过了《关于制定〈中国（北京）自由贸易试验区条例〉的立项论证报告》。2021 年 11 月 24 日，北京市第十五届人大常委会第三十五次会议对《中国（北京）自由贸易试验区条例（草案）》进行一审。2022 年 3 月 31 日，北京市第十五届人大常委会第三十八次会议通过了《中国（北京）自由贸易试验区条例》，自 2022 年 5 月 1 日起实施。

同时，为了同步推进国家服务业扩大开放综合示范区建设工作，根据立法工作安排，经前期调研和广泛征求意见，市商务局牵头研究起草《关于促进国家服务业扩大开放综合示范区建设的决定（草案）》（以下简称《决定》）。2022 年 4 月 19 日至 5 月 18 日，市商务局对《决定》公开征求意见，《决定》共包括指导思想和发展目标、立法原则、管理体制、产业开放、园区开放、要素供给、政策保障、营商环境、法治环境、运行机制、社会团体和市场主体职责、综合示范、发展和安全、保障措施 14 条内容，综合示范区立法在制度创新、管理体制创新以及运行机制创新等方面将发挥引领和保障作用。

"两区"立法体制机制不光体现了北京坚持深化市场化改革、扩大高水平开放的决心，以立法推进与国际先进经贸规则对标，推动由商品和要素流动型开放向规则等制度型开放转变，为服务业高质量发展营造良好制度环境，全方位推动国家对外开放进程也是"两区"立法制度创新的必由之路。"两区"立法预留制度创新空间，对标国际先进规则，深入开展了纵向、横向比较和前瞻性研究[1]，针对对标 CPTPP、RCEP 等国际规则、设立法定机构和新型研究机构、注重科技成果转化、加强立法前瞻性等关于"两区"建设制度创新的关键问题提出具体立法建议。2022 年 5 月 19 日，北京市政协"两区"建设专题调研组召开研讨会，通过对 CPTPP、DEPA 与 RCEP 的对比分析，建议考虑率先在知识产权保护、数字贸易、跨境服务贸易、金融服务等领域与 CPTPP、DEPA、RCEP 等国际高水平自由贸易协定规则积极对接，借助"两区"建设契机，推动更多重大改革在京先行先试。

---

[1] 董涛主编：《北京国际交往中心建设法治保障研究》，社会科学文献出版社 2020 年版。

规则的对接不光是国与国之间立法、政策、制度层面的对接，还包括执行机构、民间组织、经济主体的探索实践。各国国情不同，制度各异，形成和推动实施发展战略与规划的机制也不同，各国有关执行机构、民间组织的有效衔接有利于构建顺畅的交流、沟通、磋商渠道和机制，并更有效地对接相关资源，及时解决规划实施和项目执行中面临的问题和困难。例如，北京市法学会于2016年批准设立的北京融商一带一路法律与商事服务中心（以下简称"融商中心"），在RCEP生效背景下，融商中心与泰国仲裁中心、马来西亚调解中心、中非民间商会、俄罗斯工商会、巴基斯坦国际商会、哈萨克斯坦阿斯塔纳金融中心之仲裁中心与调解中心、老挝总商会、泰国工商会等签订合作协议，推动在泰国、老挝、越南等国家设立一带一路国际商事调解中心调解室，开展纠纷解决层面的实务对接。截至目前，融商中心已为国内20个自贸区进行法律与商事综合服务，与国内外70多家法院、仲裁、自贸区管委会等签订合作协议，落地调解室，通过诉调、仲调、证调、线上线下、国际国内、官方民间对接工作模式，开展调解工作。2022年，融商中心与广州汇智蓝天作为国内有关跨境电子商务相关团体标准的起草单位之一，正积极参与跨境电子商务法律服务中心平台建设相关工作，建成集专家智库指引、域外法律查明、海外贸易保护、多元化纠纷解决等服务于一体的综合平台，助力高水平对外开放。

（四）规范"两区"建设的行政执法

与"两区"建设专门立法的进行时状态不同，北京市各级行政机关和部门在"两区"方案颁布施行后，立足自身工作实际，出台了支持推进"两区"建设的具体工作细则，以地方规范性文件或地方工作文件的方式从科技创新、服务业开发、数字经济产业发展等方面为北京"两区"建设工作提供执法保障基础。

1. 助推释放科技创新活力

为破除科技创新的体制机制障碍，解决科技创新环节的痛点与难点，充分释放科技创新活力，依法保护对于经济增长和社会进步具有突破和带动作用的各类科技成果，北京市推出多项举措。例如，为有效提升科技成果转化效率，2021年1月8日，北京市科委发布《加快科技创新推动国家服务业扩大开放综合示范区和中国（北京）自由贸易试验区建设的工作方案》[1]。在知识产权保护方面，北京市知识产权局于 2021 年 2 月 3 日印发《北京市知识产权局"两区"工作推进措施》[2]。在科技创新资金保障方面，北京市财政局于 2021 年 2 月 18 日发布《北京市财政局关于"两区"建设推进工作措施》[3]。

2. 完善服务业扩大开放政策制度体系

为打造一流的法治化营商环境，进一步便利国际贸易与投资，北京市采取多项措施，提升服务业扩大开放过程中的产业竞争实力和风险防控能力。2021 年 1 月 12 日，北京市发展和改革委员会印发《北京市"两区"建设专业服务领域工作方案》[4]就围绕人才引进、资金支持、土地审批、数据流动四大要素，重点开展了推动国际职业资格认可、降低专业服务机构准入门槛、加强专业服务领域知识产权保护、加强涉外仲裁能力建设、推进服务业标准化建设、构建平台型专业服务体系、积极支持专业服务企业开展跨境"云服务"等工作。

而在经济与贸易全球化的时代背景下，法律服务水平之于国家对外开放的意义也愈来愈强，法律服务业发展是"两区"建设的重要领域，2021 年 7 月 5 日，北京市发展和改革委员会与北京市司法局会同有关部门研究制定了《北京市关于改革优化法律服务业发展环境若干措施》[5]。2022 年 2 月 10 日，"两区"建设专场新闻发布会上，北京市人力资源和社会保障局二级巡视

---

〔1〕《全文来了！加快科技创新推动国家服务业扩大开放综合示范区和中国（北京）自由贸易试验区建设的工作方案》，载北京市经济和信息化局：http://jxj.beijing.gov.cn/ztzl/ywzt/lqjs/kfdt/202102/t20210222_2286056.html，最后访问日期：2022 年 5 月 24 日。

〔2〕《关于印发北京市知识产权局"两区"工作推进措施的通知》，载北京市促进民间与社会投资信息平台：http://invest.beijing.gov.cn/xxpt/tzzc/bjszc/whcylbj/202106/t20210604_2407287.html，最后访问日期：2022 年 5 月 24 日。

〔3〕《北京市财政局关于"两区"建设推进工作措施》，载北京市人民政府：http://www.beijing.gov.cn/zhengce/zhengcefagui/202102/t20210223_2286720.html，最后访问日期：2022 年 5 月 24 日。

〔4〕《关于印发北京市"两区"建设专业服务领域工作方案的通知》，载北京市发展和改革委员会：http://fgw.beijing.gov.cn/fgwzwgk/zcgk/bwqtwj/202101/t20210126_2233137.htm，最后访问日期：2022 年 5 月 24 日。

〔5〕《北京市发展和改革委员会 北京市司法局关于印发改革优化法律服务业发展环境若干措施的通知》，载北京市发展和改革委员会：http://fgw.beijing.gov.cn/fgwzwgk/zcgk/bwgfxwj/202107/t20210720_2445119.htm，最后访问日期：2022 年 5 月 24 日。

员陆晓播介绍了为吸引和集聚国际人才、加快建设高水平人才高地、主动对接"两区"建设对人力资源服务新要求而推出的"三个目录"[1]。

3. 推动数字经济产业高质量发展

为实现数字经济产业的高质量发展，推动数字经济领域的高水平开放，充分释放外向型经济发展活力，建设具有全球影响力的数字经济先导区。2020年9月22日，北京市经济和信息化局正式发布《北京市促进数字经济创新发展行动纲要（2020—2022年）》。2020年9月21日，北京市商务局发布《北京市关于打造数字贸易试验区实施方案》[2]。2021年1月7日，北京市经济和信息化局发布"两区"建设工作方案[3]，内容包括总体思路、工作目标、重点领域开放任务、保障措施四个部分，重点聚焦互联网信息领域开放、数据"流动"、数字经济新型业态、数字经济新环境、高端产业创新开放合作五个方面。2022年5月30日，北京市经济和信息化局印发《北京市数字经济全产业链开放发展行动方案》，以"数据驱动、开放创新、应用牵引、安全发展"为原则，研提六个方面、22条改革措施，努力打造数据驱动的数字经济全产业链发展高地[4]。

（五）保障"两区"建设的司法服务

1. 强化重点领域的司法保护

2021年3月，为服务和保障北京"两区"建设，《最高人民法院关于人民法院为北京市国家服务业扩大开放综合示范区、中国（北京）自由贸易试验区建设提供司法服务和保障的意见》（法发〔2021〕11号），率先就如何支持北京"两区"建设发表意见。

---

〔1〕《北京"两区"建设将从三个维度深入推进》，载北京经济技术开发区：http://kfqgw. beijing. gov. cn/zwgkkfq/ztzl/lqztkfq/kfdtkfq/202202/t20220214_2609124. html，最后访问日期：2022年5月24日。

〔2〕《北京市商务局关于印发〈北京市关于打造数字贸易试验区实施方案〉的通知》，载北京市人民政府：http://www. beijing. gov. cn/zhengce/zhengcefagui/202009/t20200923_2088196. html，最后访问日期：2021年5月8日。

〔3〕《市经济和信息化局"两区"建设工作方案发布》，载北京市经济和信息化局：http://jxj. beijing. gov. cn/ztzl/ywzt/lqjs/kfdt/202102/t20210219_2283925. html，最后访问日期：2022年5月24日。

〔4〕《关于〈北京市数字经济全产业链开放发展行动方案〉的政策解读》，载北京市经济和信息化局：http://jxj. beijing. gov. cn/zwgk/zcjd/202205/t20220530_2724787. html，最后访问日期：2022年5月24日。

2. 推动金融审判体制机制改革

在"两区"建设中,涉及金融领域建设的任务措施有 102 项,金融服务是"两区"建设的重点工程,而怎样营造一个运行轨迹规范、纠纷解决有道的金融司法秩序,就成为司法服务保障"两区"建设的核心工作议题。

2020 年 12 月 30 日,中央全面深化改革委员会第十七次会议审议通过了《关于设立北京金融法院的方案》。会议强调,北京是国家金融管理中心,要高起点高标准设立金融法院。北京金融法院,肩负着为国家金融战略实施、加强国家金融管理中心功能建设、促进首都高质量发展,提供优质司法服务和有力司法保障的使命。2021 年 3 月 18 日,北京金融法院正式挂牌。

为提升金融审判水平,服务保障金融改革和有效防范金融风险,营造良好金融法治环境,2021 年 8 月 10 日,北京金融法院专门发布了《关于为北京"两区"建设中金融领域改革创新提供司法服务和保障的若干举措》。截至 2022 年 3 月 18 日,北京金融法院收案 6275 件,其中民事案件 4476 件,行政案件 411 件,执行案件 986 件,其他案件 402 件,累计标的额 2193 亿元[1]。

3. 营造国际化法治营商环境

"两区"建设需要营造一流市场化法治化国际化营商环境,需要提升涉外审判工作水平,加强国际商事纠纷解决机制建设,加大涉外法治人才培养力度。

根据中共中央办公厅、国务院办公厅印发的《关于建立"一带一路"国际商事争端解决机制和机构的意见》,由最高人民法院国际商事专家委员会成立,推动健全"一带一路"争端解决机制。2020 年 10 月,中国国际贸易促进委员会联合全球 40 多个国家和地区的商会法律服务机构,共同发起成立"国际商事争端预防与解决组织"[2]。北京法院 2018 年起对涉外商事案件实行集中管辖。2021 年 1 月 20 日,北京法院国际商事纠纷一站式多元解纷中心北京市第四中级人民法院挂牌成立。该中心是按照最高人民法院和北京市委、市政府关于营造市场化、法治化、国际化营商环境的要求,服务保障北京

---

〔1〕《北京金融法院亮出一周年成绩单 首批十大典型案例新鲜出炉》,载北京金融法院:https://bjfc.bjcourt.gov.cn/cac/1648195938829.html,最后访问日期:2022 年 5 月 25 日。

〔2〕何晶晶、李强:《创新自贸区海事司法机制 服务保障自贸区法治建设——专访上海海事法院院长赵红》,载《人民法治》2016 年第 12 期,第 46~48 页。

"两区"建设而设立的,是集国际商事纠纷诉讼、调解、仲裁于一体的一站式多元解纷中心,其中中国国际经济贸易仲裁委员会、北京仲裁委员会、北京市多元调解发展促进会和融商中心暨一带一路国际商事调解中心作为首批四家机构入驻。

4. 强化诉源治理和多元解纷机制

诉源治理和纠纷解决方面,《最高人民法院关于人民法院为北京市国家服务业扩大开放综合示范区、中国(北京)自由贸易试验区建设提供司法服务和保障的意见》要求北京法院要深化"多元调解+速裁"工作机制,完善司法调解与人民调解、行政调解联动工作体系,强化诉讼与仲裁、调解、公证、行政复议、行政裁决等非诉讼方式的有机衔接。2021年10月,最高人民法院印发《关于加快推进人民法院调解平台进乡村、进社区、进网格工作的指导意见》,贯彻落实了习近平总书记关于"要坚持把非诉讼纠纷解决机制挺在前面"重要指示精神,坚持和发展了新时代"枫桥经验",推动人民法院一站式多元解纷工作向基层延伸,形成"纵向到底、横向到边"基层预防化解纠纷网格,促进基层治理体系和治理能力现代化。要求人民法庭负责做好本辖区调解平台进乡村、进社区、进网格工作,融入基层解纷网格建设,这也是"两区"建设积极参与社会治理,推动区域协同开放的重要内容。

二、北京"两区"建设法治保障存在的问题与挑战

无论是统一立法理念的提出,还是多部门执法方案的出台,抑或司法保障服务的跟进,均表明"两区"建设的法治保障体系正在有序进行。在这个过程中,应以问题为导向,针对"两区"建设面临的法律问题加以讨论与研究,切实助力"两区"建设工作的顺利开展。

(一)法治营商环境仍需进一步优化

良好的营商环境是激发市场活力、增强发展动力的制度保障,也是推进国家治理现代化的重要体现。习近平总书记强调,法治是最好的营商环境。[1]李克强总理要求,要用法治化办法把改革成果固定下来。[2]

---

[1] 2019年2月25日,习近平总书记在中央全面依法治国委员会第二次会议上的讲话——《为做好党和国家各项工作营造良好法治环境》。

[2] 李克强:《在全国深化"放管服"改革 优化营商环境电视电话会议上的讲话》(2019年6月25日),载《人民日报》2019年7月29日,第2版。

2019 年 10 月 8 日，国务院第 66 次常务会议通过《优化营商环境条例》，自 2020 年 1 月 1 日起施行。2020 年 10 月，国务院启动营商环境创新试点研究工作，并于 11 月 25 日发布《国务院关于开展营商环境创新试点工作的意见》，"两区"建设工作方案明确要求推动形成统一开放的市场体系，营造市场化、法治化、国际化营商环境以及公平有序、竞争有度、监管有力的市场竞争环境。为落实国家改革任务，2020 年 3 月 27 日，北京市第十五届人民代表大会常务委员会第二十次会议通过《北京市优化营商环境条例》（已被修改），宣告首都营商环境法治化建设进入了新阶段。2022 年 1 月，北京市政府制定并印发了《北京市营商环境创新试点工作实施方案》，与 2021 年 11 月印发的《北京市培育和激发市场主体活力持续优化营商环境实施方案》，共同形成了北京"创新+活力"的新一轮改革强势，为市场主体投资兴业提供坚实的制度保障，并且围绕市场主体反映强烈的"玻璃门""弹簧门"、多头执法、重复检查、缺失信用修复渠道等问题，在商事制度改革、审批制度改革、监管制度改革、企业办理破产等方面形成了新的突破[1]。

然而，如何更好平衡"放管服"改革中政府与市场"放与管"的矛盾边界，营造一个公平有序、竞争有度、监管有力的市场竞争环境，如何加强投资者保护、提高公司治理水平、完善市场主体司法保护机制与裁判规则体系仍然需要继续寻找答案。

1. 公司类纠纷数量攀升，呈现新特征

结合北京市第一中级人民法院对 2010 年至 2020 年第三季度该院审理的公司类纠纷案件调研分析相关数据[2]可知，第一，公司类纠纷案件数量总体攀升，涉民营企业案件占比突出；第二，公司内部治理矛盾多发，同主体多连环诉讼趋势明显；第三，商业模式创新引发案件类型更新。（详见下图 1）。此外，涉及公司内部治理纠纷的案件共计 612 件，侵权类案件 205 件，其中，关联案件占比约 30%，这表明公司内部治理矛盾无法解决、公司运转失灵引

---

[1] 成协中、陈刻勤：《优化营商环境的法治保障》，载中国政法大学法治政府研究院主编：《中国法治政府评估报告（2020）》，社会科学文献出版社 2020 年版，第 225~251 页。

[2]《切实加强公司规范治理 持续优化法治营商环境——北京一中院关于公司类纠纷案件审理情况的调研报告》，载北京市第一中级人民法院：https://mp.weixin.qq.com/s/VP-ixG2cvfrxmJlcMf1-IrA，最后访问日期：2022 年 5 月 24 日。

发各类侵权纠纷及连环诉讼，导致同主体多诉讼、多案由的趋势愈发明显。

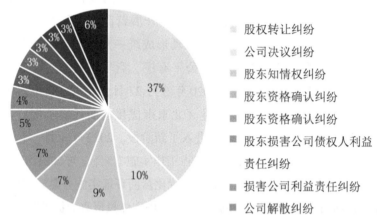

图1 2010—2020 年第三季度北京市第一中级人民法院受理的公司类纠纷案件案由分布

随着科技、经济不断发展，传统的单纯资金入股的融资模式已发生重大变革，股权融资方式逐步兴起，加之法律、司法解释对于新融资模式相关法律问题的规制与时俱进，新类型案件也应运而生。近年来，"债转股"引发的股权转让纠纷案件、股权激励与股权质押案件、涉及股权让与担保类案件、股权信托类案件不断涌现。其中，以涉及股权估值调整协议即"对赌协议"纠纷的案件尤为突出。

2. 个别领域的监管错位与监管越位问题普遍

"两区"建设中个别领域的监管错位与监管越位的问题仍然存在，投射到司法实践中，表现为公司登记类民事诉讼和行政诉讼案件多发。"强化反垄断和防止资本无序扩张"被确定为 2021 年中央经济工作会议要抓好的八大重点任务之一[1]。市场监管总局依据反垄断法，对互联网领域 22 起违法实施经营者集中案件作出了行政处罚，涉及腾讯、阿里、美团、滴滴等多家企业。2020 年 12 月 24 日，国家市场监管总局对阿里巴巴实施"二选一"涉嫌垄断行为立案调查，在 107 天后，2021 年 4 月 10 日，国家市场监管总局作出行政

---

[1] 《中央经济工作会议确定 2021 年八大重点任务》，载中国新闻网：https://www.chinanews.com.cn/gn/2020/12-18/9365827.shtml，最后访问日期：2022 年 4 月 20 日。

处罚决定，责令阿里巴巴停止滥用市场支配地位行为，并处 182.28 亿元罚款。如何对上述案件中的行为进行认定与监管，以及如何妥善处理相关问题，此类问题既涉及行政诉讼中对市场监管机关行政行为的审查，又涉及在民商事纠纷中对商事法律关系的精准把握，属于行政法与民商事法律之间的交叉地带，本质上是营商环境给国家现代化治理能力提出的更多要求。

3. 监管执法频次多，检查随意性大的问题集中

根据北京市优化营商环境条例问卷调查显示[1]，仅有不到一半的企业表示监管执法部门能够在同一时间完成多项检查以减轻企业负担。例如，《北京市优化营商环境条例》第 66 条规定，政府及有关部门制定与市场主体生产经营活动密切相关的政策措施，应当为市场主体留出一般不少于 30 日的适应调整期。但调查中有一半以上企业表示不知道、不确定该项内容。"检查中发现，一些政府部门出台的政策文件直接规定'本办法自公布之日起施行'，未给企业留出适应调整的时间。"因此导致企业面临仓促、不规范的局面。

(二) 涉外法治服务领域需进一步深化

近年来，我国高度重视涉外法律服务业发展和涉外法律服务人才队伍建设，采取了一系列措施，旨在进一步加大涉外律师人才的培养力度，着力提升我国法律服务业中律师群体的国际业务竞争力。2017 年年初，司法部、外交部、商务部等部委联合印发了《关于发展涉外法律服务业的意见》。2018 年 4 月，司法部办公厅发布《关于建立涉外律师人才库的通知》[2]。2019 年 3 月，司法部公布了《全国千名涉外律师人才名单》[3]，并在其官网开通了关于"全国千名涉外律师人才"的专项查询系统。最高人民法院国际商事法庭于 2018 年 8 月 26 日成立国际商事专家委员会，来自不同法系、不同国家、不同地区的重要国际机构负责人、法学专家、知名学者、资深法官、资深律

---

〔1〕《本市优化营商环境条例"体检报告"出炉 八成以上受访企业对本市营商环境满意》，载北京市投资促进服务中心网：http://invest. beijing. gov. cn/xxpt/xxptyhyshj/cyzcyshj/202107/t20210730_2452937. html，最后访问日期：2022 年 5 月 9 日。

〔2〕《司法部办公厅关于建立涉外企业人才库的通知》，载中华人民共和国司法部（中国政府法制信息网）：http://www. moj. gov. cn/government_public/content/2018-04/28/tzwj_18754. html，最后访问日期：2021 年 5 月 9 日。

〔3〕《全国千名涉外律师人才名单》，载全国千名涉外律师人才查询系统网：http://www. bcisz. org/plug/lawyerquery/，最后访问日期：2022 年 6 月 1 日。

师等位列其中。北京法院国际商事纠纷一站式多元解纷中心吸纳中国国际经济贸易仲裁委员会、北京仲裁委员会、北京市多元调解发展促进会和融商中心等机构入驻，助力涉外商事纠纷的化解，促进涉外司法审判与实务工作取得了很大的进展。

域外法查明方面，2018 年，最高人民法院选定了西南政法大学中国-东盟法律研究中心、中国政法大学外国法查明研究中心、武汉大学外国法查明研究中心、华东政法大学外国法查明研究中心以及蓝海法律查明和商事调解中心等 5 家专业查明机构。2019 年 11 月 29 日，最高人民法院域外法查明平台在国际商事法庭网站上线启动，支持建立系统完备的全国法院域外法查明统一平台。〔1〕融商中心也于 2019 年设立"一带一路"域外法查明中心，并已在成都、西安、广州等地开展域外法查明工作。这表明中国的域外法查明工作进入了快速发展的阶段。

但实践中，涉外司法服务领域在域外法律查明运用，外国仲裁员、调解员聘用，外籍律师、法律顾问聘任，涉外人才引进与培养等方面仍面临许多问题亟待解决，仍需深化法律服务贸易创新改革。

1. 域外法律查明面临应用性不强等困境

外国法查明的实际应用一直是困扰我国涉外民商事审判的一个难题。根据国际贸易纠纷案件的法律适用规定，当事人选择适用外国法律的，应由当事人负责提供或者证明该外国法律的相关内容，我国法院依照相关原则确定适用外国法律的，则由法院查明相关法律，但实践中因查明程序耗时长，专家证人出庭的诉讼成本高，当事人提供的域外成文法以及判例不够全面，查明途径、程序以及认定无法查明的标准，尚不够统一充分等原因〔2〕，导致部分法院以双方当事人提供的域外法相互冲突，就直接认定无法查明域外法或者有的案件应该适用域外法律而没有适用的问题。北京第四中级人民法院自 2018 年 4 月起集中审理北京市涉外商事案件，每年受理涉外商事案件近千件，其中依法需要适用域外法、涉及域外法查明的案件数量正逐年攀升。在已受

---

〔1〕 《最高人民法院域外法查明统一平台今天正式上线启动》，载中国法院网：https://www.chinacourt.org/article/detail/2019/11/id/4697254.shtml，最后访问日期：2021 年 5 月 11 日。
〔2〕 杨帅：《充分发挥首都外语类高校作用，设立外国法查明中心》，载董涛主编：《北京国际交往中心建设法治保障研究》，社会科学文献出版社 2020 年版，第 31~44 页。

理的案件中，共涉及美国、俄罗斯、印度、法国、韩国、蒙古国、利比亚、卢旺达等 10 余个法域[1]。

目前，地处北京的域外法查明机构是中国政法大学外国法查明研究中心[2]，该中心成立于 2014 年 11 月，由最高人民法院和中国政法大学共建，是最高人民法院民事审判第四庭外国法查明基地，也是最高人民院国际商事法庭专业查明机构，北京市第四中级人民法院与该中心也有相关合作，而根据中国政法大学法律服务查明中心官方显示的信息，该中心目前接受了大连海事法院关于新加坡法、北京市昌平区人民法院关于美国纽约州法、天津海事法院关于英国法、法国法、墨西哥法和宁德市中级人民法院关于蒙古国法查明的委托，出具法律意见书。最高人民法院国际商事法庭域外法查明平台共 52 名查明专家、5 家专业查明平台，共发布法律查明案例 52 件。此类服务与北京市总体的涉外案件的数量相比，还有很大的发展空间。具体而言，很多查明机构或平台只限于法院审判中的委托查明，不接受其他类型的查明，使得很多律师和需要查明的当事人等无法进行查明，这也体现在中国政法大学外国查明研究中心服务的案例中；再者由于结合学校研究的特色局限于某些地区或某些形式，又或者在对接学术方面，专家对实务尤其普通法系下的实务具有局限性，故而不能满足现实中碰到的查明需求。

2. 涉外法律服务人才存在总量偏小、质量不高、经验不足等问题

虽然我国的涉外法律服务行业取得了迅速的发展，但由于我国法律服务行业起步晚、基础差，涉外法律服务人才队伍存在总量偏小、质量不高、经验不足等问题，不能适应高水平对外开放格局和日益多元化的涉外法律服务需求。根据 2021 年 6 月，司法部对外发布《2020 年度律师、基层法律服务工作统计分析》，截至 2020 年年底，全国共有执业律师 52.2 万多人，律师事务所约 3.4 万家；涉外律师有 1.2 万余人，中国律师事务所已经在 35 个国家和地区设立 150 多家境外分支机构。虽然，经过几年的大力发展，涉外律师占我国律师群体总数的比例从 1% 提升至 2.2%。但从巨大的贸易体量和涉外法

[1]《服务保障"两区"建设，北京四中院构建域外法律查明与适用体系》，载北京日报网：https://mp. weixin. qq. com/s/ImdCLyVqqjtClatOHUzwQw，最后访问日期：2022 年 6 月 2 日。
[2]《中国政法大学外国查明研究基地简介》，载中国政法大学比较法学研究院网：http://bjfxyjy. cupl. edu. cn/wgfcmjd/zgzfdxwgcmyjjdjj. htm，最后访问日期：2022 年 6 月 2 日。

律市场需求来看，涉外律师人才数量还是呈现出极大的缺口，国内能承担高端涉外法律业务的律师不足 300 人，进入中华全国律师协会涉外律师人才库的仅有 2200 人，与国际贸易市场需求严重不相匹配。在国际争端解决领域，我国在国际组织的核心法律部门中的法律官员人数长期较少。同时，享有较高国际声誉、能够参与重大国际经贸争端审理工作的涉外法律人才还不多，在国际经贸争端解决领域话语权明显不足，大量案件流失境外。

据统计，北京市有涉外律师 2200 余人，开展涉外业务的律师事务所约 423 家。2018 年办理涉外法律服务案件 68 738 件，涉外法律服务业务和客户类型呈现多样化。执业 7 年以上的律师占 80% 以上，熟练使用英语的律师超过 80%[1]。司法部发布的《全国千名涉外律师人才拟入选名单》中，北京律师有 170 位，约占总人数的 17.26%，位列全国各省市第一。尽管北京涉外律师数量居全国前列、综合能力比较强，涉外业务经验丰富，仍普遍存在既熟悉国际规则和相关法律、又懂经济、用外语提供服务的人不多；或者既懂理论知识又能够转化为为客户提供精细专业的服务的人不多；或者既对国内情况熟悉又能够熟悉国外法域文化的人才更是少之又少。

此外，法律英语翻译的从业人员也是涉外法律服务人才的典型代表，该类人才必须具备娴熟的法律英语交际能力，同时能够胜任涉外法律翻译、谈判、管理等工作。据对京津冀地区法律英语翻译服务需求的调查分析，京津冀地区法律英语翻译业务主要靠外包解决[2]，这凸显了涉外法律翻译人才的短缺。

3. 外国人刑事司法救济缺乏指引

"两区"建设带动形成更高层次改革开放新格局，外国人来华的人数大量增加。据 2021 年 5 月 11 日公布的最新人口普查（每 10 年一次）统计数据显示，截至 2020 年 11 月 1 日共计 845 697 外籍人士生活在中国，占人口总数的 0.06%[3]。在有 2400 万人的超大型城市北京居住了 62 812 外国人[4]。在京

〔1〕 《北京涉外律师数量居全国前列》，载京司观澜：https://mp. weixin. qq. com/s/hzIZuPj-TqDI0sZJv 2ZpAQ，最后访问日期：2022 年 6 月 20 日。

〔2〕 周玲玲、太婉鸣：《京津冀地区法律英语翻译服务需求的调查分析》，载《上海翻译》2018 年第 3 期，第 32~37、95 页。

〔3〕 这个数字统计了所有在中国生活超过 3 个月的外国人。

〔4〕 《德国驻华记者专栏（China. Table）：在中国的外国人》，载微信公众号"新华二代在德国"：ht-tps://mp. weixin. qq. com/s/s3XwTMJwIaXySWA5LDwnQg，最后访问日期：2022 年 4 月 20 日。

外国人的主要居住地区是 CBD 中心区、外国使馆区、望京等地区。北京首当其冲地面临外国人犯罪难题的挑战。

《中华人民共和国刑法》第 6 条规定和《中华人民共和国刑事诉讼法》第 17 条规定规定了外国人犯罪与中国公民犯罪除了犯罪主体国籍不同外没有其他区别,同样适用我国相关刑事法律。一方面,针对上述刑事法律法规,外国人犯罪没有一个专门的机构对他们进行指引,普遍存在着不知道立案步骤、不清楚法律程序、不知道法律规定、语言不通表达不清自己的意思等现象[1]。另一方面,外国人犯罪案件一般具有较本国人犯罪更为复杂的背景和情况,从国际法的角度上看,面临着管辖与豁免、国籍国保护和人权保障等问题。随着《中华人民共和国刑事诉讼法》的生效,相应的基层公安机关和检察院具有办理外国人犯罪的管辖权,但由于缺乏办理外国人犯罪案件的实施细则和外国人刑事司法救济指引,从而增加了外国犯罪嫌疑人诉讼权利保障的难度,例如翻译权保障、领事会见权和刑事诉讼特别程序适用等问题。

（三）诉源治理和多元解纷面临新挑战

1. 金融科技等领域新业态发展、境外投资者数量增长等因素推动纠纷化解审判及调解队伍的国际化、专业化

随着数字经济的快速发展,互联网产业持续扩张,推动金融市场主体数量不断增加和活跃程度不断提升,"两区"建设的"虹吸效应"将带来案件量的直线上升,以科技与金融融合的金融产品、金融服务、跨境金融业态、新金融交易、互联网金融、数字货币、金融衍生品交易等"新交易、新模式、新业态"的纠纷案件不断增加,且纠纷数量增幅较大,传统金融纠纷解决模式已不能满足司法需求[2]。如北京金融法院 2021 年受理的"LS 资产与 XY 银行等"全国首例银行间债券市场证券虚假陈述责任纠纷案,责任认定边界

---

〔1〕 刘深深:《粤港澳大湾区外国人犯罪问题研究——以深圳 2014 年以来统计数据为样本》,载《合肥学院学报(综合版)》2021 年第 1 期,第 110~116 页。

〔2〕 薛熠等:《2018—2021 年"两区"建设背景下北京金融业扩大开放研究》,载对外经济贸易大学北京对外开放研究院研创,蒋庆哲、夏文斌主编:《北京对外开放发展报告(2021)》,社会科学文献出版社 2021 年版,第 141~162 页。

模糊，案件标的大，证据材料多，没有裁判先例可循[1]。"两区"案件呈现出的涉商、涉外、涉金融、涉知识产权等行业性、专业性特点，尽管在人民调解方面诉源治理与"三进"工作迅速推动。但这项工作还有不少短板。调解队伍水平参差不齐，非诉队伍专业化建设亟待加强。目前在调解员队伍素质及涉财、涉金融、涉外等商事案件调解方面有缺陷，区内或基层对于诉源治理、多元解纷重要意义认识不到位，党委领导、政府主导、各部门参与、法治保障的多元共治格局尚未完全形成，需要商事调解的创新来补短板、补缺位。

2. 多元解纷在设计层面与执行层面的不匹配

北京的各类调解资源全国领先，诉源治理和多元解纷架构搭建完成，也有相应的法规条例作为指引，但实践中由于诉源治理协调联动机制不健全，大部分调解组织参与能力有限，多元解纷机制实际执行和落实中存在许多问题，例如在北京法院诉调转案系统中，全市行业调解组织名录入册标准不明，一些优秀调解机构被排除在外。

3. 涉"两区"建设矛盾纠纷联动化解机制应当下沉到人民群众的解纷需求中

"两区"建设带动互联网科技、金融行业、全球化进程的迅速发展，金融、建筑、教育、物业、环境、消费、房地产、互联网、交通运输、医疗卫生等行业领域多发易发纠纷。但婚姻家庭、邻里纠纷、民间借贷等人民群众的法律纠纷，常态化疫情防控的背景之下的企业及员工的复工复产合同及用工纠纷解决也是多种巨大的需求，与人民群众利益相关的案件仍是目前司法审判的重要组成部分。本着实现好、维护好、发展好最广大人民根本利益是我国司法工作的出发点和落脚点[2]，"两区"建设的司法服务保障不光要覆盖科技创新、服务业开放、数字经济等高精尖经济纠纷领域，也要深入到人民群众的现实解纷需求中，着力解决人民群众急难愁盼问题。

---

[1]《北京金融法院成立这一年：探路金融法治，审过这些全国大案》，载京报网：https://baijiahao.baid-u.com/s？id=1728152830903055556&wfr=spider&for=pc，最后访问日期：2022 年 6 月 2 日。

[2]《北京法院新收案件首次破百万，比前一年增两成多》，载新京报网：https://www.sohu.com/a/515129384_114988？g=0，最后访问日期：2022 年 6 月 2 日。

（四）科技创新与数据安全面临新考验

1. 适应创新发展的知识产权全链条保护制度有待完善

在一个大数据、区块链和人工智能已经成为时代鲜明标签的背景下，不断加速的科技创新，带来了经济结构的转型和产业模式的变革，也不断冲击着中国旧有的知识产权保护体系。

第一，科技创新催生了更多的知识产权密集型产业，带来了量子信息、人工智能、高端芯片、区块链、生物医药、新材料等新科技革命和产业变革，智慧财产的核心竞争力是这些产业能够独立存在的一大原因，传统的知识产权保护模式不能很好地适配新兴业态的运作场景。第二，知识繁荣背景下的新兴业态，形成了无边界的多元融合产业形态，超越了传统的产业划分模式，这就要求知识产权法律保护体系不能再拘泥于传统的部门法区分，而是要建立一个横跨不同部门法的全链条知识产权保护体系。第三，在知识产权保护上还存在管辖设置不尽合理、调查取证困难、涉外程序规则缺失等问题。

2. 数据跨境流动安全监管需要在有条件的地方先行先试

"两区"建设中一个重要发力点就是推动关键要素开放、发展以数字经济为主要特征的自由贸易试验区。数据作为一种新型生产要素和核心资源，是数字经济的基础，其要产生经济价值，就必然进行流通流动。数字贸易已成为国际贸易发展的新趋势，北京要打造的数字贸易试验区也必然会产生海量数据跨境流动。

然而，无序的流动可能会侵犯个人隐私、危害公共利益、威胁国家安全。我国作为全球重要的数字产业大国，在坚持以"自由流动"为基础原则的同时，更要强调"安全流动"的限制性立场，所以要必须同步探索数字经济治理体系，防范化解数据跨境流动带来的风险挑战。《中华人民共和国网络安全法》和《中华人民共和国数据安全法》明确了个人数据和重要数据出境的安全监管要求，但具体落实到数据跨境传输如何监管、如何在鼓励发展的同时确保安全都尚未最终明确，迫切需要在有条件的地方先行先试，为顶层设计提供可靠经验。

3. 数字经济的法治保障需进一步完善

"两区"建设致力于打造数字经济试验区，创新数字经济发展环境，发展数字经济新业态。但是，作为数字经济发展动力的数字技术，正在不断突破与冲击传统法律规则构建的产业秩序，如何对其加以良好规制成为当下不得不思考的问题。第一，数字经济的发展可能造成规则缺漏、放大侵权风险。深度发展的数字技术已经改变了传统商业活动的运作模式，导致出现法律规则的疏漏。随着人工智能的不断发展，侵权人可以通过算法技术精准地为特定个体画像，并实施更具迷惑性和主体适配性的侵权活动，放大侵权风险。第二，现有法律体系难以完全应对基于数字技术展开的经济活动。此类经济活动更多强调市场主体之间的自我规制，若直接适用传统法律规则加以监管，很可能造成规制冗余，增加企业合规负担，抑制新业态经济的创新活力。

从整体上来看，现行法律体系对于数字经济的回应仍然不够清晰，对于新兴业态以及高新技术企业的数据权利保护，仍然处于摸索起步阶段。北京要打造数字经济试验区，就需要为数字经济发展造成的上述挑战和风险提供更为完善的法治保障〔1〕。

三、北京"两区"建设法治保障的完善建议

（一）积极参与诉源治理，提升涉"两区"特色矛盾纠纷联动化解实效

基于前述的多元解纷新挑战，应当看到，当前"两区"建设及金融行业发展呈现许多新的特点，案件纠纷也日趋复杂、类型新颖，需要既懂法律又懂交易规则和行业惯例的专业人士来调处，市场主体通常也希望能够迅速解决金融纠纷或争议，选择调解是以人民群众能够理解和接受的方式，超越审判教条达到你情我愿定分止争的目的，起到既能兼顾双方合法权益又能实质性解决纠纷的效果。因此，涉"两区"特色矛盾纠纷联动化解机制可以从以下层面进行完善。

一是凝聚各方合力，共同构建"两区"纠纷源头预防和多元化解综合机制，构建"人民法院—专业行业调解组织—村（社区）/乡镇（街道）"三方合作纠纷源头化解路径，通过多元主体参与共同化解纠纷，形成"两区"特色纠纷解决新模式。二是通过诉前调解，畅通诉调对接路径，消除诉调工作藩篱，引入优质调解资源参与金融及各类案件纠纷化解，推广运用融商中

---

〔1〕 成协中：《北京市法治政府专题|北京"两区"建设的法治保障：现状、挑战与完善建议》，载微信公众号"法治政府研究院"：https://mp.weixin.qq.com/s/8IhbCStV6mcTVCKpkpN_iw，最后访问日期：2022年6月2日。

心与北京市朝阳区人民法院探索建立的"调解+速裁"等工作方式,减轻法院案件积压等问题。三是依托信息化为纠纷化解赋能,广泛应用在线调解平台,加快推进"互联网+多元化纠纷解决",在线集成更多解纷资源,为当事人解决纠纷提供更多选择,增强纠纷解决效能。

(二)提高知识产权和数据安全的保护,推动科技创新,打造北京"素质安全先导区"

1. 加强知识产权全链条保护,加大知识产权惩治力度

为了加强"两区"建设过程中的知识产权的保护,需要积极推动知识产权保护政策法规的落实,严厉打击侵犯知识产权的违法与犯罪行为,重点做好以下几个方面的工作。

第一,建立行政裁决与司法裁判协同并进的纠纷化解体系,加大知识产权侵犯的惩治力度。通过知识产权行政主管部门对民事侵权纠纷的介入,充分运用行政裁决制度高效便捷的特点,可以最快速、最专业、最彻底地解决大量知识产权侵权纠纷。北京"两区"法治建设应当充分发挥首都知识产权保护中心的作用,建立一个行政裁决与司法裁判协同并进的纠纷化解体系,加大知识产权侵犯的惩治力度[1],提升知识产权司法保护实效,依法依规防范垄断和不当竞争。

第二,健全证据保全和审查机制。聚焦"两区"在生命科学、人工智能、民用航空等技术领域的创新研发,切实加强涉相关产业的知识产权诉讼指引,充分发挥证据保全机制及时固定侵权证据作用,加大对举证妨碍行为的司法惩戒力度,探索与公证机关建立数据对接机制[2]。健全技术调查官制度,增强技术事实认定的准确性[3]。

第三,完善侵权损害赔偿机制。优化创新创业生态环境,准确运用知识产权侵权赔偿计算方法,努力使侵权损害赔偿与知识产权市场价值相适应,

---

〔1〕 成协中:《北京市法治政府专题丨北京"两区"建设的法治保障:现状、挑战与完善建议》,载微信公众号"法治政府研究院":https://mp.weixin.qq.com/s/8IhbCStV6mcTVCKpkpN_iw,最后访问日期:2022年6月2日。

〔2〕 柳建启、苏武博:《2019—2021年前海知识产权保护制度的创新实践与探索》,载田禾、吕艳滨主编:《前海法治发展报告 No.4(2021)》,社会科学文献出版社2021年版,第235~247页。

〔3〕 何晶晶、李强:《创新自贸区海事司法机制 服务保障自贸区法治建设——专访上海海事法院院长赵红》,载《人民法治》2016年第12期,第46~48期。

合理确定并细化损害赔偿和惩罚性赔偿计算方式，依法实施知识产权侵权惩罚性赔偿制度，降低维权成本、提高侵权代价，建立更高水平的知识产权保护制度。

第四，健全知识产权裁判机制。深化北京法院知识产权审理机制，完善知识产权刑事案件证据认定和量刑规则，加大知识产权刑事犯罪打击力度。深度参与世界知识产权组织框架下的全球知识产权治理，与多元调解机构建立涉外知识产权案件诉调对接工作机制，强化审判、执行各环节的协同推进机制。

第五，提升跨国企业和主管部门自身应对解决涉外知识产权纠纷的能力。跨国企业要熟知本国与目标国的涉外知识产权保护基本规则，建立企业自身的涉外知识产权战略规划，完善域外市场知识产权风险跟踪与预警，从各方面增强知识产权司法保护的实际效果，助力"两区"知识产权体系建设[1]。

2. 强化数据安全的保护，搭建完备数据跨境流动的监管体系

第一，要安全有序地推动政府数据与社会数据的开放和衔接，充分发挥市场主导数据流通与交易的决定性作用，最大限度地发挥数据要素的价值，推进数据资源的资产化改造。第二，要着重强调政府在数据利用产业中的地位与作用，通过发布数据流通交易指南等软法性规范，建立健全数据开放市场的交易规则和体系，打造以人工智能、数字金融、区块链为特色的丰富数据产业生态[2]。同时，当代社会面对极速更新的科学技术，政府需要认识到自身规制能力的局限，也需要认识到专业社会主体参与数字经济治理的可能，主动寻求与被规制主体的协商合作，探索打造数字时代的社会治理模式，从单纯政府监管转变为多元主体共治[3]。第三，有必要在国内全面制定相关方

---

[1] 《最高法：创新金融审判机制，支持保障国际金融中心核心区建设》，载澎湃新闻网：https://www.thepaper.cn/newsDetail_forward_16337343，最后访问日期：2022年6月2日。

[2] 岳颖岫：《把握"两区"机遇 北京如何推进外商投资》，载《中国外资》2021年第19期，第58—60页。

[3] 成协中：《北京市法治政府专题｜北京"两区"建设的法治保障：现状、挑战与完善建议》，载微信公众号"法治政府研究院"：https://mp.weixin.qq.com/s/8IhbCStV6mcTVCKpkpN_iw，最后访问日期：2022年6月2日。

面的法律规范与政策体系，同时不断提升全球数字经济规则体系的建构话语权[1]。中国社会科学院大学原副校长林维认为，"我国数字经济的发展已经逐渐走在世界的最前沿，在这一领域所出现的新问题，可能已经无法从单纯的"法律移植"或向外借鉴而得到解决，世界需要中国的数字规则"。

（三）完善体制机制，加强涉外法治人才能力建设，推动"两区"专业服务业发展

1. 引育并重，关注"一带一路"人才培养，尤其是中国对外留学培养出来的应用

当前，国际贸易投资格局正在加速演变，从国际层面来看，我国已经成为世界进出口大国，也是引进外资和对外投资的双向大国，尤其是随着"一带一路"建设的进一步深化，为教育国际交流与合作带来了新的活力。涉外法治人才的培养不仅需要加强国内相关学科与专业的建设，更要持续加大对法律学生能力建设。除需要具备扎实的法学理论功底之外，高水平的外语文书写作与沟通能力不可或缺，当前大多学子在涉外法律服务工作岗位上并不具备用英语、其他语言处理工作的能力，因此可以在以下方面加大力度。

在高校层面，要提高涉外法律人才培养标准，加强对本科生、研究生、博士外语能力的要求，其标准可以参照高校英语专业学生培养模式与要求，不仅仅局限于大学英语六级水平，法律学子基本达到英语专业八级水准。司法机构、法律服务行业、商会协会则要重视涉外法治人才能力建设，持续开展涉外法律培训，重视会计、审计、公证、鉴定等司法服务领域涉外法治人才培养。加强与我国海外法律专家学者、实务工作者的联络，注重以老带新，做好传帮带，邀请其定期归国开展外国法律规则、体系、服务培训。留学生层面，加大"一带一路"法律人才培训，展开对来华留学生中国法律培训，加大港澳台学生内地（大陆）法律培训。我国对于"一带一路"沿线国家、非洲国家留学生培养具有传统优势。根据教育部数据，2019年，来华留学学历生比例达54.6%，其中，"一带一路"沿线国家留学生成为新亮点，占比达54.1%，现任哈萨克斯坦共和国总统托卡耶夫也是北京语言大学校友。在新

---

[1] 李韵：《关于加强临港新片区法治保障的路径分析》，载《上海人大月刊》2020年第11期，第49页。

时期涉外法律人才培养与引进中，吸纳发展更多在华留学生参与我国法律查明、争议解决、跨境经贸投资等法律专业服务和制度建设，也是有效减少目前法律服务行业对外国专业人才的过度依赖的重要方式。

2. 在盘活当前国内外存量涉外法治人才基础上扩大增量

提升本土的涉外法治人才储备是一个"慢功夫"，需要长期持续的投入。要注意盘活已经成长起来的、特别能战斗的现存涉外法治人才，挖掘和培养现成的涉外法治预备人才，如"老外派"项目，包括际法律商事服务、国际商事仲裁、调解等平台和机构培养的优质法律人才都是。所谓扩大增量，就是要扶持推广发展成熟的涉外法律服务机构，"筑巢引凤"，吸引涉外法律人才，解决人才"储备在哪里"的问题，以实际项目来留住人才。

3. 开放国际合作双循环培训基地，跟进项目，开展双边法律培训

当前，北京领衔服务贸易与服务业开放综合试点，积极推进国际交往中心功能建设，全力推动"两区""三平台"建设。引育高层次、拔尖的涉外法治人才，这既是落实北京涉外法治建设的现实需要，也是建设国际交往之都成为世界交往枢纽要津的强大培训基地。

推动北京设立开放国际合作双循环培训基地，成立涉外法律人才培训港[1]，在国内外自贸区、产业园区、商会协会组织仲裁机构、调解、律师事务所等法律服务机构建立实习实践基地，对实务工作人员开展双边法律培训。京内高校、各单位可以与区内涉外法律服务平台协同合作，以"实践—培养—再实践"的模式，吸纳法律专业学子、海外留学人才、在华留学人才，使其从法律服务调解秘书、法律查明专员、智库研究员做起，形成涉外法治人才培养与现实需求间可持续的良性循环，践行培养和推送优质涉外法治人才。

4. 以外国人刑事犯罪指引和专业机构完善涉外法律服务体系

良好的刑事司法救济包括法律以及组织两个层面的指引。首先，在法律上应当有具体明确的法律依据，以刑法及刑诉法为依托，对外国人刑事犯罪的保护和处罚进行救济指引。其次，应当设立引导和解决外国人刑事犯罪等

---

[1] 北京外企人力资源服务有限公司课题组：《聚焦"两区"建设 服务人才高地 激发人才活力——以 FESCO 国际人才服务实践为例》，载张洪温主编：《北京人才发展报告（2021）》，社会科学文献出版社 2021 年版，第 130～144 页。

相关事宜的法律服务机构，为在华外国人提供更专业、更完善的法律服务体系，有效减少犯罪率。在组织上，对外国人在华涉及法律问题在咨询和聘请律师方面，探索建立专门的法律服务机构，对外国人刑事犯罪进行引导，为今后司法部门办理外国人犯罪案件提出相应的司法对策与防范措施，不但有利于预防和打击外国人犯罪案件，而且能够更好地保障外国犯罪嫌疑人的诉讼权利。

（四）提升企业合规水准，落实最高检等部委企业合规第三方监督评估机制

2018年11月，国务院国有资产监督管理委员会发布了《关于印发〈中央企业合规管理指引（试行）〉的通知》[1]（国资发法规〔2018〕106号），12月26日，又发布了《关于印发〈企业境外经营合规 管理指引〉的通知》[2]（发改外资〔2018〕1916号）。这两份文件为企业的合规体系建设提供法规遵循。2019年12月22日，中共中央和国务院联合发布了《中共中央 国务院关于营造更好发展环境支持民营企业改革发展的意见》。2020年3月以来，最高人民检察院部署启动"企业合规改革试点工作"。2021年6月，最高人民检察院、司法部、财政部、生态环境部、国务院国有资产监督管理委员会、国家税务总局、国家市场监督管理总局、中华全国工商业联合会、中国国际贸易促进委员会等九部门联合印发《关于建立涉案企业合规第三方监督评估机制的指导意见（试行）》，在总结前期企业合规试点工作经验基础上，探索建立"检察主导、各方参与、客观中立、强化监督"的第三方监督评估机制，对检察机关职责、巡回检查机制、回避制度等均作出专门规定。2022年4月2日，最高人民检察院会同全国工商联专门召开会议，正式"官宣"——涉案企业合规改革试点在全国检察机关全面推开。全国工商联为推动各地同步建立和用好第三方机制，于2022年4月19日牵头，会同多部门制定《涉案企业合规建设、评估和审查办法（试行）》，开创涉案企业合规第三方监督评

---

[1] 《关于印发〈中央企业合规管理指引（试行）〉的通知》，载国务院国有资产监督管理委员会网：http://www.sasac.gov.cn/n2588035/n2588320/n2588335/c9804413/content.html，最后访问日期：2022年5月20日。

[2] 《多部门关于印发〈企业境外经营合规管理指引〉的通知》，载中华人民共和国中央人民政府网：http://www.gov.cn/xinwen/2018-12/31/content_5353734.htm，最后访问日期：2022年4月20日。

估机制新局面。

"合规"作为舶来品，经过我国本土化的改造，尤其是 2020 年 3 月以来，最高检开展的企业合规改革试点与第三方监督评估机制，使得"企业合规"一词在中国语境下有了特色内涵。"两区"建设开展以来，北京市检察机关开展企业合规改革，以改进司法办案为切入点，提升涉案企业合规案件办理质效，有助于更好服务首都"四个中心"建设，持续推进优化法治化营商环境，保障经济社会高质量发展，这也是"两区"建设法治保障的应有之义，对于推动形成以国内大循环为主体、国内国际双循环相互促进的新发展格局具有积极意义。

1. 将企业破产重整中的刑事风险化解纳入第三方监督评估机制

企业尤其是上市公司要重视企业合规，在解决金融风险、监管风险、经营危机、债务危机、破产重整等问题时，主动寻求第三方机构帮助，与监管机构和司法部门沟通，建立企业合规制度规范，重新获得发展机会。全国工商联与商会协会也应当主动与第三方专业机构合作，帮助企业获得应有的法律红利，创造良好法治环境，激发企业健康发展的内生动力。

2. 加强企业尤其是国企的合规建设和法律风险管理

总体来看，虽然国有企业已经开展了全面风险管理、内控体系建设、社会责任等与合规管理密切相关的工作，但整体上仍处于初级阶段，与国际大企业的合规管理水平相比仍有不小差距，很多国有企业还尚未形成系统的规范和有效的合规管理体系。

国有企业要适应合规管理发展趋势，坚持高质量发展理念，打破合规管理资源局限，增强合规组织机构，完善合规管理制度，理顺合规管理流程，营造良好文化氛围，全面强化合规风险防控。按照稳步推进的原则，将合规管理嵌入与主业经营相关的八大业务领域，全面推进国有企业合规管理。在合规领域有一句话，是所有中国企业都有必要听到的，那就是："如果你觉得做到合规的成本太高的话，那你试试违规的成本。"

3. 企业健全合规经营的制度、体系、流程，重视开展项目的合规论证和尽职调查，依法加强对境外机构的管控，规范经营管理行为

这里面尤其需要加强对重点环节以及重点人员（管理人员、重要风险岗位人员和海外分支负责人员等）的合规管理，包括制度制定环节、经营决策

环节等。在合规管理过程中尤其需要发挥董事会及其风险管理委员会的法律合规职能,建立权责分明的法律风险防范、企业内部控制等管理体系,将合规管理无缝嵌入企业规章制度、工作标准以及业务流程之中。

重点加强企业对高合规风险领域的管控,如反商业贿赂、公司治理、知识产权、市场竞争、政府关系、反垄断、电子合规、信息管理、跨境交易、劳动用工、税务、产品质量责任、应急管理、职业道德、消费者权益保护、环境保护、欺诈舞弊、行业特殊规定等,逐步形成"横向到边、纵向到底"全覆盖合规管理体系。

可以预见,随着我国企业合规改革工作的不断深入,它将会继续释放法律或政策上的红利,"两区"建设的法治保障也将在企业合规建设试点的方面迅速发展,并将展示出强大的生命力。

北京冬奥会法治保障研究

李 宁 杨 东*

一、北京冬奥会个人信息保护与数据跨境流动治理

（一）北京冬奥会个人信息保护面临重大挑战

1. 参会人员个人信息收集面临合法性难题

在大型赛事中，运动员通常被要求应按照参赛规则允许主办方采集和利用个人的信息数据，但往往其储存数据的安全性并不能得到保证，且形式上的"运动员同意"和被剥夺的部分自主权使得运动员难以获得平等地位，导致运动员的隐私权难以在平衡中得到保护。

2. 运动员个人信息存在泄露与非法利用风险

冬奥会运动员作为国际高水平运动员，知名度高、社会影响力大，具有强烈的"名人效应"，运动员们的数据也在运动明星的光环下自带"财产属性"。在经济动因下，非法买卖运动员个人信息的市场一直存在。

3. 冬奥会信息系统成网络攻击重点目标

大型赛事中的信息系统在技术层面上可能难以防范诸如黑客攻击在内的网络安全风险，而不断复杂化的网络安全威胁也使得提高信息系统的网络安全保护能力成为北京冬奥会面临的一项艰巨的任务。

（二）北京冬奥会赛事数据跨境流动面临合规难题

通常在奥运赛事中，承办奥运赛事的各国家或地区只是根据国际奥组委的要求，收集处理奥运会所必要的赛事以及运动员个人数据，以保障国际奥

---

* 课题主持人：李宁，北京市法学会一级巡视员；杨东，中国人民大学教授。立项编号：BLS（2021）A004-1。结项等级：优秀。

组委在全球范围内永久享有与奥运会有关的各项活动所产生数据的所有权。

1. GDPR 等对冬奥会赛事数据跨境处理设定严格合规义务

《通用数据保护条例》（General Data Protection Regulation，简称 GDPR）的管辖范围大、全球影响力广，持续影响着大型体育赛事在数据采集与治理方面的权利义务的厘定问题与规则规范问题。比如世界反兴奋剂机构就是在 GDPR 的影响下修订了原有标准，《运动员反兴奋剂权利法案》也因此被制定出台了，GDPR 虽然只是欧盟之间的条例，不是国际强行法，但却在事实层面上成了全球性法律。[1]目前，我国北京冬奥会尚未与欧盟在个人数据保护及数据流动等问题上达成共享共识，在欧盟运动员的数据采集、处理和数据的出境问题上面临着 GDPR 合规性难题。

2. 冬奥会赛事数据跨境流动与数据主权要求存在冲突

美国近些年来动作频繁，极力鼓励数据的跨境流动与共享，经常在众多国际场合公开推行较低保护水平的数据跨境流动规则，打着"数据同盟体系"的名义要求同盟国一起推行美国建立起来的这种相当宽松的数据跨境流动秩序，以获取同盟国及众多贸易伙伴的更多数据。由美国主导的一套松散的广泛式数据利用规则显然是有损于他国数据安全保护的，在跨境流动过程中存在着极大的安全隐患，因此在冬奥数据跨境流动问题上，一旦发生数据纠纷，数据主权的冲突很有可能会发生。

（三）北京冬奥会数据治理的多重策略

1. 严格遵守个人信息保护规范，恪守数据处理活动合规底线

第一，冬奥组委会应当对运动员个人信息进行范围上的划定和分级。第二，冬奥组委要根据《中华人民共和国个人信息保护法》的要求，规范运动员数据采集的手段，采集时间和空间。第三，冬奥组委会应当厘定同意形式，设置同意分级，明确运动员的真实意思表示。第四，冬奥组委会在面临解散之前，应对信息接收方做出明确要求。

2. 利用隐私计算、差分隐私保护技术为个人隐私保护建立防火墙

近来数据隐私合规科技获得了较多讨论，能以可用不可见的形式实现数

---

〔1〕 裴韵：《试析 GDPR 影响下奥运赛事承办方跨境传输个人数据的合规义务——以 2022 年北京冬奥会为例》，载《体育科学》2019 年第 7 期。

据应用。在技术层面，承载着大量运动员个人信息的综合运动会信息系统应采用先进的隐私计算、差分隐私保护技术，以便更好地保障网络空间中的运动员信息，将网络威胁风险降到低位。

3. 搭建智慧应急处理机制

在大型体育赛事中，突发情况难以预计，即使将评估的风险降到最低也无法完全杜绝紧急事件的发生，因此建立起一套综合化、智能化、效率化、精细化的应急智慧处理机制对于冬奥会来讲是必要的。在应急智慧情报信息处理上要坚持"大情报，小行动"的设计思路[1]，构建畅通的信息汇报与传递的途径，让风险信息通过区块链技术缩减传递的流程，快速提高应对效率和应对能力。

4. 妥善化解数据跨境流动规则冲突

在个人信息跨境机制的建构中，或许可以采用弹性适用主权原则的方式：一方面坚持威斯特伐利亚主权观念，将主权不可侵犯作为适用的基础；另一方面，基于跨境个人信息的多样性和信息主权属性的差异制定不同的规则，调适个人信息保护与数据跨境流动的冲突。[2]

北京冬奥组委会可以成立数据专家小组，在向国际奥委会传输相关数据之前，由专业评估小组进行数据安全评估，对于核心数据和可能会对国家安全产生威胁的相关数据进行逐个审查，精准化评估其是否达到出境标准，在主权上强调主权原则的绝对适用；而对于有纠纷、有争议的数据及具体的跨境规则方面，数据专家组可以在合理限度内进行单行处理、个案处理，积极调解跨境信息流动问题。

二、北京冬奥会网络隐性营销行为规制

（一）隐性营销行为的概念与类型化分析

1. 商标混同类的隐性营销行为

《奥林匹克标志保护条例》第 10 条对未经授权的滥用行为作出了具体规定。企业在销售的产品或者提供的服务包装、广告宣传、展销上使用奥运会

---

〔1〕 金诚、蒋文荣：《基于大数据的重大活动智能化安保模式的构建》，载《中国人民公安大学学报（社会科学版）》2019 年第 3 期。

〔2〕 吴玄：《数据主权视野下个人信息跨境规则的建构》，载《清华法学》2021 年第 3 期。

特殊标志或者销售标有奥运特殊标志的商品时必须按照规定的程序，经过权利人的授权。除未经授权类型的滥用行为外，还存在虽然具有一定授权但超越授权的越权行为，即权利人授权范围仅及奥运会特殊标志权的一部分，侵权人擅自行使未被授权的其他部分，这也属于一种滥用行为。

2. 域名抢注类的隐性营销行为

在体育赛事中，域名纠纷，尤其是域名擅自注册的情况，逐渐成为最复杂、最突出的法律纠纷类型之一，且与隐性营销行为有着相对密切的关联。体育赛事组织委员会和有关机构在申请域名注册时，通常使用赛事名称及相关简称以便公众查阅赛事信息。当作为可识别标志的域名被他人恶意抢占时，抢先占领者就极容易误导网络用户访问网站，利用比赛活动的良好商业声誉，获取不正当商业利益。

3. 与体育赛事转播权关联的隐性营销行为

随着互联网的发展，在相对传统的赛事图文、新闻报道和评论之外，通过互联网对体育赛事进行传播作为新的形式，在各大网站所占的比例不断攀升，体育赛事及相关营销活动的网络传播价值也越来越大。未经体育赛事权利人授权许可，擅自复制、传播网络体育赛事，增加了市场混淆的机会，给消费者造成虚假印象，也是一种变相的隐性营销行为。

（二）规制隐性营销行为的多重法律路径

1. 基于《奥林匹克宪章》《奥林匹克标志保护条例》的规制路径

《奥林匹克宪章》第 40 条规定除非经过 IOC 执行委员会许可，参加奥运会的选手、教练和训练员或者官员，在奥运会期间不得将本人的名字、形象用于广告目的。2018 年修订《奥林匹克标志保护条例》第 5 条规定不得以商业目的使用奥林匹克标志的几种情形，其第 6 条规定"除本条例第 5 条规定外，利用与奥林匹克运动有关的元素开展活动，足以引人误认为与奥林匹克标志权利人之间有赞助或者其他支持关系，构成不正当竞争行为的，依照《中华人民共和国反不正当竞争法》处理"。[1]

但是，《奥林匹克标志保护条例》的规定仍显得相对保守：第一，其没有明确提出"隐性营销"这一概念，不利于司法实践中处理此类行为的法律适

---

[1] 张晓娜：《〈奥林匹克标志保护条例〉修订》，载《民主与法制时报》2018 年 7 月 7 日，第 3 版。

用；第二，诚如前文所述，并非所有的隐性营销行为都是通过侵犯标志进行的，"利用与奥林匹克运动有关的元素开展活动"应当包括侵犯标志以外类型的隐性营销行为；第三，《奥林匹克标志保护条例》仅是对奥运会标志的保护，尚不能及于其他大型体育赛事中的隐性营销行为，已然不能适应我国承办的国际大型体育赛事类型和频次不断增多的新形势。

2. 基于《中华人民共和国反不正当竞争法》的规制路径

目前，学界对通过《中华人民共和国反不正当竞争法》（以下简称《反不正当竞争法》）来规制大型体育赛事中的隐性营销行为的呼声较高。但是《反不正当竞争法》第 1 条明确规定，该法的立法目的是对经营者和消费者的合法权益进行双重保护，而对大型体育赛事中隐性营销行为的规制还应当包含对主办方正当利益的保护以及对赛事可持续发展的维护，涉及的关系或者利益较为宽泛，单纯依靠《反不正当竞争法》可能尚不足以涵盖。

3. 基于《中华人民共和国商标法》的规制路径

有学者认为应通过《中华人民共和国商标法》（以下简称《商标法》）对隐性营销行为加以规制，例如将奥运标志作为"官方标志"规定在《商标法》中予以保护。但利用《商标法》进行规制存在以下问题：体育标志是大型体育赛事所使用的，是表现该赛事精神内核和特征的标志，而商标则是生产者、经营者用以区分不同产品或服务，便于公众进行消费选择的标志[1]，二者有别。

4. 基于《中华人民共和国著作权法》《信息网络传播权保护条例》的规制路径

《中华人民共和国著作权法》（以下简称《著作权法》）第 64 条规定，计算机软件、信息网络传播权的保护办法由国务院另行规定。根据这一规定，国务院于 2006 年制定了《信息网络传播权保护条例》（已被修改）。该条例严格保护著作权人、表演者、录音录像制作者等权利人利益，同时协调了其与网络服务商、社会公众利益之间的平衡，为相关部门处理网络版权纠纷提供了法律依据。但是，在实践中被授予赛事专有直播权的主体与授权主体之间签署的合同具有相对性，且其他主体的"侵权"行为客体尚且需要更加细致

---

〔1〕 徐康平、郝琳琳等：《体育知识产权保护问题研究》，法律出版社 2015 年版，第 37 页。

的界定。

（三）北京冬奥会隐性营销行为的系统性法律规制方案

首先，要明确隐性营销的规制范围。为避免打击范围过于宽泛，应以"故意误导公众"作为隐性营销行为的构成要件之一，应严格区分"商业领域"和"非商业领域"的营销行为，对于支持体育赛事的公益活动不应视为隐性营销行为加以规制。

其次，在损害结果的认定上，可以借鉴反倾销领域的立法，将"实质损害"和"实质性损害威胁"作为隐性营销行为的损害标准，立法部门应通过实证调查和案例整理，对隐性营销行为的表现形式作出列举。

再次，要明确法律责任及举证责任。商家应在接到禁止令后立即停止或纠正广告、活动内容，并通过全国性媒体向社会公众予以澄清；另外，如果商家雇请的营销机构、律师事务所等参与隐性营销或对隐性营销行为产生效果起到实质性协助作用的，也应承担相应责任。在举证责任方面，可借鉴美国《兰汉姆法》的规定，采"谁主张谁举证"的原则，要求原告证明隐性营销行为的存在和成立，如此可减少赛事主办方或赞助商对权力的滥用。

最后，要积极主动对热点的法律问题作出回应，以弥补法律自身的滞后性。例如，随着信息技术的发展，网络逐渐开始成为隐性营销行为的新阵地，应将域名抢注、浏览器劫持等新型的隐性营销方式纳入规制范围。

三、北京冬奥会赛事节目转播权保护

（一）冬奥会赛事节目转播权保护面临多重挑战

1. 现行法律体系打击盗播行为能力有限

一方面，现行法对于体育赛事节目的法律性质并未给出明确归属，另一方面，现行法对于赛事节目转播侵权行为打击力度不够。《著作权法》在规制侵权行为时认为，只要侵权者不以营利为目的，就不能开启刑事法律的大门惩罚相关行为人。此外，尽管我国有相关法律规范要求追究侵权者的民事赔偿责任，但对于盗播行为而言则只有一个较为模糊笼统的处罚界限。

2. 盗播媒体手段多样，过度逐利

我国体育赛事播放拥有广阔的经济市场，互联网模式下媒体的获利模式使盗播者敏锐地嗅到了生财之道。他们将偷偷拍摄的体育赛事视频放在自建网站上供用户浏览观看，再通过接收广告推广服务费等方式收回成本并赚取非法利益。随着信息科技和互联网媒体技术的高速发展，盗播侵权行为影响范围之广，以致在全世界都能随时获取盗播链接，其影响极其恶劣。对于部分技术性盗播者来说，他们拥有更高超的手段隐匿自己的侵权行为。

3. 盗播证据搜集成本过高

盗播平台基于计算机和互联网的便捷性和低成本性，能够轻而易举地进行大量侵权行为，一个盗播平台可以涉及多个被侵权事件，且不用顾及政策的影响[1]。如果赛事媒体坚持维权，则会在证据搜集、保存、诉讼上耗费大量的人力物力，甚至会付出更大的代价。因此很多赛事媒体往往无暇顾及盗播者的侵权行为，而这种态度往往又加剧了盗播现象。

4. 盗播市场需求大，不正当竞争频发

我国巨大的人口基数和数字经济市场为体育赛事的发展提供了土壤，但体育赛事市场主体并没有满足民众的需求，我国体育赛事市场也没有很好地得到开发。转播权的价格突飞猛进，竞争异常激烈。新媒体平台并不只授予了体育赛事转播权的单一权利，还包括有二次开发权和运营权等，随着资本的涌入和以互联网媒体为代表的新媒体的全面参与，转播权竞争中出现的经济性垄断现象较为严重。[2]在这样的背景下，市场的缺口与垄断现象使得不正当竞争行为频发的部分媒体只能通过盗播的方式攫取经济利益。

(二) 全方位、多角度构建北京冬奥会赛事节目转播权法律保护

1. 基于著作权法为冬奥会赛事节目转播权提供保护

我国虽有《著作权法》，但因为对体育赛事节目的法律性质认定不统一使得其长期没有实现理想的保护效果。因此，由相关部门明确体育赛事转播权的法律性质，为打击体育赛事节目转播权侵权提供合法的依据。此外，可以携手行政机关继续应用重点作品版权保护预警制度联合打击非法转播侵权行为，重点打击公众账号，特别是短视频、直播平台账号未经授权集中批量在网络平台上传、传播的北京冬奥会赛事节目行为；严厉打击公众账号提供冬奥会节目盗播链接的行为；着力整治网站、APP 等未经授权非法转播冬

---

[1] 如 2019 年腾讯体育基于国内政策导向暂停了对 NBA 的直播，但盗播平台无需顾及政策压力，依然可以通过技术手段截取美国直播信号，在国内进行赛事直播。

[2] 刘亚云、罗亮、马胜敏：《我国体育赛事转播权垄断问题及应对策略》，载《体育学刊》2021 年第 2 期。

奥会赛事节目的行为。

2. 以邻接权保障北京冬奥会赛事节目转播

我国《著作权法》第46条规定了"广播组织权",其权利主体是电视台、广播台,但并未将互联网媒体、自媒体等纳入到主体保护范围,这就导致取得合法授权的网络媒体公司在遭遇侵权时难以凭借《著作权法》进行维权。为维护2022年冬奥会赛事节目的正常传播,有必要认真分析广播组织权保护途径中存在的法律漏洞。根据我国目前的实践,电视台所发射或转播的节目信号是由法律予以确认和保护的,当中央电视台在直播冬奥会赛事时,当然可制止他人非法录像和转播。电视台将直播完毕后的冬奥会赛事保存记录以后,即属于录像制品,受《著作权法》的保护。

3. 基于财产权保护北京冬奥会赛事节目转播权

利用财产权保护,在民法的框架下,以无形财产权、物权等民法和相关法律上的权利模式进行保护。目前在学界,基本上没有异议的是,体育赛事转播权属于赛事主办单位。这是一种静态的权利,属于财产权的一种形态,因为不具有物质实体的表现形式,所以是无形财产权。[1]考虑到冬奥会权利保护的实际需求,兼考虑我国赛事转播主体的实践,应当认为无形财产权说无法恰当地保护本次冬奥会转播媒体的合法权益,但是可以用来保护赛事主办方的原始支配权。

4. 通过《反不正当竞争法》保护北京冬奥会赛事节目转播权

《反不正当竞争法》第2条第1、2款规定,经营者在生产经营活动中,应当遵循自愿、平等、公平、诚信的原则,遵守法律和商业道德。本法所称的不正当竞争行为,是指经营者在生产经营活动中,违反本法规定,扰乱市场竞争秩序,损害其他经营者或者消费者的合法权益的行为。该条款规定为转播权的保护留下了余地,在司法实践中也为受害者获取补充保护途径提供了良好的法律依据。

5. "转播权保护科技"——以中国移动咪咕公司的"区块链+版权"为例

科技发展在为版权保护制造挑战的同时,也带来了新的反制盗版的技术手段,能够有效提升规制侵权行为的效率及精准度,显著降低权利人的维权

---

〔1〕 冯春:《体育赛事转播权二分法之反思》,载《法学论坛》2016年第4期,第130页。

成本。中国移动咪咕公司在这方面进行了有益的探索与尝试，研发出防盗链技术、视频指纹技术、全网监测技术等监测工具。政府部门可以在这一过程中有所作为，通过出台技术标准等方式积极推进相关技术的普及和应用，持续提升我国的体育赛事节目保护水平。

四、北京冬奥会场景下数字人民币试点法律保障

（一）北京冬奥会数字人民币试点面临多重挑战

1. 数字人民币试点背后的技术支撑有待提高

在冬奥会期间，境内外消费者可根据自身习惯及使用偏好自主选择手机APP形式的数字人民币软钱包或不依托手机的数字人民币硬钱包。其中，数字人民币软钱包服务通过数字人民币APP提供。"双离线"功能不同于移动支付，数字人民币可以理解为物权体系，不涉及信息流和资金流不同步等问题，因此可以支撑在飞机、地下室等特殊场景或特定受控的环境下使用"双离线"付款。而从上海、深圳、苏州等城市开展数字人民币试点测试、引入"双离线"功能的情况看，在技术上的储备扩充和场景上的测试范围还需要进一步提高。

2. 数字人民币试点的安全性保障需进一步提升

虽然我国已初步建成数字人民币的多层次安全防护体系，但在数字人民币的防伪防假和密码应用等安全保障方面依然面临诸多挑战。我们需要考虑如何提升数字人民币技术水平和信息安全维护能力。同时，数字人民币钱包的统筹管理有待进一步加强，央行、指定运营机构和相关商业机构在统筹建设数字人民币钱包系统过程中的协调沟通机制还不完善，大大提高了数字人民币防伪防假的成本，不利于全方位提升数字人民币的安全性。

3. 数字人民币应进一步满足零售与跨境支付需要

虽然我国已经积极开展了数字人民币跨境支付的探索，但在不断推进数字人民币跨境支付策略优化和金融基础设施建设方面仍面临一些挑战，需要进一步打破数字人民币跨境支付的壁垒。在场景的拓展方面，我们需考虑如何从集团型、连锁型商户向数量更多、范围更广的中小型商户延伸；在用户留存方面，需激励用户在不同场景下使用数字人民币并养成相应的支付习惯。

(二) 北京冬奥会数字人民币试点法律保障机制构建

1. 及时出台相关规定增强数字人民币的普惠性和便捷性

为满足北京冬奥会支付服务建设，需要出台相关规定进一步扩大数字人民币试点测试范围的应用场景，协同推进"C 端+B 端+G 端"试点并行，以消费端为基础、企业端为核心、政府端为引领，逐步完善数字人民币生态体系。数字人民币的支付形式应不拘一格，除了用手机支付的传统方式，还应在确保安全的前提下开发冬奥支付手套、支付徽章、支付服装等可穿戴支付设备，大大提升北京冬奥会参会人员对支付服务的可得性，加速数字人民币钱包的技术升级，进一步增强数字人民币的普惠性和便捷性。

2. 衔接国际支付标准促进互联互通，满足冬奥会跨境支付需求

首先，为满足 2022 年冬奥会跨境零售支付场景需要，应加快推广数字人民币在跨境电商场景中的应用，延伸数字人民币的受理边界，以数字人民币跨境支付试点提速不断拓展人民币国际化空间。[1]其次，在充分发挥人民币清算行独特优势的基础上，不断优化人民币清算和人民币跨境支付的系统布局。最后，通过加快推进多边央行数字货币桥项目的研发进展，合作探索多边央行数字货币桥在国际贸易结算和跨境资金调拨的可行性，以及央行数字货币对跨境交易全天候同步交收结算的实现，[2]进一步深化央行数字货币在跨境支付领域的探索实践，推动不同国家央行数字货币的互联互通。

3. 强化数字人民币安全体系设计和安全教育普及

推进建设坚实的网络安全深度防御体系，有效防止数字人民币系统受到网络攻击和破坏；大力推进数字人民币加密技术的研发创新，有效弥补加密技术的漏洞，确保密码应用的安全；同步推进数字人民币的推广和数字金融安全教育，加强公众对数字货币相关知识的普及和风险防范教育，引导公众理性认识数字货币。

---

[1] 熊立春、马述忠：《从传统贸易成本到数字贸易成本：内涵、特征与影响》，载《上海商学院学报》2021 年第 5 期。

[2] 《中国人民银行数字货币研究所加入多边央行数字货币桥研究项目》，载中国人民银行官网：http://www.pbc.gov.cn/goutongjiaoliu/113456/113469/4196012/index.html，最后访问日期：2021 年 2 月 24 日。

4. 优化运营体系和增强风险防控能力，防范冬奥会金融风险发生

我国应坚持风险可控原则，密切关注冬奥会数字人民币试点场景和金融市场运行动态，加快推动数字人民币对金融体系深层影响的探索研究，通过优化数字人民币运营体系设计，提升对数字人民币可能引发金融风险的防控和预判能力，以有效降低数字人民币可能带来的风险，稳妥推进数字人民币发展。

央行可通过完善数字人民币钱包额度管理的方式，强化对数字人民币大额持有的有效管控，进一步减少与银行存款的竞争，防范危机时期的挤提。借助金融科技手段精准动态评估试点期间数字人民币对货币政策传导和金融体系运行的影响，积极推动对数字型货币政策工具的探索，优化数字人民币的运营管理，以灵活前瞻的调控政策和包容审慎的运营管理态度，有效防范化解可能发生的金融风险，维护金融体系稳定。

5. 遵循"稳妥、便捷、安全、自愿"原则充分保护个人隐私

从数字人民币本身的安全性来看，在人民银行指导下，中国银行目前已初步建立数字人民币多层次安全防控体系，可通过多道防线保障生命周期安全和风险可控。从消费者个人信息安全角度来看，未来仍需根据近期已出台的《中华人民共和国数据安全法》《中华人民共和国个人信息保护法》等多部法律，加强数字人民币数据安全及隐私保护，并采取完善的制度安排和技术设计。

五、北京冬奥会"法律+科技"双维法治保障策略

（一）"科技冬奥"与数字技术治理赤字

1. 赛事辅助算法的数据需求和信息保护间界限模糊

人工智能的核心要素是数据和算法。算法决定了数据的使用方式和利用效率，而数据则是算法的基础。数据和算法相辅相成，在建造信息大厦的过程中，数据是原材料，算法则是设计结构和钢筋骨架。然而人工智能算法在满足快速发展的时代需求的同时也引发了许多伦理危机。北京冬奥会采用的一系列科技办奥应用涉及大量算法的开发、训练，但这些技术在带来优越参赛体验的同时无疑也容易诱发隐私保护问题。

2. 智慧裁判等人工智能的可问责性难题

我国制定的《新一代人工智能发展规划》提出"明确人工智能法律主体

以及相关权利、义务和责任等"。这些制度构想和法律实践的核心就是要运用现代法律主体制度，通过赋予因算法载体而存在的人工智能体相应的法律主体资格来解决财产权利归属、法律责任承担等问题。北京冬奥会智能裁判在代替人工裁判方面发挥了巨大作用，但也产生了可问责性的难题。

3. 传统法律难以应对数字技术应用带来的新问题

数字技术应用给传统法律规制带来更深远的冲击，世界主要的国家和地区纷纷出台政策性文件及时引导数字技术发展。2020 年 1 月，美国白宫发布了《人工智能应用监管指南备忘录（草案）》，从监管和非监管层面提出了对人工智能（AI）应用的相关原则和建议。该草案指导政府机构如何处理"维持美国在人工智能领域领导地位"，以支持联邦机构对 AI 应用的监管。美国政府发布《人工智能应用规范指南》文件，提出 10 条人工智能监管原则，这些原则要求避免联邦机构对人工智能应用的过度干预，强调监管的灵活性，"鼓励人工智能的创新和发展"和"减少部署和使用人工智能的障碍"。

（二）北京冬奥会"法律+科技"双维法治保障方案

一般而言，政府对于新科技业态发展与决策是建立在与之相关的特定数据基础之上的，这些特别的数据对于政府之于新科技的态度与具体的规制策略、方式、介入时机都有重大关系。过早的规制会损害创新的初始动力，过晚的规制会导致"空窗期"的发生，在此期间创新可能异化与畸变。科技变化瞬息万变，这种密切变化的现实实践导致与新科技相关的数据还未来得及积累，或者有关部门选取了错误的数据作为依据与指标。在多变、复杂且破坏式创新频发的时代，有关机关会发现自己陷入了缺乏充足数据与信息盲目规制的艰难局面，或者陷入无力之治的消极规制中。在缺乏足够数据与信息的情况下，决策者和规制者难以作出准确的评估。依据片面的或者错误的数据作出相应决策，将会产生负面效果。因此，需要能够随时发掘、采集、追踪数据的有效机制。对于冬奥会应用的人工智能算法法律规制的基本理念的转变必然带来法律规制路径的变化。

1. 赛事辅助算法的元规制治理

按照鲍德温等人的界定，元规制治理是规制对象在政府外在规制作用下，由规制客体转变为规制主体，从而采取具有内控性质的一种自我规制形式。这种规制形式具有政府规制和自我规制的双重面向。政府主要扮演着"掌舵者"的角色,自我规制者则充分发挥其在专业技术方面的优势,并根据自身行业的特点,制定相应的规制方案。这既能减少规制上的知识障碍,又能增加规制执行的灵活性,还能降低政府的规制成本。就算法的元规制治理而言,应当强调通过激励机制来促使算法控制者针对问题进行内控式的自我规制。

2. 体育赛事科技的合作治理

随着"政府—平台—商户""公权力—社会权力—私权利"三元结构治理理念的确立,政府除了需要改变过去单向度的"命令加控制"的管控方式外,还需要构建算法规制的合作治理路径。在这种合作治理中,政府监管机构应当通过"提高标准化程度和自动化程度",使用"司法测试和新技术"来敦促相关算法企业遵守法律法规和其他内控性质的规范。冬奥会赛事技术提供方等社会第三方力量应当提供全自动的算法风险分析和控制技术。算法平台和企业,应当严格履行防范算法风险的义务,不断调整信息技术系统,制定个性化的内部算法风险管理流程。

3. 算法安全风险的保险机制

算法系统的复杂性对传统的以因果关系为基础的法律责任体系形成了严峻挑战。当某个产品汇聚多种算法系统时,要想找到损害结果与损害行为之间的因果关系,难度会更大。通过传统产品责任来解决智能算法及智能系统致人损害问题愈来愈不可能,对于冬奥会赛事技术风险建立以过错责任为基础的"风险分配"责任体系更加难以实施。倘若让算法及其智能系统的开发者或经营者承担无过错责任,就势必会加大产品的生产成本,阻碍一系列赛事技术的应用与发展。

4. 以"共票"化解赛事数据利用与保护的平衡难题

数字化奥运会的成功举办离不开数据的通畅流动,冬奥数据治理也并非限制数据的流动。目前数据共享流动除受制于技术以外,更掣肘于激励不足。第一,计算能力的不足,使得分散管理,层层分包成为管理中的一种现实选择;第二,开放数据的潜在获益与维护责任不匹配,中心化管理组织往往缺乏激励,难以进行业务流程改造。基于区块链技术的"共票"理论,将合规机制直接内嵌于冬奥数据流动治理机制,同时激励数据共享流动这一行为,从而为上述问题提供有效的解决方案。

北京冬奥会法治保障研究

李　宁　刘炫麟*

以依法防控疫情为重心开展的北京冬奥会法治保障研究，能够从整体上建构北京冬奥会法治保障体系，有助于弥补当前学术研究上的不足，推进相关理论向更广、更深的方向发展，还有助于在疫情防控下为赛事的顺利举办、运动员等主体的权益保护提供法治保障，有助于促进京津冀的法治协同，有助于提高我国治理体系和治理能力的现代化水平，有助于维护我国良好的国际声誉。本课题主要研究内容包括六个方面：一是北京冬奥会公共卫生法治保障；二是北京冬奥会食品药品安全法治保障；三是北京冬奥会知识产权法治保障；四是北京冬奥会个人信息权益法治保障；五是北京冬奥会体育仲裁、反兴奋剂法治保障；六是北京冬奥会京津冀协同法治保障。

一、北京冬奥会公共卫生法治保障

（一）依法防控仍是北京冬奥会疫情防控的总体策略

严格贯彻依法行政和风险预防的理念，不仅要为政府提出的所有公共卫生防控举措提供法律依据，保障常态化的疫情防控工作得以顺利进行，也要重视风险预防，从风险识别、风险预警和风险防范措施三个关键环节严格落实。根据流行病学原理，可以证明个人健康的信息能够间接证明其是否感染新发传染病。有学者指出，健康证明的强制性比社交距离限制与防护措施更大，因为它涉及个人信息的收集和使用，并且对于不能提供相应的健康证明

---

* 课题主持人：李宁，北京市法学会一级巡视员；刘炫麟，中国政法大学副教授。立项编号：BLS（2021）A004-2。结项等级：合格。

的，个人将被禁止从事特定行为。[1]实践证明依法防控在疫情治理中成效显著，这一总体策略应当继续坚持。

（二）完善医疗隔离制度的正当程序

公共卫生安全属于更高层次的公共利益，而被强制隔离者的利益属于个人利益。强制隔离制度是以保护公共安全为目的、以限制被隔离人员自由为手段的一种预防与控制传染病的重要制度。该制度在我国抗击新型冠状病毒的过程中对控制疫情传播、保护人民群众安全发挥了无可替代的作用。[2]在全球新冠肺炎疫情的防控状态下，公民需要承担更多的容忍义务，个人的私权利也将受到一定程度的克减。此外，许多国际公约也规定了克减条款，规定了允许各成员国在满足特定条件时，对公民的某些权利进行限制。为了维系整个社会和全体公民的生存与安全，国家采取限制、剥夺公民基本权利的方式具有正当性。[3]当然，任何限制人身自由的措施都应当遵循正当程序，因此不管是在紧急状态还是常规状态下，强制隔离的程序应当符合过程、步骤、时限等方面的外在要求，这样既能规范有权机关的行为，也有助于保障公民权益，北京冬奥会期间针对参赛人员的强制隔离更应该规范程序设计，尽量避免引发法律风险。

（三）解决和预防观众政策引发的法律风险

北京冬奥会观众政策是利益平衡后的适法选择，是合法的，正当的。制定北京冬奥会现场观众观赛防疫指南，详细说明能够购票的人群，观看比赛时需要遵守的规则，观众在赛后有序离场规定，现场观众观赛防疫指南，以格式条款的方式为北京冬奥会的疫情防控法治保障提供助力。

（四）多维度应对"外交抵制"难题

充分利用《奥林匹克宪章》，为回应美国"外交抵制"寻找法律依据，并积极寻求国际奥委会和美国等国家奥委会的支持。"外交抵制"在法律上并不成立的理由有两个方面：一是随队官员出席并非必要条件；二是美国的行

---

[1] 陈云良：《新发传染病单独归类规制研究》，载《法律科学（西北政法大学学报）》2021年第6期，第3~18页。

[2] 王桢：《我国强制医疗隔离制度的理论基础、现存问题与解决对策》，载《学术交流》2020年第8期，第64~73页。

[3] 赵建文：《论人权公约的克减条款》，载《法学家》1996年第5期，第9~13页。

径要么不属于"外交抵制",要么就是企图将体育政治化,公然违反了《奥林匹克宪章》中"反对将体育运动和运动员滥用于任何政治或商业目的"的规定,严重背离了奥运会不应被政治化的奥林匹克精神。在国际法上,美国等国家的此类行为构成国际不友好行为,应予谴责。因此,有必要区别对待不同国家不出席北京冬奥会的利益考量,区分不出席北京冬奥会的理由,进而采取不同的立场和态度。一方面,对于以所谓"人权"等不正当理由抵制北京冬奥会的国家,中国应当坚决予以回击,必要时予以反制;另一方面,对于出于"疫情防控"等考量不出席北京冬奥会的国家,中国宜采取理解的态度予以回应。在冬奥会举办过程中通过实际行动有力回击美国等所谓的"外交抵制",加强对人权保障的宣传,展现中国能力和自信。制定出各种彰显保障人权的举措,疫情防控就是其中之一。严格有力的防控举措,将最大限度地保护运动员及各相关利益方的健康安全,确保北京冬奥会安全如期举办,这些举措受到了世界卫生组织(WHO)的高度肯定。

二、北京冬奥会食品安全法治保障

食品安全监管是重大赛事的基础性工作,确保食品安全对运动员来说非常重要,承办冬奥会不仅要避免在这样的大型国际赛事上发生食品安全卫生公共事件,更要为运动员提供健康食物,确保其在赛场稳定发挥。因此,有必要在现有食品安全监管规范的基础上,对食品安全监管问题进行研究,为冬奥会的顺利举办提供参考。在涉奥食品监管的具体方面,存在肉类残留药物防控规范不足、各国过敏原标准不统一、缺乏对食品传播新冠病毒的防控规范、现有立法缺乏具体实施细则等问题,对此需要从四个方面完善涉奥食品安全法律规制方案。

(一)加强对涉奥食品相关产品生产企业的监管

对于涉奥食品,我国现有法律采取的是书面审查、实地检查、抽样检验等多种监管方式相结合,实行全程监管和分段监管,整体上较为严密,但与邻国日本相比,也存在监管力度稍显不足、规定较为泛化的问题。2020年东京奥运会和残奥会组委会为食品安全专门制定了指导方针和手册,以确保运动员能够充分发挥其潜力,即确保2020年东京奥运会食品和饮料安全的指南,其规定细致全面,具有较高的借鉴和参考价值。对于涉奥食品生产企业,我国应在现有监管模式的基础上,重点推进驻点监管,加强驻点人员队伍建设，确保每一个监管点有足够的人员派驻监管，防止出现驻点监管流于形式的现象，严格落实驻点人员责任。

（二）细化相关监管措施，从源头上加强食品安全防控

现行法律法规对于冬奥会食品监管的规制较为宏观，缺乏各种生产设备、食品原材料、人员卫生、货物检验等方面专门性的具体规定，考虑到运动员的特殊性，我国对于监管措施也应作出更细致的规定。首先，从源头上规范肉类残留物的防控，谨慎选择肉类食品的供应商，避免出现多个供应商混乱的局面，保证供应商的质量。其次，从肉类食品的原材料交接、处理等一系列过程中要实施全程监管，把控好每一个细节。从源头上把控好食品安全，要从各个环节上细化，包括食品来源、准备设施检查、人员卫生管理、原材料处理、收货检查、厨房设备和水质监测检查表、食品制备、食品储存、食品温度控制和交货记录、生产设施用水等，确保食品安全。

（三）建立食品监管记录档案

对于涉奥食品各个环节的监管都应做好记录，形成监管档案，这样可以及时发现纰漏，将食品安全事故发生的风险控制在最小范围内，即使发生食品安全事故这样的最坏结果，也能及时通过监管档案溯源。我国冬奥会应从食品原材料接运的目的地、食品的存放、烹饪、食品烹饪设备等各方面进行监管记录，督促涉奥食品提供商、相关产品生产企业进行全面记录并公开。

（四）过敏原进行标注

过敏原信息不够清晰是相关涉奥食品安全监管规范文件中存在的不足。冬奥会有来自不同国家的人参加，但每个国家都有不同的过敏原清单。在第29届北京奥运会上，北京市出台了地方标准《奥运会食品安全 食品过敏原标识标注》（DB11/Z 521-2008），规定供应第29届奥运会食品过敏原标识标准的原则和内容。[1]面对各国过敏原标准不统一、运动员存在个体差异等情形，在借鉴北京奥运会过敏原标准制定的基础上，此届冬奥会也应明确过敏原的标准和内容，在统一标准的基础上，将运动员个体差异也纳入灵活处理范围。

---

〔1〕 王敏峰、夏强、王攀：《中国食品过敏原标签标注研究》，载《食品工业》2013年第12期，第189~190页。

三、北京冬奥会知识产权法治保障

互联网平台通过流量推广和话题传播，在提高推广效率和覆盖范围的同时，也对知识产权的保护造成了一定的冲击。如许多没有向奥组委和各国代表团提供相应赞助的商家会借助冬奥会的影响力来推销自身产品，以谋取经济利益。商家往往会选择隐性营销的方式，隐蔽且突袭式地开展营销宣传，避开昂贵的赞助商费用，以超低成本实现经济利益的最大化。互联网的免费传播特性，使得这种隐性营销问题更为泛滥，不仅会直接损害官方赞助商的合法经济利益和赞助积极性，也会侵害赛事主办方的合法经济利益，对赛事的品牌价值造成一定的影响。因此，有必要对上述常见于互联网的知识产权侵权行为和隐性营销行为的规制进行研究。

（一）互联网冲击下冬奥知识产权保护原则与规制

在移动互联网冲击下，冬奥会互联网知识产权保护的难点主要体现在三个方面：一是奥运会的非商业性与知识产权保护的冲突；二是互联网商业模式对冬奥知识产权保护的冲击；三是执法难度的提高和执法压力的加大。为解决多个目标之间存在的冲突，需要明确两者之间的边界，确定边界划分原则，为各方利益的平衡确定基础框架。在此基础上，才可以明确法律的规制要点，实现执法效用和冬奥会各方利益的最大化。

在进行互联网的冬奥会知识产权保护执法时，首先，需要坚守冬奥会的公共性。其次，对于冬奥会传播最大化和知识产权保护之间矛盾的协调，有必要抓住互联网营销与商业价值实现的本质，鼓励互联网平台上的用户参与冬奥会相关话题的传播，有利于促进冬奥会商业价值的实现。互联网平台上的普通用户参与到冬奥会的话题表面上可能会出现对冬奥会知识产权的侵犯，但由于普通用户缺乏相应的商业动机，不会对冬奥会商业价值的实现造成影响，反而可以提升冬奥会的话题度，这种话题传播的边际成本几乎为零，其结果相当于以较低的成本达到了与传统媒体广告相同的效果。同时商业公司的侵权行为需要监管机构重点规制，否则会对奥运赞助商经济利益的实现造成冲击。对于自媒体涉及的冬奥会商业宣传，监管者应当采取与对商业公司类似的监管态度。对于以冬奥会相关元素为主题建立的网站、论坛、社交媒体账号，或者设立网店开展奥运相关商品销售和服务的行为，由于其实质上是在冒用冬奥会官方身份开展新媒体相关宣传以谋取不正当商业利益，应当予以坚决打击。[1]

个人及公益组织和社会组织等机构如果利用冬奥会相关元素实施公益性质的隐性营销，其目的并非获取商业价值，并不会对赞助商的商业利益造成冲击。与此同时，这些宣传活动还可以很好地实现对于奥运文化和精神的传承和弘扬。如果对这些行为进行严厉打击，不仅不利于树立冬奥会的良好社会形象，也会对奥运文化的传播产生极其不利的负面影响。[2]因此，有必要限制执法范围以鼓励基于公益目的冬奥宣传活动，避免对奥运文化和精神的传播造成严重打击，倾斜性投入执法力量，以实现对于奥运知识产权的有效保护。

（二）网络平台对冬奥会著作权保护的推荐过滤义务

奥运会因其在全球的知名度以及影响力而广受关注，因此每届奥运会也会产生大量无权转播、录播、二次创作以获取流量和关注度的行为，严重损害了权利方应当享有的权益。

网络平台将奥运会的直播、转播、录屏、二次创作的作品推荐到用户主页时，平台的角色也不再是以往传统的网络空间提供者，而是一个主动的内容引导者，其在侵权中所起的作用增大，不宜通过现行传统网络平台归责路径进行追责。根据权利与义务一致原则，算法推荐内容时，网络服务提供者对作品的推送具有一定的控制力和管理能力，使视频内容由"被动呈现"转为"主动引导"，权利倾斜的改变应与相应的义务匹配。[3]但我国目前没有对体育赛事节目的法律性质作出明确的规定，也未赋予网络平台推荐内容时的相应的平台义务。

为维护著作权方的合法权益，需要引入平台推荐下的特别过滤义务，网络服务提供者在使用算法推荐时，应当对其推荐内容进行预先过滤，在著作权侵权纠纷中，使用算法推荐的网络服务提供者应当履行对其推荐的内容进

[1] 陆森召、杜长亮：《北京 2022 年冬奥会知识产权保护研究》，载《首都体育学院学报》2019 年第 6 期，第 234 页。

[2] 冯晓青、邵红红：《公共领域保留视角下奥运隐性营销的规制边界研究》，载《天津体育学院学报》2021 年第 4 期，第 410 页。

[3] 刘雅婷：《短视频平台版权纠纷间接侵权责任的认定》，载《电子知识产权》2020 年第 9 期，第 42~53 页。

行过滤审查的义务，该义务履行情况应从网络服务提供者对算法的应用程度、过滤算法的技术基础进行判断。具备过滤技术的美国 Audible Magic 公司表示，其过滤系统能在短短几秒钟内对指定内容进行版权侵权的识别，正确识别概率超过 99%，[1]对算法推荐下的内容进行著作权侵权审查减轻了网络服务提供者的审查负担与成本，使特别过滤义务成为理论合理且实际可行的网络服务提供者义务。

（三）体育明星商标抢注问题及其应对策略

奥运健儿在奥运会中夺冠的同时，他们的名字也在第一时间被申请商标。虽然这些申请一般因受到广泛关注而被及时驳回，且申请人受到了相应处罚，但仍造成了恶劣的社会影响。一旦这些商标得以成功注册，也会对体育明星的合法权益造成侵害。目前，我国缺乏对体育明星商标抢注行为的具体界定以及体系性应对策略。未来应当厘清体育明星商标抢注行为的界定标准与处理路径，包括商标法、反不正当竞争法、（人格权）侵权法等处理路径。

在具体规制体育明星商标抢注问题时，可以通过《中华人民共和国商标法》《中华人民共和国反不正当竞争法》《中华人民共和国民法典》这三个法律部门同时进行调整，以维护正常的市场秩序和体育明星的合法权益。体育明星商标抢注的实质是申请人希望通过商标申请的方式，企图在没有得到体育明星同意的前提下，将体育明星的姓名、肖像等存在潜在商业利益的元素转变为申请人所有。在具体进行鉴别时，应当考虑姓名或肖像等的精确指向性、体育明星的知名度及其涉及项目的普及度，以及是否获得明星的有效授权这三个要点。

四、北京冬奥会个人信息权益法治保障

当前，大数据在体育领域已得到广泛应用，作为隐私/信息/数据主体的运动员实际上很难切实掌握对个人信息的控制权，数据信息难以通过传统的隐私权、个人信息路径予以保护，技术在促进体育事业发展的同时，亦提高了运动员被侵权风险。此外，还存在运动员数据采集及利用"知情同意"规则形式化的问题，"信息自决权"的实际价值、应用效率和操作可能性受到非

---

[1] 曾俊：《论〈欧盟版权改革指令〉第 17 条对中国在线内容分享平台责任的启示》，载《德国研究》2020 年第 3 期，第 130 页。

议，在体育竞赛活动中，运动员数据往往由目标赛事的体育组织或所属的运动队打包控制，运动员事实上无法通过个体的协商，同意或者拒绝数据采集过程中对数据的收集和利用[1]。目前我国对于数据主体的个人数据保护主要通过隐私权路径和个人信息利益路径进行，但这两种保护方式只能够在侵权事实发生之时对数据权利人提供救济，无法充分保护运动员权利。

（一）明确运动员个人数据保护责任主体

明确运动员个人数据采集利用过程中所涉主体的权利义务，合理限制各参与主体的数据利用权限，在采集利用的过程中保护好运动员的个人数据。

首先，运动员作为个人数据的所有者，对个人数据拥有处分权，有权自主决定如何利用自身的数据，是否将数据的处分权让渡于数据采集主体，允许数据采集主体采集和利用其个人数据。在数据采集主体违反让渡于数据采集主体协议的规定时，运动员可以视违约的程度撤销或者解除协议。其次，数据采集组织者是整个运动员个人数据利用链条的第一环，包括体育赛事的主办方和体育组织，主办方应该严格遵守赛事合同，信守对各参赛国和各赛运动员作出的有关个人数据利用的相关承诺，对于在体育赛事过程中采集的运动员个人数据应只用于赛事服务这一特定目的，对数据控制权的转让进行严格限制。体育组织应客观对待数据分析结果，尊重运动员的竞技能力，强化参赛待遇的公平性，不以数据分析结果来左右与运动员的任何谈判。再次，数据采集商是为运动员个人数据利用提供服务的技术商，是运动员个人数据的直接控制者，也是使运动员相关数据真正发挥作用的直接推动者，只能通过委托合同或者项目开发协议获得运动员或者数据采集组织者的授权或者转让，才能取得数据流转的权利。最后，关于运动员个人数据的其他使用者，主要包括媒体、体育游戏开发者、博彩业、医疗公司等，以上主体对运动员个人数据的利用应该严格遵守合同的约定，并遵守相应的行业规范，进行行业自治[2]。

---

[1] 参见徐伟康、徐艳杰、郑芳：《大数据时代运动员数据的法律保护》，载《天津体育学院学报》2019 年第 5 期，第 456~460 页。

[2] 参见李智、黄琳芳：《国际体育赛事中运动员数据采集的法律规制》，载《体育科学》2020 年第 9 期，第 44~52 页。

（二）合法规制运动员个人防疫数据

为避免相关争议和争端的产生，应严格遵守中央网络安全和信息化委员会办公室于 2020 年 2 月发布的《关于做好个人信息保护利用大数据支撑联防联控工作的通知》中的相关要求，规范运动员个人数据的采集方式，合法合理规制数据采集范围。规范防疫数据的采集、限制防疫数据的使用、落实防疫数据的储存和处置。

（三）运动员数据使用中"知情同意"具体适用

对于运动员"同意"真实性难以保障的问题，应在制度设计上加强对其弱势地位的补足，巧妙设计适应大数据需求的新型知情同意模式，从整齐划一、不进行任何区分的"同意"向基于信息分类、场景化风险评估的分层同意转变，从一次性同意向持续的信息披露与动态同意转变，同时，容许使用"有条件的宽泛同意+退出权"模式〔1〕。依照隐私及个人信息侵权的风险等级及信息、数据利用的必要性、紧迫性，进行场景的象限划分，并基于不同场景的特点设定相应的知情同意模式。此外，明确"知情同意"的合法豁免包括环境豁免和合法利益豁免，并建立集体协商制度补足运动员的弱势地位。

（四）涉数据合同条款的拟定规则，完善内控与监管制度

注意发挥合同路径的事前预防及事后权利救济作用，可尝试通过合同路径，形成介于欧盟和美国个人信息立法之间宽严适度的数据保护制度。加强对于运动员数据的内部控制，设立专门的隐私保护委员会，建立完善的隐私保护制度，从立法和技术上全面保护运动员隐私，并构建起法治和自治相融合的监管主体模式，使规制既不缺位又不流于形式。

五、北京冬奥会体育仲裁、反兴奋剂法治保障

（一）冬奥会期间 CAS 临时仲裁可能面对的问题

国际体育仲裁院（CAS）发布的 2020 东京奥运会决定涉及三个方面，主要包括资格选拔纠纷、比赛场地纠纷和兴奋剂纠纷。体育仲裁遵循内部救济原则和不干涉原则：从东京奥运会期间发生的仲裁案件来看，奥运会特设仲裁庭（AHD）最重要的是在审理原则上坚持用尽内部救济，即使是在比赛场

---

〔1〕 参见田野：《大数据时代知情同意原则的困境与出路——以生物资料库的个人信息保护为例》，载《法制与社会发展》2018 年第 6 期，第 111~136 页。

地纠纷中，运动员提出仲裁之前也要先向单项体育组织内部提出申请，进行内部解决，相关体育组织内部依据该组织内部章程或者条例无法解决的，才可以向 AHD 提出上诉[1]；不干涉原则，CAS 各部门，包括 AHD，对体育技术问题不予干预，也没有权利解释涉及诸如某运动的特殊规则以及比赛计划之类的技术规范问题争议，也即对体育运动官员就比赛所做的裁判结果原则上不具有管辖权。我国作为体育仲裁领域的后起国家，具有后发优势，可以借鉴国际体育仲裁的先进经验，从而大幅度提高我国在体育仲裁领域的发展水平，并建立符合我国国情的成熟而先进的体育仲裁制度和体育争议解决机制。

（二）完善反兴奋剂体系程序规则适用体系

北京体育大学公共管理学教研室主任、冬奥文化研究中心主任邹新娴向《21世纪经济报道》记者表示："我国政府对兴奋剂一直持'零容忍'态度。"2017年至今，国家领导人对反兴奋剂先后作出了 6 次重要的指示和批示。反兴奋剂领域中案件迭出，反兴奋剂管理活动是促进比赛公平进行和保护运动员身体健康的必要环节，但也存在运动员个人权利保护的现实困境，举证责任过多地倾向于运动员增加了运动员的负担，反兴奋剂条款缺乏明确的释义，这在无形中限制了运动员的权利，并且过高的执行权限对运动员的权利空间有较大影响。目前，国际反兴奋剂环境倾向于严格责任原则，这极大压缩了运动员自身的诉求空间，因此有必要限制严格责任原则的适用，适用比例原则，非必要非特殊情况不检查，禁止过多地对运动员人格权加以限制。

（三）明确运动员在样本采集活动中的合法权利

《世界反兴奋剂条例》（WADC）中规定了运动员在样本采集活动中的权利，但其规范过于宽泛和模糊，即可以在符合《检验与调查国际标准》（ISTI）规则和具体事实的情况下，以"正当理由"排除不合理的样品采集要求。但根据运动员以往的诉求来看，无论是基于检测人员针对运动员本身的涉及人身侵害的理由还是运动员自己的原因都不能成为 CAS 裁判庭眼中的正当理由。

（四）积极推动"非法使用兴奋剂参赛罪"的设立和执行

通过严厉的刑法来规制使用兴奋剂的行为是必要的，其不仅体现在对提

---

[1] 谭兵主编：《中国仲裁制度研究》，法律出版社1995年版，第72页。

供、教唆、帮助运动员使用兴奋剂的人员身上，亦体现在对运动员自身的约束上，只有真正将整个兴奋剂使用的流程纳于刑法规制之下，才能在保障运动员身体健康的同时，更加严格地促进比赛公平。况且，这种规制力是相对的，它一方面对非法使用兴奋剂运动员以严厉惩治，另一方面变相地给所有清白的运动员提供了一针强心剂。只有在公平竞技的前提下，才能谈及对每一个运动员的权利保护。

（五）建立反兴奋剂领域运动员及时有效的救济途径

首先，规则的制定应当考量语言差异带来的理解上的隔阂，降低主观性因素带来的不公正影响；其次，适当增加授权使得更多的国家和地区的法院可以受理相关的反兴奋剂纠纷仲裁案件；最后，为了弥补运动员遭受的损失可以增加经济补偿的条款，对运动员在诉讼期间可能获得的既得利益予以合理赔偿。

六、北京冬奥会京津冀协同法治保障

（一）加强京津冀司法协作

冬奥会的顺利举行要求京津冀三地具有良好的司法协作机制，需要解决因为冬奥会发生的本国公民之间的司法问题，还需要解决外国运动员或者游客的法律纠纷。然而，如今三地的司法协作存在组织松散[1]、缺乏强制性、细致性规定等问题，导致无法完全处理跨区域的司法问题。为化解京津冀三地司法协作困境，需要从五个方面采取措施：一是加强对京津冀三地法院联席会议的组织。在冬奥会期间，应该加强对京津冀三地法院联席会议的组织，规定其召开会议的人员、条件、时间、地点等，针对一些难题进行研究，为三地法院的裁判提供指导性意见；二是明确司法协作事项和程序。针对冬奥会期间的司法协作事项可以由最高人民法院授权京津冀三地法院联席会议规定司法协作的具体内容，即各个司法协作的事项，解决司法协作的合法性问题，总结、形成、发布某些法院之间司法协作的优秀示例，发挥优秀示例的示范和参考作用，让其他法院可以根据该示例进行司法协作，解决司法协作规定原则化问题；三是统一司法裁判标准，维护京津冀区域司法实质性公平。京津冀的各个法院可以参照延庆法院的做法，与冬奥会有关的法院就冬奥会

---

[1] 陈焘、梁平：《京津冀协同发展司法服务与保障研究》，中国法制出版社 2019 年版，第 263 页。

司法服务保障等相关工作签订了司法合作框架协议，就重大案件协商研讨、执行委托等方面达成初步共识，同时建立京津冀"类案检索"系统，发挥技术在司法协同中的作用；四是建立多元纠纷调整机制。加强诉调对接，将司法打造成社会矛盾纠纷的"中转站""集散地"和"终点站"，构筑坚实的司法保障堡垒。[1]为了增加冬奥会纠纷调解的可接受性，对于外国人案件需要调解的，可以邀请精通中国法律的另一名外国人参加，或者设置数名本国知名的法学专家，帮助他们理解中国法律和道德，使他们能够接受调解结果，对于无法调解的案件，如刑事案件或者疑难案件，法院应该根据工作联系机制的研讨沟通方案进行裁判，做到裁判标准统一，处理好国内法和国际法的关系；五是协调好法院之间的利益，调动法院司法协作的积极性。

　　（二）加快完善京津冀环境法治，保障冬奥顺利进行

　　京津冀地区的环境污染尤其是大气污染问题历来较为严重，京津冀环境治理需要解决立法协同性不强、联席会议制度不完善、环境治理合作缺乏监督和公众主体参与的问题。环境保护绝不是一家之责，而应当是全社会的共同义务[2]，冬奥对于环境的清洁程度要求较高，这就对京津冀的环境污染治理提出了新的、更加严苛的治理要求，需要完善三地立法协作机制、健全联席会议制度，同时完善监督机制和公众参与渠道。公众参与是减轻公权力压力，宣传法治思维的必要途径。构建京津冀协同立法平台是从有法可依的角度来加强环保力度，而环境保护和污染治理是保障冬奥会顺利举办的重要内容。

---

〔1〕　梁平：《区域协同治理的现实张力与司法应对——以京津冀为例》，载《江西社会科学》2020年第3期，第173页。

〔2〕　牛桂香：《污染防治之区域联防联控环境法律制度研究》，山东大学2017年硕士学位论文。

政法领域全面深化改革评估指标体系研究

崔　杨[*]

一、党委政法委执法司法责任体系

（一）党委政法委执法司法责任体系改革定位

党委政法委作为党委领导和管理政法工作的职能部门，在党委领导下履行职责、开展工作，应当把握政治方向、协调各方职能、统筹政法工作、建设政法队伍、督促依法履职、创造公正司法环境，带头依法依规办事，保证党的路线方针政策和党中央重大决策部署贯彻落实，保证宪法法律正确统一实施（《中国共产党政法工作条例》第12条）。在改革定位上，根据党委政法委的基本职责及其与政法领域改革的关系，在执法司法责任体系框架下可以引申出三个方面的改革维度。

1. 政治领导与改革方向维度

党的领导反映的是政治问题，而政法工作则反映的是我国的法治问题，坚持党对政法工作的绝对领导，应当处理好政治与法治的关系。一方面，现代政治以民主为其主要表现形式，强调的是对公民权利的保护，实现的主要途径便是法治。另一方面，法律的存在需要以国家及其各级组织机构等作为重要载体，政治为法治提供了其所必需的基础和环境，而政治的性质和特点也直接决定了法治的性质与方向，从而为持续优化政治生态提供科学的法治逻辑和良好的法治环境。政治与法治的依存与辩证关系在改革问题上同样适用。一是党委政法委应准确把握政法领域改革的政治方向，确保改革定位与

　＊　课题主持人：崔杨，中共北京市委政法委副书记。立项编号：BLS（2021）A005。结项等级：
　　合格。

党对政法工作的绝对领导相契合，并切实保障在执法司法权力运行以及责任体系改革和建设过程中维护好政治安全稳定。二是党委政法委应将中国共产党的政治思想贯彻到政法领域改革的全过程、各方面，坚决抵制美西方所谓的普世价值观以及"三权分立"等思想在中国政法领域的渗透，不断提高政法干警的政治觉悟和社会主义法治理论水平，切实树立正确的社会主义法治观。三是党委政法委应将全面深化政法领域改革作为推动政法队伍建设的重要路径，坚持党管干部和党要管党、全面从严治党的原则，确保每一位政法干警都要服从党的领导，从根本上认同、践行政法领域改革理念和要求，把政治标准作为选人用人的第一标准，加快推进政法队伍革命化、正规化、专业化、职业化建设。

2. 组织协调与改革统筹维度

《中国共产党政法工作条例》颁布实施，标志着党领导的新时代政法工作的总体格局和运行体系已经形成。随着各级党委政法委机构改革任务的顺利完成，综治、维稳、反邪教等职能有序整合，统筹协调的政法工作体制机制进一步完善。相应地，以加强党的绝对领导为统领，推进政法机构职能优化协同高效，不断完善党领导下的分工负责、互相配合、互相制约的工作体制，巩固和扩大改革成果，成为党委政法委重要的改革定位。一是党委政法委应抓好政法领域执法司法责任体系各项改革任务的贯彻落实。构建党委政法委主导、政法单位主责、相关职能部门支持配合的政法领域改革工作体系，做好政法领域执法司法体制改革任务的统筹抓总，推动其与执法司法责任制改革、执法司法权力运行机制等相融合，切实将改革举措及规范化措施落实到执法办案实效上来。二是各级党委政法委应加强自身职能的改革统筹。如：健全政治督察、综治督导、纪律作风、督查巡查等制度，落实好党委政法委委员述职等制度，积极构建"协管""协查"工作机制；统筹推进综治中心、公安派出所、社区警务站、人民法庭、司法所等基层政法单位建设，充分运用政法资源和社会资源加强矛盾纠纷多元化解及诉源治理。

3. 政法领域改革与依法治国维度

党的十九届六中全会决议深刻指出："全面依法治国是中国特色社会主义的本质要求和重要保障，是国家治理的一场深刻革命。"就党委政法委与依法治国的职能关系来说：一是党委政法委应强化改革与法治辩证统一的工作理念。改革与法治如鸟之两翼、车之两轮，要坚持在法治下推进改革，在改革中完善法治。当前，我国法治体系仍存在一些短板和不足，主要表现在法治实施体系不够健全、运行不够高效，执法司法权力运行机制不科学，监督体系不严密，法治专门队伍建设有待加强等方面。解决相关领域的突出问题，根本途径在于改革。健全社会公平正义法治保障制度，完善公益诉讼制度，健全执法权、监察权、司法权运行机制，加强权力制约和监督；加快构建系统完备、规范高效的执法司法制约监督体系，加强对立法权、执法权、监察权、司法权的监督，健全纪检监察机关、公安机关、检察机关、审判机关、司法行政机关各司其职，完善侦查权、检察权、审判权、执行权相互制约的体制机制，确保执法司法各环节、全过程在有效制约监督下进行；深化执法司法人员管理体制改革，加强法治专门队伍管理教育和培养；推动扫黑除恶常态化，深化政法队伍教育整顿，依法打击执法司法领域违规违法行为。二是党委政法委应推动政法领域改革和全面依法治国工作机制协同运行。以北京为例，为全面深化各领域改革，市委全面深化改革委员会下设 10 个专项小组，其中在政法领域设置了法治建设领域改革专项小组，统筹推进政法领域改革工作。2018 年 12 月，北京成立了市委全面依法治市委员会，下设立法、执法、司法、守法、普法等协调小组。遵循改革发展规律和依法治市治国理政规律，一方面，依法治市已经成为政法领域改革的重要组成部分，北京从2017 年的司法体制综合配套改革起，已经将法治保障体系纳入改革范畴并延续至今；另一方面，政法领域改革成果应当在依法治市层面予以实践和深化，并最终内化为依法治市治理体系的一部分。因此，在法治建设领域改革专项小组与依法治市相关协调小组尚不具备截然分开的客观条件下，需要在依法治市的维度下推动执法司法责任体系落实落地。

（二）党委政法委执法司法责任体系主要指标

党委政法委执法司法责任体系涵盖了政治责任、办案责任、监管责任、责任落实四个部分，在改革定位及指标权重上，主要突出政治责任和责任落实。

1. 强化执法司法政治责任（一级指标）

主要有以下细化指标：（1）严明政治建设责任。①健全政法单位维护党中央权威和集中统一领导责任机制情况。重点考察：贯彻落实党中央重大决策部署和习近平总书记重要指示批示的督察问责机制，督察问责机制与政法单位相关自查、巡视巡查反馈问题是否实现关联运用，是否得到有效整改；完善政法机关政治督察制度以及督察落实情况报告制度，政治督察制度是否有效构建，政治督察的责任主体、规范依据、督察范围及标准、督察程序是否完善，督察结果是否与责任体系相关制度实现关联运用。②把政治标准作为选人用人的第一标准情况。重点考察：将政治标准纳入选人用人第一标准；建立健全政法干警政治表现定期收集分析制度，政治表现收集分析的信息、数据来源，政治素质识别评价机制，研发政治素质分析模型和政治素质档案模型，导入执法办案和组织人事系统。

（2）严明重大敏感案（事）件处理政治把关责任。①建立重大敏感案（事）件政治把关制度。重点考察：党委政法委政治把关制度的适用条件、程序是否完善，实际运行效果如何，政治把关与案件督办协调、重大事项请示报告制度等是否有效协同。②党委政法委对执法司法活动政治效果的评估机制建立情况。重点考察：政治效果评估是否构建与运行相关的制度机制，政治效果评估标准、流程是否完善，在个案评估、类案评估、重大事项评估等方面是否取得工作实效。③"三同步"工作机制落实情况。重点考察："三同步"工作机制的构建和运行情况，是否存在重大敏感案（事）件应报未报或将明显属于一般性执法司法争议问题报请"三同步"；"三同步"方案及其防范举措是否流于形式；对"三同步"案件是否依法发挥了协调处置职能，统筹相关职能部门的工作实效如何；建议在"三同步"机制中引入政治效果每案（事）件评估机制，由党委政法委统筹政法单位做好评估，完善评估成果的应用。

（3）严明政治风险预防预警和报告处置责任。①建立健全政治风险预警和报告处置机制情况。重点考察：建立健全国家安全社会稳定风险专项评估和重要决策合法性审查机制；完善在党委政法委执法监督工作中及时发现问题、有效反馈、果断处置各类政治风险的制度机制，推动巩固政法队伍教育整顿成果、扫黑除恶常态化，健全执法司法制约监督体系和执法司法责任体系等科学衔接，将整治任务科学嵌入执法监督职能体系；组织政法单位完善在涉及外交、国家安全、民族宗教等敏感领域执法司法工作的受案、立案、办理、信息公开等各环节的报告、研判、处置责任机制。②政治风险预警报告落实情况。重点考察：政治风险预警报告制度机制是否健全；评估周期内是否存在政治风险预警报告不及时、处置不到位、造成不良影响的情况；是否建立相应的追责问责机制。

2. 细化执法司法办案责任（一级指标）

主要有以下细化指标：规范违法办案责任追究、违法办案责任追究制度建设及运行情况。重点考察：是否建立违法办案责任追究制度，特别是法官检察官司法责任惩戒制度；是否合理界定违法办案责任及豁免范围；惩戒线索收集汇总、惩戒案件督办、惩戒审议程序是否依规有序开展，是否存在应惩戒而不惩戒、不应惩戒而惩戒情形；建议将司法责任惩戒线索与"12337"平台线索相衔接，构建线索转办及办理机制；司法责任惩戒与纪检监察机关、检察机关等是否构建有效的协同机制。

3. 严格执法司法监管责任（一级指标）

主要有以下细化指标：严格领导干部监督管理责任。领导干部因故意或重大过失怠于行使或不当行使监督管理权的，依纪依法应严格追究责任。重点考察：领导干部监督管理司法责任是否纳入惩戒机制，相关追责标准和程序是否完善，是否有效付诸实施。

4. 健全执法司法责任落实机制（一级指标）

主要有以下细化指标：（1）完善考核评价机制。①建立健全政法单位业绩考评指标和考评结果向同级党委政法委备案制度。重点考察：备案制度是否建立，实际运行情况如何，党委政法委执法监督情况是否反馈政法单位并与相关业绩考评有效衔接。②严格落实奖惩措施，考核结果的运用情况。重点考察：考核结果是否作为执法司法人员奖惩、晋升、调整职务职级和工资、退出员额、免职、降职、辞退的重要依据。

（2）完善责任追究机制。①案件评查等执法司法问题发现机制建立运行情况。重点考察：党委政法委执法监督案件评查、"12337"平台线索查办及顽瘴痼疾重点案件评查制度机制是否建立并有效实施。②完善法官检察官惩戒制度，加强党委政法委对惩戒工作的领导。重点考察：法官检察官惩戒委员会的组建及完善情况，惩戒制度规则是否符合"两高"相关规定，惩戒线索发现、提请、审议、权利救济等程序是否完备，与纪检监察是否有效衔接，党委政法委对惩戒工作的领导是否落到实处。

（3）健全依法履职保护机制。严格落实防止干预司法"三个规定"。重点考察："三个规定"相关工作统筹和信息汇总、报送、应用机制是否完善；党委政法委执法监督平台是否与政法单位记录报告平台有机贯通；对"三个规定"落实情况是否有效开展督察评估；"三个规定"的成果转化及相关履职保护机制是否健全。

（4）健全科技保障机制。①执法案件在线办理流程规则。重点考察：北京市政法办案智能管理系统（BJCM 系统）跨部门大数据办案平台建设及实际应用情况；对系统应用中存在的问题，是否履行了统筹协调、通报推动整改等工作职责。②加强对政法单位执法司法业务数据的全面管理。重点考察：跨部门大数据深度应用及智能化应用研发情况；业务数据分析研判会商工作机制是否建立。③政法部门间数据交换共享机制。重点考察：跨部门大数据协同平台能否保障数据有效共享；数据共享是否存在制度机制障碍和技术问题，能否有效解决（涉及中央事权的问题不纳入评估范围）。

二、法院执法司法责任体系

（一）法院执法司法责任体系改革定位

法院是国家的审判机关。法院通过审判刑事案件、民事案件、行政案件以及法律规定的其他案件，惩罚犯罪，保障无罪的人不受刑事追究，解决民事、行政纠纷，保护个人和组织的合法权益，监督行政机关依法行使职权，维护国家安全和社会秩序，维护社会公平正义，维护国家法治统一、尊严和权威，保障中国特色社会主义建设的顺利进行。法院实行司法责任制，建立健全权责统一的司法权力运行机制。根据法院基本职责，在执法司法责任体系框架下，主要体现为以下几个方面的内容。

1. 加强法院政治建设

坚持把政治建设摆在首位，始终在政治立场、政治方向、政治原则、政治道路上同以习近平同志为核心的党中央保持高度一致。深刻认识把握法院首先是政治机关，始终将"两个维护"作为最高政治原则和根本政治规矩。坚决贯彻习近平总书记的指示要求和党中央决策部署，坚定不移推进全面从严治党、全面从严治院、全面从严管理。旗帜鲜明反对"司法独立""三权分立"等西方错误思潮，认真落实"三同步"原则，确保案件处理政治效果、法律效果、社会效果有机统一，确保重大司法活动、重大案件处理原则、重要改革部署政治方向正确，充分发挥党组把方向、管大局、保落实的作用。

2. 完善审判权力运行体系，健全审判监督管理机制

准确把握各阶段司法体制改革的主要矛盾，强化审判权制约监督，深入推进各项改革试点，促进审判质效和司法公信力提升，推动中国特色社会主义司法制度更加成熟、更加定型。坚持"让审理者裁判、由裁判者负责"，着力构建权责利效相统一的司法权力运行体系，制定审判权力和责任清单，实行独任法官、合议庭办案责任制，充分发挥院长庭长监督管理职责，落实并完善类案检索、专业法官会议、审委会、随机分案、院长庭长办案等制度机制，确保诉讼活动各个环节的主体履责有据、行权有度。

3. 加强履职保障体系建设

加强廉政风险防控机制建设，健全落实"三个规定"工作机制，充分发挥党内监督、监察监督和政法系统内部监督的综合效能，加大违规违纪行为追责问责力度，坚持零容忍惩治司法腐败。依法依规自觉接受人大监督、民主监督、群众监督、舆论监督和检察机关法律监督，积极构建开放、动态、透明、便民、阳光的司法机制，拓展司法公开的广度和深度。应遵循司法规律，综合考虑办案数量、办案质效等因素，区分人员类别、岗位特点以及案件类型，分层分级制定针对性强、级差合理、简便易行的绩效考核办法。优化司法资源配置机制，切实提升审判效能，健全多元化纠纷解决机制，深化案件繁简分流，推进审判辅助事务集约化、社会化管理，大力推进智慧法院建设，为法院执法办案提供有力保障。

（二）法院执法司法责任体系主要指标

法院执法司法责任体系涵盖政治责任、办案责任、监管责任、责任落实四个部分。

1. 强化执法司法政治责任（一级指标）

主要有以下细化指标：（1）严明政治建设责任。①牢牢坚持党对法院工作的绝对领导，严格执行重大事项请示报告制度，严明政治纪律和政治规矩，把党的领导贯彻到法院工作各领域各方面各环节。重点考察：严格履行重大事项请示报告制度，坚持权责明晰，该请示报告的事项必须请示报告，做到"一事一请示、一事一报告"，请示报告必须全面如实，规范有序。②突出活力、战斗力、凝聚力，建强抓实基层党组织。重点考察：其一，及时选准配

强支部委员，调整充实党小组设置。其二，抓好《中国共产党组织工作条例》《中国共产党支部工作条例（试行）》等党内法规制度，提升标准化规范化水平。其三，围绕发挥党支部战斗堡垒作用、党员先锋模范作用和支部书记"第一责任人"作用，积极参加党支部书记和党务工作者培训活动。③推进党建与审判执行等业务深度融合。重点考察：其一，坚持以党建为统领，把党建工作作为机关建设的核心和灵魂，作为一切工作的根本保障，树牢"抓好党建就是最大的政绩"的理念，把党建作为"一把手工程"，摆到重中之重的核心位置，带头履行抓党建政治责任，解决"重业务轻党建"等问题，为其深度融合提供坚强有力的组织领导保证，推进党建与业务工作深度融合的局面；坚持不懈抓党建、带队建、促审判，把党建工作同推进考核与审判执行业务同谋划、同部署、同推进，实现机关党建与业务工作相互促进、深度融合的良好局面。其二，开展党建与审判执行等工作深度融合调研，各支部围绕推进党建与审判执行等工作深度融合，组织党员、干警充分发扬民主，深入讨论，献计献策，研究制定推进深度融合的措施办法。其三，各支部积极参与党建与审判执行等工作深度融合试点，总结归纳有特色、可复制、能推广的好经验好做法。

（2）严明重大敏感案（事）件处理政治把关责任。严格落实"三同步"工作要求，有序有效做好舆论引导工作。重点考察：其一，认真落实"三同步"工作要求，对于重大敏感案（事）件，发现舆情风险后第一时间提示新闻办及涉案（事）件单位。其二，在重要节点、重大部署、重点活动、重大案件中，开展舆情会商，并及时将"三同步"方案报送上级对口部门。

（3）严明政治风险预防预警和报告处置责任。①严格落实风险防控和国家安全责任及重大决策社会稳定风险评估工作。重点考察：认真开展风险隐患排查化解工作，落实风险防控和国家安全责任；严格执行重大决策社会稳定风险评估工作要求及上报。②全面落实意识形态工作责任制，扎实做好意识形态工作。重点考察：其一，认真开展意识形态领域工作，定期研判分析本部门意识形态领域情况。其二，针对可能涉及意识形态斗争的案（事）件及时请示汇报、提前制定预案，稳妥谨慎处理。其三，干警个人要严格遵守政治纪律、组织纪律和工作纪律，不得发表不当言论和虚假信息。

2. 细化执法司法办案责任（一级指标）

主要有以下细化指标：（1）规范法官办案权责。重点考察：是否细化完善本院审判权力和责任清单；是否将院长庭长、其他审判人员、法官助理、书记员的岗位职责清单和履职指引嵌入办案平台，实现对各类履职行为可提示、可留痕、可倒查、可监督；是否综合考虑人员结构、案件类型、难易程度、综合调研等因素，适应繁简分流和专业化分工需要，灵活组建多种类型的审判团队。

（2）规范司法辅助人员执法司法权责。重点考察：是否细化完善本院司法辅助人员权责清单；是否完善本院审判辅助人员、司法行政人员管理；是否严格控制司法行政人员所占比例；是否积极畅通司法行政人员与法官、审判辅助人员的交流渠道。

（3）规范法院入额领导干部带头办案责任。重点考察：是否综合考虑人员数量、案件规模、分管领域、监督任务和行政事务等因素，区分不同地区、层级、岗位，科学合理确定辖区法院院长庭长办案数量标准；是否进一步细化由辖区法院院长庭长办理的具体案件类型，完善案件识别、分配机制，推动实现智能识别、标签处理、自动分配；是否以指定分案为主，重点办理"四类案件"和发回重审案件等；高级法院是否建立监督管理与办案平衡机制，优化辖区法院审判监督、审判管理、行政管理职责，协调减少院长庭长事务性工作负担。

（4）规范违法办案责任追究。重点考察：是否健全法官惩戒工作程序；是否细化法官和审判辅助人员的责任划分标准；是否在省级层面设立法官惩戒委员会，制定本级法官惩戒委员会章程、惩戒工作规则；是否进行惩戒线索收集汇总、惩戒案件督办、惩戒审议程序依规有序开展，是否存在应惩戒而不惩戒、不应惩戒而惩戒情形；司法责任惩戒与纪检监察机关、检察机关等是否构建有效的协同机制。

3. 严格执法司法监管责任（一级指标）

主要有以下细化指标：（1）严格领导干部监督管理责任。重点考察：是否完善"四类案件"识别监管机制；是否将履行审判监督管理职责情况、分管领域审判质效总体情况，作为院长庭长综合考核评价的重要内容。

（2）严格规范审委会监督管理责任。重点考察：审委会统一法律适用和裁判尺度作用是否充分发挥；是否建立审委会委员履职考评、退出和追责机制；关联案件和类似案检索机制、专业法官会议机制和审判委员会制度是否有机衔接、形成合力。

4. 健全执法司法责任落实机制（一级指标）

主要有以下细化指标：（1）完善考核评价机制。重点考察：是否建立规范的执法司法考评机制和体系，实际运行情况如何；考核结果是否作为执法司法人员奖惩、晋升、调整职务职级和工资、退出员额、免职、降职、辞退的重要依据。

（2）完善责任追究机制。重点考察：案件评查等执法司法问题发现机制建立运行情况；法官检察官惩戒委员会组建情况，惩戒线索发现、提请、审议、权利救济等程序是否完备，与纪检监察是否有效衔接。

（3）健全依法履职保护机制。重点考察："三个规定"相关工作统筹和信息汇总、报送、应用机制是否完善；对"三个规定"落实情况是否有效开展督察评估；"三个规定"的成果转化及相关履职保护机制是否健全；是否进一步规范督察检查考核工作，坚决清理、取消不合理、不必要的考评项目和指标，切实为基层减负，为干警减压。

（4）健全科技保障机制。重点考察：是否大力推进辖区法院区块链技术应用，积极探索智能合约深度应用，加强以司法大数据管理和服务平台为基础的智慧数据中台建设；是否进一步探索拓展人工智能、5G 等现代科技在审判工作中的应用形态；是否推进以电子卷宗自动编目、网上阅卷、法律文书辅助生成、电子档案自动生成为代表的深度应用，完善"电子档案为主，纸质档案为辅"的案件归档方式。

三、检察院执法司法责任体系

（一）检察院司法责任体系改革定位

检察院作为国家的法律监督机关、保障国家法律统一正确实施的司法机关、保护国家利益和社会公共利益的重要力量、国家监督体系的重要组成部分，在党委领导下开展检察工作，应当不断强化政治责任，构建覆盖刑事、民事、行政、公益诉讼的司法责任链，依法忠实履行宪法和法律赋予的法律监督职责，通过推进、落实法治，推动检察院法律监督与其他各类监督有机贯通、相互协调，保障党的路线方针政策和党中央重大决策部署有效实施，维护国家法治统一、尊严、权威。在改革定位上，根据检察院的基本职责及其与政法领域改革的关系，在执法司法责任体系框架下可以引申出三个方面的改革维度。

1. 政治底色与政治方向维度

建设中国特色社会主义现代化强国，从来没有离开业务的政治，更没有离开政治的业务。法治工作是政治性很强的业务工作，也是业务性很强的政治工作。检察院是党和人民的"刀把子"，要深刻把握政治属性，坚持问题导向、目标导向，积极回应人民群众的新要求新期待，着力构建主体明确、范围明晰、层次分明的责任链。加快执法司法责任体系的改革和建设是司法责任制与改革、执法司法制约监督体系综合配套建设的进一步推进，直接关系到司法体制改革的成效成色，关系广大人民群众的切身利益，关系党的形象、法治的权威。检察院本质上是政治机关，应强化政治责任，筑牢政治底色，坚持讲政治与讲法治相统一，积极构建以人民为中心、覆盖"四大检察"的司法责任链。民心是最大的政治，检察院应明责定责，从政治高度认识和处理业务问题，检察监督、司法办案都要体现人民国家之情、人民立法之义，讲求政治效果、防范政治风险。

2. 体系谋划与系统统筹维度

进一步加强司法责任体系改革和建设的目的是推动司法人员担当尽职、忠诚履职，检察院应整体把握司法责任制改革中授权、制约监督和责任落实的关系，构建权责明晰的司法责任体系。要遵循司法规律，注意把握司法体制改革、政法领域改革的系统性、集成性、协同性，把深化司法责任制改革、建设执法司法制约监督体系、执法司法责任体系改革和建设与诉讼制度改革结合起来，及时总结发掘创新经验，使其与新型执法司法权力运行机制相适应。要强化主体办案责任，健全完善司法办案权责清单制度，在事实认定、法律适用等关键办案环节，决不能当"甩手掌柜"，严格落实"谁办案谁负责、谁决定谁负责"；坚持领导干部入额必办案、办案必负责原则，科学合理确定领导干部办案数量和比例标准，以领导干部"关键少数"带头履行政治和法律职责的方式，带动整体队伍提升能力水平；严格区分领导干部依法监管和违法干预过问的界限，推动检察长及业务部门负责人加强案件审核；信任不能代替监督，放权不代表"放任"，压实集体监管责任，强化检委会对重大案件和其他重大事项的决策、指导和监督职责；优化层级责任，加强上级检察院对下级院的领导，切实发挥检察一体化优势，提升检察监督公信力，维护法律统一正确实施。要强化责任落实，紧紧围绕督促、考评、追责等关键环节，积极构建司法责任追究体系，推动形成落实司法责任的有效闭环，努力做到检察权规范高效运行。运用挂牌督办、特派督导、重点督查等方式，督促解决好不作为、乱作为、以权谋私、徇私枉法等群众反映强烈的突出问题，确保民有所呼、我有所为；充分发挥检察官绩效考评的"指挥棒"作用，将考核评价作为奖勤罚懒、赏优罚劣、激励担当、追责问责的依据；更新转变考评理念，以"发案少、秩序好、社会和谐、群众满意"为目标导向。

3. 履职责任与履职保障维度

检察院依法履行法律监督职责，是我国司法制度的特色，国家经济、政治、社会、文化、生态文明等各方面工作任务都离不开有力的司法检察保障。检察院要积极参与、推动司法责任体系改革和建设，全面协调，充分履行法律监督职责，将重视法治、厉行法治落到实处，在助力国家治理体系和治理能力现代化中充分发挥检察院作用。强化明责履责是基础，强化追责问责是关键，要确保司法责任体系改革和建设实效，则必须加强履职保障。要全面加强执法司法责任保障，不断完善职业保障、履职保护、科技支撑等制度机制。要健全检察官、司法辅助人员、司法行政人员分类管理制度，探索完善层级化管理政策；建立适应执法司法责任制要求的选任、培训、晋升等制度，形成科学的检察干警养成体系；推动单独职务序列配套保障政策落地落实，健全职业荣誉制度。建立健全检察干警容错纠错制度，探索建立容错纠错正负清单制度，坚持严肃追责与依法保护相统一，健全依法履职保护机制，让检察干警心无旁骛履责尽责，将办案责任制真正落实到位。

(二) 检察院司法责任体系主要指标

检察院司法责任体系涵盖了政治责任、办案责任、监管责任、责任落实四个部分，在改革定位及指标权重上，主要突出办案责任和监管责任。

1. 强化执法司法政治责任 (一级指标)

主要有以下细化指标：(1) 严明政治建设责任。重大事项向同级党委请示报告情况。重点考察：《中国共产党重大事项请示报告条例》和检察院党组织向党委请示报告重大事项落实情况。

（2）严明重大敏感案（事）件处理政治把关责任。①建立重大敏感案（事）件政治把关制度。重点考察：重大敏感案（事）件请示报告制度的实施情况，重大敏感案（事）件管理、分析研判和会商研究是否取得工作实效。②"三同步"工作机制落实情况。重点考察："三同步"工作机制构建和运行情况，是否存在应报未报问题，"三同步"方案质量、工作实效如何。

（3）严明政治风险预防预警和报告处置责任。完善在执法司法工作中及时发现、有效反馈、果断处置各类政治风险的制度机制。重点考察："总体督办+专项督办"工作模式运行情况，国家安全、社会稳定风险评估制度机制实施情况。

2. 细化执法司法办案责任（一级指标）

主要有以下细化指标：（1）规范检察官办案权责。完善检察权责清单。重点考察：办案职责是否清晰，是否突出检察官办案主体地位，权责清单制度化、权重化、标准化、信息化的情况。

（2）规范司法辅助人员、警务辅助人员执法司法权责。进一步明确辅助人员职责权限。重点考察：是否建立检察官助理、书记员的工作分配机制，辅助人员有无超越其职责范围相关工作的情况。

（3）规范检察院入额领导干部带头办案责任。完善入额领导干部带头办案工作机制。重点考察：是否建立检察院入额领导干部办案工作制度，是否建立案件识别、分配机制，办案数量和比例标准是否科学合理，是否建立领导干部办案情况汇集分析和通报制度，领导干部办案考核应用情况，不办案、挂名办案、虚假办案入额领导干部员额退出、责任追究情况。

（4）规范违法办案责任追究。规范违法办案责任追究制度建设及运行情况。重点考察：是否建立违法办案责任追究制度；是否合理界定违法办案责任及豁免范围；惩戒线索收集汇总、惩戒案件督办、惩戒审议程序是否依规有序开展。

3. 严格执法司法监管责任（一级指标）

主要有以下细化指标：（1）严格领导干部监督管理责任。完善领导干部监督管理机制。重点考察：是否建立检察长、业务部门负责人监督管理权限清单；领导干部对检察官办理的案件进行审核、决定的情况，领导干部业务管理职责的履行情况；领导干部监督管理司法责任的考评、追责机制是否建立，相关考评、追责标准和程序是否完善，是否有效付诸实施；领导干部因故意或重大过失怠于行使或不当行使监督管理权的，依纪依法追究责任情况。

（2）严格检察委员会等监督管理责任。完善检察委员会工作机制、职能定位及工作职责。重点考察：检察委员会工作规则的制定完善情况；领导干部监督管理工作、检察官联席会与检察委员会工作衔接情况；是否建立检察委员会委员履职考评、内部公示和退出机制；是否建立检察委员会决议事项督办、回复和公示制度。

（3）严格内设职能部门监督管理责任。明确履行监督管理职责的内设职能部门职责范围和工作流程。重点考察：承担督察、审计、案件管理、信访等职能的部门在案件管理工作的职责范围是否明确；是否建立内设职能部门工作衔接制度；动态监督、过程管控职责是否落实。

（4）优化上级政法单位领导监督指导责任。加强上级检察院对下级检察院司法办案工作的领导。重点考察：是否建立上下级检察院依法接续监督机制；上级检察院指令纠正、依法撤销或变更下级检察院错误决定情况；指定管辖、统一调用辖区检察人员办案机制运行情况；指导性案例、参考性案例、典型案例编选、应用情况。

4. 健全执法司法责任落实机制（一级指标）

主要有以下细化指标：（1）完善考核评价机制。①进一步细化和完善检察机关业务绩效考评机制。重点考察：业务绩效考评机制导向是否鲜明、指标是否科学、运作是否简明有效；不科学、不合理的考评指标是否及时清理；绩效考评是否分层分级、因地制宜，是否突出司法重点环节、办案能力办案安全。②严格落实奖惩措施，考核结果的运用情况。重点考察：考核结果是否作为执法司法人员奖惩、晋升、调整职务职级和工资、退出员额、免职、降职、辞退的重要依据。

（2）完善责任追究机制。案件评查等执法司法问题发现机制建立运行情况。重点考察：重点案件评查制度机制是否建立并有效实施，是否建立案件评查、办案责任追究、司法责任惩戒与纪检监察等机制是否构建有效的衔接、协同。

（3）健全依法履职保护机制。①完善举报不实澄清制度。重点考察：是否明确依法履职容错纠错机制；舆论炒作、信访投诉涉检案件情况及处置情况；检察干警被举报及处理情况，不实举报不良影响消除情况。②严格落实防止干预司法"三个规定"。重点考察："三个规定"相关工作统筹和信息汇总、报送、应用机制是否完善；对"三个规定"落实情况是否有效开展督察评估；"三个规定"的成果转化及相关履职保护机制是否健全。

（4）健全科技保障机制。推动将需要提起监督程序的案件标准嵌入办案系统。重点考察：北京市政法办案智能管理系统（BJCM 系统）跨部门大数据办案平台建设及实际应用情况；跨部门大数据深度应用及智能化应用研发情况；大数据法律监督模型试用情况。

四、公安机关执法司法责任体系

（一）公安机关执法司法责任体系改革定位

公安机关作为政府开展治安管理工作的职能部门，在党委政府领导下履行职责、开展工作，在公安机关执法司法责任体系改革中，坚持以习近平新时代中国特色社会主义思想为指引，坚持党对公安工作的全面领导、绝对领导，坚持以人民为中心的发展思想，坚持"对党忠诚、服务人民、执法公正、纪律严明"的总要求，深入践行"四个第一"理念，围绕推进公安工作高质量发展主题，聚焦战斗力标准，立足实战化要求，坚持"做精机关、做专警种、做强基层、做实基础"总体思路，推动公安机关执法司法责任体系改革工作落实落地，实现警务管理体制的系统性重塑和整体性改革，提升严格规范公正文明执法水平，推动社会治理体系和治理能力现代化，确保国家政治安全和社会大局持续稳定。在改革定位上，根据公安机关的基本职责及其与政法领域改革的关系，在执法司法责任体系框架下可以引申出三个方面的改革维度。

1. 从公安机关的性质看

公安机关是国家政权的重要组成部分，是我国人民民主专政政权中具有武装性质的治安行政和刑事司法的专门机关；公安机关首先是政治机关，是党和人民手中的"刀把子"，必须牢牢把握"公安姓党"的根本政治属性，在改革中必须坚持政治方向坚定正确。

2. 从党对公安队伍的要求看

公安队伍是党绝对领导下的纪律部队，必须毫不动摇地坚持政治建警、全面从严治警，确保每一位公安干警都要服从党的领导，绝对忠诚、绝对纯洁、绝对可靠，从根本上认同、践行改革理念和要求；把政治标准作为选人用人的第一标准，加快推进公安队伍革命化、正规化、专业化、职业化建设，树立新时代"人民公安为人民"的新形象。

3. 从新时代公安机关执法要求看

要不断提升公安队伍的政治素质、业务能力、岗位技能，持续推进公安执法规范化建设，不断提高执法质量和执法公信力，努力让人民群众在每一起案件办理、每一件事情处理中都能感受到公平正义。解决公安执法领域的突出问题，根本途径在于改革，而改革则要处理好政治与法治之间的关系，在党的统一领导下推进全面深化改革、全面依法治国；处理好政法各单位之间的统筹牵动、协作配合等问题，形成合力、提升效能；处理好改革、发展、稳定之间的关系，相互促进、共同发展。

综上，深化推进公安执法责任体系改革，要坚持政治建警、改革强警、科技兴警、从严治警，坚持问题导向、实战导向、结果导向，紧抓公安执法中的重点、热点、难点问题，不断提升破题攻坚能力，进一步提升严格规范公正文明执法水平，着力维护社会大局稳定、促进社会公平正义、保障人民安居乐业。一要强化执法政治责任，善于从政治上认识和把握执法工作；二要细化执法办案责任，健全执法办案权责清单制度，优化案件管辖分工，加快辅警地方立法进程，规范协助执法行为；三要严格执法监督责任，深化受案立案制度改革，严格落实异地办案协作和禁止逐利执法有关规定，改进交警系统执法措施；四要完善责任追究制度，落实防止干预司法"三个规定"，实行办案质量终身负责制和错案责任倒查问责制，健全民警依法履职保护和免责容错纠错机制。

（二）公安机关执法司法责任体系主要指标

公安机关执法司法责任体系涵盖了政治责任、办案责任、监管责任、责任落实四个部分，在改革定位及指标权重上，主要突出政治责任、执法责任和责任落实。

1. 强化执法司法政治责任（一级指标）

主要有以下细化指标：（1）严明政治建设责任。①健全公安机关维护党中央权威和集中统一领导的责任机制情况。重点考察：贯彻落实党中央重大决策部署和习近平总书记重要指示批示的督察问责机制，督察问责机制与自查、巡视巡查反馈问题关联运用与整改情况；学习贯彻落实习近平法治思想；完善公安机关政治督察制度以及督察落实情况报告制度，政治督察制度是否有效构建，完善政治督察的责任主体、规范依据、督察范围及标准、督察程序，督察结果与责任体系相关制度关联运用情况。②把政治标准作为选人用人的第一标准情况。重点考察：将政治标准纳入选人用人第一标准；建立健全政法干警政治表现定期收集分析制度，政治表现收集分析的信息、数据来源，政治素质识别评价机制，研发政治素质分析模型和政治素质档案模型，导入执法办案和组织人事系统。

（2）严明重大敏感案（事）件处理政治把关责任。①落实重大敏感案（事）件的请示报告制度相关情况。重点考察：相关成效经验、存在问题、改进建议。②"三同步"工作机制落实情况。重点考察："三同步"工作机制相关成效经验、存在问题、改进建议；政治效果、法律效果、社会效果有机统一情况评价。③严明政治风险预防预警报告处置责任。一是建立健全政治风险预警和报告处置机制情况。重点考察：建立健全国家安全、社会稳定风险专项评估和重要决策合法性审查机制；完善执法监督工作中及时发现问题、有效反馈、果断处置各类政治风险的制度机制，推动巩固政法队伍教育整顿成果、扫黑除恶常态化，健全执法司法制约监督体系和执法司法责任体系等科学衔接，将整治任务科学地嵌入执法监督职能体系；完善涉及外交、国家安全、民族宗教等敏感领域执法司法工作受案、立案、办理、信息公开等各环节报告、研判、处置责任机制。二是政治风险预警报告落实情况。重点考察：政治风险预警报告制度机制是否健全；评估周期内是否存在政治风险预警报告不及时、处置不到位、造成不良影响的情况；是否建立相应的追责问责机制。

2. 细化执法司法办案责任（一级指标）

主要有以下细化指标：（1）规范警察办案权责。公安机关落实执法权责清单制度、刑事侦查责任制的机制建设情况；公安机关年度办案情况；对违反相关规定的追责情况。重点考察：公安机关执法办案管理中心建设应用情况；落实刑事侦查责任制的成效经验、存在问题、改进建议。

（2）规范警务辅助人员辅助执法权责。重点考察：公安机关警务辅助人员辅助执法权责体系建设的成效经验、存在问题、改进建议；继续畅通特别优秀辅警入警通道工作。

（3）规范违法办案责任。重点考察：公安机关落实违法办案责任追究的成效经验、存在问题、改进建议。

3. 严格执法司法监管责任（一级指标）

主要有以下细化指标：（1）严格领导干部监督管理责任。领导干部因故意或重大过失怠于行使或不当行使监督管理权的，依纪依法追究责任情况。重点考察：落实公安机关办案部门负责人日常执法监督管理和案件审核审批责任相关情况，将领导干部监督管理司法责任纳入惩戒机制，完善相关追责标准和程序并有效付诸实施。

（2）严格落实公安机关执法监督管理职责。①严格落实公安机关执法监督管理委员会机制情况。重点考察：推进公安机关执法监督管理委员会建设、完善执法监督管理联席会议机制情况，落实相关责任的成效经验、存在问题、改进建议。②落实公安机关内设监督管理职能部门的监督责任和工作流程，加强与派驻纪检监察机构配合衔接的制度机制建设情况，落实责任年度情况。重点考察：深入推进公安机关刑事案件"两统一"改革，形成侦查部门负责侦办案件、法制部门负责审核把关的新机制；公安机关与纪检监察机关的线索移送、联系会商工作情况，完善监察与刑事衔接机制；深化涉案财务管理、阳光警务改革，健全执法全流程记录制度。③深化公安机关执法规范化建设情况。重点考察：健全完善覆盖各执法岗位、执法环节的执法标准、执法细则和实战指引，最大限度减少执法随意性；大力推动执法办案管理中心提质增效，倡导"一站办齐""一网通办"，持续改进执法方式方法，坚持依法包容审慎执法。

（3）严格公共服务监管责任。落实公安行政管理改革、加强事中事后监管情况。重点考察：推进公安"放管服"改革，完善户籍制度改革、移民和出入境制度、司法鉴定管理体制、律师管理制度（看守所），深化交通管理制度改革、司法鉴定制度改革，健全社会普法宣传教育机制等情况。

4. 健全执法司法责任落实机制（一级指标）

主要有以下细化指标：（1）完善考核评价机制。①建立健全业绩考评指标和考评结果向党委政法委备案制度。重点考察：完善公安执法办案评估指标体系和考评机制。②考核结果的运用。重点考察：考核结果是否作为执法人员奖惩、晋升、调整职务职级和工资、免职、降职、辞退的重要依据。

（2）完善责任追究机制。重点考察：办案质量终身负责制和错案责任倒查问责制落实情况，公安机关执法质量考核体系优化情况。

（3）健全依法履职保护机制。严格落实防止干预司法"三个规定"。重点考察："三个规定"相关工作落实情况；成果转化及相关履职保护机制是否健全。

（4）健全职业管理制度。完善分类管理制度，完善能力提升机制，完善职业保障机制。重点考察：深化人民警察分类管理制度改革，探索完善层级化管理政策；加快完善人才招录机制；建立适应执法司法责任制要求的民警选任、培训、晋升、管理、考评、薪酬等各项制度，形成科学的公安民警养成体系；完善新警岗前培训制度，开展实战大练兵，组织开展"法制教育大讲堂"活动，提升职业能力素质。

（5）健全科技保障机制。①完善执法案件在线办理流程规则。重点考察：公安机关承担的北京市政法办案智能管理系统（BJCM 系统）跨部门大数据办案平台建设项目建设的完善及实际应用情况，公安办案业务系统的升级改造工作，完善电子卷宗随案同步生成、流转和运行保障机制、推进深度应用。②建立公安机关与其他政法部门间数据交换共享机制。重点考察：实施智慧警务"祥云计划"和大数据行动计划，完善执法专门数据库情况；深化司法大数据应用，完善刑事案件智能辅助办案系统；与其他政法单位执法办案数据系统衔接的应用情况。

五、司法行政机关执法司法责任体系

（一）司法行政机关执法司法责任体系改革定位

在机构改革之后，司法行政机关的机构职能统一于法治建设的各领域，贯穿于经济社会发展的全过程，涵盖经济、政治、社会、文化和生态文明建设的各方面。在改革定位上，根据司法行政机关的基本职责及其与政法领域改革的关系，在执法司法责任体系框架下表现出自己的特点和特色，表现在以下三个方面：

1. 加强党对改革工作的领导

改革后的司法行政机关具有政治属性、人民属性、法治属性、社会属性和纪律属性"五大基本属性"，政治属性的首要问题就是全面加强党的领导，

必须旗帜鲜明讲政治，把党的绝对领导作为司法行政机关的最高原则、最大优势。坚持党的绝对领导，就是要把"两个确立"作为最高政治原则和根本政治规矩，坚决做到"两个维护"，联系司法行政工作实际，就是要进一步凸显司法行政机关在统筹法治建设方面的重要地位和作用。通过统筹推进全面依法治市工作，全面履行行政立法、行政执法、刑事执行、公共法律服务四个方面的职能作用。这反映在司法行政改革问题上，需要坚持以问题为导向，围绕坚持党的领导下推进司法行政工作改革中具有"四梁八柱"性质的目标内容，重点推进，将党的要求转化为改革工作的具体抓手，立足关键环节和节点，努力探索出新时代加强党对司法行政改革工作绝对领导的实现路径。一是应准确把握司法行政改革的政治方向，确保改革定位与党对全面依法治市的集中统一领导和对司法行政工作的绝对领导相契合，并切实保障执法司法权力运行以及责任体系改革和建设的正确方向。二是要把党的领导贯穿到司法行政工作各方面和全过程。要深入学习宣传贯彻习近平法治思想，坚决贯彻《中国共产党政法工作条例》，健全完善党领导立法、执法、监狱戒毒以及法律服务等各项工作的制度性、机制性安排。三是应将全面深化政法领域改革作为推动队伍建设的重要路径。司法行政机关从重组到现在已经四年时间，但融合工作是一项长期性、系统性、艰巨性工程，更需要推进全面从严管党治警的规律性认识，确保每一位干警都要服从党的领导，以改革实现协同高效目标，加强政治历练，努力打造一支忠诚干净担当的新时代司法行政铁军。

2. 全面贯彻落实重点改革任务

党的十九大以来，司法行政机关以前所未有的决心和力度，推动司法行政改革向纵深发展，随着机构重组的完成，协同高效的司法行政职能体系和工作机制基本形成。重组后的司法行政机关实现了立法、执法、司法、守法、普法各环节的有机贯通，法治属性得到进一步加强。随着改革任务顺利完成，推进司法行政机关与公、检、法等部门的沟通协调，实现各项改革任务优化协同高效，不断巩固和扩大改革成果，成为司法行政机关重要的改革定位和方向。一是完成执法司法责任体系中各项改革任务的贯彻落实。根据中央和市委、市委政法委的部署要求，进一步健全完善司法行政机关执法司法责任体系、执法司法权力运行机制，健全完善刑事执行及律师、公证、司法鉴定、仲裁等服务行业管理行为的监督管理机制，推动司法行政机关执法司法权力行使有法有据、程序衔接统一、运行规范高效。不断提升司法行政机关执法司法工作质量、效率和公信力。二是加强与政法领域各部门之间的协同推进。政法领域的改革是一项系统工程，需要整体联动和协调推进，特别是对于涉及多个单位和部门的改革。比如，加强对律师行业的监管，特别是律师和司法人员之间不正当接触交往、个别律师充当"司法掮客"的问题，这是困扰行业多年的顽疾。我们要解决这一问题，必须坚持系统观念，强化整体推进。一方面，需要司法行政机关在加强行业监管上持续精准发力；另一方面，也需要法院等部门出台相关的制度机制，进一步规范律师参与诉讼的各项行为，积极营造更加公开透明的案件审理环境。

3. 多维度推进改革工作进程

重组后司法行政机关具有以下三个特点。一是机构定位的多重性。作为党委法治机构，司法行政机关肩负着全面统筹依法治市工作、推进法治中国首善之区建设的重任；作为政府法治部门，司法行政机关承担着统筹谋划全市法治政府建设、全面推进依法行政的重要职责；作为政法机关，司法行政机关承担着维护政治安全和社会稳定的职责。二是工作领域的广泛性。这一轮改革赋予司法行政机关新的职能，承担市委全面依法治市委员会办公室职能，同时将政府立法法律审查、行政执法协调监督、重大行政决策和行政规范性文件合法性审核、行政复议应诉、依法行政综合统筹等职能也纳入其中，实现了立法、执法、司法、守法各环节的有机贯通。三是队伍结构的多元性。司法行政机关拥有三支队伍，即机关公务员队伍、监狱戒毒人民警察队伍和法律服务工作者队伍，涉及几十个专业领域，部门管理与业务指导交织，行政管理与行业管理并行。多重定位和职能使得司法行政机关的改革具有多种维度，一方面需要推进行政立法体制机制完善；另一方面需要在落实行政执法制度、行政复议改革中强化履行监督机制，同时还需要在监狱管理、社区矫正等工作中健全刑事执行权运行机制，在推进律师、公证、司法鉴定、仲裁工作中健全完善公共法律服务监督管理权的运行机制。

（二）司法行政机关执法司法责任体系主要指标

司法行政机关执法司法责任体系涵盖了政治责任、办案责任、监管责任、责任落实四个部分，在改革定位及指标权重上，主要突出政治责任和监管责任。

1. 强化执法司法政治责任（一级指标）

主要有以下细化指标：（1）严明政治建设责任。①习近平法治思想学习贯彻落实情况。重点考察：党委理论中心组学习情况；全面从严治党清单制定情况；严格执行《中国共产党政法工作条例》，落实党委请示报告重大事项清单制度情况；加强政治轮训和政治巡视，把政治监督贯穿执法司法全过程和各方面的情况。②把政治标准作为选人用人的第一标准情况。重点考察：将政治标准纳入选人用人第一标准；建立健全政法干警政治表现定期收集分析制度，政治表现收集分析的信息、数据来源，导入组织人事系统。

（2）严明重大敏感案（事）件处理政治把关责任。"三同步"工作机制落实情况。重点考察：严格落实"三同步"原则，健全舆情处置机制情况；对执法司法案件舆情快速研判、分类处置情况；建立健全司法行政机关执法司法案事件舆情监测联动机制。

（3）严明政治风险预防预警和报告处置责任。政治风险预警报告落实情况。重点考察：政治风险预警报告制度机制是否健全；评估周期内是否存在政治风险预警报告不及时、处置不到位、造成不良影响的情况；是否建立相应的追责问责机制。

2. 细化执法司法办案责任（一级指标）

主要有以下细化指标：规范法官、检察官、人民警察办案权限。减刑假释暂予监外执行重大问题情况。重点考察：把减刑假释暂予监外执行等纳入司法行政机关党委议事范围；监狱办理罪犯减刑、假释、暂予监外执行程序的规范化建设情况；监狱计分考核罪犯工作的规范化建设情况；年度办理罪犯减刑、假释、暂予监外执行程序情况；对违反相关规定的追责情况。

3. 严格执法司法监管责任（一级指标）

主要有以下细化指标：（1）严格领导干部监督管理责任。公安机关、国家安全机关、司法行政机关内部层级监督责任明确情况。重点考察：社区矫正机构执法行为规范化情况；社区矫正执法管理权责清单制定情况，运行情况；各级社区矫正委员会对社区矫正工作的统筹协调和指导职责发挥情况。（监狱戒毒情况由监狱戒毒机关填写）。

（2）严格政法公共服务监管责任。①落实司法行政机关行政管理改革情况。重点考察：推进权力运行清单与政务服务事项融合情况；减少审批时限、对相关证明文件进行告知承诺制情况。②严格律师行业监管责任情况。重点考察：加强行业监管、健全律师惩戒机制情况；对律师与司法人员不正当接触交往行为惩处情况；健全完善律师行业评级评价体系建设情况。③严格公证行业监管责任。重点考察：对公证机构、公证员执业活动常态化监管、强化公证执业过错责任追究、公证质量评估检查、公证投诉处理情况。④加强对司法鉴定机构和鉴定人的登记审核和监督管理情况。重点考察：开展鉴定机构和鉴定人全面评查、"双随机、一公开"执法检查情况；行业诚信等级评估体系建立推进情况。

4. 健全执法司法责任落实机制（一级指标）

主要有以下细化指标：（1）健全依法履职保护机制。严格落实防止干预司法"三个规定"。重点考察："三个规定"相关工作统筹和信息汇总、报送、应用机制是否完善；建立健全记录人员保护激励机制。

（2）健全科技保障机制。①执法案件在线办理流程规则。重点考察：对北京市政法办案智能管理系统（BJCM系统）跨部门大数据办案平台实际应用情况。②政法部门间数据交换共享机制。重点考察：跨部门大数据协同平台能否保障数据有效共享；数据共享是否存在制度机制障碍和技术问题，以及该问题能否有效解决。

六、评估指标的测量和适用

（一）评估指标的测量

如前所述，评估指标的评估主体和对象包括各级党委政法委、法院、检察院、公安机关、司法行政机关等政法单位（国家安全机关参照适用）；评估场景适用于改革督察、第三方评估、党委政法委执法监督、扫黑除恶、顽瘴痼疾常态化整治和执法司法检查等专项工作；评估指标的选取可根据评估场景的差异，选择本系统可适用的评估指标，也可结合评估工作的实际需求，对评估指标体系进行整合。

如果说评估指标提供了改革评估的标尺，那么开展评估指标的测量则是指如何细化明确这些标尺，为评估指标的适用奠定基础。主要包括两方面工作：一是界定指标变量和属性。变量是属性在逻辑上的归类，属性则是指事物的特征或本性。变量的属性要有完备性和互斥性。执法司法责任体系评估指标中，涉及的变量有很多，如司法工作人员这一变量就包括法官、法官助理、检察官、检察官助理甚至更加广义的院长庭长、部门负责人等监督管理人员，这些主体的权责关系明晰、属性之间互相排斥，才能够满足评估的需求。二是安排测量层次。属性在被操作化的过程中会与其他方面产生关联。构成变量的属性也许代表了不同的测量层次。测量层次包括定性、定序、定距和定比。定性测量是明确一项评估指标所指向的事物的基本属性，如法官办案团队中各类人员的职能定位及分工；定序测量是根据变量的属性进行逻辑排列，在界定属性存在差异的基础上，还需要进一步界定差异为何，如入额检察官学历情况由低到高分为中专、大专、本科、硕士、博士五个学历档次；定距测量是指属性可以排序，且属性之间实际距离的测量有意义，如批捕办案周期、审判周期等，且对其进行排序具有意义；定比测量不仅描述了定性、定序和定距测量所提到过的属性，而且对这些属性差异进行了比较，如法官、检察官与司法辅助人员、司法行政人员的绩效考核奖金属于定比测量层次。

（二）评估指标的适用

评估指标的适用是在查明评估事实的基础上，开展评估事实与评估指标的分析比对，进而得出评估结论的过程，主要包括两步工作流程：

1. 运用科学的评估方法查明评估事实

结合北京市政法领域改革实践，评估方法包括但不限于以下几类：（1）既有统计资料分析法。利用已有的改革文件资料和统计数据，减少在不充分了解评估事项的情况下，因盲目介入调查对象所带来的调查结果的误差，如由评估对象提供执法办案情况统计分析等客观数据清单，此方法利用其他人已经完成的资料进行分析，可以减少收集资料所耗费的成本。调取既有的执法司法统计数据作为基础评估方法，通过数据、表格、统计图等形式客观反映政法领域改革工作的落实情况。其与二手资料分析法不同的是，二手资料是他人已经完成分析而得出的结论，既有统计资料不仅是一种补充性的资料来源，还可以作为社会科学调查的主要资料。在进行改革评估研究时，通常先收集与评估事项或与评估领域相关的统计数据，通过对上述资料的分析，可以使一般性的假设获得证明和解释，也可以提出疑问作为下一步评估的重点领域。

（2）比较分析法。比较分析法是研究改革主体或相关职能部门及人员的历时变化，并对不同的评估体系及要素进行比较，运用发展、变化的观点分析客观事物和改革现象的方法，在改革评估过程中，使用历史、比较的方法发现和评价不同时期、不同地区的改革落实情况。比较分析法与实地调查、内容分析和既有统计资料分析法有所重叠，比较分析往往是在别人已有的"原始资料"基础上获得自己的结论，所以可供历史研究使用的资料是能够拓展的。比如可以获取各个部门不同时期的改革文件进行分析，但仍然要对资料的正确性进行重复检验，如果几种来源指出相同的"事实"，那么"事实"的准确性就相对增加，而且应该尽量从不同的来源获取资料、穷尽可能性，以最大程度地覆盖不同领域的改革观点。

（3）问卷调查。问卷调查基于概率论，将样本范围内的调查结果推及调查对象总体，从而勾勒出改革的全貌，并进一步发现改革问题，为后续改革提供基本的评估维度和参考数据。根据既定的改革评估指标体系，通过资料分析、实地测评等方式对政法单位开展实地测评。在实地调研点的选取上，应当充分考虑各区的经济发展状况、人口数、案件数量、政法编制数等情况，确保调查结果的科学性和代表性。同时，对调查对象进行细分，如评估法院时，可分别制定并分发法官卷、法官助理卷、书记员卷、司法行政人员卷、律师卷、当事人卷、社会公众卷等。问卷调查方法的问题设计尤为重要，主要涉及问卷试题与指标体系之间的对接和回应机制、问卷试题设计的科学性判断、问卷试题设计的可接受性、问卷调查对象的选择问题、问卷的发放问题、问卷答案的赋值问题、预期答案的系统评价等[1]。

（4）访谈调查。访谈调查是一种直接收集调查资料的方法（类似于证据法意义上的直接言词原则），即以口头形式接收受访者的答复，从而收集相对客观的事实材料，以此相对准确地说明样本所要代表的总体观点。尤其在研究比较复杂的问题时需要向不同类型的人了解不同类型的材料。在对该方法进行问题设定的时候，应当开发和挖掘北京历来传统的、本土的执法司法资源，将这些特殊性融汇于中国执法司法的普遍性中去，才能发挥北京改革评估的主体性，达到特殊性与普遍性的有机融合。访谈的设计问题尤为重要，包括访谈方法的基本要点、访谈对象的选择、访谈问题的设计、访谈过程的

---

[1]　郑飞：《中国司法评估实践的理论反思》，载《证据科学》2018 年第 1 期。

质量监控机制、访谈笔录的整理与应用、定量研究方法与定性研究方法的结合应用的问题，等等。设计问题清单时，应仔细考量问卷的个别问题是否能够代表抽象指标标准的核心要素；问题的设计必须科学，应避免诱导性；问卷题目应体现用户友好性；题目的数量、语言风格等应针对不同的调查对象而有所区别。访谈调查的具体形式包括个别访谈和集体访谈，如组织召开座谈会，随机从各个实地评估单位抽取各类办案、管理、监督人员进行个别访谈。此外，还应注重与律师、当事人、社会公众等进行访谈，通过面对面地与受访者平等交流，深入了解改革状况。

（5）定性资料的处理。评估者从实地研究中可以得到各种观察记录、访谈笔记以及其他类似的记录材料，对这些资料可以进行定性和定量两种处理，但定性分析运用得相对较多。定性资料来源多样，包括观察、访谈记录、日记、随笔、感想录和其他资料等。定性资料在不同阶段有不同的形式，在实地参与中，评估者所得到的是原始记录；在资料整理中所得到的是主题编码、分析备忘录等；而在最终的报告中所出现的则是经过选择和处理的资料。定性资料分析的目的是通过评估者对定性资料进行分析，对所做的各种观察进行解释，从资料中识别出人们的行为模式，发现各种资料背后所隐含的社会学意义。

（6）定量资料分析。定量分析是指为了描述和解释观察所反映的现象而使用的数值表示和处理方法。在实践中，可以将资料转化成定量形式并进行格式化数据的分析测算。正确运用单变量分析和多变量分析，前者的目的主要在于描述，后者的目的主要在于解释分析，在保留原有数据细节的基础上，采用频次分布、平均数、群体资料和离散趋势测量等方式对数据进行处理，针对数据的集中趋势，多采用平均值、中位数；针对数据的离散程度，多采用标准差。

2. 开展评估事实与评估指标的分析比对

运用评估方法发现和查明的评估事实往往是零散的，分析判断的标准也往往难成体系，因此，开展评估事实与评估指标的分析比对，关键是将评估事实集成化、去粗取精，并在评估指标架构下形成较为系统的评估体系。这里需要借助对评估事实的整合分析。整合分析（meta-analysis）作为现代科学研究体系中的研究手段和方法，是指采用统计合并的方法对同一维度下的研究结果进行综合评价。在自然科学研究中，需要对同一研究课题开展大量试验，每一次试验的研究结果往往千差万别，通过将这些信息进行融合梳理和数据清洗，全面系统地分析，得到相对一般的结论。在改革评估及评估方法语境下，是以评估对象的自查自评结果作为研究基础，通过访谈、问卷调查、数据资料定性定量分析等评估方法，对原有研究基础进行再分析再修正，从而得到相对可信的研究结论。

（1）评估指标的解构及事实要素的汇集。本课题所构建的三级评估指标体系是对评估指标的基础构想，在具体评估过程中，需要对三级指标所可能涉及的事实要素、关键数据等进行细化，研究应用某一项评估指标需要填充哪些事实要素才足以对评估结论作出判断或推理。如：党委政法委评估指标，即完善在党委政法委执法监督工作中及时发现问题、有效反馈、果断处置各类政治风险的制度机制，其中评估事实包括但不限于以下内容：在事实要素方面，党委政法委执法监督的基本职能有哪些、职责内容是什么、履职是否充分均衡；对政治风险的内涵和外延是否有清晰的界定，问题发现机制、反馈机制、处置机制是否形成了完整扎实的工作流程，是否构建了政治风险防控失当的追责制度，执法监督是否在防控政治风险中发挥了实效；在关键数据方面，特定统计区间内或特定区域内发生的政治风险案（事）件数量，其中未发现、已发现但未反馈、已发现已反馈但未处置、已发现已反馈已处置但效果不佳、已发现已反馈已处置且效果良好的数据分布情况，党委政法委切实发挥了执法监督职能的占比情况等。

（2）评估结果的初设和验证。根据政法单位改革自查情况及基础数据，分析特定领域的改革成果、存在的问题及主要影响因素，初步形成评估结果，沿用上述评估指标的例子，假设党委政法委发现的政治风险案（事）件中，督办协调案件数量远远大于案件评查、执法检查等数量，可以初步推断政治风险的奏效机制主要是督办协调机制，而执法检查、案件评查发挥的作用相对较小。在此基础上，拓展其他评估事实和数据来源，对初设的评估结果加以验证，如：影响政治风险的因素还有哪些、风险发现处置的工作规律和效果因素有哪些、在政治风险问题上执法监督职能应否绝对均衡，如果督办协调职能在政治风险防控中天然地发挥较大作用，那么制约督办协调发挥更大作用的因素有哪些。对评估结果的初设和验证，特别需要坚持问题导向和目标导向，运用否定之否定的辩证思维，不断增强对特定改革结论的论证厚度。同时，为避免评估结果断章取义甚至以偏概全，需要将特定领域相关联的评估结果进行系统分析，选取其中指标价值取向存在冲突的部分，对部分指标权重进行必要的调整（基于指标体系的完整性，本课题不主张对部分指标要素加以剔除，但可以考虑对分歧性要素赋予较低的权重）。

（3）评估模型的构建及评估结果的修正。随着评估指标体系及其评估事实发现、适用体系的完善，可以选取较为成熟的改革领域，探索在三级指标层面构建整合分析模型，如政治风险的识别模型、处置模型及预警模型，从而在尽可能全面地考虑各类改革评估因素的基础上，增强评估指标体系的科学性。与此同时，依据评估指标对评估事实的整合分析，本质上属于不完全归纳法，不可避免地存在观点偏见、数据资料筛选加工主观性、评估者知识结构和实践能力比较劣势、单个研究结论局限性等问题，且评估者倾向于作出与主流价值判断及其知识结构契合度更高的评估结论，对评估结论的初设客观上存在先入为主等多重因素影响，评估者单方作出的评估结论难免存在武断和错误，这里需要听取评估对象对阶段性评估结论的解释（有些解释可能是系统性甚至颠覆性的），对评估依据和结果加以必要修正，以增强评估结论的合理性和公信力。

七、评估指标的动态完善

（一）执法司法责任体系的深化完善

纵观改革发展沿革，政法领域改革伴随着执法司法和法治保障实践的深入而不断深化。全面落实司法责任制作为本轮政法领域改革之基础，尽管其改革核心地位始终未变，但其内涵和外延已随着改革阶段的推进而得以拓展和深化。

（1）拓展阶段。一是四项基础性改革的执法司法责任体系的变革，主要是对以往办案责任以及办案方式的根本性变革，通过设置新的权责清单和归责标准厘清各类办案人员司法责任。二是司法责任综合配套改革的执法司法责任体系发生了较大的系统性变革，司法责任制作为一条主线将权力运行体系、分类管理体系、职业保障体系、多元化解体系、科技应用体系、党建引领体系6个体系串联起来，使执法司法责任获得了更大的制度机制支撑。三是政法领域全面深化改革的执法司法责任体系在改革范围上发生了前所未有的变革，从法院、检察院拓展到法、检、公、安、司等政法单位，执法司法责任制更是串联了党对政法工作领导体系、机构职能体系、权力运行体系、纠纷化解体系、维护安全稳定体系、政法管理服务体系、政法队伍建设管理体系、科技支撑体系、法治保障体系9个体系。总之，这一阶段的执法司法责任制改革和建设侧重于制度构建，通过不断扩大改革范围和管理半径，拓展责任制改革的覆盖面。

（2）深化阶段。围绕如何处理好放权与监督的关系，这一阶段执法司法责任制出现了由"放"到"收"的改革趋势，健全完善执法司法制约监督机制成为改革的关键。一是明确政法机关及人员履行职责必须全方位接受制约监督。加强对执法司法活动的制约监督，这是由政法机关的根本性质、职责任务所决定的，是提升政法机关履职能力和水平的必然要求，从而保障了党和人民赋予的执法司法权力不被滥用。二是明确执法司法权力运行必须全过程接受制约监督。无论是司法权力还是执法权力，都要在法治轨道上运行，一旦突破法定程序和法定权限，公平正义就会岌岌可危。制约监督是权力运行的有效保证，要求对执法司法权力进行刚性约束和有效监督，权力运行到哪里，制约监督就要到哪里，以常态制约、精准监督提升执法司法公信力。三是明确巩固政法领域改革成果必须要同步跟进制约监督。"谁裁判，谁负责；谁决定，谁负责"是建立在有效制约监督基础上的，一旦缺乏有效的制约监督，将大大削减改革的成效。通过制约监督促进和深化改革，积极探索制约监督的有效形式和途径，健全完善案件评查机制、法官检察官员额动态管理和退出机制、司法责任认定和追究机制（特别是司法责任惩戒机制），不断提高制约监督的质效。总之，这一阶段的执法司法责任制改革和建设侧重于对执法司法权力制约监督，将责任制改革中权力制约不足的部分强化行权羁束力，并在本轮司法体制改革的总体进程中完成了一次改革辩证法。执法司法责任体系改革和建设的命题正是在这一阶段被正式提出并形成的。

（3）发展阶段。中央政法委于2022年8月召开政法领域全面深化改革推进会，提出了深化执法司法权力运行机制改革的新要求。一是突出问题导向，深挖改革短板弱项与执法司法顽瘴痼疾的内在联系，运用改革思维和方式推动问题标本兼治。二是巩固了以司法责任制为核心的多项改革成果，吸收了政法队伍教育整顿、扫黑除恶斗争经验成果，增强了改革的整体性、系统性、协同性。三是以完善刑事、民事、行政、执行领域权力的运行和保障机制为主线，以规范用权为根本完善立案受理、依法查明事实、规制自由裁量、严格涉案财物管理处置、严肃裁决执行、加强制约监督，这是融合了执法司法规律、改革发展规律、风险防控规律、社会治理规律的综合性改革。总之，将这一阶段的执法司法责任制改革和建设还原到执法司法权力运行的实践场景，通过直面改革现实问题，倒逼执法司法责任体系完善，加强"靶向"治理，并在权力运行中不断深化完善。

（二）执法司法责任评估指标的动态完善

随着评估事项理论和实践的发展，评估指标体系也不断优化，从而保持评估指标的有效性。如前所述，在评估指标的设置阶段，无论是调整参数，还是构建不同的模型，都需要一个有效的评估指标，这个评估标准能帮助我们快速了解新的改革尝试后模型的性能是否更优。反言之，随着全面深化改革目标的推进，当现有指标无法全面有效反映进一步的目标时，就需要调整甚至重新选择评估指标了。

如前所述，执法司法责任体系始于司法责任制改革，与各阶段改革发展演进和重点难点问题相伴而生，其内涵和外延持续处于动态调整的过程中。相应地，执法司法责任体系的评估指标也应进行必要的调整。具体包括三种改革调整模式：一是增量调整。如前所述，根据改革范围的拓展不断充实执法司法责任体系的评估指标，此处不再赘述。二是减量调整。根据改革实践情况，对法律法规发生变化或者不符合执法司法实际的改革思维和项目进行调整，暂时排除出执法司法责任体系的评估指标范畴。三是恒量调整。其重点是完善改革的体系结构，研究解决改革执行不力、效果不达预期等现实问题，并相应调整评估指标的内容和权重，对改革执行不力问题设置专门的扣分项。如：改革泛化（将不触及体制、利益、问题的一般性工作与改革工作混为一谈）、虚化（改革方案没有实质内容）、格式化（改革形式主义），对改革任务督办推进迟缓、跟踪问效不深、指导帮助不力，改革积极性主动性不够的"上热下冷""先热后冷""内热外冷"等问题，需要研究分析制度机制执行不力的主要原因，对改革标准、程序和关键改革事项评估指标的颗粒度进行调整。

全力打造国际一流争端解决机构，助力北京国际仲裁中心建设

雷建权　姜丽丽*

近年来，国际仲裁蓬勃发展，业已成为解决国际商事纠纷的重要方式。全球主要贸易国家和地区都积极支持本国参与仲裁制度竞争，其中，建设国际仲裁中心以及打造一流的争端解决机构，成为各国支持政策的常态化选择。习近平法治思想提出，要坚持统筹推进国内涉外法治建设，提升国家和社会治理水平，增强国际经贸规则制定的参与权与话语权，以应对"百年未遇之大变局"。2021年3月发布的《最高人民法院关于人民法院为北京市国家服务业扩大开放综合示范区、中国（北京）自由贸易试验区建设提供司法服务和保障的意见》，支持北京加强国际商事纠纷解决机制建设，打造一流国际争议解决中心。2021年7月，北京市市发展改革委、北京市市司法局联合印发了《北京市关于改革优化法律服务业发展环境若干措施》，明确提出打造国际商事仲裁中心，设立北京国际争议解决中心，支持国际知名仲裁机构、争议解决机构、律师事务所等落地。

推动国际商事仲裁中心建设、打造一批国际一流仲裁机构是"十四五"法治中国建设规划中"统筹推进国内法治和涉外法治"的重点工作。其中，包括北京在内的国际仲裁中心建设，是我国参与国际仲裁制度竞争、落实中央建设国际仲裁中心战略部署的重要组成部分，也是贯彻落实中共中央、国务院关于深化北京市新一轮服务业扩大开放综合试点的决策部署的重要内容。

* 课题主持人：雷建权，北京市法学会党组成员、专职副会长兼秘书长；姜丽丽，中国政法大学仲裁研究院副院长兼秘书长。立项编号：BLS（2021）A006。结项等级：合格。

一、引论

（一）国际一流争端解决机构与国际仲裁中心的概念及关系

国际一流争端解决机构是享有国际公信力的、为境内外当事人提供优质争议解决服务的机构，包括国际一流仲裁机构、国际一流调解机构等一流的多元化争议解决机构。国际仲裁中心是具有国际公信力（或影响力）的、为国内外当事人提供以仲裁为核心的优质争议解决服务及相关法律服务的区域性、国际化、体系化的仲裁目的地〔1〕。从二者的关系来看，国际一流争端解决机构是国际仲裁中心的动力引擎，为国际仲裁中心的建成持续发力，而这也促生多个一流的国际争端解决机构。国际一流争端解决机构是国际仲裁中心建设的成果和标志，也是建设国际仲裁中心的路径和主要目标。以打造国际一流的争端解决机构为指引目标，对相关配套的法律制度、支持政策，以及机构的治理与发展开展针对性研究，是实现国际仲裁中心建设的核心内容。

（二）立足北京城市定位建设国际仲裁中心

北京作为首都，在中国具有唯一性和特色性。其一方面聚集着中国法律服务的最强资源，另一方面也面临着国外同样量级城市在商事与法律规则制定方面的优势挑战。通过打造国际一流争端解决机构，逐渐建成北京国际仲裁中心，能有效解决北京市在争议解决与规则引领方面面临的国际国内竞争压力及竞争中凸显的短板与问题，并可深度支持北京建设国家服务业扩大开放综合示范区和中国（北京）自由贸易试验区等策略，同时有效匹配北京市的"四个中心"定位，高效整合北京的人才资源、仲裁机构资源和教育科研资源优势，助力北京绿色产业链建设，支撑北京市的营商环境和高端服务业发展，为北京打造一流争端解决机构积蓄专业力量、人才力量、文化力量与经济力量。

二、基础保障：国际仲裁中心建设

（一）国际仲裁中心建设的全球发展趋势

国际仲裁的蓬勃发展和国际仲裁中心建设的国际竞争，已经成为时代趋势。其原因大体可归纳为国际全球化趋势不可逆、国际商事仲裁裁决能够有

---

〔1〕 黄进：《建立中国现代仲裁制度的三点构想》，载《中国法律评论》2017年第3期，第184～185页。

效执行以及仲裁独特的契约性仍具魅力等方面。根据伦敦玛丽女王大学公布的《2021 年国际仲裁调查报告》，五个最受青睐的仲裁地是伦敦、新加坡、香港、巴黎和日内瓦，北京和上海位列第七和第八。[1]五个最受欢迎的仲裁机构分别是国际商会国际仲裁院、新加坡国际仲裁中心、香港国际仲裁中心、伦敦国际仲裁院和中国国际经济贸易仲裁委员会。

从《2021 年国际仲裁调查报告》中可以看出，国际仲裁中心建设的发展趋势有如下特征：其一，成为仲裁目的地是竞争焦点，只有越来越多的商事交易当事人愿意把自己的争议提交到某一个城市的仲裁机构来仲裁，该城市才能成为大家公认的"仲裁目的地"。其二，仲裁庭具有更大的权力，临时措施和紧急仲裁员制度亦不断完善。其三，司法监督演变为司法支持，国家对于仲裁的态度成了当事人在选择仲裁目的地所考虑的因素。其四，软法的指引作用得到重视，联合国国际贸易法委员会（以下简称"贸法会"）发布的《联合国国际贸易法委员会国际商事仲裁示范法》（以下简称《示范法》）满足了国际商事仲裁的发展和需要，为不同国家在制定国内法时提供了参考依据。其五，线上开庭与仲裁保密性的冲撞，线上开庭首先需要取得当事人的同意，对于以电子方式提供的证据、当事人开庭的环境、仲裁案件信息的真实和保密等事项，也是在建设国际仲裁中心必须要回应的问题。

（二）北京建设国际仲裁中心的必要性与可行性

1. 北京建设国际仲裁中心的必要性

北京市建设国际仲裁中心具有得天独厚的优势，北京法律资源雄厚，外资企业、商协会聚集，国际仲裁中心的设立可巩固并加深北京市法律服务业高地的"护城河"，增加法律服务业相关税收、加速涉外法律人才培养力度、形成有效积极可控的竞争环境、吸引国际知名仲裁机构及争议解决机构实体入驻并实际开展业务，助力形成法治化、国际化营商环境，在大力发展服务贸易基础上，配套"高精尖"优势。

具体说来，首先，北京市作为全国的涉外法律服务业龙头聚集高地，缺乏国际仲裁中心这样的"引领性"高地建设，这与北京市定位不符。其次，

---

[1] See 2021 International Arbitration Survey：Adapting Arbitration to a Changing World, available at https://arbitration. qmul. ac. uk/research/2021-international-arbitration-survey.

国际仲裁中心的建立事关高端法律服务业发展的循环动力与参与商事争议解决规则话语权，是中央重点关注的对外商事交往过程中需要提升的国家战略，优先设立对北京市各项工作极具带动效应。

2. 北京建设国际仲裁中心的可行性

北京建设国际仲裁中心符合国家的相关政策布局与北京市的发展战略。建设国际仲裁中心以提升国家和社会治理水平为长远目标，以加强国际经贸规则制定的参与权与话语权为当前目标，以应对"百年未遇之大变局"为努力方向，以"北京加强国际商事纠纷解决机制建设，打造一流国际争议解决中心"为初衷，符合党和国家的相关政策。

北京具有建设国际仲裁中心的人才优势，包括仲裁实务人才优势、调解与争议解决实务人才优势，科研智库人才优势。北京也具有仲裁与争议解决研究的国家智库——中国政法大学仲裁研究院，中国仲裁行业的龙头代表——中国国际经济贸易仲裁委员会、北京仲裁委员会，北京市争议解决领域的优秀代表组织——北京市多元调解发展促进会。

三、比较视野下国际仲裁中心暨国际一流争端解决机构的典型模式

现有的国际公认一流争端解决机构与国际仲裁中心，虽在发展轨迹与整体运营模式上各具特色，但通过总结分析不难发现，各地区享誉全球的仲裁地在法律制度、法律服务生态系统和国际一流争端解决机构方面都有可供探讨和借鉴的共性。

首先，一国仲裁法律制度和仲裁友好的司法环境是支撑国际仲裁中心建设的基石和竞争力。通过对各国模式的分析总结，对贸法会《示范法》的采纳和借鉴、保障仲裁自治的法律规范与司法机构仲裁友好的态度是建设国际仲裁中心的关键。此外，保障仲裁自治是仲裁法律制度中另一关键要素，仲裁庭的自由裁量权涉及仲裁协议效力认定、作出保全等临时措施等各方面，直接影响仲裁程序的公正和有序进行。同时，法院对仲裁程序的干预也是仲裁自治的另一方面。我国仲裁法修改，已提出对标国际的主要修法目标。北京在建设国际仲裁中心时，应结合实际，细化我国仲裁法改革的落实，倡导、促进我国司法机构接纳、采取类似仲裁支持和友好的态度，为仲裁自治保留足够空间。

其次，营造积极活跃的法律服务生态聚合和建设争议解决枢纽是打造国际仲裁中心优势和吸引力的有效途径。这包括吸引、聚合国际先进争议解决机构和法律相关机构，建设国际一流标准的争议解决服务平台和设施，以及培养、吸引争议解决专业人才。聚合各类国际机构的法律枢纽和国际争议解决服务平台，形成积极活跃的法律服务生态圈，有效为国内外当事人提供优质争议解决服务，这将成为仲裁地的极大优势与吸引力。北京建设国际仲裁中心，可借鉴上述路径，在寻求政府政策支持，建设平台，吸引国际各类型相关机构入驻的同时，打造国际一流争议解决服务平台，最终形成聚合优势，提升北京国际仲裁中心的吸引力与竞争力。

最后，国际一流争端解决机构是国际仲裁中心的动力引擎，二者相辅相成，双向推动。纵观各国争端解决机构，管理制度、仲裁员选聘、机构仲裁规则和国际合作是机构享有国际公信力和全球竞争力的核心要素。仲裁机构的独立与中立是各一流机构的发展目标和走向。管理人员多为具有丰富经验的国际仲裁业界专业人士，且无论仲裁员选聘还是管理人员任职，大多都秉承专业、多样化的人才选拔模式。机构仲裁规则与时俱进，时刻紧跟国内外仲裁的实践发展，以有效保障仲裁程序为根本原则。此外，各机构在通过签署备忘录、设立地区委员会等方式积极开展国际合作、交流学习的同时，时刻紧跟全球各地区仲裁法律和实践的发展趋势，确保提供优质的争议解决服务。

四、国际一流争端解决机构与国际仲裁中心指标

（一）国际一流争端解决机构标准

根据伦敦玛丽女王大学国际仲裁学院进行的年度国际仲裁调查，国际一流争端解决机构应当是当事人偏好选择的纠纷解决机构，其具有国际性的案件来源，并提供国际性的纠纷解决服务，具有世界范围影响力。同时，一流争议解决机构往往也是国际仲裁资源的聚集枢纽。考察国际商会国际仲裁院、新加坡国际仲裁中心和香港国际仲裁中心等国际知名仲裁机构，可以总结出国际一流争端解决机构通常应当满足如下标准。

第一，总部位于支持的仲裁地，无论是立法机关、司法机关还是行政机关，都应当对仲裁的发展抱有支持的态度。第二，非营利法人治理结构。仲裁机构是提供争议解决服务的非营利法人。非营利性是其独立性和公正性的保证。如果仲裁机构具有营利性，可能会造成系统性的不公正。第三，机构

行使职权高度透明。虽然仲裁程序具有保密性，但严格的保密不利于机构以及仲裁庭权力的行使，国际一流的争端解决机构都会采取特定措施，提升仲裁程序透明度。第四，提供符合当事人需求的仲裁服务。仲裁机构只有提供符合国际案件当事人需求以及仲裁庭需求的纠纷解决服务，才可能成为世界一流的争端解决机构。第五，提供国际一流的硬件设施。纠纷解决服务属于法律服务，也需要配套的硬件服务，以适应激烈的行业竞争，更好地提升用户体验。

（二）国际仲裁中心标准

国际仲裁中心需要通过创建一流仲裁机构来推动，但又不能仅依靠仲裁机构建设。因此，相较于国际一流仲裁机构的评价标准，国际仲裁中心的标准更加多元。

第一，良好的营商环境。由于经济发展与商事纠纷的数量呈正相关，良好的营商环境能够为国际仲裁中心的建设提供经济支撑。第二，成熟友好的仲裁法律制度，即通过不断完善仲裁制度以提高纠纷解决的效率。第三，政府对仲裁的政策支持。政府不参与仲裁机构的运作，但可以通过政策支持等方式促进、便利和活跃仲裁法律服务市场。第四，司法系统对仲裁的支持与保障，主要方式是促进和协助完成仲裁程序，依法执行仲裁裁决以及施行必要的监督。第五，仲裁员业务水平。仲裁员是接受当事人委托、推进程序并最终作出裁决的主体，直接决定仲裁程序和裁决的品质。第六，符合仲裁规律的仲裁机构。仲裁机构的组织和治理结构必须符合仲裁规律，提供面向全球的机构仲裁服务。第七，优质的仲裁规则。仲裁规则是仲裁机构提供程序管理服务的依据，是仲裁机构竞争的关键所在。第八，仲裁的推广。仲裁中心是仲裁要素的聚集地，要促进研究、代言、推广仲裁以及推进政策变革。第九，发达的法律服务行业。世界级的仲裁中心需能够在如法律翻译、律师事务所、公正、司法鉴定、法律查明等机构的服务形成联动与衔接。第十，仲裁人才储备。国际知名仲裁中心都注重仲裁专业人才培养和引进。

五、北京打造国际一流争端解决机构的现状与探索

北京汇聚了我国最雄厚的仲裁资源，并且已经存在国际当事人认可的一流仲裁机构，即中国国际经济贸易仲裁委员会。北京仲裁委员会也在卓有成效的国际化之路上大踏步前行。北京具备发展国际仲裁中心的条件，但也存在并非不可逾越的障碍、困难和差距。

（一）目前我国争端解决机构的差距与问题

根据 2018 年中国仲裁公信力调查的结果，我国仲裁机构整体上存在国际化程度低、普遍缺少管理仲裁地在境外的仲裁案件经验、名册仲裁员的国际竞争力不强以及中国仲裁国际形象整体有待提升等情况，未能充分实现《关于加快推进公共法律服务体系建设的意见》第 10 条 "积极为国家重大经贸活动和全方位对外开放提供法律服务" 所提出的要求。北京作为汇聚仲裁中国经验和仲裁软实力的地方，应当 "整合仲裁优势资源，打造国际知名仲裁机构，促进和支持仲裁机构参与国际商事争端解决"。

（二）影响仲裁机构发展的体制机制问题及其改革对策——以北仲为例

北仲（即北京仲裁委员会）自身定位为 "为不同国家和地区的商事主体提供一流的争议解决服务"，与 "建设国际一流争端解决机构" 的定位相匹配。北仲在解决涉外商事争议的过程中也取得许多成就，但随着国家经济社会的持续发展和对外开放的进一步扩大，以及推进国家治理体系和治理能力现代化的要求，北仲面临治理结构不健全、工作机构改革不到位、国际化程度有待提高、支持保障有待强化、行业指导和监督内涵不清晰等各方面的新问题，迫切需要推进北仲改革创新发展。

当前亟待解决的问题主要包括以下几方面：①北仲成立之时，其法人身份是以办事机构 "北京仲裁委员会办公室" 登记的，登记类型为北京市直属副局级全民所有制事业单位。当前，全国事业单位分类改革 10 年期限于 2020 年到期，北仲办事机构的事业单位身份如何分类改革，面临抉择。②北仲办事机构的事业单位身份，与国家对事业单位分类改革的要求，以及其具体执行的 "企业化管理" 的内部机制之间，存在性质冲突。③在北仲的治理结构方面，实现了委员会的决策权与办公室（秘书处）执行权的相对分离，但尚未有相对独立的监督权相制约。④北仲的外部行政监督和行政指导体制有待落实。

因此，可以采取如下措施促进北仲改革，提升北仲的国际竞争力。例如提升专业服务能力。北仲要坚持以提升当事人体验为中心的服务理念和服务标准。严格落实当事人自治原则，建立明确的服务程序与质量标准，强化工作人员专业能力和服务水平的培养和提升。充分利用信息化手段，便利当事人参与仲裁活动，确保服务的便捷性和高效性。改善国际当事人的用户体验。政府相关部门要为北仲办理国际仲裁案件提供便利，允许北仲使用专用外汇账户直接支付境外仲裁员报酬，及代收代付境外仲裁员交通、住宿等费用。支持北仲借鉴国际先进经验持续改进规则、优化程序，满足国际当事人对商事仲裁服务的多样化需求。鼓励境内外当事人选择北仲作为案件管理机构、仲裁员指定机构以及庭审设施等综合服务提供机构。

（三）北京如何为打造国际一流争端解决机构创造良好条件

除推动北仲改革之外，北京还需要处理好与其他仲裁机构的关系，其关键在于构建和促进以北京为中心的仲裁纠纷就地解决服务市场。开放境内仲裁服务市场对仲裁行业、当事人以及中国仲裁地具有积极意义，有利于中国仲裁融入全球仲裁，逐步推进制度并轨，参与全球仲裁制度和仲裁服务竞争。

北京在开放仲裁市场准入方面，并未走在最前面。北京市司法局于 2020 年印发了《境外仲裁机构在中国（北京）自由贸易试验区设立业务机构登记管理办法》，允许境外仲裁机构经登记可以在中国（北京）自由贸易试验区设立业务机构，就国际商事、投资等领域民商事争议开展涉外仲裁业务。北京应当以完善和活跃仲裁服务市场为导向，明确仲裁地作为仲裁案件籍属标准，以聚集仲裁案件为目标，平等对待境内外仲裁机构。在此基础上，转变现有非政府组织的严格监管模式，配套境外仲裁机构业务，获得便利化措施，打造更开放、更具竞争力的仲裁制度环境，吸引境外仲裁机构入驻，与国内仲裁机构共同提供面向全球的国际仲裁服务。

六、北京建设国际仲裁中心的核心策略

（一）北京建设国际仲裁中心面临的难点与障碍

国际仲裁中心是以国内法为依托，以仲裁纠纷解决服务市场竞争为表现，以仲裁案件、仲裁机构和仲裁资源汇聚为结果的竞争过程。北京汇聚了我国最雄厚的仲裁资源，但也面临一些困难和障碍。其中，仲裁立法归属中央与地方构建国际仲裁中心之间的差距、建设国际仲裁中心的政府作为与仲裁机构民间性的关系之间的差距，以及我国作为后发的仲裁地与西方演进形成的国际仲裁中心之间的差距，这些构成北京建设国际仲裁中心的核心关键。而化解这些矛盾的灵丹妙药也就在于北京利用国家服务业扩大开放综合示范区和中国（北京）自由贸易试验区这"两区"的制度优势，构建开放的、国际

化的国际仲裁服务市场，提供仲裁市场基础设施，从促进和繁荣北京国际仲裁法律服务市场的角度，促进北京国际仲裁中心建设，并按照仲裁普遍规律，推进北仲改革。

（二）北京市建设国际仲裁中心的竞争策略与现实路径

1. 明确法律政策支撑

行业促进法是体现国家对特定行业发展支持鼓励态度的专门立法，可以体现对该行业发展的社会支持、政府支持和特定支持等各方面协同统一的支持政策和配套措施。仲裁促进法应当以仲裁法为核心，不能突破仲裁法的基本制度、基本原则，应围绕仲裁改革发展的制度环境问题，根据当地的立法权限进行实施性、落地性规定。尤其是以建设国际仲裁中心为目标的城市，可以借助自贸区、服贸区、自贸港的特殊立法授权，通过地方仲裁促进立法的实现，保障深化改革和促进中心建设的双重效果。在内容上，仲裁促进法一方面要促进和保障仲裁行业深化改革与自身完善的良性体制机制，另一方面要促进有利于国际仲裁中心建设的各项措施衔接落地，形成"内促改革完善、外促开放发展"的仲裁配套法律体系。为提升北京的公信力和竞争力，建议北京市人大及时将"国际仲裁中心建设促进条例"列入立法规划，与中心建设同步推进。

2. 推动建立系统性政策支持体系

为落实好国家服务业扩大开放综合示范区和中国（北京）自由贸易试验区建设工作部署，加强法律服务领域体制机制创新，促进法律服务业专业化高端化国际化发展，2021年7月，北京市发展改革委、北京市司法局共同制定了《北京市关于改革优化法律服务业发展环境若干措施》，并明确提出要提供更加便利的工作居留和出入境服务、促进法律业务跨境收支便利化、优化司法行政审批服务。

结合前述论证，加强仲裁的政策支持可具体为：建议国家税务总局制定有利于仲裁发展的税收政策，对仲裁收费、仲裁员酬金等给予税收减免；或者给予地方政府制定相关政策的概括或单项授权。建议国家人社部门针对仲裁员、仲裁秘书制定相应职称政策，以吸引更多人才加入仲裁队伍；或者给予地方政府制定相关政策的概括或单项授权。建议国家外事部门对仲裁中心的境外组成人员、在册境外仲裁员以及在区域内设立的境外仲裁业务机构的境外工作人员和仲裁员入境履职给予签证、工作许可、临时居留等方面的政策支持；或者给予地方政府制定相关政策的概括或单项授权。建议地方政府将仲裁中心建设纳入国家"十四五"规划，统筹规划和推进国际仲裁中心的建设。

3. 加强仲裁人才培养与仲裁文化支撑

（1）加强仲裁人才培养。2022年3月，司法部、教育部等六部委联合发布的《关于做好涉外仲裁人才培养项目实施工作的通知》强调要"着力培养一批具有国际视野、通晓国际规则，能够在跨境法律服务市场提供专业服务的中国涉外仲裁人才"。为此，第一，加强仲裁学科建设，对国家与国家之间的仲裁、国家与投资者之间的仲裁、体育仲裁等开展深入研究。第二，鼓励高校学子参与仲裁实践，打破法学院校和社会之间的体制壁垒，不断提升仲裁人才的实务技能。[1]第三，制定专项培养计划。由中央统筹制定涉外仲裁人才专项培养计划，并配套制定人才梯队培养连接机制，不断完善人才培养方案。

（2）加强仲裁文化支撑。国际仲裁中心的建设，也需要相应的仲裁文化支撑。具言之，第一，追溯仲裁历史，彰显仲裁底蕴。通过对仲裁的本土溯源，探求仲裁制度对中国法治思想与法治趋势的价值，让仲裁制度更好地适应中国当代土壤。[2]第二，贯彻仲裁理念，深化人文仲裁。尊重意思自治、效率优先、人文仲裁的三大理念应当在仲裁文化建设过程中毫不动摇地贯彻。第三，加强仲裁宣传，提高仲裁意识。一是要提高仲裁宣传的思想站位。二是要运用多媒体协同的宣传手段。三是创新仲裁宣传方式，《仲裁在中国》纪录片是典型的仲裁宣传创新手段之一，类似的宣传形式也应当继续多样化。

4. 加强针对北京市层面的仲裁专门研究

北京市作为全国的涉外法律服务业龙头聚集高地，应该配备对国际争议解决中心这样的"引领性"高地建设的常设、专门研究机构，这事关北京市高端法律服务业发展的循环动力与参与商事争议解决规则的话语权，是中央

---

[1] 谢靓：《为新时代对外开放提供有力法律支撑——全国政协"建设高素质的涉外法律服务人才队伍"双周协商座谈会综述》，载人民政协网：http://www.rmzxb.com.cn/c/2020-04-18/2557401.shtml。

[2] 杨树明、陈芳华：《论商事仲裁的社会基础》，载《现代法学》2007年第4期，第128~129页。

重点关注的我国对外商事交往过程中需要提升的国家战略。

该仲裁专门研究机构可设立于北京市法学会之下，配合中央赋予北京市"建设国际仲裁与争端解决中心城市"的国家任务与战略发展定位，联动仲裁与争议解决理论界、实务界、监督管理部门等人士与机构，为北京市落实中央要求，打造国际仲裁中心城市奠定人才基础。该仲裁专门研究机构将吸纳国内外仲裁与争议解决领域的学术精英和实务专家，力争成为该领域的专业研究机构，引领学术前沿，为北京市建设仲裁与争议解决国际中心提供理论支撑和实务借鉴。

5. 突出司法支持和监督助力北京建设国际仲裁中心

司法是仲裁的监督者和仲裁裁决的执行者，司法对仲裁奉行的立场很大程度上决定了仲裁业的生存环境和发展前途。十八大以来，在仲裁司法审查方面，人民法院做了以下工作：一是以完善仲裁司法审查机制为抓手，统一仲裁司法审查标准；二是以服务保障更高水平对外开放为目标，促进中国仲裁事业国际化发展；三是恪守国际条约义务，依法承认和执行外国仲裁裁决；四是继续完善仲裁区际司法协助机制，为粤港澳大湾区建设提供高效便捷的司法服务和保障。

就当前国内外的仲裁司法审查趋势来看，坚持适度原则，减弱司法对仲裁的干预已经成为重要趋势，这也是衡量国际仲裁中心建设水平的重要指标。具言之，一是要借鉴先进经验，加大司法对仲裁的支持力度；二是要准确把握违背社会公共利益的衡量尺度；三是要坚持只审程序、不审实体的原则，将法院的司法审查控制在必要的限度内。[1]

北京是全国唯一同时具备最高人民法院专项司法政策及国际商事法庭支持的国际仲裁中心建设城市。建议北京市政府、北京市高级人民法院为北京国际商事法庭在"国际聚集型友好服务平台"所在楼栋设立"巡回法庭"提供配套支持，用以办理与仲裁相衔接的保全等临时措施服务以及其他司法审查工作。日常非业务事务可由该平台代管。

---

[1] 杜新丽：《论国际商事仲裁的司法审查与立法完善》，载《现代法学》2005 年第 6 期，第 170~171 页。

6. 打造高端实体专业平台

北京市建设国际仲裁中心可通过打造"国际聚集型友好服务平台",吸引国际优质争议解决资源入驻中心,从而形成商业聚集效应,建设国际友好营商环境。该平台对标伦敦、新加坡和上海,以"全球争议解决中心"(GDRC)实体机构建设引领平台的专业实施方案。该平台的核心功能包括但不限于:国际商事纠纷解决服务平台功能、仲裁与争议解决行业规范治理基地、国际争议解决智库支持与国际交流功能、国际优质争议解决资源招商落地功能、国际争议解决中心宣传推广与国际传播功能、国内外多元纠纷解决法治创新与平台衔接功能、国际商贸纠纷预防服务功能、国际争端解决高级人才培养功能、国际商业促进组织汇聚交流功能。

优化首都营商法治环境研究
——以"办理破产"能力提升为视角

贾沫微　徐阳光　容　红[*]

一、办理破产理论基础与历史发展

（一）办理破产指标的理论基础

破产制度是市场经济法律体系的核心制度之一，市场经济社会的基本原则就是公平竞争、优胜劣汰。一方面，破产制度是保障市场经济能否正常运转的债权债务关系制度，在债务人丧失清偿能力时，通过破产制度实现最终有序和公平，维护全体债权人和债务人的正当权益，维护社会利益与正常的经济秩序。另一方面，破产制度是完善市场经济优胜劣汰的竞争机制。利用破产的压力促进企业改善经营管理，提高经济效益，通过破产与重整制度，优化社会资源的配置与使用，调整社会产业与产业结构等。[1]但凡是实行市场经济的法治国家，都将破产法视为法律体系中不可或缺的重要组成部分，甚至作为衡量市场经济法制是否完善的重要标志。

（二）办理破产指标的历史发展

对于"办理破产"指标的研究，在国外主要集中于经济学和破产法的交叉学科，多采用建立模型，提出相应假设的方式，对国内数据进行研究，最终对假设加以修正，得出结论。代表性的文章如在世界银行（以下简称"世行"）官方网站上发表的《破产成本与控制权分配研究》（*A Study of Bankruptcy Costs and the Allocation of Control*）等。国外关于世行办理破产指标的研

---

* 课题主持人：贾沫微，北京市法学会一级巡视员；徐阳光，北京市破产法学会会长；容红，北京市高级人民法院三级高级法官。立项编号：BLS（2021）A006。结项等级：合格。

〔1〕 王欣新：《论破产法在市场资源配置中的重要作用》，载《中共杭州市委党校学报》2014 年第 6 期。

究多集中于成本与效率的分析，对于"办理破产"指标尚没有外文专著。我国国内关于"办理破产"指标的分析多集中于破产审判领域，侧重司法程序上的分析，例如《论我国破产司法能力的优化——以中日营商环境破产指标的对比为视角》一文从中日破产法体系的角度进行比较，认为建立专门的破产法院、设置简易破产程序能够优化我国破产司法能力。又如《关于"回收率"指标的法律分析及提升路径构建——基于我国当前破产审判的实证研究》专门针对"办理破产"二级指标"回收率"进行分析，从制度供给和法律实施层面提升破产审判效率和债务清偿率。国内对世行营商环境评估第一本专著是罗培新所著《世界银行营商环境评估：方法·规则·案例》，详细分析世行十二大评估指标，"办理破产"也在其中，但并没有对"办理破产"指标的理论基础和二级指标进行分析。同时随着宜商环境（BEE）新评价体系的确定，国内外对此的研究更是寥寥无几。

《中华人民共和国企业破产法》（以下简称《企业破产法》）2006 年发布，2007 年正式实施，自 2007 年起我国开始参与全球排名。对比我国营商环境总体排名与"办理破产"指标排名，整体呈现稳步前进的趋势，"办理破产"一直领先于整体排名。但是 2019 年由于我国评估结果整体排名取得较大进步，"办理破产"指标开始落后于整体排名，2020 年由于我国《最高人民法院关于适用〈中华人民共和国企业破产法〉若干问题的规定（三）》（以下简称《企业破产法司法解释三》）等相关法律文件的通过，"办理破产"指标取得了十个名次的进步，但依然与整体排名有一定差距。

2021 年 9 月 16 日，世界银行集团（WBG）高管层决定中止《营商环境报告》及其数据的发布，并宣布世行将制定新的方法来评估营商和投资环境。2022 年 2 月 4 日，世行发布了《项目初步概念书：营造宜商环境》（Pre-Concept Note：Business Enabling Environment），提出了"宜商环境"评估的十大一级指标，分别是：市场准入、获取经营场所、市政公用基础设施报装、雇佣劳工、获取金融服务、跨境贸易、纳税、解决商业纠纷、促进市场竞争、商事破产。报告指出：高效率的破产框架可以确保已无经营价值的企业快速获得清算，而具有经营价值的公司能通过可持续的方式获得有效重整。许多地区的破产制度无法及时有效地处理公司重整和清算问题，增加了经济发展的压力。若一个国家具有更高的债权回收率，以及更快解决问题的制度环境，就可以在破产程序中对公司施以重整，使公司得以存续，进而能在经济衰退期促进资源的流动与循环。BEE 的破产指标相比营商环境报告"办理破产"指标而言，进一步扩大了评估范围。BEE 破产指标增加了"破产前程序""中小微型企业的专门程序""破产管理人的专业素养""破产程序的专门机构和运作机制的质量"。这些评价指标仅会对破产清算和重整程序展开评估，而不会采取具体案例研究的方式。此外，评价将涵盖破产相关的环境保护义务，并对破产程序中的良好环境监管实践进行评估。[1]

二、BEE 指标与世行营商环境报告指标的对比分析

可从如下三个方面简要了解新指标的变化。其一，新指标的第一大指标"破产制度质量"（quality of regulations for insolvency proceedings）是对破产法律制度本身的考量，该指标在旧指标的基础上新增了"破产前程序"（pre-in-solvency proceedings）、"破产管理人的专业素养"（insolvency administrator's expertise）、"中小微企业的专门程序"（specialized proceedings for MSMEs）等评价指标。其二，新指标的第二大指标"破产程序的专门机构和运作机制"（quality of institutional and operational infrastructure for insolvency processes）是新增指标，是对破产制度实际运作情况的考量，旨在对破产制度的公共服务水平作出评判。其三，新指标的第三大指标"获得破产救济的便利度"（ease to resolve an insolvency judicial proceeding）也是新增指标。该新指标将旧指标"回收率"中的破产"成本"（cost）与"时间"（time）指标纳入了综合考量，但不再将"结果"（outcome）作为独立考量因素。总体而言，新指标评价体系拓展了旧指标中对破产制度本身的考量范围，并增加了对破产服务公共水平及破产救济便利度的考量。

三、BEE 评价体系下"商事破产"指标相关立法

（一）破产程序相关法规质量

此前世行营商环境"办理破产"指标项下的"破产框架指数"包括四个组成部分：诉讼程序开始指数、债务人资产指数管理、重组程序指数和债权

〔1〕 梁春瑾、陈科林：《译文｜世行宜商环境评价指标"商事破产"（Business Insolvency）》，载微信公众号"阳光破产法课堂"：https://mp.weixin.qq.com/s/vkCHLao3GQPxWfutz-DW2Q，最后访问日期：2022 年 4 月 21 日。

人参与指数。相比此前用以衡量破产法律法规的完善程度的破产框架力度指数，BEE 指标中的破产法律质量标准至少发生了如下变化：一是用于衡量适用于各经济体的司法清算和重整程序的破产相关法规的质量。此前主要关注重整法律制度的实施，现在则明确包括破产清算程序，因此要全方位地关注破产法律制度的完善与规范。二是注重小微企业专门化的规范制度完善问题。小微企业专门的重整程序目前在我国仅处于理论研究阶段，在法律法规和司法解释层面均处于空白，短期内很难直接改善该指导的评价得分。三是从世行评估数据搜集的方式来看，对测评城市的迎评工作提出了新要求。

1. 破产程序的启动

该指标包括债务人和债权人是否可以申请清算和/或重整程序，以及关于程序中止的规则等问题。例如，指标还将衡量在实际申请破产之前陷入财务困境的公司可诉诸哪些程序。因此，该指标将评估处理公司债务人即将破产的法律途径，包括是否存在预警工具和董事提交破产申请的责任范围。这一指标在此前办理破产的框架力度指数前就已进行了考察。第一，债务人或债权人是否可以提交破产清算或破产重整申请。第二，是否有破产程序启动后的中止规则。第三，对于困境企业的预警机制。第四，关于董事在企业濒临破产时的义务与责任范围，我国目前没有规定董事的破产申请强制义务。第五，陷入债务困境的企业可以诉诸哪些破产前的救济程序。

2. 债务人资产管理

"债务人资产的管理"属于三级指标，用于衡量破产程序中合同、交易和财务的处理状况，主要包括如下三个要素。一是"债务人是否可以继续进行对企业生存至关重要的交易或终止负担过重的合同"；二是"法律是否规定可以避免债务人在破产程序启动之前的偏颇交易和低于一般价值的交易"；三是"债务人是否有履行包括资产报废责任在内的环境保护责任的能力"。其中，第一个评价要素和第二个评价要素与旧指标基本无异，第三个评价要素是新增的。事实上，如果细分，"债务人资产的管理"可以进一步细分为以下六个问题：①破产框架是否明确规定继续执行向债务人提供基本货物和服务（企业生存所必需的货物和服务）的现有合同；②破产框架是否明确规定债务人（或破产代表或代表债务人的法院）在当事双方未充分履行其义务的情况下可以拒绝接受负担过重的合同（履约成本大于所能获得的利益）；③破产制度是否明确规定对在申请破产/启动破产程序之前进行的损害全体债权人利益或偏袒性清偿的交易与行为可以撤销（或认定无效）；④破产制度是否明确规定债务人可以在破产程序启动后获得信贷（启动后信贷），以便在程序进行期间为其正在进行的需要提供资金；⑤破产制度是否赋予启动后的信贷以优先权；⑥债务人是否履行资产报废义务（asset retirement obligation）以及其他环境保护的义务。例如，相关问题将包括债务人是否可以继续进行对企业生存至关重要的交易或终止负担过重的合同。

3. 清算和重组程序范围

"清算与重整程序的范围"指标用于衡量现代破产清算与重整程序的主要特点，具体包括如下四个要素：一是"重整计划的批准与执行，包括重整计划会如何被批准、批准时的公正考量程度（equity consideration）、对异议债权人的保护"；二是"破产管理人如何取代公司原管理层"；三是"在清算程序中，债权人对于批准出售的资产所起到的作用"；四是"在重整与清算程序中是否必须履行环境保护义务与确保破产处理符合环境法的规定"。该指标新增了对破产清算的独立评价，将对破产清算的评价与对破产重整的评价放在了同一顺位。该指标中的"破产管理人如何取代公司原管理层"和"重整与清算程序是否必须处理环境保护问题，确保破产处理符合环境法的规定"是新增的评价要素。①重整计划的批准与执行机制。我国《企业破产法》确立了重整计划分组表决制度，并通过破产法、司法解释以及会议纪要的形式明确了法院批准重整计划的具体标准。②破产管理人如何取代公司原管理层。我国现行《企业破产法》原则上要求管理人接管债务人企业的财产和营业事务，但仅于《企业破产法》第 73 条规定，在重整期间，经债务人申请，人民法院批准，债务人可以在管理人的监督下自行管理财产和营业事务。有前款规定情形的，依照本法规定已接管债务人财产和营业事务的管理人应当向债务人移交财产和营业事务，本法规定的管理人的职权由债务人行使。③债权人在清算程序中批准出售资产的作用。④在重整计划和清算程序中是否必须处理环境问题，并确保遵守相关环境法在破产程序中是否履行了环境保护义务是BEE 评价的新指标。《贸易法委员会破产法立法指南》未对此作出规定，对该问题的分析应当先考察有关环境保护法中涉及破产事项的条款，通过破产审判实践提炼破产事务处理中有关环境保护的问题点，如企业排污权处置、重污染企业设备的处置等，结合债权人利益保护与环境保护的考虑，确立相应的利益次序。

4. 债权人参与程度

债权人参与程度主要通过破产程序期间债权人所作的重要决定来考察，具体包括债权人是否有权参与指定破产管理人、债权人是否反对涉及自己权利的决定，以及债权人在破产程序中的优先权规则，该优先权包括任何可能存在的环境债权。根据我国《企业破产法》及相关司法解释（如《最高人民法院关于审理企业破产案件指定管理人的规定》）的规定来看，其债权人参与指定管理人和对涉及自身权利事项进行表决具有明文规定，但对环境债权却乏善可陈。

5. 破产管理人的专业度

加强破产管理人队伍的专业化建设是破产制度的发展趋势，也是实践的必然要求。管理人的业务素质与品行状况是破产程序得以顺利进行的重要条件，也是管理人得以勤勉履职、忠实履职的前提条件。尤其在破产案件日益复杂化的情形下，管理人应当具备相关的专业知识，例如，管理人在破产清算程序中对破产财产的管理、控制和分配需要会计学知识，在破产重整程序中对企业重整价值的判断、重整企业的实际经营需要企业管理的相关知识等。

6. 中小微企业破产的专门程序

该指标将衡量破产监管体系内是否存在针对小微企业的清算和重组程序。其中包括关于是否有此类破产程序的一般性问题，以及衡量现有各方面的具体问题，例如是否存在针对善意债务个人的债务清偿保障措施、短时间法定限制、法院监督力度、精简快速的程序。值得关注的是，世行在评价体系中的制度适用对象是中小微企业，而联合国国际贸易法委员会于 2021 年出台的规范则是《贸易法委员会小微企业破产立法建议》，说明世行与联合国国际贸易法委员会在程序适用对象上具有差异。

（二）破产程序的专门机构和运作机制的质量

"破产程序的专门机构和运作机制的质量"是商事破产新评价体系新增的一大指标，用于衡量有效实施破产制度所必需的破产机构与运作机制，本组指标将评估破产解决机制和基础设施的质量。本组指标旨在反映实际情况，重在衡量提供公共服务的机构运作情况。例如，考察是否存在相关特征能够促进快速解决、做出可靠决策、提高透明度和可预测性等，从而成为评估破产制度效率和质量的有代表性的指标。相关法院的数据将通过向用户（包括法官、办事员、拍卖人、破产代表或受托人、破产接管人和当地破产从业人员）进行专家咨询来收集。案头研究和法院收集的行政数据可用于数据的核实。"破产程序的专门机构和运作机制的质量"包括"破产法院或破产法官的专门化""法院信息化与信息公开""破产程序与公共服务的交互与协同"三个子指标。

1. 破产法院或破产法官的专门化

该指标将评估是否存在专门破产法院，以及商业法院中是否有专门处理破产案件的法官/部门，并全面充分运转（接收所有破产事宜），或将破产事宜分配给现有商业法院；专门法院有利于银行作出出资决定，能够更快解决问题并进行可靠决策。该指标还将考察是否系统地向裁决破产事项的法官提供关于破产程序的专门培训。目前我国立法尚未对建立专门的破产法院以及培养专业的破产法官作出明确规定，但是，《加快完善市场主体退出制度改革方案》明确指出：加强破产审判能力建设。深化破产审判机制改革，根据各地审判实践需要，在条件成熟的中级人民法院积极推动组建破产案件专业审判团队，优化破产案件专业审判团队的职责和内部管理体系。加强对破产审判专业人员的培训和专业队伍的建设，完善对破产审判法官的考核机制。

2. 法院信息化和信息公开

"法院信息化与信息公开"包括信息化与信息公开。该指标将衡量破产案件和相关诉状是否可以通过专用平台以电子方式提交，是否可以通过电子方式支付法院费用，以及是否允许通过网上备审系统提交。该指标还将衡量网上备审系统是否可供公众查阅，以及关于破产事项的判决和决定是否可供公众查阅。公共信息可及性将提高透明度和可预测性，因此适合作为衡量破产制度效率和质量的相关指标。

3. 破产程序服务的交互与协调

"破产程序服务的交互与协调"指标的评价要素核心要义在于，"是否建立了收录破产程序的包括债务人、债权人、各类担保物权登记机关与相关机构等破产程序参与主体在内的各类信息的综合数据库"。破产服务的交互与协同的关键点在于明确数据库中的信息范围。从破产审判实践需求的角度来看，破产案件的审理涉及多类型信息，破产程序各个环节所面向的对象具有差异性，例如，在破产资产处置环节，当涉及破产管理人与拍卖平台、拍卖机构、税务机关、不动产登记机关等主体之间的信息交互时，数据库至少应当包含上述主体的相关信息。在这个意义上，数据库的信息范围应当作广义理解，理论上与破产事务相关的所有信息都应被纳入范围内，除债权人、债务人外，还应包括破产法院、破产事务管理部门、市场监管部门、拍卖机构、管理人协会、不动产登记机关、税务机关、自然资源部门、人民银行等。

（三）办理破产司法程序的便利度

该组指标将衡量解决法院内清算和重组程序的时间和成本。解决程序的估计时间将以日历月为单位，即从备案到偿付部分或偿还全部债权人的款项或批准重组计划。诉讼所需总费用（债权人和借款人双方所产生的费用）将按所界定公司债务价值的百分比记录，并且将基于所界定公司的假设（包括公司类型及规模以及申索价值）收集数据。该组指标无需进行案例研究。数据收集方式包括与当地破产专家进行专家咨询，以及通过案头研究对数据加以核实。这一效率衡量标准适合作为衡量替代破产程序的代用指标。高成本效益和时间效率的破产程序主张清退效率低下的公司，激发企业积极性和推动创立新公司。该组指标旨在反映办理破产争端中的冗杂事项。近年来北京围绕压缩破产程序的时间和成本开展了一系列改革，取得了一些成效。

四、BEE 体系下提升首都"商事破产"指标对策与建议

（一）破产程序相关法规质量

1. 破产程序启动

为提升首都利商环境，该指标建议：

（1）就健全完善破产预警机制方面，在北京工商、税务、社保部门对符合一定标准的企业进行预警提示告知，比如对于企业没有正常经营2年以上，或者不在注册地址又无法联系等情形时，可以书面或者在企业信息公示栏中公开告知其应当视企业具体经营情况及时进行强制清算或者破产清算，避免财产贬值和降低，及时保护债权人权益。此举有利于及时提示相关经营管理层尽快申请破产，了解强制清算和破产制度的功能。尽早提起破产申请有利于债务人财产的保值，有助于提高债权清偿率。北京国有企业较多，而在国有企业上级监管部门下发相应的提示和预警通知文件，成为一项常态化管理举措，也将有助于推进企业在陷入困境后尽早进入拯救或清算程序。

（2）继续强化预重整的实践。北京市第一中级人民法院在 2019 年出台的《北京破产法庭破产重整案件办理规范（试行）》，其中专章规定了预重整，因此后续仍加大预重整的实践，培育相关典型案例。

（3）结合此前北京办理破产的实践，进一步明确如何提升金融债委会在庭外和庭内的功能、促进其与重整程序内债委会进行衔接，明确相关费用的承担，更好地发挥金融债委会在庭外重组和庭内重整方面的积极作用。

2. 债务人资产管理

为提升首都利商环境，该指标建议：对于企业破产程序中环境责任的承担问题，由于在立法层面没有专门规定，因此只能在市级工作机制层面进行创新和先行先试。针对司法实践中出现的破产企业涉及环境保护的特殊资产处置或者报废问题，可由相关环保、安检部门与北京法院签订联动工作会议纪要，明确涉环保问题的沟通联络工作机制，针对个案制定"一企一方案"，逐步积累破产企业涉环保问题的工作解决方案。在良好的府院联动工作基础上，进一步研判解决破产程序中环境债权的清偿、环境责任承担等问题。目前，北京破产法庭办理的一起破产案件涉及矿山开采后的环境修复问题，在法院指导下通过借用共益债权的方式来先行进行环境修复，具有一定的典型意义。

3. 清算和重组程序范围

首先，针对重整计划的批准与执行机制，为提升首都利商环境，该指标建议为：在立法或者北京的规范性文件（指引）就重整计划执行事项作出完善时，应当明确至少包含以下内容：

（1）完善重整执行的主要方面：①明确实践中可以适用的执行主体类型，并明确相应的权责范围；②构建实体和程序上重整计划变更的相应规范；③明确重整计划执行期限申请延迟的事由、次数、时间、法律后果等事宜，明确执行的最长期限；④细化监督者的职权职责，明确监督报告之必要记载事项，信息披露要求，建构多层次监督体系；⑤统一重整计划执行完毕标准。

（2）完善管理人监督报告的信息披露。相关权利人对重整计划执行的监督往往只能通过管理人的监督报告，而既有立法没有明确管理人监督报告应当具备的内容，在信息披露方面存在不足。监督报告中的信息披露至少应包括以下内容：①重整计划的基本情况。即对重整案件最基本情况的说明、各种期限的时限以及重整计划的监督期限，使利害关系人能够对重整案件的基本情况有所了解。②重整计划的执行情况，即债务人的资产处置情况。重整期间债务人对债权人的清偿情况、重整过程中对企业内部部门调整、职工安置的情况，尤其应当披露在执行期间新增支出的费用，没有按期完成执行进度的原因，申请延期执行的情况。③重整计划执行中的其他情况。在重整计划的实际执行阶段，可能涉及工商、税务登记的变更，资产产权的变更，涉及查封股权的解封及办理股权变动的事宜等程序性事项。此外，对于其中对债权人及利害关系人权益造成影响的事项，债务人应当及时告知管理人，管理人应当采取合适方式告知相关主体。

其次，就破产管理人如何取代公司原管理层而言，为提升首都利商环境，该指标建议：①在《企业破产法》修订时，建议对管理人接管和债务人自行管理的情形作区分规定。②北京法院可考虑在已有规范的基础上，进一步总结经验，为我国立法完善提供一线实践经验，也为世行测评提供生动的实践案例。

最后，对于债权人在清算程序中批准出售资产的作用方面，为提升首都利商环境，该指标建议：在之前的营商环境评估中，世行专家不理解我国的部分规定，也未认可司法解释中对债权人决定资产处置的规定。《企业破产法司法解释三》虽然作了补充规定，但条文之间的关系仍然不够明确，其根源在于在立法层面仍未厘清债权人、管理人各自的职权范围。建议北京法院系统出台相关指引，理顺债权人、债权人委员会和管理人职权之间的关系。

4. 债权人参与程度

债权人的参与程序在很大程度上对破产程序的高效运行产生影响，为提升首都利商环境，该指标建议有以下几点：①在立法中明确环境侵权债权优先保护，或者借鉴公司董事信义义务的规范要义，加强破产企业环境侵权债权保护，依据具体环境损害，适用不同的责任承担机制，以董事与公司（企业）连带承担环境责任制度替代争议较大的环境侵权债权优先顺位制度，在市场监管机制的程序保障下，最大限度地保护环境侵权债权人权益。②由于管理人的选任直接影响破产案件的办理质量和效率，对于破产案件的办理至关重要。北京法院可在对比兄弟法院出台的相关规范基础上，进一步总结实践经验进行完善，为我国在立法或司法解释层面完善相关规范提供实践积累。③对于债权人异议权的行使，涉及很多破产环节中的事项决定，比如临时债权额的确定、破产管理人报酬的确定、重整投资人的确定等事项，北京法院应当通过出台规范明确法院在审查债权人异议的正当程序。

5. 破产管理人的专业度

在破产管理人监督方面，主要包括事前监督、事中监督以及事后监督，其中，事前监督主要是管理人选任监督，包括管理人资格的准入。事中监督即事务监督、履职监督。事后监督主要是责任监督。北京法院出台管理人分级办法。目前浙江省高级人民法院、广西壮族自治区高级人民法院、河南省高级人民法院等多地法院均出台了管理人分级管理办法。管理人分级有助于激励管理人勤勉尽责，有助于人民法院在办理疑难复杂案件时选出能够任胜任该案的管理人。北京法院应在统计近年来办理破产案件的实际需求基础上，适时扩增管理人名册中中介机构的数量，让更多能够胜任的中介机构参与其中，增加管理人名册的流动性，增强管理人行业的活力。

6. 小微企业破产破产程序

在课题组看来，中小企业陷入困境后能否挽救成功，决定性的因素不仅仅在于重整程序的精简快速，换言之，即便有精简快速的重整程序，仍不能直接增加中小企业的重整数量和重整成功率。中小企业在陷入困境后，能否拯救成功关键仍在于法律和政策支持的力度，且就我国目前情况来看，政策支持应当成为一种支持困境中小企业重生的常态化制度。一是对于陷入流动性危机或者资不抵债的中小企业，但是有拯救希望的，应当适用破产前程序，暂时个别中止执行，给予一定暂缓偿付的缓冲期。二是建立健全与"专精特新"中小企业拯救需求相适用的重整和和解制度。即便是"专精特新"企业，其成长发展和壮大都不会是一帆风顺的，如特斯拉这样的高科技企业也数次经历破产危机，因此在国家和北京市大力支持"专精特新"中小企业发展的同时，对其陷入困境后的支持政策制度也同样重要。三是将特殊时期中小企业纾困举措政策制度化、常态化。四是降低司法重整阶段的各种费用。

（二）破产程序的专门机构和运作机制的质量

1. 破产法院或破产法官的专门化

对北京在"破产法院或破产法官的专业化"指标提升方面建议如下：一

是下大力气解决审判资源短缺问题。北京破产法庭的工作困局从根本上说还是人的问题。在观念上，应当将市场主体破产退出视为一个系统复杂的社会问题，而不是简单的司法案件，企业破产程序不仅是法院一家的事，解决该社会问题将成为相应职能部门的职责范围。二是完善破产审判机制建设，提高金融机构对破产程序的支持和参与力度。建议破产法庭与金融监管部门和银行等金融机构加强沟通，对破产程序中的涉及的金融事项，包括金融债权申报、金融担保债权行使、金融机构表决权行使、共益债务融资、战略投资、企业金融信用修复等具体事项，开展务实深入的研讨，借鉴外地先进经验，开拓创新，制定具备可操作性的业务指引规范，为金融机构参与和支持破产程序提供明确清晰的路径规范和依据。三是系统开展全面的常态化破产业务培训。鉴于办理破产是一项系统性工程，不仅涉及破产法官、管理人，而且相关政府职能部门、金融机构等都是重要的参与主体，任何一方缺乏对破产工作的基本认知和业务常识，都影响破产程序不同环节的顺利推进。

2. 法院自动化和信息公开

对于法院自动化和信息化的建设，为提升首都利商环境，该指标建议主要有两点：第一，加快开发建设北京法院破产案件办理系统。该系统应当包括立案、召开债权人会议等功能，融入法官、管理人办案功能和对管理人的监督管理功能、信息发布功能，并对接网络拍卖平台，形成全国领先的破产信息平台。建议学习外地经验，比如深圳企业破产和个人破产合二为一的信息登记系统和破产事务管理署发布的管理办法。第二，全面梳理破产案件府院联动涉及的事项和相关部门，并将府院联动机制信息化。具体可以参考杭州富阳法院和浙江诸暨法院的成功经验。

(三) 办理破产司法程序的便利度

根据世行 BEE 概念书关于评估角度的阐述，"每个指标领域中的指标都将分为三组，前两组代表监管政策框架和公共服务两大维度，第三组是衡量这两大维度在实践中结合的效果。"第三组指标"总体效率"将"衡量私营部门在实践中实现每个指标领域目标的效率"。据此，商事破产指标中"办理破产司法程序的便利度"主要用于衡量破产立法框架和破产审判与事务办理服务在实践中相结合的效果，重在实践层面检验参评城市办理破产工作的效率和质量。

一是要全面加强北京破产法庭专业化建设。下大力气切实解决审判力量短缺、队伍不稳定和审判信息化短板问题（前文已述），加强系统化常态化的业务培训，不断提升破产审判业务能力和水平，多管齐下提高办理破产效率，降低程序成本，努力尽早实现破产申请应收尽收。同时不断加强破产法治宣传，提高改革成效的社会知晓度和认可度，不断提高破产从业人员满意度。

二是需要全面深化制度落实。虽然前期北京市出台了大量破产领域改革政策，但政策落地的时效性和统一性并不尽如人意，相关办事部门对制度的熟悉度还有待提升。据管理人反映，由于出台时间较短，有些办事窗口对新举措不太清楚，需要管理人比照文件进行解释沟通。制度的可操作性还有待提升，有的文件原则性较强，具体的落实部门、办事流程缺乏配套规定，存在实施困难。建议相关单位加强对各口对应政策的学习适用和统一部署，进一步加强内部培训、细化操作标准，推动制度落实，尤其是在企业破产信息公示、解除纳税惩戒措施、落实所得税税前扣除政策、解除财产保全措施等方面需要持续推动督促落实，以实际工作成效不断提升市场主体的满意度。

三是健全完善行政机关内部破产事项工作流程。破产制度在我国发展时间不长，很多单位内部对于破产事项的处理没有相应的制度规范和工作流程，导致管理人在协调处理破产企业资产、社保税务申报等事项中存在障碍，影响相关案件程序推进。建议各行政机关能够建立破产事务专门窗口或者明确相对固定的破产事务办理工作人员，为破产相关事项的办理预留系统接口，统一办理要件、规范办理方式、明确办结时限，形成衔接顺畅、高效有序的流程机制。

四是构建专门破产行政事务管理机构。为全面系统提升办理破产质效，加强与破产法实施配套的制度化、常态化、法治化建设，国家发展改革委等十三部委发布的《加快完善市场主体退出制度改革方案》中提出，要明确政府部门承担的破产行政管理职责。深圳市也推出了全国首家破产事务管理机构。尤其是《企业破产法》目前在修改过程中就增加了在个人破产制度已经达成共识的前提下，破产行政管理部门的功能储备已显得非常迫切。建议借鉴外地经验，在2021年设立的北京市企业破产和市场主体退出工作联席会议机制办公室的基础上，在机构职能设置、破产专业人才储备等方面加强建设，逐渐丰富工作职能，承担日常协调、破产领域改革谋划、管理人监管、破产法实施跟踪监测、相关数据统计、培训宣传等职能，真正使行政配套保障定型化、常态化、机制化，使法院得以从烦琐的行政协调事务中抽身，真正专注于破产案件审理工作，法院与政府各司其职，共同致力于北京办理破产质效的提升。

五是强化宣传合力。宣传工作对于提升市场主体认可度，助力提升"商事破产"指标具有重要意义。但是，仅依靠法院一家的宣传力量，宣传成效有较大的局限性。建议联合市企业退出办、司法局和管理人协会开展宣传。一方面通过网站进行集中宣传，协调媒体对人大代表、政协委员等进行采访，邀请专家、学者撰文发声；另一方面重点向管理人等破产专家宣传本市破产工作改革举措，并对 BEE 评价体系中个别容易引起误解的问题，重点做好解释说明，共同提升迎评工作质量。

落实疏解北京非首都功能任务，推进首都功能核心区建设研究

——以城市更新相关法规政策为视角

赵秀池*

一、绪论

（一）研究背景

2015 年 2 月 10 日，在中央财经领导小组第九次会议上，习近平总书记指出：作为一个有 13 亿人口大国的首都，不应承担也没有足够的能力承担过多的功能。《北京城市总体规划（2016 年—2035 年）》中要求实现城乡建设用地规模减量："到 2020 年城乡建设用地规模由现状 2921 平方公里减到 2860 平方公里左右，到 2035 年减到 2760 平方公里左右"，标志着北京市进入全面减量提质、精细化发展的阶段。由此，实现减量城市更新的任务提上日程。

近年来，北京市市级层面在城市更新领域出台了《北京市人民政府关于实施城市更新行动的指导意见》《北京市城市更新行动计划（2021—2025 年）》《北京市禁止违法建设若干规定》《关于"十四五"时期深化推进"疏解整治促提升"专项行动的实施意见》。尤其针对首都功能核心区出台了一系列政策文件，如 2017 年《北京市人民政府关于组织开展"疏解整治促提升"专项行动（2017—2020 年）的实施意见》、2018 年《关于加强直管公房管理的意见》、2019 年《关于做好核心区历史文化街区平房直管公房申请式退租、恢复性修建和经营管理有关工作的通知》等。

要实现北京市城市更新，疏解非首都功能、推进首都功能核心区建设尤为重要。而首都功能核心区由于人口高度聚集，有大量的危旧房房屋，城市

---

* 课题主持人：赵秀池，北京市房地产法学会副会长兼秘书长。立项编号：BLS（2021）A008。结项等级：合格。

更新的问题尤为突出。在"老城不能再拆了"的理念下，城市更新难度更大。如何在限高、限容积率的情况下进行城市更新，疏解非首都功能，保证住房的居住安全，让旧城配套功能完善，宜居宜业，是当前亟需解决的现实问题。

基于此，本课题旨在研究首都功能核心区城市更新的现状、问题，并提出相关的法规政策建议，为决策者提供参考。

（二）研究意义

1. 落实首都功能核心区功能定位

首都功能核心区是首都功能定位的集中承载地，根据《北京市城市总体规划（2016年—2035年）》，北京市域范围内形成"一核一主一副、两轴多点一区"的城市空间结构，其中"一核"指的就是总面积约92.5平方公里的首都功能核心区。核心区是全国政治中心、文化中心和国际交往中心的核心承载区，是历史文化名城保护的重点地区，是展示国家首都形象的重要窗口地区。城市更新对是否能很好地落实疏解非首都功能任务，促进首都功能核心区建设意义重大。

2. 促进首都功能定位实现

根据《北京市城市总体规划（2016年—2035年）》，北京的一切工作必须坚持全国政治中心、文化中心、国际交往中心、科技创新中心的城市战略定位，履行为中央党政军领导机关工作服务，为国家国际交往服务，为科技和教育发展服务，为改善人民群众生活服务的基本职责。通过城市更新，做好首都功能核心区建设，才能更好地促进首都功能定位实现。

3. 健全城市更新法规政策

城市更新是一个新生事物，在"老城不能再拆了"和减量发展的指导思想下，怎么实现首都功能核心区修旧如旧，既能保证民生需要，提升人居环境，又能维护首都功能核心区的尊严，保证中央政务区的职能实现，让首都功能核心区静下来，困难很多。这需要有很多政策法规取得突破，需要创新。本课题希望通过研究，对首都功能核心区的城市更新法规政策有所补充，为健全城市更新法规政策起到一定作用。

4. 为超大城市减量背景下城市更新提出政策建议

北京的城市更新是千年古都的城市更新，是落实新时代首都城市战略定位的城市更新，是减量背景下的城市更新，是满足人民美好生活需要的城市更新。近年来，北京市市、区两级勠力同心、协同并进，推动城市更新迈向聚焦基层、聚焦政策、聚焦实施的新阶段，取得了很多掷地有声的实效。但仍然有很多难题需要破解。我们希望通过此课题研究，为超大城市减量—北京城市更新提出相应的政策建议，供相关部门参考。

二、首都功能核心区城市更新的现状及问题

（一）首都功能核心区城市更新现状

1. 非首都功能增量得到严控

近几年，按照"能不增则不增、能少增则少增"的总体要求，严格审批市域范围内的投资项目，落实京津冀协同发展，将非首都功能项目设在京外。此外，实施更加严格的产业准入标准，使非首都功能增量得到严格控制。

2. 部分北京非首都功能存量有序疏解

在严格控制增量的同时，推动一批区域性批发市场、一般制造业企业、学校、医院等非首都功能有序疏解，发挥示范带动作用。截至目前，已有多所北京市级机关、市属学校、医院向顺义、大兴、昌平等京郊地区转移，疏解多家一般制造业企业、批发市场和物流中心。

3. 北京非首都功能疏解空间格局加快构建

当前，推动河北、天津从规划阶段转入大规模建设阶段，发展高新技术和战略性新兴产业集聚区、城乡综合治理和新型城镇化发展示范区。近几年，加快推进多个重大项目建设，北京城市副中心加快建设，推进首都功能不断优化提升。

4. 首都功能核心区人口规模得到调整优化

近年来随着首都功能核心区常住人口、外来人口持续减少，常住人口从2016年的2137万人减少到2020年的1815万人；外来人口从2016年的53.2万人，减少到2020年的39.8万人。

北京非首都功能疏解为"高精尖"经济发展创造了空间，科技、信息等"高精尖"产业新设市场主体占比超六成。第三产业增加值不断增加，从2016年的5859.8亿元，增加到2020年的7690亿元。

（二）首都功能核心区建设中城市更新问题

1. 社会资本积极性低，资金注入缺乏动力

融资是城市更新项目成败的关键因素。当前，北京市疏解北京非首都功能任务，积极推进首都功能核心区建设。在北京以往的城市更新项目中，发展城市更新的方式主要为老旧小区改造。从资金来源看，目前以老旧小区改造为主的城市更新资金来源过于单一，主要以政府投资和房地产开发企业投资为主导，这使得融资面过于狭窄，对财政依赖过重。具体表现在政府投资只能针对部分关键性项目，覆盖面不足；而开发企业投资往往片面强调经济效益，在一定程度上忽略了公共利益和长远收益，一些明显具有社会效益但短期经济效益不明显的项目无人问津。上述情形直接导致城市更新领域内的有效投资不足，投资可持续性较差，进一步制约了城市更新项目的推进实施。

以利益为导向的企业对于城市更新积极性低，仅仅热衷于产权关系简单、收益率高、快回报类的项目。政府直接投资的城市更新项目，回报率降低，导致市场和业主参与动力明显减弱。

2. 处于探索改造阶段，缺乏成熟发展体系

一是国家层面缺乏顶层立法保障和指导方针。二是各部门事权划分不清晰。三是全过程的管理机制不完善。城市更新涉及土地、产权、空间、社会和经济等方方面面，具有周期长、范围广等特点。目前城市更新主要关注于土地和规划管理，还未构建城市更新全过程管理机制，特别是实施和监管力度不足。此外，目前的城市更新政策更适配于拆除重建类型，在微更新、微改造方面还缺乏健全的行政审批程序和制度。

3. 政策体制机制不完善，后续难以切实落地

一是城市更新动力机制的研究不充分。二是经济增长和公共利益的平衡机制不完善。城市更新治理的多元主体包括政府、市场、权利人和社会公众等，在政策制定时如何有效平衡多元主体的利益是城市更新需要解决的重要问题。然而，目前对房地产化路径的过度依赖，导致政府、原土地权利人和开发商形成了行政权力、物权与资本的"利益增长联盟"。对开发量和经济利益的过度攫取加大了城市更新的改造成本，带来了环境、交通、公共服务等方面的外部负效应，给城市造成了较大负荷，对于城市整体的公共利益缺乏有效保障。

4. 政府监管制度不够完善，历史文化保护有待提升

在过去几十年的城市化进程中，北京市疏解非首都功能，推进首都功能核心区建设，发展城市更新的方式主要有三种倾向：一是将历史街区的老建筑推倒，重建数量可观的高楼大厦，其后果是城市原有风貌被改变，古都文化氛围丧失；二是历史街区居民私建私搭，造成房屋极度密集、商业氛围过于浓厚、人口密度过大、绿地和休憩空间被挤压；三是对历史文化城区的重塑并未充分考虑器物、建筑所承载的文化价值，采取了"静态保护"的方法将其简单地封存起来，造成文化遗产与市民生活割裂。

5. 离核心区静下来，降低"四个密度"要求还有一定差距

几年来首都功能核心区疏解力度不断加大，人口密度在不断走低，如表所示：目前首都功能核心区的人口密度已经从 2016 年的 23 093 人/平方公里降到了 2020 年的 19 613 人/平方公里。但距离降低核心区"四个密度"的要求还要一定差距。根据《关于"十四五"时期深化推进"疏解整治促提升"专项行动的实施意见》，首都功能核心区仍然需要降低"四个密度"。

三、国内外城市更新立法借鉴

（一）以法制思维进行城市更新，完善城市更新法规体系

通过美国、英国、法国、新加坡等国，以及我国广州、上海、成都、西安等城市更新的实践来看，在城市更新的过程中非常重视法律法规的制定，并始终贯穿于城市发展的各个阶段，起到了有法可依的规范作用，保障了城市的正规化发展，对中国城市更新立法有很大的启发。

（二）城市更新要因地制宜因时而异，注重历史文化保护

国外城市更新是随着时间、地域的变化而不断变化的，不是一个静止的事物，而是同城市一起向前发展的。城市更新以城市的历史和城市中存在的文化遗产增添城市魅力，突出城市特色。

（三）城市更新应强调以人为本，建立多方合作关系

几乎所有的国家都经历了由最初的政府主导到多方合作，再到人本化的更新转变，当前的城市更新更需要多方合作，共同完成。

（四）城市更新关注提升人居环境，提升宜居水平

城市更新是一个综合的社会工程，主体是城市的居民，公众的需求决定了城市更新的方向，政府在做城市更新规划决策前应多吸取公众意见，同时

要积极营造宜居的环境和空间，提升人居环境质量，切实考虑人居需要，注重不同领域和渠道的发声。

（五）充分发挥政府作用，建立多元化改造方式

城市更新改造，政府的积极作用不可替代。在城市更新过程中，英美等国家政府既运用一些激励性政策吸引私有部门对城市更新进行投入，又维护公众利益、为社区创造条件，在三方伙伴关系中起到协调、引导、监察和调解的作用，确保社区利益不为商业利益所吞没。在资金运作方式上，一方面通过政府利用财政、税收等政策扶持旧城更新，对城市更新进行补贴；另一方面充分利用政府和社会资本合作（PPP）等形式鼓励私营机构参与城市更新改造，实现投资主体多元化。

（六）设立城市更新局，发挥在城市更新中的统筹作用

城市更新是一个系统工程，涉及的利益主体多元，也关联到土地、拆迁、民生、社会、规划、建设等多个领域的相互协调，不可避免地就会与发改、国土、规划、建设、民政、城管等多个部门发生业务往来，受到部门分割的影响，城市更新必然面临诸多障碍。为推动城市更新工作的顺利开展，可借鉴新加坡等国的经验，在城市更新任务紧迫且繁重的城市，建议设立城市更新局，发挥在城市更新中的统筹协调作用，将其他部门与城市更新相关联的职能归并到城市更新局，确保城市更新有效、有序、有力展开。

（七）搭建公私合作与社区参与的城市更新治理模式

通过总结美国城市重建经验发现，美国引进社会资本，实行公私合作并充分利用社区资源打造新型治理模式。围绕轨道交通、城市路桥、城市更新、老旧小区改造等重点领域，北京市也可以鼓励和支持社会资本参与规划设计、投资建设、运营管理等全过程。

四、推进首都功能核心区建设的城市更新法规政策建议

（一）要准确把握首都功能核心区城市更新的特点

1. 适应首都规划定位要求，减量发展

2017年国务院对《北京城市总体规划（2016年—2035年）》批示中指出：北京是中华人民共和国的首都，是全国政治中心、文化中心、国际交往中心、科技创新中心。北京城市的规划发展建设，要深刻把握好"都"与"城"、"舍"与"得"、疏解与提升、"一核"与"两翼"的关系，履行为中央党政军领导机关工作服务，为国家国际交往服务，为科技和教育发展服务，为改善人民群众生活服务的基本职责。要在《北京城市总体规划（2016年—2035年）》的指导下，明确首都发展要义，坚持首善标准，着力优化提升首都功能，有序疏解非首都功能，做到服务保障能力与城市战略定位相适应，人口资源环境与城市战略定位相协调，城市布局与城市战略定位相一致，建设伟大社会主义祖国的首都，迈向中华民族伟大复兴的大国首都、国际一流的和谐宜居之都。

减量发展是"十四五"期间落实首都规划定位要求的重要导向，一定要把握首都功能核心区减量发展的主旋律。

2. 处理好都与城的关系，采取有效措施降低"四个密度"

根据国务院对《北京城市总体规划（2016年—2035年）》的批示，北京市采取了多种措施，降低中心城区人口密度，推动京津冀协同发展。

《关于"十四五"时期深化推进"疏解整治促提升"专项行动的实施意见》专门对首都功能核心区提出了要求：围绕降低核心区"四个密度"，细化制定核心区疏解清单。处理好"都"与"城"的关系，采取有效措施降低核心区"四个密度"是"十四五"期间的重要工作任务，也是未来制定城市更新法规政策必须遵循的指导思想。

3. 提升首都功能核心区文化品位，推动高质量发展

文化中心是北京市重要功能定位之一。北京市有悠久的历史、灿烂的文化，尤其在首都功能核心区历史文化特色突出。因此，在城市更新中，要充分利用北京文脉底蕴深厚和文化资源集聚的优势，发挥首都凝聚荟萃、辐射带动、创新引领、传播交流和服务保障功能，把北京建设成为社会主义物质文明与精神文明协调发展，传统文化与现代文明交相辉映，历史文脉与时尚创意相得益彰，具有高度包容性和亲和力，充满人文关怀、人文风采和文化魅力的中国特色社会主义先进文化之都。

要实施中华优秀传统文化传承发展工程，更加精心保护好北京历史文化遗产这张中华文明的金名片，构建首都功能核心区的历史文化名城保护体系，形成以历史文化为导向的文化治理模式。

4. 首都功能核心区是国际一流和谐宜居之都的集中体现

《北京城市总体规划（2016年—2035年）》指出：要牢牢把握首都城市

战略定位，大力实施以疏解北京非首都功能为重点的京津冀协同发展战略，转变城市发展方式，完善城市治理体系，有效治理"大城市病"，不断提升城市发展质量、人居环境质量、人民生活品质、城市竞争力，实现城市可持续发展，率先全面建成小康社会，建设国际一流的和谐宜居之都，谱写中华民族伟大复兴中国梦的北京篇章。

北京作为全国首都，首都功能核心区集中承载着首都功能，在制定城市更新法规政策时，一定要从国际一流、和谐宜居之都入手。

（二）完善首都功能核心区城市更新体制机制

1. 建立首都功能核心区城市更新领导小组

由于城市更新比较复杂，涉及部门、领域众多，因此，为了更有效地完成首都功能核心区任务，建议成立首都功能核心区城市更新领导小组。

首都功能核心区城市更新领导小组由中央机构、北京市政府、东城区、西城区政府等部门组成。负责对首都功能核心区城市更新全局领导工作。

2. 完善首都功能核心区城市更新治理机制

一是对城市更新进行统筹管理和引导实施。明晰各部门的权责，设立城市更新专职管理机构或部门，搭建多部门协同平台，建立明确、科学的标准化管理机制。在城市更新政策制定、城市更新项目审批及城市更新项目管理机构的组织架构等方面，联合协调多部门，实施统筹管理。二是推动多元主体共同参与城市更新。在动力机制、产权关系、空间环境、利益诉求十分复杂的城市更新实践中，建立"政府—市场主体—权利主体—社会公众"等多元主体协同合作机制是提升城市治理能力的重要途径。积极构建面向市场和公众的规划与协商机制，进一步使多方参与的形式、流程、范围、权责等协作机制制度化，使各方在统一透明的机制下进行充分的博弈与协商。三是构建城市更新全过程管理机制。形成全生命周期管理机制，包括规划机制、实施机制、监管机制和反馈机制等，并贯穿于城市更新计划申报、土地信息核查、更新单元规划申报、实施主体确认、完成房屋拆除、用地手续办理和预售监管等阶段，特别是对于微更新，要制定专属的行政审批机制。

3. 构建多元化的城市更新利益平衡制度

深入分析城市更新多元主体的动力机制，制定平衡各方利益的制度。一是地方政府在明确保障公共利益、促进城市持续发展的目标下，应将城市更新作为实现城市发展战略的重要途径，制定城市更新工作计划和规划，对城市更新行动进行统筹和引导。政府还应注重保障公共利益，如明确公共利益用地和用房配置要求，鼓励公共责任捆绑，建立实施监管协议制度等。二是对于社会主体，应尊重其合法权益，鼓励公众参与。城市更新应尊重与保障权利主体的产权权益，如制定合理的补偿安置办法，提供政策和资金支持，完善权利主体的自主更新路径等。同时，建立沟通协商平台，鼓励社会公众参与，共同改善城市民生环境。三是制定市场主体参与激励机制，鼓励其承担起相应的社会责任。

4. 充分发挥中央"帅"的作用，有序推进核心区城市更新

推进首都功能核心区城市更新，疏解北京非首都功能，仅仅强调政府的主体作用是不够的。因为中央政府和各级地方政府在首都功能核心区城市更新发展中的地位和作用是不同的。各级地方政府主要是在中央政府的领导下，结合本地区的实际情况，具体负责制定并组织实施统筹本核心区城市更新的方针政策，推进本地区的城市建设。在国家治理体系的大棋局中，中央是坐镇军帐的"帅"，车马炮各展其长，一盘棋大局分明。没有中央权威和集中统领导，就会出现群龙无首、各自为政、一盘散沙的局面。所以，中央政府应该在加快推进首都功能核心区城市更新发展中发挥主导作用。从根本上解决核心区城市更新问题，必须在充分发挥各级地方政府主体作用的基础上，进一步发挥好中央政府的主导作用。尤其在资金支持、历史遗留问题处理方面，中央要起到"帅"的作用。

(三) 注重顶层法规政策设计，做好首都功能核心区城市更新规划

1. 强化城市更新的法规政策集成

借鉴国内外先进经验，在总结北京"劲松模式""首创模式"基础上，不断探索城市更新的路径和模式。坚持系统观念，实行市场平台和政府平台的双向推动，围绕管理机构设置、管理办法建立、多元角色参与、更新运作模式设定和配套政策建设等方面来谋划和推进。建立城市更新专项规划和年度实施计划，发挥市、区两级联动作用，塑造从战略到实施的有效传导制度路径。实行项目申报核准制度，搭建项目审批电子平台，分类分区设置核准条件和标准，实现一网通办，简化流程，压缩周期。坚持问题导向，建立评估反馈机制，针对实施过程中的问题及时调整完善。在路径上，推行全面改

造与微改造相结合，政府与市场互补互动。全面改造项目由政府主导、成片统筹，微改造项目多为独立项目、单一地块，以市场为主。突出"政府引导下的减量增效"，实行"区域评估—实施计划（全生命周期管理）"的实施路径，以微改造为主。设定容积率调整上限，明确获得容积率提升或奖励的前提是为城市做出公共贡献，如增加公共空间、建设公共设施、提供公共住房等。尤其在规划、土地、资金、税费方面要明确优惠倾斜政策。

2. 创新城市更新的协同推进

坚持政府引导，市场运作，探索"市区联手、以区为主、政企合作"的城市更新模式。建立市、区两级城市更新工作领导机构，市级管统筹、区级抓落实，市、区两级融合政策，整合资源，协同联动。在市级层面，加强高位协调和部门协作，对现有与城市更新相关的领导小组进行整合，成立市级城市更新工作领导小组，下设办公室，负责组织协调、政策研究、统筹规划、项目实施、技术标准制定、工作评估等，市相关部门和各区政府为成员单位，并设立住建、规自、发改、经信、商务、人防、园林等工作专班。在区级层面，借鉴深圳经验，"强区放权"，以区为主，引导各区建立适应城市更新的组织机构、工作机制、政策措施，做到运行高效、机制灵活、政策完备。市场层面，借鉴其他城市先进经验，依托国企搭建市、区两级城市更新平台，负责城市更新项目的规划设计、投资融资、建设实施、运营管理等工作，承担政府与市场的衔接角色，对上执行政府意志，对下通过委托、股权合作等形式引入社会资本参与更新。并且，市场主体应建立符合首都城市更新特点的微利可持续回报商业模式。畅通社会资本参与路径，建立科学合理的利益平衡和成本分担机制。支持低利润、长周期商业模式的社会资本健康发展，培育规模化城市更新实施运营主体。

3. 引入城市更新的第三方机构

引入第三方独立的专业机构，为城市更新提供科学合理的长期规划，符合现今时代发展的需求，更符合我国地方政府在城市更新合作中的需求。第三方独立机构由相关的城市规划学专家、区域经济学专家等组成，可以通过他们对城市更新的专业视角，为政府提供规划评估和政策整合，为居民提供城市更新法律、流程和规划等城市更新咨询服务，为城市更新提供科学的监督和管理机制。

4. 形成以历史文化保护为导向的文化治理模式

首都功能核心区作为北京老城，应形成以历史文化保护为导向的文化治理模式。将文化与城市发展相结合，强调文化政策对文化旅游的推动和对空间场所的营销以及对北京城市更新的独特化和个性化发展。要注意挖掘社区文化记忆，让文化遗产活起来。要挖掘"非遗"资源。首都功能核心区要延续历史街区，留住城市的记忆，不仅需要留住历史建筑，还需要有老北京人代代相传的生活习惯、民俗文化，才能保持城市活力，延续城市生命力。

（四）坚持法治先行 建立多元治理模式

1. 完善《北京市城市更新条例》并及早出台实施*

《北京市城市更新条例》出台非常及时必要，它对于以往城市更新过程中的经验进行了总结，对存在的问题有了突破性说法，有助于规划落地和城市更新工作推动，与北京首善之区建设思路高度契合，能够规范和指导本市管理，对首都功能核心区疏解非首都功能任务，推进首都功能核心区建设意义重大。还有一些需要完善之处：①《北京市城市更新条例（征求意见稿）》中第2条中"城市更新活动不包括土地储备、房地产一级开发等项目"，此说法欠妥，因为在片区更新中为了实现肥瘦搭配，整体盘活，需要用一部分增量来予以支持，可以异地补偿与土地储备和房地产一级开发相关的项目。②应鼓励社会资本积极介入。《北京市城市更新条例》中第29条建议增加一款内容：支持社会资本积极介入，培育规模化城市更新实施运营主体。③《北京市城市更新条例（征求意见稿）》中第37条中"城市更新过程中，涉及公有住房腾退的，可采取房屋置换的方式进行。房屋置换可采取租赁置换和产权置换两种方式"，建议增加货币补偿方式。④《北京市城市更新条例》中第40条对于危旧楼实现资金平衡有很大意义。但要考虑核心区人口疏解任务和增加保障性租赁住房是否有冲突；新增公共服务和便民服务设施面积、新增建筑面积是否需要单列计划。⑤《北京市城市更新条例（征求意见稿）》中第41条老旧小区改造，对于社会资本发挥作用的立足点以及如何实现投资平衡没有涉及，建议结合《国务院办公厅关于进一步盘活存量资产扩大有效投资的意见》等文件精神做进一步表述，如统筹城镇老旧小区及周边公有房屋、公

---

* 本文完成时《北京市城市更新条例》尚未出台，特此说明。——编者注

共低效闲置用地等各类存量资源，引入社会资本提供公共服务和增值服务，以产生的收益投入老旧小区改造项目建设、运营和管养支出，实现可持续发展。⑥《北京市城市更新条例（征求意见稿）》第56条中"鼓励通过依法发行地方政府债券、企业债券等方式，筹集改造资金"，建议增加城市更新基金方式。⑦国有资产是用于城市更新项目统筹或者社会资本参与的重要平衡资源，是否还存在出租出借政策限制问题，建议对此加以明确。⑧建议结合实际工作，明确城市更新改造模式，如企业前期不投资、共同投资共同推进、直接收购、引入拆迁模式等。

2. 通过多种手段与方法，完善城市更新监督机制

第一，要设立专门的机构和人员，专人专项对城市更新项目进行全程的监督，以保证城市更新任务的顺利完成。第二，通过出台相应的政策和法律予以适度的引导和规范，明确各方在城市更新合作中的地位和角色，以及在各阶段中应该遵守的具体的程序和原则。对城市更新过程当中可能出现的一些不当的行为加以惩罚，并且明确违反规定后应具体承担的责任，比如：一些适当的经济赔偿。第三，应拓宽外部的监督渠道来完善相关监督机制。由于城市更新涉及了很多利益主体，所以拓宽社会的监督渠道对完善城市更新监督机制特别重要。一方面可以发挥公众的监督力量，这就需要各地方政府主体及时地公开信息，以便于公众可以通过官方门户网站等方式进行监督。另一方面是新闻媒体的监督渠道，塑造正确的社会舆论的监督氛围，对于过程中出现的一些违法违规行为，要予以及时曝光，特别是对于一些挪用公共财产、暴力拆除、破坏生态等触犯法律的行为，需要媒体进行实时的全程监督。同时，需要在完善相关法律机制上予以配合，对媒体曝光的负面情况加以重视，加大审查力度，调查后如若真有违法行为，必须要加以严惩，为媒体的全面的合理的监督提供必要的保障。第四，应完善智能化监管网络。通过"电子政务""数字市政"等信息化手段，实施城市更新的指挥、监管、考核。第五，打造公众参与、企业协同的违法查处平台。应针对首都功能核心区不同文化遗产和历史街区的具体情况制定有机更新的实施细则，将保护要求、更新规范、日常管理控制纳入其中。明确划分出法定重点文物保护单位、具有明显特色值得保留的历史建筑、允许拆除重建的建筑以及应当拆除的危房、违章建筑等。通过设立举报电话，或者与"12345"对接，对首都功能核

心区工作进行有效监督。

3. 要发挥专家委员会作用，把责任规划师和建筑师纳入专家委员会范畴

在落实北京非首都功能任务，推进首都功能核心区建设时，进行社区规划尤为重要。首都功能核心区要尊重"老城不能再拆了"的指示，重点对存量资源进行挖掘、提升、联结与整合，专业性较强。因此，推行责任规划师制度非常重要。而首都功能核心区区域较特殊，历史文化建筑较多，很多情况需要修旧如旧，建筑师的作用也非常突出。因此，在首都功能核心区的城市更新中，一定要发挥好责任规划师和建筑师的作用。要把责任规划师和建筑师纳入城市更新专家委员会范畴。

4. 健全业主大会，充分发挥业主大会的治理作用

作为城市更新的主体之一，物业具有举足轻重的地位。《北京市城市更新条例（征求意见稿）》指出，本市建立健全城市更新平等协商共治机制，坚持党建引领，完善、规范物业权利人、利害关系人依法参与城市更新的制度，保障公众在城市更新项目中的知情权、参与权和监督权。支持利用腾退地下空间用于仓储、便民店、家政等便民商业服务网点及文体中心、社区活动中心、宣教基地、物业办公、养老服务等社区公共配套服务设施，利用腾退地下空间补充完善街区服务功能。城市更新项目涉及单一物业权利人的，物业权利人可作为实施主体。城市更新项目涉及多个物业权利人的，协商一致后由其共同委托的物业权利人或者其他主体担任实施主体；无法协商一致的，按照《中华人民共和国民法典》的规定，由物业权利人经表决后确定实施主体。可以看到，城市更新正在和基层社区、业主大会挂钩，这是一种全新的形式，对于以往城市更新过程中存在的主体问题有了突破性说法，有助于规划落地和城市更新工作推动。但同样也提出了新的要求：目前首都功能核心区老旧小区成立业主大会整体来看数量较少，一般由物业管理委员会来代替。还需要进一步想办法成立业主大会，并充分发挥业主和业主大会的作用。

加强首都社会主义法治文化建设研究

柴 荣*

一、首都法治文化建设与文化遗产保护

(一) 首都文化遗产资源的分布及特点

首都的文化遗产资源丰富，本研究主要立足于海淀区的文物资源调查。其中，海淀区文物资源丰富、分布集中、特色鲜明。根据调查，全区现有各类文物古迹 262 项，其中全国重点文物保护单位 4 项，北京市文物保护单位 28 项，区级文物保护单位 24 项，文物暂保单位 24 项，历史文化保护街区 1 项，地下文物埋藏区 3 项。

1. 地上文物的分布及特点

海淀区文物数量众多并且分布非常广泛，但又有着相对集中的特点。所谓相对集中，就是主要在以"三线一街区"为代表的四个区域保存了许多重要的文物遗迹。所谓"三线一街区"主要是指长河沿线（京密引水渠昆玉段从颐和园到高梁桥，包括长春桥到玉渊潭）、香山路沿线（从颐和园至香山公园的道路沿线）、西山山麓沿线和颐和园至圆明园历史文化保护街区。长河是一条古老的河道，从曹魏时期到辽金时期，一直是北京灌溉和供水的重要来源，可以说长河在北京的形成和发展中发挥了重要作用。清代，"三山五园"建成后，长河成为清朝皇家从西面前往颐和园的水道，因此数百年来，长河两岸的寺庙园林聚集在一起，人文景观连绵不断，大量的文物古迹被保存下来。香山路沿线因是清代皇帝及宫廷贵族出游的必经之路，所以沿途存有大

* 课题主持人：柴荣，北京师范大学法学院副院长，中国法律文化研究会会长。立项编号：BLS（2021）A009。结项等级：合格。

量的文物古迹。西山山麓沿线则是因为这一带的寺庙文化历史悠久，因此保存了众多佛教文化遗产。颐和园至圆明园历史文化保护街区则保存了西郊重要的清代皇家园林。（如表1所示）

表1 "三线一街区"区域

"三线一街区"区域文物分布			
长河沿线	香山路沿线	西山山麓沿线	颐和园至圆明园历史文化保护街区
高梁桥、广通寺、极乐寺、乐善园（今动物园，属西城区）、五塔寺、大慧寺、白石桥（1997年拆除）、紫竹院行宫、延庆寺、广源闸、龙王庙、万寿寺、麦钟桥遗址、立马关帝庙、西顶庙、金河堤碑、颐和园等。昆玉河南段：钓鱼台、养源斋、摩诃庵、慈寿寺塔、恩济庄太监墓地。	遗光寺山门、玉泉山（静明园）、金山宝藏寺、景泰陵、普庵塔、妙云寺（石居）、卧佛寺、樱桃沟周家花园、团城演武厅、清代碉楼、碧云寺。	兜率宫、普觉寺（卧佛寺）、碧云寺、法海寺、晏公祠、黑龙潭龙王庙、大觉寺、普照寺、莲花寺、秀峰寺、响塘庙、金仙庵、妙峰山香道及遗址、黄普院、魏太和造像、龙泉寺、上方寺。	颐和园、圆明园、清华园及近春园遗址（今为工字厅及清华大学早期建筑等）、淑春园遗址等（今为燕京大学未名湖区）、畅春园遗址（现存恩佑寺山门、恩慕寺山门）、蔚秀园遗址、鸣鹤园遗址、朗润园、承泽园、吴家花园、达园。

海淀区文物为何集中于三线一街区分布呢？这需要从海淀的历史发展说起。首先，海淀镇历史悠久，其居民点可追溯到新石器时代。随着北京的发展，海淀镇也从蓟古城到居庸关大道的一个重要村庄发展成为北京西郊最重要的文化小镇。金朝建都北京后，西郊园林初步开发，"燕京八景"中有三处坐落于海淀。元代，著名的水利科学家郭守敬对西郊水系进行了第一次大规模改造，以长河和西湖（现在的昆明湖）为主，以提高大运河上游的水位，促进了水路运输，客观上为明清时期西郊园林的发展创造了条件。

到了明代（1368—1644年），海淀镇已成为园林的聚集地。白石桥北侧的万驸马白石庄，素有"城郊第一园亭"之称。武清侯李卫的清华园、米万钟的勺园都各有各自的特色。经过清代康熙、雍正、乾隆几代人的管理，西郊出现了园林建筑的高潮。特别是乾隆时期西山泉水的大规模开发，将西郊园林建设推向了顶峰，形成了著名的"三山五园"［即万寿山、玉泉山、象山、畅春园、清漪园（颐和园前身）、圆明园、静明园、静宜园］。由于皇帝在北京的大部分时间都住在西郊的御花园里，王公大臣和政府机构也都聚集在海淀，因此在这里修建私人花园。当时的海淀商业空前繁荣，最多时有100多家商埠。虽然在清末被英法联军摧毁了很多，在民国战火中也遭受许多损失，但海淀镇及其附近仍保留着大量的皇家园林、私家园林和遗址。

连接海淀文物分布主体文脉的纽带则是以颐和园为中心的"三山五园"重要文物遗迹集群。"三山五园"使海淀文物"三线一街区"的分布紧密相连，形成一个有机统一的整体。因此，我们认为"三山五园"是海淀区文物资源的重中之重，发挥着重要的"文脉"意义，是海淀区历史文化传统的重要承载者。其中最具有特色的就是海淀文物中的寺庙和园林。海淀区的园林、寺庙不仅数量众多、分布广泛，而且各具特色。世界文化遗产颐和园的环境艺术和建筑艺术充分体现了中国古代造园艺术的精髓。而圆明园虽然毁于战火，但是其遗迹已经成为中国近代遭受列强侵略的历史见证和重要的爱国主义教育基地。

2. 地下文物的分布及特点

海淀地下文物资源丰富，文脉清晰。目前，可确定的大型古代文化遗址不多，史前聚落遗址尚未被发现。战国时期的文物在很多地方都有发现，特别是在北京大学、上庄马房一带，而且有很多文物，分布在很多地方，靠近现代自然村。汉代聚落遗址多沿古道分布，如万寿寺西侧、万全村、北京大学、清华大学等地。在古墓中，战国时期的瓮棺墓是迄今为止发现的最早的墓葬，主要分布在羊坊店至永定路一带。（如表2所示）

表 2 海淀地下文物分布

墓葬时期	分布地区
战国时期的瓮棺墓	羊坊店至永定路。
汉代墓葬	南至复兴路沿线，北到苏家坨一带。 从万泉庄到海淀镇再向东北至清华大学、上地、清河一带。
晋唐时期	八里庄一带、高粱河沿岸。

墓葬时期	分布地区
辽金时期	羊坊店、海淀镇、清河以及沿西山山麓台地。
元代墓葬	山前地区分布较多。 颐和园耶律楚材家族墓地。
明代	金山墓区（明代）。 景泰帝陵。
清代	西山山麓：七王坟、九王坟、瑞王坟、礼王坟等。 太监墓：多以墓园形式存在，有恩济庄、皂君庙、四槐居等10余处墓园。
民国名人墓葬	主要集中于万安公墓。 著名语言学家王力墓、哲学家冯友兰墓、史学家商鸿逵墓、八卦掌名家董海川墓、名医肖龙友墓、国画名家刘继卣墓等。在西山脚下，还分布着佟麟阁墓、孙传芳墓、王锡彤墓、梁启超家族墓、熊希龄墓、梅兰芳墓、马连良墓、刘半农墓、刘天华墓等。

发掘的地下文化遗迹是海淀地下文化资源的重要组成部分。凭借多年的考古发掘，清理基础设施项目，发现文物收集了 600 多万个，主要对象是金银、玉石、陶瓷、青铜和其他物体、墓志铭等，以及各种石头雕刻艺术品，尤其是黄金及白银、玉器和青铜器。其中瓷器很珍贵。由于条件有限，这些珍贵的物品没有得到充分利用，但它们是一种重要的潜在材料。随着文物事业的不断发展和条件的改善，终将发挥其应有的作用。

（二）文化遗产资源保护利用状况

新中国成立后，特别是 20 世纪 80 年代以来，在全市文物工作者的共同努力下，海淀区在文物保护方面取得了巨大成就。从下面的统计可以看出。1958 年，仅有 10 处文物保护单位（均为市级文物保护单位），而在 2008 年文物普查时，文物保护单位不断增加，包括国家级重点、市及区保护单位在内已发展到 80 处。特别是 1999 年，区政府公布了第二批文物，其中区级文物保护单位 18 处，临时保护单位 24 处，全区文物保护单位具有完整的范围类别和特点。

第一，依法管理方面。文化遗产保护工程进一步加强，逐步纳入立法轨道，形成了较为完善的管理体系。1999 年 1 月 1 日，区政府公布了海淀区文化遗产保护管理条例，这是海淀区文化遗产保护的第一个行政行动，在各区也是第一个。

第二，文物修缮方面。在计划经济到市场经济的背景下，文物修缮资金逐渐从公共投资单一的维修投资发展为一个多样化的、由政府主导的投资方式。多年来已通过政府出资和不同的方法（包括各种社会投资吸引力）资源调动的方式，使 45 家文物保护单位得到了维修，投入维修资金 1.6 亿余元，大量文物得到很好的保护。

第三，开发利用方面。在 80 家文物保护单位中，面向社会开放的已有 40 家，其中有 29 项属于管理开放，包括颐和园、圆明园、香山等。每年开放的文物保护单位的客流量达到 1200 万人次，年收入超亿元。自然开放 11 家，比如元大都土城遗址，成为一座城市绿化景观。依托文物保护单位开放建成的博物馆 9 个。比如，在大钟寺建成的古钟博物馆，展示了中华民族的古钟文化。而在五塔寺建成的石刻艺术博物馆展示了大量的石刻文物。

海淀区的文化遗物资源，在经济建设和社会主义精神文明建设中发挥了巨大的作用。海淀区文物保护的成果有目共睹，但我们也要清醒地认识到海淀区文物保护工作仍然非常困难。新中国成立以来，海淀区实施了三次文物人口普查，从三次文物人口普查结果可以看出，海淀区登记的文物总数自中华人民共和国成立以来，逐年减少。造成这一趋势的原因是多方面的。在 20 世纪 50 年代至 70 年代，文物资源遭到了破坏。20 世纪 80 年代以来，随着社会的发展进步，城市建设规模不断扩大，首都现代化进程加快，对文化遗物保护产生了巨大影响。特别是 20 世纪 90 年代以来，随着社会主义市场经济的快速发展，北京的城市建设和老旧房屋翻修迎来了新的高潮。特别是中关村科技园的开发和建设，海淀区面临着严峻的课题。

客观地说，在海淀区众多的文化文物和史迹中，得到有效保护和合理利用的尚属少数。特别是区级文物古迹、临时保护单位和文物古迹，没有纳入保护范围。情况更不乐观的是，在 80 栋县级以上文物保护区中，除了作为公益事业和旅游景点向公众开放的 29 栋之外，旧建筑有的被用作办公楼，有的仍在勉强使用，有的几近无人管理状况。文物依然受到自然和人为的严重损坏，主要表现在以下方面。

第一，重视程度和认识有待进一步提高。北京是文化古都，也是历史文化名城，城市规划建设必须从古城景观保护入手，这在文物保护中占有突出地位，更要保护古城的风景。文化财产业务政策性强，对外关系广泛，矛盾突出。只有高度重视文化工作的重点和困难，文化工作才能得到更好的发展。海淀区的文物保护工作体现了区和区办文物保护工作取得的巨大成就，但是个别单位和经济建设部门仍然存在这样的想法，即重视短期盈利。文物是不可再生资源，是宝贵的民族文化遗产。它不仅能起到教育作用，而且也有助于经济建设。

第二，文物保护资金匮乏。文物保护的资金不足一直困扰着文物工作，也是限制海淀区文物开发的一大问题。如果没有足够的物质保障，文物保护的许多具体措施就无法实施。在计划经济制度下，文物的保护和管理由国家承担，文物保护的资金来源当然是单一的，文物保护单位的管理利用单位也要自己筹措修复的资金，但国家是文物修复的主要投资者。

调查发现，能够筹集到文物修复资金的单位往往是发展较快、效率较高的文物旅游单位，如：颐和园、圆明园、香山公园等。但是，每个办公室的情况都不一样，虽然程度有所不同，但维修资金不足是普遍存在的。当然，在市场经济条件下，一些形式会吸引恢复开放形式，比如百一中学、大业国际租赁有限公司。这无疑是一个非常好的方法，但总体而言，文化遗产业务此时显然并不发达。由于文化财产的特殊性，很多建筑文物实际上是无人值守的，对自然的破坏也相当严重，市、区财政补贴成为国家节约投资和文物保护资源的最重要途径。由于缺乏资金，海淀区丰富的地下文物被搁置，没有得到充分利用。6000 多件文物存放在区区 10 平方米的库房中，甚至连组织研究的条件都不具备，更何况进行展览。

第三，城市建设、危旧房改造同文物保护之间矛盾突出。城市的发展、道路的拓宽、居民生活条件的改善是社会发展的必然要求。很多文化财产位于老城区或开发区，与建设工作存在冲突，经常被破坏。很多文化财产除了自身的历史和艺术价值之外，可能缺少整体景观价值。文物保护单位建设控制区内的违法建设更是屡见不鲜。

第四，文物单位隶属关系复杂，开发利用难度很大。由于文物历史的原因，海淀区共有文物保护单位80处，其中28处文物属于政府行政部门，其中属于单位的30处，属于企业的有7处，属于军工的有8处，没有隶属行政单位的7处。其中，只有大慧寺，属于区文化财产管理部门。由于管理使用的单元复杂，整体开发使用难度极大。比如著名的御苑"三山五园"，在学术研究、宣传、地域分布方面都有很强的认同感和联系。但是圆明园是区属单位，畅春园属于北京大学。因此，整体发展条件不完善，难以形成统一规划和规模效应，资源优势无法最大化。在上庄翠湖水乡旅游开发中，由北京军区261医院管理使用的东岳庙和龙王圣母庙实际上最具历史文化价值，但难以开发使用。

（三）保护利用的基本思路

1. 基本思路

海淀区地处中关村科技园区核心区，随着中关村科技园区的快速开发建设，应妥善处理好文物保护、开发利用与园区建设的关系。海淀区作为北京的文物区，不仅要靠文物的数量说话，更要在质量上确立优势。也就是说，在管理层面上，必须在开发利用上取得突出成绩。为此，海淀区将不断提高保护管理力度，继续加大投入，采取"保护第一、抢救第一"和"有效保护、合理利用"的方针，坚持"强化管理"不断拓展文化财产业务的新阶段。

第一，抓住机遇，迎难而上。园区的建设和开发，既给我们的文物保护工作带来新的问题，也给文物的保护、开发和利用带来难得的发展机遇。产业发展是物质文明建设和精神文明建设协调发展的重大工程，需要方方面面协调推进，缺一不可。公园的建设必然会更加注重文物的保护。在公园的建设过程中，政府要加大对各项事业的设备投资，这将是直接或间接的利好。文化遗产因素对危旧房的城市建设和改造，产生了各种形式要求和保护契机。利用文化遗产的有利条件，提高公园内整体文明水平，促进全民保护文化遗产。因此，我们要抓住这个历史机遇，在海淀区文化遗产的保护、发展和利用上做好工作。

第二，保护好文物是建设新海淀的必然要求。保护好、开发好、利用好海淀区丰富的文物资源，是中关村科技园区文化环境创造的重要组成部分，也是保护好古都、历史文化名城北京的一般要求。新海淀建设必须紧密依托海淀区的地域条件，在继承优良传统的基础上不断创新，创造出不同于其他地区的特色。丰富的文物古迹和史迹是海淀区风貌的重要组成部分，也是海淀区的主要特征，保护文物古迹就是保护海淀作为文化区域的独特特征。传统文化和现代科学技术文化的相辅相成将大大提升中关村科技园区在国内外的良好形象。

第三，开发利用文物资源，促进经济发展。文物资源的合理开发利用，进一步促进了海淀区的经济发展，如今，文化产业已成为海淀区新的经济增长点。旅游作为文化产业的龙头，有着无限广阔的发展前景。文化遗产是旅游发展最重要的支撑，是旅游的基础和灵魂，文化遗产的保护和利用是海淀区旅游业持续发展的重要保障。

第四，充分挖掘文物资源的教育功能。文化文物的开发和利用，不仅要注重其经济效益，还要注重其微妙的文化渗透功能和独特的社会教育功能。随着科技园的建设和发展，对人的素质必然提出更高的要求，我们将面临一个学习型社会。在学习型社会中，文化遗存将传播知识、滋养情感赋予人们。审美愉悦和艺术享受的功能，在教育中发挥着独特而不可替代的作用，越来越受到人们的关注。珍贵的历史文化遗存是连接大众和历史文化的桥梁，在弘扬中华优秀传统文化方面发挥着不可替代的作用。海淀区拥有许多革命文化遗存，例如：双清别墅、李大钊烈士陵园、三·一八烈士墓地、辛亥滦州起义纪念塔、"保卫华北"石刻等，是青少年爱国教育和革命传统教育的生动教材，是精神文明建设的重要组成部分。因此要注重社会主义精神文明建设，为海淀区的社会主义精神文明建设做出贡献。

2. 对策与建议

第一，切实落实文物工作"五纳入"，建立文物保护新体制。1997年《国务院关于加强和改善文物工作的通知》，明确提出了文物工作的"五纳入"，即文物保护纳入地区经济社会发展规划、城乡建设规划、财政预算、体制改革以及各级领导责任体系。我们相信，"五纳入"是建立与社会主义市场经济体系相适应的新型文化遗产保护制度的核心内容，是做好新时代文化遗产工作的重要保证。通过"五纳入"的有效实施，可以明确各级领导的职责，充分体现政府的管理职能和相关部门的责任，有效加强文物工作。因此，海淀区有必要积极、有良心地实施"五纳入",制定并实施进一步完善海淀区文化文物保护和利用的具体措施和计划。

第二,加强宣传和研究工作,提高认识,促进全民文物保护。北京是国内的首善之区,海淀也是北京较大的文物遗址区,其丰富的文物资源是海淀作为文化旅游区的重要特征,因此,海淀区的文物宣传要立足于高视角、广文化,用视野捕捉,让海淀区的文化遗产走向全国、走向世界。文化文物的宣传活动需要确立国际象棋游戏的创意和"不求所有,但求其所在"的概念。颐和园、象山公园以及其他文物古迹和名胜古迹,虽然以前已经被开发,但不属于海淀区的文化遗产资源,其旅游产业的发展,将切实带动周边相关服务产业的发展。对于这种非常重要的文化遗产,无论属于哪里,仍然应该是我们宣传工作的重点。要充分利用文物工作的独特优势,运用多种媒体宣传文物工作,扩大文物的社会影响力。文化文物走近人们,让人们了解、喜爱文化文物,促进国家文化文物保护意识的提高。要积极开展区域文化研究,挖掘海淀区文物资源的丰富内涵。海淀区丰富的文化遗址资源有其独特的特点,但与一些区县相比,对海淀区地域文化的研究明显不够充分。东西城是"胡同文化"和"四合院"。实际上,"西山文化"有着悠久的历史和丰富的内涵,可以分为寺院文化、园艺文化、宦官文化、以苗峰山为香道载体的西山民俗文化等多个话题。在条件允许的情况下,我们可以组织专家举办研讨会,深入研究"西山文化",促进海淀地域文化的积极宣传。

第三,加大政府投入力度,多渠道筹集文物保护资金。资金投入是文物事业的老问题,也是普遍存在的问题,文物保护事业的质量与资金投入的程度密切相关,一方面,我们相信政府应该加大财政投资。各级政府的投入是主要渠道,特别是对文物的修复。毕竟,大多数的文化文物只是潜在的资源,它们还面临着自然和人为的损坏。保护文化遗产,保护我们祖先留下的珍贵的文化遗产,政府要做好文化遗产的保护工作,各级政府要不断加大投入。另一方面,文物保护管理仅依靠国家资金是不够的,要在有效利用和管理的前提下,彰显文物资源优势,不断探索文物有效保护和合理利用的新途径。在不出售文物的前提下,有必要从社会、企业、个人等各方面引入文物保护基金,通过募捐等多种方式和途径,提高相关人士的热情。建立保护基金和相应基金会,通过政策引导和支持,鼓励各种社会基金通过捐赠、募集、募捐等方式修复和保护文化文物，广泛动员社会力量参与文化文物保护。要遵循"有效保护和合理利用"的原则，鼓励开发、利用、保护文物资源，特别是一些具备开放条件的文物保护单位，要更多地流转"死文物"转化为"活的文化文物"，产生社会经济效益，为文化文物保护的健康发展做出贡献。

第四，加强文物抢救维修和保护管理的基础性工作。随着中关村科技园区各种建设项目的发展，海淀区首都建设项目与文化遗产保护之间的矛盾在未来几年必将加剧。因此，有必要进一步加强对地下出土文物的抢救发掘，最大限度地减少地下出土文物的损失。建设规划部门要与文物部门密切合作，加强联系，积极参与重大建设项目，并尽可能在项目建设前开展初步考古调查。特别是清河、永丰、上庄是古都前往居庸关的必经之地，地下有很多古代文化遗址和墓葬。随着北部地区的开发建设，特别是永丰科学建设的加快，与园区资本建设项目合作，要特别注重抢救发掘。利用市政府3年内投资3.3亿美元对市级以上文物保护单位进行应急修缮的大好时机，制定海淀区文物修缮计划和具体方案，积极筹措资金。同时，要加大对区级文物保护单位的维护和保护投入。

第五，以点带面，加强重要历史地段保护，促进人文环境风貌的改善。以"三线一街区"为代表的海淀文化文物分布区，注重展现海淀区悠久的历史和深厚的文化内涵。在这些重要的历史区域，制定科学的保护规划，保护其独特的文化是当务之急。在这些地区的建设中，必须严格控制建筑的容积和高度。为了保持城市发展的历史延续属性和文化特征，展现著名历史文化城市的传统特征，文化文物保护的实践应区分具有真正意义的历史区域，并对其进行保护，寻找可行的方法。作为历史文化保护地区，东城西城等古城区的保护在这方面已经迈出了重要的一步。海淀区的文物保护工作要在有效保护好各级重点文物保护单位的基础上，渗透到文物史迹比较集中的地区，要有更具特色的历史文化保护环境。颐和园已经被列入世界文化遗产名录，为了避免破坏建设景观的高层建筑，颐和园周围的环境必须受到保护。历史文化保护街区范围内的建筑应当符合有关规定，保护皇家花园的自身特征和洋花园、清华花园等现代建筑的良好风貌。海淀区历史街区的保护重点是长河沿岸地区，以及以阳台山和凤凰岭为中心的后山地区。长河应保持水系的自然风貌，河流顺流而行，不形成大的断口和直线，保留河岸沿线的众多文化遗存、历史遗迹和古老特征。保护本地区的人文景观和环境特征。阳台山和凤凰岭地区,隶属于聂屿庄乡和北安河乡行政区,是文物分布比较集中的地区,有丰富的文物资源和优美的自然景观。在旅游开发过程中,要特别注重景观保护,尽可能将其申报为历史文化保护区,并纳入法制管理的轨道,让人们能够在现代生活中感受到历史意义和感召力,感受到传统文化的独特魅力和地域文化的独特特点。

第六,利用多种方式开发文物资源,促进文物资源的可持续利用。海淀区城乡有数百处文化古迹和历史遗迹,其中可供开发利用的人文景观还有很多。过去,受计划经济体制下重视保护而不是开发利用的观念的影响,一些领导和群众对文化遗产保护的理解是有限的,但事实并非如此。文化遗产旅游已成为北京旅游产业的重要支柱。在海淀区,颐和园、静宜园、圆明园等地已成为著名的旅游景点。值得庆幸的是,我们逐渐认识到文物古迹的独特魅力和巨大的文化内涵,认识到合理利用文物资源是新的经济增长点。我们必须认识到,保护好文化文物,可以延长文化文物的寿命,使文化文物资源得到更持久的利用,这也是海淀区文化文物持续发展的必然要求。

（四）法治文化博物馆建设与法治文化宣传

法治文化博物馆的筹建完全符合中央提出的建设社会主义法治国家的总目标,其有利于弘扬优秀的传统法律文化,增强国人的法治观念,是一件功德无量、意义深远的好事。结合法治文化博物馆建设,提出以下几个方面的建议:

第一,文物保护方面。要依法对杨椒山祠进行修缮保护,既不能破坏文物原貌,同时也要做好文物的展览工作。为此北京市法学会应当组建强有力的筹备办公室,确定博物馆展览的主体思想和陈列大纲,同时与各个职权部门（如文物局、文保处、西城区管委等）保持良好的沟通,合理地修缮和利用杨椒山祠。有专家建议将北京市法学会的办公用房、文物展览区、学术交流区、资料区等区域分开设置,合理布局,在对文物妥善保护管理的同时,为北京市法学会开展工作和法学家们进行交流提供便利。

第二,博物馆的建设方面。首先,根据法治文化博物馆的建设意义,一般认为杨椒山祠适合建设成法治文化博物馆。通过建设法治博物馆,以实物展览的方式,使人更直观、全面地认识中国传统法文化,改变人们对中国传统法文化的误解，这有助于树立国民的法治文化自信。其次，在博物馆的展览定位上，专家们围绕博物馆展览的历史时代划分问题、区域称谓等并进行了探讨。其中涉及博物馆的正式命名，即是"法律文化博物馆"还是"法治文化博物馆"。有的专家考虑到杨椒山祠房间面积小，不利于通史展览，并且祠堂的现有建筑面积难以同时满足展览、办公、学术交流等需求，除非另行申请对其进行扩建。因此建议该博物馆可以聚焦明清时京城的法治文化，展览京城法治文化，这也有助于体现该博物馆不同于其他法律文化博物馆的特色；有的专家建议可以结合北京市近年来的法治状况，宣传中国现代法治文化的发展；有的专家认为法治博物馆涉及范围广，对其的设计要长远；对于具体的称谓专家们认为需要进一步斟酌探讨。再次，在博物馆的展览内容上，专家们一致认为博物馆是以物说事。实物展览是最直观、最有冲击力度的。因此收集文物便是重中之重。我们可以通过多种渠道寻找散落在民间的杨椒山手稿、碑刻等遗物。在具体的展陈内容上，有的专家建议可以分为杨椒山遗物展览、传统法文化系列展陈、现代法治文化精神等多个区域，依托博物馆开展宣讲会、沙龙讲座，进行学术交流等活动，有条件的话可以考虑将博物馆打造开放式的平台。最后，在博物馆的对外开放和日常管理上，专家们认为应当根据博物馆条例等相关规定，合理安排开放时间，对博物馆进行有效的管理。我们可以邀请博物馆陈列方面的专家参与设计，将博物馆的特点和观众的需求结合起来，根据功能需求打造合理的布局。有的专家还提出要提高博物馆环境和人文的结合度，充分考虑观众的需求，以扩大博物馆的影响力。同时，专家们也对博物馆的前期宣传工作提出了自己的建议。他们建议前期应当推进对杨椒山生平事迹、思想精神的研究，利用各种媒体，例如档案节目、纪录片、电台节目、社交网络等，为杨椒山祠的修缮持续宣传造势，提升公众的关注度，保持话题热度。

第三，征地问题。杨椒山祠位于北京市西城区达智桥胡同 12 号，所处地理位置交通便利，并且具有深厚的历史文化背景和法学文化背景，经有关部门实地考察，其占地面积 2682 亩，文物占地面积 1482 亩。考虑到面积以及房间的通展性问题，现有的建筑面积不能同时满足办公、对外开放、展览等相关需求。专家们认为为了更妥善地保护文物，应在修缮原有文物的基础上，进行适当的扩建。

二、文化遗产保护的法律规制与社会参与

（一）北京文物保护工作中面临的具体问题与解决

1. 文物执法与巡查过程中的具体不足

第一，文物执法与巡视检查具体工作职责不明确。《中华人民共和国文物保护法》（以下简称《文物保护法》）、《北京市实施〈中华人民共和国文物保护法〉办法》、《北京市文物保护单位巡视检查报告制度暂行规定》等法律法规存在一些与现实工作脱节的情况。由于目前相关法律法规对巡视检查工作内容的规定比较简单和笼统，存在空白区域，各个文物单位对于执法和文物管理的概念以及两者之间的关系等问题还没有达成共识。文物局管理单位的权力范围不明确，文物局的各基层部门在执法工作中遇到问题时，缺少相应的法律规定作为依据，执法人员在具体执法中存在困难。因此产生了巡查情况不理想、辅助巡查人员反映的问题得不到及时处理、文物执法数量很难达标等问题。文物保护的职责划分不够清晰，文物局（或文旅局）的各部门之间的职能常常混同，存在有些工作缺位，有些工作多头处理的情况。

各单位根据《文物保护法》《北京市实施〈中华人民共和国文物保护法〉办法》《北京市文物保护单位巡视检查报告制度暂行规定》等法律、地方性法规、政府规章的有关内容，在文旅局内部设置了相应的部门，处理文物保护的相关工作。如海淀区文旅局将文物科的工作职责一分为二，由文物保护科延续之前文物管理科的传统职责，同时设置文物利用科，进一步划分了二者在职能上的区别，但目前尚未完全明确。不仅如此，还设置了技术性、专业性更强的文物考古、修缮与抢修的事业单位文保中心。与巡视检查相关的执法队仍继续承担文物安全维护以及管理执法的传统职责。再如，东城区文旅局将行政执法和日常巡查等文物保护的相关工作划分为四个模块，由下设的四个职能部门分别开展。安全所由监局指派的安全员对文物保护安全生产的相关内容进行日常维护，文物所主要负责对区级以上文物的管理工作，而文物管理所和文物执法队主要负责管理东城区93处不可移动文物。同时，文化执法队对群众的举报或上级交办的案件进行立案处理与执法。虽然安全科作为牵头部门应该发挥相应的汇报和指挥作用，但是由于尚未对各部门巡视检查的具体工作内容进行明确，所以部门之间的职能常常混同，再加上人员编制上的空缺，很多工作都面临缺位的困境。而对于市文化市场综合执法总队

来说，其成立时间尚短，其所承担的更多的是行政处罚的有关职责，其执法工作实际上是不应涉及安全问题的，其所开展的与此有关的工作只是出于工作人员对文物保护的个人情感。这也表明，目前在工作职能划分上仍有很多不明确之处，存在有些工作缺位、有些工作多头处理的情况。

不仅如此，由于规章对于巡视检查工作内容的规定比较简单，所以在基层部门开展执法工作且遇到问题时，没有相应的法律规定作为依据，很多问题往往在处理上流于形式。而当司法部门和纪检部门进行追责时，文物执法的工作人员有可能无法提供证明履职的依据，而导致在追责时背负更多责任，这极有可能导致工作人员出于保护自己的考量而放弃对有关文物管理单位的巡视检查，进而影响文物保护的实效。

除此以外，很多负责人也提出了规章在工作职责规定上与实际工作实践的矛盾之处。对于执法和文化管理二者之间在工作职责上的区分，厘清二者的概念和不同之处，对于避免文物管理部门与不同部门在工作上的内耗和冲突，以及促进问题的解决具有重要意义。

第二，执法权和处罚权的缺失带来的文物保护管理困难。根据我国法律规定，在古建保护管理及处理突发事件时，文物管理使用单位不具备行政执法和处罚权。景山公园、北海公园等主要进行参观游览的单位，由于接待游客数量庞大，且造成的文物破坏行为非常随机，尽管有围栏及保卫人员，但对游客不文明行为的管控难度依然很大。园区管理人员很难及时发现和制止，同时其也缺乏相应的执法权、处罚权。保卫人员若及时发现游客存在损毁文物以及其他不文明行为只能劝阻，不能处罚，制止后被游客投诉态度差的情况十分常见；保卫人员若事后发现游客存在损毁文物以及其他不文明行为，只能将相应录像反馈到派出所和城管部门进行事后处置，但文物的破坏已经造成，处罚对象追查难度也很高。

由于没有执法和处罚权，在文物周边单位做出不利于文物保护的行为时，如周边居民因缺乏文物保护意识，在文物围墙上爬墙头、站墙头，在墙外附近基建，贴着围墙盖房子导致围墙随时有倾倒的危险，破坏文物部分围墙等情况，文物管理保护工作难以很好地贯彻落实。

第三，机构改革后文物行政部门编制不足。各区文旅局的执法队人员数量较少，现有的人员编制一般为3~4人。一些文物在深山中，对巡查人员的身体素质及技术设备有更高的要求，巡视效率不高且危险性大，现有执法队员工作难度高、任务重。有时执法队员还面临文旅局内部交办的事务与文物巡查保护工作冲突或突发事件，人员上的匮乏实际上影响了相关工作的安排与开展。很多区级文物执法队员的工作职责需要依据文物局规定完成，而编制却在区政府内，因此也需要遵守区政府的规定，影响了文物执法工作的工作效率。在执法队的编制以外，文物安全员、街道工作人员、长城保护员等辅助巡查人员虽然在数量上弥补了执法队人手的不足，按月进行巡视检查并及时汇总情况，但是这些相关工作人员普遍缺少专业性，不能准确地观测文物的状态，可能对文物的巡视检查工作带来不利后果。

第四，文物确权问题导致文物管理使用单位责任落实不到位。我国文物保护单位的设置流程一般是在专业部门调查评估文物保护级别的基础上论证和申报相关信息，经有关部门审批之后确定为相应级别的文物保护单位，最后通过报纸等公示确认。出于最大限度保护文物的目的，为防止文物使用和管理机关出于使用、营利及出售的便利等利益考量而拒绝文物的认定，在上述流程中，文物的认定一般不会向社会公开征求意见，只是通过公布的方式告知文物管理使用单位认定结果。但文物保护单位应认可文物认定结果，积极沟通配合文物巡查工作，对后续的文物保护工作起到重要作用。而文物产权认定不清、文物使用者文保意识淡薄、文物保护责任落实不到位等因素都妨碍了文物的巡视检查工作，对文物安全保护造成了隐患。

首先，部分文物由于历史原因，存在产权不清的问题。文物保护单位确权困难，更不要说找到能在日常使用中有管理使用的义务、承担文物保护责任的相关人员。因此，文物出现问题后难以倒追到具体的单位或者个人，只能由执法部门承担监管不力的责任。其次，部分文物管理单位对文物不够重视，文物直接使用者的文物保护意识淡薄，缺乏相关的普法教育，对安全漠视和不配合，可能造成文物保护单位在日常工作中的保护缺位，不能最大限度地保护文物。再次，文物管理使用单位的文物保护责任落实不到位，巡查难度大，存在部分文保单位不承认该文物归自己管理使用；由于部分文物使用和管理单位工作的特殊性，各文物保护单位情况多样，较为复杂，巡视检查人员经常面临无法进入文物内部巡查或者巡查难度很大的问题。这时执法人员巡查主要依靠与文保单位进行交流，所以文物管理使用单位文物保护责任的落实至关重要。最后，巡查人员若不提前联系文物管理使用单位，包括各行政单位、博物馆、大杂院私人住宅等，则普遍无法进入，加上疫情期间部分文物使用和管理单位采取关张或限制进入的措施，巡视检查的双随机抽查很难做到。上述这些问题都影响执法人员的工作效率，文物管理使用单位责任不明确，仅对执法人员的巡视检查情况进行监管，不利于文物保护工作的有效开展。

2. 问题的解决方案与建议

第一，细化文物巡查的具体内容。文物行政部门对于文物执法队巡视检查的检查率、覆盖范围等指标都有严格的要求，司法机关、纪检机关对文物执法人员的巡视检查等工作职责履行情况也会进行监督。但是目前文物保护有关的法律、法规较为笼统，对文物巡视检查还缺少类似行政处罚那样明确具体的内容。巡视检查范围是比照行政执法进行还是比照常规检查进行，巡视检查属于形式检查还是实质检查等问题仍然在讨论中。文物执法人员普遍认为需要明确对文物保护单位巡视检查的范围，细化文物巡视检查的具体项目，特别是关于文物安全方面的问题，不仅需要明确检查项目，还需要厘清承担职责的行政主体。

一方面，司法机关、纪检机关对于执法人员巡视检查等工作职责履行情况的检查日渐严格。当文物管理出现重大事故时，对于有关部门的追责也十分慎重。然而，正如上述现实原因的存在，执法大队并不能完全掌握文物管理具体真实的情况，在不能满足单位绩效考核的要求的同时，也不利于文物管理工作的有效开展。另一方面，随着大众媒体技术的不断发展和其所关注社会问题的不断扩展，"文物热"的浪潮导致社会上大众对于文物使用和保护的情况尤其关注。当一些涉及文物保护的事件发生时，随着舆论的不断发酵，就极有可能将文物保护不力的问题不断扩大，将其演变成一项社会事件，如果不能妥善地处理文物保护的有关事宜，可能会将执法人员置于社会问题的漩涡之中，挫伤执法人员的工作积极性。由此，应根据有关法律、法规的规定，明确巡视检查的工作内容，这不仅有利于提高巡视检查效率，也便于妥善处理由此产生的相关问题。

第二，明确各单位在文物保护方面的权责。文物行政单位希望进一步明确文物执法队巡查时的权力清单和责任清单，文物管理使用单位的权利和义务，补充文物保护安全相关的法律法规，划分文物行政单位和管理使用单位之间的区别；明确在法律没有相关规定时履行职责的主体；通过填补法律法规的在巡视检查程序上的空白，加强巡查依据，规范巡查过程，用不同的形式和方式满足基层检查的多种需要；规范文物巡视检查程序，督促文物管理使用单位保护文物，当被巡视检查单位不配合或者没有尽到保护义务时，应当完善相应的处罚措施。文物保护单位也希望在制度层面可以明确单位的职责权力，使各文物保护单位获取必要的执法权和处罚权，以便保护文物。如果文物保护单位不能获取执法权和处罚权，希望能通过进一步增强与执法部门的联动，改善文物保护的情况。通过规范程序，明确各单位责任，保障巡视检查的实施，及时发现问题、保护文物，提高巡视检查效率。

第三，推动更多单位共同参与文物保护工作。文物保护单位巡视检查的作用主要是监督和保证各文物管理使用单位及其所在街道对文物在日常使用中的维护。所以文物执法部门希望通过文物巡查员、文物安全员等辅助巡查人员对文物执法进行补充，及时发现文物隐患，督促保护单位配合巡视检查人员的工作。强调文物管理使用单位及个人与文物所在街道等能够互相协调，明确各方职责和权利，共同参与对文物的保护工作。

（二）文化遗产保护的社会参与

我国的社会组织特指在民政部门登记注册的社会组织，包含有社团团体、民办非企业单位、基金会、涉外社会组织等四类。社会组织的发展有赖于西方的"公众参与"理论和"公民社会"理论，强调独立于国家权力的制衡与约束。文化遗产保护社会组织，指所有参与到文化遗产保护中的，自下而上、以公益为目的、自愿发起、自行运作的社会组织。实践中，因各种原因不能在民政部门登记注册，从而无法获得法人资格，只能以草根组织的形式存在。在文化遗产社会组织的发展过程中，有法人资格的文化遗产社会组织因其对政府的依托而不免出现丧失部分独立性等问题；而无法人资格的文化遗产社会组织更是由于其自身资源的匮乏和组织架构的不完善，而无法避免依赖政府或企业提供的支持或扶助，导致其丧失独立性和公益性。在文化遗产保护事业中，社会组织的力量可以作为政府与个体公众的桥梁，起到自上而下和自下而上的传达和沟通作用，尤其在我国遗产数量和人口数量都相对庞大的国情之下，社会组织参与文化遗产保护的理论研究与实践探索显得更加必要。

但相比国外，我国社会组织参与文化遗产保护仍处于刚刚起步阶段，无论在立法层面还是实践层面都存在很多问题，需要我们深入分析并摸索相应的策略。

1. 社会组织在文化遗产保护中的法律地位

转变政府职能，调动社会力量参与文化建设，构建现代公共文化服务体系，已经成为全面深化文化体制改革的重要举措。社会组织参与公共文化建设是社会文明进步的重要体现，是国家治理体系和治理能力现代化的标志。相比个体公众的参与力量而言，社会组织有着更加有利的地位优势，预防和制止文化遗产的破坏活动；相比企业参与力量而言，社会组织的公益性规避了以营利为目的可能给文化遗产带来的毁损。在政府及文化遗产相关行政机关背后，社会组织在文化遗产保护事业中担负着特殊的责任和使命，是信息的传递者、制度设计的参与者、实践的推动者和社会力量的统筹者。在整个文化遗产保护事业中，社会组织与政府及其他社会力量共同形成一个多元共治的有机整体。

第一，信息的传递者。社会力量的参与是文化遗产保护事业的题中之义，是文化遗产保护机制中不可或缺的重要角色。而公众参与以公众的知情权为基础前提，且回应机制作为公众参与的重要环节也以信息的反馈为必要条件。因此文化遗产社会组织作为政府与社会公众之间的桥梁，起到信息的传递作用，通过积极宣传倡导和号召，执行文化遗产相关的法律法规和政策，传播文化遗产相关信息，并将社会组织及社会公众的意愿和意见反馈给政府及行政管理部门，形成公众参与文化遗产保护工作的信息传达与反馈闭环。

第二，制度设计的参与者。文化遗产社会组织通过反映自己领域内的诉求并提出专业相关建议，参与文化遗产法律制度的设计。我国文化遗产规模庞大、数量巨大，分布在各个省份和区域。根据《文物保护法》确立的基本原则，我国对文物的保护实行属地管理、分级负责的行政管理体制。国务院文物行政部门（即国家文物局）主管全国文物工作，地方各级人民政府负责本行政区域内的文物工作。对于文化遗产保护法律制度的设计与完善，需要考虑不同层级文化遗产的特点和相应保护措施，以及地域特色和行政管理差异等因素。分布于各个省份的文化遗产保护组织或文化遗产地社会组织，需要清晰地掌握本省或本区域的文化遗产特点及保护特色，并在实践中总结出适合本区域的地方法律完善措施。

第三，实践的推动者。文化遗产社会组织通过参与到文化遗产执法实践中，为政府分担部分文化遗产保护工作。第三次全国文物普查结果数据显示，目前，我国登录的不可移动文物近77万处，其中全国重点文物保护单位2352处；国家核定公布历史文化名城118处，历史文化名镇名村350处；世界遗产41处，其中世界文化遗产29处，世界文化与自然混合遗产4项；可移动文物中，国有博物馆收藏文物2864万余件（组），还有大量文物收藏于其他国有单位和民间；现有博物馆3415座，其中文物系统博物馆2384座，行业博物馆575座，民办博物馆456座。与庞大的文化遗产规模相对应的，是政府和行政管理部门在保护工作中巨大的工作量，这就不得不面对人手不足、资金短缺，技术延后以及基层保护不力等问题。文化遗产社会组织相对于政府而言，有着分布范围广泛、覆盖区域全面、人员组织充沛等天然优势；而相对于个体公众，文化遗产社会组织相对组织架构完善、筹集资金渠道广泛及统筹和执行能力较强。社会组织既可以解决一部分政府和行政管理部门保护工作的负担，又可以缓解文化遗产保护事业资金短缺、人才匮乏等资源压力，作为文化遗产保护事业的重要补充力量，与政府和个人共同形成一个多元共治的文化遗产保护事业运行机制。

第四，社会力量的统筹者。当前，社会各界对文物工作的关注度越来越高，参与的积极性也越来越高，但参与整体水平还不高，市场活力还没有得到充分释放，需要进一步加强宣传、完善政策、提升能力。随着经济社会的发展和全社会文化自觉的提升，以及相关政策制度的完善，社会力量参与文物保护利用的整体水平一定会不断提升。分散的社会力量恰恰需要发挥文化遗产社会组织的平台和桥梁作用，来表达参与意愿并通过有组织的路径参与文化遗产保护；而政府也同样需要社会组织的协同和平衡力量来沟通政府与社会公众，传达管理意志和法律政策。社会组织作为社会力量的统筹者，接洽公权力与私权利，与政府和社会公众共同形成一个政府主导、公众参与的多元共治法律机制。

2. 文化遗产保护社会组织的现状

近年来，我国的相关法律和政策都在鼓励社会力量参与到文化遗产保护事业当中。目前文化遗产社会组织呈现逐渐发展繁荣的态势，成了文化遗产保护事业中不可或缺的力量。在立法方面，文物保护法、行政法、行政诉讼法、民事诉讼法及相关社会组织立法都在为社会组织参与文化遗产保护保驾护航。在实践中，全国各地的文化遗产保护组织也在不断摸索着，作为文化遗产多元共治运行机制的有机部分，如何更好地统筹社会力量参与到文化遗产保护的伟大事业当中。从整体来看，我国文化遗产保护社会组织的发展在立法方面相对完善但缺乏明确规定，实践中发展迅速但不充分不平衡，呈现出大数据背景之下的优势利用但不够充分。

第一，社会组织参与文化遗产保护立法现状。我国《文物保护法》虽然还未明确规定文物保护的公众参与原则，但在总则第 7 条中规定了"一切机关、组织和个人都有依法保护文物的义务"。在 2020 年国家文物局发布的《中华人民共和国文物保护法（修订草案）》（征求意见稿）中，也添加了多条关于公众参与文物保护的原则性规定。而基于非物质文化遗产的人文发展特殊性，《中华人民共和国非物质文化遗产法》第 9 条明确规定，国家鼓励和支持公民、法人和其他组织参与非物质文化遗产保护工作。

《社会团体登记管理条例》是国务院颁布的保障公民结社自由，维护社会团体合法权益，加强社会团体管理的行政法规，是当下我国促进社会治理和公民社会发展主要遵循的法律规定，也是社会组织能够以合法身份参与文化遗产保护的重要制度依托。该条例规定我国的社会团体必须为非营利社会组织，成立社会团体需要成员数量、组织机构、专职人员、固定住所、经费资产等基础条件，在政府登记管理机关进行登记管理，并由主管单位和登记管理机关双重监督管理。

需要加强社会力量参与文物保护利用的更高层次的立法工作。目前，一些地方正在进行立法工作，最典型的例子是山西省颁布了《山西省社会力量参与文物保护利用办法》。但是，从文化遗产保护和利用的立法情况来看，上位法的立法明显不足。在法律层面，虽然有《文物保护法》，但并没有专门的文物保护和利用法律。目前还没有社会力量参与文化遗产保护和利用的特别法律，各种文化遗产的保护和利用缺乏统一性，没有统一适用的方法。不仅会受到减免、补贴等各种行业政策的影响，还会受到各地的政策和特定工作规则的影响。

第二，社会组织参与文化遗产保护实践现状。社会组织数量及分布。非营利组织在文化遗产的保护和利用中扮演着越来越重要的角色。公益社会团体是与文物保护事业性质相近的主体。保护文化遗产的社会团体也受到政府和各界的关注，不断发展。根据 2018 年公布的统计数据，全国在文物保护领域共有 257 个社会组织，其中国家组织 29 个，地方组织 180 个，志愿者队伍 27 个，大学协会 21 个。2018 年，中国文物保护基金会实施了 28 个公益慈善项目，一些当地民俗文物组织也发挥了重要作用。2019 年，国家文物管理局在陕西、福建开展鼓励社会力量参与文物安全保护试点工作。

根据我国现有文物资源保护状况，政府投资和社会参与文物保护的鲜明对比表明，在文物保护领域，社会组织既需要积极参与，又有广泛的发展空间参加。一般来说，我国参与文物保护的社会组织，目前主要集中在监督政府信息披露和协助参与相关调查这两个主要环节。专业的文物保护融资机构，特别是相关的公益基金会，虽然数量和规模都比较小，但近年来呈现出快速发展的趋势。一般来说，在文化遗产保护领域，由社会组织、企业和政府组成的跨国界生态圈正在逐渐形成。

《民法典》实施研究

——以居住权为中心

引 言

作为新中国成立以来第一部以"法典"命名的民事法律规范,《中华人民共和国民法典》(以下简称《民法典》)的统一正确实施无疑是保护人民权利,促进经济社会发展,建设法治中国的重要路径。准确贯彻实施《民法典》,将民事权利落地落实,切实彰显出《民法典》的人本主义和人文关怀,这是人民群众当前的热切期盼,人民法院责无旁贷。党的十九大报告指出,要"加快建立多主体供给、多渠道保障、租购并举的住房制度"。《民法典》首次创设居住权,将居住权与所有权分离,以"用益物权"为定位,弥补现行不动产所有权、租赁权二元权利体系的缺失。但是,《民法典》对居住权制度仅有6条规定,尚不足以满足司法实践的需要。本课题通过对居住权的价值、类型、权利冲突、实体程序衔接等问题展开研究,以期对司法实践有所助益。

一、居住权的类型与价值功能

居住权是以居住为目的,对他人的住房及其附属设施所享有的占有、使用的权利。[1]居住权基于不同的标准可作不同分类:一是根据居住权设立的目的,可以分为人役性居住权和用益性居住权;二是根据居住权的设立是基于当事人的意思表示还是法律的规定,可以分为意定居住权和法定居住权。

---

* 课题主持人:马强,北京市第一中级人民法院院长。立项编号:BLS(2021)A010-1。结项等级:优秀。
[1] 王利明:《论民法典物权编中居住权的若干问题》,载《学术月刊》2019年第7期。

三是根据物权变动的方式，可以分为意思设立居住权、登记设立居住权和裁判设立居住权。

人役权是为特定人的利益而利用他人所有之物的权利，即以他人的物供自己使用和收益的权利。[1]居住权制度创设初衷是为保障非继承人使用住宅的利益，以保障其基本的生活居住需求，人役性是其当然属性。但是仅仅拘泥于人役性将减损居住权制度的功能价值，用益性居住权应运而生。用益性居住权，又称投资性居住权，是指可以在不同主体之间有偿流转房屋占有、使用权能的权利。

意定居住权，是指基于当事人的意思表示所设立的居住权。根据意思表示是单方所为还是双方所为，又分为合意性居住权和单方性居住权。前者是双方当事人约定的产物，不以当事人之间具有特定关系为限，典型为合同设立居住权。后者基于一方当事人的意思表示而设，多发生在具有特殊关系的当事人之间，典型为遗嘱或遗赠设立居住权。法定居住权，则是指法律明确规定的居住权。合意性居住权于登记时设立，单方性居住权于意思表示生效且条件达成时设立，此外还存在于法院裁判生效时设立的居住权。此种居住权，多系法院为解决特殊群体住房问题而设。

我国《民法典》以设立方式确立了居住权的类型，物权编第 366 条和第 371 条分别规定了合同设立的居住权和遗嘱设立的居住权，婚姻家庭编第 1090 条规定了法院裁判设立的居住权。此种分类标准充分贯彻了意思自治原则，也体现了国家公权力对居住权设立的适度干预。此外，《民法典》第 366 条将"满足生活居住的需要"作为居住权设立的前提条件，总体上确立了人役性居住权，同时又通过第 368 条、第 369 条以但书条款的形式规定了用益性居住权。

在审判实践中，对于人役性居住权、单方性居住权，要体现保障性原则、伦理性原则和公平性原则，严格执行无偿、不得继承和转让等规定，切实维护特定群体稳定的居住利益，充分实现居住权的社会性功能。对于用益性居住权、合意性居住权，要释放当事人享有的占有、使用、收益和处分权能，依据合同明确当事人的权利义务，满足房屋多元化利用需求，充分实现居住

---

[1] 周枏：《罗马法原论》（上册），商务印书馆 1994 年版，第 368 页。

权的投资性功能。

二、《民法典》居住权的类型化研究

(一) 法院受理居住权案件相关情况

在《民法典》实施前，现实生活中为了解决住房问题而设立居住权的情况普遍存在，涉及居住性权益案件主要分布在拆迁安置、公房租赁、离婚帮助、家庭亲属等领域。以《民法典》实施后裁判的 106 件案件作为样本进行分析，案件呈现以下特点：一是案件集中发生在基层法院和中级法院；二是居住权多设立在《民法典》实施前；三是案由呈现多样化；四是起诉主体单一；五是居住权主要发生在具有特定关系的群体之间；六是居住权成立的判断标准存在细微差别；七是极少签订书面的居住权合同；八是暂未发现办理居住权登记的案件；九是案件的上诉率较高。

(二) 合同型居住权实务问题研究

1. 居住权合同的主体

居住权合同的主体是指居住权合同的当事人，即居住权人和所有权人。前者是基于居住权合同的约定，占有、使用他人的住宅及其附属设施的人。后者是在自己所有的住宅上为他人设立居住权，并将住宅依据居住权合同的约定交付居住权人占有、使用的人。

居住权合同的主体包括法人或者非法人组织，不仅符合立法本意，而且更有利于居住权制度功能的发挥。首先，从《民法典》的规定上看，《民法典》第 367 条第 2 款第 1 项规定居住权合同一般包括"当事人的姓名或者名称和住所"，文义上居住权合同的主体包括自然人、法人或者非法人组织。其次，《民法典》增设居住权制度，不仅要解决特定群体的居住困难问题，还要解决住有所居和以房养老问题，引进法人和非法人组织方能实现居住权制度的价值。再次，将法人和非法人组织纳入居住权合同主体，也有利于规范现实生活中的集资建房问题和部分历史遗留的公房出租问题。

2. 居住权合同的客体

根据《民法典》的规定，居住权是对他人住宅享有占有、使用的权利，因此非住宅上不得设立居住权。当事人可以约定在住宅的某一部分或数部分上设立一个居住权或数个居住权，该一个或数个居住权可由一个居住权人或数个居住权人享有。住宅应为被法律认可、依法进行登记并享有所有权的住宅，包括在农村宅基地上建设的住宅，但小产权房、违法建筑等不能设立居住权。居住权设立人的所有权可以是已经取得了所有权，也可以是将来取得所有权。约定在后者上设立居住权的，可以参照《民法典》第 221 条规定的预告登记规定保障居住权人的权益。设有担保物权的住宅、已出租的住宅均可设立居住权，但住宅处于保全、执行状态的，不得以居住权合同形式设立居住权。

3. 居住权合同的形式

根据《民法典》第 367 条第 1 款规定，当事人应当采用书面形式订立居住权合同。该规定的立法本意基于以下三点：一是保存证据，留待发生争议时有据可查；二是明确合同内容，便于当事人依据约定行使权利履行义务；三是作为登记材料，便于办理物权变动登记手续。对于法律、行政法规只明确要求采用特定形式，但没有对不采用该形式的合同后果做出明确规定的，应当从鼓励交易、促成交易的角度出发，不能仅因为其没有采用特定形式而否认其效力。因此，对于当事人双方均认可口头居住权合同，或者虽然没有直接认可口头合同，但诉讼中对口头合同的存在不持异议，应当根据自认规则认定口头居住权合同成立。对于是否达成了口头合同双方当事人各执一词，如果有其他证据能够证明口头合同存在的，应当认定口头合同成立。

4. 居住权合同成立的认定

在样本案例中，没有一件属于签订了《民法典》意义上的居住权合同或者在形式上符合《民法典》要求的居住权合同的案件。居住权合同的成立主要表现为三种形式：一是口头约定；二是在其他合同中约定了居住权条款；三是通过相关事实推定当事人享有居住权。居住权合同成立的认定，应当遵循以下规则：第一，对于口头意思表示，要通过意思表示外观综合判断，如通过证人证言、户口已转入诉争房屋等证据证明口头意思表示达成一致，则应认定居住权合同成立。第二，当事人没有订立居住权合同，但在其他合同中约定了居住权的内容，应当认定居住权合同已经成立。第三，对于以实际入住的事实推定居住权合同成立，应当审慎认定，只有在拆迁补偿安置合同、拆迁补偿合同和公房租赁合同中才能将沉默视为承诺，需兼顾历史、政策、法律因素公平处理。

5. 居住权合同的权利与义务

在居住权合同中，居住权设立人享有以下权利：①监督居住权人按照合同约定或房屋用途合理使用房屋；②出售房屋或设定抵押；③合同期满或居住权消灭事由出现时收回房屋；④房屋受重大损害时请求居住权人赔偿损失。同时负有以下义务：①按照合同约定的时间、房屋现状交付房屋给居住权人使用；②对房屋进行重大修缮；③协助办理居住权登记手续。

居住权人享有以下权利：①占有和使用房屋；②为房屋办理居住权登记；③对房屋享有优先购买权。同时负有以下义务：①依照房屋的居住用途和合同的约定合理使用、维护房屋；②重大事项通知居住权设立人；③不得擅自出租房屋，不得容纳非必要人员居住；④不得擅自装修、改变房屋结构、损坏房屋；⑤负担基本生活居住的日常维护所发生的费用。

6. 居住权人违约与居住权合同的法定解除

《民法典》关于合同解除的规定也应适用于居住权合同，但要充分考虑居住权合同的特殊性。由于居住权带有解决特殊群体居住困难的性质，不能完全按照商事合同的标准判定法定解除权的行使。对于违约行为，要尽可能适用物权保护方法中的停止侵害、排除妨害、消除危险和侵权损害赔偿等，保护所有权人的权益。只有在特殊的情况下，才考虑适用法定解除权，保护所有权人的利益。例如：居住权人将房屋出租牟利，或者从事营利性活动，违反了居住权合同订立的初衷。对房屋的重大修缮或改造，甚至造成房屋的损害，违反了居住权人保有房屋本质的义务。以上情形致使不能实现居住权合同的目的时，应当赋予所有权人以解除权。

7. 居住权合同与房屋租赁合同之比较

租赁合同无法取代居住权合同，二者存在以下区别：第一，功能不完全相同。居住权合同作用于社会生活的范围更广泛，功能更齐全。第二，权利基础不同。法律对居住权人的保护强度更大。第三，稳定性不同。居住权合同的稳定性、安全性更强。同时，租赁合同也存在以下优势：第一，租赁合同无需办理登记和公示，订立方式简便。第二，租赁合同的标的可以是出租人所有的房屋，也可以是其享有使用权的房屋，房屋来源更加广泛。第三，租赁合同项下的重要事项多有法律明确规定，便于合同的履行。第四，在租期的确定上，当事人具有更大的选择余地。

8. 完善居住权合同的构想

居住权合同承载着实现居住权制度各项功能的作用，让居住权合同沿着法治化的轨道运行为实践所必须。应当采取以下三项措施保障居住权合同的正确签订与全面履行：其一，由房地产行政管理机关或者省、自治区、直辖市等地方立法机关以行政法规或地方性法规的形式出台房屋居住权管理条例或规定，增强制度的可执行性。其二，制定居住权合同示范文本，引导和规范居住权合同的订立与履行。其三，明确居住权登记必须具备和提交的事项，要求将当事人纳入居住权合同作为必要条款。

（三）遗嘱型居住权实务问题研究

1. 遗嘱设立居住权参照适用的理解

遗嘱设立居住权系"参照适用"而非"直接适用"。参照适用在性质上是"法律明定将关于某种事项所设之规定，适用于相类似之事项"[1]，故相似性的判断是参照适用的重要环节，具体适用时应当注重进行规范选择和价值判断。

遗嘱设立居住权系"概括参照适用"而非"具体参照适用"。对于遗嘱设立居住权，需依据案件的具体情形确定参照适用的条款，对《民法典》物权编居住权一章的规则进行选择和排除。具体而言，居住权人有权占有使用房屋以满足生活居住需要，居住权无偿设立、不得转让继承，以及居住权消灭等规定，可以适用于遗嘱设立居住权情形。但关于居住权登记等物权变动规则和遗赠设立居住权等问题，应考量与《民法典》其他分编的体系衔接，不应当然适用居住权章的规定。

2. 遗嘱中的居住利益与居住权

在《民法典》实施前，立遗嘱人在遗嘱中表示"房屋由某某永久居住""居住权归某某所有"等，这是否应认定为设立物权意义上的居住权，涉及《民法典》时间效力问题。《民法典》遗嘱设立居住权的相关规定应当可以溯及适用。其一，因遗嘱系单方法律行为，无需经过双方磋商妥协，且房屋所有权的继承人可认定为纯获利益的一方。即便将针对他人另设的居住权利赋予物权效果，也不构成对所有权继承人权利的减损、义务的增加和预期的背

---

[1] 王泽鉴：《民法学说与判例研究》（重排合订本），北京大学出版社 2015 年版，第 1245 页。

离。其二，通过遗嘱对遗产的居住利益进行处分以保障特定家庭成员的生活所需，这种方式在我国社会长期存在，《民法典》关于遗嘱设立居住权的相关规定某种程度上是"对过去合理经验做法的立法确认"[1]，不违反当事人的合理预期。

在溯及适用过程中，应注意以下两点：第一，遗嘱解释应尊重立遗嘱人真实意愿，如无法得出设立居住权的解释结论，则不应溯及适用。第二，应符合保障特定群体住房需求的制度目的。如立遗嘱人将居住利益安排给家庭成员或亲友以保障其基本生存条件，则可以溯及适用。如居住利益受益者并无必须居住于该房屋的实际需要，除非所有权人不持异议，可不溯及适用。

3. 遗嘱设立居住权在民法典体系中的规范选择

对于遗嘱设立居住权的物权取得，应采登记对抗主义。居住权人自继承开始时取得居住权，但未经登记，不得对抗善意第三人。其一，善意第三人对不动产登记的信赖应予以保护，否则将置房屋交易市场于极大不确定风险之中，不利于财产流转。其二，对于居住权人而言，因继承开始时其已取得物权，其可向出卖人主张物权保护请求权或主张侵权责任，存在相应的救济渠道。其三，为防止继承开始到登记期间内房屋所有权人转让房屋损害居住权人利益，可探索建立居住权预告登记制度。对于遗赠设立居住权，则应采取登记生效主义，受遗赠人自登记时取得居住权，登记前仅享有请求继承人将房屋交付居住使用并办理居住权登记的债权。

对于遗嘱设立居住权的形式，应不限于书面遗嘱。其一，为尊重保护被继承人处置遗产的自由意志，应当允许立遗嘱人充分运用各类法定遗嘱形式设立居住权。其二，根据特别法优于一般法的规则，遗嘱设立居住权不应参照适用《民法典》第367条关于应以书面形式订立居住权合同的规定。其三，即便参照适用该规定，也应对"书面"的含义进行扩大解释，将录音录像遗嘱涵盖其中。此外，对于口头遗嘱，应坚持从严审查，以"排除合理怀疑"的证明标准确保真实意思，并以存在危急情况为前提。

---

[1] 郭锋等：《〈关于适用民法典时间效力的若干规定〉的理解与适用》，载《人民司法》2021年第10期。

(四) 裁判型居住权实务问题研究

1. 民法典是否确立裁判型居住权

《最高人民法院关于适用〈中华人民共和国婚姻法〉若干问题的解释（一）》[以下简称《婚姻法司法解释（一）》] 第 27 条第 3 款规定，离婚时，一方以个人财产中的住房对生活困难者进行帮助的形式，可以是房屋的居住权或者房屋的所有权。该规定在婚姻家庭领域确立了法院裁判型居住权。在婚姻家庭领域外，也应当认可裁判型居住权。根据《民法典》第 229 条，法院作出的生效裁判文书可以成为居住权设立的依据。在排除妨碍之诉和腾房之诉中，以及在养老、公房租赁等领域，普遍存在着法院裁判设立的居住权。如果将居住权来源仅限于合同和遗嘱，则不能完全满足现实需要。

2. 裁判型居住权的特征

裁判型居住权具有如下特征：第一，是基于法律行为以外的原因，即法院判决引起的物权变动，是公权力介入后依据公法进行的物权变动。第二，可不经登记直接引起物权变动，物权变动生效的时间以法院做出的法律文书生效的日期为准。第三，多系法院为解决特殊群体住房问题而设，无需考虑当事人是否具有设立居住权的意思表示，只要一方客观上有住房需求，法院即可创设，并且有偿无偿均可，期限也多为短期或不定期。

3. 裁判型居住权的设立时间

裁判型居住权的设立时间应为裁判文书生效之时。非基于法律行为的物权变动，不需要办理登记就可以直接依据法律的规定发生物权变动效力。[1] 在法院裁判发生的物权变动中，导致物权变动的原因是公权力的行使，公权力行使的结果已经具有很强的公示力，无需再通过公示向外彰显此种物权变动。在裁判生效后，当事人之间发生事实上的物权变动。新的权利人有权请求原权利人返还财产，有权基于物权申请办理变更登记或更正登记，在原权利人擅自处分财产或者对财产造成损害的情况下，有权基于物权请求权要求其返还原物或者停止侵害。

4. 裁判型居住权的设立条件

法院裁判设立居住权，应当符合以下条件：其一，须具有形成效力的法

---

[1] 孙宪忠：《论物权法》，法律出版社 2001 年版，第 65 页。

律文书。具有形成效力，是相对于形成之诉而言的。形成之诉的判决具有形成力，即对已成立或既存的民事法律关系产生变动的效力。其二，居住权人除了诉争房屋外没有其他居住场所，不具备腾退条件。法院裁判设立居住权，主要是解决居住权人居住困难的问题。居住困难以没有其他住所可供居住的标准认定。此外，应注意区分腾房案件中宽限期与居住权的区别。有的案件给予腾房确定的宽限期，有的案件由于腾房条件不可预期，因此判决待条件成就时再行腾退，此时均未设立居住权。

三、居住权与其他权利的冲突与协调

（一）居住权与所有权的冲突与协调

《民法典》规定的居住权以无偿性、长期性、伦理性、封闭性、不可转让性为普遍特征，以有偿、短期、开放、可转让为例外，其并非纯粹的财产型用益物权，不能简单适用《民法典》财产法的有关规则处理。在解决房屋所有权与居住权冲突时，既要保护所有权人的权益，又要保护居住权人的特殊利益，综合考量居住权人是否有其他住所等情况，分情况予以处理。

1. 基于双方法律行为引发的冲突及处理

房屋买卖过程中，新所有权人与居住权人的权利冲突，应区分新所有权人是否知晓房屋设立居住权的情况进行处理。

其一，新所有权人知晓居住权的处理。此时，可能居住权已登记，也可能未登记。对于居住权已登记的，新所有权人系购买设有居住权的房屋，须容许居住权人继续使用该房屋。对于已签订居住权合同或者订立居住权遗嘱，但未登记的，如新所有权人对此知悉，应视为新所有权人同意居住权合同或遗嘱的订立，其在取得所有权的同时，应当允许居住权人取得居住权并为其办理居住权登记。对于裁判型居住权，由于法院裁判具有公示性，应视为新所有权人知晓居住权的存在。

其二，新所有权人不知晓居住权的处理。因新所有权人对于登记及法院裁判应当知悉，此时只可能为签订居住权合同或者订立居住权遗嘱，但未登记的情形。对此，应当区分居住权是否有偿设立、居住权人是否另有住所确定：第一，对于有偿设立的居住权，因当事人签订居住权合同后居住权并未设立，未经登记不能向新所有权人主张权利，拟获得居住权者只能基于债权请求原所有权人承担违约责任。第二，对于无偿设立的居住权，又发生在具

有特定身份关系的人之间，且居住权人除了该房屋又居无定所，由于其具有社会保障的性质，应当保障居住权人的居住权，新所有权人应协助其补办居住权登记手续。但是，如果居住权人另有住所可以居住，则应保护善意第三人即新所有权人的利益，判令居住权人腾房。

2. 基于单方法律行为引发的冲突及处理

在继承或遗赠过程中，新所有权人的所有权也可能与在先设立的居住权发生冲突。此时，应优先保护居住权人的利益。其一，我国继承法实行的是概括继承，被继承人所遗的债权、债务，均应为继承的标的。其二，继承、遗赠均为无偿取得的房屋所有权，新所有权人无需支付对价，故继承或者接受赠与的负担，对财产并无损益。其三，继承、遗赠中居住权的设立发生在特定群体之间，亲属之间通常知悉继承或受赠的房屋设有居住权的情况，一旦继承或接受赠与房屋后就要求居住权人腾退房屋，与常理不符，亦不利于亲属关系的和谐稳定。

（二）居住权与抵押权的冲突与协调

用益物权以物的使用、收益为目的，担保物权以物的交换价值担保债权实现，前者为对标的物实物的现实支配，后者为对标的物价值的支配，二者互不冲突，可同时设立于一物之上。[1]

1. 居住权与抵押权的冲突样态及解决路径

关于合同型居住权与抵押权的冲突与协调。先设立居住权后设立抵押权的，抵押权人及抵押权实现后的新所有权人须承受该权利负担，法院应参照"带租执行"的方式对居住权进行保护。先设立抵押权后设立居住权的，居住权人应承受该权利负担，抵押权实现时居住权人不得对抗抵押权人。即同时设立居住权与抵押权时，依登记的先后顺序解决权利冲突，后顺位权利人可通过查询登记簿知晓前顺位权利的存在，自担顺位风险。

关于遗嘱型居住权与抵押权的冲突与协调。抵押权先于遗嘱型居住权设立的，继承人在继承居住权时应当承受该权利负担。遗嘱型居住权先于抵押权设立的，居住权先登记时，抵押权人亦应承受居住权的约束；居住权先设立但后于抵押权登记时，未登记的居住权不可对抗善意抵押权人。

---

〔1〕 叶金强：《担保法原理》，科学出版社 2002 年版，第 143 页。

2. 居住权与抵押权冲突中的利益平衡

为平衡抵押权人、抵押人、居住权人以及不动产买受人之间的利益，先设立抵押权后设立居住权，但居住权不影响抵押权实现的，应允许两个权利并存。其理由如下：第一，法律关系之尽量稳固。若抵押物价值较大，即便有居住权在上，强制拍卖的价金仍然可以满足担保的债权，则不需去除居住权。第二，生存利益之尽量维护，居住权在很大意义上代表着一种"生存利益"，有必要对此予以保护。第三，执行困难之尽量避免。在执行实践中，去除对特定物的"占有"往往具有很大的执行困难，若能够在不去除居住权的情况下实现担保物权，对于高效、便捷的执行工作亦有裨益。

居住权是否影响抵押权实现的判断标准，存在评估标准和拍卖标准的不同观点。在实践中，部分法院以评估价作为判断标准。但是，评估受制于多种主客观因素，评估价未必能反映出抵押物的真实价值，且评估时点与拍卖时点存在间隔，不动产价值可能发生波动。因此，应当以抵押物第一次带居住权拍卖的结果进行判断。若无人应买或出价不足以清偿担保债权的，应认定居住权影响抵押权的实现；反之，若拍卖价金足以清偿担保债权，则应认定居住权不影响抵押权的实现。

对于去除居住权的启动方式，应当依当事人申请，而非法院依职权去除。第一，强制执行系依当事人申请。拍卖本身是强制执行程序的一部分，应贯彻依申请的原则。第二，拍卖过程中法院会明确告知抵押权人抵押物的权利状况，是否申请去除居住权可由抵押权人自行判断。第三，部分情形下，即便居住权影响抵押物价值，抵押权人也可能不申请去除居住权，应尊重抵押权人的选择权。

对于去除居住权的实现方式，应当由执行法官直接执行，不应要求抵押权人另行提起诉讼。其理由有：第一，要求抵押权人通过诉讼方式去除居住权，执行程序必遭延滞，对抵押权人而言无端增加讼累，不符合执行程序高效快捷的价值。第二，依据我国审判与执行的分工，执行机构本身具有一定的裁判权，而当居住权与抵押权冲突时，优先顺位判断以登记为标准，清晰明确。第三，去除居住权后，当事人、利害关系人可提起执行异议及复议进行救济。

四、居住权实体规则与诉讼程序的衔接

民事实体法与程序法之间必须彼此关照。[1]对于居住权纠纷案件的审理，应当注重实体与程序的衔接，方能体系性发挥制度功能，使权利真正落地。

（一）居住权纠纷性质与管辖之衔接

对于居住权纠纷，应适用不动产纠纷管辖规定，由设立居住权的房屋所在地人民法院管辖。对于居住权合同纠纷，《最高人民法院关于适用〈中华人民共和国民事诉讼法〉的解释》第 28 条第 2 款规定，房屋租赁合同纠纷按照不动产纠纷确定管辖，根据举轻以明重的当然解释，居住权合同纠纷亦应按照不动产纠纷确定管辖。如当事人在离婚纠纷等其他纠纷中主张享有居住权，仍应根据当事人的诉讼请求，以当事人诉讼纠纷的类型确定管辖。

（二）居住权主体与当事人之衔接

《民法典》第 366 条规定，居住权系为满足生活居住需要，因此居住权人应限于自然人，而非法人或者非法人组织。法人或者非法人组织主张其为居住权人，提起居住权相关纠纷诉讼的，应认定原告主体不适格，裁定不予受理或驳回起诉。居住权设立人则不以自然人为限，法人或非法人组织提起相关诉讼，应予受理。

在共有的房屋上设立居住权，各共有人须共同作为居住权设立人。为数人设立居住权时，可以设立一个居住权人为数人的居住权，也可以设立多个居住权人为一人的居住权，与前者相关诉讼为必要共同诉讼，与后者相关诉讼则可能为普通共同诉讼。

（三）居住权客体与诉的制度之衔接

根据当事人提出诉的内容和目的的不同，民事诉讼分为确认之诉、给付支付和形成之诉三种形态。以裁判方式设立居住权，诉讼形态为形成之诉。以遗嘱方式设立居住权，可以为确认之诉，也可以为给付之诉。合同型居住权，三种诉讼形态均可。

涉居住权的第三人撤销之诉包括以下情形：一是房屋的实际所有权人对房屋名义所有权人和居住权人提出的撤销居住权设立之诉；二是在为第三人

---

[1] 张卫平：《民法典与民事诉讼法的连接与统合——从民事诉讼法视角看民法典的编纂》，载《法学研究》2016 年第 1 期。

设立居住权时，居住权人就居住权合同纠纷提起的撤销之诉；三是在居住权纠纷或居住权合同纠纷之诉中遗漏了部分居住权人或居住权设立人，遗漏主体提起第三人撤销之诉；四是在先的房屋抵押权人对后设立的居住权提起的第三人撤销之诉。

（四）居住权消灭与诉讼中止、终结之衔接

《民法典》第 370 条仅规定了期限届满和居住权人死亡两种居住权消灭方式。但居住权消灭并不限于上述两种方式，其作为物权，可因法律行为和其他法律事实等多种原因而消灭。因法律行为消灭的情形包括：一是居住权人放弃，二是双方合意，三是居住权合同无效或被撤销。因其他法律事实消灭的情形包括：一是居住权期限届满；二是居住权人死亡；三是房屋灭失；四是房屋被征收。

在居住权合同纠纷中，居住权人死亡的，应区分有偿与无偿对诉讼程序作出处理。无偿设立居住权的，因继承人无法继承居住权，应终结诉讼。有偿设立居住权的，居住权人的合同利益能被其诉讼承继人继承。但是，因诉讼承继人不能享有居住权人的居住权，此时法院应该向诉讼承继人释明，将继续履行的关于居住权本身的诉讼请求，变更为解除合同、违约损害赔偿、返还剩余利益等。

结　语

本课题通过历史比较方法、价值分析方法以及实证研究方法等，论证了居住权制度的社会保障和投资利用等过多重价值功能。在此视域下，系统研究了合同型、遗嘱型、裁判型居住权的实务疑难问题。通过居住权与所有权、抵押权的规范目的价值，深入分析了居住权与其他权利的冲突协调。同时，从实体与程序融合的视角，试图打通居住权的实体规则和程序规则。当然，居住权属于《民法典》新制度，对其深入研究和运用仍处于持续探索之中，本课题分析论证欠缺之处，望专业学家、法官同仁不吝指正。

《民法典》实施研究
——以居住权为中心

席志国*

居住权制度是《中华人民共和国民法典》（以下简称《民法典》）物权编的最大亮点与创新，立法的深层政策导向是为了贯彻党的十九大报告提出的"加快建立多主体供给、多渠道保障、租购并举的住房制度"，具体目的则是为了保护民事主体对住房的灵活安排，满足和保障特定人群的居住需求，特别是为公租房和老年人以房养老提供保障。[1]

要对居住权制度进行解释论上的体系展开，需要进一步探究居住权制度纳入法典的深层原因和价值取向。

一、居住权的概念综述

（一）居住权的定义

在汉语词源中，只有单纯的"居住"，意指在某处长期居住之行为或状态，而无居住与权利之结合。居住权对于我国民法完全是法典继受的舶来品，物权法征求意见稿最早对居住权进行了成文法上的定义：居住权人是对他人住房以及其他附着物享有占有、使用的权利。《民法典》第366条则将其定义为以满足生活居住需要对他人住宅享有占有、使用的用益物权。可见，在居住权的定义上，我国《民法典》与罗马法上的居住权定义并无较大差异。

（二）居住权的特征

与所有权和其他用益物权相比，居住权具有主体特定性、内容有限性、

---

* 课题主持人：席志国，中国政法大学教授。立项编号：BLS（2021）A010-2。结项等级：合格。

[1] 参见张鸣起：《民法典分编的编纂》，载《中国法学》2020年第3期。

客体确定性、变动要式性四个特征。

二、居住权的历史渊源

（一）居住权在古罗马法中的历史沿革

1. 优士丁尼《民法大全》中的居住权

优士丁尼《民法大全》只是罗马法的结果，而非起点和过程。按照汇编年代的时间顺序，最早为公元 529 年生效的《优士丁尼法典》，这是对当时有效法律（批复和敕令）进行修订并加以体系化的编纂。尽管其名为法典编纂，但与德国 19 世纪潘德克顿法学贡献的体系不是一回事，在现代民法概念和规范体系视角下，其最多是将该类法律关系的规则整理到了法典的一个部分中，并加以简单的分类和索引。在该法典的第三部分，共有五个关于居住权的条文。

紧接着，优士丁尼开展了难度更大的对几个世纪以来古罗马法重要法律渊源之一的法学家著作的整理，并对其中有价值的部分进行编纂。[1]公元 533 年，经过为期 3 年的工作，优士丁尼《学说汇纂》或称为《潘德克顿》生效。在优士丁尼《学说汇纂》第七编第八章中，共有 3 条有关居住权的论述，都是摘录自乌尔比安《论萨宾》。

与《优士丁尼法典》和优士丁尼《学说汇纂》不同，《优士丁尼法学阶梯》在第二编第五章第 5 款（I. 2，5，5）明确承认了居住权，该款规定居住权既不是使用权，也不是用益权，而是一个专门的权利。并且在该款中明确了居住权人可以自己在房屋中过活，过活表明了居住权的范围仅限于生活居住和使用房屋。而根据《优士丁尼法典》，居住权人可以出租房屋。[2]

在优士丁尼完成第二部法典的编纂后，法典编纂工作整体上完成了，但是优士丁尼预见到社会生活的新发展可能需要新的法律，所以在他统治的剩余时期一直在继续立法，这些新法被称为《新律》，但其中并没有关于居住权的新规定。

2. 古罗马法中的所有权与物

古罗马法上首先产生的是物是你的还是我的。当人们对一个可支配物享

〔1〕 ［德］孟文理：《罗马法史》，迟颖、周梅译，商务印书馆 2016 年版，第 88~89 页。
〔2〕 徐国栋：《优士丁尼〈法学阶梯〉评注》，北京大学出版社 2011 年版，第 223~224 页。

有绝对支配地位时，人们认为如果受到侵害是值得保护的，于是产生了我们当代民法教义学所称的所有权。对于人的生存发展具有重要意义的物，如土地，土地上附着的房屋，奴隶，用来耕作的牲畜称为要式物，其有着严格的形式主义的转让规则和保护规则。其他非重要生产和生活资料的物，则被称为略式物，其转让完全可以通过交付这一移转占有的方式进行所有权转让。

3. 古罗马法中的地役权

罗马法（早在《十二表法》时期）产生了最为古老的一种他物权，"乡村地役权"，由于相邻或者具有互相利用条件的土地所有权人之间存在着某些特定目的的使用利益，比如通行，或者在他人土地上引水或者取水和放牧。古罗马法赋予对他人土地享有上述利益的主体这种"乡村地役权"。随着这种概念类推适用于城市建筑物，形成了"城市地役权"，这两种地役权构成了古罗马法上最早产生的所有权之外的派生物权或称他物权。[1]

4. 古罗马法人役权的历史背景

到了共和国末期，被法律承认的地役权越来越多，并且随着无夫权婚姻和奴隶解放增多，每遇家长亡故，那些没有继承权又缺乏劳动能力的人的生活就成了问题。因此，丈夫和家主通过遗嘱将一部分遗产让这些人享有在不破坏或者改变该物的特性之前提下，使用他人财产并取得其孳息的权利。这类权利使得某物像对特定人承担了某种劳役一样，产生了同地役权并列的人役权概念。

5. 从用益权到居住权

用益权（usufructus）是用益权人对物的全面利用，通常为权利人终身享有，并且不能更长，它们可以在不动产上设立，也可以在动产上设立。[2] 由于所有权人占有、使用、收益的绝大部分权能被用益权人取得，这使得所有权人被称为虚有权人，只有待用益权人去世，所有权人才能取得物的完全使用收益权利。

稍晚出现的使用权（uses），派生于用益权的使用权能，排除了收益权

---

〔1〕 ［英］H. F. 乔洛维茨、巴里·尼古拉斯：《罗马法研究历史导论》，薛军译，商务印书馆2013年版，第206页。

〔2〕 ［英］H. F. 乔洛维茨、巴里·尼古拉斯：《罗马法研究历史导论》，薛军译，商务印书馆2013年版，第349页。

能，是使用他人财物的权利，包括在自己需求的范围内收获孳息的权利。[1]

与使用权相同，居住权在未被优士丁尼《民法大全》纳入人役权体系之前，一直是作为社会生活日常语言频繁使用或者与用益权和使用权错误混用，被视为一种介于习俗和法律之间的事实权利状态。

6. 小结

通过对罗马法人役权和居住权发展沿革的梳理发现，用益权是对物之全面的利用，在这种利用关系之下，所有权被虚空化，只剩下处分权能，使用权是对物的生活利用，其权能较用益权窄，最大的区别在于对孳息的处理和是否可以出租该物。在使用权产生之初，使用权人被认为既不能收取孳息，也不能出租该物，后来才逐步发展为使用权人能出于生活需要收取孳息，而不能将孳息转售牟利，使用权人可以出租空余的房屋，但不得将房屋全部出租牟利。与用益权和使用权一样，居住权最初是作为一种社会事实，是当事人基于习俗和惯例使用的生活用语，最终经过民法学的发展形成的法律规则。其产生的根本原因在于当事人有别于用益权和使用权的更多层次利用物之目的。

（二）居住权在当代罗马法中的复兴

1. 《法国民法典》中的居住权

《法国民法典》在体例上继受了优士丁尼《法学阶梯》三分法体系，在第二卷财产及所有权的各种限制中，第三编就是关于用益权、使用权和居住权的规则，构成了以利用为权能的他物权体系。使用权仅赋予当事人使用财产的权利，以及在自身需要和家庭需要范围内取得收益的权利，被称为"小用益权"。居住权则作为使用权的分支，限于当事人自己及家庭必要居住，而被称为"小使用权"，[2]规定在《法国民法典》第632条至第634条。

2. 《德国民法典》中的居住权

《德国民法典》在体例上与罗马法的学说汇纂体系更为相似，并通过19世纪德国的"潘德克顿法学"体系化建构，亦被称为罗马法在理论和实践双

---

〔1〕 ［意］彼得罗·彭梵得：《罗马法教科书》（2017年校订版），黄风译，中国政法大学出版社2017年版，第212页。

〔2〕 尹田：《法国物权法》（第2版），法律出版社2009年版，第377~378页。

重层面的"第三次复兴",〔1〕形成了物债二分和总分则体系的当代罗马法体系。在《德国民法典》第三编物权法第四章役权下,居住权被置于役权章中的第三节限制的人役权规则中,与不受限制的人役权(用益权)相对,作为在利用上受到限制的人役权。

虽然《德国民法典》上的住宅权与罗马法上的居住权并无实质差异,但《德国民法典》有独特留白的立法传统,这样的例子在物权法和债务关系法比比皆是,如《一般交易条件法》,以及关于居住权的《德国住宅所有权及长期居住权法》。1951年实施的《德国住宅所有权与长期居住权法》中规定的居住权与《德国民法典》中规定的居住权只是在作为一项物权类型的使用权上存在共性,其他方面则存在本质区别。前者中的居住权主要适用于商业化交往中,可以转让、借用、出租和继承,权利存续期间不限于权利人终身,而是当事人约定期限之届满。后者中的居住权沿袭罗马法人役权制度,不得转让、出租和继承,及于权利人终身。〔2〕

3. 《意大利民法典》中的居住权

意大利虽然是罗马法复兴的起源地,但由于欧洲经济文化中心的北移和统一时间较晚,其法典反而受到《法国民法典》的影响,而不是自己的罗马法研究成果。与后者一样,《意大利民法典》取消了人役权的上位概念,只在第三编所有权的第五章中规定了用益权、使用权和居住权。

4. 《瑞士民法典》中的居住权

《瑞士民法典》的体例在欧陆以及整个大陆法系都较为特殊,集中表现为其民法典中不包含债法。在该法典第四编物权法第二分编限制物权第二十一章役权与土地负担中的其他役权中规定了居住权,与《德国民法典》不同的是其摒弃了人役权概念,但其继受役权的概念统率地役权,用益权和其他役权的方式又与《法国民法典》和《意大利民法典》存在区别。

5. 英美法系中的用益利益

上文已经论述了英美法系虽然在表现形式上与大陆法系相差很大,但其

---

〔1〕 [德] 赖因哈德·齐默尔曼:《罗马法、当代法与欧洲法:现今的民法传统》,常鹏翱译,北京大学出版社2009年版,第11页。

〔2〕 [德] 鲍尔、施蒂尔纳:《德国物权法》(上册),张双根译,法律出版社2004年版,第655~661页。

理论深受罗马法的影响，并经过借鉴吸收到具体的司法实践中。在没有成文民法典的英美法系，确保特定主体对物之利用的用益权制度同样存在，只是其设定方式与罗马法上的遗嘱设定之主要形式存在区别。在英国法上，对土地的用益权属于衡平法上的概念，与普通法上的土地保有权（类似于所有权）并存，用益权人并不占有土地，但可以从土地上获取收益，这与罗马法上单纯享有收益，分离出占有使用权能的用益权类似。[1]在这种用益权因为《用益法》的废止而无法设立后，只能通过信托来设定。[2]

信托是英国法上独具特色的财产权制度。通过信托，所有权人或者其将来的继承人取得普通法上的所有权，受益人则取得衡平法上的所有权。信托可以设定固定存续期限，也可以根据信托目的设定不定存续期限，还可以在任何财产上，设定与特定人生命同长的，以占有、使用、收益为内容的终身权益（life interest）。[3]

在美国财产法中，同样以判例的形式确定了属人用益物权与属地用益物权制度。属地用益物权是指该用益物权服务于一块土地的所有人，该人对用益物权的享有是和其对该土地的所有分不开的，用益物权随土地所有权的转移而转移，这实际上相当于大陆法系的地役权。属人用益物权是指用益物权服务于用益物权人个人，与用益物权人使用或所有特定土地无关，类似于大陆法系的人役权。并通过判例形式认可了商业性属人用益物权的可转让性，类似于德国的长期居住权。[4]

（三）东亚国家对居住权的舍弃

《日本民法典》并未将人役权制度整体纳入法典中，其关于对物之利用的物权类型仅规定了地上权，永佃权和地役权。[5]

---

[1] 参见咸鸿昌：《英国土地法律史——以保有权为视角的考察》，北京大学出版社 2009 年版，第 308 页。

[2] ［英］威廉·格尔达特，大卫·亚德里修订：《英国法导论》（原书第 11 版），张笑牧译，中国政法大学出版社 2013 年版，第 93 页。

[3] ［英］F. H. 劳森、伯纳德·冉得：《英国财产法导论》，曹培译，法律出版社 2009 年版，第 112 页。

[4] 参见薛源编著：《美国财产法》，对外经济贸易大学出版社 2006 年版，第 168 页。

[5] 王融擎编译：《日本民法：条文与判例》（上册），中国法制出版社 2018 年版，第 212~222 页。

（四）小结

笔者在此利用如此大的篇幅研究居住权在罗马法上的发展史以及主要大陆法系国家的立法例，并不是要关注于虚无缥缈的历史，更不是要建议进行人云亦云的法律移植，而是关注于实实在在的现实。因为一切历史都是当代史，法律是社会存在整体中的一部分，并且始终为其一部分。[1]

笔者对居住权在古罗马法和当代罗马法的继承之研究，是为了回答一个问题。古罗马法是孕育居住权的社会土壤，中世纪罗马法的延续，当代罗马法对居住权的继受究竟有何社会现实需要和背景，这种背景在我国《民法典》颁布实施的当下和居住权入典之前有无共同之处，以此来研究法律规范和社会需求之间的互动，从而为法律的发展提供强健而又纯正的光辉范例。

笔者认为，所谓的东西方习惯差异，是指在罗马法上，赡养父母和扶养妻子就不是一项法定义务，财产所有权人为了保障妻子或者子女的权益，便需要为其设置居住权等人役权，以限制所有权人，达到利用物来保障他们生活的目的。而东亚儒家文明圈的亲亲和尊尊之伦理道德，使得父亲不必担心妻子在自己死后的生活问题，因为如果儿子不让母亲居住和使用父亲生前遗留之房屋，不仅可能触犯刑律，还与孝敬父母之伦理道德不符。

但这种所谓东西方习惯的差异之论不是被我国《民法典》明确继受罗马法居住权制度这一立法行动所否定的，而是被我国社会经济的快速发展所否定的。在我国《民法典》继受居住权前，司法实践和民众生活惯例中就已经存在"居住权"概念。随着人口的增长和城镇化水平的提升，家庭住房紧张问题在 20 世纪 90 年代已经存在。早在 1993 年最高人民法院发布的司法解释《最高人民法院印发〈关于人民法院审理离婚案件处理财产分割问题的若干具体意见〉的通知》（已失效）第 14 条就规定："婚姻存续期间居住的房屋属于一方所有，另一方以离婚后无房居住为由，要求暂住的，经查实可据情予以支持，但一般不超过两年。"这就是司法实践中两年暂住权的惯例。

2001 年《最高人民法院关于适用〈中华人民共和国婚姻法〉若干问题的解释（一）》（已失效）第 27 条根据《中华人民共和国婚姻法》（已失效）

---

[1] [德] 奥斯瓦尔德·斯宾格勒：《西方的没落》，张兰平译，陕西师范大学出版社 2008 年版，第 58~59 页。

第 42 条关于离婚后，一方对生活困难的另一方，以其住房等个人财产给予适当帮助的规定，进一步将这种以个人财产中的住房为他方提供经济帮助的形式解释为包括房屋的居住权或者房屋的所有权。"居住权"概念首次出现在司法解释中，并作为裁判惯例被司法实践遵守。在最高人民法院关于该司法解释的理解与适用中认为，将一方所有的房屋让对方暂时居住以解决生活困难，是实践中常用的办法，事实证明这也是可行的，我们以前有关司法解释也有过类似的规定。

虽然"居住权"被司法裁判所尊重和正式认可，但由于缺乏法律的明确规定，法官在确定当事人享有"居住权时"或者仍然使用"居住""使用"，而不直接将"权利"或者"权"作为标准后缀，[1]或者直接使用"居住权"或者"居住权利"概念。[2]除此之外，居住权也突破了对生活困难的离异配偶之照顾，在生前合同或遗嘱中也常被使用。所以，我国《民法典》采纳居住权与古罗马法承认居住权以及当代欧陆主要大陆法系国家民法典继受居住权的原因一样，即存在所有权人多层次利用房屋这一相同的现实社会需要和历史背景。

三、居住权的制度价值

（一）居住权的法价值与目的

毫无疑问，无论是古罗马法创设居住权制度还是当代主要欧陆大陆法系国家继受居住权制度，抑或是英美法系中起到同等作用的信托制度都是法律对所有权人多层次利用物这一自由意志的尊重。用现代民法上的术语表达就是私法自治，在物权法领域中则为处分自由。应当清楚地看到，居住权的功能是保护弱者，但居住权的价值是私法自治，两者不可混淆。

保护弱者、实现实质正义虽然是法律作为整体在现代社会中的基本品质和道德，但作为私法的民法所关注的是抽象意义上的自由平等和分配正义。它平等地给予每个民事主体同样的权利能力、同样的权利义务配置，而并未将重点放在结果平等上。

---

〔1〕　参见山东省青岛市中级人民法院（2014）青民五终字第 106 号民事判决书。
〔2〕　参见贵州省贵阳市中级人民法院（2015）筑民三终字第 85 号民事判决书。

（二）私法自治与居住权

1. 私法自治与处分自由

物权法领域的私法自治因为与他人的行为界限密切相关，所以必须具有种类和内容强制属性，所以物权法定原则并不是对处分自由的限制，而是物权的本质属性决定了只有坚持物权法定原则才能兼顾整个社会个体的私法自治。因为任何物权都不是简单的人对物的关系，而归根到底是人与人的关系，物权的绝对性和对世性要求其具有确定性，否则无法保证他人行为的自由，因为不被人知晓的权利无法获得他人尊重。

2. 处分自由与居住权

具体到作为一项以利用房屋为内容的居住权制度中，我国《民法典》继受这一物权给房屋所有权人提供了一种选择自由，他可以根据合同和遗嘱的法律行为方式自由地为他想要保障居住的对象设立居住权。对于我们国家具有中国特色社会主义特征的物权法来说，这层意义格外重要。在原有的用益物权体系中，建设用地使用权、土地承包经营权、宅基地使用权类似于民法理论中的地上权，用益物权人利用土地所有权人的土地是为了取得土地上的建筑物及产出物。

3. 居住权的中国土壤

我国《民法典》继受居住权有着中国特色的社会土壤。随着改革开放之后社会经济的快速发展、现代化和城镇化水平的不断提升，越来越多的家庭和个体出现了独立于所有权全有或者全无的处分房屋的新意愿，当事人在生活中存在多层次利用房屋所有权的需求，这是民众在社会发展和变化的时代背景下的一种自发应对。

笔者认为，应当从这个历史视角看待居住权的继受，并进而在居住权物权法定原则的基础上，以私法自治原则来理解和展开居住权的权利主体、权利客体、权利内容和物权变动的制度体系。这才应当是我国《民法典》继受居住权制度所追求的目的和价值，而不应单纯从弱势群体居住利益和生活扶助视角来看待居住权。

四、居住权制度的法律溯及力问题

新法原则上不具有溯及力，这不仅是民法典，也是所有法律的一般法理，这是法律的事实属性，即一个国家的公民永远只能按照他们当时的法律去行为，这是法的客观性、稳定性和可预测性的要求。但法律同时具有规范属性，如果旧法没有规定而新法有规定，新法的规定更有利于实现公平与正义，更有利于当事人权利的保护，则新法可以突破不溯及既往的原则适用于以前的行为，即有利溯及。

五、居住权的主体

（一）法人居住权

居住权作为典型的用益物权，属于典型的财产权无疑，法人在自己所有的房屋上为他人设置居住权亦无法律明文禁止，根据私法法无明文禁止即自由的原则，法人对自己所有的房屋享有设立居住权的处分自由。《民法典》第367条在居住权合同的一般条款的主体内容中，明确规定居住权合同包括当事人的名称和住所。法律的用语是了解立法者制定法律之目的的最直观路径，从法律的文义来看，法人可以为他人设置居住权。

（二）居住权住房保障的可行性

允许法人作为居住权设权人，其可以为国家作为法人，提供更为丰富和灵活的保障性福利房政策予以法律上的支持，能够在不让与房屋所有权的前提下，为需要住房福利保障的主体设定一项物权性质的居住权，与限制所有权不同的是，居住权人和权利人之外的其他不特定义务人均能通过登记公示，明确知晓居住权的内容。所以，居住权福利房屋具有更为准确的法律适用指引功能。

（三）居住权的商品化

允许法人以营利为目的设立居住权虽然在我国《民法典》上不存在障碍，毕竟《民法典》第368条第一句并未禁止和排除有偿设定居住权的行为。但如果要使这种居住权成为商品，具有流通性，从而为商品房市场提供更多样的市场产品，《民法典》第369条所体现的居住权的专属性则势必突破。

值得借鉴的是，德国法律中采取单行立法形式创设的长期居住权制度。根据特别法优先于一般法的原则，长期居住权可以突破民法典的人权役属性，但根据特别法无规定时，一般法的补充功能，居住权的物权效力，变动模式则又能够补充适用于长期居住权中，如此一来实现法律的稳定性和社会效益性的中和。笔者认为，此种立法模式可以在将来居住权的商品化过程中予以借鉴。

（四）多个居住权人和多个所有权人

1. 共同居住权

如果房屋所有权人在这些独立空间和部分为多个他人分别设定居住权，那么其所有权的客体房屋与多个居住权人的客体居住空间就具有了明显差异，前者的特定化是作为整体的房屋，后者的特定化是作为部分的居住空间。这些居住权人之间不是共有关系，每个权利人占有使用的房屋区域不同，对于共用部分或者所有权人的保留区域应当尊重他人的使用权利，容忍他人的使用，对于自己居住部分和区域应当按照诚实信用的原则妥善管理和居住使用。

2. 共同所有权人

在共同共有人之间，共有人对设置居住权此类涉及房屋的重大处分行为应当取得一致意见（即全体同意原则），否则个别共有人的处分行为会因无权处分导致处分行为效力待定。在按份共有人之间，如果共有人的份额可以具体到房屋中独立的可使用空间和区域，按份共有人可以在自己份额内为他人设置居住权，属于有权处分。如果无法对应具体空间和区域，或者超越自己份额，按份共有人不得随意为他人设定居住权，属于无权处分。

六、居住权的客体

（一）商业用房上之居住权

所有权人在自己的商业用房上为他人设置居住权，如果他人实际上确实以生活居住而利用该房屋，则需要审查擅自变更房屋的用途是否违反了法律、行政法规的强制性规定或者公共秩序导致居住权设定无效；如果他人没有以生活居住利用该房屋，则居住权本身因违反物权法定原则而导致无效，无须审查是否存在相应禁止性法律和公共秩序。对于实践中所有权登记为商住两用住宅的房屋，即 50 年产权房屋，既可以用于商业用途，又可以用于居住用途，如无法律的强制性规定和公共秩序的禁止，原则上允许在此类房屋上为他人设定居住权。

（二）保障房屋上之居住权

以单独所有权的保障房屋，首先应当区分房屋是否已经能够上市交易。能够上市交易的，无论是否需要补交或者上交相关费用，房屋所有权人实际上已经取得了民法上的完整所有权，可以自由处分保障房屋。不能够上市交易的，所有权不具备完全的处分权能，如果所有权人为他人设定有偿的居住权，则因违反公共秩序无效。

以共有产权保障房屋设定居住权的，因为房屋的处分权属于共同所有人共同享有，一般是按份共有，在房屋上设定居住权属于对房屋的重大处分，需要占共有份额三分之二以上的共有产权人同意才可。

公共租赁房屋虽然具有比普通商品房租赁权更强的物权化倾向，但承租人并不享有民法上的所有权，不得在租赁合同未约定的范围内行使其对房屋的处分。

（三）自己房屋上之居住权

在以合同设定的居住权中，惯常的操作一般是房屋所有权人与他想要设定居住权的特定对象签订居住权合同，自愿将房屋所有权中的以居住为目的的占有、使用权能让渡给居住权人。对于居住权人而言，其是在他人享有所有权的房屋上享有了居住权。但实践中常见的情形还有，所有权人在自己的房屋上先为自己设定居住权，然后将负担居住权的房屋所有权通过买卖、互换或者赠予的方式转让给他人。

七、居住权的内容

（一）所有权人与居住权人的法定之债关系

我国《民法典》并未直接规定所有权人和居住权人的法定之债关系及其内容，在很多立法例中同样没有关于这个债务关系的具体规则。这需要法官在司法实践中根据法律的内在价值填补外在规范的漏洞和不足。所有权人和居住权人之间的法定债务关系不同于陌生主体之间的关系，属于一种特定结合关系，故而，应当以诚实信用为基本原则来解释这一法律关系中的具体内容。[1]非基于诚实信用原则，所有权人不得向居住权人主张相应权利，居住权人不对所有权人承担相应义务。

（二）居住权期限的解释原则

笔者认为，无论居住权是通过合同设定，还是通过遗嘱设定，前者存在所有权人和居住权人双方意思表示的参与，后者只有所有权人单方意思表示即可，在解释这些意思表示时都要根据诚实信用原则和交往习惯来确定其真

---

[1] 参见于飞：《基本原则与概括条款的区分：我国诚实信用与公序良俗的解释论构造》，载《中国法学》2021年第4期。

实意思。[1]如此，在居住权未附期限时，根据对所有权人真实意思表示的解释，可以得出及于权利人终身的结论。

（三）居住权房屋的出租

虽然居住权不能转让和继承，但居住权客体房屋是否能够出租则是另外一回事，居住权的专属性体现在居住权这一权利不得出租，而不是指的居住权的客体房屋不得出租，这是居住权制度在古罗马法上的共识。居住权人对房屋为满足生活居住目的的使用不仅包括自己居住，也包括出租给他人使用。对居住权人而言，其占有、使用住宅是为了满足生活居住需要，可以灵活把握这一概念。

八、居住权的物权变动

（一）居住权合同的形式

在未采取书面形式时，只是会使得居住权的内容难以查明、缺乏必要的证据，也无关于国家和社会管理秩序，法律规定居住权合同的书面形式之意旨在为了让设定居住权的所有权人慎重从事，并经过深思熟虑，应当认定为可以为实际履行所能补正的法律行为，通过体系解释适用《民法典》第490条第2款的规定。

（二）居住权遗嘱的形式

根据《民法典》的体系来看，继承编中的遗嘱并不限于书面形式，除了法律认可的公证、自书、代书、打印遗嘱这些书面遗嘱形式外，还允许在特定情形下的口头遗嘱和录音视频遗嘱这些非书面遗嘱形式。同样是基于形式自由的基本原则，以口头遗嘱和录音视频遗嘱形式可以设定居住权，只要遗嘱符合继承编关于遗嘱形式要件的规定，不必要求因为涉及居住权而将此部分视为只能以书面形式记载。

（三）法院裁判设定居住权

在无当事人意思表示的情形下，法院能否依据职权在所有权人的房屋上为特定主体设定居住权呢？根据《民法典》第229条的规定，物权可以依据人民法院、仲裁机构的法律文书或者人民政府的征收决定等公权力行为设立。

---

〔1〕〔德〕卡尔·拉伦茨：《法律行为解释之方法——兼论意思表示理论》，范雪飞、吴训祥译，法律出版社2018年版，第7~8页。

在《民法典》实施前就已经存在的离婚后以房屋"居住权"向生活困难方提供经济帮助的规定，由法院的裁判直接依职权确定。在《民法典》实施后，离婚时未得到共同财产分割补偿的生活困难配偶一方，法院同样可以根据法的稳定性原则，依职权为其创设物权编中的居住权。

（四）居住权的登记生效与例外

《民法典》第 368 条明确规定了居住权的登记生效原则，但这一原则与其他同样以登记作为生效要件的物权一样存在例外情形。典型的就是《民法典》物权编第二章物权变动中的其他规定，这些规定显然根据体系解释来看可以适用于居住权。

此外，根据《民法典》第 230 条的规定，如果房屋所有权人以遗嘱的形式为某个继承人设定了居住权，这属于遗嘱继承。该遗嘱继承自遗嘱生效，继承开始时生效，但只有登记后才能具备对抗效力。

结　语

起源于古罗马法的居住权制度最初是一种社会事实和生活用语，法律最终将其成文化，更多的是对这种事实权利和习惯法的认同，包含朴素的私法自治理念。从用益权到使用权再到居住权的产生是不断尊重所有权人多层次利用物之意图的产物。在我国《民法典》居住权制度中存在的法律漏洞和空白，有待民法学者与法官运用法律解释手段加以填补，而法律解释应当尽可能还原立法者制定法律的真实目的，这种真实目的的表现为立法者制定规则的价值导向。故，应当以法律条文背后的内在价值体系为研究对象，具体到居住权的司法适用中，应当以私法自治和处分自由为基本原则，解释居住权主体、客体、内容、物权变动中的疑难问题和法律空白。就其商业化中需要突破的问题则需要在科学立法论上寻求解决途径。尽管笔者反复强调私法自治的基础指导意义，但笔者从不认为私法自治是绝对的和不受限制的，居住权体系的解释论展开同样需要注意私法自治应有的边界。

第二编

一般课题

《北京市生活垃圾管理条例》实施情况研究

郑文科*

一、减量与分类实施情况

(一) 减量实施情况

北京市政府相关职能部门转变管理思路和理念,将垃圾管理重心前移,研究从生产、流通、消费到垃圾的产生、中转运输直至末端处理过程中各环节的垃圾减量措施。《北京市生活垃圾管理条例》(以下简称《条例》)实施后,北京市印发了《北京市餐饮服务不得主动提供的一次性餐具目录》和《北京市宾馆不得主动提供的一次性用品目录》,全面指导全市垃圾分类减量工作有序开展。

北京市逐步建立了在各种包装物上注明包装物回收方式和再利用方式的制度,指导公众合理、科学地处置包装物。制定生产者承担产品废弃后回收、利用、处置的实施办法,鼓励生产和零售企业开展“收旧售新”“以旧换新”“包装回收”业务。政府率先推行“绿色采购”“绿色办公”倡导全社会减少浪费、使用再生产品等绿色生活方式。根据不同情况开展垃圾“零排放”试点工作,取得经验后再大力推广。为促进生活垃圾源头减量和垃圾资源充分回收利用,目前,北京市党政机关、学校、居住小区共100家单位正在开展生活垃圾“零废弃”管理试点工作。

《条例》实施后仅8个月,市指挥部召开调度会92次,制定“不得主动提供一次性用品目录”“厨余垃圾分类质量不合格不收运暂行规定”等制度性文件60余项,各区建立生活垃圾分类“一把手”负责制,由区委书记、区长

* 课题主持人:郑文科,首都经贸大学副教授。立项编号:BLS (2021) B001。结项等级:合格。

带头，各部门主要领导牵总，统筹垃圾分类工作落实。持续从源头上促进垃圾减量，践行"光盘行动"，加强厨余垃圾控水控杂和质量管控。[1]推广有条件的地区安装符合标准的厨余垃圾处理装置；在餐饮行业方面，厉行节约，拒绝"舌尖上的浪费"，深入推进"光盘行动"；要求宾馆不得主动提供一次性物品，并设置醒目的提示标识；商品销售、快递业务经营者、电子商务经营者、平台等企业减少快递过度包装，禁止或限制部分一次性塑料制品生产、销售和使用，使用可循环的环保包装材料；进一步对禁止使用超薄塑料袋、不提供免费塑料袋的落实情况进行监督检查；在电子商务领域推广原发包装、电子运单、瘦身胶带等措施促进包装减量。

（二）分类实施情况

市委、市政府构建了市级统筹、专班推进、定期调度、考核评价的工作体系，组建了市、区两级指挥部战时机制，建立了"一把手"负责制，按照城乡统筹、因地制宜、简便易行的原则，积极推进生活垃圾分类全链条制度体系建设。

一是出台了工作行动方案及配套分类实施办法。制定《北京市生活垃圾分类工作行动方案》《北京市党政机关社会单位垃圾分类实施办法》《北京市居住小区垃圾分类实施办法》等规范文件，明确了重点工作任务、分类标准要求和实施计划，指导全市垃圾分类减量工作有序开展；印发《北京市厨余垃圾分类质量不合格不收运管理暂行规定》《北京市餐饮企业生活垃圾分类指引》《北京市便利店（超市）生活垃圾分类指引》《北京市商场（购物中心）生活垃圾分类指引》《北京市农产品批发市场生活垃圾分类指引》《居住小区生活垃圾分类投放收集指引》等规范文件，形成了科学、有效的垃圾分类制度体系，保障了《条例》要求落实到位。[2]二是积极采取各种措施化解垃圾分类中的难点，引领居民积极参与垃圾分类。坚持改革创新，推动基层实践

---

[1] 《我市召开〈北京市生活垃圾管理条例〉实施进展情况新闻发布会》，载北京市城市管理委员会网：http://csglw.beijing.gov.cn/sy/syztzl/lajifenlei/dtbb/202101/t20210106_2199817.html，最后访问日期：2022年2月25日。

[2] 北京市城市管理委员会：《关于贯彻〈北京市生活垃圾管理条例〉实施情况的报告（书面）》，载北京市人民代表大会常务委员会网：http://www.bjrd.gov.cn/zyfb/bg/202101/t20210116_2221229.html，最后访问日期：2022年2月22日。

形成新方法新模式,降低垃圾分类投放难度。

目前东城区、西城区、石景山区和城市副中心已基本实现区域垃圾分类全覆盖。北京市教委把垃圾分类纳入教育内容统筹谋划部署,北京市交通委根据场站性质不同,引导场站员工分类投放垃圾,宣传垃圾分类知识,设置可回收物、其他垃圾收集容器,并配有相应标识。[1]

二、收集、运输与处理实施情况

垃圾分类的推动是一项需要各环节互相配合、严格执行的系统性工程,可以分为前端与后端两个阶段。其中分类及收集处于前端,运输与处理则属于后端,前端环节中社区的监督管理发挥着主要作用,而后端的分类运输与处理,则更加依靠政府部门的监管。

(一)垃圾分类收集、运输、处理现状

全市适应分类需求的投放、收集、运输、处理设施体系已基本建立,初步实现整体重塑和城乡覆盖。累计建成分类驿站 1275 座,涂装垃圾运输车辆 3945 辆,同时,一年的时间本市已有 1000 余辆厨余垃圾专业运输车,改造提升密闭式清洁站 805 座。[2]针对厨余垃圾集中的重点领域,市城市管理委会同市市场监管局对《北京市餐饮服务单位厨余垃圾收集运输服务合同》进行了修订,形成了《北京市非居民单位厨余垃圾运输服务合同》。

北京市城管执法部门检查生活垃圾分类主体责任单位 91.93 万家次,立案查处涉及生活垃圾的违法行为 4.13 万起。北京市公安局环食药旅总队查获非法倾倒垃圾车辆 300 余辆。对于混装混运等突出违法问题,北京市城管执法部门加大立案处罚力度。一年的时间城管执法部门已查处群众反映强烈、影响恶劣的混装混运违法行为 250 余起。[3]

(二)垃圾分类收集、运输、处理中存在的问题及解决建议

1. 垃圾分类收集环节

厨余垃圾的收集是分类收集环节中的重要组成部分。由于厨余垃圾本身

〔1〕 肖伟:《践行垃圾分类新时尚 共筑绿色低碳新北京——北京市部分市级部门推进生活垃圾分类做法集锦》,载《城市管理与科技》2021 年第 3 期。
〔2〕 《新版〈北京市生活垃圾管理条例〉实施一年,居民垃圾分类准确投放率达 85%》,载中华人民共和国中央人民政府网:http://www.gov.cn/xinwen/2021-04-29/content_5603763.htm。
〔3〕 《北京垃圾分类一周年:立案查处违法行为 4.13 万起》,载《新华社》2021 年 4 月 29 日。

存在易混入塑料袋、其他垃圾以及易腐烂、变质、遗撒的特质，在收集上一直存在难点。首先需要对收集厨余垃圾的敞口三轮车进行逐步替换，鼓励使用新能源平板车，或小型厢式货车等符合规范的车辆。其次加强收集车辆投入使用前的检查工作，确保其密闭性能，采用"桶车对接"方式的，需要对连接处、倾倒过程进行检查。

再生资源回收产业依托现代科技，涌现出一批"互联网+便捷回收"的新模式。通过市场化力量为垃圾分类助力，如"爱分类"等回收企业创新"一袋式"上门回收服务模式，刺激市民对于可回收垃圾的分类收集，从源头上实现垃圾减量。

2. 垃圾分类运输环节

许多小区垃圾分类的收集和运输环节之间没有对接，收运的人员直接从垃圾存放的驿站将垃圾运输走，没有管理人员或其他工作人员的检查监督。建议可以在收运垃圾时安排人员如桶前值守人员对接，增加电子平台签收确认等方式，通过此种方式明晰双方责任，做好责任转承。

对于混装混运的问题，首先，应当依法规范垃圾分类运输许可及运输的车辆，并要求运输单位许可公示。其次，加快对生活垃圾分类运输车辆的改造工作，建立生活垃圾分类运输视觉识别系统，易于识别监督。最后，严格执法检查，坚决杜绝垃圾分类投放后被重新混合收集运输。建立有序高效的生活垃圾分类运输系统，确保城市生活垃圾在分类投放、收集后及时分类运输到处理场地，这是保持"干净、整洁、有序"的城市环境的重要保证。[1]

3. 垃圾分类处理环节

北京市垃圾分类处理主要方式是卫生填埋、堆肥和焚烧。在垃圾分类实施以前，北京市的生活垃圾主要以混合收集、卫生填埋的方式处理生活垃圾。目前需进一步提升垃圾分类处理能力，对于分类处理的相关标准需要进一步完善。首先是提升现有设施垃圾处理工艺水平，使之满足分类处理需求。其次是优化垃圾处理设施布局，优化选址。加快推进生活垃圾焚烧设施、卫生填埋设施、有机废弃物处理设施建设。再次是制定再生资源分拣中心布局规

---

〔1〕　尚丹宁：《破解分类运输难题　杜绝"混装混运"》，载《中国建设报》2021年12月13日，第3版。

划，加快再生资源回收体系建设，推动再生资源规范化、专业化、清洁化处理和高值化利用。

三、监督、管理落实情况

垃圾分类推进之初，正值新冠肺炎疫情防控特殊时期，北京市迎难而上、主动应战，在市政府领导下，各负责部门对《条例》的实施进行了有效的管理监督。

（一）完善组织架构

将疫情防控的战时机制创造性地运用到《条例》实施当中，成立了"一办十组"，即：指挥部办公室、综合协调组、政策指导组、物业管理组、社区工作组、文旅商务组、农林水务组、执法保障组、宣传动员组、监督检查组、专家组，涵盖了推进垃圾分类的各重要领域，有效保障了《条例》实施。

（二）创新工作机制

建立"六查"工作机制。用"市级重点抽查、行业专业核查、各区属地自查、第三方机构暗查、雪亮工程网查、机关干部协查"此"六查"方式推进督导检查。在《北京晚报》设置曝光台，加大问题曝光力度；采用市民服务热线、人大政协监督、网民反映等方式进行排查检查，对尚未建立分类制度的居住小区建立台账、专项督办。市委、市政府主要领导采取"四不两直、拉练检查、现场推进"等方式，深入基层检查指导。根据发展适时调整考核指标，聚焦突出问题集中整改。

北京市市场监督管理局积极履行监管职责，深入开展塑料袋、食用油、商品过度包装三大专项整治行动，以执法促宣贯、促落实、促提升，切实提升市场主体和市民群众垃圾分类意识。市邮政管理局还实施快递业塑料污染治理三年行动计划，开展重金属、特定物质超标包装袋和过度包装、随意包装专项整治，提高企业绿色采购和规范操作水平。[1]

（三）规范奖励举措

北京市市政市容委采用生活垃圾减量化指数、生活垃圾资源化指数和生活垃圾无害化指数等，对全市各区县生活垃圾减量化、资源化、无害化管理

---

[1] 肖伟：《践行垃圾分类新时尚 共筑绿色低碳新北京——北京市部分市级部门推进生活垃圾分类做法集锦》，载《城市管理与科技》2021年第3期。

工作进行考核，并设置 5 类奖项：生活垃圾减量化管理优秀奖、生活垃圾资源化管理秀奖、生活垃圾无害化管理优秀奖、生活垃圾减量化资源化无害化优秀奖、生活垃圾分类贡献和生活垃圾"零废弃"贡献奖。

四、执法监督情况

（一）完善北京市生活垃圾管理配套政策

1. 《北京市生活垃圾管理条例》裁量基准

2020 年 9 月 25 日北京市城市管理综合行政执法局公示了《条例》裁量基准，细化了该《条例》中有关案由及处罚标准的规定，规范了行政机关的执法行为，确保违法行为人依法受到相应的处罚，为充分发挥《条例》的作用提供了保障。

2. 《参加生活垃圾分类等社区服务活动工作指引（试行）》

2021 年 8 月 24 日，北京市城市管理委员会、北京市民政局联合印发了《参加生活垃圾分类等社区服务活动工作指引（试行）》。该指引规定了参加生活垃圾分类等社区服务活动的内容，包括生活垃圾分类知识宣传、参与桶站值守、文明劝导、扶老助残以及安全值守、执法人员的职责等重要内容。

3. 《关于加强本市非居民厨余垃圾计量收费管理工作的通知》

北京市城市管理委员会等部门于 2021 年 8 月 31 日下发了《关于加强本市非居民厨余垃圾计量收费管理工作的通知》。该通知对于从事餐饮经营活动的企业和机关、部队、学校、企业事业等单位集体食堂在食品加工、饮食服务、单位供餐等活动中产生的食物残渣、食品加工废料和废弃食用油脂，以及农贸市场、农产品批发市场产生的蔬菜瓜果垃圾、腐肉、肉碎骨、水产品、畜禽内脏等非居民厨余垃圾的运输、处理流程、计费标准等做出规定。

4. 《北京市生活垃圾处理设施运行管理检查考评办法》

北京市城市管理委员会于 2021 年 12 月 22 日发布了关于印发《北京市生活垃圾处理设施运行管理检查考评办法》的通知。该考评办法在检查考评的范围和方式上做出了调整，规定了实施差异化管理制度，细化了鼓励措施，调整了约谈机制，加大了安全管理工作的考核力度。

(二)《条例》实施后行政机关执法情况

1. 对北京市生活垃圾分类违法行为集中立案处罚

北京市城管执法部门于 2020 年 5 月 11 日至 2020 年 5 月 18 日集中开展了对生活垃圾违法行为的立案处罚，重点检查宾馆、饭店、餐馆、商场、超市、小区物业、工地等重点行业领域和单位，重点处罚前期已履行告知、警告、责令整改等执法程序但依然存在违法行为的单位。[1]据统计，在为期一周的集中立案处罚行动中，北京市城管执法部门共检查社会单位及居住小区 3.5 万余家（个），发现存在问题的单位及小区 6276 家（个），立案查处生活垃圾分类违法行为 875 起。

2. 2021 年 1 月至 12 月北京市生活垃圾管理执法情况

北京市执法总队通过发挥市局职能作用，从执法检查的覆盖范围、执法攻坚的重点、典型案例曝光、完善长效机制 4 个方面进行详细部署，聚焦重点违法形态，加大执法处罚力度，发挥正面引导和反向曝光作用等举措，取得了重大成效，2021 年共立案、查处生活垃圾类违法行为 65 376 起，同比 2020 年增长 7 成。[2]

在执法过程中，城管执法部门严格按照"执法必严、违法必究"的原则，坚持做好劝阻、书面警告、罚款"三步走"。针对不履行垃圾分类义务的居民个人，城管执法队员将按照《条例》的规定，首先给予书面警告；再次违反规定的，处 50 元以上 200 元以下罚款；依据规定应当受到处罚的个人，自愿参加生活垃圾分类等社区服务活动的，不予行政处罚。[3]据统计，2021 年 1 月至 11 月，全市城管执法系统共检查垃圾分类主体责任单位 66.13 万家次，发现问题 8174 家次，整体问题率为 1.24%。自 6 月启动"城管执法进社区"工作以来，居民投放良好率从 6 月的 78.97%，上升至 11 月的 89.11%；近半

---

[1] 《北京集中对生活垃圾分类违法行为进行立案处罚》，载中华人民共和国中央人民政府官网：http://www.gov.cn/xinwen/2020-05/20/content_5513262.htm，最后访问日期：2022 年 3 月 18 日。

[2] 《2021 年查处生活垃圾类违法行为同比增长七成》，载北京市城市管理综合行政执法局官网：http://cgj.beijing.gov.cn/art/2022/1/13/art_3028_623328.html，最后访问日期：2022 年 3 月 18 日。

[3] 《【北京您早】垃圾分类，我们在行动——垃圾不分类 依法要处罚》，载腾讯网：https://new.qq.com/omn/20211002/20211002A07Y5Z00.html，最后访问日期：2022 年 3 月 20 日。

年的生活垃圾分类群众举报量环比下降 23.2%。[1]

截至 2022 年 2 月底,北京市城管执法部门累计检查餐饮单位、商场超市、居住小区等生活垃圾分类主体责任单位 155.82 万家次,发现问题 3.01 万家次,全市生活垃圾分类执法累计罚款案件 6.16 万起,罚款 8400 余万元;案件数量同比《条例》实施前上涨 1.5 倍,罚款金额上涨 1.6 倍。[2]

(三)《北京市生活垃圾管理条例》实施的成效和问题

1. 居民参与度和满意度高

2021 年 5 月,北京市统计局在全市 16 个区开展了城乡居民垃圾分类意识及现状调查和专题调研,调查及调研的结果显示:①针对"今年垃圾分类工作与上年年底相比是否提高"的问题上,94.8% 的居民选择了"有好转",90.7% 的被访者对所在小区(村)垃圾分类工作满意,比 2020 年 1 月提高33.3 个百分点。②在"周围居民是否真正做到了垃圾分类"方面,89.9% 被访者认为大部分居民能做到;③对于平时进行垃圾分类的方式,95.6% 的被访者能够进行 3 种及以上的垃圾分类,这一比例较上年末提高 3 个百分点。其中 35.8% 的被访者表示能对 4 类垃圾严格进行分类投放,59.8% 的被访者基本能做到对可回收物、厨余垃圾和其他垃圾的分类投放;④在被问及"自己所在的居委会、物业等垃圾分类责任主体调动居民参与垃圾分类积极性所采取的举措"时,超 7 成的被访者选择"桶前值守指导""悬挂宣传条幅或张贴宣传画等""入户宣传指导"等活动,接近 6 成被访者选择"组织主题宣讲活动"。[3]

2. 生活垃圾分类专项执法呈"两升两降"态势

自《条例》正式实施后,目前已呈现出执法量、居民正确投放率上升,整

---

〔1〕《扎实推进生活垃圾分类"城管执法进社区"》,载北京市城市管理综合行政执法局官网:http://cgj.beijing.gov.cn/art/2021/12/3/art_3022_621208.html,最后访问日期:2022 年 3 月 18 日。

〔2〕《〈北京市生活垃圾管理条例〉实施 22 个月 生活垃圾分类专项执法呈"两升两降"态势》,载北京市城市管理综合行政执法局官网:http://cgj.beijing.gov.cn/art/2022/3/18/art_7682_626044.html,最后访问日期:2022 年 3 月 20 日。

〔3〕《垃圾分类成效明显——北京市城乡居民垃圾分类意识及现状调查报告》,载北京市统计局 国家统计局北京调查总队官网:http://tjj.beijing.gov.cn/tjsj_31433/sjjd_31444/202105/t20210513_2388584.html,最后访问日期:2022 年 3 月 20 日。

体问题率、群众诉求量下降的"两升两降"态势，基本实现了生活垃圾分类专项执法工作"一年打基础初见成效，两年上台阶提质增效"的良好局面。[1]据统计，在执法量方面，截至 2022 年 2 月底，垃圾分类违法行为执法量同比《条例》实施前提升 1.5 倍；群众诉求同比《条例》实施前下降 21.6%，"12345"市民服务热线直派街道（乡镇）生活垃圾类诉求同比《条例》实施一周年时下降 21.6%；居民正确投放率从 2020 年 6 月的 78.97%，上升到当前的 85.21%，提升超 6 个百分点；生活垃圾分类责任主体整体问题率从 2020 年 5 月份的 15.4% 下降至 2022 年 2 月的 0.82%，降幅约 14 个百分点。

3. 生活垃圾处理设施运行管理存在不足

北京市生活垃圾处理设施运行管理存在不足之处，包括管理机制不健全、属地管理责任划分不明确，生活垃圾处理设施作业标准和环境污染控制水平较低，垃圾车车容车貌不符合要求、负荷率不达标等问题。[2]

五、完善实施《条例》的建议

《条例》使得北京市的垃圾分类规范化、制度化。目前北京市垃圾分类已实现阶段性目标，垃圾分类由新时尚进入新常态。为更好巩固和提升北京市垃圾分类实施的效果，我们认为《条例》还需从以下方面进行完善。

（一）通过市场助力的方式，促进垃圾分类经济可持续发展

生活垃圾收集处理所需费用巨大，不能全指望财政投入，需要充分借助市场力量，引入社会资本参与，创新垃圾分类管理模式，培育不同环节的垃圾分类产业，强化产业思维及商业逻辑，形成生活垃圾分类的产业链。对于《条例》中明确的规定，加快制定、修改垃圾分类各环节实施的具体政策，如源头减量、转运和物质利用等环节还没有得到充分重视，产业链仍不健全。除了政策导向外，需要政府补贴，扶持垃圾分类中重、难点产业链发展。除了传统的补贴方式之外，可考虑利用垃圾分类增加补贴资金，如在垃圾分类

[1]《〈北京市生活垃圾管理条例〉实施 22 个月 生活垃圾分类专项执法呈"两升两降"态势》，载北京市城市管理综合行政执法局官网：http://cgj.beijing.gov.cn/art/2022/3/18/art_7682_626044.html，最后访问日期：2022 年 3 月 20 日。

[2]《市城市管理委组织召开生活垃圾处理设施运行管理工作会》，载北京市城市管理委员会官网：http://csglw.beijing.gov.cn/zwxx/zwdtxx/zwgzdt/202203/t20220314_2629724.html，最后访问日期：2022 年 3 月 20 日。

投放点加入广告功能，政府相关部门负责公开进行广告招标，然后将所得资金补贴垃圾分类所需。提高绿色项目对金融机构的吸引力，引导更多社会资本投入绿色产业，集聚更多的资源要素支持绿色发展。可以探索政府和社会资本合作的多种运作管理模式，或是通过委托运营方式，引入专业公司，促进市场化发展，实现与社会资本风险共担、收益共享，从而降低政府的建设投入和运营补贴，提升政府环境治理能力，满足更多的环境治理需求。其次，推动商业模式创新、产品服务升级以此提升产业整体竞争力和资源回收利用率。充分发挥国有企业作用，提升生活垃圾分类产业链水平，充分实现生活垃圾产业"有效益、低风险、可持续"发展。

（二）通过借助科技手段及科技工具，提高垃圾分类效能

通过科技手段促进垃圾分类精细化管理体系。如采用"互联网+"智慧分类模式，倡导应用互联网、大数据、云计算等现代技术手段，优化垃圾分类流程和运行组织方式，提高垃圾分类管理效能。引入智能垃圾分拣站，通过红外感应、机械手等设备实现厨余垃圾整包投放、免手动破袋等功能，通过科技工具减轻垃圾分类负担，解决垃圾分类破袋难题。还可以充分发挥智能网联技术及产品在垃圾分类中的指导作用。通过借助垃圾分类软件和智能分类终端设备等，正确引导和辅助日常垃圾分类的实施。

规范垃圾分类计量统计方法，结合垃圾分类示范片区创建工作，开展垃圾产生量调查和垃圾分类基础信息普查，夯实垃圾分类信息化、网格化、精细化管理基础。研究出台垃圾排放登记技术标准，逐步构建覆盖垃圾分类全过程的垃圾排放登记管理系统。可借鉴其他省份科技运用模式，如上海建成的垃圾分类全程信息化监督平台，实现生活垃圾全程追踪溯源、垃圾品质在线识别；兰州引入垃圾分类声光报警系统，工作人员可通过摄像头和对讲机远程指导居民进行垃圾分类等。

（三）丰富垃圾分类社会宣传方式，调动公众参与度

《条例》实施以来，北京市对于垃圾分类的宣传投入了很大精力，采取了很多方式为民众提供垃圾分类的指引。但是，通过调研发现有些居民认为小区的宣传在做无用功，宣传了但是没人看、没人理，认为宣传力度不够。故对垃圾分类宣传时应当充分利用各种媒体平台，通过丰富多彩形式，广泛开展垃圾分类公益宣传，营造有利于垃圾分类工作，开展的良好舆论氛围。健

全完善垃圾分类社区宣传工作机制，引导志愿者、社会组织深入基层社区开展垃圾分类宣传、指导和培训等工作，普及垃圾分类知识，引导居民从身边做起、从点滴做起，逐步养成主动分类的习惯。加快生活垃圾分类宣传教育基地和垃圾分类示范校园建设，建立健全垃圾处理设施向公众开放制度，增加实地考察等实践活动。在垃圾分类的宣传过程中，切实地了解居民们的需求，对于垃圾分类实施较差的小区，更加需要实地走访，听取居民的意见才能真正地调动起公众的参与度。

积极探索垃圾分类与教育结合的宣传方式。探索由学校到家庭的宣传模式，在学校活动日将家长引入校园与孩子一同进行垃圾分类的学习等，孩子通过自身行为影响父母的同时也受到父母家庭的影响。

（四）聚焦农村垃圾分类，因地制宜推进农村垃圾分类治理

北京市不同地区经济发展水平不同，目前存在的一些乡镇推进垃圾分类不均衡，各区应当消除垃圾分类工作的薄弱地段，并探索如何因地制宜地推动垃圾分类。如中心城区，人力物力成本高昂，采用科技助力方式，更能节省垃圾分类的投入。但发展相对落后的远郊区县，或是城中村等地则可能难以推行。相较于中心城区，农村的人力成本反而比科技投入的成本更低，探索利用农村优势特点，积极开展农村垃圾分类和资源化利用示范区创建，探索适宜农村的垃圾分类模式，健全完善农村垃圾分类标准和分类管理制度。将垃圾分类纳入村民自治章程中，强化监督职能，提高群众自觉意识，培养良好生活习惯。优化农村垃圾分类投放、收集和转运站点布局，新建、改扩建一批垃圾楼、中转站等收集转运设施，保障农村垃圾分类处理需求。鼓励专业运营单位以垃圾分类为重点提供农村环境卫生一体化服务。

六、时代背景下疫情与垃圾分类的共治

面对疫情防控常态化，探索疫情与垃圾分类共治。首先，疫情导致的垃圾分类相关监管人员不足问题更加突显，北京市的绝大多数社区垃圾分类管理人员都是本社区的工作人员或村集体的工作人员。在疫情背景下，社区、村集体工作人员，身兼数职，而在疫情严重的地区或人口众多的社区，一些垃圾分类的监管工作被搁置。其次，一些居民也由于缺少监管不再继续垃圾分类。与政府端严密监管、执法力度增加相比，居民的自觉性却减弱了。垃

圾分类驿站没有了志愿者们按时按点地言传身教，限制出入也导致了专业回收公司无法上门服务，许多居民家里的垃圾桶又回到了以前一样。归根结底，还是投放行为习惯没有养成。在疫情期间，北京市各地区在垃圾分类管理上都根据疫情防控的需要采取了针对性的举措，并且受疫情影响，政府需要投入更大的人力、财力和物力，以此保障城市的卫生环境。垃圾桶消杀、废弃口罩的处理等，都是额外增加的卫生防疫工作。因此，在做好疫情防控的基础上，要保障垃圾分类的效果，关键还得靠"源头端——居民"的自觉。最后，居家隔离情况下垃圾投放难的问题，特别是在疫情严重时期，或是封闭的小区，家家户户都宅在家里，日常生活、居家办公、一日三餐都会产生大量垃圾，特别是自己做饭后产生的厨余垃圾比平时多了很多，导致家庭生活垃圾成倍增长，给垃圾分类的管理者带来更大的工作压力。

在疫情期间，对于以上问题可以通过增加数字化监管、无人化分拣、智能化分类等"非接触式"服务的方式让垃圾分类工作不断档、监管不缺失、服务不断线。让更多的社区引入"物联网""智能监控"等技术。通过扫码溯源、桶车对应、实时定位、智能称重、视频监控等手段，将前端投放、中端收运、末端处置等环节纳入平台监管，发挥线上监管"溯源到户、管理到户"的高效、精准优势，全数据化实时记录小区居民投放垃圾的重量，促使居民准确分类投放各类生活垃圾，特别是废弃口罩等特殊垃圾，实现更精细的垃圾分类管理。疫情期间这种数字管理、智能管理方式，不仅可以减轻监管人员不足的问题，还可以通过智能化垃圾分类系统，加快垃圾分类的工作和处理。垃圾分类工作效率变快了，环境卫生治理的速度超过病毒蔓延的速度，通过卫生防疫抗击疫情。

"要以疫情为契机，让每个人在处理生活垃圾时都能自觉做好分类，积行成习，就会为下一步垃圾分类在全国施行奠定基础。"[1]通过疫情，利用疫情期间居民空余时间增多、居家管理等便利条件，从源头上帮助居民建立垃圾分类自觉意识，培养良好的投放习惯，一方面为抗击疫情做贡献，另一方面为垃圾分类工程长久运行与发展这件民生大事取得成功奠定基础。如可以在

---

〔1〕 毛同辉：《垃圾分类也是全民战"疫"应尽之责》，载新华网：http://www.xinhuanet.com/politics/2020-02/29/c_1125643149.htm。

核酸检测点放置垃圾分类宣传板，为排队等待的居民分发垃圾分类宣传单，增加垃圾分类答题积分换奖品的活动，让居民利用空闲时间更多地了解垃圾分类相关知识。还可以通过组织居民拍摄居家隔离期间的垃圾分类照片、小视频有奖宣传等活动，鼓励居民养成垃圾分类的良好习惯。

北京市养老服务法制化及其体系构建研究

刘　建[*]

引　言

根据"七人普"数据显示：北京市总人口数达 21 893 095 人，占全国人口的 1.55%，60 岁及以上人口占比 19.63%。以此推断，截至 2020 年 11 月 1 日，北京市 60 岁以上老年人口总量达到 429.76 万人，突破 400 万大关，这个数据的另一个标志性意义是：北京于 2021 年进入中度老龄化社会。2021 年 11 月，《中共中央 国务院关于加强新时代老龄工作的意见》指出，要实施积极应对人口老龄化的国家战略，大力发展普惠型养老服务，构建与居家社区机构相协调、医养康养相结合的养老服务体系。2022 年《政府工作报告》中 10 次提及"养老"，提出加强社会保障和服务。在此时代背景下，北京市密集出台了多部养老事业政策法规，如《北京市老年人权益保障条例》《北京市市民居家养老（助残）服务（"九养"）办法》《北京市人民政府关于加快推进养老服务业发展的意见》《北京市居家养老服务条例》《北京市支持居家养老服务发展十条政策》等，产生了积极的社会效益。政策内容从最初的法律起步阶段过渡到规范阶段，再发展为对养老服务业的扶持，首都特色的养老服务政策法律体系初见端倪。除了基本的养老服务体制政策文件，北京市还出台了一系列具体的养老配套政策，包括养老产业准入政策、养老事业扶持政策、资金支持政策、监督管理政策等方面。特别是 2013 年以来，相关法律法规更加密集出台，北京市的养老服务管理体制有了相对完善的政策法律体系保障。

---

* 课题主持人：刘建，中国农业大学副教授。立项编号：BLS（2021）B002。结项等级：优秀。

然而，由于政策的规定庞杂且纲领性的规定居多，严重滞后于首都养老服务发展的法治需求。首都养老服务体系结构、发展要素支撑及服务质量水平还不能完全满足老年人多层次多样化需求。从现状来看，养老服务的法制化总体仍未达到较为理想的水平，表现为缺乏较高层次的行政法规，养老服务立法的跟进速度缓慢。已有法规并不能完全适应养老服务发展的需要，使养老服务进一步改革缺少明确的依据和授权，出现因法规规范要素不健全导致各方主体责任边界模糊，因内容过于原则空泛、不具可操作性而流于形式等问题。

在此背景下，目前关于养老服务体系的研究已经取得积极进展，成果主要是中国学者发表的一系列文章，如国内有关养老服务的政策法规研究，侧重对养老服务供给主体和供给内容的分析，同时涵盖养老服务领域中存在的法律风险和纠纷，探讨不同养老模式、医养结合、政府购买服务以及"互联网+养老"、智慧养老等重点领域的法律风险及其防范，并为加快完善养老服务法制建设、推动养老服务立法进度提出建议。现有文献紧跟我国养老服务政策法规的发展进程，结合相关法律规定多角度分析养老服务立法问题，能够为立法实践提供有价值的参考。国际发表相对很少，且主要也是中国学者的研究成果；国际学者在此方面的研究尚不充分，有效的国际学术讨论和对话并未形成。但是上述研究研究过多拘囿于宏阔的政策阐释，对养老服务体系的学理分析和深度剖析仍不够；尽管已有养老服务体系研究转向学理分析，但多是利用西方单一理论对养老服务体系进行解剖，体现中国学术主体性的研究有待提炼，从法律维度就养老服务体系开展系统且全面的研究极为稀少。

基于此，亟待就北京市应该建立什么样的养老服务法制体系以及如何建设展开系统性研究，从而为构建起系统思考、整合集成、有机融合的养老服务体系提供法治保障，助力实现养老服务体系的可持续发展。

一、养老服务法制化的基础理论

养老服务相关立法可以为老年人的身心健康及权益提供强有力的维护，目前很多国家、地区都已有相关立法，而我国除了制定《中华人民共和国老年人权益保障法》（以下简称《老年人权益保障法》）之外，部分地区或城市先后出台了相应的养老服务条例[1]，但国家层面的养老服务立法尚处于缺位状态。制定养老服务相关法律，需要探讨一些学理问题，这些问题主要包括养老服务内涵、相关理论、养老服务法各主体间的法律关系以及养老服务法的立法精神、原则等，这可以为将来我国制定本土化的、统一的养老服务法律规范提供立法理据。

（一）养老服务的内涵

养老服务的内涵宜被界定为：为年满 60 周岁的老年人依其个人或其照顾者的需要，所提供的生活支持、协助、社会参与、照顾及相关医护服务。

（二）养老服务法制化的相关理论

与养老服务法制化相关的理论涵括自然权利制度化理论、人性尊严的尊重与保护理论、社会成本理论、社会保障的公平理论、积极老龄化理论、责任分担理论、社会支持理论、法律家长主义等，为养老服务立法提供了理论依据与支撑。

（三）养老服务法的定位及其对象

养老服务法有广义及狭义之分，广义上的养老服务法除养老法外，还应包括老人福利法、身心障碍者权益保护法、全民健保法，甚至社会救助法等，只要个别法规中有涉及养老者皆属于广义养老服务法的范畴。狭义的养老服务法则仅指养老服务法本身，本课题的研究亦以狭义养老服务法为主。

学界及实务界多数学者认为养老的适用对象是指年满 60 周岁的老年人。值得说明的是，老年人中的身心障碍者占有相当比例，难免会与成年监护制度、扶养、遗赠扶养协议出现交叉与重叠，但这均不影响养老服务法的独立性和价值。

（四）养老服务法的主体及各主体间的法律关系

1. 养老服务法的主体

（1）行政主管部门。养老服务的行政主管部门是指对申请养老者进行评估以及提供养老服务的机构进行监督管理的部门。一般包括各级民政部门、

---

[1] 如 2015 年 1 月 29 日通过的《北京市居家养老服务条例》，2018 年 11 月 29 日通过的《广东省养老服务条例》，2020 年 3 月 26 日通过的《山东省养老服务条例》，2020 年 12 月 30 日通过的《上海市养老服务条例》。

工商部门、卫生和消防部门等。

（2）养老服务提供者。养老服务提供者包括家庭养老服务提供者、养老服务机构及其从业者、其他市场服务提供者。

（3）养老服务接受者。年满 60 周岁的老年人。

2. 各主体间的法律关系

养老服务法涉及三方主体，不同主体之间形成了公法或私法关系（如图 1 所示）。养老服务的主管机关与养老服务机构或养老服务提供者之间系监督管理与被监督管理的关系。养老服务机构或养老服务提供者、养老服务机构的雇员、养老服务接受者之间则因养老服务、照料与护理事务的不同，而产生监护、劳动、扶养、信托等多种类型的关系。

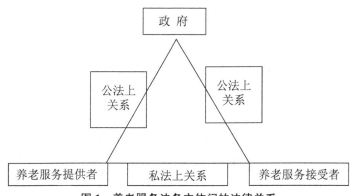

图 1　养老服务法各主体间的法律关系

3. 养老服务合同

养老服务合同是双务、有偿、继续性合同且合同必须为要式。

（五）养老服务法的属性

养老过程中除规定养老服务机构由主管机关管理外，申请人申请养老服务之前须接受主管机关评估，而产生接受养老服务的法律效果，则属公法性质；如后阶段至养老服务机构接受养老服务，抑或在家中接受上门服务，性质近似私法上的劳动契约，则同一部法律规范所涉及事项，同时涵盖公法及私法阶段，因此，养老服务法系兼具公法与私法属性的"混合法"。

二、养老服务法制化的正当性与必要性

针对养老服务我国出台和制定了促进养老服务发展的政策性的文件，并且在文件中对老年人养老服务做出了明确性的要求，例如《老年人权益保障法》对我国养老服务做出了相关规定，但仍有大部分的文件实操性不强、法律关系和责任不清晰等问题，导致我国养老服务的发展进程相对缓慢，老年人的权益无法得到有效保障。因此，亟待加快养老服务相关立法，建立完善的养老服务法律制度和服务体系，从而使老年人的权益得到有效保障。

（一）养老服务权的正当性

通常而言，一项权利如果要成立，就应积极地评价其内容的资格、利益、能力或主张等。换而言之，只有证明权利的应有性或应得性，才能获得社会大众的普遍认同。[1]在一项权利成立后，即表明一项权利已经合法有效。在权利正当性来源问题上，通说认为，社会承认和国家法制化是实现权利正当性的必要条件。[2]从目前我国养老服务的发展看，我国社会养老服务具备一定的理论基础、道德基础和相关制度保障，因此具有养老服务权的正当性。

（二）养老服务立法的必要性

在人口快速老龄化的社会形势下，要解决社会养老服务突出问题，弥补现有政策手段的不足，规范社会养老服务市场，建立健全养老服务规范体系，迫切需要对养老服务进行立法。

三、北京市现行养老服务体系的架构、运行特点与效果评估

北京市养老服务法制化及其体系构建路径的实现，离不开对北京市现行养老服务体系的细致考察，基于此，本部分将全面梳理北京市现行养老服务体系的架构、运行特点，并就其运行效果进行评估，以为下面的研究奠定基础。

北京市已经形成了"市—区—街道（乡镇）—社区（村）"四级三边养老服务体系。其运行具有基本模式初步确立、法律框架基本形成、多种格局初步构成、逐步向专业化发展、形成行之有效的试点评估机制、体制内形式灵活和政府兜底的特点。总体而言，北京市的养老服务体系已初步形成、政策法律体系初见端倪、公共财政投入平稳增加、养老服务内容不断拓展、涉

〔1〕 夏勇：《权利发展说》，载张文显、李步云主编：《法理学论丛》（第1卷），法律出版社1999年版，第526页。
〔2〕 王元华：《公民资格理论传统中的社会权利观念：有效性及其限度》，载《扬州大学学报（人文社会科学版）》2006年第1期，第70~73页。

老设施建设成效明显、养老专业化运营取得长足发展。

四、北京市养老服务体系面临的主要问题及成因分析

北京市在构建符合首都特色的服务体系做出了卓有成效的改革和探索，客观看走在了全国的前列，但是不可否认的是首都养老服务体系仍面临亟待解决的突出问题，本部分将系统梳理首都养老服务体系存在的主要问题，并探究其成因。

主要问题包括：积极应对老龄化的顶层设计理念亟待更新；部门统筹力度不一，易导致运行不畅；法律法规尚不健全，缺乏相关标准的建立；资金使用尚不充分，政府资金的使用效率低；区县之间体制发展状况差异较大，水平不一；监管体系尚未完全形成；养老服务信息化建设相对滞后。其成因包括：缺乏一个统一的领导部门进行整合；相应的标准制定缺乏商议并难以从实践中获取经验；资金使用流程复杂，规定与现实情况存在差距；经济发展水平与人口结构等方面均存在差异；对养老政策的有效评估尚缺乏相关经验；缺乏针对服务机构内部的管理；对当前老年人的状况缺乏综合摸底。

五、域外养老服务立法的相关经验及启示

随着养老服务业的快速发展，现有的政策体系中法律法规不健全、政策力度不够、政策结构不合理等问题突出，阻碍了养老服务的健康发展和有效供给，不利于老年人获得感和幸福感的提升。本部分旨在梳理和分析其他国家有关养老服务的立法经验，为北京市出台《养老服务促进条例》提供参考。

（一）美国

通过出台《美国老年人法》《社会保障法案》《雇员退休收入保障法》《美国国内税收法案》《税收改革修正案》《经济增长与减税调和法案》《企业改革法案》等法案，美国建立了比较完善的养老服务体系。

（二）英国

英国政府先后出台了《国民健康服务法》《国民保健法》《全民健康与社区照顾法案》《国家老年服务框架》等法案，为构建完善的养老服务体系提供法律支撑，还颁布了《国家黄金标准框架》作为养老服务质量和标准的参照，为养老服务的供给和监管奠定了基础。

（三）日本

通过《老人福利法》《老人保健法》《老人介护保险法》《社会福利士及

护理福利士法》《福利人才确保法》《高龄者雇佣安定法》这样全面的立法和措施，日本很好地应对了其社会所面临的老龄化问题。

（四）韩国

韩国政府一方面先后出台了《老年人福利法》《高龄人雇佣促进法》《老年基本年金法》《老年人长期疗养保险法》等法案，从老年人福利保障、养老保险等方面做出了全面的保障。另一方面构建了多支柱的养老保障体系，其多支柱主要包括基础老年养老金、国民养老金和特殊职业养老金、退休津贴制度和企业年金、个人养老金。韩国政府通过对养老保障制度进行多年的调整和补充，基本形成了政府、企业、个人权责清晰的框架体系。

（五）主要启示

一是明确政府和市场、社会的职能分工，建立多元化的养老服务体系。二是建立完善的法律法规体系。具体来说：①相关部门通过出台法规和政策，明确养老服务发展方向，引导和鼓励各方力量参与养老服务。②政府需要明确制定养老服务工作的标准和规范，并且用政策法规的形式固定下来，为养老服务工作提供统一的标准。③政府应该出台明确的政策和法规对养老服务行业进行监管，保障养老服务工作有序开展。

六、北京市养老服务法制化体系的构建

发达国家养老制度无论是建立实施还是改革调整，通常都是立法先行，在相关法律和规定的引导下开展。北京市也应尽快制定相关方面的法规政策，引导规范形成家庭、社区和机构协同发展，医养康养相结合的养老服务体系。

（一）理念

各养老涉老部门应秉持多元主体管理服务体制的理念，明确首都特色养老服务管理体制本身所具有的阶段性和复杂性，即没有一个机构可以完全统揽整个居家养老服务管理体制，这就需要各级政府部门、企业机构和家庭共同承担起养老的责任。

（二）原则

北京市养老服务法制体系的构建应遵循坚持关爱弱者原则、效率与公平原则、福利多元主义、兜底和发展兼容原则。坚持有权必有责、用权受监督的理念，遵循顶层设计与试点经验相结合的立法思路，重视域外有益立法经验与北京市实际情况的有机结合，处理好宪法、老年人权益保障法及其他法律法规的关系。

（三）模式选择

北京养老服务法制体系建设应兼采西方老年服务法体系的专门化模式和分散化模式，设立以老年专门法规（条例）、部门法中的涉老规范以及特殊老年人群体的权益保障法规为基本框架的"有中国特色的混合模式"。

（四）基本架构

基本架构包括：总则、设施规划与建设、居家社区养老服务、机构养老服务、医养与康养、养老服务人员、养老产业、扶持与保障、监督管理、法律责任等。

基本内容涵括：养老服务内容、人员管理、机构管理、养老接受者权益保障、服务发展奖励措施等要素。

（五）主要内容

为确保养老品质，促进养老服务接受者品质与尊严及建立自助互助观念，兼顾个人与社会责任，应致力于形成以下养老服务法律规范。

1. 建立健全养老服务法制保障，规范运作

北京市的养老法律规范散见于《中华人民共和国老年人权益保障法》《中华人民共和国基本医疗卫生与健康促进法》之中，尚未达成共识的基本理念，鉴于个别部委和地方政府出台的法规和政策中已有养老服务等相关规范，比照德国与英国的机构基准法，整合为单一的命令规范。

值得说明的是，关于涉外养老服务案件的判定，可以采用涉外民事案件的判定方式。随着移民和国际交流的日益频繁，来北京生活、工作和定居的外籍人士越来越多，应前瞻性地将这类群体的养老服务问题纳入立法考量之中，避免出现立法"漏洞"和空白。

2. 完善养老服务体系的结构模式，推动多层级养老服务模式

一是根据三方契约治理理论搭建我国养老服务体系的结构模式（如图2所示）。政府与公民间存在社会契约关系，同时消费者同养老公共服务提供者建立起民事契约关系。在养老服务中就存在着提供者、生产者和消费者之间的三方主体关系，每一方均具有不同的功能与定位。

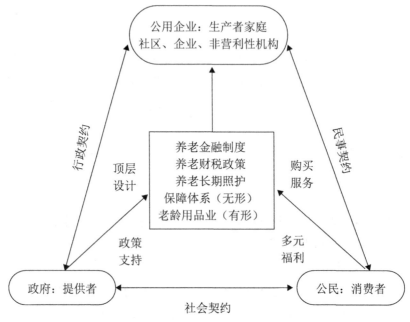

图 2　首都养老服务体系的结构模式

二是探索实施"居家、社区、机构、医养"四位一体的社区"嵌入式"养老服务模式,以社区为老服务中心为载体,将康复护理、助餐助浴、生活照料等专业的社会养老服务延伸入户,使老年人在不脱离已习惯了的居家生活方式、生活环境的前提下,自主选择长期入住或短期托养,实现了机构服务家庭化、家庭照护专业化,满足了老年人"在家门口养老"的愿望。[1]

三是通过减免税收、物质奖励等方式激励养老机构增设床位,引导现有公、私立医院按病床设置护理之家,以提供病患连续性服务,提升经营效率。

---

〔1〕　王凯、刘庆春:《构建多层次养老服务体系,百姓幸福晚年》,载中国网,http://union.china.com.cn/zhuanti/txt/2019-11/06/content_40948481.html,最后访问日期:2021 年 5 月 31 日。

3. 确立养老服务的类型、服务方式与内容规范（详见下表1）

表1 养老类型、服务方式、服务内容和范例

养老类型	服务方式	服务内容	范　例
机构式养老服务	对病情严重、依赖度高、无家庭养老服务资源的群体，提供全天候的住院服务。	医疗、护理、康复、个人日常生活养老服务等。	护理之家、安养中心。
社区式养老服务	将服务提供给需要养老者居住的社区。	技术性的医疗护理、一般性的个人养老服务、社会支持等。	日间养老服务包括：日间医院、成人日托中心、老年人临托中心。
居家式养老服务	到养老者家中提供服务。	居家医疗、居家护理、个人养老服务、家事服务。	居家养老服务、在家服务。
医养与康养养老服务	为老年人提供及时便利的医疗救治和康复护理。	医疗救治、康复护理、安宁疗护服务等。	医养结合服务。

在上述养老服务规范的设定中，以下几点宜纳入立法考量：

一是如何界定养老服务接受者与养老服务提供者利益衡量的标准。

二是养老服务的保障基准。

三是政府部门职责的划分配置。

四是增设生命末期老人权益的法律规范。尤其是对安宁疗护、生前预嘱作出详尽规定。

五是增设保障老年人社会参与的法律规范。涵括：制定反年龄歧视的法律规范；增设选举法律规范等以推动老年人的政治参与；补充劳动法律条款以推动老年人的经济参与；制定志愿服务条款，推动老年人的公益参与；增加社会团体管理条款，推动老年人的组织参与。[1]

六是设立老年人宜居环境保障法律规范。涵括：推动标准规范在编制思路和编制方法方面的转型；制定和完善老年宜居相关标准规范（服务通用基

---

[1]　汪地彻：《中国老龄法治研究》，华龄出版社2017年版，第151~154页。

础标准、人力资源管理标准、养老服务规范、养老服务提供规范、养老服务质量控制规范、安全与应急标准、环境保护标准等)。

七是出台专门针对特殊老年群体的权益保障规范。涵括：①农村留守老人权益保障法规。涵括：农村养老保障法规、农村医疗保障和服务配套法规、农村养老机构建设法规等。②失独失能老人权益保障法规。涵括：失独老人经济救助法规、失独老人家庭赡养法规、长期护理保险配套法规等。

八是增设程序保障性规范。如果自然人申请养老服务，应由当地的主管机关评估，若评估已达规定的程度，则进入下一阶段接受养老照护服务；评估未达相应程度，则尚不能接受照护服务。按照这样的立法规范，则不可避免地会有下列必经程序：①意思能力的评估程序；②申请评估程序；③对评估结果如何提出异议？谁是受理的机关？④谁是裁定机关？裁定的效力如何？

由此衍生的问题在于：①前阶段的"评估"，法律性质为何？若申请人"评估"未通过，可否申请救济？②评估如果需要委托专业组织或者机构办理，则该受委托者的法律上定位为何？该组织或者机构出具的评估结果在法律上的效果如何？申请人可否就该评估结果提出异议？并寻求救济？

基于对上述问题的回应，也系维护养老服务申请者及养老服务接受者的权益考量，宜制定程序保障性规范。

结 论

当前我国人口老龄化所引起的社会养老服务问题的矛盾凸显，尤其是社会养老服务的供需矛盾的问题和养老服务制度与社会需求的矛盾。老年人对养老服务的需求也在不断地提高，仅仅依靠养老服务机构所提供的养老服务已不足以满足当前老年人的服务需求。本课题从提出问题、分析问题和解决问题的思路展开，主要从以下几方面对北京市养老服务服务法制化及其体系构建进行研究、归纳。

第一，在理论上明确了养老服务法制化的理论分析路径。对养老服务立法的支撑与理论依据进行了详细论述。人性尊严的尊重、保护理论和社会保障理论强调国家在社会保障中的责任主体地位；积极老龄化理论主要从经济、法律、社会服务体系等各方面不断推动老年事务发展，积极应对人口老龄挑战；积极老龄化理论支持多元化制度；社会支持理论主要包含正式组织制度支持与非正式组织制度支持两个方面；不同年龄段的层次需求理论和维护社会公共秩序。

第二，在老龄化背景下，由于首都养老产业发展法律供给不足，所以迫切需要在法律制度上，通过法律手段来规范和促进整个养老服务业的发展。通过论述养老服务立法存在的正当性和必要性后，重点分析了北京市养老服务体系存在的主要问题，研究发现北京市出台的法规与政策的衔接性不强、养老服务法制化建设的滞后导致养老服务制度出现以下问题：①政府政策繁杂且零碎，大量工作文件沉积。②具体细则不仅有政策工具层面的因地制宜，而且还会出现具体理念上的不同选择，由此导致区域保障的不平衡性。③一些政策潜藏着偏离养老服务福利性和公益性的倾向，本质上并非立足老年人需求本身，而是出于反经济周期的需要，服务于将老年人积蓄快速转到市场上流通而拉动内需的目的，为推进养老服务改革朝着正确方向发展埋下隐患。在借鉴域外国家和地区养老服务立法的模式及经验的基础上，明确了政府与养老机构、养老机构与需求者、政府与公民之间的法律关系。在明确相互关系后，界定了相互之间在养老服务中的责任，使首都养老服务具备了立法的内部条件和外部环境。

第三，养老服务法制体系的构建具有必然性。由于当前北京关于养老服务的政策及法规文件存在实操性不强或者法律效力低等问题，这也使得整个养老服务行业的法律保护程度较低。为了能够提高整个养老服务行业的法律效应，在总结了我国现有的养老服务制度和规范体系后，分析我国当前养老服务行业存在的不足之处。

鉴于国家上位法的基本情况、北京市人大的立法资源特征、涉老法制工作的复杂性和社会性等因素，法制如何促进最优的养老服务体系建立、如何为养老服务体系的健康运行提供法制保障，这是一个庞大浩瀚的工程。本课题研究探讨的只是其中很小的一部分，研究内容主要落脚于制度构建和框架搭建，对于养老服务法制体系更为细节的地方涉及较少，也是后续研究需要加强和深入的地方。亦是在后续养老服务法制体系建设的实践过程中需要逐步落实之处。

民事审判方法的基本问题与实际运用

单国钧[*]

序　言

"努力让人民群众在每一个司法案件中都能感受到公平正义"是司法机关必须坚守的重要原则。从司法实践中来看，应该注意的是，这里的公平正义不仅应该被实现，还应该被人民群众"感受"到。感受与体会是人们对事物认识的直接方式，它不仅仅与人民群众对法律的期待有关，更与人民群众对生活中的朴素正义的信仰有关。因此，在案件裁判中，基于生活世界对法律的阐释是十分必要的，这个阐释的过程中实际上涉及两个层面三个方面的问题，即在"形而上学"的层面：涉及民事审判方法裁判理念和价值取向问题；在"形而下学"层面：涉及个案审理中自由裁量的问题。据此，本课题立足实证分析中"显性"和"隐性"问题，以"逆向思考""规范运用"为探讨视角，从三个维度探讨民事审判方法存在的问题和完善路径：

一是在裁判理念方面：在裁判中建立从生活世界向法律适用的逆向思维。丰富裁判者个体感知，建立基于对当事人在内的群体理解和体验之上的裁判理念，形成以建立在法律以及社会共识的基础之上司法作品供给。基于逆向法律思维的裁判理念，在从生活向法律回溯的过程中，也就是裁判者个体在宏观上对于社会整体核心价值的认知、取舍、适用的过程，在微观上的个案裁判中通过自由裁量权的适用回应生活世界的感知和需求。

二是在价值取向方面：以规范融入为起点，在寻求理论共识的基础上探

＊　课题主持人：单国钧，北京市第一中级人民法院副院长。立项编号：BLS（2021）B003。结项等级：合格。

寻在裁判中建立核心价值指引和结构化表达路径。本课题在"融入"裁判文书中，对以信号传递理论为核心价值观的"均衡"状态作说明解释，并在此基础上以"增强信号"为方法论指导，探索个案裁判与社会理念价值有效互动融合。

三是在自由裁量方面：以类案裁判和《中华人民共和国民法典》（以下简称《民法典》）条文为分析对象总结提炼出以法律适用、事实认定、程序运行"三元素"规范自由裁量权路径。从"裁判型司法"向"治理型司法"理念转变，以酌情裁量典型类案的实证分析为起点，总结提炼酌情裁量适用中存在的"类案事实同质化但法律适用差异化""类案结果同质化但事实依据迥异化""原审裁量随意化但异级审查空转化"突出问题，再造"识别—检索—庭审"案件甄别机制，"裁判即时监督机制"，利用法律事实程序"三元素"判断方法，搭建酌情裁量参与社会治理的新路径。

第一章 民事审判中法律思维与生活世界的弥合

一、法律与生活世界先天的背离

（一）法律作为一种抽象概念体系的存在

我们时常批判概念法学，但我们真正批判的是它的那种所谓的概念本身的生产性，而不是概念本身。从人类认识的角度而言，人总是在抽象的概念中把握万事万物，我们依据概念所组成的言语言说世界。法律作为规范，同样如此。因此，形成概念是我们思维者的先天能力，法律最终表现为人依据理性，并借助概念所形成的抽象规范体系，只是一些概念的抽象程度高低不同而已。然而，尽管我们可以说法律来自生活世界，但绝不能说它等同于生活世界本身，不论我们多么强调法律要来源于经验，其毕竟和经验属不同性质的存在。因此，法律上的人，是抽掉了一切血肉与情感的冷冰冰的主体而已，法律上的过错，并不能等同于个案中当事人的过错。法律从不考虑活生生的个体，它仅仅是一种严格的规范体系，它在自身的规范体系中表达自己，它抽象于生活世界，但高于生活世界。在这个意义上，法律和生活世界是隔离的。

（二）法律人规范思维中的单向度认识

法学教育培养了我们法律人特有的规范性思维。这就形成了我们解释事物的前见，或者叫背景语言。我们的一切认识、一切评价在更广泛的意义上都属于解释行为，而凡是解释者都在自己的背景语言中解释、理解事物本身。规范性思维是我们必须坚持的，然而，缺乏批判的规范性视角却也容易让我们形成单向度的思维模式。试想，当我们看到一起正当防卫的案例时，我们首先想到的是什么？毫无疑问，我们想到的是规范本身，是教义学上对规范理论的阐释，是我们对规范的理解。然后，我们将自己的理解架构在事实本身之上，于是，事实经过我们的理解被框架性地勾勒出来。对于那些我们认为不重要的事实，我们通常视而不见，并指出，这是法律技术的分析。然而，生活世界可不是法律世界。人们在面对歹徒时，想到的是自己的生存和死亡，是充满恐惧的胆战心惊，没有人量化的分析如何以一定的角度一刀刺向合适的深度，让加害人适可而止。在单向度思维下，似乎不是规范为了生活而存在，反而是生活为了规范而存在。生活必须在规范的视域中打开，否则就没有生活。单向度的思维远离生活世界，留下的就是从理论到规范、从规范和规范的机械联结。

（三）法律实践的综合维度与生活世界的对立

法官对规范的适用是一种精致的解释工作。解释者的解释都是在背景语言中进行的。背景语言（前见）是一个中立概念，它仅仅诉说着解释者得以解释的可能性条件，而不预设其解释结果。由此，就产生了一个人对规范，对生活不同的理解。为什么富有生活阅历的法官对一些问题的判断有时更为妥当？原因就在于他的解释背景是丰富的，他看问题的角度和思路中显示出他人生的阅历和智慧。大陆法系的理性法传统大致上认为，一个受过法律训练的人只要在理性思维的框架内就能将理性的法用于实践，因为成文的理性法规范本身就是来源于经验。然而，规范来源于经验，却不能等同于经验本身，上文我们已经阐释过，根本的问题在于法官用什么背景语言去解释规范。[1]如果欠缺立足于生活世界丰富性的解释背景，那法官的解释和判断就会在一定程度上偏离生活世界。在此意义下，让人民群众在案件中感受到公

---

[1]　［德］卡尔·恩吉施：《法律思维导论》（修订版），郑永流译，法律出版社2014年版，第131页。

平正义就不仅仅是一句口号，而是要真正理解群众。理解群众的诉求，首先就是要在生活世界中理解他，不是仅仅将他作为一个法律上的主体，而是作为现实中具有有血有肉，又爱又恨的人来对待。

二、逆向思维下的生活世界与法律

如何让生活世界作为奠基，使得法律适用和生活紧密地弥合在一起？这就需要一种逆向性地思维过程，即不是从法律到生活，而是从生活到法律，不是用法律框架性的切割生活而是用鲜活的生活世界诠释法律的丰富含义。我们可以将这个过程划分为三个阶段：

（一）概念充实——我与我的对话

概念充实是将体验到的生活世界赋予抽象概念，使得概念的意义得以展开，得以丰富的过程。任何一个概念都是在抽象层面上存在的，它是人们在认识活动中，从感性到理性，对认知对象的共同特征加以提炼概括的思维形式。概念具有抽象化和一般化特征，法律借助概念实现了法律适用的普遍性。但是，概念正因为具有抽象特征，它仅是生活意义的部分截取，就如权利能力仅仅抽象出人的平等性一样，并不能将其等同于有血有肉的个体存在者。因此，对概念的充实过程就是使得其内涵得以丰富化的过程。只有通过丰富化，个体的意味才能在法律中得以最大程度实现，法律和现实的裂痕才能最大限度地弥合。德国法哲学家考夫曼虽然认为法律的意义并非如传统的方法论所假定的只存在于抽象的法律概念中，但是，他也主张必须"求助于比较具象的，相关的具体生活事实。如果不参照应受判断的生活关系之本质、意义，几乎就无法得到法律的意义"[1]。

总而言之，概念充实就是将裁判者作为一个普通个体放置在当下的生活世界中，用其对周围世界的体验，去理解当事人在案件发生时的所思所想。这是可能的。因为人与人之间的主体互通是存在的，我们常说的"人同此心，心同此理"就是这个道理。但在充实完整性的同时也需注意，我们不能简单地从原告的角度出发，更不能单独从被告的角度出发来进行意义充实。一个事件的意义，需要我们关照这个事件中的多重面向。

---

[1] 参见 Kaufmann, Analogie und，"Natur der Sache"，2. Aufl. 1982, S. 39ff. 转引自 ［德］卡尔·拉伦茨：《法学方法论》，陈爱娥译，商务印书馆 2003 年版，第 15 页。

（二）论证充实——我和他的对话

当当事人同意我们对生活世界的体验时，他自然也消除了很多困惑，判决在理解一致中达到好的效果。因此，我们裁判之时就必须：一方面，在对证据的判断过程中，要注重用生活世界去解释。最高法院诉讼法解释也规定，人民法院应当按照法定程序，全面、客观地审核证据，依照法律规定，运用逻辑推理和日常生活经验法则，对证据有无证明力和证明力大小进行判断，并公开判断的理由和结果。这里的日常生活经验法则就是法官对生活世界的理解所得。另一方面，在对当事人行为的判断中，要立足现实去论证，切勿对当事人提出过高的不符合常人的要求。比如，一般来讲，受害人对违法者的追逐并不需要考虑违法者是否会犯病以及是否会受到意外的伤害。受害人在防卫过程中由于其面临恐惧，不能要求当事人用过高的理性评估损害后果。一个违法行为在先的人不应该对受害人提出过于苛求的注意义务要求，等等。

（三）意义检讨——我们之间的对话

如果说概念充实是"我与我的对话"，而论证充实是"我与他（当事人）的对话"，那么意义检讨可以认为是"我们之间的对话"。事实上，"我们之间的对话"在前两个阶段也有存在的必要性，但在意义检讨阶段，这种对话更具有说明意义。

在当代，一起案件借助符号传播中的自然化和普遍化规律，[1]往往在社会上产生出"一致舆论"，使司法备受批判。因而，如何将自己的判决建立在法律以及社会共识的基础之上，让我们的判决充满温度，就需要有一种整体反思。意义检讨的起点也是个体性的。我们需要问的是，如果将我置于当下的案件中，我应当如何作为？我是否可以预见到危险的存在？我是否有能力加以避免？我应该如何评价自己的行为？如果案件的处理结果和自己的视角转换后的反思是矛盾的，那么我们就要重新考虑判决结果。这样的个体反思通过法官反复的经验社会，充分的合议以及必要的法官会议最终会形成较为成熟的意见。由此，意义检讨的过程完成。让我们举一个实践中的争论来说

---

〔1〕 "自然化机制与普遍化机制的共同运作就是符号产生意义的深层机制，所谓自然化机制就是使偶然性事件看起来是必然的事实，而普遍化机制就是使个别现象获得普遍意义。"参见隋岩：《符号中国》，中国人民大学出版社2014年版，第60页。

明这个问题，因机动车自燃引起的产品责任的案件，根据法律规定应该由原告首先提供证据证明产品缺陷的存在，但往往消防部门初步判断的结论比较概括，如排除外来火源导致自燃。此时原告是否应该进一步举证或者是否应该由原告提出鉴定就存在一定的争论。但是，我们可以思考，作为一个消费者，如果自己的车在行驶中自燃了，难道我应该向法庭指明着火是因为哪个零部件的哪个功能缺失导致自燃结果的发生吗？我自己有这样的能力吗？这样，关于缺陷初步举证责任的问题就会呈现出来，一些固有的或者未来需反思的观念就会被重新思考。

从生活到法律的过程，也就是裁判者用个体感知的鲜活生活世界诠释法律的丰富含义的一个过程。从生活到法律中的逆向思考，让裁判者立足于对生活世界的体验去理解当事人在案件发生时的所思所想。在裁判文书确立判断标准和解释依据时，通过完整的考虑包括原告、被告的"人们"对生活的理解和体验，避免因体验的个体特性而导致判决结果的不确定。最终，将判决建立在法律以及社会共识的基础之上，让判决充满司法的温度。

第二章　民事裁判中核心价值的指引及结构化表达

如前所述，在民事审判中法律思维与生活世界的弥合理念之下，我国《民法典》适用中需要接受核心价值观的指引，但司法实践现状而言，作为道德规范和行为规范的核心价值观究竟应该以何种方式在裁判说理这一司法运作过程展现，是大部分法官困惑的问题。这一问题的存在和解决，也直接涉及对生活世界到法律适用逆向回溯理念之下，社会核心价值对于民事审判的指引的落地问题。而指引规范的缺失引发"融入"困境，核心价值观的偏差运用不仅仅会使得民事审判理念的错位，甚至会对司法公信力带来"隐性"伤害。本课题认为核心价值观虽非裁判规则，但是可认为其是从生活世界社会整体提炼而来的、可以作为裁判规则的价值信号。

一、理论建构：文书说理中核心价值观的信号传递与均衡状态

（一）信号传递理论与均衡状态

信号传递理论由埃里克·A.波斯纳在其经典代表作《法律与社会规范》

中提出，[1]信号传递理论认为，任何一个成本，只要价格合理，都可以被"好人"拿来作为表明自己具有低贴现率的信号，实际上，这样实施信号行为的"价格"应当是坏人负担不起才能够实现区别的目标，信号传递理论最终解释的是"好人"形成合作的均衡状态，即在完全信息条件下，建立了一种"好人"遵守社会规范的行为常规性。[2]均衡是经济学中的概念，是指供需平衡达到一种稳定的状态。均衡的概念早已从经济学溢出，拓展到其他社会科学领域并抽象化，即要素交互影响下，体系达到稳定（重复出现）的状态。[3]在实践论中，它可以指核心价值观通过融入裁判说理和法治建设中形成对社会生活的规范指引，而这种指引亦内化于被规训的对象，亦即"公众自觉追求自由平等公正法治的价值取向、自觉践行爱国敬业诚信友善的价值准则"，从而实现"富强民主文明和谐的价值目标"。

所以，为了实现核心价值观的终极目标，裁判文书说理是一个有益的途径。但同时，核心价值观作为裁判文书中的价值信号，必须满足：①信号清晰；②能够被信号接收者所接收两个条件，才能实现公众对于事实认定和法律适用的价值认同。

（二）核心价值观融入裁判说理的社会规范分析

核心价值观融入裁判说理作为一种动态信号则具有相当的能量，对于核心价值观的阐释和事实的认定，乃至与法律规范的结合，都是为了释放对社会行为规范的价值指引信号，这种规范指引因具有具体的内容而使得行动变得可操作，那么一个人必须使得自己的行为和裁判规范一致而获得"好人"的标签，这种成本并不是"坏人"能够负担的，由此也就实现了信号甄别的功能。那么，遵循核心价值观的"好人"能够和"好人"合作，而拒绝与不遵循核心价值观的"坏人"合作，由此促使更多的人参与到核心价值观的自觉执行中来，这也实现了一种"分离均衡"。

信号的本质是成本，成本越高，信号越强。从这个角度来说，加强核心价值观融入裁判说理的道理也就在于此。信号本身的强度很重要，信号的传

---

[1] 陈坤：《信号传递、社会规范与法律——评 Eric A. 波斯纳的〈法律与社会规范〉》，载《环球法律评论》2011 年第 3 期。

[2] 参见 [美] 埃里克·A. 波斯纳：《法律与社会规范》，沈明译，中国政法大学出版社 2004 年版。

[3] 熊秉元：《法的经济解释：法律人的倚天屠龙》，东方出版社 2017 年版，第 33~34 页。

播也很重要，毕竟只有接收者接收到信号机制才能发挥作用，因此，裁判说理的必要性就在于提高可接收度，实际上也是为了提升信号的强度以及核心价值观信号传递的准确性。

二、实践反思：核心价值观在裁判说理中的现状检视与信号失灵

（一）运用核心价值观说理的样态分布

通过中国裁判文书网，本课题选取民事判决书在说理部分含有"社会主义核心价值观"或"核心价值观"关键词，并将关键词设定为"民事""判决"，经筛选后获得有效文书 5559 篇，从 2016 年的 119 篇增长到 2020 年的 2098 篇，核心价值观在民事司法裁判中适用的具体样态呈现如下特点和趋势：

1. 案件数量

数据显示，涉及核心价值观说理的判决书在时间上呈现逐年递增的总体趋势。从案件增长的情况来看，2015 年判决书相较于上一年的增幅为 340%，2018 年文书相较上一年度的增幅为 134%。2020 年判决书相较于上一年度的增幅为 37%。

2. 案件类型分布

从法院层级、审理程序、审判组织和受理案由等方面来看，适用核心价值观的判决书集中分布在基层法院受理的较为简单的家事案件。

3. 核心价值观内容指向

统计数据显示，仅适用"社会主义核心价值观"语词、没有指明任何基本内容的判决书占比达 71.7%。

（二）运用核心价值观说理的失范问题

1. 适用对象不当导致信号模糊

在众多裁判文书中，将国家层面的"和谐"与个人层面的"友善"混用的现象很常见。有的法院将社会"法治"层面的核心价值观进行社会和公民个人双重层面的解释，对法治的适用层面进行了扩张。比如针对打架斗殴行为，有的法院认为其违反了文明、和谐、友善的社会主义核心价值观，有的法院认为其违反了和谐、友善的核心价值观。这反映了法院裁判说理援引社会主义核心价值观适用对象模糊、裁判不统一的情况。

2. 未区分案件类型导致信号针对性弱

尽管核心价值观作为一种信号在理论上能够为所有社会公众接收，但是核心价值观对当事人，尤其是某些特殊案件中的当事人影响更为大。根据样本反映的情况，在进行横向比较时发现，并没有证据显示核心价值观因案件性质属于英烈保护、见义勇为以及案件当事人为老年人、妇女、儿童等弱势群体而具有更为详尽的说理。

3. 说理简单化导致信号强度低

七成以上的判决书均仅将"社会主义核心价值观"语词作为论证依据，而未指明任何具体内容。核心价值观本就是抽象的规范指引，如果没有指明具体内容，那么仅依据核心价值观这一宣示性表达作为强化说理的论证，很难起到预期的效果，因此公众也无法明白案件事实与法律适用于核心价值观的连接点，这就是一种模糊的信号，这就像能够大致看到电视画面，但是因信号模糊而无法区分人物。

三、路径探索：核心价值观融入裁判说理的结构化模型

尽管文无定式，裁判文书在说理部分并不一定需要遵循固定的表达结构，但是本课题试图构建的结构化模型并非意图固化法官文书撰写的思路，而是站在结构化表达的基础上，分析各个要素在理论上呈现的状态以及相互的连接点，从而期望为法官进行更深层次的核心价值观说理做一个铺垫式指引。

（一）法理释明：文书的起笔势

最高人民法院印发的《关于深入推进社会主义核心价值观融入裁判文书释法说理的指导意见》中指出，有规范性法律文件作为裁判依据的，法官应当结合案情，先行释明规范性法律文件的相关规定，再结合法律原意，运用社会主义核心价值观进一步明晰法律内涵、阐明立法目的、论述裁判理由。在司法实践中，法官也是习惯于运用法律依据作为"本院认为"部分的起笔，这正是契合三段论的论述模式，同时也表明了法官对法律关系、法律事实、法律依据的整体认识。

所谓法理释明，并不是单纯的罗列法条。核心价值观的说理应当次序化，可以分为两个层次：一是先行释明规范性法律文件的相关规定，再结合法律原意，运用社会主义核心价值观进一步明晰法律内涵、阐明立法目的、论述裁判理由。比如微信群发表不当言论的名誉侵权案中，先释明名誉权的基本法律规范，即公民享有名誉权，随后明晰法律内涵，即禁止用侮辱、诽谤的方式损害公民、法人的名誉，最后论述裁判理由。二是在民商事案件无规范性法律文件作为裁判直接依据的,法官应当以核心价值观为指引,以最相类似的法律规定作为裁判依据;如无最相类似的法律规定,法官应当根据立法精神、立法目的和法律原则等作出司法裁判,并在裁判文书中充分运用核心价值观阐述裁判依据和裁判理由。[1]根据意见中的要求,释明法理的结构化表达可以如下:法条(大前提)——法条释义——立法目的。

(二)内涵点明:文书说理的过渡语

核心价值观是在国家、社会、个人三个层面理解适用的,在国家层面,有"富强、民主、文明、和谐"四个价值目标,在社会层面,有"自由、平等、公正、法治"四个价值取向,在个人层面,有"爱国、敬业、诚信、友善"四个价值准则。而三个层面的子价值又有各自的具体内涵,如"和谐"指的是中国传统文化中学有所教、劳有所得、病有所医、老有所养、住有所居的意涵。如果将核心价值观作为整体价值表述融入文书说理,那么就会陷入信号模糊的窠臼中。因此,将核心价值观融入文书说理的需要区分核心价值观的各项子价值,这也是文书说理结构化的第二步,对于核心价值观子价值的内容阐释,既能够进一步阐释法条内涵,也能够为下一步事理阐明埋下伏笔,以达到承上启下的效果。

(三)事理阐明:文书的核心段

任何一个裁判文书都离不开基本事实的认定和阐明,说理如果仅仅依据法律规范,那么将会架空法律规范。案件事实认定是说理的载体,因此,通过核心价值观说理不能游离于案件事实和证据采纳等案件审判过程之外,成为无源之水。实际上,核心价值观在释明法理的时候,是用理论解释理论,很难让当事人或社会公众感同身受,核心价值观在事实认定过程中的说理能够让理论落地。

事理的阐明过程中实际上就带有影响当事人和公众情绪的目标追求,"公道自在人心",对于事理的加工表达能够与法律达到融洽,同时也最容易调动公众的情绪。因此,事理阐明的成功意味着法律的自洽和情理的充分,核心价值观的子价值并不需要单独点出,因为已经在前两步过程中予以充分阐释,第三步的作用就是价值观在事理阐明过程中流动,融于无形。试举村民私自

---

〔1〕 参见《关于深入推进社会主义核心价值观融入裁判文书释法说理的指导意见》第5、6条。

上树摘果坠亡索赔案来窥见核心价值观在事理阐明过程中的运用。

（四）情理讲明：文书的升华段

事理、法理与情理都是相通的，任何道理都是通人情的。法理并不是冷冰冰的规则适用，法官在职业化的道路上使用专业的法言法语，但同样应该注意该语言范式也限制了裁判者的说话方式，毕竟普通民众对于专业术语的理解可能没有那么准确。但是情理的表述能够极大提升裁判文书的可接受性，尤其是让核心价值观在情理的适用上更具有空间。"中国古代判词虽然非理性、非逻辑化倾向比较严重，也没有对法言法语使用的严格要求，却用情感的、道德的修辞直接诉诸人们的心灵，达到说服的目的。"〔1〕比如古代判词引经据典，成就道德文章，融情理与法理于其中。这种文学化所起到的作用就是说服与劝导，这是符合修辞学的形式意义和实际意义的。〔2〕情理的表述可能仅是一些文学修饰，但是讲情理的裁判文书，更能打动人、说服人。裁判文书释法说理时应当予以格外尊重，不得伤害正当的民情。〔3〕

第三章　民事裁判中自由裁量的规范化路径

在基于生活世界向民事裁判回溯的过程中，基于逆向思维下的生活世界和法律，解决核心价值在民事审判中的传递和结构化运用只是第一步，因为核心价值指引的落地最终还有赖于法官在个案裁判中对法律的具体适用。如前所述，核心价值因为其价值宣导性、宽泛性以及个体理解的差异化问题，导致其在个案裁判中往往以自由裁量的方式呈现。为了核心价值理念与法律适用、事实认定有效衔接，破除类案裁判基于错误自由裁量理念的适用导致的裁判尺度不统一问题，让逆向感知下的民事审判理念中的"我与我""我与他""我们"三重"对话"真正地建立于对生活世界的感知，让裁判者做出裁判时不简单依从于"惯例"，就需要基于社会治理视角下对民事裁判的自由裁量探索规范化路径。本课题通过考察近五年涉及酌情裁量案件，分析数个

---

〔1〕 赵静：《中国古代判词的修辞蕴涵：说服与劝导》，载《修辞学习》2006年第4期，第74页。

〔2〕 彭中礼：《论中国古代判词中的修辞论证》，载《时代法学》2010年第6期。

〔3〕 胡仕浩、刘树德：《裁判文书释法说理：原则、目的与价值——〈关于加强和规范裁判文书释法说理的指导意见〉的理解与适用（上）》，载《人民司法（应用）》2018年第25期。

典型案例，以司法的判断权为出发点，对酌情裁量法律适用、事实认定、程序运行"三元素"进行理论定位和功能分析，优化其适用路径，以期在生活世界与法律思维之间更好地发挥其在参与社会治理中的独特功能价值。

一、检视：酌情裁量与裁判社会治理功能之冲突样态

本课题以"酌情"等为关键词随机检索近 5 年涉及酌情裁量案件 4781 份，并检索相关典型案例 156 件。[1]具体问题，可归于以下三类：

（一）法律适用不统一：类案事实同质化但法律适用差异化

自 2001 年首度出现"共同饮酒者"对醉酒死亡的受害人承担赔偿责任判例以来，相关案件裁判一直饱受舆论关注。然而，在随机选取的 142 个相关案件中，虽历经十余年审判经验沉淀，各地对于裁判尺度的掌握仍然难以做到"类案同判"。

表 1　样本随机选取"共同饮酒者"相关案例情况

三种裁判结果	案件数	各占比例	认定结果
驳回原告诉讼请求	11 例	7.8%	被告无过错，不担责。
被告按照公平原则承担补偿责任	34 例	23.9 %	被告无过错。
被告有过错承担赔偿责任	97 例	68.3%	认为共同饮酒者在酒后负有注意义务。

在该类案件责任划分中，对公平原则是否应该酌情适用或者如何适用，是裁判者常无法回避的问题。但，若说此种裁判尺度之差异，是基于案件事实本身不同而适用不同的条款，则不失为实践"以事实为依据，以法律为准绳"价值理念的优秀类案裁量。事实是否如此，本课题试从以上三种裁判结果中选取两例说明。

---

〔1〕　本课题检索以"中国裁判文书网"数据库所收录的 B 市近 5 年相关案件为主要分析对象，截至 2022 年 5 月 20 日，该库共收录 B 市关联案件信息近 6700 条，经筛选剔除若干案件，共得到 2786 例样本。本课题同时检索"北大法宝""法信"数据库中收录的相关案例，共计 68 件。

表 2　两则案例基本特征梳理

案　例	时　间	事实经过	裁判结果
一	2017 年 9 月	小林和同事老李、小张等相约聚餐，晚 10 时许 3 人前往 KTV，小林 1 杯酒下肚后开始呕吐，其他 2 人待其吐完扶其上沙发休息。1 小时后 2 人发现小林身体异常，立即施救并同时拨打 120 急救，后小林身亡。	判决二被告各承担 10%责任。
二	2017 年 1 月	陈某与常某等 6 人相约聚餐，其间陈某饮酒，聚餐结束后陈某等 3 人回单位宿舍，后发现陈某身体异常，被告拨打 120 急救，后陈某经抢救无效死亡。	判决各被告不承担责任。

以上两则案例发生的时间相近，共同饮酒者死亡的关键事实相似，但在是否应当承担责任分配上出现较大分歧。在文书说理部分，尤其是酌情进行责任分配上，是否能够将此种差异背后的裁判价值取向表达清楚？

表 3　两则案例说理论证对比

说理对比	案例一	案例二
过错认定	1. 家属以 2 名被告提议聚会存在过错并进行归责，不符合法律规定。 2. 没有证据证明"1 杯团圆酒"与死亡结果之间存在因果关系，家属以此主张 2 名被告存在劝酒过错，意见不予采纳。 3. 小林身体出现不适时，2 名被告对小林采取了相应的照顾行为，事后亦拨打 120 进行急救，不存在过错。 4. 结论：不存在过错。	1. 原告未提供任何证据证明 6 名被告存在恶意灌酒、斗酒等行为。 2. 聚餐结束后宁某等将陈某送往单位宿舍，在发现陈某呼吸异常后拨打急救电话，尽到了合理注意义务，不存在过错。 3. 结论：不存在过错。
注意义务认定	未认定。	认定尽到相应的安全注意义务。
责任承担	1. 依据《侵权责任法》第 24 条。 2. "受害人和行为人对损害的发生都没有过错的，可以根据实际情况，由双方分担损失。"因此法院的酌情判令 2 名被告各承担 10%责任。	1. 6 名被告尽到了相应的安全注意义务，对陈某的死亡不存在过错。 2. 6 名被告不应当承担赔偿责任。

不难看出，在这两则案例中，均认定被告对共同饮酒身亡不存在过错，以及在发现死者出现身体异常后通过积极拨打急救电话等方式尽到了注意义务。但两案裁判在酌情裁量中对是否应当适用《中华人民共和国侵权责任法》（已失效，以下简称《侵权责任法》）第24条这一原则性条款产生分歧。然而，无论是案例一还是案例二，或援引《侵权责任法》第24条条文后直接适用，或直接避而不谈，均不能很好得出在案件事实相似的情况下，全有或全无适用法律原则背后酌情裁量在个案中的"价值评价"功能。

（二）事实认定不透明：类案结果同质化但事实依据迥异化

在样本中随机选取以"银行""生命权、健康权、身体权""安全保障义务"为关键词，适用《侵权责任法》第26、27条认定公共场所管理者未尽"安全保障义务"的246件案件，择取3个案例做解析。

〔案例一〕

2018年10月25日11时22分左右，原告史某到被告工商银行某支行办理存取款业务，听到叫号后，史某在前往柜台办理业务时地面湿滑导致摔倒受伤。此后一审判决认为银行没有做好安全提示等措施，没有尽到安全保障义务，承担30%的责任。

〔案例二〕

2018年3月1日，储某到银行办理取款业务，储某坐在该行长排座椅上正准备前往柜台办理取款手续，被前排座椅的支撑架绊倒，导致储某摔伤。一审判决认为银行没有做好安全提示等安全保障义务，酌定银行承担50%的责任。

〔案例三〕

2019年5月9日，李某到工商银行某支行办理业务。当日小雨，大厅内靠近大门处张贴"小心、地滑"的红色小脚丫2对，地面并铺有红色脚垫。李某小跑着跨入营业厅大门后，其右脚掌前部分刚踏上脚垫，脚垫向前滑，李某摔倒受伤。一审认定银行虽然采取相应的措施，但仍未尽到安全保障义务承担20%责任，李某不服，二审改判银行承担40%责任。

以上3个案例在判决结果上均以《侵权责任法》第26、27条认定银行未尽"安全保障义务"因而判决结果均是银行应需承担责任。但从三案的事实认定来看存在着明显差异：在案例一中，地面湿滑是导致当事人摔倒的部分原因，故判决认为银行没有做到清理打扫、放置防滑措施等安全保障义务。在案例二中，当事人摔倒真实原因是自己被前排座椅绊倒，但判决依然认为银行没有做好安全提示，尽管该案中还存安全责任边界的问题，但其 50% 责任比例却是 3 个案例中最高的。在案例三中，银行显然采取类案裁量中通常要求具备的"防滑脚垫""安全提示"等措施但依然被判承担责任，甚至二审改判后责任比例高于未采取保障措施的案例一。概括而言，裁判结果和责任分配上 3 个案例均认定公共机构管理者对受害人承担次要责任，但事实认定情况却截然不同。而纵观随机选取的 246 件案例样本和本课题随机走访 13 位常年审理此类型案件的一线法官，均无法排除和否认以"损害结果"反推公共产品管理者"责任"的现象。这种价值取向在个案中难以辨其对错，但当置身于"单一化"类案结果之中，孱弱、缺失的酌情裁量论证说理较之所掩盖的案件事实差异，令人深思。

（三）程序纠错不健全：原审裁量随意化但异级审查空转化

〔案例四〕

华某系某重点大学副教授，2020 年 6 月在下班途中骑自行车过十字路口时，被快递员李某撞倒，后经交警认定李某负事故全部责任，经鉴定华某被认定为伤残十级。一审中，华某以过去一年的工资收入 65 万元主张误工费，并提交人事部门出具的工资流水和情况说明，其中显示月基本工资为 1 万 4 千余元，但李某及所属快递公司对此不认可。之后，一审判决事实部分认定华某没有提交纳税收入证明，直接对华某主张的误工费按照每月 5000 元计算。华某不服提起上诉，其认为一审认定标准没有事实依据，且明显低于华某所属行业及职称对应的工资标准。

作为一则示例，上述案例判决酌情认定误工费标准时，没有在酌情裁量中论述调整、不认可原告提交的工资流水等佐证误工费标准的依据，亦没有指明所参照每月 5000 元标准的合理合法性。而在司法实践中，对于一审判决的酌情裁量部分，二审判决通常均予以维持。以案例样本中侵权责任纠纷为例，对酌情裁量适用依据的分析发现，一审约 80% 案件在说理论证中省略了责任划分的法律适用依据，约95%案件在说理论证中没有说明对于误工费、交通费酌情认定的事实依据，接近100%案件没有对精神抚慰金的适用标准和依据进行事实和法律上的说明。此外，样本分析中同时发现另外一种极端现象，即二审判决改判一审法院酌情裁量部分时，约80%二审案件没有在酌情裁量中对案件事实、法律依据、程序逻辑进行论证。

小结：在酌情裁量中，裁判者在法律适用、事实认定、程序逻辑上的缺失，通常会使得类案裁判结果出现单一化或者大幅度偏离现象。而同级审判管理制度和异级审判监督制度的失效，会使得发现并纠正错误酌情裁量适用问题变得尤其困难。审级监管中预留的"冗余"，也悄然成为裁判者追求裁判正确率的"庇护所"。没有宣示和评价作用的"同质化"或"差异化"酌情裁量，导致当事人、公众对于案件结果缺乏合理预期，亦难以达到酌情裁量有效参与社会治理的目标。

二、探索：酌情裁量的"三元素"要素再造

司法公正寓于个案当中，当事人对司法公正与否的认知，往往直接源于对个案的审理过程和裁判结果的认识。所谓酌情裁量，也即法官酌情作出决定的权利，与自由裁量本质并无不同，均指民事案件审理过程中，在对于事实认定、法律认定及程序运行等问题具有一定选择和判断空间情况下，根据法律规定和立法精神，秉持正确司法理念，运用科学方法进行分析和判断，并最终依法作出公正合理裁判结果的权力。[1]依上述典型案例酌情裁量之构成，本课题认为，法律适用、事实认定以及程序运行是决定法官能否作出合理酌情裁量，也是决定酌情裁量能否发挥参与社会治理功能的"三元素"。

（一）"控制性"元素：在法律适用中酌情范围

法官的司法裁量行为是法的吸纳过程，是事实识别过程，更是法律规定与案件事实融合的过程。在法律的范围内酌情裁量，是确保裁量结果合理公正的根本前提。

（1）应不应当酌。部分法律条文以"应当给予适当补偿""应当承担适当责任""应当适当支付"等"明示"法官应当酌情。本课题梳理《民法典》

---

[1] 参见《北京市高级人民法院关于规范民事案件自由裁量权行使保障裁判尺度统一的工作意见（试行）》，发布时间：2020年7月27日。

类似表述，可进一步划分为方式酌情类、数额酌情类、责任酌情类三种酌情情形，此即法律明确规定"应当酌"。故案件涉及以上情形时，法官需明确适用具体法律条文，并严格对照条文规定要件进行酌情裁量。反之，如《民法典》第1183条关于精神损害赔偿的规定，对于是否造成严重精神损害应有权威可靠的诊断证明、真实可见的受损事实以及专业客观的评估结果，而非酌情判断之结果，此时即"不应酌"。

表4 《民法典》"明示"应当酌情条文列举

类　型	条　目	条文主旨	条文内容
方式酌情类	第53条第1款	宣告死亡撤销后的财产返还效果。	被撤销死亡宣告的人有权请求依照本法第六编取得其财产的民事主体返还财产；无法返还的，应当给予适当补偿。
	第1090条	离婚经济帮助。	离婚时，如果一方生活困难，有负担能力的另一方应当给予适当帮助。具体办法由双方协议；协议不成的，由人民法院判决。
	第1131条	遗产酌给制度。	对继承人以外的依靠被继承人扶养的人，或者继承人以外的对被继承人扶养较多的人，可以分给适当的遗产。
数额酌情类	第182条第2款	紧急避险。	危险由自然原因引起的，紧急避险人不承担民事责任，可以给予适当补偿。
	第183条	见义勇为。	因保护他人民事权益使自己受到损害的，由侵权人承担民事责任，受益人可以给予适当补偿。没有侵权人、侵权人逃逸或者无力承担民事责任，受害人请求补偿的，受益人应当给予适当补偿。
	第979条第1款	无因管理。	管理人没有法定的或者约定的义务，为避免他人利益受损失而管理他人事务的，可以请求受益人偿还因管理事务而支出的必要费用；管理人因管理事务受到损失的，

续表

类　型	条　目	条文主旨	条文内容
数额酌情类			可以请求受益人给予适当补偿。
	第 1118 条第 2 款	解除收养关系后的财产效力。	生父母要求解除收养关系的，养父母可以要求生父母适当补偿收养期间支出的抚养费；但是，因养父母虐待、遗弃养子女而解除收养关系的除外。
	第 1190 条第 1 款	丧失意识下的侵权责任。	完全民事行为能力人对自己的行为暂时没有意识或者失去控制造成他人损害有过错的，应当承担侵权责任；没有过错的，根据行为人的经济状况对受害人适当补偿。
责任酌情类	第 182 条第 3 款	紧急避险。	紧急避险采取措施不当或者超过必要的限度，造成不应有的损害的，紧急避险人应当承担适当的民事责任。

（2）可不可以酌。部分法律条文则以概括性规定"暗示"法官进行酌情裁量。本课题梳理《民法典》此类规定，可分为期限可酌情型、价值可酌情型、责任可酌情型以及金额可酌情型。此时多表现为法律明确应当承担责任、应当计算金额或在合理期限内可以免除、减轻责任，法官对照条文要求进行合理判断，即为"可以酌"。反之，条文未有明示或默示意思，法官不可径行酌情裁量。

表 5　《民法典》"暗示"可以酌情条文列举

类　型	暗示酌情表达方式	分属编目	条　目
期限可酌情型	合理期限内	物权编	第 306 条【优先购买权实现】 第 384 条【供役地权利人的单方解除】

类　　型	暗示酌情 表达方式	分属编目	条　　目
期限可酌情型	合理期限内	合同编	第 481 条【承诺的期限】 第 515 条【选择之债中选择权的归属和转移】 第 522 条【向第三人履行合同】 第 528 条【不安抗辩权的行使】 第 533 条【情势变更】 第 551 条【债务移转】 第 552 条【并存的债务承担】 第 563 条【法定解除】 第 564 条【解除权的行使期限】 第 575 条【债务免除】
			第 580 条第 1 款【非金钱债务的实际履行】 第 590 条【不可抗力】 第 621 条第 2 款【瑕疵检验的通知义务】 第 634 条第 1 款【分期付款买卖合同】 第 642 条第 1 款【出卖人的取回权】 第 643 条第 1 款【买受人的回赎权】 第 654 条【用电人支付电费义务】 第 675 条【借款人返还借款的期限】
			第 713 条【出租人不履行维修义务的后果】 第 722 条【违反支付租金义务的后果】 第 726 条第 1 款【房屋承租人的优先购买权】 第 730 条【租赁期限未约或不明的后果】 第 740 条第 1 款【承租人拒绝受领标的物的条件】 第 752 条【承租人支付租金义务】 第 778 条【定作人协助义务】 第 801 条【施工人对施工质量保证责任】 第 802 条【合理使用期限内的质量保证责任】 第 806 条第 2 款【解除合同情形与后果】 第 807 条【发包人未支付工程价款责任及优先受偿权】

类　型	暗示酌情 表达方式	分属编目	条　目
			第 811 条【承运人安全运输义务】 第 831 条【收货人检验】 第 916 条【预期仓储物提取】 第 944 条【业主支付物业费义务、物业服务人的催缴及限制】 第 949 条【物业服务人的移交义务和法律责任】 第 976 条第 3 款【合伙期限及合同解除】
		人格权编	第 1022 条【肖像权许可适用期限和解除】
		侵权责任编	第 1196 条第 2 款【不侵权声明及相应的措施】 第 1234 条【生态环境的修复责任】
价值可酌情型	合理原则 合理选择 合理请求 合理要求 合理安排 合理损耗 合理使用 合理利用 合理措施 合理方式 合理处分 合理准备 合理方式	物权编	第 288 条【相邻关系处理原则】 第 350 条【土地用途管制制度】
		合同编	第 476 条【要约撤销例外】 第 494 条【特殊合同强制、强制要约、强制承诺】 第 496 条【格式条款】 第 582 条、第 781 条【质量不符合约定的后果】 第 810 条【强制缔约义务】 第 819 条【承运人告知义务、旅客协助义务】 第 832 条【运输过程中货物的毁损、灭失的责任承担】 第 853 条【研究开发人义务】 第 942 条【物业服务人的义务】 第 943 条【物业服务人的信息公开义务】 第 945 条【业主的告知和配合义务】 第 954 条【行纪人处置委托物的权利】
		人格权编	第 999 条【人格权的合理使用】 第 1010 条【性骚扰】 第 1036 条【处理个人信息免责事由】

类　型	暗示酌情 表达方式	分属编目	条　目
		侵权责任编	第 1177 条【自助行为】 第 1184 条【财产损失确定的时间因素】
责任可酌情型	合理分担 合理核实 合理义务 合理确定 合理分配	总则编	第 6 条【公平原则】
		物权编	第 290 条【相邻用水、排水关系】
		合同编	第 858 条【技术开发合同的风险负担和 通知义务】
		人格权编	第 1025 条【名誉权的限制】 第 1026 条【合理核实义务的认定】
		侵权责任编	第 1224 条第 1 款【医疗机构的免责事 由】
金额可酌情型	合理费用 合理价格 合理利润 合理补偿 合理成本 合理价款	总则编	第 117 条【征收征用】
		物权编	第 282 条【共有部分收入分配】 第 311 条第 1 款【善意取得】 第 404 条【动产抵押权无追及效力】
		合同编	第 539 条【债权人撤销权】 第 643 条第 2 款【买受人的回赎权】 第 746 条【融资租赁合同租金确定】 第 758 条【租赁物价值返还和补偿】 第 760 条【融资租赁合同无效时的租赁 物处理】
		侵权责任编	第 1179 条【损害赔偿范围】 第 1181 条【被侵权人死亡时的请求权 主体】 第 1235 条【环境公益诉讼的赔偿范围】

具体法律规范下如何酌。依上述，法律条文投射酌情要素即为法官酌情
裁量的内容。具体而言，包括法律明示或默示酌情的期限划分长短、金额计
算大小、责任分担比例、价值具体考量等，此时法官酌情裁量应遵循"严格
适用法律+合理公平心证"标准。如《民法典》第 1184 条规定，侵害他人财

产的，财产损失按照损失发生时的市场价格或者其他合理方式计算，法官酌情财产损失的时间标准应回到损失发生时，在确无法依照此标准时，从解释论而言法官酌情裁量仍应比照该时间标准的规定，例如可以确定的距离损失发生最近时间点的市场价格。

（二）"必备性"元素：在事实认定里酌情限度

（1）有具体法律规范时，是否应当酌。成文法的适用过程是一个三段论过程。如果逻辑的小前提是事实认定问题，法官的任务即为发现事实，则逻辑大前提是寻求可适用的法律规范，并对法律规范进行正确的解释。此时逻辑大前提与案件事实是否一致，需要法官确认，而确认过程本身即为司法主体主观世界思维活动的一种，也即法官酌情裁量的结果。在前述有具体法律条文时，法官应基于个案特征，对个案案情进行结构化分析。如适用《民法典》第1179条规定，确定损害赔偿中的交通费时，被侵权人一方无法提供交通费票据，但结合偏远郊区当地实际情况（如上山下山确需乘车）该费用确会发生，法官即可对该事实进行酌情。反之，如"考虑双方当事人利益平衡，确认2011年8月1日至2011年11月19日期间以及2012年2月8日至2012年9月15日期间A公司与胡某某存在劳动关系亦无明显不妥"，而适用《民法典》第1192条确定是否存在劳务关系，此时该事实认定之结果仅可能为存在或不存在，不存在酌情可能，即该事实查明"不应当酌"。一言以蔽之，事实可左可右时可酌，事实非此即彼时不可酌。

（2）无明确法律指引时，是否必要酌。法律与事实糅合在一起，除考虑规则的一般性和普遍性之外，还考虑事实的个别性和特殊性。同时，社会价值观又影响着裁判结果的评价。社会公众对裁判的评价难以要求其从法律本身出发，而往往更注重对实质公正和情理的判决，上述典型案例的社会效果即可见一斑。弥补法律漏洞型酌情裁量，即在无明确法律指引时，是否有助于弘扬核心价值观、是否符合公序良俗、是否适应社会普遍心理、是否可最大限度实现利益平衡等均应成为法官酌情裁量的考量因素。对事实的酌情应既遵循法律又彰显道德，既恪守法律又有益于维护公序良俗。

（三）"辅助性"元素：在正当程序内矫正酌情

（1）酌情预判，应查尽查。依上述发现机制，法官应对酌情裁量案件有所预判，在此前提下，应充分尊重当事人的处分权，依法保障当事人的辩论权，对可能影响当事人实体性权利或程序性权利的自由裁量事项，应将其作为案件争议焦点，充分听取当事人的意见。

（2）举证明晰，标准统一。证明标准即对案件事实证明的程度，是指案件事实的证明应该达到什么程度才能在法律上认定该事实为真。由于案情暴露的不充分性、调查的事后性、认识主体自身的局限性等影响，认定证据规则取代了客观事实的发现过程，客观必然性的寻求最终让位于"高度盖然性"理论的推导结果。法官酌情裁量应在当事人举证确已穷尽，影响法官自由心证接近 80%[1]时方可作出。

（3）同级具象，异级对标。法官酌情裁量之一审程序，应就预备具象表达价值观元素，在关联案件事实中依法审理查明。同时在论证说理部分结合个案事实公开阐述。在缺乏明确的法律依据下，依上述适用具象化价值观合理合法酌情缘由。之于二审或再审程序，仍应坚持对一审法律适用、事实查明、程序正当"三元素"审查分析是否契合酌情裁量原则规范，改判案件亦应当结合上述要素逐一回应。

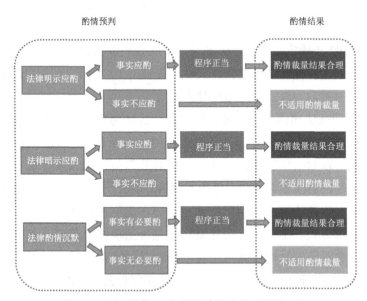

图 1　"控制性"元素引导下酌情裁量路径完善

---

[1]　许可：《民事审判方法：要件事实引论》，法律出版社 2009 年版，第 61 页。

　　总而言之，基于《民法典》被赋予的历史使命和功能价值，为了让民法典条文规定在个案裁判中得到正确适用、在情理法交织的典型案件中充分发挥价值引领功能、在非典型案件中以自由裁量权调适法律适用弥补法律漏洞，实现个案正义，这就需要立足司法实践，以系统观念，从类案裁判分析、典型案例剖析中发现问题，分析问题，提炼一般性裁判规则，丰富完善民事审判方法。本课题从逆向思维下的生活世界与法律适用关系出发，将核心价值结构化运用有效融入民事裁判之中，指引探索法官自由裁量权规范化适用路径。由此，自由裁量的适用承载了法律发展进程中调适法律和社会关系重要功能，而在新时代更是承载了有效参与社会治理的内容和任务。在个案中运用自由裁量参与社会治理，犹如棋手下棋，应先立足于下好"本手"，而后通过增强学习，规范运用，大量训练，最终下好出人意料的"妙手"，为提升司法公信力，推动社会治理体系和社会治理能力现代化贡献司法力量。

有组织犯罪涉案财产处置机制的规范化构建

郭志媛*

一、环境犯罪治理现状

《中共中央关于全面深化改革若干重大问题的决定》指出："对造成生态环境损害的责任者严格实行赔偿制度，依法追究刑事责任。""完善行政执法与刑事司法衔接机制。"[1]近年来，检察公益诉讼制度经历了从试点到正式确立的历程，在助力打赢污染防治攻坚战方面发挥愈加了明显的作用，与刑事检察、民事检察、行政检察并列为"四大检察"。与之相对应，我国生态环境保护检察制度，包含打击破坏生态环境犯罪的刑事诉讼、生态环境保护民事检察公益诉讼、生态环境保护行政公益诉讼。在环境犯罪治理司法实践中，以上诉讼手段往往形成"组合拳"，具体而言，可从犯罪主体角度分别进行归纳。

(一) 自然人环境犯罪案件

自然人环境犯罪案件的责任承担，主要有以下几种表现形式：一是在刑事判决书中表述"作为酌情从轻处罚的情节"。[2]二是在刑事附带民事诉讼判决书中表述："被告人履行公益诉讼起诉人提出的诉讼请求，可予从轻处

　＊　课题主持人：郭志媛，中国政法大学教授。立项编号：BLS（2021）B004-1。结项等级：合格。

〔1〕 《中共中央关于全面深化改革若干重大问题的决定》，载《人民日报》2013年11月16日，第1版。

〔2〕 参见陈某某非法捕捞水产品罪案，被告人陈某某自愿购买鱼苗采用增殖放流方式进行生态修复，可酌情从轻处罚，福建省厦门市同安区人民法院（2019）闽0212刑初612号刑事判决书；陈某某失火罪案，被告人已缴纳生态修复保证金、完成部分补植复绿，取得村民谅解，可予以酌情从轻处罚，福建省宁德市蕉城区人民法院（2019）闽0902刑初286号刑事判决书。

罚。"[1]三是单独作为刑事附带民事诉讼的赔偿责任内容，不作为刑事诉讼的量刑依据。[2]四是在民事公益诉讼中，对不具有经济赔偿能力的被告人判处"以劳代偿"，化解"执行难"，彰显检察温度。[3]其中，第二种刑事附带民事诉讼最为常见。

（二）企业环境犯罪案件

相较于自然人环境犯罪案件责任样态"起步早""多元化"的特征而言，在最高人民检察院刑事企业合规试点之前，对于企业环境污染犯罪刑罚只有单处罚金。[4]虽然形式单一，但是刑事诉讼程序对于企业经营的影响后果却不容小觑，"刑事犯罪轻则使企业苦心经营多年的品牌与名誉严重受损，重则因天价罚金而使企业万劫不复直至破产消亡。"[5]根据数据显示[6]：2021年上半年，全国检察机关以单位犯罪起诉950件，同比下降29.6%，涉及单位1882个，在起诉的208件妨害社会管理秩序案件中，破坏环境资源保护罪有

〔1〕 参见齐某某、常某某非法捕捞水产品罪案，专家咨询意见为，二被告人的电鱼行为对衡水湖的整个生态系统有一定的破坏作用，建议以增殖放流的形式，放流同种类同重量的水产品幼苗作为损害生态环境的最低补偿……二被告人能如实供述自己的罪行，且主动履行公益诉讼起诉人提出的诉讼请求，有悔罪表现，依法可予从轻处罚，河北省衡水市桃城区人民法院（2020）冀1102刑初251号刑事附带民事判决书。

〔2〕 参见李某某、刘某非法捕捞水产品罪案，被告人李某某犯非法捕捞水产品罪，判处有期徒刑8个月，缓刑1年；被告人刘某犯非法捕捞水产品罪，判处有期徒刑6个月，缓刑1年；被告人李某某、刘某在判决生效后10日内向附带民事公益诉讼起诉人河北省唐山市路北区人民检察院支付海洋资源生态系统恢复费用人民币106 832元并承担鉴定评估费用人民币3万元，河北省唐山市路北区人民法院（2019）冀0203刑初117号刑事附带民事公益诉讼判决书。

〔3〕 郭树合等：《山东青岛：成功办理山东首例"以劳代偿"民事公益诉讼案件》，载正义网：http://www.jcrb.com/procuratorate/jcpd/202012/t20201208_2231094.html，最后访问日期：2021年11月3日。检察官在案件办理过程中了解到被告人胡某某属于无固定收入的弱势人群，不具备经济赔偿能力，判决结果面临着"执行难"的问题……结合胡某某具有丰富的鸟类知识及饲养经验这一情况，市检察院提出通过为野生动物救助站提供劳务方式折抵赔偿金的方案，并指派崂山区检察院在其辖区内多方寻求合适的劳务代偿机构。

〔4〕 2019年2月20日，最高人民检察院、最高人民法院、公安部、司法部、生态环境部召开新闻发布会，发布办理环境污染刑事案件典型案例，在发布的5起案例中，有4起涉及企业环境污染犯罪，对企业单处罚金，对直接责任人及其他被告人处有期徒刑并处罚金。分别为：BX精密螺丝（浙江）有限公司及被告人黄某某等12人污染环境案，上海YD金属制品有限公司及被告人应某某等5人污染环境案，上海YY复合材料有限公司及被告人贡某某等3人污染环境案。

〔5〕 华东师范大学企业合规研究中心编：《企业合规讲义》，中国法制出版社2018年版，第490页。

〔6〕 《2021年1月6日全国检察机关主要办案数据》，载微信公众号"最高人民检察院"，2021年7月25日。

161 件。通过数字，我们可以清晰地看到，在全国以单位犯罪起诉案件数下降的形势下，妨害社会管理秩序案件占比仍然很大，其中，又以环境资源保护罪案件占绝大多数。对此类案件如果仅对涉案企业提起刑事诉讼，判处罚金，并不能实现修复受损自然环境的目的，借鉴自然人环境犯罪案件的有益成果，企业环境犯罪责任承担方式应运而生。

2020 年 3 月，最高人民检察院刑事企业合规试点启动，江苏省张家港市人民检察院等 6 个基层院为首批试点单位于 2022 年 4 月全面推行刑事企业合规建设。形成以下几种模式：一是江苏省张家港市人民检察院的"情节轻微相对不起诉模式"以及深圳市人民检察院探索的"企业附条件不起诉模式"。[1] 二是上海市金山区人民检察院的"繁简分流的合规监管模式"。[2] 三是南京市建邺区人民检察院对于大型企业的"双听证模式"和针对小微企业的"相对不起诉+检察建议+公益诉讼模式"。[3] 其中，"企业附条件不起诉模式"在符合国际惯例，及发挥合规激励作用方面，更具有优势。[4]

虽然，案件犯罪主体不同、具体环境修复责任的承担方式不同、启动及运行程序也不同，但是，它们的共性之处在于履行环境修复责任对量刑的积

---

[1] 江苏省张家港市人民检察院不起诉决定书，张检四部刑不诉〔2020〕495 号。如果涉案企业犯罪情节轻微、自愿认罪认罚，案发后采取有效措施整改，主动申请开展企业刑事合规监督考察，经评估合格的，依法作出不起诉决定。2021 年 5 月，中央全面依法治国委员会出台《关于支持深圳建设中国特色社会主义法治现行示范城市的意见》中明确指出，要探索完善附条件不起诉适用范围。深圳市人民检察院制定《深圳检察机关企业合规工作实施办法（试行）》，明确对行为人可能判处 3 年以上 10 年以下有期徒刑的企业犯罪案件，经涉案企业合规监督考察合格的，在对自然人提起公诉的同时，可对企业作出不起诉决定。

[2] 对规模较大、整改要求较高的企业，按照完整范式的一个程序，选任监管人进入企业进行日常监督考察，对整改要求比较低的小微企业，通过向企业制发合规检察建议来提出整改方向，根据企业自己后续的整改做出相应的处理决定。

[3] "双听证"，即，在涉案企业建立合规计划的初期（3 个月），为了防止这套计划是纸面的、形式主义的，检察机关主导召开一次专家听证咨询会，邀请合规领域的专家，对企业已经建立的合规计划进行咨询、论证，提出针对性的改进措施，然后要求涉案企业对合规计划按照专家的意见，全面修改完善；第二次听证体现在合规考察期结束后，结合第三方监管的考察报告以及检察机关自行监管考察的情况，由检察机关组织召开第二次听证会（6 个月至 1 年后），对涉案企业的合规计划有效性、执行效果进行评估。对小微企业，采取公益诉讼的方式，即提出检察建议的同时启动公益诉讼的调查，公益诉讼调查的结果并非一定会提起公益诉讼，如果检察建议实施情况良好，最终则不提起公益诉讼，如果企业没有整改到位，检察机关可能会提起公益诉讼。

[4] 参见陈瑞华：《企业合规基本理论》，法律出版社 2020 年版，第 231 页。

极影响，即，可以从轻处罚。企业环境犯罪案件，甚至可能引起"情节轻微相对不起诉"或者"附条件不起诉"的法律后果。这对于自然人履行生态修复责任或者企业进行合规建设来说，无疑均具有激励作用。

"实践中有的检察机关将企业刑事合规作为单位犯罪中的自然人刑事责任减免的依据，这并不符合企业刑事合规制度的初衷，也缺乏法理上的依据。以企业刑事合规不起诉为契机，动辄打开对自然人酌定不起诉的关口，严重忽略了企业刑事合规并非出罪事由而是企业自治手段的属性。"[1]当在自然人涉嫌环境犯罪案件中刑事附带民事公益诉讼成为"标配"，修复生态环境的具体措施亦被广泛运用于企业刑事合规建设的司法实践。这是否合乎法理，可以从法教义学角度进行分析。

（三）环境犯罪治理责任承担方式的法教义学分析

根据《中华人民共和国民法典》（以下简称《民法典》）第1234、1235条和《最高人民法院关于审理环境民事公益诉讼案件适用法律若干问题的解释》（法释〔2020〕20号）（以下简称《环境公益诉讼解释》）第18条的规定，环境民事公益诉讼的诉讼请求一般包括停止侵害、排除妨碍、消除危险、修复生态环境、赔偿损失、赔礼道歉等。[2]而根据《中华人民共和国刑事诉讼法》（以下简称《刑事诉讼法》）第101、103条和最高人民法院关于适用《中华人民共和国刑事诉讼法》的解释（以下简称《刑事诉讼法解释》）第182条第3项，在刑事附带民事诉讼中仅能请求"赔偿（损失）"。那么，对于附带民事公益诉讼的诉讼请求范围，到底应适用哪一法规范呢？

从一般法与特殊法的关系来看，由于附带环境民事公益诉讼既是一种特别的环境民事公益诉讼也是一种特别的附带民事诉讼，所以，在没有针对其专门制定的条文时，《民法典》《刑事诉讼法》《环境公益诉讼解释》《刑事诉讼法解释》对其而言就没有一般与特殊之分，具有同等效力，这条解释之路不通。回到附带民事公益诉讼的根本目的。一般认为，刑事附带民事公益诉讼同时具有三种目的：①追究被告人侵害社会公共利益的民事责任；②促进

---

〔1〕 李翔：《企业刑事合规的反思与合理路径的构建——基于我国单位犯罪原理的分析》，载《犯罪研究》2021年第5期，第16页。

〔2〕 虽然《民法典》效力位阶高于《环境公益诉讼解释》，但仅就内容来看，《民法典》第1234、1235条实际上只是对《环境公益诉讼解释》第18条中"修复生态环境、赔偿损失"的具体化。

刑民裁判的协调统一；③提高诉讼效率、节约诉讼资源。在这众多目的中，何者应为根本目的？有学者通过实践检视，发现在试点期间有 96% 的检察民事公益诉讼案件皆为已追究过刑事责任的案件，由此探知到刑事附带民事公益诉讼产生的内在原因是现实的刚性需求。[1]因此，附带民事公益诉讼的产生实际上是源于检察机关为更便捷地追究刑事被告人侵犯社会公共利益所应承担的民事责任，抑或说是基于现实案件办理情况而"迫不得已"搭上刑事诉讼便车，制度目的的落脚点仍为保护社会公共利益。也即，保护社会公共利益才是附带民事公益诉讼的根本目的，而其他目的都是因为"附带形式"而旁生，不能因程序的附带性而削弱对社会公共利益的保护。

诉讼请求是实现诉讼目的的通道。为更好地保护社会公共利益，在附带民事公益诉讼中就应当允许检察机关提出最充分的诉讼请求，相较《刑事诉讼法》第101、103条和《刑事诉讼法解释》第182条第3项，无疑《民法典》第1234、1235条和《环境公益诉讼解释》第18条是对诉讼请求更全面的规定。实际上，有学者通过实证分析发现，实务中刑事附带环境民事公益诉讼追究的民事责任已经自觉主要以民事法律、司法解释为准，远超刑事附带民事诉讼的范围。[2]此外，由于检察机关在公益诉讼中对实体权利和程序权利均不享有充分的处分权，若在单独提起环境民事公益诉讼时可以适用上述民事法律、司法解释，而在附带提起环境民事公益诉讼时却只能适用上述刑事法律、司法解释的，为充分保护社会公共利益就不得准许检察机关提起附带环境民事公益诉讼；若如此，将在事实上直接否定了附带环境民事公益诉讼，这不仅在逻辑上难以自洽，且有违制度预设初衷。

此外，"停止侵害、排除妨碍、消除危险"作为预防性责任承担方式主要作用于"危险尚存"之际，在环境民事公益诉讼中被广泛使用。在附带环境民事公益诉讼中，由于被告通常会被判处限制人身自由的刑罚，危险已不会再扩大，故预防性责任承担方式的可适用性降低。但是，这并非意味着检察机关不能提出上述请求。由于环境损害的不可逆性，预防成为最积极、最有

〔1〕 参见刘艺：《刑事附带民事公益诉讼的协同问题研究》，载《中国刑事法杂志》2019年第5期，第79页。

〔2〕 参见谢小剑：《刑事附带民事公益诉讼：制度创新与实践突围——以207份裁判文书为样本》，载《中国刑事法杂志》2019年第5期，第97页。

效的环境保护方式。因此，在附带环境民事公益诉讼被告还可能继续实施危害生态环境的行为时，检察机关应当提出相应预防性诉讼请求。

综上所述，对于刑事附带环境民事公益诉讼的诉讼请求范围，应当适用《民法典》第1234、1235条和《环境公益诉讼解释》第18条，即检察机关可以提出停止侵害、排除妨碍、消除危险、修复生态环境、赔偿损失、赔礼道歉等诉讼请求。[1]

二、企业环境犯罪治理面临的问题

（一）适用标准不统一问题

从开篇列举的治理模式中，我们可以清晰地看到：不同犯罪主体案件之间，同类犯罪主体不同案件之间，环境修复责任及处理后果的不同表现形式，体现了司法实践中适用标准的不统一；而适用标准的不统一，源于没有统一的、具体的、明确的法律规定和办案规范指引，进而也体现了在此类案件中，侦查、审查起诉、审判等各阶段的侦查人员、司法人员的自由裁量权行使缺乏统一标准。在H省C市、F省A市的调研中，有检察官、法官提出，应警惕在恢复性司法理念主导下，将环境修复责任履行情况作为酌定量刑情节可能会导致的检察权过度延伸、法官裁量权滥用现象。[2]

---

〔1〕 此外，随着《民法典》的颁布，理论界和实务界已在开展环境民事公益诉讼中惩罚性赔偿诉讼请求的研究和探索。参见李华琪、潘云志：《环境民事公益诉讼中惩罚性赔偿的适用问题研究》，载《法律适用》2020年第23期，第131页；闫晶晶：《全国首例适用民法典环境污染民事公益诉讼案宣判 污染环境惩罚性赔偿的诉讼请求获支持》，载《检察日报》2021年1月5日，第1版。若肯定了惩罚性赔偿制度在环境民事公益诉讼中的适用，则应即时适用于附带环境民事公益诉讼。

〔2〕 笔者自2017年参与《承德市水污染保护条例》的专家论证过程开始，以及在主持河北省法学会2019年度理论研究课题、2020年度最高人民检察院应用理论研究课题、2021年度北京市法学会理论研究课题期间，分别到F省A市、B市、H省C市、D市，企业刑事合规试点检察院调研。F省人民检察院与省法院、公安厅、司法厅联合制定了《关于在办理破坏环境资源刑事犯罪案件中健全和完善生态修复机制的指导意见》，首推"恢复性司法实践+专业化审判机制"，在检察系统内部，生态环保检察处联合刑事执行部门出台了《关于加强生态修复与社区矫正有效衔接的意见》对异地修复、替代修复、社区矫正履行社会服务做了明确规定，推动修复与矫正的融合；H省C市塞罕坝林场及D市海洋生态保护工作亮点突出，D市检察机关和燕山大学等高校联合成立"环境保护公益诉讼研究基地"，D市也是H省率先制定《公益诉讼案件线索举报奖励办法》《市监委、市检察院关于在公益诉讼工作中加强办案协作的实施办法》《市中级法

（二）适用案件范围问题

企业刑事合规第一批试点对适用案件一般限制在 3 年以下的轻罪案件。有的试点院规定应当对有犯罪嫌疑的企业适用相对不起诉机制为前提。个别院规定对犯罪嫌疑人可能判处 3 年以上 10 年以下徒刑的企业犯罪案件。部分试点院对预判 3 年以上但合规建设有效的，采取两种刑事激励措施：一方面是加强单位犯罪"二元化"处理，在对犯罪嫌疑人提起公诉的同时，对企业可以使用相对不诉；另一方面是给予相对一般认罪认罚更大的从宽幅度，《关于建立涉案企业合规第三方监督评估机制的指导意见（试行）》第 4、5 条规定从正反两面规定了适用的条件。但是，除了这些明确的限制性条件外，是否可以采取同认罪认罚的制度适用条件同等的标准，即原则上不受刑期和案件类型的限制，还是存疑的。此外，在试点院积极探索"企业附条件不起诉模式"的"超前"司法实践中，也亟需在法律上、制度上明晰限定适用的案件范围。

（三）案件办结后与行政执法机关监管工作的衔接问题

一方面，经合规监督考察评估合格的企业被不起诉后，就已在检察环节终结诉讼，诉讼的终结并不等于企业合规建设的终结，对企业合规建设的持续性如何制约，目前，仍缺乏有效的后续制约机制，与社会信用体系建设、现代企业制度、行政监管措施的有序衔接亟待进一步加强。另一方面，从保护进行合规建设的企业权益角度出发，如深圳市人民检察院检察官提出的"走私犯罪案件中，海关机关对检察机关作出不起诉的决定之后，海关机关仍然会对企业施加大额罚款，严重影响企业合规积极性问题"，检察机关亟需加强和海关等行政机关的沟通，避免出现不合理的行政处罚。

三、完善路径探析

（一）确立适应我国企业经营管理现状的监管和激励制度体系

对企业环境犯罪而言，要综合考虑社会及生态治理效果，侧重经济处罚

（接上页）院、市检察院关于建立公益诉讼协作配合机制的意见》等配套制度的地级市，设立并完善工作机制，为"利剑斩污"专项行动顺利展开提供制度保障。在法律法规章制度及文献等资料收集方面，笔者没有局限于实地调研地，就文中重点论述的磋商制度，收集范围涵盖了能力所及的、在线上可查找的所有省（自治区、直辖市）市县区（如北京市、内蒙古自治区、湖南省、浙江省、山东省、贵州省，等等）。

以及合规激励，充分发挥检察机关不起诉激励。企业生产经营过程中污染环境，根本原因是利益的驱动，在去产能政策指引下，传统高耗能企业应该致力于企业合规，朝着绿色生态环保企业发展，而污染问题仍然屡禁不止，甚至触犯刑法，背后反映的是刑事法律规制及激励双管齐下的重要性。规制体现在加重企业的罚金刑惩罚、触其痛点、违法成本大于收益时，企业自然会趋利放弃违法，但这种让其不得不放弃违法不是最终目的，激励其主动合规才是追求。

具体而言，可综合应用试点检察院的合规模式，并结合案件实际情况加以优化。首先，上海市金山区人民检察院"繁简分流的合规监管模式"的应用，旨在确立与企业规模相适应的合规监管模式。其次，结合企业规模采取不同举措，例如，立足涉嫌环境犯罪案件主体以小微企业为主的实际，运用南京市建邺区人民检察院的"相对不起诉+检察建议+公益诉讼模式"，该模式包含了"检察建议有效落实，合规效果实现""犯罪情节轻微不起诉""提起刑事附带民事公益诉讼"三种情况。而一旦提起刑事附带民事诉讼，一般就是通过量刑建议从轻或减轻处罚，包括建议适用缓刑来将合规建设纳入缓刑考验期限（附条件不起诉），来适应我国企业经营管理的现状，以建立符合我国国情的企业合规制度体系。制度健全的大中型企业，并不会因为企业负责人承担刑事责任而无法经营，可建立单位犯罪二元化处理范式，对企业适用深圳市人民检察院试点的"企业附条件不起诉模式"，对企业负责人适用量刑上"从轻或减轻处罚模式"；中小企业中企业负责人与企业的生存发展高度关联，企业责任和个人责任具有高度统一性，则不宜作二元化处理。最后，注重"认罪认罚从宽制度"的灵活运用，即使可能判处 3 年以上有期徒刑，也可以通过提出轻缓量刑建议来促使企业开展合规建设、强化公司内部治理，预防犯罪的发生。

（二）完善量刑程序倒逼量刑公正

《环境公益诉讼解释》第 5 条规定是"宽严相济"刑事政策的重要体现，体现了恢复性司法理念，但是对于履行了生态恢复性司法程序要求的被告人，按照什么标准、在什么幅度内从宽处罚，目前没有明文规定，法官量刑自由裁量过大。为防止量刑裁量权的滥用，需进一步明确的是从宽处罚的标准，从侦查、审查起诉、审判、执行全过程，对恢复性司法配套措施的协商合意达成、履行情况留痕建档立卡，使量刑规范化、可视化、公开化。同时建立相关案例常规上报机制，宣传先进地区的先进办案经验，一方面有利于发现具有创新性的生态恢复责任方式；另一方面也可以起到对自由裁量权规制作用，以公开公示接受监督倒逼司法公平公正。

（三）完善行刑衔接机制

不管是援引其他法律或行政法规中的生态修复方式作为调查、审查起诉、判决依据，还是作为酌定量刑情节，都需要畅通与规范《中华人民共和国刑法》《民法典》及专门法律法规之间的衔接之路，行政、民事及刑事处罚，其目的是殊途同归的，即对环境违法犯罪行为予以规制，惩罚违法者，警示潜在违法者。

"对于一个潜在的违法者来说，预期的惩罚成本就相当于惩罚严厉程度与惩罚概率的乘积；因而，强化威慑力度包含两方面的努力：一是提高惩罚的严厉性；二是提高惩罚的概率。"[1]提高惩罚的严厉性，可以通过加重处罚力度，限制缓刑、假释、减轻处罚适用实现；提高惩罚的概率，则可以通过加强行政、民事、刑事紧密衔接的"阶梯式"的处罚机制，不留监管空白。当生态安全犯罪问题达到刑事标准边界时，如果行政处罚能达到生态恢复和教育惩罚后果，就没必要再动用刑罚。而一旦启动刑事诉讼程序，则应区分情况处理：对于相关行政主管部门已作出要求违法行为人履行生态修复责任决定的，或者违法行为人主动要求履行生态修复责任的，检察机关根据案件实际情况，采取"二元化范式合规"或"一元化简式合规"处理模式；对于之前阶段并未涉及生态恢复责任处罚的，检察机关应根据相关规定，向有关行政机关提出检察建议，告知违法行为人履行生态恢复责任可作为酌定从轻量刑的依据，提起刑事附带民事诉讼时提出履行何种生态恢复责任。除了办案前中期的紧密衔接联系，经合规监督考察评估合格的企业被不起诉后，由于已在检察环节终结诉讼，对企业合规建设的持续性缺乏有效的后续制约机制，与社会信用体系建设、现代企业制度、行政监管措施的有序衔接问题，仍然需进一步加强探索，合理的行政处罚应为企业刑事合规的激励手段之一。

---

[1] 参见 [美] 罗伯特·D. 考特、托马斯·S. 尤伦：《法和经济学》（第3版），施少华等译，上海财经大学出版社 2002 年版，第 386~387 页。

有组织犯罪涉案财产处置机制的规范化构建

商浩文*

2021 年 12 月 24 日通过的《中华人民共和国反有组织犯罪法》（以下简称《反有组织犯罪法》）将涉案财产认定和处置作为重要内容予以规定，在对扫黑除恶专项斗争期间总结的经验予以固化的同时，对财产处置的程序、证明标准进行了诸多合理性、前沿性的探索，对构建体系化、系统化的涉案财产处置制度具有重要的引导作用和示范效应。但同时亦应看到，有组织犯罪案件涉案金额巨大、人数众多、刑民交织、法律关系复杂，加之我国对涉案财产的处置依附于定罪量刑，缺乏独立的诉讼程序，导致对涉案财产的处置具有随意性、依附性和从属性，易侵害合法所有权人的正当权益，严重影响司法机关的权威性和公信力。有鉴于此，在对涉案财产处置实证研究的基础上追本溯源，借鉴其他领域先进经验及做法，构建体系化、系统化的涉案财产处置制度，这具有必要性和亟需性。

一、有组织犯罪财产处置之实证分析

本文选取中国裁判文书网 2018—2021 年审结的 404 件涉及财产处置的一审有组织犯罪案件（涉黑案件 104 件，涉恶案件 300 件），既包括北上广深等发达地区的有组织犯罪案件，也包括新疆、内蒙古、青海、宁夏等欠发达地区的有组织犯罪案件。通过对样本案件研判、分析、访谈、观看视听资料、参与庭审等途径对涉及财产处置的有组织犯罪案件裁判文书进行实证分析，发现有组织犯罪财产处置呈现以下特点：

---

* 课题主持人：商浩文，北京师范大学副教授。立项编号：BLS（2021）B004-2。结项等级：合格。

（一）案财产权属多元、处置困难

有组织犯罪尤其是黑社会性质组织的成立要求具备经济特征，通过有组织的违法犯罪活动或者其他手段获取经济利益、聚敛财产，如设立、入股、投资公司、企业，将其聚敛的财产、孳息、收益等与他人的财产混同经营、投资。由于涉案财产来源多样化、权属多元化、黑白混淆、民刑交织，且涉案金额巨大（如图1），个别案件高达10亿元以上[1]，故如何对涉案财产进行界定、处置关系重大，既涉及不同所有权人的合法权益，还关系到经济发展、社会稳定等。如北京市扫黑除恶专项斗争开展以来审结的首例涉黑案——陈某某组织、领导黑社会性质组织案，扣押在案的有房产、银行存款、土地、股权、债权、现金、车辆等，其中，房产6套，债权数千万，车辆5辆，还有众多现金、手机等[2]，问题是哪些属于组织财产？哪些属于个人财产？哪些属于合法财产？哪些属于涉案财产？这些都缺乏明确的判定标准，导致处置过程困难重重。在样本案件中，财产权属主体不仅涉及被告人，还涉及被害人、第三人、公司甚至国家（如图2），由于黑恶势力案件财产状况错综复杂，涉案财产主体多元、形式多样，组织财产与个人财产不清，合法财产与违法所得混杂，实际控制财产与出资购买财产不明，这些都直接影响到涉案财产的处置质效。

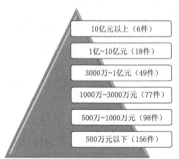

图1　涉案金额阶段分布

---

〔1〕　如湖南首起"套路贷"涉黑案——肖某某犯组织、领导黑社会性质组织罪一案，涉案金额10亿元以上，被告人肖某某被判有期徒刑23年，并处没收个人全部财产；深圳市中级人民法院审理的被告人陈某某涉黑案，被告人陈某某被判处有期徒刑25年，剥夺政治权利5年，并处没收个人全部财产，罚金人民币7503万元，查控的涉案财产逾10亿元。
〔2〕　北京市第二中级人民法院（2019）京02刑初52号刑事判决书。

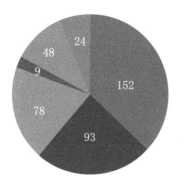

图例：
- 主体仅涉及被告人
- 主体涉及被告人、被害人
- 主体涉及被告人、被害人、第三人
- 主体涉及被告人、被害人、国家机关
- 主体涉及被告人、被害人、公司
- 其他

图 2　权属主体分布图

《中华人民共和国刑事诉讼法》（以下简称《刑事诉讼法》）第 141 条明确规定，在侦查活动中发现的可用以证明犯罪嫌疑人有罪或者无罪的各种财物、文件，应当查封、扣押。最高人民法院、最高人民检察院、公安部、司法部于 2019 年 4 月 9 日印发的《关于办理黑恶势力刑事案件中财产处置若干问题的意见》亦明确规定，公安机关、人民检察院、人民法院在办理黑恶势力犯罪案件时，在查明黑恶势力组织违法犯罪事实并对黑恶势力成员依法定罪量刑的同时，要全面调查黑恶势力组织及其成员的财产状况，依法对涉案财产采取查询、查封、扣押、冻结等措施，并根据查明的情况，依法作出处理。但在实践中，重自由刑轻财产处置的理念根深蒂固，有关机关侧重定罪证据的收集，而对涉案财产权属、来源、性质、价值的相关证据收集不及时、不充分、不全面，且查封、扣押、冻结在案财产数量严重偏低（如图 3）致使审判阶段即使想要补充证据，也丧失了收集证据的最好时机，庭审中缺乏充足证据对涉案财产性质、权属进行界定、处置。

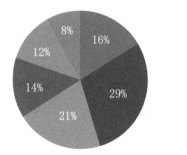

图 3　查封、扣押、冻结在案财产金额分布图

（二）涉案财产处置庭审流于形式

《刑事诉讼法》第 245 条规定，作为证据使用的实物应当随案移送，对不宜移送的，应当将其清单、照片或者其他证明文件随案移送，并要求在判决中对查封、扣押、冻结的财物及其孳息作出处理。但在实践中，虽然我国《刑事诉讼法》要求作为证据使用的实物要随案移送，接受法庭调查、处置，但不是作为证据使用的涉案财产是否需要随案移送没有规定，即使随案移送，关于其权属、性质、价值的相关证据较为薄弱，公诉机关在庭审中要么直接宣读证据目录证实涉案财产归属，至于是否达到证据证明标准，交由法院裁决；要么直接将涉案财产处置依附于定罪量刑，在出示定罪量刑证据过程中，将夹杂的涉案财产相关证据一并予以出示，致使第三人、被告人无法充分对此展开法庭调查、辩论，导致庭审沦为形式；在选取的 404 件样本中，276 件依附于对人之诉，缺乏对涉案财产的单独举证质证。即使在具有单独质证环节的 128 件案件中，绝大部分案件系概括出示证据（如北京市东城区人民法院审理的李某某恶势力案件，虽然对涉案财产具有单独举证环节，但对所有财产均系概括出示证据[1]），对涉案财产按照类别、性质等专门质证的案件仅有 41 件（如图 4）。

---

[1]　北京市东城区人民法院（2019）京 0101 刑初 700 号刑事判决书。

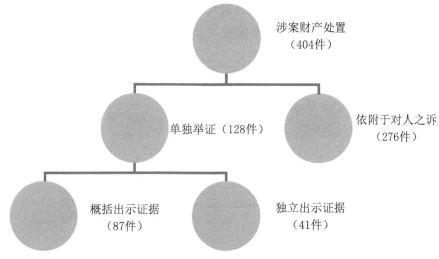

图 4　涉案财产处置庭审情况

（三）裁判文书缺乏明确性、可执行性

涉案财产处置结果具体包括追缴、责令退赔、没收、发还被害人、第三人等，但具体处置结果复杂多样（如图5）。侦诉机关普遍"重犯罪事实调查指控，轻财产处置"，在移送审查起诉或提起公诉时，侦诉机关对涉案财产证据移转的重视程度不足，移转不及时、不规范且欠缺涉案财产的具体分类。虽然我国《刑事诉讼法》第245条规定，人民法院作出的判决，应当对查封、扣押、冻结的财物及其孳息作出处理。但同时最高人民法院《关于适用〈中华人民共和国刑事诉讼法〉的解释》（以下简称《刑事诉讼法司法解释》）第437条又规定，对查封、扣押、冻结的财物及其孳息，应当在判决书中写明名称、金额、数量、存放地点及其处理方式等。涉案财物较多，不宜在判决主文中详细列明的，可以附清单。涉案财产未随案移送的，应当在判决书中写明，并写明由查封、扣押、冻结机关负责处理。对此，由于司法解释对涉案财产处置留有余地，各地审判机关对涉案财产处置多采用概括、简要、原则的表述用语，如在404份样本裁判文书中，具有明确裁判内容的文书仅有72份，其余裁判文书均存在模糊性、原则性，92份裁判文书仅对涉案财产进行处置，对未查控的财产未予规定；还有59份裁判文书将黑恶势力财产、犯罪工具、违禁品等混为一体予以追缴、没收，既未合理界分哪些属于合法收入、哪些属于违法所得，也未对其最终归属作出明确；还有 9 份裁判文书以罚代缴，通过提升财产刑来代替追缴、责令退赔。

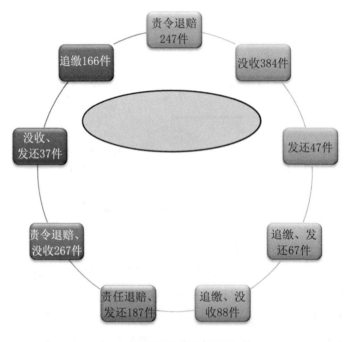

图5　涉案财产具体处置方式

（四）财产刑适用畸重畸轻，涉案财产证据收集困难

经济特征是黑社会性质组织犯罪成立的重要特征之一，只有具备一定的经济基础，黑社会性质组织才能称霸一方、扩充势力，实施更严重的犯罪行为，谋取更多的经济利益，故如何彻底铲除有组织犯罪的经济基础，事关专项斗争的成败得失。在实践中，有组织犯罪通过各种手段参与实体经济及非法经营等，涉及诸多领域（如图6），如贩卖毒品、开设赌场、非法采矿，或者强行入股、投资、提供"帮助"等，并采取"以黑养黑""以黑护商""以商养黑"等手段，将合法收入与非法收入混同，故涉案财产权属多元、种类繁杂（如图7），既涉及合法财产，也涉及非法财产；既涉及公司财产，也涉及个人财产；既涉及黑恶势力犯罪组织财产，还涉及组织成员家属财产，刑民交织、案情复杂、权属模糊，导致涉案财产证据收集困难。再加上侦诉机

关在侦查、审查起诉阶段，调查、取证、查控不到位时有发生，应当采取措施的涉案财产未被查封、扣押或冻结，采取查控措施的证据收集不确实、不充分，致使涉案财产难以妥善处理。

单位：件

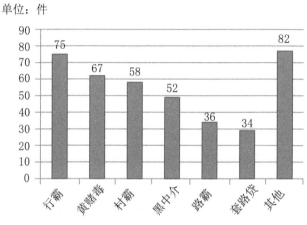

图 6 涉黑涉恶案件具体类型

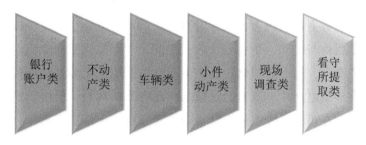

图 7 涉案财产具体种类

二、有组织犯罪涉案财产处置困境之具体剖析

涉案财产处置是当前我国刑事审判面临的最为严峻、最为复杂的问题之一，导致涉案财产处置困境的原因既有立法之不足、司法裁判标准不一，也有缺乏对物之诉与对人之诉同等对待的理念及机制原因。具体而言，主要源于以下方面：

（一）立法困境：涉案财产范围模糊，证明体系有待明确

依法合理确定涉案财产的范围，有助于保护公民或者单位的合法权益，

也有助于限制公权力的滥用〔1〕。在实践中，涉案财产要求与犯罪行为存在关联且有财产属性，要么具有证据价值，要么具有经济价值，要么两者兼具，为保障涉案财产处置的规范化、明确化，必须合理界定黑恶势力涉案财产范围，避免司法机关因认识不统一、缺乏具体认定标准而不当扩大或缩小查控范围。目前，我国没有建立系统、完备的涉案财产处置体系，既未对涉案财产处置举证责任、证明标准予以明确，也未设立独立的涉案财产庭审程序，导致涉案财产处置依附于对人之诉。在庭审中，要么概括出示证据，要么在定罪量刑过程中一并质证，缺乏质证的全面性、针对性，且对涉案财产权属存在异议的第三人缺乏参与路径。

（二）司法困境：财产权属黑白难辨

依照中共中央、国务院《关于完善产权保护制度依法保护产权的意见》的规定，处理涉案财产，要合理区分个人财产与企业财产，股东、企业管理者个人违法，不能牵连企业法人财产；企业违法，不能牵连股东、企业经营管理者个人合法财产，对于违法所得和合法财产应当严格区分，涉案人员的个人财产和家庭成员财产应依法合理界分，合法财产应当依法得到保护。在实践中，黑恶势力的组织者、领导者以合法产业为载体，通过投资、入股等形式将违法所得与公司、企业合法收入混同，借以掩饰犯罪组织本质，并可将涉案财产洗白，但不能因此将其名下所有财产均认定为违法所得、予以追缴。毕竟在涉案财产中，既有合法收入，还有非法利益，但由于界定缺乏明确标准，因此在司法实践中从纷繁复杂的涉案财物中依法准确区分合法财产的难度较大。〔2〕

（三）机制困境：侦诉部门处置财产缺乏有效监督

依据我国《刑事诉讼法》第245条的规定，公安机关、人民检察院和人民法院等司法机关应当妥善保管被查封、扣押、冻结的财物及其孳息，以供核查。如果相关实物作为证据使用应当随案移送；不宜移送的，应随案移送实物的清单、照片或者其他证明文件。以审判为中心作为我国刑事诉讼的改

〔1〕 闫永黎：《刑事诉讼中涉案财产的基本范畴》，载《中国人民公安大学学报（社会科学版）》2013年第3期。
〔2〕 薛文超：《黑社会性质组织犯罪涉案财产处置的疑难问题》，载《法治论坛》2019年第1期。

革方向，已经形成共识，但在证据收集方面，仍存在以侦查为中心的倾向，侦查机关裁量权过大且缺乏有效监督，如可自主决定涉案财产查控范围、返还对象、是否移转，极易导致侦查权力对公民合法财产权的侵犯[1]，且黑恶势力涉案财产调查、取证、查控不到位时有发生，本应采取强制措施的涉案财产未被查封、扣押或冻结，采取强制措施的涉案财产缺乏充足证据证明权属。

（四）理念困境：缺乏对物之诉理念，诉前返还缺乏制约

传统的刑事诉讼理论以解决被告人的刑事责任为目的而展开，故而我国刑事诉讼制度设计和司法操作都是基于被告人为中心而建立的，体现的是"对人之诉"的特征，这就导致在司法实践中相关司法机关重点关注人身权保护，而对财产权保护有所忽视。[2]在此种制度设计和司法理念下，侦查机关和检察机关对涉案财物的处置具有较大的权力，而法院在定罪量刑程序中强调定罪量刑的公正性[3]，而对涉案财物的处置具有附随性，往往忽视财物处置的合法性。[4]刑法是以人的行为为中心构建的理论体系，对人处置是司法机关关注的重点。本质上，涉案财产并非严格意义上的法律术语，对其范围、处置方式、强制措施缺乏系统性、全面性的构建，无论是"两高两部"出台的纪要，还是最高人民法院的司法解释，对涉案财产范围的规定，多系从外延对其界定，缺乏内涵式、规范性的判定模式，导致司法机关存在为了本部门利益自由裁量、处置财产的可能。我国《刑事诉讼法》第 245 条规定，对被害人的合法财产，应当及时返还。在实践中，公安机关、公诉机关诉前处置涉案财产，经过本机关（县级以上）主要负责人批准即可实施，缺乏有效监督，存在侵害合法所有权人的隐患。

三、路径探索：涉案财产处置程序之庭审化构建

有组织犯罪涉案财产庭审化构建是实现实体公正与程序公正统一、法律

---

[1] 向燕：《刑事经济性处分研究——以被追诉人财产权保障为视角》，经济管理出版社 2012 年版，第 153 页。

[2] 方柏兴：《论刑事诉讼中的"对物之诉"——一种以涉案财物处置为中心的裁判理论》，载《华东政法大学学报》2017 年第 5 期。

[3] 方琳琳、韩仁洁：《惩治黑社会性质组织犯罪的实践反思》，载《人民司法（应用）》2018 年第 25 期。

[4] 熊秋红：《刑事诉讼涉案财物处置程序检视》，载《人民检察》2015 年第 13 期。

效果和社会效果统一的最佳途径和必然要求。通过庭审程序,让多方当事人充分参与其中,全面、深入参与庭审过程,依赖更加翔实、充足的证据进行法庭调查、法庭辩论,得出的裁判结果将更具权威性和准确性。

(一) 明确有组织犯罪涉案财产范围

当前我国缺乏统一的刑事涉案财物裁判指导机制[1],导致对涉案财产范围的认定存在模糊性判定。笔者认为,涉案财产范围,既包括违法所得、犯罪工具、违禁品,还包括供犯罪所用之物、保全之物、作为犯罪证据之物等。具体而言,黑恶势力涉案财产应包括以下方面:

第一,违法所得。违法所得与犯罪行为直接相关,系通过犯罪行为直接获取的利益,具有非法性、关联性。其范围既包括直接违法所得,如黑恶势力通过违法犯罪行为聚敛的财产,包括房产、车辆、书画、金银首饰等,也包括间接违法所得,如孳息、通过违法所得投资获取的收益等。除了被告人获取的违法所得属于涉案财产应予以追缴、没收之外,第三人利用黑社会性质组织违法犯罪活动获取的财产及其孳息以及第三人因为无偿或有瑕疵的民事法律行为获得的收益也应予以追缴、没收。违法所得已经全部或部分转化为其他财产的,即使转化后的财产大于转化前的价值,也应认定为违法所得。

第二,作为犯罪证据之物。犯罪证据是证明犯罪行为是否发生、罪行轻重的重要法律依据,与案件事实的发生、发展、结果密切相关。但并不是所有证据均可作为涉案财产,具有证据价值的同时还要求具有财产价值,即使该证据不属于被告人所有,只要其与犯罪行为具有关联、能够证实案情,为了证实犯罪或保障财产刑的有效执行,司法机关有权对其采取强制措施并加以处置。

第三,保全之物。为了防止被告人隐匿、转移财产、潜逃、逃避刑罚,有效保障被害人、第三人、国家权益的有效实现,被害人、第三人可主动申请或国家机关依职权对相关财产进行保全,以利于财产刑及追缴、没收的实现。对于被告人提交的取保候审保证金,在其违反取保候审相关规定时,可将其予以没收;附带民事诉讼原告人申请财产保全时被告人提供的保证金等,

---

[1] 朱艳萍:《刑事涉案财产裁判程序的缺失与司法规制》,载《人民司法 (应用)》2018 年第 10 期。

可作为退赔或财产刑的一部分。总之，涉案财产包括各种与犯罪行为有关联且有价值的资产，既包括有形的资产，也包括无形的资产，既包括动产，也包括不动产。

第四，供犯罪所用的财产[1]。包括犯罪工具、违禁品等。此类财产为犯罪行为的实施提供保障和基础，且在众多案件中系犯罪的对象或载体，直接指引、支配、影响着犯罪行为的进程和结果。

第五，组织成员的个人资产。2018年最高人民法院、最高人民检察院、公安部、司法部《关于办理黑恶势力犯罪案件若干问题的指导意见》规定了黑恶势力违法所得的等值替代制度。当黑恶势力成员将通过违法犯罪行为获取的提成、奖金、利益等赠与他人、毁损、挥霍或因善意取得、价值灭失、财产混同而无法被查控时，应当要求其以合法财产作为替代，提供价值相当的财产作为侦查机关查控对象，在庭审中予以处置。

（二）完善对物之诉及诉前返还制度

对人之诉侧重对被告人的定罪量刑，面对跨部门涉案财产处置时存在局限。涉案财产处置既涉及刑事法律，还涉及民事、行政法规。财产权作为一项宪法及刑事诉讼法中均重点保护的权益，具有流动性、权属主体的多元性、形态的复杂性以及法律关系的重叠性，尤其是在涉案财产未予查控时更是处于不稳定状态，存在变卖、转移、藏匿以及被侦诉机关肆意处置等多种可能，故建议提升对物之诉重视程度，并完善诉前返还制度（诉前返还与涉案财产庭审程序密切相关，诉前返还处置不力，则庭审程序需要对之加以具体处置；诉前处置过于激进，则庭审程序需要对之加以矫正）：

1. 全面收集证据，奠定对物之诉的坚实基础

司法机关应当改变既往的司法理念，提升对人之诉的地位，同等对待对人之诉与对物之诉。在侦查阶段要做好以下证据的收集：①要注重有组织犯罪组织成立方面证据的收集，包括具有财产价值的物证、与犯罪行为存在关联性的财产或财产性收益，如通过敲诈勒索获取的财物、通过组织卖淫获取的嫖资等；②对有组织犯罪中投资、入股的公司、企业财产来源、去向、金额等有关证据进行收集，以准确查明涉案关联公司、企业的财产状况以及涉

---

[1] 李伟：《黑社会性质组织犯罪涉案财物的依法处置》，载《人民司法（应用）》2018年第25期。

案的投资金额、比例、流入金额等；③对组织财产与个人财产界分的相关证据进行收集，刑事审判既要彻底铲除有组织犯罪的经济基础，还要保障当事人包括被告人的正当财产权益，合理界分个人财产与公司财产、组织财产，不枉不纵、罚当其罪；收集事关黑恶势力等有组织犯罪中的首要分子、纠集者在犯罪组织中地位、作用、刑事责任的相关证据，并将犯罪组织及个人分红的涉案财产及时查控；④会同工商、银行、税务、审计、国土、住建等部门全面调查涉案财产的详细情况，如房产的所有权、公司的所有人、资金的去向、土地使用权的期限等。

2. 完善诉前返还制度

诉前返还与涉案财产庭审程序密切相关，诉前返还处置不力或权限过大，则庭审程序需要对之予以纠正。英美法系国家要求对公民财物采取强制措施时要向治安法官提出书面申请，并提供证据证明其采取强制措施的合理性。大陆法系的德国和日本在查控公民财物时同样采取令状主义。我国侦查机关、公诉机关对涉案财产处置存在随意性大、执行程序不公开、不透明、缺乏有效监督的弊端，为防止侦查机关、公诉机关滥用处置权，需通过制度构建加强对其约束、监督，检察机关作为侦查与审判之间承上启下的重要部门，对侦查机关的侦查活动是否合法具有监督权。笔者建议，第三人对侦查机关查封、扣押、冻结等有异议的，可以向检察院提出并提交书面材料，请求参与刑事诉讼程序。侦查机关对涉案财产的诉前处置，应向检察院提出申请，由检察院经过书面审查，作出是否准许处置的决定，不允许处置的，应书面说明理由。侦查机关对检察院的决定结果不服，可以申请复议，或者向上级检察院申请复核。检察院对涉案财产诉前进行处置，应向上级检察院提交书面材料审查（如由法院进行审查，会导致法院提前介入，具有未审先判的嫌疑，且部分案件通过酌定不起诉、法定不起诉等不进入审判程序，故由法院进行审查难以实现审查的全面性）。

（三）设置独立涉案财产处置程序

我国刑事司法中长期注重对行为人的定罪量刑，而往往忽视对相关的涉案财产的定性和处置。涉案财产处置结果事关被告人、被害人、第三人等多方主体权益，故充分保障对涉案财产权属有异议的当事人参与诉讼程序，不仅是程序本身公正的基本要素，也是程序结果公正的保障。实体公正固然重要，程序正义也同样重要，通过正当程序得出的实体公正方能得到最大的认可和信任，故设置独立涉案财产诉讼程序是保障实体公正和程序正义的最佳路径。它不仅可以有效地促进涉案财产处置的规范化，而且也能够限制司法机关对涉案财物处置的自由裁量权，畅通被告人、被害人及其他利害关系人参与诉讼活动的渠道，这也符合审判中心主义改革的基本要求，可以进一步提高司法裁判的公信力。[1]

1. 明确庭审中诉讼各方举证责任及证明标准

证明标准包括可信度和确定性两个层面。只有确定性与可信度兼具，才能够形成稳定、完整的证明标准。检察院作为公诉机关，承担证明被告人构成犯罪及涉案财产权属、性质、来源的举证责任。对人之诉由于涉及对被告人的定罪量刑问题，事关被告人生命权、人身权、自由权，因此证明标准要求较高，适用证明标准程度最高的排除合理怀疑标准，需达到事实清楚，证据确实、充分的标准；相反，对物之诉并不关涉刑事责任问题，涉及的是财产的处分，根据价值位阶原则及域外对物之诉的理念，对其应适用民事诉讼法的优势证据证明标准。而第三人对涉案财产提出异议、主张所有权的，鉴于对涉案财产处置系平等当事人之间的权属认定，笔者建议实行举证责任倒置，即由提出权属异议的第三人承担证明其享有所有权的举证责任。涉案财产处置本质上属于对物处置，双方主体处于平等的法律地位，诉求系民事法律关系的具体内容，依照民事诉讼法"谁主张、谁举证"的优势证据证明标准，由主张权利的第三人举证系对物处置举证责任的应有之义，而且第三人对涉案财产更为熟悉，权属更加了解，由其承担证明权属的责任，既有利于证据的收集、举证，也可更好的息诉服判。

2. 明确涉案财产处置程序调查重点

在起诉前，公诉机关要将对物强制措施材料单独附卷，并明确涉案财产种类、价值、数量、存放地点等；对涉案财产权属、性质等相关证据分门别类、单独成卷，便于在庭审过程中专门调查、核实、询问、辩论。第三人对涉案财产权属有异议，应允许其于检察院庭审前交换证据，从而为庭审质证奠定基础。

---

[1] 陈瑞华：《刑事对物之诉的初步研究》，载《中国法学》2019 年第 1 期。

在庭审中，要重点调查以下内容：

（1）涉案财产查控情况。对涉案财产查封、扣押、冻结、保全等措施适用的合法性、合理性、必要性进行调查、核实。具体包括是否对涉案财产进行查封、扣押、冻结；期限是否到期；是否单独成卷；是否附有涉案财产清单及证据材料；有无列明涉案财产具体属于违法所得、犯罪工具、犯罪所用之物、保全之物；尤其是不同种类的涉案财产，要分门别类，针对同类涉案财产集中进行举证、质证，增强质证的同一性和针对性。

（2）涉案财产与犯罪行为关联性。重点调查涉案财产与犯罪行为之间是否存在关联性，并对涉案财产权属、来源、去向、性质、用途、价值等提供证据予以证实。法院对此全面进行审核，并允许第三人对涉案财产提出异议，如出示所有权证明、论证涉案财产与犯罪行为无关联，并允许其对查封、扣押、冻结等强制措施的合法性、合理性、必要性出示证据予以反驳。在法庭审理过程中，对于证据存在疑问，合议庭可宣布休庭，并提供勘验、检查、查封、扣押、鉴定和查询、冻结等方式，对证据进行调查核实。在法庭审查后，可要求公安机关补充侦查，两次补侦仍旧无法证实涉案财产权属的，审判机关应将该涉案财产退回检察院，不得在裁判文书中概括或强行处置。

（3）涉案财产与第三人权属关系。要调查涉案财产与第三人权属关系，尤其是被告人将涉案财产用于清偿债务、买卖、设置抵押权、担保物权等，就要调查第三人是否明知涉案财产性质、是否低价或无偿购买、债务是否合法有效、有无恶意等。控辩双方在审判人员主持下应对涉案财产，尤其是数额巨大、存在争议的涉案财产权属、来源、性质等进行法庭调查、法庭辩论，审判人员既可以主动调查核实，也可以发动控辩双方交叉询问或对涉案财产相关证据开展多轮、充分质证。

3. 完善裁判文书关于涉案财产的具体处置

（1）明确涉案财产处置的裁判标准。《刑事诉讼法》第245条规定，人民法院在司法裁判中，应对查封、扣押、冻结的涉案财物及其孳息作出处理。然而在实践中，有组织犯罪涉案财产数量众多、形态各异、金额巨大、权属多元、刑民交织，侦查机关即使全面收集证据，囿于各方因素制约，个别案件仍然存在某类涉案财产来源、权属、性质等难以查清的情形。对此，为了体现从严惩治精神，某些法院倾向于仍将此类涉案财产予以追缴、没收；还有部分法院对此不予处置或将其认定为合法财产，然后通过提升罚金刑或没收财产来实现对有组织犯罪的从严惩治，虽然此种手段一时可以起到铲除有组织犯罪经济基础的效用，但不符合罪刑法定及证据裁判要求，也难以实现长治久安之功效。侵犯法律精神，无异于饮鸩止渴，故多数法院为了避免处置不当损害当事人的正当权益，会选择依照《刑事诉讼法司法解释》第365条的规定，在裁判文书中要么概括表述处置结果，要么交由扣押机关处置。

笔者认为，说理是裁判公正的基础，控辩双方对涉案财产存在争议且在庭审中经过多轮辩论，仍未有明确结果的，为避免不当侵犯合法所有权人的财产权益，裁判文书应从犯罪事实、关联性、涉案财产属性及法律适用角度对争议焦点进行论证，准确判定涉案财产权属及处置结果，并在裁判文书中列明涉案财产性质、名称、数量、金额、存放地点等。诉前返还被害人的，在裁判文书事实、证据及裁判结果部分要列明、表述；对于仍需继续追缴或责令退赔的，要列明具体数量、金额、种类等，便于执行机关执行；经庭审质证无法确定权属，应退回公诉机关。具体而言，涉案财产处置要遵循以下标准：

第一，要具有可操作性、执行性。部分法院裁判文书中将被告人未被追缴的情形在裁定文书中表述为"继续追缴被告人违法所得，予以没收"。问题是被告人人数众多，对违法所得种类、数量、特征均没有表述，严重影响执行工作的有效开展，故裁判文书关于涉案财产处置，要保证内容具有明确性、针对性、可执行性，以便为执行机关提供准确、具有可操作性的法律依据。

第二，要明确具体处置方式。涉案财产处置方式包括追缴、责令退赔、返还、没收，故裁判文书中要对其准确区分、表述。另外，对于查封、扣押、冻结的涉案财产不足以返还被害人，应在裁判文书中写明责令被告人退赔被害人数额，如果查封、扣押、冻结的涉案财产数额难以确定，则应列明责令退赔数额，扣押涉案财产。

第三，处置要全面和规范。裁判文书既要对涉案被查封、扣押、冻结的涉案财产进行处置，还要对未随案移送的涉案财产进行处置。另外，对于诉前返还被害人的涉案财产，在庭审中仍然要予以质证，权属确属于被害人且处置合理合法的，需予以确认，在裁判文书中列明，并注明已返还；经查，涉案财产不属于诉前返还的被害人，则应要求被害人将涉案财产返还给真正所有权人，造成的经济损失，由返还机关承担。

（2）明确在案扣押涉案财产处置顺序。首先，没收违禁品及犯罪工具。没收违禁品属于公安机关的法定权限之一，无需经过检察机关审查。对于犯罪工具可否予以没收，需区别对待，如属于被告人所有且运用于犯罪，对案件发生起促进作用，则予以没收；如属于第三人所有且第三人对其适用情况缺乏明知，则应返还第三人，当然，如果第三人明知被告人将之适用于犯罪行为，还将犯罪工具借与被告人，则应将犯罪工具予以没收。其次，返还被害人或第三人合法财产。对于涉案财产经庭审举证、质证，权属属于被害人或第三人的财产，要及时予以返还。再次，没收剩余违法所得。违法所得系犯罪行为所产生的直接收益，具有违法性、可谴责性，除了先行处置以外，其他违法所得亦应加以没收。最后，存在民事诉讼或债权债务的，应将剩余合法财产偿还合法债务，仍有剩余则执行财产刑。执行完财产刑还有剩余，则返还被告人。

四、结语

有组织犯罪的涉案财产作为其经济基础，易滋生新的黑恶势力犯罪，并可能作为其实施违法犯罪行为的根基腐蚀官员，构建"关系网""保护伞"，并可作为罪犯服刑期间减刑的重要手段，故要重视"打财断血"。从"打财"的角度而言，要保证有法可依。《反有组织犯罪法》在总结扫黑除恶专项斗争相关经验和成果的基础上，为涉案财产处置提供了明确的法律依据，但对财产程序化的设置仍有不足，如关于涉案财产处置的相关法律规范较为粗疏、规定相对分散、制度定位存在偏差、配套机制尚不健全，需要我们通过构建体系化、诉讼化的独立涉案财产处置程序，严格区分合法财产与非法财产、组织权益与个人权益、组织财产与私人财产。在惩治犯罪的同时，担负起保护群众合法权益、维护营商环境及铲除有组织犯罪经济基础的重任。

社会治理视角下的众包配送模式用工相关法律问题研究

王越宏*

众包是发包方发布任务与设定奖励，任务发布到网络众包平台，由众包群体以团体协作或个体竞赛的方式承接任务，经众包评估而获得奖励。[1]有学者从"新经济"资源配置角度定义众包经济。[2]笔者认为，众包经济依托于算法技术，众包平台作为中轴枢纽，是配置闲散的众包劳动力，承接配送等任务，评估任务完成情况并给予报酬的经济模式。众包经济的典型特性在于其技术依赖性，即严重依赖于算法技术。在众包配送用工相关的讨论中，尤其需要考虑算法技术对用工关系的影响。众包经济带来了巨大的社会劳动组织方式的进步，但同时也在劳动保障方面存在缺陷，如何解决众包配送员的工作伤害、第三方伤害责任问题，是越来越突出的法律问题与社会治理问

---

* 课题主持人：王越宏，北京市公益法律服务促进会副会长。立项编号：BLS（2021）B005。结项等级：合格。

[1] 原文细致分解了具体步骤：在3类主体及其对应属性间涉及9个主要的活动，按照其执行的先后顺序，具体如下：①发包方根据自身的实际需求，确定需要通过众包来完成的任务；②发包方确定完成任务众包平台，通常有两种选择，可以考虑自建众包平台（比如Threadless公司自建了一个平台汇集T-shirt创意），还可以考虑借助第三方众包平台（如宝洁借助InnoCentive平台发布任务）；③发包方将任务发布到众包平台；④众包平台根据任务的特性，确定实施该任务的过程机制，如确定是采用协作模式还是竞赛模式；⑤众包平台将任务推送给接包方；⑥接包方根据自己的参与动机接受任务，并可以根据任务的具体需求与发包方进行协调、咨询；⑦接包方执行任务，搜索问题解决方案，并将其提交到平台；⑧平台对所有问题解决方案进行评估；⑨对获胜的个体或者团队进行奖励。参见严杰、刘人境、刘晗：《国内外众包研究综述》，载《中国科技论坛》2017年第8期。

[2] 以互联网平台组织生产要素为核心内容的平台经济，以充分利用知识资产与闲置资源、便利人人有效参与为核心功能的分享/共享经济。参见王全兴、刘琦：《我国新经济下灵活用工的特点、挑战和法律规制》，载《法学评论》2019年第4期。

题。本文分析众包经济的发展逻辑，梳理平台企业的算法技术优势对用工关系的解构作用，提出基于平台企业形成之初的垄断地位改变了用工方式，需要解绑用工关系与用工保障的简单对应关系，运用企业合规的规范视角解决新经济下"平台工人"的劳动保障问题。

一、问题的提出

众包配送用工既是法律现象，也是社会治理问题。

(一) 众包配送用工的三重困境

众包配送用工存在三重困境：平台的垄断效应，算法的技术偏见，劳动者的碎片化劳动。众包劳动者的碎片化劳动是基础，算法的技术偏见是核心，平台的垄断效应则是造成用工关系急剧变化的内在因素。

(1) 众包劳动碎片化问题。众包劳动是零碎化的工作方式[1]，如果从劳动管理看，很难认定传统劳动关系，劳动碎片化的趋向明显。

(2) 算法的技术偏见问题。算法技术并非完全中立，谁开发、谁部署、谁出资建立，往往服务于谁的利益。算法技术客观性的外观，极大减轻了平台企业的归责可能性。算法在"技术中立"的外衣下具备着"技术偏见"的实质倾向，众包配送用工只要大规模运用算法技术，平台企业就很大程度可以逃脱用工责任。

(3) 平台企业的垄断性强势地位。互联网经济发展遵循着一个共同规律，首先，吸引汇聚供方，培育消费市场，允许消费者先消费后付费；其次，开展白热化的价格战，培养供需双方的平台依赖，打垮同类平台竞争者；最后，成为所在占细分市场配送服务的唯一或少数几家枢纽平台。众包经济也形成于固化垄断意识。众包模式的灵活就业者，面对强大的垄断平台企业，处于经济实力、技术实力、维权手段等全方位的劣势地位。众包经济有着很大程度垄断的特性，也有着算法技术服务于其追求经营集中、效益最大化的特点，传统的劳动法规范制度已经不可能完全解决众包配送用工的问题。

(二) 社会治理的规范思路

社会治理是一个综合性的视角，从实用的角度考虑，社会治理适用于大

---

〔1〕 一项调研显示，一旦需要通过网约工作养家糊口，骑手们就很难控制自己的劳动节奏和劳动强度。在工作时间之外，骑手们每天的休闲娱乐时间平均为 2.060 小时。参见叶韦明、欧阳荣鑫：《重塑时空：算法中介的网约劳动研究》，载《浙江学刊》2020 年第 2 期。

型企业、涉及范围广泛、持续市场持久的情况下，社会治理该如何落实？本文认为最恰当的方式是运用企业合规的制度工具，落实社会治理的规则体系。在社会治理下，分析法律问题的视角——看到众包配送用工现象的社会治理辐射影响，从社会影响的角度为法律问题寻找价值立场，判断现有的解决路径是否可行。社会治理一般通过行政统筹与社会协同的互动来实现，尤其约束众包配送用工的技术滥用，避免算法偏见；也通过规范内部治理结构，规范可能造成歧视的算法的运用，避免平台企业利用技术优势，损失劳动者权益的情况。算法技术具有劳动管理与报酬支付的"整合效果"，企业合规作为一种综合性的治理工具，也具有"整合"的、有利于保障配送员利益的制度因素的作用，提升企业社会责任感，系统化、制度化解决社会治理问题。企业合规提供了这样一种制度工具——提升用工关系中众包劳动者的主体性，让劳动者回归主体定位。

二、我国众包配送用工规范路径分析

在我国，众包经济发展历程、众包用工立法、司法规范模式的演变，均经历了不同阶段，构成了众包用工规范思路演变的三重视角，可以作为提炼规范模式发展趋势的线索。

（一）众包经济在我国的发展沿革

我国的众包经济发展分为四个阶段——平台市场养成阶段、平台企业崛起阶段、平台自利算法的普及阶段、平台算法规范阶段。

（1）第一阶段为 2008 年至 2015 年期间，在平台市场养成阶段，众多新设企业"烧钱"竞争优胜劣汰。平台市场饿了么、美团公司等相继上线外卖业务并开展激烈竞争，美团即从此前的团购业务的"千团大战"中杀出重围，饿了么等则各自利用优势占领市场份额。初期的骑手、闪送员为改善生活、赚取零花钱灵活就业，自身收入分成不菲，直接从商家获得了大部分报酬，即便无劳动关系的保护，也可以按照类似个体工商户"自享主要收益、自担主要风险"的"受益—风险"分配方案处理与平台企业的关系。

（2）第二阶段为 2015 年至 2017 年期间，在平台企业崛起阶段，经营者集中趋势明显，平台市场已经成熟，吸引了对平台忠诚度高、用户黏性强的供需双方，平台不再主要以补贴、提成作为吸引供需双方的手段。2017 年 7

月，国家发展改革委等八部委发布《关于促进分享经济发展的指导性意见》（发改高技〔2017〕1245号），充分认可众包经济的发展成果，确认其具有促进就业的积极作用，鼓励包括平台企业在内的经济创新，以"简政放权"的思路允许市场试错、充分发展。[1] 众包配送用工在该期间逐渐步入其典型形态——众包劳动者群体庞大而稳定，能够形成相对充裕的平台方主导的劳动力市场，平台不再需要依靠支付过高的提成来吸引众包劳动者。自营骑手已经基本退出了历史舞台，通过劳务派遣至平台工作的骑手数量也少之又少，当下骑手的主要类型是众包骑手和专送骑手。[2]

（3）第三阶段为 2018 年至 2019 年期间，平台自利算法的普及阶段，劳动权益保障日益收缩。该阶段的众包经济已经进入了相对封闭的阶段，市场定型、头部平台企业稳定占据优势，劳动强度逐渐加码、劳动利润逐渐压缩，原有闲散劳动力也逐渐被挤出众包劳动市场。该阶段的典型标志是 2018 年 9 月监管部门发布《关于发展数字经济稳定并扩大就业的指导意见》（发改就业〔2018〕1363号）。监管视角已经转向"数字经济"在众包配送用工中的运用问题，突出其中算法技术对新经济形式的核心塑造作用。[3] "众包"的劳动组织形式从"不特定社会公众"转向了相对固定、相对集中的劳动者群体。进入了第三阶段则出现平台企业与众包劳动者在劳动收益、劳动风险分配上严重不平衡的问题，迫切需要改变用工保障的来源。

（4）第四阶段为 2020 年至今，平台算法规范阶段。2020 年《外卖骑手，困在系统里|百家故事》的报道引发对外卖平台算法技术的广泛关注，平台企业算法违背人性，设置苛刻送餐条件，"送外卖就是与死神赛跑，和交警较

---

〔1〕 见国家发展改革委、中央网信办、工业和信息化部、人力资源社会保障部、税务总局、工商总局、质检总局、国家统计局于 2017 年 7 月 3 日的发布《关于促进分享经济发展的指导性意见》（发改高技〔2017〕1245号）。

〔2〕 阙梓冰：《外卖平台灵活用工背景下劳动关系的司法认定》，载《中国应用法学》2021 年第 4 期。

〔3〕 参见国家发展改革委、教育部、科技部、工业和信息化部、公安部、财政部、人力资源社会保障部、自然资源部、农业农村部、商务部、人民银行、税务总局、市场监管总局、国家统计局、银保监会、证监会、知识产权局、全国总工会、全国工商联于 2018 年 9 月 18 日发布的《关于发展数字经济稳定并扩大就业的指导意见》（发改就业〔2018〕1363号），该文件突出平台经济所应用的算法技术，将正向激励算法技术运用于保障就业质量。

劲，和红灯做朋友"。[1] 反垄断法、反不正当竞争法与消费者权益保护法纷纷加入了原本仅仅属于劳动合同法规范的领域，通过企业合规的规范术语形式进入了众包平台用工问题的规范领域。

平台企业与劳动者的"劳动收益—劳动风险分配"平衡尤为关键。在众包经济发展之初，众包劳动者获得劳动合同法保障较少，作为闲暇兼职赚取外快、不完全依赖于平台经济的就业，相对高比例的提成足以获得较高收益，但在众包平台的算法技术浪潮下，众包劳动者暴露于残酷的算法时限高压之下。

(二) 众包配送用工的立法模式演进

我国众包配送用工的立法模式的演进分为三阶段：前期允许充分试错、创新，中期柔性引导与聚焦问题，后期针对性规范、保持有限度的介入。

(1) 前期阶段，2018 年之前，对应到众包经济发展的第一阶段和第二阶段，立法规范上为平台企业保留了很大的用工自由空间，允许充分试错。2017 年 4 月，国务院大力鼓励众包经济促进就业，鼓励新就业形态发展。[2] 2017 年 7 月，国家发展改革委等印发《关于促进分享经济发展的指导性意见》，鼓励包括众包经济在内的分享经济发展。[3] 平台企业从萌芽期高歌猛进，促进就业同时自身得到很好的发展。

(2) 中期阶段，2018 年至 2019 年，对应众包经济发展的第三阶段，一旦进入中期的经营集中阶段，众包经济规模"造神"运动式快速积聚，形成了超然于供需关系之外而获利的"头部平台企业"群体业。2019 年 8 月，监管部门关注重点转向企业的责任，"降低企业合规成本，科学合理界定平台责任，同时加快培育新的增长点"[4]，成为缓释压力的手段。2019 年就业形势困难，国家鼓励众包经济促进企业开发更多岗位，吸收社会劳动力。"支持企

---

[1] 《外卖骑手，困在系统里|百家故事》，载《人物》杂志官方账号：https://baijiahao.baidu.com/s?id=1677231323622016633&wfr=spider&for=pc，最后访问日期：2022 年 6 月 14 日。

[2] 参见国务院《关于做好当前和今后一段时期就业创业工作的意见》（国发〔2017〕28 号）。

[3] 对与从业者签订劳动合同的平台企业，以及依托平台企业灵活就业、自主创业的人员，按规定落实相关就业创业扶持政策。参见国家发展改革委、中央网信办、工业和信息化部、人力资源社会保障部、税务总局、工商总局、质检总局、国家统计局印发的《关于促进分享经济发展的指导性意见》（发改高技〔2017〕1245 号）。

[4] 参见国务院办公厅《关于促进平台经济规范健康发展的指导意见》（国办发〔2019〕38 号）。

业稳定岗位,开发更多就业岗位,促进劳动者多渠道就业创业,做好基本生活保障等。"[1]有不少体力劳动业者转换就业岗位到平台企业之中,专职从事骑手等职业。

(3) 后期阶段,2020 年至今,对应众包经济发展的第四阶段,我国立法规范日益严格,平台企业利用垄断优势对待劳动者的态度与关系安排。监管部门规范劳动保护,不完全符合确立劳动关系情形但企业对劳动者进行劳动管理的,指导企业与劳动者订立书面协议,合理确定企业与劳动者的权利义务。推动将不完全符合确立劳动关系情形的新就业形态劳动者纳入制度保障范围。[2]主管部门细化算法管控要求。[3]立法规范一定程度会尊重平台企业的意愿,同时督促平台企业承担起更多的社会责任,从他律逐渐走向自律。

(三) 众包配送用工的裁判路径演变

劳动控制关系视角的裁判分析路径,对比于日益整体化、系统化的众包经济,显得捉襟见肘。司法实务经历了从对"用工关系"问题与劳动者职业保障问题严格限定——对应,到有所突破与放开,再到重新选择评价基础的三阶段演变过程。

(1) 严格限定对应关系的阶段。司法实务仍然不脱离原劳动和社会保障部于 2005 年发布的《关于确定劳动关系有关事项的通知》(劳社部发〔2005〕12 号),但司法机关很少确认劳动者在平台企业的关系中处于传统意义上的"劳动关系",因为众包配送用工的方式已经很大程度拆解了传统的劳动关系判定因素。第一,从劳动资格角度看,骑手的自身年龄、履历情况不一,在灵活就业的大趋势之下,很多众包劳动者可能存在超过退休年龄,在签订劳动关系、其他单位缴纳社保的情况,这类劳动者难以认定为具备与平台企业

---

[1] 参见国务院《关于进一步做好稳就业工作的意见》(国发〔2019〕28 号)。

[2] 参见人力资源社会保障部、国家发展改革委、交通运输部、应急部、市场监管总局、国家医保局、最高人民法院、全国总工会《关于维护新就业形态劳动者劳动保障权益的指导意见》(人社部发〔2021〕56 号)。

[3] 在制定调整考核、奖惩等涉及外卖送餐员切身利益的制度或重大事项时,应提前公示,充分听取外卖送餐员、工会等方面的意见。对于连续送单超过 4 小时的,系统发出疲劳提示,20 分钟内不再派单。参见国家市场监管总局、国家网信办、国家发展改革委、公安部、人力资源社会保障部、商务部、中华全国总工会发布的《关于落实网络餐饮平台责任切实维护外卖送餐员权益的指导意见》(国市监网监发〔2021〕38 号)。

正式员工同等的劳动者。第二，从人格从属性角度看，众包经济参与者不再限于固定场所工作，骑手与平台的联系，远远少于与商家、消费者的联系紧密程度。第三，从劳动成果归属角度看，外卖平台企业主营范围自我界定为在线外卖、新零售及其配送和餐饮供应链等业务，营业执照也以食品流通为主营业务，消费者看来配送员是代表平台来送餐，与平台关联不大。餐饮经营者向平台企业支付配送、推广服务的佣金，消费者则在商品价格之外单独支付配送费，配送员实际得到单一的送餐费。针对这一现象，配送员是否属于自担风险收益，很大程度上由配送员与平台初期的协议所决定，而该类协议往往由平台拟定，鲜有得以认定为劳动成果归属于企业的情况。

（2）有所突破与放开的阶段。在这一阶段，司法实务对于严重损害劳动者利益的情形，如骑手配送中重大交通事故，造成骑手本身或第三方严重损害的，在司法裁判中尽可能超越单纯用工关系定性问题，而是从综合运用司法政策工具的角度，保障劳动者、受损第三方的受损权利获得救济。在该阶段，劳动者人员构成已经变化。[1]众包经济中劳动力定价权完全归于平台企业，廉价的社会闲散劳动力价格与餐饮即时配送服务的价值显然不成比例，促成了平台企业在用工关系外，需要考虑其整体获益程度，承担起对众包劳动者的保障责任。

（3）重新选择评价基础的阶段。近年来，监管部门对于算法分配收入的调控也有所增多，反垄断的监管力度加大，鼓励平台企业、中介服务机构等降低劳动者网络平台服务费、加盟管理费。[2]随着众包劳动者起诉平台企业的个案积累，司法实务逐渐有了摆脱传统劳动关系看待众包配送用工纠纷的能力。有学者提出用工关系中"第三类主体"，或者类雇佣关系的表述，都是顺应淡化用工关系定性、强化个案具体权益保障的司法规制路径的演变。

三、社会治理视角下众包配送用工问题的应对建议

习近平总书记说，"新业态虽是后来者，但依法规范不要姗姗来迟，要及

---

[1] 网约工的工作时间比普通劳动者还要长，除了基本的休息时间之外，几乎所有的时间都用来服务于平台，因此其生活来源主要依赖于这份平台众包工作的收入，网约工对平台的经济从属性十分明显。参见娄宇：《平台经济从业者社会保险法律制度的构建》，载《法学研究》2020年第2期。

[2] 国家信息中心分享经济研究中心：《中国共享经济发展报告（2021）》（电子版），第10页。

时跟上研究，把法律短板及时补齐，在变化中不断完善。"〔1〕传统的众包配送用工规范视角存在一定的局限性，企业运用算法技术应用，维持与充分利用交易撮合、收益分配乃至纠纷解决的绝对垄断地位，形成了不同以往的非均衡用工关系。

（一）国家引导：保障第三类主体的定位与算法矫正权利

"第三类主体"的概念被引入作为规范众包配送用工的突破口。〔2〕考虑到这些特点，可以对比外国的平台从业者，该类主体被称为"第三类主体"概念后，认为第三类主体可能在原本清晰的劳动关系与劳务关系之外，隔离出并不清晰的第三类主体，制造制度套利的空间，其可取之处是分层分类保障劳动者权利。〔3〕执法司法人员通过具体界定众包劳动者的权利，实现保障制度的渐进式创新。第三类主体概念考虑了众包平台的就业者对平台企业的经济依附性强这一特殊性。〔4〕关于算法矫正，网络众包平台应当以"合理适当"为设定众包劳动者工作指标的基准，开展算法取中的规范要求，选择留有一定空间、不过分挤压众包劳动者休息时间与适度劳动强度的机会，合理确定每日要求配送的最低订单数量、人性化在线考核的标准，在配送时长上设置浮动的预计到达时间，减少消费者因平台承诺苛求送达速度的情况。

（二）工会支持：工会发展推动平台用工条件与保障方式优化

在网络平台为核心的众包经济环境之中，工会组织环境已经发生了很大变化，"网络平台就业人员内部异质性增强，工会和集体劳动关系影响力下降。网络平台企业的工会组建率、存在感和会员覆盖率较低，面临建会难、

---

〔1〕《育新机开新局 习近平"下团组"回应这些经济热点》（2020年5月24日），载共产党新闻网：http://cpc.people.com.cn/n1/2020/0524/c164113-31721013.html。
〔2〕按照非典型劳动关系、准从属性独立劳动、独立劳动的分类，针对"网约工"的特殊需求，构建由劳动法、民法和社会保险法所组合的法律保护体系。参见王全兴、王茜：《我国"网约工"的劳动关系认定及权益保护》，载《法学》2018年第4期。
〔3〕有学者进一步建议，主要任务在于界定平台工人的范围及其具体权益，其实质是对劳动者和其他从业人员的分类分层保护。参见谢增益：《平台用工劳动权益保护的立法进路》，载《中外法学》2022年第1期。
〔4〕"第三类劳动者"和"类雇员"的解决思路具有一定的相似性，都是希望将处于雇员和非雇员中间地带的就业者独立出来，变通地适用劳动法和社会保险法对普通雇员的保护条款，兼顾雇主和就业者双方的利益，最终取得一个令双方都能够接受的结果。参见娄宇：《平台经济从业者社会保险法律制度的构建》，载《法学研究》2020年第2期。

管理服务跟进难、经费收缴难、集体劳动关系调整难等困境"。[1]

（1）多种形式宣传工会参与的必要性与意义，便利众包劳动者参与工会活动。第一，通过灵活便捷的即时通信工具组织工会组织。第二，组织对象细分不同群体，工会组织分层分类，有助于放大同类需求劳动者的一致声音。第三，将党员的先锋带头作用引入到工会组织，在工会经费保障、业务指导、人员培养等方面，地方政府部门提供起步时的扶持帮助。

（2）就实质性的权益事项开展工会组织与工会工作。工会推动众包劳动者参与重要劳动待遇事项的协商与谈判，细分事项、关涉众包劳动者群体类型，提供知情与参与的途径。就劳动条件，如送单限定时长、扣费方案选择提出意见，拟定集体合同，众包劳动者参与谈判与协商。平台企业在制定劳动合同模板、劳动纪律时，工会组织作为劳动者的集体代表，有权利参与到相关事项的决议协商之中。

（3）允许工会参与行业监管部门的立法研讨，司法案例的听证，工会组织应当参与到具体的众包经济执法司法实务之中来。工会组织可以吸纳第三方公益组织人员，例如律师、人民调解员或法学专家，作为稳定工会组织的基本力量，参与到工会的各项建言献策的活动之中。众包配送用工的算法管理应当得到严格的程序控制。[2]工会组织有权参与设计、适用与矫正算法技术的过程，维护众包劳动者的正当权益；司法机关、行政主管机关均有权查阅工会组织审查算法运用的讨论与表决记录。

（三）企业担当：众包就业者职业伤害与失业的综合救济预案

在餐饮配送的众包经济之中，职业伤害的问题始终是众包配送用工中劳动者保障的核心问题。就职业伤害问题，需要专门建立综合救助方案。

（1）建立符合众包就业者参与程度、区分唯一职业与兼职职业者的保障方案。平台企业因为劳动量增多而受益，故根据受益者分担成本的原则，平

---

[1] 胡磊：《我国网络平台就业的特点、发展瓶颈与制度支持》，载《中国劳动》2018年第2期。

[2] 算法对工人权利的损害在于算法通过技术手段由平台单方设定，平台工人缺乏话语权，由此可能导致算法规则和算法结果对工人不公平；算法的使用危及平台工人程序上的参与权。参见谢增益：《平台用工劳动权益保护的立法进路》，载《中外法学》2022年第1期。

台企业的相应企业承担投保金额也宜相应增加。〔1〕众包就业者可以按照其所承担的业务量，选择与自身劳动风险相匹配的社会保险保障方案，例如涉及工伤事故可能较大的，众包劳动者可以选择与之相适应的工伤保险投保。对于兼职劳动者，适用类似于劳务人员的参保方案。

（2）构建合同规定实质审查的司法裁判认定方案。众包经济的参与合同受到法律规范、工会商讨的集合合同以及事后司法审查的多方面影响与约束。

（3）鼓励劳动者事前审查、报备平台企业违规指挥劳动，尤其是纵容诱导劳动者违法的算法方案，建立该类算法规范下责任事故的平台企业严格责任制度。

（4）落实众包经济行业整体的职业伤害赔偿整体投保制度，从垄断调查等行政罚款中建立公积金，结合众包经济按照其年盈利缴纳部分费用，用于投保众包劳动者的职业伤害保险。设置众包劳动者的失业保险。〔2〕从灵活就业的职业保障来看，众包从业者常常面临失业的问题，失业过渡期限以 1~2 个月为宜。为此，平台企业在赚取众包从业者劳动利润的同时，应当与劳动者合理分担保险费用，以承担起因为灵活就业转嫁给从业者的市场风险。

（四）行业自律：众包经济社会责任的第三方伤害保障

在第三方因为众包劳动者遭受损害时，众包经济的经济效率与个人权益保障价值之间的冲突显得尤为突出。建议：①事故发生时先救人，在算法平台中设置事故情况下快速联络报警、急救的紧急按钮，提供推送最快送达医院的路线，以及在众包劳动者身边配备好必备的急救药物，在岗位前提供必要的紧急救治培训。平台企业还应在保障体系中建立与本企业经营范围相匹配的平台—医院联络保障机制，确保第三方得到及时救治。②司法实务增强对众包经济参与方分担第三方伤害赔偿责任的裁判规则供给。为了更好地控制风险，企业应当在事前的岗位培训中加强分包劳动者的安全培训，司法机关可要求其提供责任赔偿的分配方案情况，以此警示各方尽到必要的注意义

〔1〕 有学者提出，由于没有明确的劳动关系，许多平台并没有尽到用人单位的劳动安全卫生保障义务。参见谢增益：《平台用工劳动权益保护的立法进程》，载《中外法学》2022 年第 1 期。
〔2〕 有学者提出，合理界定"非自愿"失业，分类构建失业保险缴费机制，缩短失业保险缴费期限，完善失业保险待遇给付内容的解决方案。参见孟现玉：《互联网平台经济从业者的失业保险：制度困局与建构逻辑》，载《兰州学刊》2020 年第 11 期。

务，避免风险演变为第三方伤害以及企业的损失。③事前保险保障，鼓励平台企业对配送员事故风险办理第三人责任险，以平台企业落实第三方保障责任，或者在平台企业社会责任主导下、商业保险公司运作的模式下，各方共同出资投保的独立第三方责任险保障模式，平台企业充分承担社会责任。

（五）组织落地：构建长效的众包平台企业合规管理体系

从用工流程与操作系统的角度，梳理整合高频率风险的发生因素，定期调整并上报调整效果，必要时委派第三方安全员动态合规监管。从众包配送用工的合规体系角度看：①排查可能存在的众包配送用工制度漏洞，分析以往众包配送用工纠纷情况以及听取企业的工会反映诉求，对各领域、各时间段的合规风险予以排查，在发现的用工问题后尽快整改。②完善众包配送用工管理流程。核查现有的算法，防止忽视劳动者休息权利，过度激励疲劳营运，完善合规漏洞上报，畅通用工违规举报途径。平台企业规范举报处理，明确管理责任、用工审批流程、救济、核查与追责。③明确各合规岗位职责。众包配送用工有赖于长期合规管理。[1]平台企业细化流程、派单，对众包劳动者费用自付、权利救济与合规职责，落实到岗。④程序规范化。平台企业内部开展必要的合规培训、测试，内容包括不合理的算法举报途径与保障等。⑤培养平台范围内尊重用工管理合规的管理理念。头部平台企业可制定用工倡议，占据主要市场份额的企业共同承诺规范算法，推行文明用工劳动，抵制压榨算法，促成众包用工行业风气好转。⑥跟进政策更新。平台企业紧跟劳动法、竞争法与消费者权益保护法等规范变化，聘请合规人员，跟进众包经济与众包用工形态规范变化，形成行之有效的合规体系。

---

[1] 建构与民商法雇佣制度对接的多元劳动雇佣法律制度，扩大劳动法规制劳动 关系的包容性与自由度，以尊重劳资双方意思自治、维护劳资双方利益、实现劳资双方利益平衡与和谐为目标，形成企业灵活用工、经营创新和劳动者权益得以保障的多赢格局。参见秦国荣：《网络用工与劳动法的理论革新及实践应对》，载《南通大学学报（社会科学版）》2018 年第 4 期。

防疫工作中违法犯罪行为处置规范

蒋丽华*

新冠肺炎疫情暴发以来，我们坚持"人民至上、生命至上"，坚持"外防输入、内防反弹"，坚持动态清零，因时因势不断调整防控措施，疫情防控取得重大战略成果。[1]但与此同时，妨害疫情防控的违法犯罪行为持续发生。尤其近期发生的北京朴石、金准医学检验实验室违规检测，影响检测结果准确性，导致对核酸检测阳性人员发现和管控不及时，造成疫情进一步传播风险；北京市朝阳区天堂超市酒吧不落实"四方责任"等疫情防控措施，累计造成 166 名人员被感染；中铁十一局三公司某项目乙方施工负责人员刘某某违规解除健康宝弹窗，致 900 余人隔离等违法犯罪活动，给疫情防控工作顺利开展、巩固疫情防控结果造成被动局面。从统计数据看，2020 年全国检察机关共批捕涉疫犯罪嫌疑人 7227 人，起诉 1.1 万人。[2]2021 年全国检察机关共起诉涉疫犯罪嫌疑人 4078 人。[3]课题组以关键字"疫"进行搜索，收集整理了中国裁判文书网中自 2020 年 1 月 1 日至 2022 年 5 月 21 日已发生法律效力的行政、刑事案件共 627 件（其中刑事案件 457 件，行政案件 170 件）；收集了公安部汇总的 81 起典型涉疫违法犯罪案例以及 30 种疫情防控违法行为；收集了最高人民检察院发布的 17 批 91 起典型涉疫案例。公安机关依法承担

---

* 课题主持人：蒋丽华，北京警察学院教授。立项编号：BLS（2021）B007。结项等级：合格。

[1] 韩辰：《中共中央政治局常务委员会召开会议》，载 http://www.qstheory.cn/yaowen/2022-01/06/c_1128239282.html，最后访问日期：2022 年 5 月 5 日。

[2] 刘笑冬：《最高人民检察院工作报告》，载 http://www.xinhuanet.com/politics/2021lh/2021-03/15/c_1127212777.html，最后访问日期：2021 年 3 月 15 日。

[3] 朱玲：《最高人民检察院工作报告》，载 https://www.spp.gov.cn/spp/gzbg/202203/t20220315_549267.shtml，最后访问日期：2022 年 3 月 18 日。

着行政执法和刑事司法双重职责，在疫情防控违法犯罪行为的处置过程中，始终坚持以法治思维和法治方式处置防疫违法犯罪行为，通过执法办案服务，最大限度地保障疫情管控成效，以促进经济社会发展和维护人民群众生命财产安全。但是，公安机关等行政机关在防疫违法行为处置中，也同时存在着越权执法、过度执法等不容忽视的问题。突发公共卫生事件新冠肺炎疫情波及范围广、涉及领域多，违法犯罪种类多，影响力大，危害性强，处置不当容易转变为社会危机，甚至引发社会混乱，并进而威胁到国家安全和公共安全。因此，有必要分析存在问题的原因，并在此基础上从理论上进行回应，提出完善涉疫违法犯罪行为处置规范程序的意见建议等，以不断提高防疫违法犯罪行为处置的规范化水平，更好地服务和保障疫情防控工作。

一、防疫工作中违法犯罪行为类型

防疫工作中违法犯罪行为，[1]是指在预防、控制新冠肺炎疫情期间，行为人实施的与疫情直接或间接相关的因涉嫌违反疫情防控法律规定或防疫政策，违反行政法和刑法所保护的社会关系，依法需要追究行政或刑事责任的行为。防疫工作中违法犯罪行为表现复杂多样，但案件种类相对集中，通过对收集到的案例的分析得出以下结论。

（一）防疫工作中主要犯罪行为类型

一是经济、财产类犯罪。共 109 件，占全部刑事案件的 19.9%。二是非法猎捕、交易、杀害野生动物类犯罪。共 79 件，占全部刑事案件的 8.94%。三是危害公共安全和社会秩序类犯罪。共 32 件，占全部刑事案件的 5.83%。四是妨害国边境秩序类犯罪。共 13 件，占全部刑事案件的 2.86%。五是非法经营类犯罪。占全部刑事案件的 1.31%。

（二）防疫工作中主要违法行为类型

一是拒不执行人民政府依法发布的决定、命令案件 45 件，占全部行政案件的 22.5%。二是扰序类案件 24 件，占全部行政案件的 12%。三是故意伤害类案件 11 件，占全部行政案件的 5.5%。四是阻碍执行职务类案件 7 件，占全部行政案件的 3.5%。五是其他类案件 5 件，占全部行政案件的 2.5%。

---

[1] 也有学者称为涉疫违法犯罪行为，由于涉及疫情的违法犯罪行为本质上都是妨害疫情防控的违法犯罪行为，两个概念无本质区别。

从案件数量看，2020 年违法犯罪案件 331 件、2021 年违法犯罪案件 123 件、2022 年至今 3 件，案件总量逐年下降。

二、防疫工作中违法犯罪行为处置的基本含义

根据辞海在线，处置一词存在两种含义。其中第一种含义"办理；安排"，表达的是处置过程。第二种含义"惩办；发落"表达的是处理结果。这两种含义与防疫工作中违反国家防疫法律法规和疫情防控政策的违法犯罪行为处置相对应，具体包括以下两个方面：

（一）防疫工作中违法犯罪处置过程

包括对防疫工作中现场违法犯罪行为的及时制止、控制，如对扰乱单位秩序等现场的处置过程；包括协助对违法犯罪行为人采取强制隔离、遣送出境等。

（二）防疫工作中违法犯罪处置结果

如行政的拒不执行人民政府依法发布的决定、命令以及刑事的妨害传染病防治罪和以危险方法危害公共安全罪等，以及对有防疫违法犯罪行为外国人处置附带的驱逐出境等。

三、防疫工作中违法犯罪行为处置存在的问题

（一）执法不规范

公安机关在防疫违法犯罪行为处置工作中发挥了重要作用，但民警对处置措施相关的法律规定不熟悉，执法态度生硬、语言不规范、执法程序不合法等简单机械、野蛮过度执法现象时有发生。从涉疫违法行为处置并引起行政诉讼案件看，主要表现为行政相对人不服行政机关做出的防疫强制措施和行政不作为两种。课题组收集的 31 件案例中，前者共 13 件，被法院以超越职权判决败诉 2 件；后者共 18 件，被法院判决责令履责 3 件。行政败诉率高达 16.1%。

（二）执法不符合安全防疫的要求

处置民警处于执法最前沿，执法对象的真实情况往往尚不明朗，暴力抗法时有发生。部分民警存在对卫生防疫知识认知不足、自我防疫防护意识不强、自我护控能力不足、不规范佩戴口罩甚至不佩戴口罩的情况。警情瞬息万变，需要采取不同的应对处置措施和策略，部分民警警务实战技能和战术策略相对欠缺，谋略应对不够。

（三）处置机关之间协同配合不足

"法无授权不可为"是公法领域的法治原则之一。涉疫警情对防疫工作中违法犯罪行为处置各方密切配合提出很高要求。然而，在涉疫警情处置过程中，办案机关之间、警种之间存在协调配合不到位问题，公安机关与疾病控制、医疗卫生等单位之间信息、资源共享不充分，沟通不顺畅、行刑衔接机制不到位，影响处置效率和效果。

（四）各地执法标准不统一

现行法律对于防疫工作中违法犯罪行为的现场处置主体、程序等规定不完善，执法人员对仅有的处置标准理解和把握不一致，各地对违法犯罪行为的打击种类和标准执行不一，导致实践中出现同类案件不同处理的问题，在一定程度上影响了打击的质效。与之相伴的是导致现场取证方向存在偏差，证据固定不到位，待后续改变行为定性或者案件性质需要补充证据时，证据已经灭失，难以收集。

（五）个人信息泄露时有发生

大数据在防疫违法犯罪打击处置中发挥了重要作用。这些技术在使用过程中涉及个人信息安全问题。从实践实情看，个人信息泄露时有发生。[1]给当事人正常生活、工作带来一系列负面影响，甚至可能引发被电信诈骗的结局。

四、防疫工作中违法犯罪行为处置存在问题的原因分析

（一）法律法规规定不完善

《关于依法惩治妨害新型冠状病毒感染肺炎疫情防控违法犯罪的意见》提出，要准确适用法律，依法严惩妨害疫情防控的各类违法犯罪。目前涉疫规定对惩治过程中需要遵循的"比例原则"等法律原则规定不足，导致实践中产生手段粗暴，侵犯公民人身权利等问题。法律法规的规定不明确导致公安机关在处置过程中处于两难境地，处置过当担心滥用职权，谨慎又担心不作为，影响公安机关依法、及时、果断地进行现场处置。

（二）处置主体执法能力不足

公安机关日常实战训练中缺乏针对涉疫违法犯罪处置的内容，民警在处

---

〔1〕《疫情期间收集的个人信息，会被泄露吗？》，载腾讯网：https://xw.qq.com/cmsid/20200325A0T EEL00，最后访问日期：2020年3月25日。

置中战略意识淡薄，战术技能较少，防御控制能力欠缺导致民警应急处置能力不足。处置实践中严格执法成为警察处置现场的固有思维，其语言措辞与处置手段不经意间超越必要性限度，与处置对象的特殊性不相称。防疫违法犯罪处置工作往往涉及多领域专业知识，公安机关涉外警务、卫生防疫知识复合型人才供给不足，执法人员理论知识与实务操作不能完全适应处置的现实需要。

（三）协同作战机制欠缺

在公安机关内部，不同警种之间处置机制的系统化和协同化有待提高。在政府各职能部门之间，尚未建立系统性的沟通协调机制；职能部门之间权责关系未完全捋顺，[1]不能将处置工作有效地归口相应单位，处置职责重叠和空白并存，影响处置效率。各部门运行和管理体系不清晰，存在多头管理情况。重复性工作或防控漏洞频发，甚至存在数据信息壁垒。实践中行刑衔接主体之间缺少配合，缺乏移送证据制度标准和具体实操流程，移送制度运转不顺畅。

（四）过度关注执法效率忽略合法适度原则的坚守

在疫情防控过程中，地方政府为了在最短时间内遏制和消灭病毒，采取了诸如"责令停产、停业、封城、封村、封路"等应急措施，一些公民因违反地方政府发布的应对新冠肺炎的通知而受到诸如行政拘留等处罚。[2]未经调查、未全面调查即作出行政行为，导致事实不清、主要证据不足。先决定后调查，导致程序违法，少拘慎押刑事司法政策未能落实，民警证据意识不强，把不执行与不办案画等号，随办案随固定证据的意识不强。

五、防疫工作中违法犯罪处置应坚持的原则

（一）安全防护和依法处置相结合

处置人员要按规定佩戴防护装备，视情核实身份、核验健康宝和流行病学调查。严禁将健康宝或流调结果异常的人员带上警车或带至办案区。处置过程加强风险评估，依法审慎决策，严格依法实施防控处置措施。处警结束

---

〔1〕 高小平、刘一弘：《应急管理部成立：背景、特点与导向》，载《行政法学研究》2018 年第 5 期。

〔2〕 戚建刚：《应急措施的行政法探讨》，载《人民检察》2020 年第 9 期。

时，要对人员、物品和车辆进行消毒。行政合法性原则中的"法"不仅仅指常态下的法律规范，还包括非常态下的国家行政法律规范。处置机关必须在法律授权和法律明文规定的基础上处置。处置行为要遵循相应的程序，确保违法犯罪嫌疑人的权益。行政主体越权执法要承担相应的法律责任。

（二）人性执法和合理适度相结合

执法人员在处置涉疫违法犯罪行为时，对拒不配合执法的相对人，要耐心细致做好法制宣传教育；对有过激行为的，慎重采取强制措施。执法过程中要坚持合理原则。处置机关所采取的任何处置措施，都要与其所要处理的事实状态之间保持适度。要做到同案同罚同判，努力让人民群众在每一起案件中感受到公平正义。处置机关所采取的处置措施必须符合法律目的，在可能采取的诸方式或手段中，应当采取对相对人权益损害最小的方式。

（三）保障人权和效率处置相结合

警察执法本质上是在公民参与下对法律的执行行为，而不是把警察置于公民的对立面。[1]处置要确保权责统一，减少拖延、敷衍塞责。合理设计行政执法方式，在政府和社会之间建立良性互动，行政效率原则并不是任意执法、越权执法、粗暴执法、野蛮执法的借口，处置过程始终保持冷静克制，既要严格执法，又要充分理解当时群众对疫情的恐慌心情，切实做到严格、规范、理性、平和执法，减少行政争议，实现执法政治效果、法律效果和社会效果的有效统一。

六、完善防疫工作中违法犯罪行为处置机制

（一）建立健全联动处置应急指挥机制

1. 突出中心牵引，着力打造联动执法的指挥龙头

一是实体化运行，确保统一指挥。联动应急指挥中心由公安机关牵头，抽调卫生健康委员会、民政、网信等成员单位人员进驻中心集中办公。中心内设综合协调、情报指挥、督导检查、快速处置、勤务保障等5个专项组，24小时值班备勤，做到力量集中、协调有力、督导精准着力，形成从接警到处置、从线下到网上的立体化监管体系。

---

〔1〕 刘军：《警察即时强制权的规范化行使——以公民权利保护为线索》，载《东方法学》2019年第6期。

二是闭环式运作，确保一体联动。突出数据信息、执法力量、执法装备"三个整合"，建立健全信息共享、快速响应处置、部门联动执法、跨界联合巡控"四项机制"，有效提升联动执法合力。

三是智能化调度，确保高效处置。整合视频监控、公安电台以及动态巡逻、定点守护等基础数据，研发涉疫警情联动执法指挥调度平台，实现扁平化、可视化"一键点调"，实时显示执法力量位置，确保遇到涉疫警情能够实时点对点下派、快速高效处置。

2. 整合各方资源，着力构建覆盖全域的防控体系

一是市区联动，严密区域防线。各区中心充分发挥统筹、协调、组织作用，将相关部门执法力量整合起来，进一步推动联动巡防向社区延伸。依托目前社区网格，压紧压实网格责任，做到重点部位、重要节点全覆盖。

二是区域联动，严密跨省防线。汇聚京津冀警务大数据平台建设，构建立体化、信息化涉疫情违法犯罪治安防控体系，为打击跨区域涉疫违法犯罪提供有力保障。

3. 注重常态长效，着力完善合成作战打击机制

一是强化内部协同。从内部整合内保、经侦、网安、技侦等警种资源，加强情报汇聚、信息共享，做到综合研判、深度经营、全链条打击。

二是强化内外协同。与卫生健康委员会、民政等部门构建涉疫违法犯罪打击联动机制，实现办案力量融合、手段资源融通。

（二）建立协同处置机制

1. 行政机关协同处置机制

一是公安机关在政府和应急指挥机构统一部署、各司其职的前提下，与卫生医疗部门、疾控部门、民政等部门构建信息通报和工作会商机制，及时通报、沟通，相互配合，协同作战，构建公众疫情言论疫情信息收集机制。

二是完善卫生行政部门与公安机关疫情联动监测预警机制，让公安机关同步掌握疫情监测预警情况，以便精准处置。

2. 公检法协同处置机制

一是建立重大疑难案件联动会商机制，解决法律适用、证据标准等实际难题，确保办案质量。

二是公安机关内部首接派出所、业务队、法制等跨部门之间有效捆绑协

同作战，尽快明确案件侦查方向和证据的收集固定；涉及跨区域证据调取，由证据所在地机关协助调取证据，确保证据调取的及时性、完整性，也减少民警感染风险。

三是通过异地办理、远程讯问、律师远程会见、网络远程提审实现公检法快侦、快诉、快判合成机制的高效运转。

四是构建执法监管问题通报机制，在重大案件办理中，由公安牵头，组织法检部门，召开案件研判分析会，梳理查找监管漏洞，进一步推动源头治理。

（三）落实完善行刑衔接机制

1. 加强制度建设，建立健全移送通报机制

依托各级政府疫情防控办公室，公安机关与市场监督管理局、野生动物保护局、生态环境局等部门签订合作框架协议，并加强与卫生健康委员会等部门常态协作，建立健全联席会议，定期通报解决案件线索和需要共同解决的案件移送事宜，加强沟通配合，凝聚共识。

2. 搭建行刑衔接信息平台

依托政府机关的电子政务网络和公检法协同办案平台，搭建行刑衔接信息平台，第一时间录入线索来源、证据材料等信息，实现智能识别和预警提示，行刑衔接的法律文书均从平台出具，实现全程留痕。

3. 完善移送程序，实现执法司法实体证据衔接

执法机关之间建立移送案件首接负责制。接收材料的机关一个窗口对外，认为不属于自己管辖范围的，在单位内部实施流转，严防要求行政机关第二次移送，实现行刑衔接无缝隙、无遗漏。

4. 完善提前介入，完善程序衔接机制

适应以审判为中心和捕诉合一的刑事诉讼制度改革，通过建立完善介入机制，从源头把好证据关口，确保准确定性，切实提高办案质效。在行政机关内部，法制部门对于重大、疑难、复杂、敏感行政案件，开展证据的指导收集和定性的介入指导，确保依法处理行政违法行为，对于刑事案件，通过严格落实案件内部审批流程和审卷报告制度，做好重大、疑难、敏感个案的督办指导工作。

5. 完善监督机制，确保行刑衔接落地落实

检察机关从行刑衔接案件平台中定期和不定期抽查实现监督，确保行刑衔接双向开展，合理配置有限执法资源，防止出现人为"降格"或"拔高"现象，实现违法必究、除恶务尽。

（四）完善案件快办程序的配套机制

1. 行政案件的快办程序的配套机制

一是启动机制，由行政相对人自行决定是否适用快办程序的自主决定权。

二是回转机制，发现有不适宜适用快办程序的情形，立即终止快办程序，将案件转为一般普通程序办理。

三是量罚机制，行政机关根据违法行为人认错认罚，积极赔偿损失等具体情节，可以依法做出从轻、减轻或不予处罚的处理决定。

2. 刑事案件的速裁程序

一是启动机制，对于可能判处 1 年以下有期徒刑的盗窃等案件，被告人自愿认罪认罚，出具具结书，可以开启刑事速裁程序。

二是配套机制，公安机关把办案重心转到初查环节，有效缩短从初查到立案的转换时间，确保案件快立快结。检察机关评估犯罪嫌疑人社会危害性，符合条件的依法快速起诉，法院集中审判并当庭宣判，进一步提高刑事案件办理效率。

（五）建立健全处置主体素质能力培训机制

1. 建立健全政治理论素质培训机制

加强对政治理论的学习，将思想政治优势迅速转化为强劲行动力，进一步激发处置人员敢打必胜的决心和斗志。

2. 建立健全处置业务培训机制

创新练兵形式，常态化组织开展应急处突紧急集结拉动演练和定期有效的仿真模拟训练，提升处置人员心理素养和处置机关快速反应能力、警组协同作战能力和克敌制胜本领。

七、防疫工作中违法犯罪现场分类处置流程

（一）110 警情处置流程

（1）核实信息，联勤联动，做好出警准备。

（2）快速出警，排查控制，维持现场秩序。

（3）固定证据，恢复秩序，做好民警隔离。

（二）对医院内有关警情工作的处置

（1）对患者拒绝隔离治疗的，民警应根据现场情况配合卫生疾控部门对患者进行说服教育。说服教育无效、执意冲闯的，根据疾病控制部门的请求，协助强制将患者带离现场治疗。

（2）对隔离治疗期间擅自脱离或逃脱的患者，要积极协助卫查找，找到后交由卫生医疗机构处理。

（3）对医院隔离区进行封锁隔离时，应以医院保卫人员为主要力量，公安机关负责维护外围治安和交通秩序维护，慎用警械。

（三）对疫情封控区相关警情的处置

对患者拒绝隔离治疗的，民警要协助对患者进行说服教育，说服教育无效的，要协助有关部门采取强制隔离治疗措施。对有过激违法行为的，要第一时间控制，严格依法处理。

（四）对医院及封控区内相关案件的处置

对在医院及封控区域内实施的殴打辱骂医护人员、故意损毁医疗器械等公共设施、无理取闹寻衅滋事等违法犯罪行为的，出警民警应第一时间对违法犯罪人员进行控制，核实身份，再依法处理；如违法犯罪嫌疑人系感染患者、疑似病例需要采取隔离措施的，要先交由卫生医疗机构进行隔离治疗，同时做好受案、立案和必要的调查取证，待其治愈或隔离期结束后，再依法进行处理。

（五）人员分类处置流程

1. 被强制隔离人员涉嫌违法犯罪

（1）准确把握协助采取强制隔离的条件。一是对象条件。是病人、病原携带者、疑似病人以及病人的密切接触者等。二是事由条件。被要求隔离人员拒不配合隔离要求。请求机关无法独自完成执行行为，请求公安机关协助实施。三是法律条件。协助请求原则上为具体个案的请求。准确把握拒不配合的含义，不能将被要求隔离人员提出不同意见就视为拒不配合，主要程序仍由法定行政主体实施，当请求机关已经能够实现强制隔离目的时，应当立即停止行政协助。

（2）协助执行的程序规范。一是以请求为前提。来源于强制隔离治疗决定和实施主体发出的协助请求或者政府的决定要求。公安机关应当留存《强制隔离治疗决定书》《强制隔离决定书》复印件以及《办案协作函》原件存档备查。二是事后报告和补办审批手续。公安机关非有正当理由不得拒绝。建议协助执行后及时向所在单位报告，并补办县级以上公安机关负责人准予协助执行强制的批准手续。三是严禁越权执行。公安机关应当明确自己作为协助机关的"配角"身份和地位，确保不缺位、不错位、不越位。四是差异化处置。协助方式以说服劝导为主，需采取处置措施的，根据强制措施对象和拒不配合的具体情形，依次采取口头制止、徒手制止和警械制止。

2. 遣送出境

（1）遣送出境的对象。防疫违法犯罪行为被处理后的外国人或者无国籍人。具体包括要求限期出境，未在规定期限内离境的；因扰乱国边境检疫秩序不准入境的外国人，非法入境的；因涉嫌犯罪被采取刑事拘留措施等。

（2）决定机关和实施机关。公安部，省、自治区、直辖市公安机关经授权可以以本单位名义作出决定，实施遣送出境是将被遣送对象送到目的地交通工具上。遣送出境过程中，只要当事人没有对抗言行，一般不实施强制性手段。

（3）遣送出境程序。对外国人被作出遣送出境决定后，当地办案公安机关按照遣送出境决定书确定的期限立即执行。如因天气、交通运输工具班期、当事人健康状况等客观原因或者国籍、身份不明，不能立即执行的，报经遣送出境决定机关核准后，暂时羁押在拘留所，等不能立即执行情形消失后，再予以执行。

八、办案注意事项

（一）增加与疫情有关的专题讯（询）问

如违法犯罪嫌疑人身体是否有不适感，造成不适感的具体原因，21日以内的活动轨迹、健康状况等。

（二）加强与疫情有关的情况排查

对身体存在发热、乏力、干咳等症状的应当及时送医院进行新型冠状病毒筛查。对违法犯罪人员21日以内的行动轨迹进行排查流调。经工作发现高危可疑人员线索的，应当进一步核实涉事人员的轨迹。

（三）对暂不具备制作笔录情况的处理

办案人员可以使用执法记录仪等音视频设备按照讯（询）问规范先行制作讯（询）问。在影响制作笔录的情形消失后，应当及时补充制作讯（询）问笔录。

（四）案件处理原则

对无法排除是否感染新型冠状病毒肺炎的人员实施的违法犯罪行为，可以先取证，缓处理。

（五）送押环节

可押可不押的犯罪嫌疑人，原则上予以缓收。办案人员送押必须提供体温检测，和医院出具的诊断证明。

九、常见涉疫犯罪的界分

（一）妨害传染病防治罪、过失以危险方法危害公共安全罪和妨害国境卫生检疫罪

根据刑法、司法解释的基本意旨，综合考量拒绝执行疫情防控措施等行为的手段方式、持续时间、地域环境以及引发的实害后果等实际情况进行具体认定、区别对待、准确认定。从罪状描述上看，理论通说认为妨害传染病防治罪是特别条款，一般按照妨害传染病防治罪定罪。从法定刑轻重幅度来看，过失以危险方法危害公共安全罪是重罪，当妨害传染病防治罪不足以涵盖行为方式及结果时，以过失以危险方法危害公共安全罪定罪处罚。当行为人具有拒绝配合有关提供检疫报告、入关、货物消杀等规定的六种行为时，以妨害国境卫生检疫罪定罪量刑。

（二）妨害公务罪与袭警罪

一是袭击行为的侵害对象为执法民警本人的，应适用袭警罪；二是暴力行为的侵害对象不是执法民警本人时，仍可构成妨害公务罪，不能将小区物业人员扩张为国家机关工作人员。

二是只要使用法条中所列举的手段，足以造成严重危及人民警察人身安全的现实危险，即可认定为"严重危及其人身安全"的表述。

三是暴力袭击是直接侵害行为，只要其行为足以达到与暴力妨害公务等同的社会危害性，其行为应当认定为袭警罪。

(三) 编造虚假信息罪、编造虚假恐怖信息罪、寻衅滋事罪

要综合考虑所发信息的来源和真伪、行为人主观目的、行为方式及实施场域、传播的途径、方式及扩散的后果进一步明确定性。

十、防疫中常见违法犯罪案件的定性

（1）乘坐公共交通工具，出入超市、菜市场等公共场所，拒不配合管理人员的劝导佩戴口罩的，构成违反治安管理的，按照涉嫌扰序处理，可能引发病毒传播或传播严重危险的，按照涉嫌妨害传染病防治罪处理；拒不配合健康信息核查，拒绝配合身份登记规定的，按照涉嫌拒不执行人民政府依法发布的决定、命令处理，可能引发病毒传播或传播严重危险的，按照涉嫌妨害传染病防治罪处理。

（2）封控、封闭小区的居民拒不配合封控管理，擅自外出、聚集的；违反规定外出参加打牌、餐饮、娱乐等聚集活动，经劝阻无效的，构成违反治安管理的，按照涉嫌拒不执行人民政府依法发布的决定、命令处理，可能引发病毒传播或传播严重危险的，按照涉嫌妨害传染病防治罪处理。

（3）纳入核酸检测范围的人群，不参加统一组织的核酸检测的；健康码为黄码、红码的人员，不按照规定居家健康监测或者集中隔离观察的；拒绝配合疾控和公安部门开展的疫情流调工作的；伪造、变造医疗机构核酸检测阴性证明，使用他人健康码、行程码或采取其他方式隐瞒行程、活动轨迹，骗取有关人员信任，出行出访、进入公共场所的，构成违反治安管理的，按照涉嫌拒不执行人民政府依法发布的决定、命令处理，可能引发病毒传播或传播严重危险的，按照涉嫌妨害传染病防治罪处理。

（4）疫情期间，恶意囤积、哄抬物价、牟取暴利的，由市场监督管理部门依法依规予以处理，严重扰乱市场秩序，违法所得数额较大或者有其他严重情节的，按照涉嫌非法经营罪处理。

十一、疫情防控中几类违法犯罪行为处置需固定的证据

(一) 妨害传染病防治罪

第一，关于犯罪主体（自然人）的证据，主要参考以下内容：

（1）居民身份证、护照、港澳居民来往内地通行证、台湾居民来往大陆通行证、中华人民共和国旅行证，以及边民证。

（2）户口簿或微机户口卡。

（3）个人履历表或入学、入伍、招工、招干等登记表。

（4）医院出生证明。

（5）犯罪嫌疑人、被告人的供述。

（6）有关人员（如犯罪嫌疑人亲属、邻居等）关于犯罪嫌疑人、被告人情况的证言。

（7）犯罪嫌疑人年龄、职业、文化程度等能够反映其认知能力和作案动机基本情况的证据。

上述证据均无法证实，犯罪嫌疑人本人对年龄有争议的情况下，可以通过"骨龄鉴定法"，并结合专家意见等其他证据予以认定。

第二，关于犯罪主观方面的证据，主要参考以下内容：

（1）犯罪嫌疑人手机浏览疫情防控相关网页电子物证、电话记录、手机微信语音通话记录有关书证等。

（2）犯罪嫌疑人、被告人及其同案犯的供述和辩解。

（3）疾控中心、流调工作人员、医生、家人、朋友等的证人证言等。

第三，关于犯罪客观方面的证据，主要参考以下内容：

（1）关于新型冠状病毒感染的肺炎确诊病例的函，证明被感染的病例情况。

（2）出行票证、健康宝、行程码等行为轨迹证据。去过高风险地区的监控录像。

（3）到访地方周围有病人或有症状的疑似病人及其证言。

（4）犯罪嫌疑人到过有疫情聚集性发生等高风险地区返回后未主动向社区报备，拒不执行居家隔离要求。

（5）流调工作人员、居民委员会、社区工作者隐瞒真实行径等违反疫情防控预防、控制措施的证人证言。

（6）新冠疫情防控应急指挥部等出具的可能导致新型冠状病毒感染的肺炎疫情大范围扩散传播的情况说明。

（7）医疗机构出具的医学检验、检查结果。

（8）犯罪嫌疑人行为与危害后果之间存在因果关系。

第四，单位犯罪的特殊证据，单位犯罪除一般证据标准外，还需要参考以下内容：证明单位犯罪主体身份、单位犯罪的目的、实施犯罪的决定形成以及单位中直接负责的主管人员和其他直接责任人员的证据。

（二）妨害国境卫生检疫罪

第一，关于犯罪主体、犯罪主观方面的证据。主要参考上述妨害传染病防治罪的内容。

第二，关于犯罪客观方面的证据：

（1）入境出境人员"14+7天"集中隔离医学观察延期住宿费用统计表、承诺书及其他入境填报材料。

（2）入院记录、疾病证明书、商请提供就诊情况函及复函出院记录及疾病证明书；出境申请材料及审批材料。

（3）入境出境记录、监控视频。

（4）流调报告。

（5）微信聊天记录等电子数据。

（6）微生物、人体组织、生物制品、血液及其制品等物证。

（7）嫌疑人供述和辩解及扣押、检查手续。

（8）《健康申明卡》《检疫单》《检疫证》复印件等。

（9）其他能够证实妨害国境卫生检疫行为的证据。

第三，造成传染病传播或者有传播严重危险的危害后果、行为人行为与危害后果之间存在因果关系的证据等。

（三）拒不执行人民政府依法发布的决定、命令

拒不执行人民政府依法发布的决定、命令的，由公安机关依照《中华人民共和国治安管理处罚法》第50条规定，予以治安处罚。在适用本条时需注意两点：一是决定、命令的发布主体，必须是县级以上人民政府；二是措施和命令已予以公开发布。

第一，关于犯罪的主体的证据，参照妨害传染病防治罪的内容。

第二，关于犯罪主观方面的证据，主要参考妨害传染病防治罪证明故意违反疫情防控政策部分。

第三，关于行为客观方面的证据，主要参考以下内容：

（1）各级人民政府、卫生健康委员会、疾病预防控制等部门发布的关于传染病预防、控制的通告、决定和命令。

（2）违法嫌疑人手机浏览疫情防控相关网页电子物证、电话记录、手机

微信语音通话记录有关书证等。

（3）违法嫌疑人到案经过。

（4）扣押手机决定书、笔录、扣押及发还清单和照片。

（5）现场勘验、检查、辨认笔录。

（6）行程码、健康宝、到访地监控录像等违法行为人行为轨迹证据。

（7）隐瞒真实行程的证人证言等其他证据。

（8）证明拒绝执行卫生防疫机构依照传染病防治法所提出的预防、控制措施的其他证据。

结　论

疫情防控中违法犯罪行为处置规范问题，涉及行政执法与刑事执法，涉及诸多行政机关与公安司法机关，涉及医学等专业知识和法律知识。涉及处置过程，亦涉及处置结果。即使本着小题大做的思路开展研究，也在研究的过程中发现题目略大，可以研究的问题颇多。希望本课题研究能够起到抛砖引玉的作用，唤起学术对该问题研究的重视和探索，共同促进防疫工作中违法犯罪行为的处置问题的研究。在充分调研的基础上，掌握疫情发展变化动态和规律性特征，不断提升理论研究水平，并有效地指导防疫工作中违法犯罪行为的处置。

首都地区破产管理人履职保障机制完善研究

范志勇*

自党的十九大以来，破产程序作为落实供给侧结构性改革的重要路径，对我国推动市场化法治建设、构建良好营商环境越发发挥着重要的作用。尤其是世界银行的《营商环境报告》中将"办理破产"作为考评我国营商环境的重要指标，我国破产程序的审判周期长、债权回收率低、破产成本高等特点均成为制约我国破产实践发展的不利因素。而管理人作为破产程序中的重要机构之一，管理各项破产具体事务，破产程序能否公正、公平和高效进行，与管理人职责履行密切相关。其中市场监管、税务、公安、银行、社保等一系列政府部门保障破产管理人履行职务的举措是缩短破产案件周期、降低破产审判成本、提升破产程序效率的重要前提。国家发展改革委、最高人民法院等十三部委于 2021 年 2 月 25 日出台《关于推动和保障管理人在破产程序中依法履职 进一步优化营商环境的意见》，是我国完善破产配套制度的又一重要纲领性文件，从优化企业工商注销变更、强化金融机构参与、便利税务处理、协助资产处置、强化信息共享五大方面对破产程序的配套政策做出明确和细化，是一套更为综合、全面的帮助破产法得到有效实施的配套制度。管理人履职保障问题已成为关系破产法有效实施的关键所在，并引起了中央政府的重视。我国破产立法的修改已纳入全国人大常委会的立法规划，在此背景下，全面、系统地梳理、总结首都地区破产管理人履职过程中所遭遇的主要问题，从管理人履职保障机制的视角入手，结合破产立法规范的完善，

---

* 课题主持人：范志勇，北京交通大学法学院讲师。立项编号：BLS（2021）B008。结项等级：合格。

探讨首都地区破产管理人履职保障机制的完善问题，具有重要的实践与学理意义。

一、破产管理人的法律性质

在我国破产司法实践中，管理人依法执行调查、管理、变价债务人财产等职务时常常得不到社会，特别是行政机关、金融机构等单位的必要配合，相当程度上导致管理人依法履职困难。其根源往往在于对破产管理人的法律性质的界定存在分歧，以至于其法定身份认同在实践中仍呈现为一项顽固的问题。我们主张，破产管理人是破产财产的代表机关，能够将破产管理人隐而不显却又无处不在的公法职责融合进代表破产财产利益而行为的过程之中，亦为破产管理人以自我名义履职提供了解释路径，代表机关，不同于法定代表人与被代表人的人格混同，与代理人在代理行为中映照本人的人格意志也有区别，代表机关自身的意志不会泯灭。

法人作为典型的拟制法律主体，具有为保障其参与市场竞争与社会活动便利的法定代表人制度向其他拟制主体扩张适用的合理性与可行性，并有必要针对其所适用的拟制主体的特征而采取非独任自然人的团体机关代表人模式。破产管理人虽然代表破产财产主体的利益，以获得概括授权的方式践行破产财产的主体意志，但在破产财产的具体管理事项上，破产管理人具有很大程度的独立性，以自身专业性判断履行职务，宜将破产管理人的破产财产代表说进一步改造为破产财产代表机关论。

破产管理人作为破产财产的代表机关的定位，不同于破产财团代表说的主张，后者着眼于破产管理人在私法关系中的主体定位，而代理人、法定代理人、法定代表人等私法性质的代表论均无法与破产管理人的履职特点相契合。破产管理人代表破产财产这一拟制主体利益的规则设置，使其得以从纷繁复杂的破产法律关系中、从各主体冲突的利益中解脱，推动破产财产价值最大化，通过概括执行的类公法职权使全体债权人得以公平受偿，在个案中彰显对社会公共利益的维护。虽然破产管理人不具有公务身份，但其实际履职过程与职责范围不可避免地带有公法履责的因素。破产财产的代表机关定位将破产管理人隐而不显却又无处不在的公法职责融合进代表破产财产利益而行为的过程之中，"观照"了破产管理人法定性、中立性的核心特征，更符合现代破产管理人制度维护社会公共利益的立场。破产管理人的公法属性所要保障的核心价值目标为正当性极大的社会公共利益、非国家利益或群体利益，整体化、长远性的破产财产利益可以被视为一种社会公共利益，二者本质上并不抵牾，共存于破产管理人的代表机关法律定位之中。

破产财产代表机关论亦为破产管理人以自我名义履职提供了解释路径，即为代表机关，不同于法定代表人与被代表人的人格混同，与代理人在代理行为中映照本人的人格意志也有区别，代表机关自己的意志不会泯灭，其代表职责的完成是以自我意志实现被代表主体意志的过程，履职的实践行为与效果是否契合被代表主体的核心利益是被评价的对象，而非代表机关自身意志的彰显程度。代表机关通常在被代表人的主体性极度弱化、被代表意志模糊不清的场景中适用，譬如国家机构代表的国家，由于国家外延过于宽广，群体内部成员众多，国家意志难以在细致的琐事中集中体现，故设置了拥有独立意志的国家机构作为代表机关，在国家机构行使公权过程中彰显国家意志，维护国家利益。需要辨明的是，即便被代表人的主体性弱化，甚至实定法中尚未对其主体性予以认可，仍然不会妨碍其在法理上为独立主体的合理逻辑证成结论与实践中主体性的现实地位。另外，破产财产与其他被代表主体一样，其主体意志具有显然性、原则性的特征，无需在具体事务中表达主观意思，代表机关形成之刻即获得了被代表主体意志的"概括授权"，在破产程序中，债权人会议、破产法院等监督者在破产立法的规制下，均成为在破产法律适用中践行破产财产主体意志的实践者与维护破产财产利益的"卫道士"。

二、破产管理人的纳税申报义务及其履职保障机制

纳税申报作为纳税人承担的法定的税收程序义务，在企业进入破产程序的特殊情境下，虽然企业仍面临着纳税申报的负担，但债务人企业丧失了债务清偿能力，破产管理人全面接管债务人财产，债务人在破产程序中的权利受到严格限制，债务人的权利义务关系几近全部转移于破产管理人行使，纳税申报义务归属主体与义务内容的设置，不得不成为需要特殊对待的问题。

（一）破产管理人负担为债务人企业申报纳税的义务

纳税申报具有私人公法行为的性质，其公私融合的特点契合了破产管理人的破产财产代表机关的法律定位。首先，破产管理人作为破产财产主体的代表，有义务为被代表人争取利益、行使权利。纳税申报是纳税人的一项税法权利，纳税人减免税、退税、其他税收优惠、税务筹划、不应课税等主张均可通过行使纳税申报权向税务机关提出，本质上是纳税人面向征税主体的请求权，请求权基础为税法规范，税务机关不得违法拒绝纳税人在纳税申报中的请求内容。其次，纳税申报是维护国家税收秩序、优化税收征纳环境、提高税收遵从度与征收效率、便捷税务机关工作开展的公法机制。破产管理人作为破产财产代表机关的公法因素呼应了纳税人进行纳税申报的公法义务，破产管理人应当代表破产财产依法履行公法上的义务。需要明确的是，破产管理人仅作为破产财产的代表机关履行纳税程序义务，纳税义务的实质性财产负担内容仍由被代表的破产财产来承担，因破产财产主体地位的确立，其作为最终纳税人和负税人在理论上成为可能，也为实践中税务机关对破产财产的税收征管实践进行了合理的解读。

（二）破产管理人履行纳税申报义务的保障机制

1. 破产管理人延期申报权的完善

前承抽象纳税义务与具体纳税义务的二分法，我国税法对应地确立了"纳税义务发生的时间"与纳税期限，前者以时点的形式体现为抽象纳税义务的发生时间，后者是纳税主体将其纳税义务具体化的一段合理的期间。违反纳税期限的限制，一般构成税收违法行为。[1]对申报纳税的国税及申报纳税的地方税，各有关国税的法律及地方税法，都规定了必须申报的期限。在日本，依据《国税通则》第17条，在此法定申报期限内进行的申报为期限内申报；依据《国税通则》第18、25条，负担法定申报义务的纳税申报义务人，即使在法定申报期限之后，只要尚未作出课税决定的，都可以进行申报，此称期限后申报，但无正当理由超过法定期限申报的，纳税义务人将被课以滞纳税以及无申报加算税或重无申报加算税；税务署长等根据"灾害及其他不得已之理由"，认为在法定申报期限内不能进行申报时，可延长法定申报期限。[2]我国税收征管立法确立了税务机关核准制的纳

---

〔1〕 参见张守文：《略论纳税主体的纳税义务》，载《税务研究》2000年第8期。
〔2〕 参见［日］金子宏：《日本税法》，战宪斌等译，法律出版社2004年版，第422页。

税申报延期规则，但延期事项上仅仅规定了"不可抗力"，按照不可抗力的传统定义，其指不能预见、不能避免、不能克服的客观情况，而我国债务人企业进入破产程序贯彻当事人主义原则，法院无职权强制启动破产程序，必须由破产债权人或债务人提出破产程序的申请，此一事由显然与不可抗力的定义不符，因此，按照既有的税收征管规范，破产管理人并无权向税务机关申请纳税申报延期。但破产管理人接管债务人企业是一项过程行为，其接管职责的履行与对债务人企业经营情况的掌握需要经过一定的期间，依照常态企业纳税申报的法定期限要求破产管理人不公平，违背了破产程序的特点。对此，有必要扩展延期申报的法定事由，将债务人企业进入破产程序列入法定情形之中，赋予破产管理人在合理期限内提出的延期申报纳税权。

2. 破产管理人的撤回、修正纳税申报权的补足

目前，我国对纳税申报的撤回和修正还没有明确的规定。纳税申报不可避免地可能会出现申报错误的情况，有些是违背申报人意志的错误，应赋予其合理的改正机会。日本学者及通说认为，根据行政法的一般原理，纳税人在税务机关受理其纳税申报之前，即在法定纳税期限内，纳税人的申报行为原则上是可以撤回的。但是，如果行政机关对纳税人的申报行为作出行政处分后，纳税人就无权提出撤回申请。[1] 在日本税法上，进一步就申报修改的利益诉求，区分为修正申报与更正申报。纳税义务人无论是期限内申报，还是期限后申报后，如税收行政机关尚未作出更正处分，可以进行以修正课税标准等或税额等为内容的申报。倘若税收行政机关已作更正、决定后，也可以进行以修正该更正、决定有关的课税标准或税额等为内容的申报。称为修正申报，是将申报等的内容向不利于自己的方向变更的申报。如欲将申报内容向有利自己的方面变更时，必须根据请求更正程序办理。[2] 破产领域中的纳税申报义务人与纳税义务人存在分离的现象，破产管理人为他人利益履行纳税申报义务，破产管理人从接管破产财产到对破产财产展开有效的管理需要一定的了解期间，较纳税义务人自我担任纳税申报义务人的情形，纳税申

〔1〕 闾海主编：《税收征收管理的法理与制度》，法律出版社2011年版，第19页。
〔2〕 参见［日］金子宏：《日本税法》，战宪斌等译，法律出版社2004年版，第423～424页。

报错误更易出现，应为其设置更为友好的纳税申报规则，赋予其撤回和修正纳税申报的权限。

三、破产管理人对企业破产重整豁免债务的税负处理

因企业破产重整豁免债务而产生的企业所得税负，构成了企业破产重整程序中管理人履职过程所遭遇的重大障碍。此税负的课征，经常致使管理人之前进行的一切挽救困境企业营业事务的努力化为虚有，有必要予以探究。

（一）重整企业豁免债务负担所得税违背实质正义要求

当破产重整从债务重组范畴中获得独立的价值内涵后，重整豁免债务所得的企业所得税法规范完善进路是否仍应保留课征企业所得税的基本原则，成为绕不开的前提性问题。破产重整虽然具有重组的工具性的表象，其本质仍是对丧失债务清偿能力的"极端"困难的企业采取的破产司法程序，当我们深入至税收稽征的税负主体设置原理与量能课税原则进行探索，并结合破产法与税法的调适法理，不难发现，我国税法规范对破产重整豁免债务课征企业所得税的做法导致了非正义的结果，致使私人利益与国家利益、不同群体利益之间均出现了严重的失衡。

（二）重整豁免债务应被定性为所得税不征税收入

破产企业重整豁免债务非所得税的征税客体，接下来的问题在于税法应当对其作何种评价。当回归征税客体的范畴进行宏观层面的考察，不难发现，课税必须和表彰经济上给付能力的标的、状态或事实经过相连接，如所得税所针对的主体的所得，此种已取得的所得也被称为税捐财，立法者通过设定税收构成要件，将经济层面的税捐财转变为法律意义的征税客体。税法规范的征税客体范围是立法政策综合衡量的结果，立法者应当充分考虑税收稽征的便宜性、稽征成本、财政能力以及负担的公平等因素。[1]破产企业重整豁免债务仅展现出企业纯粹获利的形式，而绝无因此获得足以支撑负担企业所得税的经济能力。在各国税法上，一般根据社会公共利益的需要、征收的困难和税收负担能力薄弱等事由而由立法者确认课税除外规则。[2]具体反映在

---

〔1〕　参见陈清秀：《税法总论》，元照出版公司 2012 年版，第 309 页。

〔2〕　参见［日］金子宏：《日本税法》，战宪斌等译，法律出版社 2004 年版，第 128 页。

企业所得税法中，在征税客体层面的课税除外原理表现为不征税收入。债务人个体通过破产重整程序挽救陷于困境的经营事业，存在缺陷的市场信用获得及时的修复，稀缺的市场资源实现了优化配置，破产重整制度的实施推动了市场经济的健康、可持续发展，就此意义而言，破产重整连接了私人利益与社会公共利益，具有重要的社会价值，这契合了所得税不征税收入的公益性特点。破产重整豁免债务具备了所得税不征税收入的核心内涵特征，在法理上不存在障碍，将重整豁免债务归入不征税收入范畴，是实现破产制度价值的唯一路径。

四、破产管理人涉税履职保障机制的完善

法理念的不同引发了税收与破产在法律规范适用层面的冲突，具体呈现为破产程序中存在的诸多类型的涉税问题。

（一）完善破产企业非正常户转正常户流程

建议综合企业破产法的立法原则和司法解释，对《税务登记管理办法》增加以下内容：被列入非正常户的纳税人进入破产程序的，其管理人可持人民法院作出的破产重整裁定、破产和解裁定、破产宣告裁定等资料申请解除非正常户。同时，税务机关应做好债务人企业破产税收债权的申报工作，将欠税、滞纳金、罚款逐一详细申报，做好与管理人、法院的沟通，按照企业破产法规定的清偿顺序予以受偿。[1] 对于要求管理人补充申报破产受理前的未进行的纳税申报，建议改为由管理人向税务部门说明所了解的情况，在税务部门申报该期间的税收债权需要提供资料时给予积极配合。

（二）特殊定义破产企业的申报期限

参照地方探索的经验，建议梳理破产企业的纳税申报期限，特殊定义申报期限，对于房产税、城镇土地使用税建议以整个清算期为一个申报周期，或者延续原来的申报期限，但是可以延迟缴纳税款；对于企业所得税，对政策执行到位，以整个清算期为一个申报周期。

（三）简化发票领用和开具流程

建议简化破产企业申请和购买发票的流程，减少相应的审批手续，制定切实可行又适合破产企业的发票供应制度，在确保新生税收的前提下高效快

---

[1] 罗显峰：《破产程序中的非正常户如何处理》，载《中国税务报》2019年6月19日，第B3版。

速完成发票的领用和开具手续。

（四）明确破产程序中的新生税款性质和清偿顺序

企业进入破产程序后，《中华人民共和国企业破产法》并未对新产生的税款进行定性，也未规定其清偿顺序，在实践中容易引起不同的观点，对清偿顺序也有分歧。我们建议在未来《中华人民共和国企业破产法》的修订中，增设破产费用和共益债务的具体项目，将针对企业破产程序里不同交易方式中所产生的新生税款类型列入其中，明确其法律性质，进而对其破产清偿顺位作出具体安排。统一理解和处理的方式，也使得法律法规更加完善，更具有操作性，也有助于减少破产企业申请和购买发票的障碍。

（五）完善破产企业的税收优惠政策

现行税法的税收优惠政策少有针对破产企业的，而且税收优惠政策也比较零散，破产企业的税收负担较重。如果能够制定针对破产企业相应的减免政策，既能减轻破产企业的税负，也能避免"国与民争"，真正体现公平清偿原则。据此，国家税务总局深圳市税务局《企业破产涉税事项办理指南》中也对企业破产程序中所涉多税种的税收优惠措施予以规定，依法进入破产程序的企业，确有困难的，可以按照规定向主管税务机关申请房产税和城镇土地使用税困难减免。企业在破产过程中，实施资产重组，通过合并、分立、出售、置换等方式，将全部或者部分实物资产以及与其相关联的债权、负债和劳动力一并转让给其他单位和个人，其中涉及的货物、不动产、土地使用权转让符合规定条件的，不征收增值税。企业在破产过程中，发生重组业务，符合规定条件的，可以适用企业所得税特殊性税务处理。企业在破产过程中，符合规定条件的，可以享受改制重组有关契税、土地增值税、印花税优惠政策。

五、破产重整企业市场信用修复机制的建立

企业信用修复是目前推动企业破产重整实践中普遍面临的重大难题，也成为阻碍破产管理人履职的重大障碍。要完善破产管理人履职保障机制，不得不从破产重整企业的市场信用修复机制的建构入手。

（一）信用修复为破产重整的重要环节

针对因财务问题陷入经营困境的债务人，并非为市场竞争本身所抛弃，最适合它的调整的方式是以调整公司债务结构、维持企业生存，以实现债务人事业重生为目的的重整程序，而非通过整理债务人财产，进而以分拆分配为主要手段的破产清算。破产重整制度拯救了不该被市场淘汰的企业，充分发挥出陷入经营困境的市场资源的最大价值，实现了社会整体福利的最大化，并保障了社会的稳定，实现了市场效果与社会效果的统一。[1]市场信用的维护需要破产重整制度，而破产重整程序的顺利开展也需要市场信用制度的支持，即构建市场主体的信用修复制度。以债权人利益最大化为债务人破产重整工作的基本指导原则，债务人企业的重整模式的选择必须秉持实用主义的态度，基于发挥债务人企业"壳资源"、其他无形资产功用，以及节省固定资产交易环节的税收成本等考量，当有必要通过"存续式重整"[2]和"反向出售式重整"[3]等重整方式，保存债务人企业的原民事主体资格时，也带来了重整前后债务人企业的信用修复问题。

（二）重整企业信用修复的正当性之源

债务人企业因开展保留主体资格的破产重整程序而进行信用修复，具有深厚的正当性基础，这也是要对重整企业开展信用修复的主要原因。市场主体信用权从根本要求修复重整企业的信用。同时，因破产重整对于失信风险的消解与债权人对债务人债务的实际豁免，对信用主体之前施加失信惩戒的非难基础基本不复存在，失去了继续维持失信惩戒措施的必要性。社会信用

---

[1]　参见许德风：《破产法论：解释与功能比较的视角》，北京大学出版社 2015 年版，第 472 页。

[2]　存续式重整，即保持原企业的法人资格存续，在原企业的外壳之内进行重整，虽然企业的所有人——股东可能会发生变更。参见王欣新：《重整制度理论与实务新论》，载《法律适用》2012 年第 11 期。

[3]　出售式重整，是将债务人具有活力的营业事业之全部或主要部分出售让与他人，使之在新的企业中得以继续经营存续，而以转让所得对价即继续企业价值，以及企业未转让遗留财产（如有）的清算所得即清算价值，清偿债权人。其标志性的特点，是不保留原债务人企业的存续，在事业转让之后将债务人企业清算注销，事业的重整是以在原企业之外继续经营的方式进行。参见王欣新：《重整制度理论与实务新论》，载《法律适用》2012 年第 11 期。而反向出售式重整，不同于一般的出售式重整模式，它保留债务人企业的外壳，由战略投资人取得该外壳，而原来的债务人企业通过子公司或设立新公司的方式进行清算，以清偿债务。这种模式一方面有利于使债务人企业的特殊资质得以保留，并且能够以较高的价格出让；另一方面能够保证债务人的资质资源可以被继续利用，避免资源的浪费。参见徐阳光、何文慧：《出售式重整模式的司法适用问题研究——基于中美典型案例的比较分析》，载《法律适用（司法案例）》2017 年第 4 期。

管理体制下完整的信用惩戒机制蕴含着信用修复的体系要求，反对对失信主体施以"无期徒刑"式的信用惩戒。

（三）重整企业信用修复规范的体系化建构

1. 金融信用修复：强化重整裁定的约束力

在破产重整程序中，银行往往担任了债务人企业的担保债权人的角色，被法院批准生效的重整计划本应对银行债权人产生未获清偿的债务豁免的效力，在实践中却并未被银行所接受并予以配合。债务人企业执行重整计划过程中与执行完毕后，银行未获清偿的债权未在内部系统中进行消除，仍挂立于债务人开立的基本户上，其在人民银行征信系统与重整前合作的商业银行的企业信贷的不良信用仍然延续。当债务人企业在重整后使用其在银行债权人处设立的账户时，转入基本户的款项会被银行自动扣划用于偿还重整前的债务。银行征信系统信用修复机制的缺乏，不仅导致了偏颇性清偿的出现，还会影响债务人企业在重整后的正常运营，其难以获得金融机构的融资、开具银行保函等，使重整程序对债务的豁免效力失去了意义。

国家发展改革委、最高人民法院等十三部委于 2021 年 2 月出台的《关于推动和保障管理人在破产程序中依法履职 进一步优化营商环境的意见》（发改财金规〔2021〕274 号，以下简称《保障管理人依法履职意见》）中明确提出人民银行等职权部门须采取有效措施支持重整企业修复金融信用，在法院裁定批准重整计划或者重整计划执行完毕的时点，自行管理的重整企业债务人或管理人均可持法院的相应裁定书，通过申请在金融信用信息基础数据库中加入相关信息等方式，针对重整企业进行金融信用修复。但《保障管理人依法履职意见》仅指出鼓励金融机构对重整后的企业债务人参照正常企业满足合理融资需求，而非将重整后的企业债务人必然视为享有完整金融信用的全新企业。结合中央与地方的探索方式，该问题的根本解决之道需要修订《征信业管理条例》，增加重整企业在征信系统中进行信用修复的程序规则。我们建议其增加规定：重整企业管理人在重整计划生效后，持法院裁定批准重整计划的裁定文书，向破产重整受理法院的同级人民银行提交征信系统信用修复申请，人民银行系统有义务规范内部审核机制，在固定时限内予以审核恢复信用，得到修复金融信用的重整后企业，在之后的市场活动中不得被金融机构歧视对待。而商业银行系统需加强对破产法学习与尊重，积极履行重整计划的约定内容，银监会对银行债权人在债务人重整成功后仍扣划基本户款项的行为进行禁止。

2. 税务信用修复：贯彻重整免责的效力

我国重整企业的税收信用修复领域面临着空白。税务信用修复困境的根源在于税务机关不认可破产重整对未获清偿债务免责的效力，且其认为，重整债务人因往往维持了原企业的工商登记与营业事务，重整前后的企业资格未发生变更，重整前债务人的不良信用记录自然无更新的可能。[1]因此，税务机关未依照重整计划的约定内容对未获清偿的税收债权在税务系统中进行核销，并对相应的信用信息进行修复。对此，首要应当树立合理的破产重整观念，正确认知重整程序之于企业债务人的法律效力与实质影响，企业的不良信用经由重整程序已然发生了根本的变动。我国纳税信用修复的可行的解决方式是税务部门接受破产税收债权无法全额受偿的现实，尊重重整计划的效力，在重整企业管理人持法院出具的批准重整计划的裁定文书申请办理税务信息修复手续时，应当及时修复企业债务人的纳税信用，不得以欠税为由而拒绝。

3. 市场监管信用的部分修复

破产重整企业往往名列经营异常名录企业或严重违法失信企业名单之中，因难以满足移除名录或失信名单的行政要求，重整企业的后续经营举步维艰。同时，市场监管领域中的失信还主要表现为被市场监督管理部门吊销营业执照，当债务人企业重整成功后，被吊销营业执照的恢复程序缺乏规范。依据上述同样的重整信用修复逻辑，市场监督管理部门应接受重整企业管理人持法院裁定的申请，消除重整企业的失信公示，当重整企业需要恢复营业执照以继续运营的，法院应出具相应的恢复营业执照协助执行书，由重整企业的管理人向市场监督管理部门申请办理。需要注意的是，建筑施工行业关于行业资质的规制，食品药品、安全生产、环保、检验检疫等具有强烈负外部性领域的信用恢复，因会严重影响信用主体之外的不特定公众的生命、财产安

[1] 参见张世君、高雅丽：《论我国破产重整企业纳税信用修复制度之构建》，载《税务研究》2020年第9期。

全，并非如市场监管、税务、银行、司法执行等信用信息主要涉及交易安全，管理人需提供相应问题达标的证明材料，与法院对重整计划裁决的司法文书一并提交职权部门审核。[1]

---

[1] 我国部分地方已有开展该特定领域信用修复的实践，如《南通市企业环境信用修复办法》第3~8条规定，企业针对自身环保方面存在的问题通过整改，认为其环境行为已经提升的，可以向原公布其企业环境信用的市、县环保局提出要求出具企业环境信用修复情况说明的申请，并附具相关整改情况的证明材料。市、县（市、区）环保局受理企业申请后，应在2个工作日内进行核查，需监测的应在3个工作日内采样监测，5个工作日内出具监测结果。对已经整改到位、符合环境管理要求的企业，应在核查完成后2个工作日内给企业出具污染治理情况说明，并在1个工作日内报送同级人民银行等关注企业环境信用的相关部门，人民银行应在收到说明2个工作日内将信息录入《企业信用信息基础数据库》，以使企业重新获得信贷支持。南通对于特殊领域企业的信用修复的规制经验，可纳入破产重整企业信用修复制度体系之中。

防范化解重大风险背景下的金融服务创新研究
——保险合同禁止性条款风险分析

一、保险合同禁止性条款现状及立法概况

（一）概述

保险合同禁止性条款是指在保险合同的格式条款中，约定在一些情况下，禁止消费者获取保险赔付金额或自由选择争议解决方式的条款。以"保险合同"和"免责条款""等待期""约定仲裁""免赔""危险增加"等为关键词在北大法宝上进行案例检索，据不完全统计，与保险合同有关的民事案件数量有 70 万件左右，其中禁止性条款引起的纠纷超过 30 万件，约占保险合同纠纷总量的一半，2014 年来随着保险业务的增加，保险合同禁止性条款引发的纠纷数量剧增。

由于格式合同在交易中可以重复使用、方便保险公司与大量投保人签约、降低企业成本等优点，保险公司与投保人签约时一般都采用格式合同的形式。为了合理分配和控制风险，减少不合理的损失，保险人会在格式合同中设定一些禁止性条款，对合同双方的远期权利义务进行分配。这些禁止性条款对保险公司维持正常经营有一定的合理性和必然性，但作为合同制定方，保险人也可能会凭借专业知识等方面的优势，利用这些禁止性条款，不当地限缩其赔付保险金的概率和额度，给投保人带来不公。

自 1997 年以来，我国政府和保险公司开始建立互联网保险网站，随着互联网的发展和普及、保险需求的快速增长、保险业务的不断发展，互联网保

---

* 课题主持人：张严方，北京融商一带一路法律与商事服务中心主任。立项编号：BLS（2020）B009-1。结项等级：合格。

险产品因选择性多、投保方便快捷等特点，已成为保险消费者购买的新渠道。北大法宝上的数据显示，近年因互联网保险合同产生的纠纷不断增加，互联网保险领域的禁止性条款风险随之增大。

（二）保险合同禁止性条款的类型

保险合同的禁止性条款一般包括法定的禁止性条款与约定的禁止性条款。

1. 法定禁止性条款

法定禁止性条款，是指法律明确规定的保险人不用承担赔偿或给付保险金责任的情况，保险人通常会在保险合同中，对以下内容进行重申：

（1）谎称保险事故。在没有发生保险事故的情况下，投保人、被保险人或者受益人通过伪造事故现场、编造事故原因、伪造有关证明文件和资料等方式谎称保险事故的，保险人有权解除合同，并不退还保险费。在保险事故确实发生的情况下，投保人、被保险人或者受益人不是根据保险事故实际所造成的人身伤残情况或者财产损失情况提出赔付保险金请求，而是弄虚作假、伪造证据，编造虚假的事故原因或者夸大损失程度的，保险人对其虚报的部分不承担赔偿或者给付保险金的责任。

（2）恶意制造保险事故。投保人、被保险人故意制造保险事故的，保险人有权解除合同，不承担保险责任，包括但不限于：投保人故意伤害被保险人，造成被保险人死亡、伤残或者疾病的；以被保险人死亡为给付条件时，被保险人2年内自杀的，但被保险人自杀时为无民事行为能力人的除外；被保险人或受益人因故意犯罪或者抗拒依法采取的刑事强制措施，造成损失时保险人免责，且该损失与前述行为之间须存在因果关系。

（3）如实告知义务。保险经营中，基于平衡保险人和投保人利益的需要，为了精确地进行风险厘定，投保人在投保时须对保险标的或被保险人的真实状况向保险人履行如实告知义务。订立保险合同时，保险人就保险标的或者被保险人的有关情况提出询问的，投保人应当如实告知。投保人故意或者因重大过失未履行如实告知义务，足以影响保险人决定是否同意承保或者提高保险费率的，保险人有权解除合同。保险公司及其工作人员不得妨碍投保人履行如实告知义务。

（4）及时通知义务。投保人、被保险人或者受益人知道保险事故发生后，应当及时通知保险人。故意或者因重大过失未及时通知，致使保险事故的性质、原因、损失程度等难以确定的，保险人对无法确定的部分，不承担赔偿或者给付保险金的责任，但保险人通过其他途径已经及时知道或者应当及时知道保险事故发生的除外。

（5）危险增加通知义务。在合同有效期内，因转让、改变用途、使用方式、使用环境或改装等因素，使得保险标的的危险程度显著增加的，被保险人应当按照合同约定及时通知保险人，被保险人未履行前款此通知义务的，因保险标的的危险程度显著增加而发生的保险事故，保险人不承担赔偿保险金的责任。

（6）安全维护义务。被保险人应当遵守国家有关消防、安全、生产操作、劳动保护等方面的规定，维护保险标的的安全。投保人、被保险人未按照约定履行其对保险标的的安全应尽责任的，保险人有权要求增加保险费或者解除合同。

（7）向第三者的赔偿请求。保险事故发生后，保险人未赔偿保险金之前，被保险人放弃对第三者请求赔偿的权利的，保险人不承担赔偿保险金的责任。保险人向被保险人赔偿保险金后，被保险人未经保险人同意放弃对第三者请求赔偿的权利的，该行为无效。被保险人故意或者因重大过失致使保险人不能行使代位请求赔偿的权利的，保险人可以扣减或者要求返还相应的保险金。

（8）法律、行政法规中禁止的行为。被保险人实施酒驾、吸毒等法律、行政法规中禁止的行为而遭受损害时，保险人可不承担保险责任。

2. 约定禁止性条款

约定的禁止性条款，是指保险人根据需要进行拟定后，与投保人签约的限定其责任范围的条款，当发生的保险事故超出此范围时，保险人不承担保险责任，具体包括：

（1）保险标的存在内在缺陷、自然损耗。如房屋保险合同中，受保房屋因设计、装修等原因及自然损耗、正常维修等造成的损失排除在保险范围之外。

（2）特殊风险的排除。如财产保险条款中，因战争、核污染或者自然灾害等不可抗力造成损失时，保险公司可以免责。

在非特定的意外伤害保险中，对被保险人因药物过敏、未遵医嘱、猝死、非必要的整容手术等情况，或从事跳水、跳伞等高风险活动时受到伤害的情形进行排除。

（3）保险责任期间的约定。保险责任开始生效的时间与合同签订时间不同，比如签订合同时约定生效时间为次日零时。

免除保险人限定期限之外的赔付责任：人身意外险约定责任时间限制条款，对被保险人遭受意外事故的时间与发生死伤的时间跨度进行限制（一般为90天或180天），保险人仅在其特定时间跨度内承担保险责任。

起保等待期（也称观察期）和理赔等待期：健康保险中，被保险人在签订合同后的一段时间内因疾病所产生医疗费用保险人不予补偿，"起保等待期"包括生效后的等待期和复效等待期；"理赔等待期"，如有的医疗保险合同中，约定住院后第三天开始理赔。

（4）免赔额、按比例赔付。人身、财产保险合同中，对属于保险责任范围内的轻微损失加以排除，例如设置免赔额、免赔率，或者约定按照比例赔付条款进行赔付。

（5）保险标的范围的特殊约定。保险公司中，根据保险标的自身特点，对保险标的范围进行特殊限制，制定针对性较强的禁止性条款。在医疗保险产品中，保险人将先天性疾病、感染艾滋病毒等情况排除在医疗保障范围之外，或者约定治疗方式、指定用药范围；在意外伤害保险中，对"意外伤害"的概念、对标的物遭受损失的方式、地点等进行限定；在机动车交通事故责任强制险等保险中，对从业资格证、实习期等作出特别约定的；疫情期间，推出"隔离险"产品的保险公司，限定被保险人获取隔离津贴的条件。

（6）约定的争议解决方式。保险人与投保人约定由具有管辖权的法院或者由保险人所在地的仲裁机构进行仲裁。

（三）相关法律法规

为防止保险人对禁止性条款的滥用，《中华人民共和国民法典》（以下简称《民法典》）、《中华人民共和国保险法》（以下简称《保险法》）、《中华人民共和国消费者权益保护法》（《以下简称《消费者权益保护法》》）、《互联网保险业务监管办法》、《健康保险管理办法》等法律法规，以及最高人民法院先后发布的4部关于适用《保险法》若干问题的解释（以下简称"司法解释"），对禁止性条款进行了明确的规范。

1. 民法典

《民法典》第496~498条、第509条对格式条款作出了规定：第496条规定了提供格式条款一方的提示说明义务；第497条明确了格式条款无效的情形；第498条规定了发生争议时对提供格式条款一方作不利解释；第509条对履行合同义务时的诚信原则作出了一般性规定。

2. 保险法

除了对法定禁止性条款的专门规定外，为了平衡保险人对于保险合同条款的信息及专业优势，使投保人能更充分准确地了解相关信息，我国《保险法》明确规定了免责条款的说明义务，与《民法典》相比，该法第17条规定保险人应主动进行提示说明，比现行《民法典》中的第496条关于格式条款的规定更为严格，切实体现了保险合同中的诚信原则。此外，《保险法》第19条重申了《民法典》中格式条款无效的规定；《保险法》第30条规定发生争议时需作出有利于被保险人和受益人的解释。

3. 消费者权益保护法

《消费者权益保护法》第26条规定了经营者的说明义务及格式条款无效的情形。

4. 健康保险管理办法

《健康保险管理办法》第26条规定了保险人指定医疗机构的限制；第27条对等待期进行了限制；第39条规定了保险人的明确说明义务；第41条规定了保险人需对投保人的如实告知义务进行了说明。

5. 互联网保险业务监管办法

《互联网保险业务监管办法》第14条明确规定了保险机构的提示说明义务。

6. 最高人民法院司法解释

最高人民法院先后于2009年、2013年、2015年和2018年发布4部关于适用《保险法》若干问题的解释，2020年最高人民法院对司法解释（二）、（三）、（四）进行修订。其中司法解释（二）、（三）、（四）均有保险禁止性条款的内容，除了对法定禁止性条款的补充规定外，还规定了以下内容：司法解释（二）第9~13条分别从说明范围、说明程度、证明规则、法律后果等方面对保险人说明义务进行了解释。第9条明确了"免除保险人责任的条款"的范围；第 10 条规定了对法律、行政法规中的禁止性规定情形的说明程度；第 11 条对提示说明义务中的"提示"和"说明"的方式作出规定；第 12 条对非当面履行提示说明义务的方式进行了认定；第 13 条规定保险人对其履行了明确说明义务负有举证责任。

司法解释（三）第 20 条规定了被保险人因情况紧急必须立即就医时，保险人不能因其未在指定医疗服务机构就医而免责；第 25 条规定了损失原因难以确定时可以按照相应比例支付保险金额。

二、规范保险合同禁止性条款的必要性

课题组对在京十几家保险公司进行了调研、收集并整理了大量相关研究及案例，在此基础上，通过案例分析的方式，总结出保险合同禁止性条款的效力认定问题是保险合同纠纷当事人产生争议的焦点，其直接关系到案件的实体处理结果，也是影响司法尺度统一的难点。通常保险人会援引禁止性条款作为拒赔的理由，而受益人与被保险人主要以保险人未向投保人履行提示说明义务，条款无效为由要求保险人赔偿或给付保险金，此外，若条款本身符合《民法典》第 497 条、《保险法》第 19 条规定的条件，应当认定这类条款无效，实践中对于部分禁止性条款本身是否有效也存在争议。为了解决这些问题，亟需对保险合同禁止性条款进行进一步规范。

（一）保险人的提示说明义务

虽然我国法律中对保险公司的提示说明义务都做出了相关规定，但对于保险人提示说明义务的履行范围、说明程度、认定规则等依然存在不甚清晰的地方，导致实践中出现大量法律适用混乱的情况。

1. 提示说明义务的范围

在提示说明义务的范围方面，因《保险法》中规定保险人对"免责条款"应履行提示说明义务，实践中对一些条款是否属于免责条款、保险人是否需要履行提示说明义务存在争议。

（1）法定禁止性条款。"投保人的如实告知义务"条款虽不属于"免责条款"，但在相关案例中，法院都以保险人未对保险标的或被保险人的有关情况进行询问、审查为由认定其须承担保险责任，此处的询问、审查属于变相的提示说明义务。对于"保险标的危险增加的通知义务"条款，有的案件中，保险公司以投保人对车辆进行改装后未通知保险公司为由拒绝赔付，法院主

要以"车辆改装未增加危险"为由判定保险公司承担责任,但随后又分析了"通知义务"条款属于"免责条款",保险公司也应承担提示说明义务。有的案件中,投保人改变了投保车辆的使用性质致使遭受意外的风险增大,法院以其未履行通知义务判定保险人免责;也有法院直接认定"危险增加通知义务"为法定义务,保险人无须进行提示说明。

(2)约定禁止性条款。在"依照伤残标准进行比例赔付"条款的认定上,有的法院认为该条款属于免责条款,因保险公司未履行提示说明义务而无效;有的法院认为该条款不是免责条款,而是给付伤残保险金的条件及相应的保险金计算方式,是保险公司的保险责任,并未排除投保人、被保险人或者受益人依法应享有的权利,亦未在保险公司承担保险责任的范围内减轻或排除其应当承担的风险与损失,因而有效。

2. 提示说明义务的程度及认定

在提示说明义务的程度及认定方面,《保险法》中的提示说明义务包含"作出提示"与"明确说明"两个层次,有的法院认为"保险合同免责条款发生法律效力的前提条件,是保险人对免责条款的内容同时进行了提示和明确说明,二者缺一不可",在保险人进行了文字提示但没有口头明确说明时判定其未履行明确说明义务;也有法院认为"合同由双方当事人自愿签订,对合同内容双方均有审查的义务,该合同条款内容简略,文字表达清楚,且关于责任免除的条款标示明显,足以引起对方注意"即肯定了保险人履行了提示说明义务。

对于"明确说明"中的"明确"需达到何种程度,司法解释中虽规定保险人的明确说明义务应使投保人明确免责条款的真实含义和法律后果,但该标准在司法实践中存在证明困难的情况;根据司法解释,投保人应履行的告知义务、通知义务、保险合同约定仲裁等不属于"免责条款",但其与投保人、被保险人利益息息相关,理应根据《民法典》《消费者权益保护法》等的规定,要求保险人按照保险消费者的要求履行说明义务,且消费者提出说明要求的前提是其已经注意到相关条款,那么此时保险人的提示义务就显得尤为重要,相关法律中亦没有对提示程度的规定。

在互联网保险合同提供者的提示说明义务问题上,司法解释(二)第12条肯定了保险人通过网页、音频、视频等方式履行提示说明义务的效力,但没有对互联网保险提示说明义务履行方式的标准进行规定；第 13 条规定投保人以签字、盖章等形式予以确认的，应认定保险人履行了明确说明义务。实践中互联网保险人会在网络投保页面最后设置"投保人声明"的选项框，以投保人在声明中作出"已明确知晓免责条款等内容"的承诺来证明自己履行了提示说明义务。但仅凭标准模糊的在线信息提示方式和投保人形式化的点击同意就认定保险人履行了提示说明义务，并不能使投保人充分获得信息。《互联网保险业务监管办法》和《中国银行保险监督管理委员会关于互联网保险的风险提示》对互联网保险领域的特殊问题进行了规制，但还是没有对互联网保险中保险人的说明义务标准进行明确。

（二）法定禁止性条款的效力问题

法定禁止性条款中，相关研究和案例集中在投保人、被保险人应履行的法定义务以及被保险人自杀免责等方面。

1. 如实告知义务

在被保险人的如实告知义务上，我国法律设置了询问式告知规则，但未限制具体的询问方式；在告知范围方面，我国《保险法》第 16 条规定"保险标的或者被保险人的有关情况"是投保人必须向保险人告知的内容，实践中有的法院会因为不告知或不实告知的事项与保险事故发生无因果关系认定保险公司承担赔偿责任，但法律并未明确规定因果关系要件。

2. 及时通知义务

实务中，当被保险人发生死亡的保险事故属于保险人给付保险金的范围时，其家属、亲友不一定知道有保单能够获得保险金，或者虽然知道有保单能获得保险金但因未参与签订合同并不懂得通知义务，从而先处理被保险人丧事，丧事处理完毕后才申请理赔保险金，这些情况下，不应一概支持保险公司以当事人违反了约定的通知义务而拒绝赔偿的行为。

3. 危险程度显著增加通知义务

《保险法》第 52 条规定被保险人"应当按照合同约定"履行危险增加通知义务，说明保险合同约定是被保险人的通知义务的前提，一般保险人都会在保险合同中写明何种情况下被保险人须得履行危险增加通知的义务。但对于写入合同的危险增加事项，是否能直接认定为需要通知的危险，存在争议。有学者认为："凡在合同中约定的须通知的危险增加情形皆属于重要危险增加，纵使客观上不属于重要危险增加，亦在其内。"但也有学者认为："不能赋予合同中对特定事项须负危险增加通知义务的约定以绝对效力。"实践中，法院一般都会对约定的事项是否会使危险显著增加进行实质性审查。

4. 安全维护义务

《保险法》第 51 条规定投保人、被保险人须"按照约定"履行安全维护义务，实践中有的保险合同中没有约定安全维护义务的具体条款，但法院会直接援引该条进行裁判；法律规定违反安全维护义务的法律后果是"增加保险费或者解除合同"，实践中对于安全维护义务契约化后的格式条款的效力存在争议，争议焦点在于保险人是否可以因此免除保险责任，即使纠纷主要围绕合同是否已经解除而展开，当事人的最终目的也是希望明确保险人是否应对已发生的保险事故承担责任。免除保险责任与解除合同的关系如何；解除合同与免除保险责任是否需要过错或因果关系要件的限制；免除保险责任的范围是否需要依据义务人主观过错程度而有所区分等问题，都有待明确。

5. 自杀免责条款

关于自杀免责条款，实践中的案例较少，争议较大的在于保险合同复效时免责期的计算方式、行为人的行为能力等方面。有学者反对现行立法中保险合同复效后免责期重新计算的规定，对保险合同而言，复效的法律后果是使原合同持续存续，保险法律关系并未中断，不应重新计算自杀免责期，否则对保险人的保护过强，对被保险人失之过严，甚至有倒逼自杀的可能。对于被保险人自杀时行为能力的规定，有学者认为该条款的除外适用对象范围过窄，未考虑到不能完全辨认自己行为的成年人。该条款的设立是为了避免被保险人以生命为代价来骗取保险金，很多无法完全辨认自己行为的精神病人，比如抑郁症患者，可能是病理状态下，为了寻求精神和身体上的解脱，非基于故意骗保的目的结束自己的生命，这些不是保险合同能预防的。但抑郁症患者属于限制民事行为能力人，实践中很多在免责期内自杀的抑郁症患者，其家属并不能获取保险金。

(三) 约定禁止性条款的效力争议

1. 等待期条款

对于等待期条款的效力问题，有观点认为等待期条款符合《民法典》第 497 条、《保险法》第 19 条规定的条件，因此无效；也有观点认为，等待期条款有效，该条款只是约定了保险责任的起始时间，此将保险责任开始时间推迟，可以防止带病投保等情况，有利于控制道德风险。

我国《健康保险管理办法》肯定了等待期的存在意义，但没有进一步规范等待期的时间，保险公司在制定等待期条款时没有依据可循，有的产品设置为 90 天，也有产品以 180 天为限。有学者提出，当所有未患疾病而过了观察期的被保险人付了 1 年保费，却只享受 9 个月甚至 6 个月保障，这时产生的保费差额就成了保险人的利润。对未患病的投保人或被保险人来说，其权利受到损害。

2. 责任时间限制条款

对于责任时间限制条款，如果严格按照条款约定，只要被保险人的伤亡时间超出了时间范围限制，其都无权获得保险金。有观点认为该条款无效，因为保险就是为减轻意外伤害造成的风险，风险持续时间有不确定性，时限限制与保险的基本功能相悖；并且该条款也容易引发道德风险，意外发生后，有的受益人为了获得保险金，可能不会及时对被保险人进行救治。也有观点主张认可该条款的效力，首先，从契约自由的角度出发，保险合同的内容是当事人协商一致的结果，时间限制条款属于保险合同的一部分，当然合法有效，可直接按照约定执行；其次，在事故发生之后，也可能存在其他外来因素对被保险人的伤亡结果产生影响，为了公平，对时间进行一定限制以避免外来因素的介入较为合理，具体的限定天数则需要借助大量临床试验、数据分析进行精准测算。这样的限定并未对合同双方的权益造成实质性伤害，没有不当地排除保险人责任、限缩被保险人、受益人的利益，因而不能认定此类条款无效，也不应认定其与保险目的相违背。

3. 风险保障范围界定条款

约定免赔率、比例赔付，或者对保险标的范围进行特殊限制的条款等可统称为保险人合理界定风险保障范围的禁止性条款，有的案件中法院会以保险人未履行提示说明义务判定其败诉，有的案件中法官根据格式条款无效规定及有争议时对格式条款接受方做有利解释等规则对其合理性进行认定。这类条款在实践中种类多样，难以全部列举，司法机关在进行裁决时，应当以公平原则为基准，综合审查保险人是否履行了提示说明义务，合理利用格式条款无效规则、疑义利益解释规则进行个案判断。

(四) 疫情带来的特殊问题

自 2019 年新冠疫情发生以来，人们的生产生活都遭受了巨大打击，作为风险分散者与转移者，我国保险行业为体现社会责任承担，采取了一系列非常规的应急措施，有的保险公司借机推出新的保险产品，随之带来大量与保险责任、禁止性条款相关的法律问题。

1. 人身险中扩展保险责任

"新型冠状病毒" 感染属于传染性疾病，确诊患者因此产生的部分诊疗费用，可以通过基本医保、财政补助等方式进行报销，但对于疑似患者的个人负担部分，就需要商业保险提供进一步的保障。

一般与疾病保障有关的保险主要是健康保险和人寿保险，但大多健康保险将法定传染病列为除外事项，即使消费者此前已经购买了相关商业保险也无法得到赔付。为了体现保险在疫情防控期间的保障作用，银保监会下发通知，要求各保险公司可以在风险可控的前提下适当扩展保险责任，多家保险公司响应号召，出台措施适当扩大了保险责任：①取消定点医院的限制，不再因被保险人未在指定医院就诊而拒赔；②取消等待期限制，被保险人等待期内因新型冠状病毒肺炎导致保险事故发生的，保险公司仍应当予以赔付；③取消药品及诊疗项目的限制，将超过该范围的自费部分的药品及诊疗项目的费用也纳入理赔范围；④取消免赔额限制；⑤取消住院报案时效及住院方式的限制，对于未按保险合同约定及时告知住院的，不再降低赔付比例，同时对于在门诊观察室、留观室隔离治疗的客户按住院方式予以认定赔付。

此外，一些财险公司也将其意外伤害保险扩展至新型冠状病毒造成的损失。但由于我国现行保险法律对于意外伤害未作界定，各家保险公司意外伤害保险合同对意外伤害的定义又存在差异，目前针对感染新型冠状病毒造成的损失是否能被扩展至意外伤害保险的责任范围存在争议。

2. 赠送险

疫情期间，有的保险公司为积极履行社会责任，向参与防疫的医护人员、志愿者、小区物业工作人员、居（村）委会工作人员等赠送保险产品，免除投保人支付保险费的义务。关于赠送保险的效力问题，上海市高级人民法院发布的《关于涉疫情金融纠纷案件法律适用的 8 个问答》（以下简称《上海高院问答》）中做出过回应，根据相关监管规定以及银保监会的通知，保险公司可以促销或者公益事业为目的赠送人身保险，但不得赠送财产保险；不得以赠送保险为由，变相开展违法违规业务或进行不正当竞争。因此，在不违反法律法规强制性规定及公序良俗的情况下，应当认可保险合同的效力。发生保险事故后，被保险人、受益人有权依据受赠保险产品向保险公司主张赔付保险金。

疫情之后，有保险公司针对新冠疫情推出隔离保险，但因责任范围产生了不少争议：①保险人与被保险人、受益人对"隔离""集中隔离""居家隔离"等保险风险的定义理解不一致，引发的保险理赔争议。比如，被保险人可能会认为"居家隔离"属于"隔离"，属于保险公司理赔范围，但在有的隔离险条款中约定的"隔离"是特指疑似患者被集中隔离监测，且每个患者须处于一个单独的隔离空间；②因被保险人的隔离证明而引发的保险理赔争议。比如某消费者购买了新冠疫情险产品，后来被检测为阳性病例，在居家隔离期间用药自愈，但理赔时保险公司要求其必须提供医疗机构盖章的纸质核酸检测报告。但是当事人感染新冠肺炎后，并没有去方舱医院治疗，所以无法取得医疗机构盖章的纸质核酸检测报告，故保险公司认为其不符合理赔约定，拒绝理赔；③因保险人故意增加或扩大新冠疫情感染风险引发的保险理赔争议。就上述问题，《上海高院问答》中规定：①对于保险风险有关概念的定义，首先应根据合同约定。保险公司未履行提示说明义务时这类条款无效；如果对合同条款的理解有争议，按照通常理解予以解释，对合同条款有两种以上解释的，按照有利于被保险人和受益人的理解予以解释；②被保险人提交的加盖有关机构印章的隔离证明、集中隔离医学观察解除单，或通过政府机关指定网络平台自助开具的居家健康监测证明等，可以作为证明其被隔离的证据。保险人如认为保险事故的发生或起止时间存在虚假的，应提供相应证据；③如果保险人有充分证据证明被保险人故意违反防疫政策，受到感染而被隔离的，人民法院可以认定被保险人的行为属于故意制造保险事故，保险人有权拒赔。

三、我国台湾地区规范保险合同禁止性条款的做法

（一）提示说明义务

我国台湾地区所谓"保险法"中未明确规定保险人的说明义务，但其第54条及第54-1条有对保险合同内容控制的规定，规定了对有疑义的条款作不

利于保险人解释原则和探求真意原则，与保险人的明确说明义务有密切联系。合同拟定者有过失时，对条文不清楚承担不利后果。我国台湾地区 2011 年颁布了所谓"金融消费者保护法"，对包括保险人在内的金融服务业的明确说明义务有更清晰的规定，同年 12 月颁布的所谓"金融服务业提供金融商品或服务前说明契约重要内容及揭露风险办法"第 7 条，对说明义务的履行方式等进行了补充性规定。关于保险人说明义务的范围，我国台湾地区规定的"金融消费者权益之重要内容"与本文所指"禁止性条款"范围相近；关于保险人履行说明义务的方式及标准，我国台湾地区规定应当以金融消费者能"充分了解"的方式说明，学界认为对于被保险人未必有足够专业能力理解相关书面内容，有必要以口头说明方式辅助被保险人理解，且保险人说明的重要事项应符合真实性、全面性与准确性；对于违反说明义务的责任与效果，其规定金融服务业因违反前述说明义务对消费者造成损害，应负损害赔偿责任和举证责任，但对于被保险人的请求的范围如何则未作明确规定。

（二）法定禁止性条款

危险增加通知义务。我国台湾地区所谓"保险法"第 59 条规定了被保险人的危险增加通知义务，区分了不同情形下的通知时间；第 61 条和第 62 条规定了被保险人通知义务的免除情形，如果危险增加系因下列原因产生的，被保险人可以免除履行危险增加通知义务：为保护保险人的利益而导致危险增加的；为履行道德上的义务而导致危险因素增加的；保险人知道或应当知道的情形。

在我国台湾地区所谓"保险法"的特约条款的有关规定中，安全维护义务可以通过第 66 条的承认履行特种义务的特约条款方式表现，如安全措施特约条款、装卸安全特约条款、工作场所及仓库安全特约条款、消防安全特约条款等；根据该有关规定第 67 条，针对未来之保险标的安全维护及危险程度等特定事宜当事人可特别约定，构成允诺保证；根据其第 68 条，被保险人违反该特别约定的，保险人得解除契约，其危险发生后亦同。

（三）约定禁止性条款

（1）等待期条款。在我国台湾地区，起初保险业监管机关并无对保险等待期的规范，实务中的健康保险在订约与复效时均存在等待期。后"金融监督管理委员会"在所谓"人身保险商品审查应注意事项"第 78 点规定，除癌症保险及重大疾病保险外之健康保险，其等待期间最长以 30 日为限，且复效时不得再约定有等待期间。健康保险等待期间之保险费应于计算内扣除。非保证续保之 1 年期健康保险，其等待期间保险费之排除，应于承保之第一年度充分反映。司法实务中亦有裁判认为，复效等待期条款无效。

（2）责任时间限制条款。我国台湾地区所谓"意外伤害保险示范条款"在 2006 年修订之前，第 4 条第 1 款规定、第 5 条第 1 款都有责任时间限制的表述，但其合理性受到了社会公众和许多专家学者的质疑，并引发了许多诉讼。例如，关于意外伤害导致残疾的判断，在医学实务上须经 1 年时间的观察方能判定，然而保险合同却将其限定为 180 天，这与死亡时间限制条款一样，在相关判例中都被法院认定为有违诚实信用原则，显失公平，当属无效。为了回应公众的批评和法院的判决意见，我国台湾地区保险业在 2006 年对所谓"意外伤害保险示范条款"修订时，在原来的条款基础之上增加了但书，即"但超过 180 日死亡者/致成残废者，受益人若能证明被保险人之死亡与该意外伤害事故具有因果关系者，不在此限"。

四、域外经验借鉴

（一）提示说明义务

1. 英国

英国 2015 年《保险法》第 17 条规定，在当事人签订或协议变更合同前，保险人需采取积极有效的提示措施，保障被保险人能够注意到对其不利的条款内容，且该提示必须达到清晰明了、毫不含混的程度。

2. 德国

德国在《保险合同法》第 7 条中规定了保险人应承担的"信息义务"，在投保人作出同意签订保险合同之前，保险人应当采取文本的方式对条款进行说明。关于保险人履行明确说明义务的履行方式。德国保险法领域专家学者认为履行方式应为书面，内容为一般条款及相关情况，强调保险人的说明应达到完整性与清晰性。德国法律的规定与学者们的观点相差不大，并未通过立法针对免责条款的明确说明义务作出具体规定，而是侧重于对合同基本内容的确认。

3. 日本

日本的《消费者契约法》和《金融商品销售法》以消费者保护为出发点

确立了非对称契约当事人间的信息提供或说明义务规则，保险契约即为典型的非对称契约。《消费者契约法》考虑到投保人保险相关知识不足的特点，要求保险人在缔约时尽可能采用口语化的表述，避免过于专业化的表述，以便通俗易懂。《金融商品销售法》课以金融产品销售者在销售金融商品时对消费者尽到说明义务。如金融业者未对应说明事项善尽说明义务而致顾客受损时受害，顾客可向金融业者主张损害赔偿责任，以确保金融商品销售业者在销售时的劝诱行为适当。

日本《保险业法》从积极与消极两个层面对保险人的说明义务进行规制。积极的说明义务是指保险公司有义务向投保人或被保险人提供缔约信息。消极的说明义务指不得向投保人或被保险人进行虚假说明、不当的比较性说明、告知妨害，不能进行不当的替换募集、误解性说明和对本不确定性的事项进行确定性说明等不当说明。

（二）法定禁止性条款

1. 美国

美国作为判例法系国家，并没有适用全国的保险法，而是各州根据自身情况制定只适用于本州的保险法。与其他国家和地区相比，美国关于自杀条款的规定存在以下不同：

（1）精神状态。对于被保险人自杀时的精神状态这一问题，有判决认为即使精神失常的被保险人的自毁行为仍不属于自杀，不影响保险人的拒赔。也有判决认为被保险人在精神失常状态下的自杀行为不能被认为是保险人的除外责任。

（2）复效制度。关于保险合同复效后免责期间的计算，美国的判例并未将复效之时作为免责期的新起算点，而是从原合同签订之日计算免责期。

2. 英国

在英国保险法中，保险保证条款是保险人限制保险标的的危险程度的一种重要措施。保险保证既可针对保险告知义务中的风险程度评估风险，也可针对保险合同签订后危险程度增加而加大风险。前者与告知义务制度相关，可能构成对投保人法定告知义务负担的实质修正；后者与保险法中保险合同签订后被保险人的安全维护义务相关。

英国 2015 年《保险法》第 10 条第 2 款规定："在合同中的保证（明示或

默示）被违反后至被矫正前的期间内，由于或可归因于某事件的发生而造成保险标的的任何损失，保险人得免除其合同下的责任。"第 3~6 款明确了该保证不发生效力的几种情形；第 11 条中引入了因果关系要件，如果被保险人可以证明其违反保证条款在当时情况下不可能导致已发生的损失的风险的增加，则视被保险人满足本款规定，保险人就需要承担保险责任。

3. 德国

（1）如实告知义务。德国《保险合同法》第 19 条规定了投保人的如实告知义务，以及违反该义务后保险人的解除权及限制。其中第 5 款规定，只有在单独的书面文件中向投保人说明不履行告知义务的法律后果时，保险人才可以享有合同解除权；第 8 款规定，告知义务的违反与保险事故发生无因果关系时保险人须给付保险金；投保人故意或以欺诈行为违反如实告知义务的，保险人不承担给付保险金责任；第 9 款规定保险人的解除权从合同订立时起算 5 年内不行使而消灭。投保人故意或者以欺诈行为违反如实告知义务的，前述期限延长为 10 年。第 56 条第 1 款规定："依据本法第 19 条第 2 款规定，保险人知道或应当知道投保人不实说明事实一个月内可以行使合同解除权。如果投保人未告知事项不是保险事故发生的原因，保险人应当给付保险金。"

（2）危险增加通知义务。关于危险增加通知义务，德国《保险合同法》第 23~25 条规定，在未经保险人同意的情形下，如果被保险人实施了引发保险标的危险增加的行为，则由于危险增加引发的事故，保险人可以拒绝赔偿。第 26 条规定："如果投保人因重大过失违反危险增加通知义务时，保险人可以按照投保人的过错程度减少其保险金给付责任。"第 27 条规定："如果承保危险并未实质性增加，或者基于当时的具体情况可以推定增加的危险也应当属于保险合同的承保范围时，本法第 23~26 条不予适用。"

（3）安全维护义务。德国法的安全维护义务属于约定的不真正义务，根据德国《保险合同法》第 28 条第 1 款，违反此种不真正义务的，保险人享有终止权，但前提是投保人对于不真正义务的违反具有故意或重大过失。如果约定了责任免除，在不真正义务的违反与保险事故的发生或保险给付义务之范围之间具有因果关系的前提下，保险人可以主张不承担保险责任。

此外，在德国法中，安全维护义务条款须符合明确性要求，即合同中对安全不公平格式条款范畴，法院也认为保险人必须以明示方式创设约定行为义务，且义务内容须具体明确。

（4）关于自杀免责的规定。德国法关于自杀条款的规定主要有以下几个方面：①德国保险法明确将自杀条款限定在人寿保险合同中；②免责期设置为 3 年，并且合同双方可以约定将其延长；③如果被保险人的自杀行为处于病理失常状态，保险人仍应支付保险金。

与我国的自杀条款相比，德国保险法将自杀时无能自由决定意志的被保险人作为自杀条款的除外适用对象，有利于保护这一弱势群体的合法利益。

4. 日本

日本《保险法》第 4 条规定了投保人和被保险人的如实告知义务，第 28 条、第 55 条规定了保险人的解除权及其限制，在保险媒介人妨碍、诱导投保人或者被保险人的如实告知时，保险人不享有解除权；第 37 条规定如实告知的事项为"与保险事故发生可能相关的重要事项"；第 55 条专门规定了生命保险合同的解除权限制："第 1 款规定的解除权，从保险人知道解除事由后 1 个月，或者从生命保险合同缔结后 5 年内未行使的，该解除权消灭。"

（三）约定禁止性条款

1. 美国

（1）等待期条款。美国的"现时健康除外条款"，也有翻译成"既存疾病条款"与我国健康保险的等待期条款相近。法官在适用判例法规则时，主要从防止带病投保设置目的出发，通过不同的判断方式去考察被保险人的某种疾病状况是否先于保单的有效日期发生。审查的重心在于一个理性的人基于症状而知道疾病已经存在的时间点，可能是疾病首次出现或者变得剧烈的时间点，也可能是被保险人出现明显症状或者出现导致诊断为疾病的状况的时间点。

（2）责任时间限制条款。在美国，关于意外死亡保险中的时间限制条款的效力的争议，至少在 1868 年就已开始出现，随着时间的流逝，美国各州法院先后做出了一系列的判例，其对保险责任时间限制条款的态度基本分为三个相对独立的阶段：肯定效力期、否定效力期和回归约定的调整期。直至今日，美国各州法院也未达成一致意见。

2. 德国

2008 年《德国保险合同法》第 197 条对等待期做出了详细规定，德国立法者从设置缓冲期的目的出发，结合临床医学经验，推算出不同类型疾病从患病至显现微状的期间作为等待期，不同类型疾病存在不同时段的等待期。德国境内的保险公司在确定等待期时间长短时，可以根据所承保的疾病类型制定相应的等待期时段。

五、完善保险合同禁止性条款的建议

（一）针对保险人提示说明义务的履行问题

根据前文可知，我国法律中的"提示说明义务"应当包括两层次，首先在"提示"方面，保险人可在投保单、保险单、保险凭证上做出标志性的提醒，充分引起投保人的注意；在"说明"方面，参考域外有关规定，应通过通俗易懂的解释使投保人理解其条款含义，尤其是要让投保人明确该条款对其利益造成的影响及相应的法律后果等。在互联网保险方面，保险人在设计网络投保程序时，应当对禁止性条款进行特别提示。一方面，可以将相关页面设置为自动弹出，强制要求投保人在合理时间内阅读，对保险合同中常人较难理解的专业化、技术化、复杂化的条款辅以音频、视频、人工在线等多种形式的说明，确保其理解相关条款的内容、概念及法律后果；另一方面，根据《中国银保监会关于规范互联网保险销售行为可回溯管理的通知》，互联网保险人可以通过网络后台记录并保存互联网保险产品销售过程，作为其履行提示说明义务的证据。

由于禁止性条款的说明程度难以主观认定，只能通过标准化的形式来规范和认定是否已提示及其说明的程度。可以根据禁止性条款的不同类型，制定相应的提示说明义务规范，使保险人履行相应义务时有所参照，同时也能作为法院的判决依据。具体而言：首先，针对无保险利益或保险事故，以及故意制造保险事故等情况，无须提示与明确说明，保险人即可免责；其次，对于被保险人违反法律禁止性规定的免责条款、投保人应履行的义务等条款，保险人只需进行提示，即为有效；再次，对于约定保险责任期间、约定争议解决方式的条款，保险人须作出明确告知，并由投保人确认；最后，对于保险人合理界定风险保障范围的禁止性条款，保险人不仅须提示，且应专门明确说明，在投保人表示完全理解了条款内容前提下，可以判定保险人履行了义务。

(二) 法定禁止性条款效力

1. 如实告知义务

按照我国法律规定，投保人如实告知的事项应以保险人询问的事项为限，保险实务多采用与德国相同的书面询问的方式，有必要将该惯例通过立法手段固定下来，有利于保护消费者利益，也提醒保险行业在设计书面询问内容时更加审慎。在未告知或不实告知事项与保险事故发生的因果关系方面，可以借鉴德国的立法经验，明确因果关系要件，保护消费者利益，同时规范保险行业操作规程。对于保险合同解除权的不可抗辩期限，即解除权在一定期限内不行使后就会消灭，较之德国和日本，我国保险法没有区分投保人故意违反如实告知义务以及以欺诈为目的进行不实告知的情况，且规定不可抗辩期最长为两年。可以将保险人的不可抗辩期限延长为 5 年到 10 年，并且根据投保人主观方面，分别规定不可抗辩期间。投保人非因故意未如实告知的，保险人行使解除权的不可抗辩期限为 5 年；投保人存在故意或以欺诈为目的时，不可抗辩期限为 10 年。

2. 及时通知义务

在处理被保险人死亡后，家属因客观原因没有履行及时通知义务的纠纷时，应紧扣相关规定的 5 个细节，通知主体中投保人、被保险人、受益人，只要有一人通知即可；通知时间为 "及时"，法律并没有明确限定，需要结合具体案件进行合理分析；免责情形只有存在故意或者重大过失时才适用；即使保险人免责事由能够成立不予赔偿的也仅是未确定部分损失而不是全部损失。此外，及时通知义务是保险合同履行过程中基于诚信原则而产生的附随义务，该义务的履行应当根据保险事故发生时的客观环境、被保险人的条件进行综合认定，不能仅因该附随义务未履行就直接免除保险人的赔付义务，合同中如含有相关的免责约定应当无效。

3. 危险程度显著增加通知义务

关于危险程度显著增加通知义务，合同中约定对特定事项须负危险增加通知义务的条款不应当然有效，要根据重要性、持续性与不可预见性（或未被估价性）三大原则进行实质性审查。可以参考部分地区的相关规定，对非因投保人或被保险人的行为所导致的危险增加事项，给予当事人一定的通知时间期限；同时对 "为履行道德上的义务者" 免除危险增加通知义务，有助于构建良好的公序良俗，凸显保险制度的道德性。

4. 安全维护义务

就安全维护义务而言，可以参考德国的规定，明确保险人仅能以明示方式创设安全维护义务，不能凭借笼统、宽泛、不明确的表述剥夺受益人请求保险金的权利。如果合同中仅约定了义务人应遵守相关法律法规，或应以善良管理人的注意来避免保险事故发生等抽象性、概括性的要求，法院不能直接基于法律的规定进行裁判。

我国法律只规定投保人、被保险人违反安全维护义务时保险人可以采取增加保费或解除合同进行自我救济，没有规定保险人是否可以拒绝赔偿，德国、英国都规定了可以免除保险人责任。对此，不应直接否定保险公司在格式合同中约定免责的效力，但须对条款的公平性进行考察，应当参考德国的规定，引入被保险人的主观过错和因果关系认定等限制条件。只有当投保人、被保险人故意或者重大过失不遵守安全维护义务时，保险人可以免除责任或者减少赔偿；当投保人、被保险人违反该义务与保险事故的发生没有因果关系时，保险人应当承担保险责任。

根据《保险法》第36、37条，复效后的保险合同是合同中止后恢复效力的合同，但第44条又规定合同自复效后重新计算免责期，将复效后的保险合同定性为新的合同，前后存在矛盾，同时这样的规定过分保护保险人的利益。可以参考美国判例，将复效后保险合同的免责期从原保单签订之日起计算，使自杀条款的规定与复效制度的性质相统一，避免《保险法》表述上的矛盾，而且也可以限制保险人的权力扩张，防止其利用该规定侵害被保险人的利益。在自杀条款的例外适用对象范围方面，可以德国、美国的相关规定，将不能辨认自己行为的精神病人列为自杀条款的例外适用对象。因为这一主体在病理状态下的自杀行为不具有认识和控制自己行为的能力，没有自由决定的意志。

（三）约定禁止性条款效力

从防止带病投保、缓冲期设置的目的考虑，等待期条款有其重要意义，应强调投保后突发性的疾病、新发疾病及新发症状等不得拒赔；同时结合临床医学经验，设置不同类型的疾病的等待期，确保保险公司有据可循，有法可依。此外，为了保护保险消费者的利益，对未带病投保的投保人、被保险人退还等待期的保费或延长保险期间等也应进行分别规定。

关于复效的等待期，一方面，根据司法解释，当保险人同意投保人的复效申请且投保人补交保费后，合同就已经生效，不存在空档期，如果认可复效的等待期，相当于否定司法解释关于合同立即复效的规定；另一方面，为防止投保人在复效时带病投保，司法解释（三）第8条第1款规定了在保险合同中止期间被保险人危险程度显著增加的，保险人可以拒绝投保人的复效申请，复效时投保人仍然须履行如实告知义务，现行规范体系已较为完备，为了平衡投保人与保险人之间的权利义务，可以参考部分地区规定的"复效时不得再约定有等待期间"。

结合保险责任时间限制条款的"精算保费以确定对价"的价值功能来看，投保人没有对时间限制之外的保险责任支付保费，不享有相应的保险权利，因此该条款不属"免除义务、排除权利、加重责任"型的法定无效条款。但条款的适用过程中，应结合该条款"确立因果关系"的价值功能，在被保险人的伤亡与保险事故之间存在实质因果关系且保险人拒赔有违合理期待原则时，法院应判定保险人予以赔付。对此可参考部分地区的规定，在当事人约定了责任时间限制条款后，被保险人超过限定期限伤亡后，受益人若能证明被保险人的伤亡与意外伤害事故具有因果关系，保险公司应承担责任。

（四）新冠疫情期间的特殊规定

新冠疫情期间，保险公司将保险责任进行明确扩展的，被保险人可以根据保险公司的承诺进行理赔。在重大疾病险方面，即使保险公司未扩展承保新冠病毒，如因新冠病毒导致被保险人的病情达到重大疾病保险条款约定的相关疾病标准，比如出现度昏迷、慢性呼吸功能衰竭、特定的肺功能衰竭等并发症，保险公司应当赔付。

能否将新冠病毒造成的死伤扩展至意外伤害险的保险范围，在官方正式发布新冠病毒相关的信息后，疫情发生的原因、传播方式、途径以及后果等，成为人人都知悉的客观事实，被保险人因感染新冠病毒导致伤亡，显然不符合意外伤害突发性（不可预见性）的要求。对于最初感染新冠病毒导致的死伤结果，是否构成意外伤害，存在进一步探讨的余地，如果初始感染的被保险人主张意外伤害保险金，需要承担举证责任，证明感染病毒具有突发性和不可预见性，以及死伤结果与感染事件之间的因果关系等。保险公司应当科学、合理地对"意外伤害"的内涵和外延进行界定，明确在意外伤害条款中将感染病毒等原因引发疾病导致的死伤作为意外伤害保险责任的例外情况，以避免因明显外来因素而引发的疾病并导致死伤免责条款的争议。保险监管部门或者保险行业协会也有必要为保险行业制定统一的"意外伤害"定义，发挥组织和推动作用，并进一步加强与司法部门和仲裁机构的沟通以形成共识，从而避免相关争议的发生。

在推出"隔离险"等新的保险品种时，保险公司在保险产品设计上应当坚持审慎原则，合理定价，对于免除和减轻其理赔责任的条款应当向消费者进行明确说明。如果消费者和保险公司对于条款中概念的认识有出入，人民法院和仲裁机构应当作出有利于消费者的解释。

租赁住房建设规划管理相关法规政策研究

楼建波*

引　言

　　住房租赁市场的发展和完善是促进房地产市场平稳健康发展、解决群众住房问题的重要举措。自2015年以来，中央和地方政府陆续出台了一系列政策文件，从多个层面出发鼓励住房租赁市场的发展。

　　北京作为一线城市，租赁住房需求大。而建设租赁住房，规划、计划必须先行。同时，北京市于2022年5月25日颁布的《北京市住房租赁条例》为本课题的研究提供了指导。基于此，本课题旨在研究北京市租赁住房建设规划管理相关法规政策的现状、问题，并重点结合并提出相关的政策建议。本课题的研究内容主要分为以下四个方面：第一，调研分析北京市租赁住房建设及法治建设的现状。第二，研究在建设规划中法律制度不健全、建设标准不清晰、建设与需求不匹配、公共配套设施不完善、服务标准不明确等问题及原因。第三，研究我国上海、浙江、广东等地方租赁住房建设规划模式及立法情况，对比研究美国、法国、德国等境外国家的经验做法，探讨对规范北京市租赁住房建设的可借鉴之处。第四，针对北京市租赁住房建设规划管理的相关法律及实践过程中发现的问题，从多方面提出建议。

一、北京市租赁住房供应类型概述

　　为了对北京市现有的租赁住房进行全面的梳理，课题组采用了分类的方法。租赁住房的运营方式体现了各类租赁住房最为直观和本质的特征，也能

---

　　* 课题主持人：楼建波，北京市房地产法学会教授。立项编号：BLS（2021）B010。结项等级：合格。

较为全面地反映租赁住房市场的实际情况，因此课题组使用"以运营方式分类"作为基础分类。随后，课题组结合北京市的实际情况，进一步使用了"以土地供应类型分类""以保障对象分类"两种分类方法。

（一）以运营方式分类

按照运营方式，住房租赁分为市场化运营的租赁住房和保障性政策性运营的租赁住房，后者主要包括作为公租房运营的租赁住房和作为保租房运营的租赁住房。

1. 市场化运营

（1）市场租赁住房基本情况。根据《北京住房和城乡建设发展白皮书（2021）》统计，北京市 2020 年住房租赁市场年累计交易量 200 余万套次，住房租赁监管服务平台累计备案住房租赁合同 300 万笔，交易量位居全国第一。"十三五"时期，年交易规模趋于稳定，基本保持在 200 万~250 万套之间。从均价看，2020 年，全市住房整租的平均租金为 82.6 元/平方米·月。（如图 1）

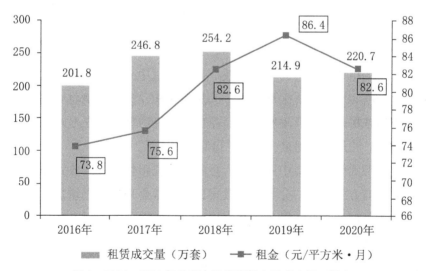

图 1 2016—2020 年北京市住房租赁市场成交量、租金

（2）市场租赁住房类别。以租赁住房的供给源为综合的分类标准，可将市场租赁住房分为个人房源供给和行业机构供给两大类。在个人房源中，按照运营模式，可分为房东直租和中介居间租赁。机构房源情况更为复杂，按

照房屋分布，可分为分散式公寓和集中式公寓；按照租赁期限，可分为短租住房和长租公寓；按照机构的运营模式，还可进一步细分为重资产运营、中资产运营和轻资产运营。（如图2）

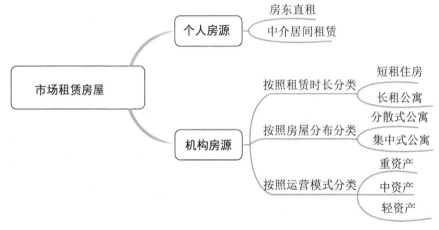

图2　市场租赁住房类别

（3）市场租赁住房重点类别介绍。一是中介居间租赁住房从市场体量上看，目前市场租赁住房绝大多数是散户业主通过中介机构出租的房源，据估算占比在60%以上。若算上城中村个人房源出租，这一比例将会更高。由于大部分租赁住房是散户业主所有的商品房，所以房型面积在七八十平方米或以上的两居、三居产品居多，一居室房源供应不足。[1]

二是分散式公寓、集中式公寓。公寓都为长租住房，分散式和集中式公寓系按照经营方式作出的分类。分散式公寓通常会采用分隔增加房间数量的方式，增加利润增长点。但是《北京市房屋租赁管理若干规定》以及北京市住房和城乡建设委员会、北京市公安局、北京市规划委员会《关于公布本市出租房屋人均居住面积标准等有关问题的通知》等规范性文件都明确禁止了分割出租。2019年7月8日，北京市住房和城乡建设委员会等单位正式发布

---

〔1〕 苏志勇：《北京租房市场全面分析：到2021年政府供应50万套，房租几乎没有上涨的可能》，载微信公众号"中国房地产报"：https://xueqiu.com/6482233088/135932369，最后访问日期：2022年5月29日。

了《北京市住房租赁合同》等多个合同示范文本，明确指出了禁止群租房、隔断房。以上举措导致 2019 年分散式长租公寓运营商整体规模增长缓慢，同时也给集中式长租公寓发展带来机会。2021 年 6 月，北京集中式公寓在开业项目数达 371 个。截至 2021 年 6 月，集中式公寓房源总数突破 7 万间。从平均租金来看，约为 156 元/平方米·月。[1]

三是三种运营模式。机构运营租赁住房的模式包括重资产、中资产、轻资产三类。

2. 保障性住房运营

（1）公共租赁住房（简称"公租房"）。根据《公共租赁住房管理办法》，公租房是指限定建设标准和租金水平，面向符合规定条件的城镇中等偏下收入住房困难家庭、新就业无房职工和在城镇稳定就业的外来务工人员出租的保障性住房。

截至 2021 年 10 月，北京市保障房中心累计建设筹集各类保障房约 14.72 万套，其中公租房 13.51 万套。已经投入运营的公租房项目 107 个，已入住家庭总数 8 万余户。

（2）保障性租赁住房（简称"保租房"）。首先，概念。北京市出台的《北京市关于加快发展保障性租赁住房的实施方案》（京政办发〔2022〕9 号）明确，保障性租赁住房主要用于解决在本市无房或者在特定区域内无房的新市民、青年人等群体住房困难问题，重点保障城市运行服务保障人员、新毕业大学生等群体。

其次，《北京市关于加快发展保障性租赁住房的实施方案》还指出，保障性租赁住房的供地来源分为：一是集体经营性建设用地供应、集体产业用地；二是产业园区配套用地，例如利用行政办公及生活服务设施的用地，建设宿舍型（含公寓型）保障性租赁住房；三是企事业单位自有土地建设保障性租赁住房；四是新供应的国有建设用地。

配套的土地支持政策有：①将非居住存量房屋改建为保障性租赁住房的项目，不需变更土地使用性质，不补缴土地价款。②利用企事业单位自有土

---

[1] 《市场缓慢增长，北京集中式租赁公寓进入新阶段》，载新浪网：https://finance.sina.com.cn/tech/2021-07-12/doc-ikqciyzk5006197.shtml，最后访问日期：2022 年 5 月 29 日。

地建设的保障性租赁住房项目，应按规定变更土地用途，不补缴土地价款，原划拨的土地可继续保留划拨方式。③利用集体经营性建设用地建设的保障性租赁住房项目，用地范围内为本项目服务的配套公共服务设施、道路和市政设施，可采用占地方式建设。④利用新供应的国有建设用地建设保障性租赁住房，其用地可采取出让、租赁、划拨等方式供应。

最后，市场现状。已入市项目：2021 年 6 月，住房和城乡建设部总结了部分地方加快发展保障性租赁住房的经验做法，形成了《发展保障性租赁住房可复制可推广经验清单（第一批）》，北京市万科成寿寺项目、华润葆台项目位列其中。

万科成寿寺项目由村集体经济组织和万科成立合资公司作为项目运营主体，万科负责所有建设成本投入并获得项目建成后 45 年的经营权及收益权，村集体经济组织每年获取保底收益及超额分红。

表 1　万科成寿寺泊寓项目

房　源	户　型	装修情况	租金情况	对接对象	运营周期
901 套	1. 开间（20 平方米至 39 平方米）、情侣房（31、39、76.8 平方米）。2. 开间区分为女生、健身、直播、宠物等不同主题。	1. 全装修，配家具家电。2. 配套设施包括图书馆、健身房、影音桌游室、艺术展廊、露天活动平台等。	1. 小户型开间价格在 3091 元至 5373 元之间。2. 情侣开间价格在 4911 元至 7616 元之间。	1. 年轻人和上班族。2. 2022 年应届毕业生的首次租房可以享受 9.5 折优惠。	万科享有 45 年的经营管理权及收益权。同时，万科每年付给村集体保底收益及超额分红。

北京市华润葆台有巢总部基地项目由村集体经济组织和华润签订合作协议，约定华润出资建设并负责运营，华润享有 50 年的经营权及收益权，每年支付村集体经济组织固定收益分红。

表 2　华润葆台有巢总部基地项目

房　源	户　型	装修情况	租金情况	对接对象	运营周期
2314 间	开间（25、33 平方米）。	1. 全装修，配家具家电。 2. 配套设施包括健身房、瑜伽室、台球室、阅读区、观影区等休闲娱乐区。	1. 2938 元至 3299 元（25 平方米）。 2. 3612 元至 3802 元（25 平方米的开间）。 3. 均价约为 118 元/平方米·月。	主要面向周边丰台科技园、总部基地的企业员工。附近企业资金雄厚，员工年龄大多处于 26～32 岁。	华润享有 50 年的经营权及收益权，每年支付村集体经济组织固定收益分红。

即将入市项目：目前，北京市即将入市的项目主要是首创繁星十八里店项目。该项目计划于 2022 年 7 月至 8 月入市运营。

表 3　首创繁星十八里店项目

房　源	户　型	装修情况	租金情况	对接对象	运营周期
6572 套	1. 开间（32、36、41 平方米）、一居室（64 平方米）、两居室（72 平方米）、三居室（89 平方米）和集体宿舍（未明确）。 2. 内部隔墙可自由设置，可实现开间与套间的相互转换。	1. 全装修，配家具家电。 2. 配套设施包括社区食堂、健身房、图书馆、影院、社区医院、开放式街区、活力步道、下沉广场等。	1. 目前还在前期测算阶段。 2. 从调研情况看，目前项目租金约为 3.4~3.5 元/平方米·天（约 105 元/平方米·月），企业客户将享有一定的优惠。	1. 主要客群为企业客户和个人客户，比例约为 5:5。 2. 企业客户主要是国贸 CBD 和亦庄经济技术开发区内的企业。	开展 40 年长周期运营，在合作运营周期内，乡集体项目资金回正后能按比例享受分红。

2022 年保租房首次面向应届生配租情况：2022 年 4 月 15 日，北京市住房和城乡建设委员会表示，为破解应届大学毕业生安居难题，北京将启动 4 个保租房青年公寓项目对接试点。4 个项目试点房源共 653 套、近 1000 间，大部分项目月租金在 2000 元至 3000 元，最贵的月租金不超过 4800 元[1]。

---

[1]　参见 https://www.chinatimes.net.cn/article/116774.html，最后访问日期：2022 年 5 月 29 日。

表 4　朝阳平乐园项目

房　源	户　型	装修情况	租金情况	对接对象
206 套（489 间）	二居室 129 套（258 间）；三居室 77 套（231 间）。	1. 全装修，卧室和客厅分区管理。2. 公共配套包括运动健身区、书吧阅读区、共享会客区、休闲娱乐区。	分间合租，一间一价，月租金 2600 元至 4800 元。	在京就读、留京就业创业且在京无房的 2022 年应届大学毕业生。
119 套	零居开间，套内建筑面积约 16~17 平方米。	全装修，配家具家电。	85 元/平方米·月（含家具家电增值服务费），能源费标准 60 元/平方米·年（含制冷、供暖、新风）。	海淀区行政区域内高校 2022 年应届毕业的在京无住房毕业生（就业于海淀区科技创新型等类型企业的毕业生优先）。
126 套	二居室，套内面积约 60 平方米。	全装修，配家具家电。	38 元/平方米·月；家具家电增值服务费约 3 元/平方米·月。	在昌平区未来科学城全域 170.6 平方公里范围内就业的高校毕业生（就业于未来科学城东区 10 平方公里范围内企业的硕士毕业生优先）。
202 套	一居室，建筑面积 35 平方米。	1. 全装修，配家具家电。2. 公共配套包括健身房、娱乐空间、休闲空间等。	2186 元/套·月（含物业费）。	良乡大学城 5 所高校 2022 年毕业的在京无房应届毕业生（在房山区就业创业的毕业生优先）。

除了以上的公寓型租赁住房，住宅型租赁住房及宿舍型租赁住房尚未开启试点。早在 2018 年 6 月，为了解决城市运行和服务保障行业务工人员的住宿问题，北京市住房和城乡建设委员会、北京市公安局、北京市规划和国土资源管理委员会联合发布了《关于发展租赁型职工集体宿舍的意见（试行）》，希望通过改建闲置的厂房、写字楼、酒店、厂房增加职工宿舍型租赁住房的供给。

（4）发展规划。在《北京市关于加快发展保障性租赁住房的实施方案》中，将保租房分为住宅型、宿舍型、公寓型住房，并计划在"十四五"期间，在北京建设筹集保障性租赁住房40万套（间），占新增住房供应总量的比例达到40%。

根据北京市住房和城乡建设委员会、北京市发展和改革委员会、北京市规划和自然资源委员会《关于印发2022年全市首批保障性住房开竣工项目建设计划的通知》（京建发〔2022〕121号），在2022年首批保障性住房开工计划情况表中，计划开工集租房19 440，公租房2200套，非居住存量房屋改建租赁住房800套，土地市场竞配建保障性租赁住房4325套，新增国有用地建设租赁住房4850套，其他新建或存量房屋转化1729套。在2022年首批保障性住房竣工计划中，计划竣工集租房8979套，公租房5100套。

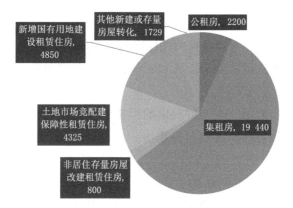

图3 拟纳入2022年首批租赁类保障性住房开工计划（套/间）

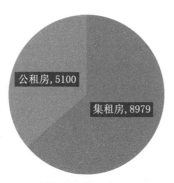

图4 拟纳入2022年首批租赁类保障性住房竣工计划（套/间）

3. 公房运营

根据《北京城市总体规划（2016年—2035年）》及北京市的其他政策文

件，在"老城不能再拆"的前提下，北京市正着手推动"申请式退租"和"申请式换租"工作。

在市场住房租赁领域，相比传统商品房出租，改制公房出租具有以下特殊性：第一，改制公房建设在划拨土地上，根据《中华人民共和国城市房地产管理法》第56条，改制公房对外出租营利的，租金中所含土地收益应当上缴国家，具体办法由国务院规定。第二，改制公房产权已为私人所有，但由于单位福利制的惯性，实践中住房维护管理责任和物业费缴纳仍由原产权单位承担。改制公房出租后，由于居住人数的变化（如群租），客观上也加大了原产权单位维护住房的难度和资金投入。

（二）以保障对象分类

以保障对象分类，可以将保障性住房面向的人群分为：①中低收入人群；②城市运行和服务保障行业业务工人员；③特定行业的引进人才；④高校应届毕业生；⑤新市民、年轻人。

目前，北京市对前三类人群提供的租赁住房主要是公租房，对第四、第五类人群提供的租赁住房主要是保租房。从数量上看，目前保租房的供应量明显小于公租房。

（三）以土地供应类型分类

按照土地供应类型对租赁住房进行划分，主要分为集体土地上的租赁住房和国有土地上的租赁住房。

1. 集体土地

（1）集体土地租赁住房（简称"集租房"）。2021年1月5日，北京市住房和城乡建设委员会、北京市发展和改革委员会、北京市规划和自然资源委员会《关于进一步加强全市集体土地租赁住房规划建设管理的意见》明确提出，提高集体土地租赁住房项目供地质量，并将房源统一纳入全市租赁监管服务平台。

截至2022年4月，北京市累计开工集体土地租赁住房项目52个，房源约7.6万套。另外，根据北京市住房和城乡建设委员会、北京市发展和改革委员会、北京市规划和自然资源委员会《关于印发2022年全市首批保障性住房开竣工项目建设计划的通知》，北京市2022年计划开工集租房19 440套（间），计划竣工8979套（间）。

集体土地租赁住房可以直接进行市场化运营，也可以通过政府采用趸租、与社会企业合作等方式作为公租房或保租房运营。

（2）农村宅基地住房。《北京市住房租赁条例》第 57 条、北京市农业农村局、北京市规划和自然资源委员会、北京市住房和城乡建设委员会、北京市文化和旅游局、北京市水务局印发的《关于进一步加强农村集体经济组织统筹引领闲置宅基地及住宅盘活利用工作的函》对盘活利用闲置宅基地做了总体规划。

随着北京市公共交通日趋完善，居住在发达的交通线路沿线也是实现职住平衡的方式。部分农村宅基地自建房地理位置较好，可利用前景广阔。

2. 国有土地租赁住房

除集体土地上的租赁住房外，其他租赁住房基本上都属于国有土地租赁住房。

二、北京市现行租赁住房建设规划管理法规政策梳理

（一）北京市"十四五"时期住房发展规划

北京市发展和改革委员会于 2021 年 12 月 27 日印发的《北京市"十四五"时期社会公共服务发展规划》指出，北京市住房供需总量和结构性矛盾仍然存在，职住不平衡等问题仍需加力解决。并进一步提出，新增集体土地租赁住房供地占比和新增共有产权住房供地占比都要达到 15% 以上，新增各类居住用地 5000 公顷、供应各类住房 100 万套左右。加大多层次保障性租赁住房供给，提高公共租赁住房备案家庭保障率，新增各类租赁住房供应套数占比不低于 40%。完善住房租赁支持政策，保障承租人居住权益和享受公共服务权益。精准对接无房家庭购房需求，强化共有产权住房建设，完善共有产权住房"分、供、管、退"机制。

另外，《北京市关于加快发展保障性租赁住房的实施方案》也明确了"十四五"期间，争取建设筹集保障性租赁住房 40 万套（间），占新增住房供应总量的比例达到 40%。

（二）北京市 2022 年度住房规划情况

北京市规划和自然资源委员会、北京市发展和改革委员会于 2022 年 2 月 24 日公布了《关于印发北京市 2022 年度建设用地供应计划的通知》，在用地结构中明确 2022 年安排住宅用地 1060 公顷。其中商品房用地 600 公顷（年度入库任务 300 公顷，供应下限含共有产权房 300 公顷），租赁住宅用地 300 公顷（公租房 67 公顷，保障性住房 233 公顷），其他（定向安置房、中央军队）用地 160 公顷。

表5 北京市2022年度建设用地供应计划用途结构表

单位：公顷

年度	总计	产业用地				住宅用地									公共管理与公共服务用地	交通运输用地（含城市道路）	水利及水域设施用地	特殊用地
						产权住宅用地						租赁住宅用地						
						合计	商品房用地			定向安置房用地（含棚户区改造用地）	中央军队用地	小计	公租房	保租房				
		合计	研发用地	工矿仓储用地	商服用地		小计	年度入库任务	供应下限（含共有产权房）									
2022年	3710	500	120	260	120	1060	760	300	300	100	60	300	67	233	650	1450	30	20
	100%	13.48%				28.57%	20.49%					8.09%			17.51%	39.10%	0.81%	0.54%

表6 2022年度建设用地供应计划部分指标分解表

单位：公顷

区	总计	产业用地					住宅用地					
							合计	产权住宅用地			租赁住宅用地	
								商品房用地		定向安置房用地（含棚户区改造用地）	公租房	保租房
		合计	研发用地	工业用地	仓储用地	商服用地		年度入库任务	供应下限（含共有产权房）			
东城区	3	3				3						
西城区	2	2				2.						
朝阳区	85	6				6	79	7	25	12	9	20
海淀区	106	54	38			16	52	13	11	4	12	12
丰台区	123	5				5	118	40	41	4	10	23
石景山区	70	16	6			10	54	12	24		7	11

续表

区	总计	产业用地					住宅用地					
		合计	研发用地	工业用地	仓储用地	商服用地	合计	产权住宅用地			租赁住宅用地	
								商品房用地		定向安置房用地（含棚户区改造用地）	公租房	保租房
								年度入库任务	供应下限（含共有产权房）			
通州区	117	42	18			24	75	19	21		3	32
大兴区	218	73		40	16	17	145	25	48	40	5	27
顺义区	142	42		42			100	3	34		5	25
亦庄新城	184	125	3	108	4	10	59	11	13		0	35
昌平区	140	41	13	26		2	99	42	23	4	5	25
房山区	03	30		14	6	10	73	34	21		5	13
门头沟区	37						37	10	12	12	2	1
平谷区	26	4			4		22	13	9	0	0	0
怀柔区	79	32	17			15	47	11	8	23	2	3
密云区	28	10	10				18	14	3	1	0	0
延庆区	37	15	15				22	13	7		2	0
总　计	1600	500	120	230	30	120	1000	200	300	100	67	233

（三）北京市 2022 年度租赁住房规划情况

北京市规划和自然资源委员会于 2022 年 3 月 31 日公布了《关于 2022 年度拟供租赁住房用地项目的信息》，从各区梳理出的计划于本年度供应的租赁住房用地项目情况看，朝阳区 2022 年度拟供租赁住房用地项目 13 项，海淀区 3 项，丰台区 9 项，石景山区 15 项，大兴区 6 项，经开区 6 项，通州区 3 项，顺义区 9 项，昌平区 12 项，房山区 5 项，门头沟区 2 项，怀柔区 3 项，延庆区 1 项。

（四）解决租赁市场总体结构性供给不足的问题

1. 完善土地支持政策、增加房源供给

《北京市关于加快发展保障性租赁住房的实施方案》的"加快规划建设"部分和《北京市住房租赁条例》第 5 条都明确了增加房源供给的相关内容。

从北京市《拟纳入 2022 年首批保障性住房开工计划情况表》可以看出，"其他新建或存量房屋转化"的占比为 5%。课题组认为，当前首都北京住房发展已经步入"存量时代"，从北京市目前的规划上看，在"存量住房改造、转化为保障性租赁住房"方面还有待进一步落实。如何将城市更新与将存量住房改造、转化为保障性租赁住房相结合，应当关注。

表 7　拟纳入 2022 年首批保障性住房开工计划情况表

序号	区	项目名称（应与立项核准名称一致）	建设主体/实施主体	2022年计划开工/推进手续套数	其 中								
					租赁类（套/间）						产权类（套）		
					公租房	集租房	非居住存量房屋改建租赁住房	土地市场竞配建保障性租赁住房	新增国有用地建设租赁住房	其他新建或存量房屋转化	棚改安置房	其他安置房	共有产权住房
全市总计				77 457	2200	19 440	800	4325	600	1720	25 207	15 129	3777
全市开工合计				51 563	1400	13 240	800	24	4860	1729	17 813	5529	3777
全市推进手续合计				25 894	800	6200	0	1900	0	0	7394	9600	0

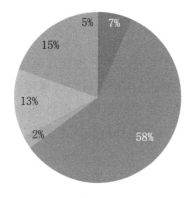

■公租房　　　　　　　　　　　　■集租房
■非居住存量房屋改建租赁住房　　■土地市场竞配建保租房
■新增国有用地建设租赁住房　　　■其他新建或存量房屋转化

图 5　拟纳入 2022 年首批保障性住房开工计划（租赁类）

2. 明确水电气价格标准

北京市发展和改革委员会、北京市住房和城乡建设委员会《关于本市保障性租赁住房用水用电用气用热执行居民价格有关事项的通知》明确规定：利用非居住存量土地和非居住存量房屋建设保障性租赁住房，在保障性租赁住房项目认定书有效期间内，用水、用电、用气价格及采暖费按照居民标准执行。

3. 明确保障性租赁住房的建设标准、周边配置、相应服务等问题

北京市住房和城乡建设委员会、北京市规划和自然资源委员会于 2022 年 4 月 14 日印发了《北京市保障性租赁住房建设导则（试行）》，就保租房建设标准、周边配置、相应服务等方面的具体要求作出了规定。

4. 租金定价机制

《北京市住房租赁条例》明确建立相关预警机制，增强了"价格干预措施"的可操作性。

5. 明确保障对象

依据北京市人民政府办公厅《北京市关于加快发展保障性租赁住房的实施方案》以及住房和城乡建设部、国家发展改革委、财政部、自然资源部《关于进一步规范发展公租房的意见》等文件对各类保障性住房的保障对象进

行了划分。

（五）财税支持政策

北京市住房和城乡建设委员会《关于加强保障性租赁住房项目认定书服务管理有关工作的通知》，规定了申请人可凭《保障性租赁住房项目认定书》享受国家及本市的支持政策。取得认定书的项目可享受国家及本市对保障性租赁住房的相关支持政策，具体包括税收优惠政策、利率支持政策、免收城市基础设施建设费等。

三、国内外经验借鉴

（一）国内各地规范住房租赁的专门性立法

2020 年 9 月 7 日，住房和城乡建设部发布《住房租赁条例（征求意见稿）》，向社会公开征求意见。其中第 7 条第 2 款规定，设区的市级以上地方人民政府应当规定必要的居住空间标准，明确符合当地实际的单间租住人数和人均租住面积。因此，部分省市通过制定更为具体的规范细化顶层设计。

（二）国内各地住房租赁的配套政策

1. 上海市

上海市人民政府办公厅于 2021 年 7 月 26 日发布《上海市住房发展"十四五"规划》（沪府办发〔2021〕19 号），明确"十四五"时期，上海市将形成供应租赁住房超过 42 万套（间、宿舍床位），占住房供应总套数的 40%。其中，租赁房 22 万套（间），宿舍床位 20 万张。

在规范市场秩序方面，《上海市住房租赁合同网签备案操作规定》（沪房规范〔2019〕11 号）对住房租赁备案申请、租赁合同备案、租赁合同注销做出规定。在产业园区的规划方面，《产业园区产业类项目配套建设保障性租赁住房建设指引（试行）》（沪经信产〔2022〕40 号）鼓励各园区根据园区实际情况，完成产业园区保障性租赁住房的分类建设。

2. 浙江省

浙江省人民政府办公厅发布了《关于加快发展保障性租赁住房的指导意见》（浙政办发〔2021〕59 号）、浙江省住房和城乡建设厅发布了《公共租赁住房保障基本公共服务导则（试行）》（浙建〔2021〕12 号）等文件对保障性住房规划进行立法。

3. 广东省

广东省人民政府办公厅于 2021 年 11 月发布了《关于加快发展保障性租赁住房的实施意见》（粤府办〔2021〕39 号）。值得本课题借鉴的是该意见提出各地级以上市人民政府要科学制定目标，负责开展需求调查并做好测算，内容包括需求群体、符合条件的存量土地与存量房屋、新增用地、房屋租金等。其次各地级以上市要制定目标计划，制定并公布保障性租赁住房专项发展规划及年度筹集建设计划。

4. 湖北省

湖北省较为重视住房租赁市场的管理规范工作。近年来，先后公布了《关于整顿规范住房租赁市场秩序的通知》（鄂建文〔2021〕25 号）、《关于进一步做好住房租赁市场管理工作的通知》（武房规〔2021〕8 号）、《武汉市公共租赁住房保障办法》（武政规〔2020〕3 号）、《关于加快发展保障性租赁住房的意见》（武政办〔2021〕116 号）等多项规范性文件进行立法管理。

（三）国外立法情况

1. 德国

德国对于获得政府政策支持的社会住房，政府根据房屋所有人从政府获得资助的种类和金额，在参照市场租金价格的基础上确定其租金水平（一般为市场价格的 50%~60%）。受资助的社会住房在一定的期限内（一般为 20 年）不能改变房屋用途，期满后方可进入自由市场。[1]此外，德国通过租金补贴、税收减免等措施在需求端减轻居民的租房和购房负担。

2. 法国

法国政府规定人口超过 5 万的城镇中，社会住房占全部住房的比例不得低于 20%，否则地方主管部门将受到行政处罚。法国政府主要通过新建社会住房或者收购存量住宅用作社会住房的方式来保障房屋的供给。

3. 美国

美国政府通过了多部住房法案大力发展公共住房项目。这类项目一般由联邦政府提供资金支持，地方政府负责具体的建设和管理。此后，政府通过

---

〔1〕 徐镭、朱宇方：《政策工具的制度属性——以德国住房投资模式为例》，载《经济社会体制比较》2013 年第 4 期。

对私营机构提供补贴和低贷款利率的方式，鼓励私营开发商建造以低于正常市场租金水平出租的住房。私营开发商为了获得低利率的贷款或税收抵扣，必须在项目中安排一定比例面向中低收入家庭的低价住房。[1]

四、结论与建议

(一) 租赁住房发展规划服务于北京市城市总体规划

北京作为一个集聚了高校、科研院所、高新企业的超大城市，人才资源极为密集。因此，只有不断优化人才服务体系，推动职住平衡、宜业宜居，才能让人才引得进、留得下，租赁住房发展规划也应服务于北京核心功能定位。

课题组认为，北京市租赁住房的发展规划应当继续服务于北京市的总体规划，特别是产业规划。举例而言，在昌平区面向 2022 年高校应届毕业生推行的未来融尚项目中，在主要面向未来科学城全域 170.6 平方公里范围内就业的高校毕业生配租的同时，优先向就业于未来科学城东区 10 平方公里范围内重点企业的硕士毕业生配租，有利于实现首都核心产业的人才保障。

(二) 明确各种保障性住房的定义及逐步转变管理模式

课题组发现，北京市的保障性住房体系已经较为完备。从涵盖人群的范围上看，各类保障性住房所对接的人群已经基本满足了社会需求。但长期来看也可能会出现一些新的问题。对申请人而言，一方面的问题是申请人可能无法准确理解现行的住房政策和分清各类保障性住房的区别，增加申请的困难。另一方面的问题是被保障家庭使用保障性住房期间，其经济条件等各方面情况往往会发生变化，应当适用的保障政策也会随之变化。对住房管理部门而言，最主要的问题是当前的分类建设管理模式可能不适应长期的保障需要，不利于政府部门对房屋的调配与管理。

课题组对相关的概念进行了梳理归纳（如表8），保障类租赁住房的申请人可能接触到的概念包括"租赁住房""保障性租赁住房""保租房""公租房"等。这些概念对于申请人来说，在理解上会存在一定的困难。

---

[1] 穆诗煜、成虎：《从供需角度分析美国住房保障》，载《工程管理学报》2010 年第 2 期。

表 8 保障性租赁住房相关概念

概　念	相关政策文件或其他文件	时　间	含　义
廉租房	《北京市城市廉租住房管理办法》（京政发〔2007〕26号）、《关于进一步加强廉租住房与公共租赁住房并轨分配及运营管理有关问题的通知》（京建法〔2014〕6号）等。	2007年 2014年	1. 保障低收入家庭基本住房需求的租赁住房。2. 2011年后，廉租房与公租房并轨运营。
政策性住房	《北京住房和城乡建设发展白皮书（2007）》等。	2007年	包括政策性租赁住房和政策性产权住房。
政策性租赁房	"首个政策性租赁住房项目建设用地落实"。	2008年	主要用于解决过渡期住房消费和夹心层的住房问题。
公共租赁住房（公租房）	《北京市公共租赁住房申请、审核及配租管理办法》（京建法〔2011〕25号）等。	2011年	面向符合规定条件的城镇中等偏下收入住房困难家庭、新就业无房职工和在城镇稳定就业的外来务工人员出租的保障性住房。
保障性住房	《关于进一步完善我市保障性住房申请、审核、分配政策有关问题的通知》（京建法〔2013〕5号）等。	2013年	包括产权类和租赁类的保障性住房。文件中明确"租售并举，以租为主"。
租赁住房	《关于本市企业自持商品住房租赁管理有关问题的通知》（京建发〔2017〕145号）。	2017年	1. 企业自持商品房全部用于对外租赁，不得销售。2. 实行市场化租金，不限定承租主体。
保障性租赁住房（保租房）	《北京市关于加快发展保障性租赁住房的实施方案》（京政办发〔2022〕9号）等。	2022年	1. 主要解决在本市无房或者在特定区域内无房的新市民、青年人等群体住房困难问题，重点保障城市运行服务保障人员、新毕业大学生等群体。2. 租金应当低于同地段同品质市场租赁住房租金水平。

综上，课题组认为，在北京市住房保障体系建成后，可以考虑将住房管理体制从目前"以房定人"向"以人定房"的方向发展。在建设时不区分保障房的类别，而是在分配时，针对不同家庭确定应适用的保障政策。如此，对住房的申请人而言，不必去区分各类租赁住房，而是只需要上报自身实际情况即可。当其情况发生变化时，也不必再重新申请及调整住房。对政府的管理部门而言，则不需再为日后政策的变动而调整规划，更有利于进行住房管理和调动建设资金。

（三）统一政策文件的术语含义

1. 明确与"存量房屋""闲置住房"有关的表述，术语使用应与《北京市住房租赁条例》保持一致

《北京市关于加快发展保障性租赁住房的实施方案》明确了"支持将存量住房改造、转化为保障性租赁住房"等6种保障性租赁住房的规划建设方案。《北京市2022年首批保障性住房开工计划》中的对应表述是"非居住存量房屋改建租赁住房"与"其他新建或存量房屋转化"。而《北京市住房租赁条例》采用的表述则是"非居住存量房屋按照规定改建为租赁住房"与"将符合条件的闲置住房出租"。由此可见，在不同的语境下"存量房"的含义至少包括了"非居住存量房屋"和"闲置住房"两种情形。就如何变更为租赁住房而言，"非居住存量房屋"对应的方式分别为"改建"，"闲置住房"对应的方式为"改造"和"转化"。

课题组认为，在效力层级最高的规范性法规《北京市住房租赁条例》中，并未将存量住房区分为居住类存量住房和非居住类存量房屋，而是分为了"非居住存量房屋"和"闲置住房"。因此，为减少歧义，其他政策文件均应当参照这一表述，并同时区分"住房"与"房屋"、"改建"与"改造""转化"。

2. 在公开的政策文件中统一术语使用

课题组发现，在北京市《拟纳入2022年首批保障性住房开工情况表》的分类中，同时出现了"公租房"与"新增国有用地建设租赁住房"。但是，因为该表中已经单列了"集租房"，因此表中的公租房应当是建设在国有土地上的公共租赁住房。虽然该表中的"新增国有用地建设租赁住房"可能指的是市场化租赁住房，但表述上仍然存在不够规范的问题，可能引起歧义。

（四）闲置住房转化为租赁住房方面以及宅基地住房管理

《北京市住房租赁条例》《北京市关于加快发展保障性租赁住房的实施方案》中均明确了可以将闲置住房转化为租赁住房。从市场情况来看，个人闲置住房仍然较多，应当更加注重个人闲置住房的转化。同时，农村宅基地住房在数量和分布上也具有一定的优势，但宅基地住房的环境卫生、消防安全等问题也较为突出，因此有必要对其加强管理，严禁出租违反《北京市住房租赁条例》等法规要求的房屋等。

医疗美容服务综合监督管理体系和立法研究

王 岳 刘 锋[*]

可穿戴医疗设备可以为用户提供医疗服务，实现治疗疾病、监测健康指标、改善人体机能，或是增强人体能力等目的。目前，随着人口老龄化现象日益严重，慢性病人群不断扩大并呈现年轻化趋势，医疗资源相对紧缺且费用支出相对较多，人们的健康观念正逐渐向疾病预防和主动监测转变，这样能够在形成严重后果前提前干预，将风险和花费降至最低。可穿戴医疗技术的快速发展，满足了人们医疗健康日常检测的需求，人们可以非常方便而且规律地获得生理体征的指标。这些可穿戴医疗设备涉及体温、血压、心率、心电、睡眠、胎心等多种检测指标。可穿戴医疗设备可以持续、便捷地对用户的健康指标进行监控，在人们的日常生活中起到重要的作用。

一、可穿戴医疗设备获取数据用于科学研究的知情同意

对于涉及人的生物医学研究，除特殊情况外，伦理和法律上均要求进行知情同意，以此来保护受试者的权利，维持公众信任。知情同意一般至少包括三个要素：能力、信息、自愿。能力是指受试者能够做出正常判断和自我决定的能力，是受试者进行自主选择的必要前提。信息是指研究者需要向受试者提供可以理解的充分的信息。自愿是受试者在充分知情，没有受到欺骗、胁迫等影响时自行所作出适合自身意愿的决定。对于传统知情同意的信息内容已形成共识，国际、国内法规也有相对比较具体的要求。但是，数据库研究很难满足这些要求，最大的难题是无法提供充分的信息。数据库知情同意

* 课题主持人：王岳，北京大学大学医学人文学院教授、博士生导师；刘锋，北京医疗美容争议研究与调解中心理事长。立项编号：BLS（2021）B011。结项等级：合格。

和传统研究知情同意的最主要区别在于，数据库的数据要长期保存用于将来的研究，在获取数据时是无法明确具体是什么研究的，在一定程度上是不可预期的。因此，需要数据捐献者的泛化同意，而不是基于具体研究的标准的知情同意。

2011 年美国卫生与公众服务部（Department of Health and Human Services，DHHS）人体研究保护办公室（Office for Human Research Protections，OHRP）颁布的"拟议规则预先通知"（the advanced notice of proposed rulemaking）提出使用任何数据库的研究，必须提供书面知情同意，但是这种同意可以使用"简化的标准同意书同意广泛用于将来的研究"。2013 年《健康保险携带和责任法案》（Health Insurance Portability and Accountability Act，HIPAA）修正案提出，将"研究授权需要描述具体的研究目的"改为"只要为受试者提供了足够的信息使其可以做出合理的知情同意决定，可以授权用于将来的研究"。2014 年 8 月，美国国立卫生研究院（National Institutes of Health，NIH）基因数据分享政策（genomic data sharing policy）要求向 NIH 提交基因数据的研究者要提供受试者对广泛分享基因和表型数据的知情同意。2017 年 OHRP 颁布了修订版（2019 年生效）的受试者保护的联邦法规，其中包括获得广泛知情同意的要求，并称之为"泛化知情同意"（broad consent）。泛化知情同意要求研究者向受试者提供关于持续使用它们可识别数据的一定范围的选择，该修订案将会在 2019 年开始实施。泛化知情同意不仅可以将以上存在的几种情况的困境最小化，而且泛化知情同意在一定程度上的一致，为目的和流程相似的生物样本库在国内和国际的合作和共享提供必要的前提。2018 年 5 月 25 日生效的欧盟《通用数据保护条例》（GDPR）则明确规定科学研究中的数据处理（包括遗传数据）可采用泛化同意方式，但前提条件是坚持最小必要原则、采取适当的技术与组织措施，保障数据主体的基本权利与自由。对于去识别的数据，GDPR 则规定，如果穷尽一切合理措施后，综合考虑了时间成本、人力成本、技术水准等因素后，如果判断属于去识别数据（包括遗传数据），则无需就进一步处理数据征得个人的知情同意，但仍应经过伦理委员会的审批。

泛化知情同意的信息：泛化知情同意书应该包括哪些内容才能使其成为一种最优的选择呢？评价最优的知情同意方式需要评价获得同意的代价和负

担。这些代价包括捐献者负担和研究者的时间，还有获得同意的资源。而且，维持记录和尊重个体选择或是进行再次同意的系统也需要相当大的花费和负担。另外，获得同意可能减少捐献者，也可能减少同意未来使用的捐献者。因此，本文通过具体工作实践，参考国内外法规、文献、指南进行泛化知情同意条目的探索，并逐步形成泛化知情同意书的参考模板，涉及研究的一般信息、数据和生物材料的处理、风险、获益、退出、结果反馈等方面。给予受试者的信息越详细，研究者获得受试者同意所要承担的时间成本、金钱成本、人力成本、技术要求和压力等也会随之增加。使用基于每个具体研究的知情同意无疑会给数据库研究带来很大的阻力和限制，往往导致研究不具有可行性。如果不征求受试者的同意或使用一揽子知情同意，即受试者可识别的信息可用于将来任何研究，不加任何限制，则缺乏对受试者的尊重，不符合基本的伦理原则。因此，采用泛化知情同意可能较好的平衡了两者的关系。本文提出的知情同意的条目，还需要进一步地研究、讨论，以及来自更多研究者、受试者、同行的意见和建议，以期形成一个较为公认的泛化知情同意模板满足数据库研究，以及其他大数据研究的需要。

二、可穿戴医疗设备数据的公共卫生研究使用伦理法律问题讨论

可穿戴医疗设备采集的大量数据为公共卫生研究提供了巨大的可能性，可以作为监测工具，传递健康干预，数据采集和传播。但是，这些数据的使用充满伦理挑战，对于如何伦理地使用和处理这些数据还并没有一致的观点，其中一些关键的伦理问题有待进一步研究和讨论如何更好的阐释这些问题。这些关键问题包括：隐私、保密、匿名化、真实性、数据传播的环境、知情同意、自愿参加、样本量、最小化伤害、数据安全和管理。

尽管对于由可穿戴医疗设备产生的大数据使用存在非常明显的需求，但是目前对于这一类的数据使用，仍没有明确的法律规定，因为这个领域进展太快了。但是，很清楚的一点是与社交媒体相关的公共卫生研究的伦理问题也在增加。最重要的是，在赫尔辛基宣言中提到了首要的是保护个体使用者权益，公共卫生研究者必须在这一伦理原则设置内进行工作。

首要的问题，一般来说，与公共卫生相关的主要问题是：①隐私；②匿名和保密；③真实性；④全球环境的快速变化。

隐私的定义是自然人的私人生活安宁和不愿为他人知晓的私密空间、私密活动、私密信息。在可穿戴医疗设备数据平台上会提供的不同的服务条款，其中考虑了与隐私选项和用户控制相关的顾虑。一些人则认为，将隐私划分为"公—私"两分法是没有帮助的，因为这些概念是特定于语境和文化的，很多可穿戴医疗设备平台声称用户希望分享所有个人信息，从而有意削弱隐私的概念。但是，这些个人信息数据可能会留下永久的在线痕迹，不同的用户有不同的隐私期望。附加到数据的隐私级别取决于数据平台和个人用户选择的隐私设置或平台默认设置，这些设置定期更改。只有准确地了解默认设置的含义和用户注册的内容，才能正确地掌握如何最大化隐私。关于使用可穿戴医疗设备之前，软件平台签署同意的条款中有大量的专业术语和附加条件，其中包含很多的隐私问题，但是，因为过于冗长和难以理解，导致用户经常并没有完全意识到他们同意的什么就注册或是同意了，尤其是对于他们的个人数据。而后台的数据运营公司提供的同意文件经常对于隐私意识非常强的用户也不可能理解。

如何在一个网络联系日益增多、充满诱惑、可查询的环境中做到匿名化对于公共卫生研究确实是一个很大的挑战，匿名化在伦理上是非常重要的。但是，因为在线网络传输内容的可溯源性，匿名可能在很多情况下是不可能的，已有很多关于受试者在社交网络研究中受试者匿名化的实现和保护的讨论。虽然研究者可以按照每个伦理委员会实践标准删除可识别信息，例如姓名、身份证信息、电话号码、邮箱等信息，但是，在实际操作中，因为在线研究引擎范围宽泛，使用起来非常方便，使得其他看起来不会识别受试者的数据类型可能变得非常容易获得，而这些数据的组合很可能会重新识别个体。

反过来，在使用可穿戴医疗设备产生大量数据时采用匿名化和使用假名，要想确保数据的真实性就可能有问题，并且影响数据的有效性，需要在获得知情同意时透明。如何确保研究人员仅收集与其特定研究目的相关的数据并维护个人的隐私权是非常重要的问题。当公共卫生研究人员研究可能被公共机构或公司利益视为政治敏感的主题时，未经认证的社交媒体用户的问题以及为缓解这一问题而提出的解决方案需要经过适当的审议。

使用可穿戴医疗设备的用户可能不一定希望他们的个人数据用于研究。在不更改其隐私设置的情况下，通常会通过平台的服务条款暗示对数据的使用和收集的同意。然而，在不同于他们最初的预期或被"观看"的环境中使用其数据，通常会让他们感到不舒服。数据所有权的不清晰引发了网络平台的网关管理员许可和参与者同意的问题。

采用可穿戴医疗设备采集的数据进行研究，由于其覆盖面广，对公共卫生研究具有吸引力。需要考虑的两个核心问题是：①遵守平台的使用条款；②研究人员应征求现有或潜在参与者的同意。

最小化伤害：使用可穿戴医疗设备数据进行研究，可能可以识别受试者的身份，要提高警惕以免对其造成污名、传播可能危害个人或社会群体的调查结果、对个人价值观或信仰的挑战以及欺凌和虐待等。这样的研究有诱发或加剧情绪痛苦的风险。因此，必须从一开始就制定明确的风险控制方案，详细说明如何处理此类情况。这对涉及未成年人和其他弱势群体的研究具有特殊意义。每一个角色都有其自身的伦理问题。为了确保一致性和真实性，应该在项目开始时对研究人员的角色进行清楚的描述，并达成一致。

前进的方向：向这些采集可穿戴医疗数据平台的企业所有者、伦理委员会、研究人员、从业者和期刊出版商进行相关的培训非常重要。广泛的数字技术资源和工具不断快速发展，但仍然有进一步发展的空间。这些资源应该为公共卫生研究社区提供与其他利益相关方合作的机会。与可穿戴医疗设备数据相关的公共卫生研究相关的伦理问题日益增多，目前要求公共卫生研究人员对每个项目进行个案研究，并在探索这一新且不断发展的领域时分享他们的经验，并在保护个人用户的伦理原则下开展工作。

北京跨境金融数据流动监管研究

武长海*

本文内容将分为宏观和微观两个层面：宏观层面包括监管试点、国际合作、监管部门和职责、监管法规衔接等体系性问题；微观层面主要探讨如何在数据分类分级的基础上进行分类监管，包括数据类型和监管模式更加细致地划分，以及企业自评估机制的引入和完善。

一、北京跨境金融数据流动的监管体系之健全

（一）推进跨境金融数据流动监管先行试点和国际合作

面对全球跨境数据流动不同监管模式的对撞和冲突，我国的跨境金融数据流动治理应当形成自身特色，以安全为核心和首要议题，兼顾自由流动性，但是安全优先的价值取向并非意味过于严格的限制乃至禁止。我国作为世界第二大经济体和全球前三的互联网数据中心，要构建一个现代化金融体系、实现金融国际化，核心是持续推进建设国际金融中心和人民币国际化战略，在数据战略上的保守乃至收缩也许并非明智的选择。推进跨境数据流动监管的国际合作，这不仅是国家合作的拓展，更是我国国家数据安全战略的延伸。主要从以下三个方面着手：

第一，在自由贸易区内先行先试，探索建立跨境金融数据流动监管制度。2019 年和 2020 年我国接连推出两个自贸区方案，上海自贸区方案明确提出安全、有序实施数据跨境流动，试点开展数据跨境流动的安全评估、建立数据保护能力认证等数据安全管理机制。海南自贸区开放力度更大，再次明确了

---

* 课题主持人：武长海，中国政法大学法学教授、博士生导师。立项编号：BLS（2021）B012。结项等级：合格。

"数据安全有序流动"的总体要求，要求在建立健全数据出境安全管理制度的基础上，开展数据跨境传输安全管理试点。二者均将跨境数据流动纳入方案规划，建立健全跨境数据流动安全管理体制已经上升为国家级战略，上海作为我国金融中心和金融改革的先行者、海南作为我国最大的经济特区和试验最高水平开放政策之地，在金融数据跨境流动监管制度探索上具有独特优势。

第二，打开数据安全国际战略突破口，寻求跨境数据监管国际合作的有利国际环境。就目前的国际局势来看，我国与美国的跨境数据流动监管价值理念存在冲突，而与欧盟的思路较为接近，但综合考虑目前的经济政治等多重因素，即使欧美之间的安全港协议和隐私盾协议都"经历坎坷"，我国与欧美国家达成跨境数据流动监管协议几乎也是不现实的。但随着今年来"一带一路"倡议的推进，特别是随着近年来由基础设施建设的"硬联通"深入到政策规则标准制定的"软联通"，截至银保监会积极推动与"一带一路"沿线国家签署双边金融监管合作谅解备忘录，中国人民银行（简称"央行"）也积极探索并不断完善对外投融资的金融合作。我国金融监管部门在应着力推进在"一带一路"跨境金融监管合作框架下数据流动规则和标准的制定，深入推进更深层次、更全方位的跨境数据监管合作，是目前的国际政治环境下最理想、最可靠的数据跨境监管策略。

（二）统一跨境金融数据流动安全监管部门和管理职责

有学者曾认为，个人信息权尚未成为法律明确认可的权利，我国也还未出台专门的个人信息保护法，因而在金融领域设置专门的信息保护机构的条件不成熟。本文并不认同这种说法：首先，《中华人民共和国民法典》（以下简称《民法典》）已经将个人信息纳入"人格权编"的保护范围，虽然前者在该学者研究时可能尚未预见，但并不足以成为否认建立专门的信息保护机构的充足理由，法律一般具有滞后性，个人合法权益的维护在法律认可其成为一项权利后才实施未免不切实际。其次，虽然国家的"个人信息保护法"*和央行的"个人金融信息（数据）保护试行办法"均在制定中，但个人金融信息仅是整体个人信息保护体系的一个分支，特殊领域的个人信息监管往往更具针对性、更易操作。而且目前中国人民银行以 2016 年央行 314 号文和全

---

* 本文完成时《中华人民共和国个人信息保护法》尚未出台，特此说明。——编者注

国金融标准化技术委员会（简称"金融标委"）《个人金融信息保护技术规范》两部文件为基础，监管制度已渐成体系，具备足够的法规文件依据。最后，金融行业的数据跨境流动监管制度不仅仅涉及个人金融信息，而是既要兼顾个人金融信息和重要金融数据两种类型，又要协调中国人民银行、银保监会和证监会的跨境数据流动立法进程的整体性制度，这就要求我们必须站在更加宏观的视角，成立专门的金融数据保护监管机构。

本文认为，关于该机构的设置，国务院金融稳定发展委员会（简称"国务院金融委"）就是非常合适的制度载体，其负责统筹协调金融稳定和改革发展重大问题，在行政级别上高于"一行两会"但并非在我国行政机构序列之中，立法上也未作出明确的体系归属。本文认为，无论是在立法上还是监管体系上均应当将国务院金融委设置为一个独立机构或在国务院层面设置一个类似的宏观统筹协调监管机构，这是现阶段最为合理的选择。从其目标定位上，维护金融安全、稳定是其应有之义，着重跨境金融数据风险监管是其工作重点之一。专门的金融数据保护监管机构可以作为新的宏观统筹协调监管机构的下设部门，跨境金融数据流动监管是其主要职能之一，职责是推动金融业数据标准统一化，负责金融数据出境安全评估制度建立和完善，同时涉及多行业评估时从"一行两会"抽调相关人员和专家参与。

（三）完善国家网信和金融监管部门间立法和制度衔接

国家网信部门的相关监管制度应主要从以下四个方面改进：其一，制度落地：要按照《中华人民共和国网络安全法》（以下简称《网络安全法》）确定的"个人信息"和"重要数据"的分类监管思路，尽快确立并完善出境安全评估制度。其二，实践反馈：要以全国信息安全标准化技术委员会（简称"信安标委"）已实施的 2017 年和 2020 年两版《信息安全技术 个人信息安全规范》标准为基础，在对其效果评估的基础上，调整或修改目前监管法规制定的思路。其三，放松限制：避免陷入为保障数据安全而走向极端的监管思路，适当放宽跨境数据自由流动条件，避免将所有类型个人信息均纳入数据出境安全评估程序，在推动数据适当分级分类的基础上构建整个制度体系，并适当引入企业自主权。其四，部门协调：避免承担所有领域所有行业个人信息出境安全评估工作，国家网信部门要明确自身统筹协调的制度定位，致力于监管框架和宏观制度的设计，按照《中华人民共和国数据安全法（草案）》（以下简称《数据安全法（草案）》）为工业、电信、卫生健康、教育、金融业等关键领域的行业主管部门自行制定数据安全评估制度留出空间。

金融监管部门相关监管制度应主要从以下三个方面改进：其一，部门协调，加强与国家网信部门数据监管法规制定过程的沟通协调，避免与国家网信部门统筹性监管制度的割裂。其二，在进一步完善个人金融信息跨境流动监管制度的基础上，确保沿着"个人信息"和"重要数据"二元分类思路，制定完整而全面的跨境金融数据监管制度，重视对"重要金融数据"这一数据类型的界定和出境安全评估工作。其三，因我国金融业机构类型众多，监管全覆盖难度较大，因而本文建议，对一些产生跨境金融数据量大且国际化水平较高的大型或特大型金融业机构（如系统重要性金融机构和金融控股公司）先行先试，可借鉴欧盟约束性公司规则（BCR）制度理念，在企业已经按照监管机关要求，做好维护个人合法权益的投诉约束和责任承担机制等数据内控制度的前提下，兼顾其跨境数据流动需求，建立特殊的跨境金融数据流动制度，适当扩大企业自评估的权力，进一步简化行业主管部门审核程序要求，放松事前监管要求，加强事中事后监管，在跨境数据流动安全与自由之间取得新的平衡点。

二、北京跨境金融数据分级分类监管框架之构建

（一）个人金融信息分级框架和类型转化

金融标委《个人金融信息保护技术规范》已经为个人金融信息分级定下基调，本文在结合信安标委《信息安全技术 个人信息安全规范》所强调的"个人敏感信息"的分类基础上，经过本文第二章的分析过程，对跨境金融流动监管视角下的个人金融信息进行了分级，以便采取针对性监管措施。

表1　个人金融信息分级表

类型/等级	个人金融信息
类型1	个人一般金融信息（C1）
类型2（等级1）	个人敏感金融信息（C2）
类型2（等级2）	个人敏感金融信息（C3）

表2　个人金融信息类型间相互转化的条件

类型/等级	升级条件	降级条件
类型转化条件1	数据个体数量	
类型转化条件2	总体数据量	
类型转化条件3	行业性、范围性影响	
类型转化条件4	跨境数据流动次数	
类型转化条件5	技术手段（汇聚融合）	技术手段（数据脱敏）

个人金融信息可细分个人一般信息和个人敏感信息，其中前者对应 C1 类，后者分别对应 C2 和 C3 类，等级依次提高。同时，个人金融信息的类型转化也值得注意，这关涉分级工作中的"升级"和"降级"：一方面，由于个人金融信息内部存在等级划分但相互之间界限并非泾渭分明，使得实践中内部不同等级数据之间存在相互转化的现象；另一方面，由于金融活动的交织性和复杂性，以及金融风险的扩张性和传染性，使得个人一般金融信息在达到一定条件时会发生"质变"，成为既牵涉个人利益，又牵涉国家安全利益和社会公共利益的"重要金融数据"。本文结合现有相关政策文件，将具体条件大致分为几种，以下将进行详细说明：

其一，所包含的数据个体达到一定数量；其二，需要跨境的数据总量达到一定体积。鉴于金融业的特殊地位和金融数据的敏感性，对金融数据所需确立的标准只能更严，但本文提出具体标准是不现实的，应留待跨境个人金融信息流动监管部门确定。其三，跨境个人金融信息牵涉的金融行业类型或行业内的金融机构数量达到一定标准，影响金融市场运行秩序。其四，技术手段导致的个人金融信息升级和降级。这两项标准在《证券期货业数据分类分级指引》和《金融数据安全 数据安全分级指南（送审稿）》的数据分级方法中虽表述有差，但均有体现。技术手段主要包括数据脱敏和汇聚融合等，高等级的个人金融信息脱敏后可降级，低等级的个人金融信息汇聚融合后可升级。其五，跨境数据个人金融信息流动在一定时间内过于频繁，同比或环比增加显著。事实上，这条标准并非导致个人金融信息在自身性质上升级或降级，而是要求监管部门通过这项条件来衡量金融机构跨境数据流动是否出现"异常"，防止数据恶意或不当流出，提高监管部门对个人金融信息的重视等级。

（二）重要金融数据概念确立和实施方法

根据前文论述，无论是透过《网络安全法》背后的立法价值取向，还是考察中央网信办的跨境数据监管思路，重要数据都应当作为一种重要的数据类型独立出来。相应地，金融业也应当将"重要金融数据"作为除个人金融信息之外的另一重要类型。本文认为，与国家安全、社会公共利益相关的金融数据都是重要的金融数据，都将纳入跨境金融数据流动监管范围。

首先，需要说明的是，在数据分级方面，本文并不认同《金融数据安全 数据安全分级指南（送审稿）》对"公众权益"按照"非常严重/严重/中等/轻微"四个等级进行分级，因为该文件定位于金融业机构自身的数据定级过程，而对"公众权益"的影响程度不能交由企业自行判断，而应由跨境数据流动监管部门制定统一标准后再由各金融业机构具体负责实施。因而本文认为对社会公共利益不应根据影响程度进行跨级别分级，而应与国家安全利益相同，无论对其影响程度如何，均制定为金融数据总体分级中的最高级别。

其次，国家安全、社会公共利益定义的模糊性使得难以把握具体标准，必将带来监管的不确定性。因而本文不建议笼统地规定重要金融数据概念，相应安全评估机制也不宜贸然全面铺开。鉴于《金融数据安全 数据安全分级指南（送审稿）》是目前中国人民银行唯一对金融数据进行分级的文件，也对国家安全利益、公众利益等纳入考量标准，故这份文件对重要金融数据分级和监管可提供基本的思路。在《金融业机构典型数据安全定级规则参考表》中，最高等级的数据主要用于"大型和特大型机构""重要核心节点类机构""关键业务"，对应当下的监管语境，应是指系统重要性金融机构和金融关键信息基础设施，也即本文第二章论述的跨境金融数据流动的重点监管对象。在一般金融业机构中，关键业务中使用的一些数据可能仅涉及企业自身利益，但因"大型和特大型机构"和"重要核心节点类机构"（合称"特殊类型金融机构"）等金融业机构的业务规模、市场地位和关键作用，这类数据则更会产生影响国家安全和社会公共利益的可能性。

最后，"关键业务中使用的数据"类型需进一步细分，根据《金融数据安全 数据安全分级指南（送审稿）》附录B中的《金融业机构典型数据定级规则参考表》，金融业典型数据分为客户信息（其中的个人信息）、业务信息、运营管理信息和监管信息四大类，其中部分信息安全级别最低为3级，其中保险业务信息中有关航空、航天、石油开发等特殊风险标的信息和用于验证单位是否具有访问或使用权限的数据的最低安全级别被标为 4 级，这种等级代表此类数据是金融业机构关键或重要业务使用的数据。本文认为，这种重要金融数据分类可作为对特殊类型金融机构内部数据进行分类的重要基础，以确定是否达到最高等级（5 级）的数据保护要求。

表 3　《金融业机构典型数据定级规则参考表》最低安全级别参考为 3 级以上的部分数据

业务子类	内　容
客户信息	单位身份鉴别信息（用于验证单位是否具有访问或使用权限的数据，4 级）；企业征信信息。
业务信息	1. 保险业务中有关航空、航天、石油开发等特殊风险标的信息。（4 级）。 2. 反洗钱业务分类考核评级信息，信用体系建设管理信息、金融信息数据库管理信息，金银实物管理信息、库房管理信息、货币管理信息，国库收支信息。 3. 支付业务结算信息中的财政性存款缴存、公开市场业务、人民币存款准备金缴存、特种存款信息、外汇核算信息。 4. 再贷款业务信息，利率指标管理信息。跨境收付业务中的货币购售业务、收支业务、投融资、担保、银行主体、双向资金池信息。涉及金融稳定等相关指标的分析信息。
交易信息	交易金额和交易对手信息、保险收费信息，保险赔偿和给付信息。
经营管理信息	新产品（项目）研发信息，安防管理信息、风险偏好信息，战略规划信息，系统运维信息，财务信息。
监管信息	监管指标上报信息，监管明细数据上报信息。

（三）跨境金融数据的分类分级监管框架

个人金融信息和重要金融数据是跨境金融数据监管的两类主要数据类型，而仅关乎企业自身合法权益的数据本文称为"一般企业内部数据"，主要包括生产经营和内部管理信息，这是 2019 年《数据安全管理办法（征求意见稿）》明确排除的类型。因为仅经营管理、知识产权、商业秘密等数据的保护，无需国家公权力介入，对于这类数据的跨境流动企业完全可以以合同形式或其他方式自主解决，以《民法典》为主的私法体系已经可以为其提供较为充分的保护，因而其不纳入本文的跨境数据流动监管，但并非意味着"一刀切"地将所有排除在外。一般企业内部数据达到一定条件后已经影响到国家安全和社会公共利益，成为"重要金融数据"之一部分，则会进入监管视野。一方面，从主体角度，若为系统重要性金融机构和金融控股公司、金融关键信息基础设施等特殊主体，则需纳入监管，如系统重要性金融机构内部管理信息中的金融数据网络安全防护数据、财务数据和审计数据等。另一方面，从范围角度，若由于企业自身或数据本身的重要性易引发跨行业、跨机构、跨领域的级联效应，也需纳入监管，这一点在工信部 6 号文和证监会 28 号文的数据分级规则中已有体现。由此可见，重要金融数据可以由个人金融敏感信息达到一定条件后发生类型转化而来，也可以由特殊类型金融业机构主体或范围性的金融业机构数据达到一定条件后发生类型转化而来，其背后的原理在于，关乎个人利益和企业自身合法权益"外溢"达到影响国家安全和社会公共利益的程度，从而发生的性质改变。

除此之外，有必要提及其他未纳入的数据种类，以建立一个较为整体的数据分类框架。其他数据主要有：其一，国家秘密，这一类数据适用《中华人民共和国保守国家秘密法》，目前任何数据监管法律法规（包括未出台的）均将其排除在外。其二，密码数据，这一类数据适用于《中华人民共和国密码法》，这也与 2019 年《数据安全管理办法（征求意见稿）》第 39 条之规定相符。其三，军事数据，这一特殊领域数据的保护办法由中央军事委员会制定，《网络安全法》和《数据安全法（草案）》均排除在外。综前述，可得出本文所要最终构建的跨境金融数据流动数据分类分级监管框架（见表 4）。

表 4 跨境金融数据流动数据分类分级监管框架

数据分类	数据类型内容	关涉利益
个人金融信息	个人一般金融数据（C1）	个人利益
	个人敏感金融信息（C2）	个人利益
	个人敏感金融信息（C3）	个人利益
重要金融数据	个人金融信息类型转化	国家安全或社会公共利益
	系统重要性金融机构（主体）	国家安全或社会公共利益
	关键金融信息基础设施（主体）	国家安全或社会公共利益

数据分类	数据类型内容	关涉利益
	涉及多行业多机构（范围）	国家安全或社会公共利益
一般企业内部数据	经营管理、知识产权或商业秘密等内部数据	企业自身合法权益
国家秘密、密码、军事数据		国家安全、军事国防安全

三、北京跨境金融数据流动分类监管制度完善构想

如前文所述，个人金融信息分为三个等级，尤其是个人敏感信息中又细分为两类，鉴于各自敏感性不同，对全部类型个人金融信息采取 2019 年《个人信息出境安全评估办法（征求意见稿）》的"一刀切"式监管方式存在"懒政"嫌疑，而且 2017 年《数据出境安全评估办法（征求意见稿）》已经提供了分类监管的基本思路，这使得跨境金融数据流动分类监管制度成为可能。本节重点探讨针对不同等级个人金融信息采取不同监管制度的可能性，同时，本文认为重要金融数据内部不应分级，故对其采取统一监管方式即可，而且应从严制定监管制度，至少应提供个人敏感信息 C3 类同等保护水平。

（一）跨境金融数据流动的分级监管模式探讨

2017 年《数据出境安全评估办法（征求意见稿）》提出企业自评估为主的模式，2019 年《个人信息出境安全评估办法（征求意见稿）》又将出境安全评估权力收归省级网信部门，两部文件在数据安全监管模式上走向截然相反的路径：前者没有如欧盟 BCR 或标准合同条款（SCC）的配套制度，赋予企业过大的自主权，只会导致个人信息跨境面临更加不可控风险；后者几乎不赋予企业自主权，所有个人信息出境安全评估均由一部门承担，造成企业跨境业务限制和监管部门负担过重的双重负面效果。如此可见，贯彻风险分类监管原则，就是在企业自主权和监管权之间找到一个平衡点，根据个人信息敏感度等级的提高，企业自主权逐渐受限，监管权介入、主导以至完全负责。

本文认为，审批制、核准制和备案制三种政府监管方式可相应适用于本文所构想的跨境金融数据流动监管制度。我国证券领域的监管权和企业的关系就经历了从审批制到核准制再到注册制的发展历程，但如果从纵向的分类监管角度来看，其不再是一个单向的过程，三种制度各有优劣，是可以在同

一行业领域并存的，最典型的就体现在政府和企业投资制度的一系列法律法规中，相关规定具体如表 5 所示：

表 5　国务院投资主管部门不同监管制度适用范围和法规依据

主管部门	监管制度	适用范围		法规依据
		境内投资	境外投资	
国务院投资主管部	审批制	政府采取直接投资方式、资本金注入方式投资的项目。		《国务院关于投资体制改革的决定》（国发〔2004〕20号），《政府投资条例》（国务院令第 712 号）。
	核准制	关系国家安全、涉及全国重大生产力布局、战略性资源开发和重大公共利益等项目。	涉及敏感国家和地区，敏感行业的项目。（中方投资额 20 亿美元及以上的，由国家发展改革委提出审核意见报国务院核准。）	《国务院关于投资体制改革的决定》（国发〔2004〕20号），《企业投资项目核准和备案管理条例》（国务院令第 673 号），《国家发展改革委关于修改〈境外投资项目核准和备案管理办法〉和〈外商投资项目核准和备案管理办法〉有关条款的决定》（发改委令第 20 号），《国务院关于发布政府核准的投资项目目录（2016 年本）的通知》（国发〔2016〕72 号）。
	备案制	除前述外的其他项目（无论规模大小）。	中央管理企业投资项目和地方企业投资 3 亿美元及以上项目。	《国务院关于投资体制改革的决定》（国发〔2004〕20号），《企业投资项目核准和备案管理条例》（国务院令第 673 号），《国务院关于发布政府核准的投资项目目录（2016 年本）的通知》（国发〔2016〕72 号）。

可以看出，审批制、核准制和备案制是层次分明的三种制度，分别对应不同等级的投资方式。审批制的应用范围很有限，仅对企业使用政府投资建设的项目保留这种制度；核准项目限于《政府核准的投资项目目录（2016 年

本）》所列的农业水利、能源、境外投资等 12 个投资领域；除前两项之外的均实行备案制。在此，本文需要作出几点说明：其一，审批制和核准制都需经过政府的审查程序，二者的区别一是审查的严格程度不同，二是企业所要经历的审查程序的复杂性不同，前者主要在于投资主管部门内部如何把握标准，后者可以视为前者的外化表现。审批制下需要提交可行性研究报告及概算审批等文件，且审批过程没有时间限制；而核准制下提交的主要文件为项目申请书，包括对企业项目基本情况描述以及项目对资源、生态环境、经济社会等的影响分析，侧重后果分析，且核准机关有评估时限要求。总体上，审批制比核准制审查程序和标准上更加严格。其二，核准制和备案制并非泾渭分明，对一些特殊类型项目，国务院投资主管部门或省级政府核准后需向国务院备案。其三，备案制并非完全放松监管权，备案机关应当加强事中事后监管，对违法违规备案的项目应当及时启动纠错机制，告知企业加以纠正。

综前述，在政府和企业投资项目中，审批制、核准制和备案制均已发展较为成熟，也符合风险分类监管原则。本文之所以考察这种分级监管制度，是为了将其运用于跨境金融数据流动监管中，构建一种适当且合理的监管模式。

（二）跨境金融数据流动安全评估机制之完善

本文对 2019 年《个人信息出境安全评估办法（征求意见稿）》持反对态度，更多是因为其"一刀切"的监管方式，但这份文件规定的个人信息出境安全评估制度较 2017 年《数据出境安全评估办法（征求意见稿）》已经非常完善（见表6）。在前文分析审批制、核准制和备案制的基础上，以前述两个"出境安全评估办法"为依托，以提出跨境金融数据流动安全评估机制的设想。

表6 《个人信息和重要数据出境安全评估办法（征求意见稿）》主要的新规定

新规定	条　目
申报个人信息出境安全评估应当提供的材料	第4条
评估程序和评估重点内容	第5、6条
评估结果报备、企业申诉程序、个人信息出境记录保存	第7、8条
企业定期报告制度和网信部门定期检查制度	第9、10条
禁止向境外提供个人信息的情况	第11条

新规定	条　目
网络运营者与个人信息接收者签订的合同具体内容以及网络运营者和数据接收方承担的责任和义务	第 13、14、15、16 条
个人信息出境安全风险报告 安全保障措施分析报告 具体内容	第 17 条

首先，个人金融信息出境安全评估制度应建立金融业机构自评估制度，在数据出境前自行组织安全评估。原因有二：其一，金融业机构的跨境个人金融信息流动一般是出于商业经营目的，对于跨境流动的具体目的、类型以及境外接收方等相关情况较为了解，其自主评估结果具有实际参考价值。其二，金融业机构的与境外数据接收方签订合同是个人信息数据出境安全评估程序的必要条件，保留一定评估自主权，可督促企业积极建立和完善数据安全内控制度，更好地保障个人合法权益。

其次，个人金融信息出境安全评估制度应根据个人金融信息等级建立行业主管部门备案、核准、审批的三级制度。具体制度安排如下：其一，个人一般金融信息（C1）不涉及实质性的可识别信息，限于金融业机构内部日常业务使用，对个人合法权益影响较小，因而在企业自评估程序的基础上，向行业主管部门备案即可。行业主管部门备案后应建立和完善备案管理机制，结合现场核查、要求定期总结报告等形式加强事后监管。其二，个人敏感金融信息（C2）具有可识别特定主体身份与金融状况的特性，一般用于关键金融服务和产品；同时这类信息虽敏感度低于 C3，但涵盖个人金融信息的大部分内容，对个人合法权益会造成较大影响。因而企业完成自评估程序后，行业主管部门应履行核准程序，目前，2019 年《个人信息出境安全评估办法（征求意见稿）》要求企业提交申报书和合同等一系列的文件，尤其是其中的个人信息出境安全风险及安全保障措施分析报告，强调后果分析和保障措施，并设置省级网信部门安全评估期限的规定，这些特征均与核准制较为类似。本文认为对个人敏感金融信息（C2）的行业主管部门的安全评估程序可基本遵循 2019 年《个人信息出境安全评估办法（征求意见稿）》之规定，在此基础上完善即可。其三，个人敏感金融信息（C3）敏感程度最高，包括生物识别信息、密码，甚至可能的基因信息等都包含在内，这类数据应遵循"非必要不流动原则"，在欧盟《通用数据保护条例》（GDPR）等多国（地区）数据保护相关法律中也属于原则禁止跨境流动的数据。在企业对这类数据自评估的基础上，行业主管部门实行审批制。企业自评估需要提交的材料应当增加或完善跨境流动的必要性和可行性论证、企业与境外数据接收方业务往来明细，尽可能细化一切前期调查和论证，保证前期工作深度达到规定的要求。在完成前述工作后，由行业主管部门按照比核准制更加严格的标准审核，且不设时间限制，仅在审批结果公布时书面通知企业。

再次，对重要金融数据，由于涉及国家安全和社会公共利益，本文认为不应由企业保留自主评估权，而应由国家网信部门制定具体判断标准，企业自行上报，由行业主管部门进行审批，可以组织专家论证、相关企业列席等形式，行业主管部门自行制定评估流程，掌握完全自主权。其中涉及国家安全或所影响的社会公共利益具有范围性和跨地区特征，应由省级行业主管部门上报国家金融业跨境数据流动监管部门，后者进行审批或主动介入审查，并可建立与国家互联网信息办公室的联动审查机制。

最后，前述监管框架的部分细节还需进一步补充：其一，按照 2019 年《个人信息出境安全评估办法（征求意见稿）》所确定的省级网信部门管辖模式，本文认为，此处的行业主管部门一般应为省级金融业跨境数据流动监管部门（涉及国家安全的除外）。其二，对个人敏感金融信息的跨境流动，行业主管部门核准/批准后应当及时向国家金融业跨境数据流动监管部门以及国家互联网信息办公室备案，以便在国家层面掌握个人敏感信息跨境流动趋势，加强备案审查和指导工作。其三，跨境数据监管原则上按照属地原则，按照金融业机构住所地或实际经营所在地的省级行业主管部门监管，而全国性的系统重要性金融机构和关键金融信息基础设施则为例外，统一由国家金融业跨境数据流动监管部门负责监管。

表7 个人金融信息和重要金融数据分级及其对应的安全评估模式

金融数据类型	金融数据等级	安全评估程序
个人金融信息	个人一般金融信息（C1）	企业自评估+行业主管部门备案
	个人敏感金融信息（C2）	企业自评估+行业主管部门核准
	个人敏感金融信息（C3）	企业自评估+行业主管部门审批
重要金融数据	重要金融数据涉及国家安全和所影响的社会公共利益具有范围性和跨地区特征	省级行业主管部门上报+国家金融业跨境数据流动监管部门+与中央网信办的合作机制
	（其他）重要金融数据	企业上报+省级行业主管部门审批/主动审查

（三）金融业机构内部自评估机制的细化举措

前两节主要论述了跨境金融数据流动监管部门的监管模式构想，但在个人金融信息出境过程中，企业自评估是必经程序，金融业机构作为与金融信息所有者直接建立业务关系的主体，是个人金融信息出境安全责任的重要承担者。金融业机构内部的自评估机制以2016央行314号文和2019年的征求意见稿以及金融标委《个人金融信息保护技术规范》的规定为基础，经历着"授权（同意）——明示同意——书面授权"的发展过程，也体现着对金融消费者保护的严格程度之加强，但仍需从以下几方面细化：

第一，完善当事人授权同意的运行程序。本文认为，其一，个人金融信息跨境流动的书面授权不应在与初次金融消费者建立业务关系时一并取得，而应当是作为每次进行跨境流动时均应履行的程序性规定。其二，若个人金融信息存在多次或长期的跨境流动情形，可根据具体情况取得概括性和阶段性书面授权，不必拘泥于"一次一授权"的原则。其三，若采取书面授权形式，金融业机构多制定格式条款，应符合《民法典》关于格式条款之规定，如充分告知个人金融信息跨境流动可能产生的风险，保障金融消费者的知情权。

第二，明确当事人授权同意的适用范围，即区分明示同意与默示同意之情形。2019年《个人信息出境安全评估办法（征求意见稿）》只对个人敏感信息保留"同意"的要求，这是数据分级分类监管思想的体现，对一般个人金融信息（C1），不必使用书面授权形式，甚至可不征得金融消费者个人明示同意，只要其未表示明确反对即为默示同意。而按照我国目前监管思路和金融监管取向，对个人敏感信息仍应取得明示同意，书面授权则是最为规范和稳妥的方式。

第三，制定跨境金融数据流动相关的标准化文件模板。标准化、制式化的文件模板，既可以规范金融业机构跨境金融数据流动程序，又可以减轻监管部门核准或审批压力。虽然2019年《个人信息出境安全评估办法（征求意见稿）》规定了合同应包含的基本内容，但企业自身仍有很大裁量空间。因而本文认为，可借鉴欧盟SCC，为跨境数据流动制定最基本的条款内容，金融业机构在具体适用过程中可补充相关条款，但不得删减，改动部分在向行业主管部门报送材料时应特别注明。

审判辅助性事务管理研究

孙玲玲*

一、现状审视：审判辅助性事务管理改革之人员工作概况

（一）审判辅助性事务内容

审判事务从属性上可以分为审判核心事务和审判辅助事务。其中审判辅助事务主要是保障核心审判权力的行使，包括文书送达、保全鉴定、庭审记录、卷宗归档，甚至调解、草拟裁判文书等。按照与审判核心事务的紧密程度，实践中主持庭前会议、组织调解、草拟裁判文书等工作通常由行政编法官助理承担，作为预备法官培养。而文书送达、庭审记录、整卷归档、卷宗扫描等与核心审判权力距离较远的事务性工作由聘用制司法辅助人员承担。

（二）审判辅助性事务分类

1. 以与审判核心权力关系远近区分

根据与审判核心权力关系远近及紧密程度来区分，可以大致将辅助性事务分为裁断性辅助事务、流程性辅助事务、保障性辅助事务三大类。裁断性辅助事务离审判核心工作距离最近，流程性辅助事务距离审判核心工作距离又远一层，保障性辅助事务不与具体个案相关。[1]

2. 以工作内容区分

按照审判辅助性事务具体工作内容进行区分，可分为实体性辅助事务与

* 课题主持人：孙玲玲，北京市高级人民法院党组成员、副院长。立项编号：BLS（2021）B013。
  结项等级：合格。

[1] 宁泽兰：《审判辅助事务社会化的逻辑起点、现实向度与发展空间——基于"同心圆法则"的判断》，载北京市西城区人民法院网：https://bjxcfy.bjcourt.gov.cn/article/detail/2019/04/id/3811875.shtml。

程序性辅助事务。实体性辅助事务是指与案件实体性处理有关的事务，程序性辅助事务则指在案件办理流程上的程序性事务。

（三）审判辅助事务相关政策梳理

通过梳理近年来最高人民法院司法改革相关文件，可以发现审判辅助性事务管理改革的重要思路就是探索推进审判辅助性事务的集约化、社会化管理，通过集约分工、购买社会服务等方式，使分散在审判团队中的聘用制司法辅助人员得以统一管理、统一考核、统一培训。法官助理、书记员制度被作为重要改革项目纳入到全面深化司法体制改革的宏伟蓝图之中，[1]是人员分类管理改革中法官员额制改革的重要配套保障。

（四）审判辅助事务管理之改革现状

1. 送达工作改革现状

由于现阶段送达改革仍在探索阶段，虽然大部分送达事务性工作通过集约化或社会化方式节省了部分劳动成本，但最终的送达效力和结果确认还需要由审判团队加以确认。因此，聘用制司法辅助人员在送达工作中所扮演的角色和承担的责任，也从原来的全流程参与变成了如今的发起送达指令、审核送达效力等管理评价性工作内容。

2. 整扫工作改革现状

卷宗改革现状为"电子扫描+双卷宗归档"。具体来说，不仅需要将所有未电子化的纸质材料通过扫描加工等方式电子化，还需要将部分网上立案等途径生成的电子材料纸质化，由此导致两类材料的整理比对工作量大幅增加。此外，由于最终对卷宗和档案内容进行确认和负责的依然是审判团队，因此难免会增加交接沟通和复核审查等工作环节。兼之卷宗整扫工作的职责被不断细化，导致案件审理全流程中每个环节的职责承担者都存在差别。

3. 庭审记录工作改革现状

由于庭审工作在本质上属于较为机械的重复性工作，为了释放部分人力资源用以处理更加复杂的事务性工作，2013年以来，各地法院不断强化庭审

---

[1] 江苏省徐州市中级人民法院课题组：《法官助理招录的类型化研究》，载最高人民法院司法改革领导小组办公室编：《新时代深化司法体制综合配套改革前沿问题研究》，人民法院出版社2018年版，第198页。

活动同步录音录像应用，探索向现代化电子庭审记录模式转变。2017 年最高人民法院正式发文强制应用庭审录音录像，并大力推行智能语音识别同步转换文字系统。[1] 在此基础上，各地开始探索书记员集中管理改革或智能语音录入等记录模式。

4. 审判辅助性人员改革工作现状

当前，在审判辅助力量严重不足的情况下，即使相关政策文件对书记员和法官助理的职责有一定程度的区分，实践中也无法做到将二者在职责上真正区分开。而司法实践中聘用制法官助理与聘用制书记员间的职责分工更为模糊，大多数情况下仍是根据审判团队中法官的工作习惯、个人偏好等进行分工，量才而用、职责混同的现象非常普遍，工作内容随意性较大，越位补位的情况时有发生，无法落实统一而严格的职责规定。特别是由于部分聘用制法官助理素质和能力的不足，其无力"完整"承担相应职责，客观上改造了法官—法官助理—书记员模式下法官助理的功能定位。[2]

二、问题聚焦：审判辅助性事务管理之改革现状分析

（一）聘辅人员政治学习深度广度不足

1. 聘辅人员忽视政治理论学习且敏感度不足

通过汇总北京法院聘用制审判辅助人员的参加培训情况，可以发现 88.13% 的受访人员表示，自己参加培训的主要原因是想更进一步增强自己的法律专业知识，而对于政治理论培训的需求则较低。虽然近年来政法队伍教育整顿在逐步加强，但由于部分聘用制司法辅助人员在政治理论学习方面不够重视，对于学习内容未能入心入髓，导致其在面临挑战和困难的时候经常出现畏难情绪，违法违纪现象也时有发生。

2. 聘辅人员党建工作参与度不足且流于形式

现实中，政治教育的形式多拘泥于开会、参观这些"老方案"，内容上过于书面化、生硬化，组织党建活动或政治理论学习时，也往往集中于行政编干警或党员干警。现阶段聘用制司法辅助人员面对入职之后对其而言仍旧

---

〔1〕 参见《最高人民法院关于人民法院庭审录音录像的若干规定》（法释〔2017〕5号）。
〔2〕 王晓艳、原静、王琼瑶：《聘用制审判辅助人员管理机制研究——"以法官为中心"的探索和构建》，载刘贵祥主编：《审判体系和审判能力现代化与行政法律适用问题研究——全国法院第32届学术讨论会获奖论文集》（上），人民法院出版社 2021 年版，第 602 页。

"枯燥老套"的教育方案，不愿意积极参加政治理论学习，除了入职考查之外，均以不是党员、没有时间等诸多借口躲过入职后政治能力的"再提升"机会，自主学习的积极性和主动性逐步下降甚至消失殆尽。

（二）集约化管理改革出现"投入—产出"偏差

1. 集约运转成本未呈最小

审判辅助事务集约化的目标是以最低成本获得最大收益。但试点法院存在集约化运转成本消耗较大的问题。一方面，直接成本浪费明显。在缺乏前期论证的基础上，直接建设大型集约中心办公区、购置大量设备、高价购买社会化服务、高薪聘用人力资源等，使得在运转过程中出现设备闲置、人力资源浪费的问题。另一方面，错误成本消耗较大。为了追求实质正义，集约化过程中的工作错误需要另行花费人力和时间予以纠正。

2. 集约运转效益增加未呈最大

通过对辅助事务集约化运转后的法官进行访谈，收到的反馈问题集中在两方面。一方面是规范缺失导致减负有限。审判团队中的辅助人员与集约化工作辅助人员各自负责的事务范围存在交叉，具体规范和职责划分尚未明确，直接影响到能否确实为审判团队减负的问题。另一方面是程序缺失导致运转"空档"。集约事项完成过程中遇到问题如何与审判团队高效衔接、任务完成后如何验收对接等问题仍未解决，存在待办事项进入审判团队的"空档"，集约运转所节省的时间面临"被浪费"的窘境。

（三）购买社会化服务引发案件质量风险

1. 卷宗整扫暗藏泄密缺失风险

卷宗材料贯穿审判始终，存有大量的个人信息，甚至是涉密资料。现阶段，一些法院将卷宗的整卷、扫描、归档等工作交由外包人员统一完成，而外包人员属于非专业、非内部人员，在对卷宗资料的整理过程中极有可能存在信息泄露风险。卷宗材料成百上千，交接过程客观上无法做到每本卷宗的逐页细致核对，而在卷宗整扫过程中需要拆分材料，这种"多节点、多频次、多人员"参与的事务完成过程势必导致卷宗材料丢失的风险成倍增长。

2. 外包送达工作存在时效性风险

虽然多数法院已采取集约化方式聘用外包人员将送达工作剥离，但对于外包人员完成的送达结果却是喜忧参半。外包人员首次送达成功率有待提升，完成一整套有效的送达流程所耗费的时间较长。此外，面对送达记录不完整、送达方式不彻底、送达效果不确定等情况，审判团队与送达专员也较难就送达结果实现实时沟通，而且送达专员反馈的信息有效性存疑。

（四）同一化管理趋势引发聘用制人才短缺

1. 优秀聘辅人员招录困难加剧"案多人少"矛盾

近年来，在招录聘用制法官助理时通常存在"30 岁以下、具有大学本科及以上文化程度、法律及法律相关专业"等要求。调研后发现虽然招录门槛设置较高，但客观上难以招录到完全符合要求的聘用制人员，这也加剧了"案件数量多、可用人才少"的矛盾。

2. 无差别化"补岗"引发优秀聘用制法官助理流失

聘用制法官助理的准入门槛更高，对其学历、专业、法学专业能力等方面的要求更严。但由于人员不足等原因，现阶段聘用制法官助理并未根据招录时选人需求设置对应培养路径，而是不区分人员类型地统一分配其填补岗位空缺，被无差别化地按照从事程序性或保障性事务的"书记员"使用。久而久之，聘用制法官助理得不到有效的学习提升，也容易因感觉"学不到东西"而产生挫败、沮丧等情绪，导致这类本可以胜任更具智识性工作的人员，由于对现有事务性工作厌倦、缺少专业锻炼机会，容易造成人才浪费甚至人才流失等现象。

三、原因剖析：审判辅助性事务管理问题之成因分析

（一）政治素养与能力考查缺乏持续性

虽然大多数的聘用制司法辅助人员的招录公告上有明确的政治素养能力要求，但是在验证他们是否具备以上素质时，通常仅以较为形式化的笔试和面试成绩作为参照。但这样的考查方式检测的多是招聘这一段时间内考生的背诵能力，与其真实的政治素养结果还存在偏差。而且，入职后多数法院未将政治能力的"再考察"纳入"日常工作"。由于对聘用制辅助人员的政治能力考查大多只局限于入职、晋升等关键节点，未能与本职工作直接挂钩，客观上导致了聘用制人员对提升自己政治能力的忽视与懈怠。政治能力的短缺必然会影响到其工作情绪，导致迟疑心理、畏难情绪、观望倾向等问题逐步凸显，从而影响后续的工作效率。

（二）照搬已有方案未能因人制宜

在集约化、外包化改革大踏步开展的情形下，一些试点法院或是为了契合改革而"匆匆为之"，或是受制于各院人、财、物、场所的影响不敢尝试个性化方案，在机构设置上未能结合本院特点而呈现出水土不服。虽然集约的初衷是为了实现因重复熟练而提高效率的目的，但是一些聘用制人员所具备的能力足以协助法官完成更为核心的审判辅助事务，而机械重复性的事务工作则可交由更为边缘的外包人员来完成。因此，此种"集约管理"未能结合人员特点，可能造成现有人力资源的浪费。

（三）验收标准失效导致重复劳动

如果仅以"工作量"作为验收外包工作的单一评价及结算标准，则外包人员很可能抱有"责任仍在法官"的思想，完成工作流于形式，只为了增加完成数量而无暇顾及工作质量。即使及时发现了外包人员完成的"残次品"，审判团队中的辅助人员亦无能为力。或是碍于投诉反馈流程的烦琐，或是担心不必要地得罪他人，常常放弃追责而自行修改错误，从而被迫成为外包工作的"修补工"。

（四）缺少分类培养方案制约人才进步

现阶段对于聘用制法官助理和聘用制书记员的分类针对性培训较为缺乏，实践中出现了高学历聘用制法官助理在工作中不如拥有熟练实操经验的书记员这类现象。由于缺少具体的指导和培养，这类人员只得在实践中通过向身边前辈请教的方式学习审判辅助技能。久而久之，在繁重的事务性工作压力下，原本具备较高能力的聘用制法官助理可能因陷于琐碎工作而无心学习或承担更为核心的辅助工作。

（五）职责划分不清滋生"等靠"心理

每一项审判辅助性事务都是整套流程而非单一动作，每个流程又牵扯到多项内容，在不同角色的主观认识下，外包人员、聘用制法官助理、聘用制书记员三类人的职责出现交叉。从法官的角度考虑审判团队与集约化人员的分工问题，应以高效完成审判辅助事务为出发点，如果安排本可以协助完成多项事务的人员只负责某一项工作，则不仅会造成人力资源的浪费，还会使得各类人员因分工不均、职责重叠而滋生等靠、推诿等心理。不同类型人员的职责边界不清使得聘用制辅助人员从改革初期的"辅助主力军"逐渐沦为

"改革边缘者"。

(六) 发展路径受阻引发"躺平"趋势

聘用制辅助人员的晋升"天花板"较为明显,仅有极少数人有机会被聘为事业编制人员或转为无固定期限,上升通道相对狭窄。由于编制收紧等现实情况,一些以往合同已到期的聘用制书记员,因缺少考入事业编或转签无固定劳动合同的机会,不得不离开法院或成为外包公司员工再以派遣等方式回到法院。面对缺少发展路径的种种现实问题,一些聘用制人员在临近合同到期的时候开始纷纷考虑未来的新去处,更有甚者在入院不久后得知未来发展无望,而把这一岗位作为"备胎"或"跳板",一些有更高理想的聘用制人员也纷纷"躺平",认为自己"干多干少一个样",即使再努力可没有更好的发展空间。

(七) 追责机制不严加剧"甩锅"倾向

目前针对聘用制司法辅助人员的责任追究问题的规定或缺失,或过于笼统、贴合度不强,仅规定职责但缺乏责任追究机制的管理规定,缺乏对后果明确认知的聘用制司法辅助人员只会认为"即使出错也没关系"。外包工作属于委托代理的法律性质,最终的责任主体仍为法院,具体责任应由内部人员承担。但是,多数聘用制辅助人员却认为外包工作耗费大量财政支出,理应由外包人员对工作质量负责,出现瑕疵亦应归咎于实际操作人。对于聘用制司法辅助人员来说,更加容易产生"出错有人替我背锅"的主观心态。

四、理论借鉴:管理学理论对审判辅助事务管理的相关启示

(一) 管理学理论之归因

华盛顿合作定律(又称"华盛顿合作规律")以一句话加以概括便是:"一个人敷衍了事,两个人互相推诿,三个人则永无成事之日。"[1]其实质就是"三个和尚没水吃"的群体成员"不合作"现象。华盛顿合作定律很好地解释了审判辅助性事务管理出现问题的内在原因。第一,无论是审判辅助性事务还是司法辅助人员结构都在发生变化,事务的不断分解使得完成工作的人员变得复杂。当完成事务的司法辅助人员越多,每个人成为旁观者的可能性也越大。第二,虽然事务工作的具体内容和完成人员均已经发生变化,但

---

[1] 吴鸣:《"华盛顿合作规律"与团队管理》,载《企业文化》2007 年第 9 期。

配套改革方案却未能进行相应调整，面对不测量、不记名、少惩处的工作任务和无希望的工作前景，每个辅助人员付出的努力都将大大缩减。第三，人员角色站位不同，对待事务的认知就存在差别，审判辅助事务的完成需要各个成员分工合作，过于复杂的人际关系会加大交接环节的摩擦，审判质效的提升将会减速。

结合惯常破解华盛顿合作定律的方法，发现可通过改变人员管理的模式来改善现存问题，聘用制司法辅助人员管理改革方向应集中在四个方面：一是加强思想政治教育，减少畏难情绪的产生；二是明确分工、落实责任，降低旁观者效应；三是加大激励手段，避免社会惰化作用；四是重视交接沟通，减少组织内耗现象。

（二）管理学理论之破解

课题组借鉴联系紧密的帕累托最优理论和人才学使用原理，以期破解人员管理的难点与痛点，即通过合理分工和优化配置人力资源，在不改变现有审判辅助性事务范围、不增编加人的基础上，达到减少组织内耗、提高法院审判质效的最终目标。基于现阶段聘用制审判辅助人员的这些特点，要形成合理的人才结构，需要从"选、用、留"三方面进行优化。一是以"胜任素质"标准招录人才。聘用制审判辅助人员的职责以从事实体性审判辅助事务为主，从事程序性审判辅助事务为辅，特殊人才可以从事其他司法辅助事务。应当旗帜鲜明地在招录公告中明确人才招录标准，针对不同岗位、级别确立不同的胜任力标准。二是以"人岗匹配"用好人才。在业务庭室的聘用制辅助人员应主要从事实体性辅助岗位，通过确定相对较高的级别、提高岗位工资待遇、拉大岗位级差等灵活方式提高岗位吸引力。对于刚招录进来或能力稍弱的聘用制审判辅助人员，可以先行安排其从事程序性辅助岗位以奠定基础。三是以"优胜劣汰"留下人才。可以借鉴部分地区的做法：聘用制法官助理的聘用期限为1年，满1年后，法院结合法官的意见对其工作量、工作绩效、工作表现等进行全面考核，获得最高等级的聘用制法官助理可以获得续聘的机会并晋升一级，获得中等级别的聘用制法官助理可以获得续聘的机会，获得低等级别的聘用制法官助理则被辞退。

五、路径完善：事务管理改革之聘用制人员管理方案优化

（一）全面立体化教育

1. 以信念教育夯实基础

一是忠诚品格、教育先行。在院级以政治轮训、主题讲演的形式进行集中教育，在庭级以品牌活动的形式进行针对性教育，对不同档级的人员进行分类要求，对特殊人员进行重点引导。

二是法治信仰、培育补位。既要进行法院英模教育，要求聘用制审判辅助人员向时代楷模和行业榜样学习法治理念和工作信仰，又要培养聘用制审判辅助人员从身边人、身边事中学习领悟，培养热爱法院工作、崇尚审判事业的信念。

2. 以情感交流促人奋进

一是以文化活动激发荣誉感。人民法院可通过搭建线上、线下各类平台，开展丰富多彩的集体活动，以先进代表为宣传典型，激励每一位聘用制审判辅助人员以从事司法事业为荣，营造奉献、严谨、协作、创优的工作氛围，激发其主人翁意识。

二是以谈心比武营造归属感。聘用制审判辅助人员相较于行政编和事业编人员更容易缺乏归属感，可以常态化谈心谈话的形式了解其客观需求，帮助其解决职业发展和个人生活的困惑与困难，认真挖掘发展潜能，通过专项技能大比武、年度绩效大排队等创先争优活动，肯定聘用制审判辅助人员的价值。

3. 以日常监察捍卫正义

一是日常督查不断档。加强对聘用制审判辅助人员日常作风督查。对于日常作风问题应做到发现、通报、整改不断档，通报问题要有针对性，人、事、部门详细具体并纳入考核管理，整改问题应及时迅速，从上到下，从院到庭做深刻反思。

二是警示教育不缺席。人民法院应加强对聘用制审判辅助人员的日常监督管理，通过身边人身边事警示引导其在审判执行活动中规范言行举止，要求其认真贯彻执行"三个规定"和法院各项规章制度，在专题教育中保证参加的人员比例。

（二）分类定制化招录

1. 分类动态选拔高适岗性人才

首先，要重视招录岗位的适配性。在设置招录岗位要求时，针对不同岗位、级别确立不同的胜任力标准，区分聘用制法官助理和聘用制书记员，从而制定不同的招录要求。针对聘用制法官助理，应把好学历关，招录对象以高等院校法学本科生为基本要求。对于聘用制书记员则应严格要求其速录技能，多增加对于奉献精神、责任心、面对突发事件的临场反应能力等社会评价的考量。其次，应保证招录的广泛性和动态性。对于聘用制辅助人员的招录给予各院一定灵活空间，使其能够根据需要及时招聘补聘，每一年可针对不同招录需求制定新的招录公告，在招录时还可优先考虑内部人员的转岗。最后，聘用制辅助人员的招录应参考法官意见。应让法官适度参与到聘用制审判辅助人员的招录选拔过程中，以其慧眼识人才；在试用期结束后应按照不同等级胜任素质标准、根据法官意见为聘用制法官助理定岗定级。

2. 阶梯式培养路径吸纳高质量人才

第一阶段为学习试用期。这一阶段的实践学习任务为书记员的基本职责，即在统一培训下学会送达、庭审准备、庭审记录、整卷归档等基础性事务工作。第二阶段为分类挖潜期。对于已经分配到不同岗位上的聘用制辅助人员进行精准赋能，发挥出不同的作用。对于综合素质较高、有意愿尝试综合类事务工作的聘用制辅助人员，安排其从事庭室的党建联络、庭室内勤等非审判类工作。第三阶段为培育锻造期。重点培养更为灵活、高阶、全面的审判和综合管理技能，对于想在法律专业深耕或积累经验的辅助人员，可以安排其到专业化庭室协助处理新型、疑难、复杂案件；对于倾向于行政事务、管理型工作的辅助人员，可安排其在综合岗位加以培养锻炼，协助组织参与全院重大活动等。

（三）分级动态化管理

1. 打破两大阵营，重划三个等级

为切实保障工作的有序开展，可将聘用制法官助理和聘用制书记员按照学历和心理重新划分为三级。第三级是专科学历且无上进心的聘用制书记员。可将此部分人分配至一个单独的工作岗位，从事单一性的工作。第二级是虽为专科学历但工作能力较强且具备上进心的聘用制书记员和不具备法学背景的聘用制法官助理。可以赋予该级别人员一定管理职权，让这部分人负责总领送达、整卷等某一项管理性工作，并让其为最终的质量承担责任，以此可以解决工作职责交叉和重复劳动的问题。第一级是具有法学本科以上学历的聘用制法官助理。这类人经受过专业化、系统性的学习，在专业能力的提升上对自己有较高要求，更适合从事调解、组织庭前会议、类案检索、草拟简单裁判文书等智识性审判辅助工作。

2. 采用动态化管理模式，按劳分配与按需搭配相结合

首先，应在每年招考工作开始前两月根据本院的实际情况确定每一级别所需的人员数量。其次，应征求已在岗聘用制法官助理和书记员的意见，让其自由选择级别。再次，当所需人数小于在岗报名人数时，须征询政治部、所属团队意见，参考工作年限、学历、法官评价、年度业绩考核、平时专业考试成绩和日常政治轮训成绩等指标实行竞争上岗，竞聘失败人员参考意愿降级安排工作。最后，对于人员短缺的岗位，经上级单位审批后在当年的招考公告中定向定量招录，确保岗位的适配性。

在动态化管理模式下，三个级别待遇应有所差别，可在绩效工资或者职业晋升上作出区分。第三级别的人员工资水平应与现有外包人员类似，但是可享受与本单位员工相同的工会福利待遇；第二级别的人员属于管理级别，可将人员数量相对减少但是将绩效工资大幅提升，以此解决"招不上人、干不完活"的现实问题；第一级别的人员主要消耗脑力劳动，且职业规划往往不局限于现有工资待遇，初始工资可与第二级别人员基本持平，但可给予其一定的转编、推荐就业等晋升渠道。就三级人员的分配制度而言，立案速裁庭室可由一至两个团队共享上述三级人员，且第一级别聘用制人员适当缩减；后端精审庭室中第三级别的人员可采取集约管理的模式，但应注重听取法官和二级人员做出的评价反馈，实行优胜劣汰，而第一、二级别的人员仍应在团队中进行管理和考核，且第一级别的人员数量应适当增加。

（四）分流多元化输出

1. 加强优秀人才内部循环利用

通过向 514 名聘用制审判辅助人员发放调查问卷，发现约有 72.18% 的聘用制审判辅助人员希望有机会转入正式编制，重视"身份"认同。然而，在现有编制不足无法满足聘用制人员转为正式编制之需求的情形下，应拓宽内

部循环利用以加强人才的再次利用。由于签订无固定劳动合同将成为聘用制辅助人员中竞争最为激烈的发展路径选择，故可以设置更为细化且严格的考核方式。另外，对于业务能力水平较强的聘用制书记员，在其合同期满后从中选任聘用制法官助理也是符合司法规律的。对于一些无法本院内部转岗的聘用制辅助人员，可以通过不同法院间的人才交流机制，输送熟悉审判辅助业务、能力过硬的聘用制人员。

2. 建立优秀人才外部推荐机制

为聘用制辅助人员明确清晰的职业出路，除了实现前述法院系统内部的人才循环外，还应建立有效的外部推荐机制，进一步完善聘用制辅助人员的退出回避制度。一方面，可以探索推荐优秀聘用制人员进入专业人民调解组织。推荐具备法律基础、了解当地的风俗习惯、掌握较高水平谈话与调解技巧的优秀聘用制人员加入调解队伍。另一方面，可以探索外部激励政策、拓宽职业前景。可以制定激励政策，比如优秀聘用制人员在合同期满不得不重新就业时，由原法院出具相关人才推荐函，在其从事法律相关的事业单位招录时予以优先考虑；或是在其参加研究生考试时给予一定加分；或是在法院工作满一定年限、经考核优秀且合同期满离职时可转换为 1 年律师实习期等多种激励方式。此外应建立属于聘用制司法辅助人员的退出回避制度，明确聘用制人员从法院辞职后从事相关法律职业的回避规定，包括回避的时间、回避的案件范围、回避的地域范围等。

网络舆情法治问题研究

米铁男 *

一、网络舆情监管的现状

我国自 1994 年接入互联网已有 20 余年，1994 年出台了第一部有关互联网治理的法规《中华人民共和国信息系统安全保护条例》。在依法治国的要求下，我国不断制定、颁行与网络监管相关的法律法规。但是我国对网络监管的立法工作较网络的迅速发展相比，处于相对滞后状态，直到 2016 年 11 月 7 日，我国通过了《中华人民共和国网络安全法》(以下简称《网络安全法》)，这是我国为了保障网络安全，促进经济社会信息化健康发展而颁布的第一部有关网络安全的法律，意味着网络安全问题已经得到了足够的重视。目前，我国关于网络舆情监管的立法体系可以分为三个层次：法律、行政法规和司法解释、部门规章和规范性文件。除此之外，我国也在其他相关法律法规中增加了有关互联网内容的规定，例如《中华人民共和国刑法》（以下简称《刑法》）中的非法侵入计算机信息系统罪，非法获取计算机信息系统数据，非法控制计算机信息系统罪，提供侵入、非法控制计算机信息系统程序、工具罪等新增罪名，2015 年通过的《中华人民共和国刑法修正案（九）》中就在《刑法》第 286 条后增加一条，针对网络服务提供者不履行法律、行政法规规定的信息网络安全管理义务，经监管部门责令采取改正措施而拒不改正的行为，应受刑事处罚。《中华人民共和国民法典》（以下简称《民法典》）侵权责任编中对网络用户、网络服务提供者侵害他人合法权益、实施网络侵权行为，应当承担侵权责任做出了具体规定。《中华人民共和国保守国家秘密

* 课题主持人：米铁男，北京邮电大学副教授。立项编号：BLS（2021）B014。结项等级：优秀。

法》《中华人民共和国治安管理处罚法》与《民法典》总则编等相关法律中也有与网络安全相关的具体规定。国家出台的相关法律为我国网络舆情监管提供了可靠的法律依据，并为其他监管手段的正当性提供了法律基础，共同组成了我国的网络舆情监管体系。

国家层面的法律目前包括：2016 年 11 月 7 日由第十二届全国人民代表大会常务委员会第二十四次会议通过的《网络安全法》，2021 年 6 月 10 日由第十三届全国人民代表大会常务委员会第二十九次会议通过的《中华人民共和国数据安全法》和 2021 年 8 月 20 日由第十三届全国人民代表大会常务委员会第三十次会议通过的《中华人民共和国个人信息保护法》（以下简称《个人信息保护法》），还包括 2000 年 12 月 28 日由第九届全国人民代表大会常务委员会第十九次会议通过并于 2009 年修正的《全国人民代表大会常务委员会关于维护互联网安全的决定》，2012 年 12 月 28 日由第十一届全国人民代表大会常务委员会第三十次会议通过的《全国人民代表大会常务委员会关于加强网络信息保护的决定》，这些法律规范都与网络舆情监管《民法典》第七编第 1194 条存在密切的联系。行政法规包括：国务院在 1994 年 2 月 18 日发布并于 2011 年修订的《中华人民共和国计算机信息系统安全保护条例》，1996 年 2 月 1 日发布并于 1997 年修正的《中华人民共和国计算机信息网络国际联网管理暂行规定》，1997 年 12 月 16 日发布并于 2011 年修订的《计算机信息网络国际联网安全保护管理办法》，2000 年 9 月 25 日发布并于 2011 年修订的《互联网信息服务管理办法》，2002 年 9 月 29 日发布并于 2001 年、2016 年、2019 年、2022 年多次修订的《互联网上网服务营业场所管理条例》与 2006 年 5 月 18 日发布并于 2013 年修订发布的《信息网络传播权保护条例》。司法解释包括：自 2011 年 9 月 1 日起施行的《最高人民法院、最高人民检察院关于办理危害计算机信息系统安全刑事案件应用法律若干问题的解释》，《最高人民法院、最高人民检察院、公安部关于办理网络赌博犯罪案件适用法律若干问题的意见》以及 2001 年 6 月 26 日发布并于 2020 年修正的《最高人民法院关于审理涉及计算机网络域名民事纠纷案件适用法律若干问题的解释》等。部门规章包括：公安部在 2000 年 2 月 13 日发布的《中华人民共和国公安部关于执行〈计算机信息网络国际联网安全保护管理办法〉中有关问题的通知》，公安部在 2005 年 12 月发布的《互联网安全保护技术措施规定》，国家广播电影电视总局与信息产业部在 2007 年 12 月联合发布并于 2015 年修订的《互联网视听节目服务管理规定》，以及工业和信息化部在 2011 年 12 月发布的《规范互联网信息服务市场秩序若干规定》，2017 年 8 月发布的《公共互联网网络安全威胁监测与处置办法》和《互联网域名管理办法》等。行政规范性文件包括：国家互联网信息办公室在 2016 年至 2017 年发布的《互联网直播服务管理规定》、《互联网新闻信息服务管理规定》、《互联网跟帖评论服务管理规定》（后于 2022 年修订）、《互联网论坛社区服务管理规定》、《互联网群组信息服务管理规定》、《互联网用户公众账号信息服务管理规定》（后于 2021 年修订）、《互联网新闻信息服务单位内容管理从业人员管理办法》、《互联网新闻信息服务新技术新应用安全评估管理规定》等。网络用户的增加使网络舆论变得鱼龙混杂，我国政府采取各种方式和手段对网络舆论予以监管。尽管在监管中出现了很多问题，但是我国对于网络舆情的监管还在不断探索当中。目前，我国的网络舆论监管呈现以下几个特点：第一，监管方式由不公开转变为公开。2016 年 8 月国务院办公厅发布的《关于在政务公开工作中进一步做好政务舆情回应的通知》，该文件进一步明确政府对舆情事件的处置责任、要求高标准地回应涉及政务的舆情，显著提升回应政务舆情的实际效果、强化监督检查、积极开展相关的业务培训工作、对于积极回应政务舆情情况良好者予以奖励等。随着网络用户的激增，新型传播方式的增加，我国政府网络舆情监管正在努力改变"大事化小，小事化了"的思想，对网络舆情的监管采用公开透明的理念，时刻监测相关部门的监管信息，争取做到从事实出发，用事实说话，公开透明接受社会监督的方向转变。

第二，监管策略由被动严防转变为主动出击。网络舆情的监管要求政府与群众形成良性的互动，群众的参与和反馈对于监管来说是非常重要的信息来源，政府通过转变观念，主动应对负面舆情，澄清谣言，发布真相，对网络舆情负面情绪的扩散往往能起到及时止损的作用。在线上监管模式未开启之前，我国对网络舆情的监管时常处于"事后监管"的被动局面，往往是舆情事件发生并产生较大社会影响之后才采取措施应对，监管并没有达到满意的效果。随着网络技术的进步，政府网络舆情"事前监管"有了决策依据，政府监管不再处于滞后的局面，并且逐渐掌握主动权，网络舆情监管效果得到了显著提高。

第三，监管手段由单一转变为多元。线上监管模式的发展，为网络舆情的监管提供了便利条件。随着线上网站、APP 等监管平台的建立与政府监管工作紧密结合，政府微信号、政府微博客，以及其他政府网络服务端口等共同构成了舆情监管的平台系统。政府通过这些信息平台发布权威信息，引导舆论，同时通过与网民的互动，了解网民思想动态和对社会热点事件的看法。各地方因地制宜，根据当地舆情情况设立自己的投诉举报网站，以便第一时间了解到网络舆情的实时动态。政府监管手段的发展打破了传统网络舆情监管单一、被动的监管模式，朝着多元化、及时性、互动性的方向发展。

第四，监管效率由低能转变为高效。网络技术丰富了网络舆情管理手段，同时提高了网络舆情治理效率。例如政府通过设立投诉平台，加入微博平台等方式快速监测并掌握敏感信息、热点事件分类汇集，便于梳理舆情核心要素并及时跟进，人民网舆情监测室的网络舆情分析报告主要面向政府宣传部门以及企业公关部门，为其提供决策参考。这些监测平台的出现减轻了政府负担，使政府更加快捷、准确地实施相应监管手段。

二、我国网络舆情监管存在的法律问题

（一）法律规制有待完善

如今网络舆论发展趋于"后真相化"，即事情的真相相较于谣言总是迟到的。这样的时代特点给法律监管带来了焦虑与挑战，人们的情绪通过舆论对司法造成冲击。网络舆论有时会先于法律审判，甚至左右司法裁判。完善的法律规定能够为网络舆情的监管提供依据，更好地为治理网络舆情服务。目前我国法律规定主要存在如下三个方面问题，分别是立法进程滞后、法律位阶较低、法律规定宽泛。

1. 立法进程滞后

面对新兴平台的出现，法律的规制稍显落后，缺乏网络立法方面的顶层设计与前瞻性规划，难以快速进行监管并落实传播主体的法律责任。虽然近些年新颁布了一些法律法规，但是涉及范围较小，大部分行政法规距今仍然有着较大的时间跨度，且已有的法律规定并不能完全适用于当下的网络舆情规制。如 2017 年出台的《网络安全法》，其内容多是规制网络安全与犯罪的情形，对舆论监管只是有所提及，且仅仅是从事后监管的角度提供法律保护，没有形成一个完整的保护体系。同年出台的《互联网新闻信息服务管理规定》

主要是对网络新闻信息服务提供者加以规制，缺少在立法层面对互联网上发声的个人的思考，导致网络用户、互联网信息内容普遍处于一种失序状态。

2. 法律位阶较低

我国目前在各个领域已经有了相对细致的法律规定，但国家中央层面上，还未有一部专门的法律对网络舆情进行统筹规划。从法律应对上，我国已经出台了 30 余部有关网络安全的法律法规。从整体上看，由于网络信息来源复杂，内容碎片化，分散的部门法律规定和地方性规章占现有法律法规中的绝大多数，高位阶的法律与行政法规较少，仅有《网络安全法》、《民法典》（人格权编与侵权责任编）、《个人信息保护法》等与之相关。其中对网络舆情监管的规定少，缺乏针对性。

3. 法律规定宽泛

在目前已有涉及网络舆情监管的法律中，存在许多规定宽泛的情况。从规定的内容来看，还未真正明确网络舆论在现实生活中的地位、性质及舆论监督过程中主体所享有的权利和应当承担的义务与责任。

(二) 数据安全缺乏保障

在网络舆情发酵的过程中，数据安全缺乏保障也是一项不可忽视的问题。数据安全与社会安定有着密不可分的关系，小到公民的个人隐私，大到国家的政治安全，肆意使用数据将会给公民带来极大的不安全感，同时数据向境外泄露也会给国家安全带来威胁。治理网络舆情需要大量的数据支撑，因此，保障数据安全是网络舆情治理过程中的重要一环。

1. 数据权属不明

监管社会舆情，需要大量的数据支持。一方面，大数据能够找准网络舆情的发展态势，通过设置关键词等技术能够将负面影响控制在萌芽状态，合理利用大数据能够有效地防范与化解网络舆情风险。另一方面，大数据能够帮助解决引发网络舆情的社会问题。解决负面网络舆情爆发的方式不能仅限于"堵"，还要关注到事件发生更本质的原因，重点在于"疏"。而之所以会爆发网络负面舆论，就是因为公共服务不足和社会建设严重滞后从而引发了社会不公的问题。让公民参与到国家治理当中便是一个解决方式，建设开放型数据平台，就要考虑到平衡公共利益的需要与公民个人的隐私需要。网络舆情动态化治理需要收集公民个人的网络活动轨迹，包括网页浏览记录、评论、发布的文章、个人实名信息等，这就涉及大量的公民个人隐私数据。目前数据权属不明，立法工作与制度安排难以推进，这就导致监管不到位，给数据泄露、数据滥用、数据篡改等违法情形提供了温床。

2. 公开信息与隐私的界限不清

在数字时代，公共领域的信息与个人的隐私边界逐渐模糊。社会网络舆情以发布主体来区分，可以分为两类。一类是以官方媒体为发布主体；另一类则是以自媒体、个人为发布主体，发表面对社会事件的看法。第一类网络舆情可以在发布之前做好舆论预警的方案，对发布后的社会舆论结果有一定的控制能力，对所收集到的个人信息数据也能保证其不被盗取。第二类网络舆情则具有突发性、难以预测性，如果个人和不良媒体借此宣泄情绪，极易误导公众，形成负面的网络舆情。因此第二类网络舆情的监管更具有挑战性。由于发布主体的不同，网络舆情情况也不尽相同。第一类中的发布主体是固定的，以近年来的新冠疫情为例，只有官方拥有掌控与公开数据的权力。但是在公开数据的同时，有些行为还是侵犯到了个人隐私，如公开感染病例时公开行程轨迹和工作信息，导致感染者在网上受到攻击；明星的健康宝照片流出，以极低的价格在网络上贩卖。第二类以自媒体和个人为主的发布主体，分不清言论自由与侵权的边界，更容易侵犯个人隐私。

(三) 监管手段仍需改进

1. 协同联动机制不足

网络舆情治理中存在不少"信息孤岛"的问题，政府各个部门之间、政府与非政府组织之间、政府与公民之间的信息流通存在壁垒，监管手段有待改进。政府各个部门之间各自为政，数据采集难免重复，数据标准又难以统一。

2. 与群众沟通意识不强

在网络舆情发生时，多数官方媒体更倾向于选择避而不谈，或者在谈及真相时遮遮掩掩的做法。等到作出正面回应时，往往已经是舆论有一定热度的时候，监管部门的回应不及时给了负面舆论发酵的空间。除了"回应缺席""回应迟到"之外，在对外发布消息时，监管部门也存在一定的不规范行为。官方媒体的解释带有着一定的权威性，公民期待从官方媒体口中获取事情的真相。而不少官媒在回应时前后消息不一致，发表未核实的信息，表述失之偏颇，掺杂了过多的个人情感，带有一定的负面引导性，未能发挥监管部门应有的作用。

(四) 配套机制尚未完善落实

1. 舆情监测、研判机制不健全

日常工作中，往往是舆情发展到有一定影响力时有关监管部门才予以足够的重视，对舆情收集与预判工作不够投入，没有形成完备的舆情监测研判机制。目前政府媒体更注重发布机制，缺乏对回应机制的部署。对于公众是否接收到信息，是否接受信息，没有给予足够的注意。在面对公众提问时，需要具备新闻专业素质的人才化解危机，并且真实有效地向公众传达事件情况，然而目前我国政府监管部门对于这类专业人才的培养还有待加强。

2. 追责机制执行力度弱

舆情事件发生后，网络上会出现很多造谣者或泄露个人信息的违法者，却很少有人被追责。这就导致违法者的违法成本极低，人们在实施越轨行为时缺少法律责任的威慑。南都大数据研究院发布的报告显示，以 2020 年 1 月 20 日至 3 月底时间段为例，共出现 2498 条谣言，公安发布的通报案例中，仅有 23 起受到行政处罚。其原因主要有以下三点：一是追究成本大，二是违法者数量大，三是网络舆情监管者重视程度不够。

3. 人才培养机制欠缺

在网络舆情治理的过程中，需要专业人才的支撑。然而目前我国在这方面的人才稀缺，不足以满足网络舆情治理的需要。在网络舆情数据信息收集、监测、研判、结果反馈的各个环节中，每一个环节都需要专业人士进行数据收集分析、研判预测和最后的公布反馈。我国网络舆情监控处于刚刚起步的阶段，具备数据分析能力、舆情真伪识别能力、社会效果预判等能力的人才有待培养，缺乏有针对性的、科学的培养目标。在对外发布官方消息时，同样需要具备新闻专业素质的人才化解舆论危机，并且真实有效地向公众传达事件情况。如果回应不规范、不妥当，将会激起民众的不满情绪，恶化舆论倾向。总之，在舆论治理的各个环节中，都缺乏专业性人才的支持，培养专业性人才的任务任重而道远。

三、完善我国网络舆情监管的主要对策

（一）搭建舆情监管的三层次治理体系

1. 以舆情主体自治为先

舆论主体之间素昧平生，但不妨碍彼此产生天然的信赖，这催生了一批舆情发起者，以一些或正义或恳切的用词打造外在表达，渲染舆情事件。但由于网络表达过剩的大趋势，网民逐渐习惯在不同平台接收不同形态的舆论传递，对部分非理性因素的情绪感染产生了一定的免疫力。网络群体在某一舆情下聚集，实际也为后来的舆论受众提供了更多差异化的信息和观点，打破了发布者对舆情事件的绝对表达。通过舆论主体间自发的对话、甄别、证伪等方式，可以在一定程度上消除这种欺骗性虚假信息、非理性判断或极端言论带来的影响。舆情主体的自治无需外界干预，伴随舆情发展、发酵而持续进行自我调节，当外部机构的干预作为一个优先级别的要素介入网络舆情行进的车轮中，反而有可能造成舆情失去平衡和控制。每个人是各自利益最主动的维护人，自身权利和利益的舆论表达，只要不涉及严重侵害公共利益和社会秩序，公权力机关不宜过分主动介入，应给其提供充分的自治空间。

2. 启动非官方机构的治理

大众理性及其自然调控固然能发挥一定的作用，但当舆论主体无法有效解决网络空间中的舆论失范问题时，应启动各类非官方机构参与治理，这类机构与本土社群联系密切，组织体制富有弹性，敢于用创新手段解决问题。其中网络运营机构的信息分析和处理能力，可以用于解读网络空间大量碎片化的舆论信息，从而对舆情进展有一个全方位的把握，减少舆情治理的盲目性，提升治理措施的指向性。需要指出的是，在非官方机构舆论治理的过程中，网络用户一旦丧失对账号的相对控制，就无法再以特定的身份进行网络表达，表达权、通信自由权、通信秘密权及其他隐私权可能因此受到限制和侵害，网络服务提供者不能随意漠视用户的基本的网络权利。

3. 政府对舆情治理的接管

舆情治理领域中的政府边界，是建立在舆论系统的自治、非官方主体的调节和官方机构实行兜底性舆论治理之思维上的。公权力主动介入约束网络话语权时，应当遵守谦抑的原则，不宜对"公共利益"做出过度的扩大解释。

任何以舆论治理为目的的行政行为都不能无理由无依据地剥夺公民合法的表达权利。政府及国家强制力只需在网络诈骗、网络谣言等严重破坏网络秩序生态的失范舆情出现时及时掌舵，把控舆情基本信息、议题走向以及公众偏向等信息资源，利用技术和数据优势地位实施网络精确执法、挤压失范舆情的生存空间。显然，对于直接负责互联网治理的政府机构，要求其做好保障网络空间的清朗健康的工作即可，政府的分内职责并非促进网络社会蓬勃发展，也并非助推网络舆情以解决社会问题等。

（二）完善网络舆情监管的法治体系

1. 出台并细化高位阶舆情监管法律

网络舆情监管机制的法治化水平制约着网络舆情应对的效果，与现实已然成型并不断完善发展的社会法治文明相比，网络空间有着显著的法治弱化的特点。建构法治化网络空间是一项体系性和长期性的规划，目前来说，涵盖各个层级、贯穿各个领域的网络相关法律体系已经基本形成，但相对高位阶的法律明显较少。

另一较大瑕疵是缺乏不同网络主体权利与义务划分的统一标准，各法律文件有各自规制范围，相关法律法规的全面性和系统性是实现舆情法治的最佳切入点，针对我国网络舆情规制泛而不深的局面，应在组合吸收的基础上进行统一的立法，并加强多法源规则间的互动与融合。同时，立法不能忽视我国所处的历史发展阶段、网络技术发展现状以及网络舆情体量逐渐壮大的形势，还要充分展现上述政府、非官方机构和舆论主体的共治意识。此外，明晰合法的网络舆论和非法的造谣诋毁、合法的言论自由和非法的恶意攻击的范围，为非法舆论信息的边界制定一套科学的鉴定标准，以指导舆论自我审查及他方审查。

2. 要加快适应新形势下的网络舆情监管要求

今天的媒体生态已由全媒体、融媒体向智媒体发展，舆论主体多样性更加突出，主体间的法律关系发生了新变化。由于网络主体是在虚拟网络空间中行动的真实个体，任何形式的制度最终都应该回到一个个舆论主体身上，通过法治手段明确舆情监管中主体的权利、责任和利益越来越迫切。以法律制度保障网络舆论秩序，不是不假思索地将实体法挪用至虚拟环境，也不是平地起高楼地进行虚拟空间的法律设计，网络舆情监管体系的构建应兼顾现实世界和网络空间的要求进行设计。与法律制度的稳定性不同，网络舆情以随机和突发的模式进行传播。在立法过程中，如何调节法律制度的稳定性和舆情的不稳定性，对于顺利跟上网络舆情的演变速度和趋势，尤为重要。网络空间中仍然存在大量软性的规则体系，如各类社交网站、购物网站等平台制定的网络行为规范，以及相关行业组织发布的网络治理提案，立法者不应忽视这些软法填补空白、弥补漏洞及丰富细节的功能。要实现网络空间的法治化，并非要打破中介服务商建设的平台规则，按照法治原则为网络平台的治理权力明确边界，提供各类网络服务商的程序规则和赋权规范以及法律责任承担、救济等，有效防止互联网企业超越治理权力或逃避社会责任，如通过实名登记制等方式实现舆论筛选的治理权力和网络用户的隐私保护责任。在现代网络信息社会中，立法要符合法律与社会的一同进化的趋势，将实体正义、程序正义、共同治理等认知作为立法基础，促进有关部门出台高位阶法律文件、地方政府立法的修废，形成以网络舆情规制的基本法为重心，其他网络舆情规制的专门法规为中枢，各部门法作为枝干，协调一致的网络舆情规制的法规体系，形成舆情治理制度与网络社会结构至适配的状态。必要时，将国际条约中通行的网络舆情立法观念转化适用到国内法中，以便提高我国网络舆情法治的国际兼容水平和可能性。

（三）引导公民在网络空间正确行使权利和履行义务

1. 维护公民权利，提升政府透明度

正如有学者认为，"我国网络舆论承载着极大的民意表达与传播功能，成为民意的最大出口，甚至在某些议题上是唯一出口"。网络舆情普遍映射了共同的问题，网络舆论的普遍性特点充分体现了每一个参与者的意志，公民网络表达自由的意义不仅限于维护自身的发言权利，同时也通过舆论监督保证政府依法行政。面对这种行政和法治困境，仅对舆情本身进行处置已经不能满足更高维度的需求，还有待从舆论交互的模式设计与行政行为透明度的两个维度加以提升。首先，要以个体与国家之间的信息传达顺畅无阻为前提。当两者之间的信息传送链中断、双方出现数字信息鸿沟时，公民可能会在网络群体性事件中违背政治参与、民主监督的合法方式，不但公权力机关的公信力会不断削弱，而且公民的合法的利益表达和政治参与也会遭到其漠视。面对网络舆情万象，迫切需要国家进行广泛的信息化建设，通过网络信息平台适时给出反馈，从而能够及时发现舆情中的社情民意，消弭信息鸿沟，引导部分不良或有害舆情表达内容及其方式的改进。其次，提升公权力机关行为和手段的透明度。公民在网络舆情事件中偏好使用道德施加舆论审判，背后的逻辑是公权力机关公信力的跌落。面对无穷的网络空间以及海量的网络参与主体，无法避免的是来自各类媒体与公众的审视与评价。最大限度地通过信息技术的方式改善公众的政治参与体验，并在此过程中普及司法程序的运行逻辑，培养公众对于行政和司法强制力的认可与尊重，可以减少由于偏见或无知而产生的无效舆论。公民获取信息和发布信息的途径更加多元化、便捷化，公民的知情权与参与权更容易在互联网上得以体现，对某一公共事件可以直接进行讨论、表决。对网络舆论进行规制，在维护网络秩序的同时，易造成对监督权、知情权等公民权利的侵害。网络舆论与知情权、舆情监督、言论自由等权利息息相关，一些虚假、有害言论的产生往往基于信息公开的缺失，过分限制信息的流通，必然会造成对公共事件讨论的沉重打击，从而形成国家与公众对立的态势。事实上，国家与公民并非一直对立、无法和解，只有公民首先对社会公共问题知情并了解才能做出有效的决策，从而完成政治参与和民主监督的流程，它们保证着法治政府的基础不动摇。因此，针对网络舆论内容和形式的法律规制应当着重完善目前的原则性规范，寻找一个政府监管的最低限与充分保障公民基本权利的平衡点、交接点。

2. 引导公民正确参与网络信息传播

每个人都是舆论信息的传播节点，每个人既是舆论信息的制造者，也是舆论信息的传播者，将人们纳入信息舆情实时交互的各类平台，个体的自主行为则可将信息传播链拓展为无数的生长点，达到数字舆论的弥散效应。虚拟与现实的自我角色转换成为现代人的一种生活常态，互联网信息技术和移动终端的发展，强化了个体舆论表达内容在网络空间与现实中的分裂。在网络空间对现实世界的道德范式和认知图景进行重建，由此造成个体道德感和自制力的弱化，因此而导致的网络失范言行频频涌现，不断冲击着公民人格权利、国家的网络空间安全及秩序。互联网与网络舆情都具有对抗中心权威的共性，但如此海量信息迎面而来，仅凭个体的能力做出理性的分辨和行为并非易事，而一旦负面信息得以传播，其破坏性显而易见且难以挽回。在重大突发事件中，公众容易将日常言行代入到非日常的政治框架下，通过非理性批判将问题片面地归结于政府，而对社会、个体等因素选择性忽略，这样的有害舆情不断消解着法治环境和公民理性的建立。民众利益与社会稳定置于对立关系的僵化思维需要摒弃，短期的网络空间秩序维稳手段必须让步于长期性稳定的期望。因而，在允许网络舆情中存在对社会现实客观批判的同时，要倡导公众坚守网络空间道德底线，以教化网民形成自律习惯、促成网络治理的可塑空间。发源于传统道德观中的网络泛道德化思维，合理化和正当化了网络舆情现状。在网络舆论实践中，不乏富有争议性的社会事件，当行政或司法程序尚待进行、客观事实有待查明、事件定性还在商榷之时，正是有害舆论悄然潜入的机会——夹杂着个人偏见误解，部分舆论主体出于维护个人利益的目的，故意污名化或任意界定行政行为的正当性、司法审判的公正有效性。一旦搭上网络舆论的顺风车，便可以随心所欲地以非理性形式发泄情绪、压迫司法权的权威性以达到其特定目的。尽管相关法律提供了一定的保护依据，但要构建网络空间中的健康秩序，还需要科学、法治的观念填补公众的头脑和内在，对公众提出网络言行要同时符合法律和社会道德双重规范的要求。政府及基础网络运营商要创造一个良好的法治和信息技术环境，但更重要的是网民也要逐步培养辩证思维能力。公民理性是公民和公民社会成熟的重要标志，理性意味着尊重客观事实，尊重科学规律，审慎处理各类社会问题。公民要主动参与民主政治、公共事务，强化主人翁心态，正确履行监督政府行为、政治参与的权利，加强网络言行的法律责任意识。以戏谑化、妖魔化、娱乐化的形式传播，不利于网络公共政治建设中公民理性政治态度和严谨逻辑思维的培养，过多的非理性传播会造成严肃新闻娱乐化、公众心智下降等不利于社会发展、不利于舆情稳定的局面。这就要求我们立足于社会心理的疏导与稳定，将主流价值观融入民众的认知与行为中，培养普通网民从信息来源和信息内容来识别网络谣言的一般能力，网络舆情监管的过程，也是一个树立法治权威、社会发展成熟的过程。最终政府能够借助网络交流的平台提供的信息，及时了解潜在的社会矛盾与冲突，并及时采取防范或化解措施，降低网络舆情的监管成本，促成优质网络生态的尽快实现，促成国家治理体系、治理能力现代化。

公共法律服务有效衔接 "12345" 接诉即办的研究

周睿志*

公共法律服务与 "12345" 接诉即办的衔接是以北京社会治理为背景的全新课题，具有鲜明的首都特色。随着 "12345" 接诉即办制度的不断发展，将接诉即办延伸到具体领域、以接诉即办为平台统筹优化其他治理制度和治理资源是一种基本的趋势。

一、公共法律服务与接诉即办的运行现状

在分析公共法律服务与接诉即办衔接之前，首先需要对两个制度的基本状况和现实中运行交汇状况进行考察。

(一) 北京市公共法律服务现状

近年来，公共法律服务取得较大成果。北京司法局搭建了多样化的公共法律服务平台。市民足不出户、动动手指便可解决法律问题。然而公共法律服务还存在着许多不足。第一，城乡公共法律服务资源不均衡。第二，公众对公共法律服务的认知度不高。第三，公共法律服务的服务质量不高。第四，公共法律服务在移动终端的功能不健全。

(二) 北京市接诉即办发展现状

2022 年北京市接诉即办工作表彰大会揭露了这样一组数字，"三年来，全市受理 5199 万件民意诉求，交出了诉求 100% 响应率、93% 解决率、94% 满意率的答卷"。而北京接诉即办之所以能够取得如此大的成就，主要归功于制度优势。

---

* 课题主持人：周睿志，北方工业大学讲师。立项编号：BLS（2021）B015。结项等级：合格。

（三）公共法律服务与接诉即办的关系分析

公共法律服务与接诉即办存在共性，两者都是致力于提供公共服务的制度，都是为了践行发展为了人民、发展依靠人民、发展成果由人民共享的理念。但两者作为不同的制度，也有其本身的特点。总体来看公共法律服务是提供专业的法律服务，接诉即办则是提供综合性的公共服务。

（四）公共法律服务与接诉即办的运行交汇

首先，在涉及法律方面的专业问题，接诉即办机制会建议市民去寻求公共法律服务的帮助。其次，二者运行交汇的另一体现便是两个制度的统合。除此之外，北京以外的其他城市也为公共法律服务与接诉即办的衔接提供了借鉴。

二、公共法律服务与接诉即办衔接的理论基础

公共法律服务与接诉即办之间具备高度契合的制度衔接理论基础，二者的衔可以从以下四个理论层面展开。

（一）根本目标一致

公共法律服务与"接诉即办"在实现社会主义现代化，推进治理能力与治理水平现代化的建构目标上是趋同的。公共法律服务与"接诉即办"在实现"数字化"方面的构建目标也是一致。两种服务体系的融合能够更好地发挥基层社会法治的治理优势，提升基层社会治理的公共服务水平。

（二）责任主体密切关联

随着相关的网络平台以及实体平台建设的迅猛发展，公共法律服务的责任主体与接诉即办的责任主体，已经呈现出密切关联的趋势。

（三）服务考核标准相近

第一，在考核标准上，公共法律服务可以借鉴"接诉即办"的相关经验，充分调动司法社会功能。第二，在"接诉即办"和公共法律服务的具体运行中，要充分运用大数据、区块链等新技术进一步规范服务的方式和服务的供给标准，进而提升服务的透明度和服务的质量。

（四）体系整合有利于促进效能提升

1. 统筹公共法律服务体系建设

要将公共法律服务制度与"接诉即办"制度相结合，以整体优化、协同融合为导向，统筹公共法律服务体系建设供给的存量和增量。要努力打造法治化、协同化和现代化的公共法律服务体系，不断提升现代公共法律服务供给质量和效率，不断促进社会的公平正义。

2. 优化两制度人力资源的运行机制

公共法律服务与"接诉即办"的衔接有利于优化两个制度人力资源的运行机制。要通过"接诉"与"办理"两部分中人力资源的整合更好地搭建基层社会的治理平台，更好地整合两种制度的社会资源，进而推进国家治理体系和治理能力现代化，促进法治国家、法治政府、法治社会一体化建设。

三、公共法律服务与接诉即办衔接的基本目标

公共法律服务与接诉即办承载着帮助中国法治建设纵深发展、提升政府治理能力的作用，二者在衔接后必然要在相互促进弥补中实现发展。

（一）体系协同发展

在公共法律服务与接诉即办的协同衔接过程中，公共法律服务可以借助接诉即办的现有渠道，将法治逻辑进一步深入基层社会，同时接诉即办在解决诉求时可以融入更多法治化手段，进一步引导社会公众通过法律渠道解决相应诉求。

（二）治理资源集约使用

政府手中所能掌握的诉求化解资源体量庞大。如果要合理地利用这种资源，就需要构建政府的"统一"体系。通过整体性治理实现诉求化解资源的集约使用。具体而言，就是将两套系统内所拥有的全部资源进行统计分析，将更多资源纳入诉求解决这一整体"手段池"中，弥补双方所拥有资源上的不足，以法律手段辅助行政诉求解决，为行政手段加入法律措施保障。

（三）制度机制充分衔接

在程序上，公共法律服务与接诉即办可以实现各流程上随时互通。在制度上，公共法律服务与接诉即办，需要从规则层面将协同合作进行固化，为二者衔接提供制度上的帮助。

（四）制度创新成果充分共享

接诉即办通过改变诉求反馈的核心，将启动与考核的核心"倒置"给民众，由民众为行政行动进行宏观上的指引，政府以实现民众诉求为行政目标，以提高民众满意度为考核指标。公共法律服务借助法治手段实现社会有效治理，解决传统基层治理过程中，多元主体利益协调困难的问题。公共法律服务与接诉即办相衔接，可以对于现有的制度进行创新融合，从法治与政府双重角度提升国家基础能力。

（五）以人民为中心理念有效贯彻

在公共法律服务与接诉即办衔接的过程中，要努力实现构建社会治理共同体的目标，将更多的社会主体纳入到社会管理的环节中来，积极贯彻"以人民为中心"的思想，努力构建起为民众服务的政府，努力克服城市快速发展过程中的社会失序问题。

四、公共法律服务与接诉即办衔接的主要层次

本部分从衔接层次入手，分析公共法律服务与接诉即办可能存在的衔接维度，为二者的衔接提供基本框架。

（一）基本制度层面的衔接

首先，要推动二者基础理论上的衔接。公共法律服务制度要从接诉即办制度中吸取先进的理论经验，主动借鉴接诉即办制度的运行模式，从理论上向接诉即办制度靠拢，向接诉即办制度趋近。其次，要处理好二者衔接中的程序问题，又要将相关程序法定化、明确化。同时也要建立完备的制度衔接机制，以制度推动落实，以成效检验落实。

（二）责任主体层面的衔接

首先，要让公共法律服务平台和接诉即办平台在党的集中统一领导下，按照各自的职责和业务范围，实现分工分级负责，并探索协作新模式、探求发展新道路。其次，还需要在两个平台原有的权力清单、责任清单、负面清单等制度的基础上，构建多层级、多分工、多主体的职责清单制度。最后，还需要二者发挥各自的主体优势，将二者的各自优势相结合，最大化地发挥公共服务的效能。

（三）行为程序层面的衔接

行为程序方面的衔接主要分为几个方面，即接诉、派单、统筹、办理等方面的衔接。第一，接诉方面的衔接：要让专业性更强的公共法律服务平台，可以调动综合性更强的接诉即办平台的资源；让综合性更强的接诉即办平台及时求助于专业性更强的公共法律服务平台。第二，派单方面的衔接：派单方面的衔接需要利用综合的大数据平台，将各类不同的诉求，快速、及时地派给相关部门、相关负责人员，实现"点对点"服务。第三，统筹方面的衔接：司法局和政府要协调一致，共同搭建一个统筹平台，统筹平台要及时做出预判，研讨责任主体，统一下达命令，并督促及时解决问题。第四，办理方面的衔接：通过不同的实施机制来保证其执行，避免制度成为一纸空文。

（四）绩效考核层面的衔接

两个平台的衔接不仅仅是接诉、派单、统筹、办理层面的衔接，更是考核层面的衔接。绩效考核层面的衔接主要涉及三个方面：一是考核标准的衔接，二是考核程序的衔接，三是考核结果的衔接。

（五）技术保障层面的衔接

首先，二者的衔接要借鉴目前比较成熟的接诉即办平台的数字化治理模式。其次，二者的衔接要依托新时代科技人才的力量，吸收高素质科技人才，搭建高质量网络服务平台。最后，二者的衔接要以科技手段为线，勾连起在现有的两个网络服务平台。

五、公共法律服务与接诉即办衔接的主要措施

（一）接诉：整合服务热线

首先，要优化升级公共法律服务热线。在整合服务热线前，需要确保公共法律服务热线自身的完备，提高全市各区公共法律服务网络的覆盖度，进而提高"12348"热线的服务能力。其次，要归并整合"12348"与"12345"，将全市"12348"公共法律服务热线采取"保留号码、双号并行"的方式逐步并入"12345"政务服务热线，在"12345"热线系统建立"法律咨询服务子模块"。最后，实现双平台信息共享。充分挖掘公共法律服务诉求，畅通市民诉求的流通路径，为精准化派单打下基础。

（二）派单：引入接诉即办的派单标准，优化公共法律服务的责任分配

首先，要用精准化派单标准，对接公共法律服务。市民热线服务机构应建立精准化、专属化的派单审核机制，提升派单标准和工作规范。其次，要强化社会监督，促进二者对接。市政务服务部门应当建立接诉即办工作公开制度，逐步扩大诉求信息、办理情况、考核评价的公开范围。最后，要加强接诉即办队伍建设。要不断提高接线员专业知识方面的沟通能力，避免仅着眼于属地管理的派单。

（三）办理衔接：参照接诉即办办理模式，提升公共法律服务质量

首先，要共享统筹机制，提高服务效能。共享高位统筹、上下联动、全

员响应的机制。其次，建立健全制度，强化执行能力。建立健全"接诉即办+公共法律服务"的各项工作机制，推动工作规范化、常态化、长效化。再次，要加强培训，提升办理能力。可以借鉴接诉即办中"未诉先办"的模式，将公共法律服务人员的能力培训环节与始发期问题的化解环节相结合，推动公共法律服务部门主动治理，努力实现矛盾不上交。最后，实现主动响应，坚持快办快结。公共法律服务要借鉴接诉即办的即时办结案件的优点，严格处理和反馈流程，接单后第一时间响应，实现小事快办、急事急办、紧急问题1小时内响应的目标。

（四）考核衔接：借鉴接诉即办考核标准，强化公共法律服务的考核标准

首先，要完善考评和激励机制。让接诉即办的严格考核标准辐射至公共法律服务，进而促进接诉即办与公共法律服务的联动，提高公共法律服务质量。其次，要实现考核成果数据化，要实施奖惩并行的考核制度。通过建立工作任务推进表、成果信息简报等方式，推动问题解决的规范化与制度化。最后，要激发干部敢作为敢担当的意识。市纪委监察委要建立通报曝光的工作机制，对公共法律服务工作中存在的形式主义、官僚主义，以及损害群众利益、造成恶劣影响的问题，根据其严重程度进行执纪问责、通报曝光。

六、公共法律服务与接诉即办衔接的基本保障

公共法律服务与接诉即办制度的衔接，需要充分的外在保障。应当着力于强化以下保障措施。

（一）政治保障：对衔接事宜进行高位部署

如果要想使公共法律服务制度和接诉即办制度衔接妥当，就必须对二者相衔接的事宜进行高位部署。本课题组认为市委、市政府适合担任这两个平台的牵头部门，进行高位部署。这样做有利于真正将基层群众的诉求提升到政治层面，能够充分引起主管责任部门的重视，督促其即接即办，即办即优，更有利于为民众诉求的解决提供充分的资源保障，真正解决群众的后顾之忧。

（二）组织保障：有效整合双边人力资源

公共法律服务平台和接诉即办平台的人力资源整合应该包括三个方面的整合：第一，高层领导层面的交流；第二，中层主管人员的培训学习；第三，基层工作人员的培训学习。只有在两个部门中的上层、中层和基层都抽调一部分人进行相关培训和交流，才能够促进两个部门、两种体系、两个制度更

好的融会贯通、更好的交流合作。

（三）技术保障：加强对公共法律服务的科技支撑

第一，公共法律服务平台要吸收借鉴"12345"接诉即办平台的先进技术经验和先进技术模式，助力公共法律服务平台服务质量、服务能力进一步提升；第二，公共法律服务平台要吸收先进的科技人才，打造两个平台衔接方面的科技组，为二者的衔接提供科技助力；第三，公共法律服务平台要利用科技优势，在一定程度上突破现有的"条块"治理体系，实现治理层次全覆盖，治理主体多元化。

（四）发展保障：强化对主题的科研与智力支持

就公共法律服务平台和接诉即办平台的衔接而言，可以从两方面来入手，进而充分发挥专家学者的"智库"作用，让专家学者真正成为城市治理体系的"智囊团"。第一，在内部层面，建立一至两组常态化坐镇的制度内专家；第二，在外部层面，要充分利用"外脑"，开展专家讲座、专家会谈。最终要充分地结合内外部专家组的方案，让科研方面的衔接推动公共法律服务和接诉即办的有机统一、长效发展。

《北京市物业管理条例》实施情况研究

谢 琳*

导 论

本研究以《北京市物业管理条例》颁布前后的司法案例为实证研究基础，总结实践中的问题，并通过梳理国内外类似规范、文献为相应问题探讨解决方案。研究展开逻辑为物业管理制度主体、客体及其相应行为。本研究将围绕这些关键线索从实践调研、历史比较、横向比较等方面展开探讨。详情如下图1所示。

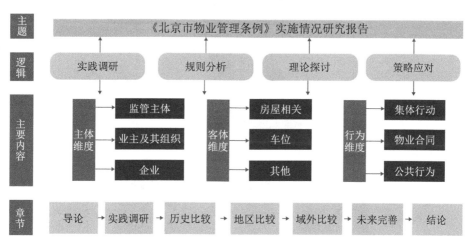

图1　《北京市物业管理条例》实施情况

一、实践调研：《北京市物业管理条例》实施情况

本部分将对《北京市物业管理条例》颁布后的实践情况从主体、客体及

---

* 课题主持人：谢琳，北方工业大学讲师。立项编号：BLS（2021）B016。结项等级：优秀。

相关行为三个方面进行梳理。主体涉及监管主体、业主及业主组织、企业等；客体涉及房屋相关、车位等；相关行为涉及集体行动行为、物业合同行为，以及其他公共行为。

（一）北京物业管理相关主体情况

主体涉及监管主体、业主及其组织、企业等。监管主要涉及党组织、监管部门等。业主及其组织涉及业主大会、业主委员会、物业管理委员会等。企业涉及建设企业、物业服务企业、专业服务机构等。

1. 监管主体

根据《北京住房和城乡建设发展白皮书（2021）》统计显示，自《北京市物业管理条例》实施以来，党的组织覆盖率从 25.2% 增加到 96.6%。[1]不同政府部门对于物业管理相关事项有监管权。《北京市物业管理条例》尤其明确了市区行政管理部门在物业管理中的不同职责。监管部门与业主组织之间关系如图 2 所示。

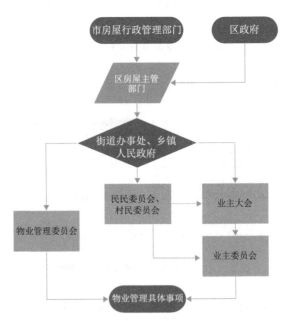

图 2 监管部门与业主组织之间关系图

---

〔1〕 北京市住房和城乡建设委员会：《北京住房和城乡建设发展白皮书（2021）》，第 24 页。

2. 业主相关

北京业主整体有以下特征。第一，城镇化程度高，但乡村人口也有重要影响。第二，老龄化程度高，参与社区治理能力差异大。第三，受教育程度高。第四，外来人口比例高。这也为北京物业管理构建了特定的背景。城镇化水平高影响着北京物业管理影响面之广泛；老龄化程度高一方面为北京物业管理增加了难度，另一方面也为社区治理志愿服务提供了重要支撑；受教育程度高奠定了北京物业管理规则化法治化的必然走向；外来人口比例高决定着北京物业管理将受到更多复杂因素的影响，例如业主利益的表达可能会受到更多代理成本影响。

自《北京市物业管理条例》实施以来，北京市业主组织在数量上得到了较大发展。"北京业主"系统的普及促进了业主组织的发展。但是也仍然存在以下问题。第一，业主组织仍未完全普及。第二，已经使用的小区效果仍有待提升。

3. 企业

建设企业在物业管理的过程中起着非常重要的作用。其建筑质量影响着后期物业服务的基础；其对前期物业服务企业的选择直接影响着后续物业服务的开展。建设企业北京市住房和城乡建设委员会网站上涉及建设企业的信息查询项目较多，从资质、施工、人员准入、质量监督、验收等各方面都有。

物业服务企业是提供物业服务的主要企业，也是物业管理中纠纷当事人的重要主体。相较于建设企业，北京市住房和城乡建设委员会网站上关于物业服务企业的信息要少很多。北京市住房和城乡建设委员会网站上只有专门的"物业企业信息查询"，以及"物业项目信息查询"库。

此外，物业服务准入门槛较低，行业标准不够完善。要激发物业服务企业主动性提高需要进一步完善物业服务企业行业标准，量化物业服务企业的考核指标，促进物业服务企业的良性竞争。专业服务机构在物业管理服务中也起着越来越重要的作用。

(二) 北京物业管理相关客体情况

首先，物业管理最主要的客体为房屋。房屋主要分为新建商品房，以及存量房。新建商品房意味着新的业主与物业服务项目需求；而存量房的交易代表着业主身份的变更。当然，单一业主身份变更并不足以影响物业服务合同的变更。根据北京市住房和城乡建设委员会数据显示，2020 年北京市新建商品房住宅网签 6.81 万套，存量房住宅交易 16.46 万套。[1]

其次为房屋相关的公共区域。城市化的进程导致现在住宅一般都是高楼，不同业主的住房之间存在各种形式的公共区域。《物业管理条例》（2018 年修订）授权物业管理区域的具体划分办法由各省制定。因此《北京市物业管理条例》中规定了物业管理区域的划分原则，以及不同类型物业项目的管理区域划分。在《北京市物业管理条例》中将物业管理区域划分为新建项目与既有项目。围绕房屋相关还有维修资金等问题。

最后，物业管理中还容易引起纠纷的是车位纠纷。随着车辆的普及，车位的配置成为考量物业服务的一个重要因素。其权属往往并非完全私有，还可能涉及人防设备等问题，所有权不一定完全明晰，也是极其容易引发纠纷的一个因素。并且，车位还涉及由车位带来的公共收益的收集与使用和分配。这也进一步增加了车位在物业管理中的复杂因素。

除了房屋与车位以外，物业管理中还涉及其他一些重要客体。比如专业设施设备、垃圾等。考虑到环保要求的提升，垃圾处理也成为影响物业服务质量的一个重要指标。

（三）北京物业管理相关行为情况

物业管理中的行为主要涉及物业主体内部的集体行动行为，不同物业主体之间的合意行为，还有一些涉及公共利益的行为。

业主的权利通常通过业主组织的方式形式。业主组织涉及业主大会、业主委员会等。这些业主组织的成立、议事规则、决议、责任等都存在较多值得进一步规范的问题。

物业管理行为形式上主要是合同行为，即由业主与物业管理公司签订物业服务合同，由物业管理公司为业主提供物业服务。但是，实质上，物业管理合同并非普通的合同，而是较为复杂的集体合同，涉及业主们集体行动的问题，还涉及业主意见的代理问题。

前期物业服务合同往往并非由业主或者业主组织决定签订，而是由建设

---

[1] 数据来源于北京市住房和城乡建设委员会网站，"房屋交易"栏目，载 http://bjjs. zjw. beijing. gov. cn/eportal/ui? pageId=307749，最后访问日期：2022 年 6 月 26 日。

单位选聘。因此，物业公司在事实上比业主更先进入物业区域。在业主陆续进入物业区域之后想要更换物业公司则涉及业主之间的集体行动问题。

物业管理涉及民生，在很大程度上也体现在一些与物业管理密切相关的公共行为。例如自新冠疫情暴发以来，物业管理在其中起着相当大的作用。物业服务在其他方面可能差别较大，但是在防疫要求方面，不同小区的防疫水平都基本可以满足政府防疫要求。虽然防疫不单独是物业管理的贡献，但是物业管理的确是防疫中的重要力量。

总之，对《北京市物业管理条例》颁布后的实践情况从主体、客体及相关行为三个方面进行梳理发现，党的组织覆盖率从 25.2% 增加到 96.6%。市区行政管理部门在物业管理中的不同职责得到进一步明确。北京市业主组织在数量上得到了较大发展。"北京业主"系统的普及促进了业主组织的发展。但是也仍然存在以下问题。第一，业主组织仍未完全普及。第二，已经使用的小区效果仍有待提升。物业服务准入门槛较低，行业标准不够完善。2020年北京市新建商品房住宅网签 6.81 万套，存量房住宅交易 16.46 万套。物业管理涉及民生，在很大程度上也体现在一些与物业管理密切相关的公共行为。例如自新冠疫情暴发以来，物业管理在其中起着相当大的作用。

二、历史比较：北京市之前的物业管理规范

与之前的北京物业管理规范相比较，《北京市物业管理条例》增加了关于党建引领物业管理体系的具体规定，并依据行政机构改革调整了具体的物业行政管理部门。细化了业主权利保障机制，体现了物业服务企业由管理型向服务型转变。

（一）物业管理相关主体的规范差异

相较之前北京物业管理规范，《北京市物业管理条例》增加了关于党建引领物业管理体系的具体规定，主管部门随机构调整而调整；区政府物业管理工作机制落实；街道办事处和乡镇人民政府的物业管理权的细化；将行业协会的作用具体化。

同时，《北京市物业管理条例》明确了业主的权利义务，例如，明确业主定义及共有区域。明确了业主、业主大会、业主委员会、物业管理委员会等不同主体的权利义务，并且就业主大会、业主委员会、物业管理委员会的成立、议事规则等有了更具体规定。篇幅上从原来的 8 条扩充到了目前的 36

条，尤其是其中关于业主集体行动的规定有所扩充，具体可以从业主大会、业主委员会、管理委员会三个主要业主组织进行概括。

此外，关于物业企业最大的变化是定位的变化。1995 年《北京市居住小区物业管理办法》及其 1997 年修正版本中，物业企业被称为物业管理企业，定位为管理，行政管理色彩浓厚。而自 2010 年起在《北京市物业管理办法》（已失效）中被称为物业服务企业，体现了物业企业的服务性定位。

相较于 2010 年《北京市物业管理办法》，2020 年《北京市物业管理条例》进一步明确了物业服务企业的选择、公示、保管、交接等各方面义务，并且细化了对物业服务企业的监管制度。

（二）物业管理相关客体的规范差异

相较之前北京物业管理规范，物业管理相关客体规范的差异主要体现在以下方面：第一，增加了房屋使用禁止规定。第二，修改了关于停车位使用的规定。有严格之处，例如明确了不得出售给其他业主。也有放松之处，例如删除了出租车位不得超过 6 个月的规定。第三，细化了专项维修资金的相关规定，涉及专项维修资金的归集和转让、设立、补足、管理和监督、使用等方面。

（三）物业管理相关纠纷

自《北京市物业管理条例》颁布以来，已经有 151 个裁判文书在裁判理由论述中引用了《北京市物业管理条例》。[1] 其中涉及的纠纷最主要的是物业服务合同纠纷，以及商品房预售合同纠纷。涉及业主的纠纷主要是指业主的知情权、撤销权、共有权等。物业公司是主要的诉讼主体。物业公司为原告的案件有 34 起，物业公司为被告的案件有 30 起。地方政府在物业纠纷中担任原告的案件较少，仅有个别案件。

三、地区比较：其他省市的物业管理规范

与其他省、自治区、直辖市物业管理条例相比，框架上大部分都是分为业主、业主大会及业主委员会，前期物业管理，物业管理服务，物业使用，法律责任等章，个别地会突出某些内容。

---

[1] 数据来源于威科先行数据库，检索方法为以《北京市物业管理条例》为关键词，在"裁判理由及依据"中检索，最后检索日期：2022 年 6 月 29 日。

（一）物业管理相关主体的规范差异

党的领导在物业管理中的参与主要有以下途径。第一，原则性规定党建引领作用，但未进行具体规定。第二，关于党组织发挥作用的规定。第三，关于党员发挥作用的规定。市级房屋行政主管部门的职权主要涉及制度设置、标准统一、指导与监督权、建立系统平台等。区房屋行政管理部门的职权更为具体一些。一方面是对上级政策的实施与落实，另一方面物业管理还涉及政府多部门协调，尤其需要区政府确立综合管理制度，协调部署。各省市物业管理条例对此基本都有规定。具体可以细化为以下几个方面。第一，提供资金保障。第二，细化目标责任考核体系。第三，配备专门人员。第四，完善投诉登记制度。街道办事处和乡镇政府的职权涉及首次业主大会筹备组的组织，业主大会、业委会选举指导与监督，纠纷调解等方面，有的还要求建立联席会议制度。其中尤其需要注意指导权与引导权之区分。《北京市物业管理条例》明确区分了街道办事处和乡镇政府对业主组织的指导权，以及居委会和村委会的引导权。在与其他地区的物业管理对比中可以发现对于引导权的界定还不是特别明确，需要从引导对象、主体以及具体事项等几个角度区分。

依据各省市物业管理条例的规定，业主的权利主要可以概括为以下几个方面。第一，接受服务权。第二，建议权。第三，投票权。第四，选举权与被选举权。第五，监督权。第六，知情权。《北京市物业管理条例》还规定了业主的自行管理权。其他省市的物业管理规定虽然也有的规定了自行管理制度，但是一般未在业主权利中明确此为业主的一项权利。

业主的义务主要可以概括为以下几个方面。第一，遵守规则秩序的义务。第二，执行业主组织决定的义务。第三，缴纳物业服务费、专项维修资金的义务等。

关于业主大会，除了物业管理条例，不少地方都有进一步细化的规则。具体可以分为管理规约、议事规则等几个方面。例如，北京市住房和城乡建设委员会也印发了《北京市住宅区管理规约》《北京市住宅区业主大会议事规则》《北京市住宅区首次业主大会会议召开方案》和《北京市住宅区首次业主大会会议筹备组工作报告》，有的规则目前正在修改中。

关于业主委员会的细化规则常常与业主大会一起出现，也有一些业主委员会特别的细化规则，主要涉及以下几个方面。第一，名称及代码管理。第二，信用信息管理。第三，诉讼资格认定。第四，评估统计等。

（二）物业管理相关客体的规范差异

关于物业管理相关客体，2021年实施的《中华人民共和国民法典》（以下简称《民法典》）有相关规定，涉及物业管理区域、房屋、维修资金、车位等多方面。各地物业管理相关规定为其提供了具体落实途径。除了在物业管理条例中的规定之外，详细的配套细则也陆续出来。关于住宅，我国住宅小区多以封闭小区为主，起源于"分房时代"的单位大院，[1]这是各个地区的一个共同特色。我们的住宅有其单位大院的一些历史渊源，这种影响至今仍然存在。许多小区都是同单位职工。1998年国务院《关于进一步深化城镇住房制度改革加快住房建设的通知》终结了福利分房制度，中国城市住宅进行商品化时代。[2]但新兴的商品房小区一般也有着单位大院的影响痕迹，例如一般都会有围墙与大门。

（三）物业管理相关行为情况

物业管理纠纷案件数量繁多，可分为项目管理岗位纠纷、客户岗位纠纷、工程维护岗位纠纷、秩序维护岗位纠纷、环境维护岗位纠纷等五个方面。

与其他地区物业管理条例相比，《北京市物业管理条例》有突出之处，也有未涉及之处。总体上都处于类似的框架之中，可以互为借鉴。

四、域外比较：国外其他地区的物业管理规范

域外关于物业管理的立法发展较早。公寓制度的发明被认为是促进了土地的垂直细分，提高了私人所有权的密度，并且将多单元建筑物中单个单元的私有所有权与建筑物中公共财产的不可分割份额以及参与私有和公共财产的集体治理的权利相结合。[3]公寓管理涉及开发商、购买者、建筑师、工程师、房地产经纪人/经纪人、检查员、市政建筑部门员工、律师、产权代理人、保

---

[1] 陈广华：《街区制下住宅小区业主权利的比较法研究》，中国政法大学出版社2020年版，第12页。

[2] 吴晓林：《房权政治：中国城市社区的业主维权》，中央编译出版社2016年版，第2页。

[3] Douglas C. Harris, "Condominium and the City: The Rise of Property in Vancouver", *Law & Soc. Inquiry* 36, 2011, p. 694.

险代理人和贷方等主体。[1]涉及许多非常复杂的问题，例如，约瑟夫·E.亚当斯（Joseph E. Adams）曾对 2001 年佛罗里达的相关立法与纠纷进行梳理，涉及信托违规、侵权索赔、非营利公司派生诉讼资格等问题。[2]关于治理的模式，主要有市场主导型、政府主导型、混合型等不同类型。[3]本部分将以市场主导型的美国、加拿大和澳大利亚为例进一步介绍。

（一）美国

美国有《统一区分所有权法》（Uniform Planned Community Act）、《示范合作式不动产法》（Model Real Estate Cooperative Act）、《统一共同利益所有权法》（Uniform Common Interest Ownership Act）等。1980 年《统一公寓法》（Uniform Condominium Act，1980）、《统一区分所有权法》与《示范合作式不动产法》分别涉及三种典型的共同利益社区模式，即公寓（condominiums）、合作社（cooperatives）与房主协会（homeowners associations）。[4]

（二）加拿大

杰森·莱斯利（Jason Leslie）介绍在过去的半个世纪里，公寓作为一种新的土地所有权形式迅速发展。加拿大 1998 年《公寓法》（Condominium Act，1998）有 14 部分 188 条。此法与我们国家物业管理规定最大的不同在于对于对业主组织进行了多种类型的公司化设计，并且相应规定了具体的公司治理机制。我国业主大会、业主委员会成立困难一定程度上可能是由于业主组织制度供应不够丰富。

（三）澳大利亚

澳大利亚的物业管理市场被认为是市场化的健全的物业管理体系。公众

〔1〕 Alisa M. Levin, "Condo Developers and Fiduciary Duties: An Unlikely Pairing?", *Loyola Consumer Law Review* 24, 2011, p. 197.

〔2〕 Joseph E. Adams, "The 2001 Survey Of Florida Law: Community Associations: Statutory Changes and Appellate Law 7/1/00-6/30/01", *Nova L. Rev.* 26, 2001, p. 1.

〔3〕 沈体雁等：《物业城市理论与实践——横琴新区城市治理创新模式研究》，社会科学文献出版社 2021 年版，第 70 页。

〔4〕 Andrea J. Boyack, "Common Interest Community Covenants and the Freedom of Contract Myth", *Journal of Law & Policy* 22, 2014, p. 767.

"私权意识、消费意识、有偿服务意识、等价交换意识、按质论价意识较强"。[1]澳大利亚关于物业管理的法律有国家层面也有州层面的。国家层面的一般认为主要有1973年《分层楼宇（永久业权开发）法案》[Strata Schemes (Freehold Development) Act, 1973]处理作为法人实体创建公寓楼的具体细节。[2]还有2002年《物业、股票及商业代理法案》（Property and Stock Agents Act, 2002）处理物业代理行业的管理。以及2015年《分层楼宇计划管理法案》（Strata Schemes Management Act, 2015），规范建筑物的持续管理。此外还有州层面例如新南威尔士州2016年《分层楼宇计划管理条例》（Strata Schemes Management Regulation, 2016）。2015年《分层楼宇计划管理法案》与我国《物业管理条例》主要区别在于以下方面：第一，业主组织的性质与地位非常明确。第二，业主组织的治理基本采用公司制的治理方式。第三，对于业主组织的财务进行了非常详细的规定。

域外可以供参考的有这些方面：第一，公众意识培养；第二，保险制度普及与行业基金制度设立。第三，精细化分类。第四，加强物业行业培训与标准规范。第五，业主组织可以采用公司的形式，仿照公司的财务制度等，依照公司股东会的决议制度，对不同事项的决议进行分类要求。提高租户在业主组织中的作用，包括设立租户代表的名额等。并且要细化业主组织财务管理的规定。第六，针对新冠疫情，对会议制度、盖章制度等作出替代性、便利性的规定。

（四）小结

通过对美国、加拿大、澳大利亚的对比可以发现他们有一些不同侧重。例如美国对于通过税收激励实现特定的规范目的。加拿大尤其侧重对不同业主公司的具体规定。澳大利亚对物业代理行业准入也有严格规定，每个规定会明确配套相应的违规后果。但是他们也存在许多共同特征。

第一，基本以公司化方式运作业主组织。其中尤其重要的问题一方面是

---

[1] 徐艳文：《澳大利亚物业管理借鉴》，载《中国物业管理》2013年第11期；王玉平、赵江明：《澳大利亚新西兰物业管理之借鉴》，载《中国物业管理》2002年第4期。

[2] Cathy Sherry, "The Legal Fundamentals of High Rise Buildings and Master Planned Estates: Ownership, Governance and Living in Multi-owned Housing With a Case Study on Children's Play", *Australian Property Law Journal*, 16, 2008, p. 23.

对业主公司多样类型的细分；另一方面是对业主公司的一些特殊定位，导致普通公司中的一些制度不一定可以适用。例如业主公司是否可营利。对于其不同定性，将导致制度上的不同设计。当然，尤其重要的是对其公司本质的认可，从而需要重用一些关于公司通用制度的要求，尤其重要的是财务与审计制度。

第二，租户在物业管理中也可以发挥一定作用。美国等立法中已经注意到了租赁的普遍化，因而对租赁相关事项进行了安排。共管公寓促进的个人产权密度是新的，居住在附近并共享物理结构和空间的多单元建筑物的居民最常以租约的租户而不是所有权持有人的身份占用他们的私人空间。[1]

第三，重视保险制度。与物业管理相关的保险涉及公共责任险、建筑物险等。如果在自然灾害中建筑物受损或毁坏，立法中的微小差异可能会产生非常重大的后果。业主和利益相关者及其法律顾问需要充分了解细微差别，并相应地安排保险和维修计划。也许更重要的是法律经常存在不确定性的领域，需要采取预防措施来确保单位持有人的利益。[2]

第四，物业管理与金融相融通，业主公司也可以从事普通公司可以从事的一些业务。

第五，关于物业管理纠纷较多，诉讼负担较重，因而积极发展替代性解决方式。例如，斯科特·E. 莫伦（Scott E. Mollen）早在 1999 年就总结公寓居民所遇到的独特环境增加了发生涉及邻居、管理委员会和第三方的纠纷的可能性。如果住户试图通过诉讼解决争议，他或她将面临宣传风险、产生高昂成本、经历大量延误，并且必须克服对董事会行动的有效性推定。如果一个协会试图通过诉讼解决占用冲突，它可能会在其选区内产生重大费用、宣传、延误和不和谐等。因此，通常最好通过替代性争议解决方案来解决这些争议。[3]

当然，借鉴的时候对于其教训需要避免，对于他们已经出现的问题需要

[1] Douglas C. Harris, "Anti-Social Behaviour, Expulsion from Condominium, and the Reconstruction of Ownership", *Osgoode Hall Law Journal*, 54, 2016, p. 53.

[2] Eremy Finn and Elizabeth Toomey, "Condominium Chaos in the Wake of a Disaster", *New Zealand Law Review* 2017, 2017, p. 365.

[3] Scott E. Mollen, "Alternate Dispute Resolution Of Condominium Andcooperative Conflicts", *St. John's Law Review* 73, 2012, p. 75.

做好提前预防。例如，公寓的公司化管理，许多州的公寓法允许获得特定比例的公寓的私人投资者迫使少数单位所有者出售他们的单元，导致许多公寓业主面临私人投资者将其单位用于非公共用途、没有公正补偿和未经业主同意的威胁。[1]此安排类似普通公司法中的强制收购安排，是公寓公司化运作后可能出现的后果。

五、未来完善

未来完善一方面涉及宏观的制度定位，另一方面涉及具体的制度设计。从宏观制度定位来看涉及立法目的，还涉及制度架构和制度预测。具体可以从业主、物业公司、监管主体三大类不同主体的角度展开。首先，从业主角度，需要进一步完善业主组织的治理等。其次，从物业公司的角度，需要完善物业公司的行业标准，促进物业公司的有序竞争，提升服务质量。最后，从监管主体的角度，需要进一步完善监管标准，维护公共利益。

(一)宏观完善定位

从制度定位来看，物业管理要融入社区治理，物业管理条例整体上应当由管理向治理转变。在此过程中，需要通过强化政府服务平台的定位来促进更多主体参与物业治理并促进其完善。治理过程需要特别注意公共性与市场性的结合。物业管理相较普通的政府管理具有更强的市场性与专业性，物业服务由市场化专业化主体提供，相较普通的企业管理具有更强的公益性，涉及诸多公共利益。

从制度架构来看，当前的物业管理条例还是在原来的制度架构中完善，并没有超出原来的框架，因而业主组织成立难的老问题也仍然通过不同形式体现。而这并不仅仅是依靠物业管理条例的完善即可解决的，还需要一些配套制度的完善，例如税收激励制度，又例如行政机关的职能定位等。而从其涉及的权利本质来看，不仅涉及合同相对权，也涉及物权对世权。[2]

从制度预测来看，前期物业管理经历的主要是房地产持续上升的背景。而在全球疫情影响下房地产市场也受到了一些影响，尤其在美国等国已经经

---

[1] Tyler Gaines, "The Georgia Condominium Act's Authorization of Private Takings: Revisiting Kelo and 'Bitter with The Sweet'", 55 *Ga. L. Rev.* 395, 2020.

[2] Cathy Sherry, "Land of the Free and Home of the Brave? The Implications of United States Homeowner Association Law for Australian Strata and Community Title", *Australian Property Law Journal*, 23, 2014.

历过房地产市场下滑的情形。如果房地产市场下滑，物业管理如何应对也是需要制度提前安排。

（二）具体制度建议

1. 业主组织的治理完善

第一，将公司治理的原理引入业主组织的治理。业主大会议事规则类似公司股东会的会议规则，管理规约类似公司章程。但是不同于公司治理中的实际情况是，业主大会中的业主往往较为陌生，自治能力更为欠缺。因而可以仿照公司法，对业主大会议事规则等进行引导性规定。

第二，丰富业主组织的公司类型。以立法的形式规定业主公司的一些基本规范，并且厘清业主组织的公司与一般公司之间的关系。此架构需要对业主组织与公司法之间的关系进行深入分析。

第三，提升租户在物业管理中的地位。所有权与使用权分离的现象在北京等一线城市尤其普遍。即使有房的业主也可能由于工作距离、小孩上学等考虑而另行租住。物业管理最直接影响到的是实际的居住人。如果不重视租户的物业管理参与方式可能导致业主在自己有房产的小区因为不熟悉小区实际运营而难以行使业主权，而在实际居住的小区可能由于制度上缺乏相应设计而无法有效直接参与物业治理。尤其是公租房的推行，如何在公租房领域实施物业管理也将是需要重视的问题。

第四，重视业主组织的财务与审计制度。需要形成规范的财务报告与披露制度。

第五，明确业主组织中管理人员的报酬机制，明确党组织、居委会等公共主体参与业主组织的报酬机制。

第六，完善相应金融法律制度，为业主组织进入金融市场投资与被投资做好制度准备。

2. 物业服务企业的有序竞争

物业服务企业的发展需要考虑以下几方面建议：

第一，完善物业服务企业的行业标准，从而促进物业服务企业有序竞争，也为广大业主树立信心建立信任。

第二，完善诚信档案建设，并且公开物业服务企业的诚信记录。违反物业管理条例规定的行为必须纳入诚信记录。

第三，区分不同物业服务等级标准，为不同承受能力的业主提供选择空间。

3. 公益利益的保障

（1）建立行政主体的考核指标。第一，市级住房主管部门的考核。不同地区省市级房屋行政主管机关的比较可以量化指标。同一个市不同区之间的房屋行政主管机关的工作也可以通过指标量化。现在已经有关于政府工作考核的一些通用性的指标。在物业管理方面也可以探索具体的考核指标。

如表1所示，市级房屋行政主管部门的考核指标可以分为四大类主要涉及规范制定、标准统一、指导监督、平台建设等。每类都可以赋予一定分值，然后不同地区进行打分。

表1　市级房屋行政主管部门考核指标

大类指标	具体指标
规范制定类	物业管理宏观方面政策、培训制度。
标准统一类	临时管理规约示范文本、管理规约示范文本、业主大会议事规则示范文本、物业服务合同示范文本。
指导监督类	指导下级部门、指导行业协会、专项维修资金监督。
平台建设类	物业信用系统、业主电子决策平台。

其中，指导监督类依据具体指导对象得分而确定该项得分。例如，北京市住建委指导下属几个区的住建委，那么各区住建委得分之和将影响市住建委之该项得分。平台建设类得分取决于用户使用量、使用评价。平台建设类需要开放用户评论及打分渠道。

第二，区级住房主管部门的考核。区房屋行政管理部门的职权更为具体一些，主要可以从以下几个方面具体化。（如表2所示）

表2　区级住房主管部门考核指标

大类指标	具体指标
规范落实类	举办培训的频率、效果。
监督管理类	监管物业服务企业，监管物业行业从业人员，专项维修资金的监管，物业管理区域核定，物业管理用房确认，物业服务招投标监管。

大类指标	具体指标
指导类	指导街道办事处、指导乡镇人民政府。

具体地，各大类指标之得分都取决于具体主体或者具体事项之影响。因而对于具体事项具体主要的监管也可以进一步量化。

（2）明确具体事项的考核标准。第一，垃圾分类、碳排放等环保标准需要进一步落实。第二，疫情防控等公共服务要求需要进一步规范。

（3）引入公共责任险等保险机制。物业管理涉及建筑物维修等事项，通常开销较大。可以通过完善保险制度进行分担。当然，物业类保险制度在物业管理条例中难以解决需要涉及与其他法律法规的协调。

结　论

物业管理相较普通的政府管理具有更强的市场性与专业性，物业服务由市场化专业化主体提供，相较普通的企业管理具有更强的公益性，涉及诸多公共利益。需要特别注意公共性与市场性的结合。传统的物业管理模式侧重于行政化色彩，导致物业管理较多成本由政府承担，实际上由纳税人承担。西方物业管理模式侧重于市场化，不同服务有不同要价。我们现在的物业服务模式处在传统的行政化物业管理模式与西式的市场化物业服务模式之间。其核心问题都是成本由谁来承担。由政府来承担物业服务成本会间接反馈到每位纳税人负担，而且也不利于刺激物业服务质量的提高，市场化的物业管理，会促进物业服务市场的优胜劣汰。而在当前物业服务市场一个企业平均只服务一两个项目的情形下，一个项目的淘汰可能直接意味着该企业的倒闭，在物业服务企业再生机制不明确的情况下，物业服务市场要实现顺畅优胜劣汰存在诸多困难。

关于运用信息化技术进一步提升城市精细化管理水平的研究

吴莉婧[*]

一、研究背景概述

（一）指导思想

党的十八大以来，以习近平同志为核心的党中央高度重视城市工作。习近平总书记多次对城市治理问题作出指示，强调城市是生命体、有机体，要敬畏城市，善待城市。[1]

2017年3月5日，习近平总书记在参加第二十届全国人大五次会议上海代表团审议时强调，城市管理应该像绣花一样精细。城市精细化管理，必须适应城市发展。要持续用力、不断深化，提升社会治理能力，增强社会发展活力。[2]对于实现城市管理精细化、现代化的途径与模式，党中央也作出了重要指示：通过信息技术革命实现城市管理能力的提升。

（二）现有实践

根据上述指导思想，围绕城市数字化与精细化治理，全国各地已经探索出许多各具特色的改革举措。2004年开始，以北京东城区、朝阳区为代表，通过将信息化技术引入城市管理，实现技术创新与制度创新的融合，探索出了以网格化为基础的数字化城市管理新模式，并迅速在全国推广。可见，信息化改革、数字化建设是推动城市管理体系和管理能力现代化的重要举措，

* 课题主持人：吴莉婧，北方工业大学讲师。立项编号：BLS（2021）B017。结项等级：合格。
〔1〕 董幼鸿主编：《城市治理数字化：探索、反思与愿景》，上海人民出版社2022年版，第2页。
〔2〕 习近平：《城市管理应该像绣花一样精细》，载央广网：http://china.cnr.cn/gdgg/20170305/t20170305_523637510.shtml？from=singlemessage&isappinstalled=0，最后访问日期：2017年3月5日。

这不仅是管理手段和技术的更新，更是管理理念和模式的转换。

二、运用信息化技术提升城市精细化管理数据的获取

（一）运用信息化技术采集数据的现状

城市精细化管理的前提是能及时获取海量的实时数据，目前这一需求主要是通过物联网技术实现的。物联网技术的飞速发展，为城市精细化管理中感知能力、思考能力和决策能力的发挥提供了覆盖全域的信息获取节点。分布广泛、互联互通的智慧感知终端和智慧灯杆分别担当城市的神经元和眼睛，既能完成小规模区域性的感知和思考，也能向大脑边缘数据中心提供海量数据，以完成大规模、全局性的复杂决策。与此同时，精度卫星定位作为小脑实现精准定位，协助城市管理者顺利执行大脑作出的决策。这几类基础设施共同构成了城市的神经网络，推动了智慧城市建设的快速发展。[1]

（二）北京采集数据的制度分析

北京市大数据工作推进小组办公室于 2021 年 3 月印发了《北京新型智慧城市感知体系建设指导意见》（以下简称《意见》），提出要建立物联、数联、智联三联一体的新型智慧城市感知体系，支撑城市的智慧感知服务。上述感知体系获取的数据是实施城市精细化管理的基础。关于信息采集，《意见》第 8 条规定，管理和服务机构采集个人信息应当遵循合法、正当、必要的原则，公告采集、使用规则，明示采集、使用信息的目的、方式和范围。并经被采集者或者取监护监护人同意，法律法规另有规定的除外。

2021 年 3 月出台的《北京市"十四五"时期智慧城市发展行动纲要》中，也强调要统筹城市感知体系。建立全市感知终端"一套台账"，强化感知终端统筹管理。推进智慧杆塔等感知底座组网建设，实现多种设备和传感器"一杆多感"综合承载。并要求建设全市统一的感知管理服务平台。

2022 年 3 月 14 日，北京市人民政府印发的《北京市"十四五"时期城市管理发展规划》中，在"保障措施"部分，同样强调科技支撑的重要作用。要求充分发挥首都高新技术、高端人才高地优势，应用 5G、大数据、云计算、区块链、人工智能等前沿技术，加强感知、数据、算力等新基建，强化

---

[1] 俞喆、胡继业、何训：《2020 年中国城市互联网智慧感知与智能计算报告》，载陈劲主编：《中国城市互联网发展报告（2020）》，社会科学文献出版社 2020 年版，第 122～123 页。

科技成果在城市管理领域应用。推进城市管理智能化，不断扩展应用场景，释放高新技术产业需求，为推动北京国际科技创新中心建设提供有力支撑。

(三) 运用智慧感知终端采集数据过程中的问题与对策

1. 技术领域的问题与对策

数据通信安全方面，智慧感知终端利用边缘计算技术提供的邻近计算能力，可以将数据在专有网络内进行智能分析和协同处理，同时可以利用软硬件加密的方式与部署在远端云服务器上的管理平台进行交互。但是，目前仍然面临的问题是，在需要与远端数据交互完成结果反馈和迭代升级时，软件加密方式达不到工业场景的全等级要求，硬件加密方式存储量较小，加密传输大文件速度慢、延迟高、效率低。因此建议加快相关安全技术的研究，寻找软硬件协同的高效、高可靠性、高安全性的数据通信方式。

2. 制度设计层面的问题与对策

目前，利用智慧终端采集或获取信息时，涉及的一个核心法律问题是对于个人数据信息的采集，尤其是对个人教育、医疗、金融等核心敏感信息的处理是否合法合规。虽然相关法律、行政法规以及北京市地方政府的"十四五"规划、部门规章等规范性文件，都明确规定了采集个人信息过程中个人知情同意权的限制性规定，但在实践中还需要通过具体的制度设计使得对个人权益的保护得以切实实现。北京可以在政府部门规章中明确要求，在采集个人信息，或利用个人信息进行自动化决策时，应为个人提供便捷的拒绝方式，切实保障个人享有请求说明权或拒绝权。个体权利能否真正实现，很大程度上取决于权利被侵害后，能否及时获得满意的法律救济，即制度设计中对法律责任的规定。关于这一问题的分析讨论，详见第五部分的论述。

三、运用信息化技术提升城市精细化管理中对数据的应用

(一) 城市管理中应用数据的现状

利用物联终端获取到足量数据之后，城市治理过程中需利用云计算、人工智能等技术对数据进行计算与合理应用。城市公共交通规划、教育资源配置、医疗资源配置、商业中心建设、房地产规划、产业规划、城市建设等都可以借助大数据技术进行。良好规划和动态调整使城市里的资源得到合理配置。既不出现由于资源配置不平衡而导致的效率低下，又可避免不必要的资源浪费而导致财政支出过大，有效帮助政府实现资源科学配置，精细化运营，

精细化管理。[1]此处所称的"大数据应用"是广义上的概念，包括大数据的收集、分析、整合、挖掘、共享、开发、创新等过程。在公共设施管理，交通管理，治安管理，在疫情等众多领域都有应用大数据的成功案例。

（二）北京城市管理中应用数据的制度分析

2019年10月，北京市大数据工作推进小组办公室推出《关于通过公共数据开放促进人工智能产业发展的工作方案》，工作方案部署了五个方面的具体任务，包括通过分级分类管理、保障公共数据开放有序实施，同时明确要求深入推进一般公共数据无条件开放。2021年1月，北京又出台了《北京市公共数据管理办法》，将公共数据界定为具有公共使用价值的，不涉及国家秘密、商业秘密和个人隐私的，依托计算机信息系统记录和保存的各类数据。《北京市公共数据管理办法》明确了公共数据管理应遵循依法采集，充分共享，有序开放，保障安全的原则。[2]同时要求市经济信息化部门依托市级大数据平台，构建全市统一的公共数据开放平台，为单位和自然人提供公共数据的开放服务，并与市人民政府门户网站实现对接。[3]

政府数据治理不是一个单纯的技术问题，其兼具政策、管理和技术三重属性，其与治理体系和治理能力的现代化密切相关，需要注重系统性、整体性、协同性。公共数据开放将搭建政府与公众互动的平台，让公众参与政府治理，推动政府对公众服务的精准化和个性化，促进政府从管理角色向服务角色转变，提升政府精准服务能力。

（三）提升北京城市管理中应用数据的建议

基于上述背景，以北京为代表的新一代政府，应顺应推进治理现代化的时代要求，用好大数据这一新兴治理资源，创新政府治理理念与治理手段，重塑政府治理体系与治理流程，应用大数据提高政府治理现代化的能力和水平。

第一，运用大数据思维，推进治理架构开放化。当前，北京市政府"数据壁垒""信息孤岛"等现象一定程度上依然存在。数据资源整合难，打破各

〔1〕 刘鹏主编：《大数据》，电子工业出版社2017年版，第10页。
〔2〕《北京市公共数据管理办法》第4条。
〔3〕《北京市公共数据管理办法》第22条。

部门数据条块分割格局、既得利益格局难度很大。破除这些现象的首要前提是强化大数据思维、运用大数据思维，促使传统的政府公共机构不再是唯一能够主导数据的机构，由此产生驱动政府治理架构变革的原动力，也为多元合作治理创造条件。

第二，盘活大数据资源，助推政府决策科学化。公共决策的关键是基于准确把握客观现实的基础做出符合目的的选择与决断。驱动政府治理决策变革需要利用大数据交互式、扁平化、快捷性的优势与作用，推进政府治理精准化。

第三，挖掘大数据价值，推动公共服务多样化。创新服务载体，借助大数据技术手段，降低公共服务成本，开辟多样化公共服务空间，搭建政府公共服务新载体，使教育、医疗、文化、扶贫、养老、社会救助等政府提供的公共产品和公共服务更为精准化、人性化、信息化，真正实现智慧城市、智慧教育、智慧医疗、智慧扶贫、智慧养老等政府公共服务的目标。

四、运用信息化技术解决城市精细化管理中数据保护问题

本课题研究对于城市精细化管理中产生的"保护"问题采用广义宽泛的理解，具体包括以下三个方面的"保护"：第一，利用新技术对城市安全进行保护；第二，对于数据本身的安全加强保护；第三，在利用信息技术进行城市管理过程中，如果由于技术、体制或人为原因，使居民权利受损，对居民权利提供充分保护。下文将对这三个方面的保护问题分别进行论述。

（一）运用信息技术进行城市安全保护的实践

2018 年 1 月，中共中央办公厅、国务院办公厅发布《关于推进城市安全发展的意见》，根据文件精神，2019 年至今，四川、江苏、云南、北京等省市陆续发布《关于推进城市安全发展的实施意见》，要求加强城市安全监管信息化建设，强化城市运行安全保障，加快实现城市安全管理的系统化、智能化，有效防范事故发生。

各级政府都将保障城市基础设施建设和运行安全作为政府工作的重中之重，全国各个城市都在增加投资加速建设城市安全运行监管系统，鼓励安全科技产品创新，覆盖地下管网、道路交通、水体环境、高楼等地空一体化的应用场景，形成"全面监测、智能预警、应急联动"的城市安全管理体系。结合安全设施及监管能力，组合为地下管网监测、地面路桥监测和空中无人机监测三大目标应用场景。

（二）对数据的安全保护

信息技术飞速发展，使得各类数据迅猛增长、海量聚集，对经济发展、城市治理、生产生活都产生了重大影响，数据安全问题已经成为事关国家安全、社会发展的重大问题。在数字化城市的发展过程中，各类平台、各类智慧终端产生的海量数据面临着同样的数据安全问题。

为了使得数据的采集、存储与使用合法合规，需要建立系统化的信息安全管理体系、信息安全技术体系。随着数字化对经济社会发展的日益渗透，数字安全问题日趋复杂，有必要将数字安全问题分解，并进行量化分析、多维比较、总结经验、发现问题、查找解决方案。唯其如此，才能客观反映各地区的安全防护现状，助力各地及时发现数字安全工作中存在的不足和问题，促进数字安全防御体系的迭代建设，持续提升数字安全防护水平。

（三）对于个人数据权利的保护

在问卷调查中，当被问到如果自己的利益受到信息化管理措施的影响时，是否清楚应如何维护自己权利时，选择"非常清楚"及"比较清楚"的约占50.47%，也就是约有一半的人并不清楚如何维护自己的权利。在维护权利的途径选择方面，居民首选是拨打北京市政府投诉电话（84.42%），其次是找主管机构解决（73.99%）或找街道社区解决（49.22%），即群众更倾向于通过行政渠道解决，选择司法途径解决的仅占31.15%。

进入数字时代，数据权益受到社会越来越广泛的关注和重视，对数据权益保护的重要性也愈发凸显。近年来，我国通过严格执法和专项行动等举措，针对大型互联网企业、大型产品和服务提供商等运营主体多方面多层次开展执法司法活动，对危害个人信息权益及多个 App 违法违规收集使用个人信息的违法行为进行了整治。[1]

五、运用信息技术促进城市精细化管理中的法理思考：数治与法治

信息技术是一种通用技术，能带来经济与社会运行的根本性重构。导致

---

〔1〕 中国信息通信研究院西部分院、重庆市大数据应用发展管理局、中国信息通信研究院政策与经济研究所：《数字规则蓝皮报告（2021 年）》，载 http://www.cbdio.com/BigData/2021−12/13/content_6167315.htm，最后访问日期：2021 年 12 月 13 日。

了经济社会与文化等物质基础的不连续模式。[1] 运用物联网、大数据、云计算、人工智能等信息技术进行城市管理，固然可以提升管理的精细化程度，但同时也使得整个社会需要面临并妥善解决"数治"以及数据权力异化的问题。

（一）数治对传统治理结构的冲击

数据，即权力。[2] 而数治（rule by data），即数字治理[3]，或理解为以"数据驱动的国家治理"。[4] 今日，国家治理以巨量的信息处理为基础。国家权力与数据权力的结合，催生了"数治"这一新的治理技术。[5] 数治已经兴起，并将不断发展。数治给城市管理带来便利、高效的同时，也对权利与法治造成一定的冲击。[6] 从国家视角看，数治对国家具有明显的"赋能"效应。信息采集、处理、分析以及在此基础上的决策、监管、执法等能力，提升了国家管制和治理能力；但从个人和社会的视角看，数治对个人权益具有复杂的外部性影响。一方面，国家与政府的数字化治理在提升治理效能的意义上有助于增进公共福祉，因而具有"正外部性"；另一方面，数字化治理所带来的国家、政府过度侵入私人空间的威胁及其心理效应，对个人权益也带来"负外部性"影响。[7]

数治是数据权力和国家权力融合的治理技术，即国家运用数据化权力进行治理。经过数据赋能后建设的数字政府力量更强大，与个体之间信息不对称加剧，会导致治理结构中的失衡越发明显。现阶段，我国已经注意到数字权力无序扩张可能导致的社会治理问题，在《中华人民共和国网络安全法》《中华人民共和国数据安全法》《中华人民共和国个人信息保护法》所构建的

---

〔1〕 黄晓春：《技术治理的运行机制研究——关于中国城市治理信息化的制度分析》，上海大学出版社 2018 年版，第 2~3 页。

〔2〕 张凌寒：《专题导读：数据权力的扩张与规制》，载《交大法学》2022 年第 2 期。

〔3〕 《学术前沿》编者：《全域数治的前景展望与关键问题》，载《人民论坛·学术前沿》2021 年第 Z1 期。

〔4〕 这一概念及后续的部分观点，来自王锡锌教授 2022 年 5 月 25 日受邀参加"清华大学法学院法学前沿讲座"时所作学术报告《"数治"的"法治"约束　数字化行政的法律控制》。

〔5〕 王锡锌：《行政机关处理个人信息活动的合法性分析框架》，载《比较法研究》2022 年第 3 期。

〔6〕 王锡锌：《个人信息国家保护义务及展开》，载《中国法学》2021 年第 1 期。

〔7〕 王锡锌：《行政机关处理个人信息活动的合法性分析框架》，载《比较法研究》2022 年第 3 期。

"网络运营—自然人—监管机构—行业自律组织"的基本治理框架下，从数据处理活动、算法应用场景、信息内容安全等诸多层面避免作为治理工具的数据成为规制行为的治理主体。[1]目前，学界关注焦点更多集中在个人信息保护领域，这一领域的研究成果更为丰富，立法与执法、司法实践相对更为完善。而本课题研究，针对城市管理中除个人信息保护之外其他可能目前尚未引起足够重视的法律问题进行分析，主要集中在以下三个方面：

1. 运用信息技术进行城市管理中的公众参与度

在问卷调查中，居民对于北京城市管理中透明度整体满意度尚可，但半数以上的受调查居民未参与过城市管理事务。上述调查结果说明北京在城市管理过程中，公众参与度还有进一步提升的空间。而运用信息化技术进行城市管理，也为公众参与城市管理事务提供了技术支撑。新一代信息技术在社会联结和社会利益分配中的作用，给转型时期中国传统的社会整合机制和城市治理模式带来越来越多的影响。

在关注社会整体公众参与度的同时，还需要关注"数字弱势群体"权利的保护。数字鸿沟指信息富有者和信息贫穷者之间存在的不平等甚至巨大的差距。[2]数字鸿沟会将那些无法接入数字设备或缺乏数字应用技能的人群，即"数字弱势群体"排除在现代社会生活之外。不仅阻止了他们分享信息技术进步所带来的红利，甚至剥夺了其作为社会成员的正常社会权利。数字鸿沟使得老龄群体边缘化问题成为城市管理信息化过程中的一大阻碍。因此，帮助老年人消除"数字鸿沟"已成为当下城市管理中急需解决的问题。

2. 运用信息技术进行城市管理中的算法风险

在城市管理过程中，通过智慧终端采集海量数据信息，并根据这些数据信息，通过云计算、人工智能等技术在很多领域实现自动决策。在《北京市"十四五"时期城市管理发展规划》《北京市"十四五"时期智慧城市发展行动纲要》《北京市关于通过公共数据开放促进人工智能产业发展的工作方案》

---

[1] 张凌寒：《专题导读：数据权力的扩张与规制》，载《交大法学》2022年第2期。

[2] 闫慧、孙立立：《1989年以来国内外数字鸿沟研究回顾：内涵、表现维度及影响因素综述》，载《中国图书馆学报》2012年第5期。

等多个文件中均能看出对该管理技术与管理方式的重视。从技术角度考察，算法并不能为一般公众轻易认知，算法的不透明性产生了不可控性。[1]由于存在目标失范、算法缺陷、信任危机、防御薄弱、监管与责任机制不足等原因，智慧城市建设中需要正确应对算法风险。[2]

3. 运用信息技术进行城市管理中的法律责任

与算法风险密切相关的另一个问题是，在城市管理越来越依赖信息技术、公共决策越来越让位于"数治"的背景下，如果运用信息技术进行城市管理过程对民众的权利造成了侵害，如何确定责任主体，以及如何要求责任主体承担法律责任。这些都是城市管理实践中需要回答的法律问题。

（二）法治对信息技术挑战的应对

1. 以公众需求为导向进行城市管理建设

提升城市精细化管理、建设智慧城市的改革进程，虽然突出技术的驱动力量，但更重要的依旧是以人为本。运用信息技术进行数字化转型本身并非目的，城市管理改革的最终目的是满足城市居民多元化需求。2019 年 11 月 2 日，习近平总书记在考察上海时提出了"城市是人民的城市，人民城市为人民"重要理念。进行城市管理，始终要坚持以人民为中心的发展思想，以群众需求为导向，运用信息技术精准挖掘社会需求，推动城市管理措施与公众真实需求相匹配，这是解决各种法律问题的基本前提。

2. 综合运用多种途径提升管理决策中的公众参与

针对目前北京城市管理事务中公众参与度有待提升的现状，可以综合运用线上线下多种渠道解决。对于互联网用户，可以采用线上多元主体协同驱动的模式。飞速发展的信息技术，提供了人民表达自身意见、影响公共政策的一种重要路径。对于城市管理事务，尤其是涉及百姓民生的重要事务，可采取政府、市场、社会组织、社区等多元主体协同推进的方式，积极推广宣传，可以考虑使用第三方填报工具，广泛收集群众的意见，精准定位公众需要，帮助居民实现参与城市管理事务、参与社会生活的有效渠道，也帮助政府敏锐感知基层问题，实现多元主体的快速响应与灵活调整。

---

〔1〕 张凌寒：《算法权力的兴起、异化及法律规制》，载《法商研究》2019 年第 4 期。
〔2〕 苏宇：《算法规制的谱系》，载《中国法学》2020 年第 3 期。

对于非互联网用户的居民，尤其是广大老年人，不能因为政府要进行数字化转型而使其被数字社会抛弃。城市的健康发展既要有速度又要有温度，城市管理要铺上人性化底色。弥合数字鸿沟，需要更多关注弱势群体需求，通过多种渠道和方式提供政策帮扶。具体措施的建议：一方面可以充分利用图书馆、博物馆、老年大学等学习平台，为老年人提供数字设备培训与指导；同时可将数字信息与工具的培训资源下沉至社区街道，通过各类社会组织开展多样化的培训活动，帮助提升老年人的信息素养与技能。另一方面城市要提供多元化和精细化的公共服务，在公共场合双轨推行人工服务与智能服务。部分服务供给，以智能和标准服务为主导时，仍要适度保留人工服务通道或匹配人工操作引导，避免数字化改革一刀切的现象，以提升公共服务的包容性。

3. 将算法权力纳入法治监管的框架

我们正在进入"算法统治的时代"。基本公共服务领域的公、私权力关系是信息时代法治需要解决的首要问题。现有法律体系需要考虑技术革新和权力结构变化所带来的新问题，将透明、公开、程序合法、说明理由等对公权力行使者的要求延伸到实际上行使着"准公权力"的私人（包括企业和个人），使算法等技术化的监控和决策手段不再是无法被问责的"黑箱"。〔1〕算法权力的具体规制路径包括对算法应用范围的限制、建立正当程序制度和问责机制对算法权力运行进行合理制约，也包括赋予个人数据权利和获得救济的权利对抗算法权力的侵害，以及加强行业自律和引入第三方规制力量。〔2〕

目前对于算法的法律规制进程刚刚开启，虽然国家互联网信息办公室、工业和信息化部、公安部、国家市场监督管理总局共同出台了《互联网信息服务算法推荐管理规定》，开始对算法机制进行控制，但这一规定的适用范围有限，且其中规定的问责机制如何具体实施，权利受到影响的主体如何开启救济程序，均有待于未来实践中逐渐落实完善。

4. 法治与数治在信息化时代协同演化

在信息化时代，根据人工智能作出的自动决策，虽然表象是算法做决定，

---

〔1〕 郑戈：《算法的法律与法律的算法》，载《中国法律评论》2018 年第 2 期。
〔2〕 张凌寒：《算法权力的兴起、异化及法律规制》，载《法商研究》2019 年第 4 期。

但如果因此给权利人造成损失，从责任承担的角度，要找到算法之后真正的责任主体。数治虽然是自我指涉、自我强化、自我学习完善的，但数治中的算法是由法律主体设计并实施的，并且也是由法律主体对输入人工智能的学习数据进行筛选淘汰。一定程度上，人工智能"自动决策"得出的结论，背后依然是由人来左右影响的，因此，不能任由真正需要负责的法律主体躲在数据与算法背后，逃避其本来应该承担的责任。在确定责任主体时，应按照"授权—责任"模式构建归责逻辑，由获得授权、对具体事务负责的主体承担相应的法律责任。在实践中，为便于操作，便于公众寻求法律救济，建议在智慧感知终端或人工智能工具上均附有对应的责任主体，便于发现问题或产生争议后及时与责任人联系或沟通。

数治终究只是工具，法治则是工具系统和价值系统的集合体。对于法治中的价值系统，数治应尊重认同，而不应去挑战颠覆。在法治系统中，可以通过对技术体系的改进，来更好地实现其价值目标，实现其使命。

数治是一种有效的技术，但也有极高的风险。信息化社会中如何控制数治风险，决定性要素在于通过引入技术手段，法治系统也进行改进和升级，从而有针对性地约束数治，包括算法问题和数据问题。即在应对数治挑战的过程中，在数治与法治的交互作用中，法治与数治协同演化（coordinated evolution）。

演化升级之后的法治系统应对数据处理全流程进行法律控制，包括对数据采集和处理进行控制。在强调数据对政府管理赋能的同时，更好强调公民的数据赋权（data empowerment）。因为面对政府时，公民本就身为弱势一方，数治的出现又进一步强化了权利结构失衡，因此法律需要赋予弱势一方权利，而且要保证权利能在实践中真正落实运转。

总之，数治对法治构成冲击，但法治可以通过系统的改进升级来完成对数治的有效约束，真正做到一方面促进数字化健康发展，提升城市与国家竞争力，另一方面也保证数字经济、数字社会和数字政府的建设，仍然在法治的框架内进行。

结　语

做好城市工作，首先要认识、尊重、适应城市发展规律。城市是生产空间、生活空间、生态空间的综合体，越是超大城市，管理就越要精细。细微之处体现了城市的温度和治理水平。治理城市首先要了解城市，把握城市发展规律，这样才能有的放矢，科学治理。相较于传统治理工具，信息化技术具有更强的识别、追踪和研判能力。利用信息化技术构建的智慧治理平台，不断更新和拓展应用场景，具有更健全的感知神经元，让城市更聪明、更智能，极大提升了城市的精细化管理水平。

城乡社区治理制度规范体系建设和提升基层治理能力研究

——线下七日无理由退货政策分析

邓青菁*

一、"线下无理由退货"制度发展现状及立法概况

（一）概述

消费者无理由退货权是国家为保护处于交易弱势地位的消费者，依据法律的社会本位理念，赋予其在签订消费合同后的一定期间内，单方面享有的终止与经营者合同关系的权利。作为一种新型消费者权利，该权利的法益价值在于消除消费合同中交易双方的信息不对称，或消费者意思形成不自由的情形，以保障交易的实质公平与契约自由的实现。除维护消费者合法权益之外，该权利的设立也会对构建诚信交易体系、提升商品整体质量、打造公平市场竞争环境、提高消费纠纷解决效率起到一定的积极作用。线下无理由退货暂无狭义的法律层面的依据，我们所熟知的"七日无理由退货权"是在网络购物的迅猛发展之后，为了平衡消费者与经营者因信息不对称而导致的实质缔约不公平的问题，维护消费者网上交易的合法权益。2013 年《中华人民共和国消费者权益保护法》（以下简称《消费者权益保护法》）修改后，增加了针对网购、电视电话购物和邮购等非现场购物领域消费者无理由退货制度，根据商品特性、交易习惯等客观因素，该法第 25 条对商品的适用范围做出了严格的限制，将私人订作类、鲜活易腐类、即时类、数字化易复制类以及其他根据商品性质并经消费者在购买时确认不宜退货的商品排除在外。线上七日无理由退货制度的设立初衷，是解决消费者在特定交易领域因信息不

---

* 课题主持人：邓青菁，北京市第三中级人民法院民三庭副庭长。立项编号：BLS（2021）B018。结项等级：合格。

对称而导致的意思表示真实受影响的问题，鉴于线下无理由退货争议较大而没有予以规定。1996 年，辽宁省颁布《辽宁省实施〈中华人民共和国消费者权益保护法〉规定》（已失效），该文件第 12 条规定，消费者对购买的整件商品（不含食品、药品、化妆品）保持原样的，可以在七日内提出退货；经营者应当退回全部货款，不得收取任何费用。这部地方性法规，为我国线下购物无理由退货权的发展开辟了先河，是我国最早规定线下无理由退货权的规范性法律文件，因受消费环境发展的影响，消费者的法律维权意识相对薄弱，该规定的实施效果并不很理想，加之当时尚无上位法对该项消费者权利予以规定，此地方性法规的超前规定有越权之嫌，故辽宁省于 2004 年在制定《辽宁省消费者权益保护规定》（已失效）时将本条规定予以删除。2005 年，为规范直销市场的经营秩序、保障消费者的合法权益，国务院在其颁布的《直销管理条例》第 22 条、第 25 条和第 26 条，赋予了消费者在线下直销领域无理由退货的权利，要求直销企业及其直销员应当向消费者详细介绍退货制度，无理由退货期限为 30 日，并规定了直销企业和直销员在与消费者发生纠纷时的举证证明责任。《直销管理条例》在 2017 年修订时，得到了完整的保留。《直销管理条例》在线下直销领域中的消费者无理由退货权方面，已经作出了较为完备的规定。这不仅规范了线下直销市场的经营秩序，也对提高消费者法律维权意识、减轻维权负担、保障其合法权益起到关键性的作用。该条例作为现行规定线下无理由退货权效力最高的法律文件，其对线下无理由退货权的立法发展以及学界都产生了深刻的影响。

2019 年 1 月，国家发展改革委、工业和信息化部、民政部、财政部、住房城乡建设部、交通运输部、农业农村部、商务部、国家卫生健康委、市场监管总局联合发布的《进一步优化供给推动消费平稳增长促进形成强大国内市场的实施方案（2019 年）》，其第 24 条提出推动大型零售企业进行线下购物无理由退货制度试点。2019 年 8 月，国务院办公厅发布《关于加快发展流通促进商业消费的意见》第 20 条指出，要积极倡导企业实行无理由退货制度。这两个规范性法律文件都对构建线下无理由退货制度表现出了支持和倡导的态度，并对开展线下购物无理由退货制度试点作出了相应指示。2021 年 12 月，国务院发布的《"十四五"市场监管现代化规划》，将"鼓励实施线下购物无理由退货，探索推行异地、异店退换货制度"列为重点任务。2022 年

4月，国务院办公厅发布《关于进一步释放消费潜力促进消费持续恢复的意见》再次指出"广泛引导线下实体店积极开展无理由退货承诺"。

随着我国经济已转向高质量发展阶段，对保护消费者合法权益、促进实体经济发展和构建新发展格局，开展线下无理由退货有利于线上线下消费者权利一体，线下无理由退货制度也在酝酿和试点中。虽然我国尚未以法律的形式来确立线下购物消费者无理由退货权，但是国务院及其相关部委、地方人大、政府及相关部门出台的规范性文件中，已对实施线下购物消费者无理由退货权表现出了支持和倡导的态度，并在各个领域中做出了相应规定。地方在实践探索中，鉴于线上和线下销售两种销售模式中法律责任的不同，遵循了政府引导、经营者自愿等原则。在具体操作上，参考了《消费者权益保护法》和《网络购买商品七日无理由退货暂行办法》等的有关规定。

（二）北京"线下无理由退货"制度发展现状

北京市早在2018年开始探索推进线下商业企业无理由退货制度。在北京市工商局、北京市消费者协会共同主办的"品质消费美好生活"3·15主题活动中，王府井百货大楼、物美集团、金源燕莎、京东、苏宁、宜家家居等10余家大型商企联合发出《线下无理由退货倡议书》，北京市工商局表示2018年内北京市推动线下商业企业落实主体责任，建立无理由退货制度，明示无理由退货规则，让消费者在实体店也能享受到无理由退货的"福利"。

2019年继续推动线下无理由退货的试点工作。在2019年3·15国际消费者权益日的活动中，北京市工商局与北京市消费者协会共同主办"品质消费美好生活"主题纪念活动，王府井百货大楼、京东、苏宁、当代商城、物美集团、宜家家居、居然之家、蓝岛大厦、西单商场、金源燕莎等10余家大型企业联合发出并签署了《线下无理由退货倡议书》。根据《线下无理由退货倡议书》，签署企业将建立无理由退货制度，明示无理由退货原则，提升消费者全流程购物体验，并接受消费者和社会公众的监督。北京市市场监管局表示将继续积极推动线下商业企业落实主体责任，完善消费者权益制度规范，探索推进线下商业企业无理由退货制度落实。

二、京外和境外经验借鉴

（一）京外相关制度

国家发展改革委等多部门已经明确表示"深入开展放心消费创建活动，

推动大型零售企业进行线下购物无理由退货制度试点",京外长三角、大湾区、成渝地区、海南自贸港等地区的政策制定情况也已开始实施无理由退货制度,部分省份制定了线下无理由退货承诺指引,推动线下实体店开展无理由退货承诺,种种迹象表明,实体店实现无理由退货普及化已经是大势所趋。

1. 长三角地区

(1)浙江省成为线下无理由退货制度的试点先锋浙江最早开始探索线下无理由退货制度。2007年,浙江省工商行政管理局出台发布了《流通领域食品销售者经营行为规范指引》,第11条明确赋予了消费者在"食品消费领域的无理由退货权"。该指引在2017年被废除。2016年年底,浙江省政府启动实施"放心消费在浙江"行动,浙江省人民政府办公厅印发《关于全面实施"放心消费在浙江"行动的意见》,进一步明确了培养放心消费示范单位、推广无理由退货制度等工作要求,成为全国率先探索线下实体店无理由退货制度的省份。

2017年,浙江省组织开展了"万家企业无理由退货"社会承诺百城联动活动;2018年,召开"放心消费在浙江"推进会,提出到2022年全面实现全省消费环节普通商品无理由退货,向社会立下"军令状"。

浙江始终锚定广泛推行商家无理由退货,有效提高市场覆盖面的目标不动摇,朝着"处处都有放心店、家家都可退换券"目标迈进。以单个放心消费单位为基础,以特色街区、核心商圈、龙头市场、特色行业、重点乡村、高速公路服务区等消费密集场所为重点区域,重点推进37个放心消费重点县区建设,结合"美丽乡村""文明城市"等创建工作,推动无理由退货承诺和放心消费建设在更大范围、更多领域覆盖落地。据统计,截至2020年年末,首批13个放心消费重点县区无理由退货承诺单位达到全部符合条件的放心消费单位的50%以上。2020年年末浙江省已累计培育放心消费单位46.1万家,其中无理由退货单位15.5万家,实现重点消费领域无理由退货承诺全覆盖,消费环境不断优化提升。

(2)安徽省最早制定出台《安徽省线下实体店无理由退货指引(试行)》。2019年11月25日,安徽省市场监督管理局、安徽省消费者权益保护委员会制定出台《安徽省线下实体店无理由退货指引(试行)》。其中明确,坚持政府大力鼓励和倡导,企业自愿承诺,承诺即受约束的原则,推动线下实体店开展无理由退货承诺；明确经营者承诺无理由退货的商品品种范围、无理由退货条件和程序以及对无理由退货行为监督管理等三方面重点内容，倡导经营者自愿承诺，根据自身实际经营条件及经营商品属性，确定承诺无理由退货的具体商品品种范围，鼓励经营者作出更有利于消费者的无理由退货承诺。2021 年 5 月，安徽省参与沪苏浙皖共同举行的"满意消费长三角"行动推进会和异地异店退换货活动，该活动有多个连锁品牌的积极参与。2021 年 12 月，合肥市市场监督管理局、合肥市发展和改革委员会发布《合肥市"十四五"市场监管规划》，提出开展"满意消费长三角"行动，全面推行一般商品"线下无理由退货"，推广异地异店退换货；发展线下无理由退货承诺单位 5000 户以上的任务目标。

（3）江苏省积极推进线下无理由退货服务。江苏省积极引导和鼓励更多的企业参与，扩大线下无理由退货覆盖面。2017 年，江苏省颁布的《江苏省消费者权益保护条例》第 28 条，对线下充值卡、预付卡类消费模式中的消费者无理由退货权作出了明确的规定，并且在 2020 年修正《江苏省消费者权益保护条例》时对其进行了保留。2020 年 3 月江苏省市场监督管理局、江苏省消费者权益保护委员会联合出台《江苏省线下实体店购物无理由退货指引》（已失效），做出在全省全面推动线下实体店无理由退货承诺，同时对商家退货承诺形式和内容、退回商品的要求和各部门的职责做出的具体规定。2020年出台的《江苏省放心消费创建先进示范单位认定管理办法》中明确规定，争创省级放心消费创建先进示范单位的企业必须参加线下无理退货承诺。江苏省政府坚持"企业自愿承诺，承诺即受约束"的原则，因地制宜，分步实施，截至 2021 年 2 月，全省创建成线下无理由退货商圈 106 个，3A 及以上景区 81 家。此外，江苏省积极推进"厂商一体化"无理由退货，推动线下购物无理由退货工作向生产领域延伸，实现从商贸终端向生产源头延伸。

2020 年 4 月苏州发布《苏州市无理由退货指导意见的通知》，并于 2021年发布《放心消费 线下购物无理由退货服务规范》。2020 年 4 月以来，苏州全域推进线下购物无理由退货工作。2021 年江苏进一步深化线下实体店无理由退货工作，指导各地全域推进线下购物无理由退货工作，指导各设区市和龙头企业学习和借鉴苏州经验，成立先行赔付基金。积极引导江苏大型企业积极参加"长三角实体店异地异店退换货联盟"，实行跨区域异地异店退换货制度。2021 年江苏参加"长三角实体店异地异店退换货联盟"的企业达到 20 家以上，线下无理由退货带来的积极影响受到商家的肯定。商家表示，率先作出承诺，有利于在激烈的市场竞争中突围。

（4）上海市积极推动线下无理由退货服务。上海各辖区陆续开展无理由退货服务。2019 年以来，上海市积极推进线下零售企业开展"七日无理由退货"服务承诺，广大企业努力响应，积极参与，树立了良好的服务形象，提供了优质的消费体验，不仅提振了消费信心，也释放了消费需求，赢得了社会广泛认可。截至 2021 年 4 月，上海市参与"七日无理由退货"服务承诺的商户已拓展到目前约 1.2 万家，涉及 57 个购物中心、43 个大卖场、382 个标超、13 个连锁品牌商、5 个连锁零售商。从区域分布来看，已全面覆盖到全市 16 个区；从行业来看，在服装鞋帽、家用电器、家装家具等领域得到广泛的响应，并拓展到部分食品、珠宝黄金饰品领域。2021 年 6 月 4 日，上海市人民政府办公厅发布《上海市市场监管现代化"十四五"规划》，规定开展"满意消费长三角"行动，全面推行一般商品线下无理由退货，推广异地异店退换货。同年 12 月 17 日，上海市市场监督管理局发布《〈上海市市场监管现代化"十四五"规划〉重点目标和任务分解落实方案》，对上述规定进行了重申。

（5）线下无理由退货服务的施行由孤岛走向联合。2020 年 5 月，长三角地区发布《"长三角地区异地异店线下退换货"服务承诺工作指引》明确提出，在上海市、江苏省、浙江省和安徽省区域内的异地异店线下退换货承诺的直营店、加盟店、专柜等业态的经营者应当在营业场所醒目位置明示异地异店线下退换货实施细则。在销售商品过程中，应主动向消费者详细说明异地异店线下退换货的商品品种、范围、时限、流程等注意事项。长三角地区的消费者可在经营者承诺期内（不少于七天），凭消费凭证到经营者认可的线下退换货直营店、加盟店、专柜等（以经营者承诺为准）退换货。消费者提出异地异店线下退换货的有效期限，自经营者出具消费凭证次日起计算。

上海、江苏、浙江、安徽长三角三省一市的 82 家品牌企业共同宣告成立"长三角地区异地异店线下七日无理由退换货服务承诺企业联盟"，合力打造消费权益有效保障的长三角满意消费环境。月星环球港商业集团、宜家（中国）投资有限公司、迪卡侬（上海）体育用品有限公司、沃尔玛华东百货有限公司、上海苏宁易购销售有限公司、宝大祥青少年儿童购物（集团）股份有限公司、上海热风时尚企业发展有限公司、上海荣泰健康科技股份有限公司等公司均作出线下无理由退货承诺。国美、苏宁、红星美凯龙、居然之家等一批家居电器销售企业，相继作出自营商品七天无理由退货的承诺；安正集团、雅戈尔、方太集团、帅康集团、三只松鼠、好孩子等一批制造生产企业，也对其商品作出了工厂直营 7~30 天不等的无理由退货承诺。

2021 年 12 月 8 日，上海市市场监督管理局、江苏省市场监督管理局、浙江省市场监督管理局、安徽省市场监督管理局联合发布《长三角市场监管一体化发展"十四五"规划》，明确"开展'满意消费长三角'行动。全面推行普通商品线下无理由退货，推广异地异店退货"的工作任务。

2. 大湾区

广东省积极推进线下无理由退货服务。据统计，截至 2021 年 5 月初，广东"线下无理由退货承诺"活动开展一年多以来，承诺无理由退货商家 3900余家，覆盖全省 21 个地级市，涵盖零售、培训、餐饮、汽修等众多消费领域，退货时限均在七天以上，部分商家退货期限 30 天以上，个别品牌经营者承诺满足条件可无限期退货。据报道，广东省云浮市自开展"放心消费"行动以来，已经有近千家商户、企业自愿承诺"线下七天无理由退货"。截至2021 年 3 月，云浮市的一家大型购物商城，已经有超过 80% 的商户自愿承诺"线下七天无理由退货"。

据报道，2021 年 3 月份，广东省消费者委员会分别在广州、深圳、珠海、河源、惠州、东莞、中山、江门、茂名、清远、揭阳及云浮等市，广泛招募并组织发动消费志愿者，以真实线下消费退货的方式，对上述地区随机抽取的共计 303 家线下无理由退货承诺店进行消费体察调查。消费志愿者对线下无理由退货体验整体满意度 80%，退款便捷性为线下无理由退货各环节满意度最高，满意率 88%。

2022 年 2 月 17 日，深圳市商务局发布《深圳市关于加快建设国际消费中心城市的若干措施》，规定"探索建立消费后评价制度，开展线下无理由退货"；2022 年 4 月 18 日，广州市人民政府办公厅发布《广州市市场监督管理"十四五"规划》，提出"全面开展'经营者放心消费承诺''线下无理由退货承诺'活动"。

3. 成渝地区

2019 年成都市市场监督管理局下发的《2019 年全市消费者权益保护工作要点》提出，2019 年成都市开展在有条件、有意愿的商场、超市、市场试点推行线下无理由退货，鼓励和引导经营者积极推行赔偿先付制度。截至 2019 年 6 月，成都已有 964 家"放心舒心消费环境示范单位"，2020 年成都新增包括全市所有 4A 以上景区在内的 100 家示范单位。在四川省会的带动下，四川省内各地区积极响应线下无理由退货的号召。2020 年 4 月，四川省广安市市场监督管理局印发《关于进一步开展线下无理由退货试点工作的通知》，明确约束机制，按照承诺即受约束原则，在消费体验、社会监督、行政检查、消费投诉等动态监督中，按照 12 分扣分制进行动态管理，对不履行承诺的无理由退货承诺单位，每次扣 1 分，直至扣完，由市场监管部门停止其使用"线下无理由退货试点示范单位"统一标识。2020 年 3 月，四川苍溪县将拒售假劣商品守法诚信经营联盟中 22 个成员单位作为首批线下购物无理由退货试点企业，覆盖了大中型商超、品牌家电、生产企业等业态，除食品药品、烟花爆竹等商品都能要实行七日无理由退货制度。2021 年 4 月，四川省广元市根据广元市市场监督管理局《关于开展线下无理由退货试点工作的通知》，在全区开展"线下无理由退货"工作试点。2020 年 11 月 19 日，重庆市沙坪坝区在磁器口古镇和红岩联线景区开展放心消费创建活动，首批 25 户商家试行线下七日无理由退货制度，有效提升了景区形象和服务品质。此外，四川与重庆联合开展线下无理由退货服务的试点工作。2021 年 7 月，中国移动广安分公司、广安市东方眼镜有限公司、红星美凯龙广安枣山商场代表联盟成员单位作商品无假劣、宣传无误导、价格无欺诈、投诉无障碍、退货无推诿的承诺，并自觉做好设立消费质量首席官（"乐消娘""乐消郎"）和示范店（柜台），开展赔偿先付、线下无理由退货、消费投诉公示，在高竹新区开展跨区域线下无理由退货，与渝北区开展消费维权沟通办理，推动消费纠纷和解等 8 项工作。

4. 海南自贸港

2019 年 4 月，海南省市场监督管理局、省消费者委员会联合发布《海南省无理由退货指引》，同时附有《企业登记申请文书规范》《企业登记提交材料规范》。该指引表示，试推行线上线下无理由退货承诺制度，鼓励经营者自愿承诺无理由退货，并设立无理由退货保证金，建立无理由退货台账，无理由退货时限不少于 30 天（含 30 天）。

三亚市市场监督管理局为了贯彻落实《海南省建设国际旅游消费中心实施方案》，根据三亚市人民政府和海南省市场监督管理局的工作部署，先行先试开展线下实体店购物无理由退货试点。2019 年 4 月，三亚市一批大型商场、超市、景区景点和旅游购物点率先做出无理由退货承诺，自愿开展七日无理由退货承诺，率先在全省范围内拉开了线下实体店无理由退货承诺的序幕。首批承诺七日无理由退货的企业包括：夏日百货国际购物中心胜利广场旺豪超市三亚国际免税城南山景区亚龙湾热带天堂森林公园和 22 家旅游购物店。据报道，截至 2020 年 8 月深圳共创建 1087 家线下无理由退货承诺店，覆盖全市 10 个区（新区）。每个商家承诺的时间不同，最少是七天，最多的不设上限。

2021 年 2 月，为贯彻落实《海南省建设国际旅游消费中心实施方案》，推进"放心消费在海口"创建活动，营造安全放心舒心的消费环境，海口市市场监督管理局公布了 59 家向社会公开承诺实行无理由退货的实体店。承诺无理由退货期限最长的是旺豪明珠广场店、喜盈门建材广场等为 30 天。

5. 其他地区

2019 年，云南省政府为打破"以购养游"的旅游业经营模式，打击经营者强迫或变相强迫游客消费的违法行为，云南省政府颁布《全省游客购物退货工作管理暂行办法》，对旅游消费领域中的无理由退货权作出了规定。根据该规定，"对于在云南省范围内所购买的旅游商品，消费者可自购买之日起 30 日内享有无理由退货权。"为方便消费者退货，云南省政府在"游云南"APP中新增设了商品退货功能。使消费者无需再回到经营者门店中当面退货，其完全可以通过该旅游软件递交退货申请，并以邮寄的方式将商品寄出。旅游消费领域中的无理由退货权的设立，对有效遏制旅游从业人员诱导、欺骗游客现象的发生，净化云南旅游市场环境，切实保障消费者合法权益起到较大作用。

2021 年 3 月，河南省发布《河南省线下实体店无理由退货指引（试行）》，为线下无理由退货提供全面的指引措施，积极落实线下无理由退货服务。据统计，截至 2021 年 3 月全省线下实体店无理由退货承诺单位达 621 家。

新疆作为中国向西开放的桥头堡，也在推行线下无理由退货服务。2021 年 4 月，阿勒泰地区在全地区范围内全面推行线下实体店无理由退货承诺。5 月初，各县（市）市场监管部门在辖区内引导成功 1~2 家线下购物七日无理由退货承诺线下商贸企业（实体店），力争完成今年全地区 16 家承诺单位的目标。2020 年 4 月，河北省市场监督管理局作出表态，鼓励推进线下无理由退货承诺，并提出在全省大型商超全面推开线下实体店无理由退货承诺工作，营造安全放心的消费环境，线下无理由退货承诺示范单位大型商超不低于70%。据统计，截至 2021 年 3 月，河北省放心消费创建示范单位省级 1669 家，市级 3655 家，县级 9119 家，全省大中型商超线下无理由退货承诺率达88.81%，超额完成 2020 年创建目标任务。2021 年 9 月 7 日，河北省市场监督管理局根据《消费者权益保护法》《河北省消费者权益保护条例》等法律法规，参照《网络购买商品七日无理由退货暂行办法》等有关规定，印发了《河北省线下实体店无理由退货服务承诺指引》，通过正向激励引导实体店经营者实行无理由退货，将赔偿先付制度与退货机制有机结合，鼓励经营者实行赔偿先付制度，快速解决争议。2022 年 3 月 15 日，在河北省消费者权益保护工作新闻发布会上，省市场监督管理局消费者权益保护处处长、一级调研员于太英表示，这一指引发布后，广大实体店纷纷响应，积极参与，2298 家大中型商超有序开展线下无理由退货，退货金额 4.5 亿元。

（二）境外相关立法

1. 英国

英国是世界上最早规定消费者无理由退货权的国家之一。英国法律将"无理由退货制度"称为"冷静期制度"，早在 1964 年，英国政府便制定了《买卖租赁法》，通过赋予消费者无理由退货权的方式，来规范上门推销消费领域的经营秩序，之后又相继出台了《消费信用法》《消费者保护条例》等法律规范，进一步扩大了消费者无理由退货权的适用范围，弥补原有法律规范的不足。从现有法律来看，2013 年英国政府出台颁布的《消费者合同（信息、取消和附加费用）条例》，是现行有效的且对消费者无理由退货权规定最为详致、适用最为频繁的法律规范。《消费者合同（信息、取消和附加费用）条例》第 27 条规定"对线上远程交易合同，以及在经营者营业场所之外订立的合同，消费者享有无理由退货权。"为了缓解经营者经营压力、防止消费者权利滥用，《消费者合同（信息、取消和附加费用）条例》第 28 条规定了消费者不享有此项权利的例外规定。在权利存续期间的问题上，《消费者合同（信息、取消和附加费用）条例》规定，自商品被消费者实际占有之日起，消费者可以在 14 天内行使无理由退货权。而对于提供服务或者数字化虚拟内容的消费合同，期间起算点则变为自合同签订之日起计算。此外，经营者是否履行了提示义务也对权利期间的计算存在影响。有关权利的行使方式，该法律并无严格要求。消费者可以采取信件、邮寄或当面告知等任意方式来行使权利，经营者应当在收到退回商品 14 日内进行退款，且在未经消费者同意的情况下，经营者只能以原来的支付方式予以退款。在退货费用负担问题上，该法律采取了更为倾向保护消费者的立法理念。一般情况下，消费者无需承担任何退货责任以及费用，除非消费者以超出正常检测手段对商品造成毁损时，或所采取的运输方式比经营者通常采用的运输方式花费更为高昂时，消费者才需要予以补充赔偿。

2. 美国

美国法律与英国法律一样，将"无理由退货制度"称为"冷静期制度"。在美国的消费市场中，无理由退货制度一般都依靠经营者主动实施，并由市场机制进行调节，很少有法律对该权利进行强制性规定。随着上门销售及信贷消费的发展，消费者在面对这两种交易模式时，其合法权益更容易遭受侵害。于是，法律开始正式赋予消费者无理由退货权。1972 年，针对上门销售领域，美国联邦贸易委员会发布了《关于在家中或其他特定交易场所的冷静期规则》，规定了非营业场所的无理由退货制度，并要求经营者在订立合同时，应当对消费者履行权利告知义务，并且不能在合同中规定使消费者放弃该权利的条款。在权利行使后果上，《关于在家中或其他特定交易场所的冷静期规则》规定，经营者应当在收到消费者退货通知后的 10 个工作日内退回交易费用，同时由该交易产生的任何担保权利也被取消。关于退货方式，《关于在家中或其他特定交易场所的冷静期规则》规定消费者可以自行退回，经营者也可以选择上门自取。但是，如消费者自行退回的，费用和风险由经营者承担，如安排由经营者取回，经营者未在被通知后的 20 天内取回的，消费者可自行处置商品。在信贷消费领域的无理由退货权，《诚实信贷法》对经营者告知义务作出了更为严格的规定，其要求经营者在履行告知义务时，必须提供独立的纸质版告知声明，也必须标明引起消费者无理由退货权的是哪一项交易。而对于权利行使后果，该法律规定消费者行使该权利后，双方的信贷合同归为无效，相关担保合同也随之无效。经营者在收到退货通知后 20 天内，应当向消费者返还所有交易费用，并且采取一切必要的行动终止交易产生的一切担保权益。

此外，在美国各个州的法律文件中，也设有消费者无理由退货权的相关规定，但各个州的立法与联邦立法存在着些许的差异。如在权利行使期间上，大部分州的法律都进行了延长。例如佛罗里达州和加利福尼亚州的立法，便将上门推销领域的退货期延长至 10 日。而在权利适用范围上，纽约州的立法则赋予了消费者在几乎所有消费领域中的无理由退货权。但与联邦法律不同的是，该规定并非强制性规定，经营者可以在商品上或合同中以显著标识的方式来予以排除。另外，受美国立法体制的影响，由于该国保险领域的立法权属于各州，这导致在保险消费领域中，联邦立法并未作出相应规定。但面对该领域中侵犯消费者合法权益的现象屡禁不止，各州都先后建立起了相应的无理由退货制度。如纽约州的《保险法》规定，消费者在纽约州与任何人签订的人寿保险合同，其可以在 10 日之内行使无理由退货权。

3. 德国

在德国法中，消费者无理由退货权利被称为"消费者撤回权"，在德国，此权利现被规定在《德国民法典》之中，其适用范围非常广泛，几乎涵盖所有消费领域，具体包括上门交易领域、场外交易领域、远程交易领域、分时度假领域、信贷消费领域、融资租赁领域、分期付款和分期供货领域等。此外，德国法对该权利的适用限制也规定得较为详细，除了 13 类在场外交易或远程交易中存在特殊情形外，消费者不享有消费者撤回权。对于上门交易领域，在交易金额上也作出了限制，排除了该权利对立即支付且交易金额低于 40 欧元的消费合同的适用。关于告知义务的规定，德国法要求"经营者必须以书面的形式，明确、清晰地向消费者表明其所享有的权利，并写明无理由退货权的行使方式、起算期限和经营者收货地址"，经营者是否履行了告知义务，对消费无理由退货权的存续期限影响巨大。如在正常情况下，该权利的存续期间为 14 天，自经营者正确履行了告知义务之日起开始计算。但若经营者一直未履行告知义务，那么消费者便会一直享有无理由退货的权利。另外，为了避免消费者的其他权利（如瑕疵担保请求权等）早已超过诉讼时效，而无理由退货权却能一直存续的情况出现，德国法又赋予了经营者一个事后补充告知的机会，其规定该权利自经营者进行补充告知之日起30日后消灭。关于权利的行使方式，该法律规定消费者需要在反悔期间内，以文本形式或以将货物寄回的方式向经营者发出退货的意思表示通知，其中产生的退货费用由经营者承担。消费者若对商品造成损害，应当进行价值补偿，但如果债权人对商品的恶化或毁坏负有责任，或者该商品保存在经营者的手中也将造成损害的，则消费者不再承担责任。

4. 小结

德国法对消费者无理由退货权适用范围规定得非常广泛，几乎涵盖了所有线上、线下交易领域。而相比之下，在英国和美国立法中，该权利适用范围则相对狭窄。如英国立法仅对线上交易及经营者场外交易作出了规定，美国立法也只在上门销售、信贷消费以及人寿保险领域中作出了规定。虽然英国、美国对消费者无理由退货权的规范存在不足，但这并未影响到该权利的广泛应用。纵观英国、美国的消费市场，几乎所有的经营者都在主动地实行无理由退货制度，该权利甚至已被演变为交易习惯。再加之本国消费者协会对无理由退货制度的有力支持，使得经营者对原有承诺并不能任意地更改或解释，这极大增加了无理由退货制度存续的稳定性。可以说，在英国、美国的消费市场中，无理由退货制度依靠市场机制的自身调节下，便可维持良好的运行状态，而国家仅需在极易侵犯消费者合法权益的特殊交易领域中，以法律的形式对无理由退货权作出规定。现阶段，我国《消费者权益保护法》仅在线上远程消费领域中，规定了消费者无理由退货权。我们需要加快对线下消费者无理由退货权的构建，以保障消费者在线下购物中的合法权益。

三、"线下七日无理由退货"政策实际实施效果及存在的风险

（一）成本收益分析理论概述

成本收益分析方法源于经济学，是规制影响评价的具体方法。传统经济学认为，定义静态资源最有效分配的标准就是帕累托最优。而个人被认为是对所提供商品和服务的价值作出判定的最佳决策者。公共部门则被视为资源分配的干预者，其作用是"纠正"效率的偏离。因此，需要对政府干预资源分配的每项行动进行评估。只有改变能够改善至少一个人的福利而不降低其他任何人的福祉，干预才可以被接受。成本收益分析便为实现这一福利经济学理论提供了一套特定的组织框架和一系列程序，用以汇总信息并将其转化为货币的形式，从而对政府的干预行为进行权衡。

在政府部门选择的大多数情况下，成本收益分析是从整体福祉角度来看最合理的决策程序"。尽管"成本—收益分析是一项艰难的工作……关于公共项目成本和收益的结论充其量是近似而已"，但一项"好"的规制要实现收益大于成本，也是学术界、实务界乃至一般民众的共识和常识。因此，对现有的规制举措进行成本收益分析，并努力实现特定规制的"收益大于成本"，一直是各国政府和学术界努力的目标。近年来，成本收益分析法已经逐渐渗透到我国的立法领域以及政府决策中，如环境规制和食品安全等领域。但总体而言，成本收益分析方法在我国政府规制中发展较晚，应用范围较狭窄，还未形成成熟的制度规范。此外，成本收益分析还面临着理论基础上的挑战。成本收益分析基本上是一个面向微观经济的工具，当其用以分析对经济社会产生宏观影响的问题时，就会欠缺解释力。例如，人口结构问题。如果我们在传染病肆虐的发展中国家根除疟疾会有什么影响？成本收益分析可以对短期内的生产成本和健康服务的投入数量和价格进行计算，但是这一行动对几十年后的人口结构产生怎样的宏观经济影响，则需要一个更为复杂的分析框架，而很难通过成本收益分析这一微观框架进行解释。即便存在以上问题，在讨论与效益评估相关的问题时，邓洛普和其他人指出，成本收益分析方法提供了一个有用的框架，用于思考拟议的行动或比较备选方案，即使这不能以完全量化的方式进行。

规制的社会收益和经济收益之间区分不是截然的，特定经济收益往往也会对社会产生有益影响，比如线下七日无理由退货解决就业问题既是经济收益也是社会收益。

（二）"线下七日无理由退货"规制成本收益计算——以苏州为例

苏州市是我国较早开始实施线下七日无理由退货政策的地区之一。该地区政策实施的实际效果如何，对政策的预测评估有较大的参考价值。因此，课题组以国家市场监管总局关于线下七日无理由退货政策调研报告为参考，充分借鉴苏州线下无理由退货政策实施一年内，即2020年5月至2021年4月期间的成本收益分析。

1. 规制的成本

（1）立法成本。在线下七日无理由退货政策的制定过程中，政府有时会选择委托有关专家或科研机构提供立法草案或立法建议，并邀请专家进行咨询论证；在一项法律规范的实施之前通常会通过民意调查、立法调研、座谈会、咨询会以及听证会等方式进行民意征集，此类行为所花费的费用都属于立法成本的范围。2020 年苏州市市场监督管理局基本支出预算为 23 123.09 万元。按照立法工作占总预算的三分之一估算，苏州市市场监督管理局当年的立法支出大约为 7707.70 万元。在 2020 年一年苏州市市场监督管理局共发布政策文件 261 项，其中包括 2020 年 4 月公布的《关于推进无理由退货工作的通知》和《关于印发苏州市无理由退货指导意见的通知》两个政策文件，据此推算两项政策所需要的立法成本约为 59.06 万元。

（2）执行成本。平台建设费：2020 年 4 月，为支持线下无理由退货，由苏州市市场监督管理局负责，对苏州"智慧 315"消费维权平台进行改造，通过采招网可以看出，对于此项改造预计需要 180 万元。同年 11 月，为保证线下无理由退货顺利进行，苏州市市场监管局在市委和市政府领导下，积极完善无理由退货台，申请开展"智慧 315"——无理由退货平台（二期）项目的建设和完善，预计需要资金 270 万元。因此在平台建设中，花费的费用约为 450 万元。培训与会议费：苏州市场监管部门发布 2021 年部门支出预算绩效目标表，其中关于深化推进线下购物无理由退货工作的目标值为组织商户以及业务培训 10 场、全市成员工作会议 1 场。2020 年 5 月至 2021 年 4 月一年的时间所进行的培训和会议大于 2021 年，因此以 10 场培训和 1 场会议次数计算，2020 年 5 月至 2021 年 5 月期间至少需要投入资金 14.30 万元培训费与 0.82 万元会议费共计 15.12 万元。

（3）服从成本。线下七日无理由退货政策的规制对象，主要关注三个方面，即线下七日无理由退货的生产者、经营者和消费者。主要表现在经营者不正当竞争导致的规则规避和消费者道德诚信缺失导致的权利滥用，如有的经营者任意扩大不适用无理由退货的范围，以及一些消费者滥用退货权利，许多随意的无理由退货行为给经营者日常经营带来压力等。根据线下七日无理由退货政策的调研反馈的情况看，承受成本损失较多的应该是经营者。对经营者而言，政策的实施很可能增加退货量，从而增加经营者为处理退货而增加的时间成本。截至 2021 年 3 月中旬，苏州市全市共处置退货 29 963 笔，可以得出自线下七日无理由退货政策实施一年以来，发生退货约有 35 956 笔。自实施线下七日无理由退货政策以来，有 74.24% 的经营者反映退货量增长幅度在 5% 以内，12.98% 经营者增长幅度在 5%~10% 之间。以 5% 的增长幅度计算，由此估算一年退货量增长了约 1712 笔。另外，通过国家市场监管总局关于综合消费者与经营者的调查问卷显示，线下门店每次处理无理由退货所需时间在 15 分钟左右，则 1712 笔退货大约需要 428 小时 通过查询苏州市统计局数据，可看出苏州市 2020 年全市人均可支配收入约为 62 582 元，则每小时的收入约为 31 元 。因此，因退货量增加而增加的时间成本约为 13 268 元。

（4）间接成本。在间接成本中，公民大众以及相关产业因政策制定和实施丧失某种服务、受到限制或潜在的风险，由此而产生的成本，在此称为间接成本。

对于中国市场和中国消费者、经营者来说，线下无理由退货制度是项全新的制度。在实践中，是否可能会存在以下制度或文化上的潜在风险？第一，由于线下七日无理由退货政策的发布，是否为职业索赔人提供一条新的"盈利途径"？职业索赔人凭借政策，要求商家在七日内必须践行退货承诺，否则对其进行举报，并获得相应奖励。第二，是否会有消费者利用政策，贪图小利，恶意退货的情况？例如，可能存在部分缺乏诚信的消费者恶意利用线下无理由退货制度给予的权利，利用权利的空档期来进行购买商品，使用结束后再进行退货，从而规避自己需要有偿支付使用费的情况。类似情形会增加销售人员的工作量，造成经营者经营成本的增加。第三，线下七日无理由政策的普遍施行，是否会让原本信誉良好的商家失去了市场优势，从而导致销售额下降，造成经济损失？赋予消费者在合同缔结之后适当期限内单方解除合同的权利，是基于保障消费者知情权和选择权的考虑，但经营者为了降低自己的经营成本，可能存在以下几种情况。首先，可能存在经营者在消费者毫不知情的情况下将退货商品销售给消费者，而不会选择以显著的方式将商品的实际情况明确标注或告知消费者的情况，进而侵犯到消费者的知情权和选择权；其次，销售者对于不能达到质量完好水平的退货商品，会拒绝退货，由此，影响经营者的市场竞争力和销售额。而经过大量调研和访谈显示，线下无理由退货的实施需要物流退货，对于恶意索赔人或职业打假人而言，在退货中需要自己承担一笔不小的快递运输费用，几乎没有营利空间，因此消费者或职业打假人利用政策进行恶意退货的行为并没有增加，对经营者的经营成本也没有较大影响。最后，有超过80%的经营者表示线下无理由政策的实施增加了销售额，并没有导致销售额的下降。因此，截至目前上述三方面的潜在风险并没有产生潜在风险的间接成本，潜在风险的成本几乎为0。

2. 规制的收益

在对线下七日无理由退货监管进行成本收益分析时，本课题将收益分为经济收益和社会收益。

（1）经济收益。根据国家市场监管总局的调查问卷数据显示约83.76%的线下门店实施了"七日无理由退货"。实施"七日无理由退货"政策后，有41%的经营者销售额增加了5%~10%，有39.62%的经营者增加了10%以上，由此可见，大约八成的商家因政策出台增加了销售额，且其中约一半的增长额在10%以上。所以，对于绝大多数商家而言，七日无理由政策的实施对其销售量的增长是有促进作用的，我们保守估计这八成商家的销售增长额度在8%左右。

（2）社会收益。在本课题当中，社会收益主要是指线下七日无理由退货政策对减少消费纠纷所省的行政资源。就消费者减少损失而言，自2020年线下无理由退货服务在苏州正式实行以来，对于苏州市消费者售后纠纷的减少和挽回损失具有一定的推动作用。苏州市发布的2020年消费投诉分析报告显示，与2019年相比，苏州市各级消保委挽回消费者损失增加了1840.95万元，其中售后服务类问题，约8%，则2020年5月至12月可以多为消费者增加挽回约98.184万元。2021年上半年为消费者挽回经济损1929.72万元，同比2020年增加挽回消费者损失204.01万元，则2021年1月至4月可以多为消费者挽回损失10.88万元。因此，2020年5月至2021年4月可以多为消费者挽回损失109.064万元。

（三）成本收益总结

从目前的成本收益数据看，苏州市实施线下七日无理由退货后，政策收益大于成本。在整个政策执行过程中成本约为525.5068万元，成本投入主要在于相关平台建设。从数据中也可以看出，无理由退货政策的出台并未引起大量退货行为，因此无理由退货政策的实施并没有太多负面效果。相反，由于该政策的施行，线下商家的品牌和服务质量等商誉获得一定提升，免除了消费者对售后不能退货的顾虑，刺激了消费增长，因而拉动了线下商品销量，使经济收益大约超过 43 亿元。此外，该政策的实施还可以在一定程度减少消费纠纷，节省了政资源和时间成本。综上所述，线下七日无理由退货在苏州的经验具有较强的积极效应，政策收益明显大于成本。据此推断，政策若获得实施，可以对消费者的线下消费行为起到一定的刺激作用，可在后疫情时代有效拉动经济增长。

四、推行"线下无理由退货"制度的必要性

（一）规范经营行为

虽然我国尚未以法律的形式设立消费者线下购物无理由退货权，但在实践中，经营者为吸引顾客、增加销量，仍会作出"无因退货"的承诺。但"无因退货"承诺实际上所掩盖的是经营者的商业利益。其在仅依靠经营者的诚信度，而并无法律条文及国家强制力保障的情形下，并未改善消费者相对弱势的交易地位。对于"无因退货"承诺中的退货负担，经营者完全可以通过各种附加条件或单方解释权等方式予以减免。在商场"无因退货"巨大条幅的渲染下，且无销售人员主动说明退货限制时，很容易给消费者造成所售商品均可"无因退货"的假象。因此，法律、国家市场监管总局等有关部门有必要对不良现象进行整治，规范企业在消费服务领域的经营行为。

（二）保障实质公平和契约自由

从当前的消费市场中看，经营者与消费者在经济实力、信息获取能力、救济能力等方面的差距悬殊，也存在着大量经营者妨害消费者意思自由的情形。所以出于对上述现象的规范与调整，国家需要依靠法律的手段进行介入，即通过设立消费者无理由退货权的方式，提升消费者在法律层面上的权利优势，并依靠该优势来平衡消费者在现实交易中的地位弱势，从而有效的保护消费者合法权益。并且，信息不对称、消费者意思形成不自由等现象的出现，往往也与消费者的知情权、公平交易权等权利的难以实现存在着直接联系。而无理由退货权的设立，恰恰为其他消费者基本权利的实现提供一种保障和救济渠道。通过设立线下无理由退货权的方式，实现对生产经营者滥用权利等不公平、不合理做法的规制，以弥补在双方交易能力上的差距，保障实质公平和契约自由的实现。

（三）增进立法结构严谨性

虽然消费者无理由退货权在我国部分规范性文件中已作有规定，但是从法律规范的整体性角度来看，该权利的立法结构尚存在一些缺陷。除线上无理由退货权是以法律的形式予以规定的外，其他线下无理由退货权分别是以行政法规、地方性法规、规章或其他规范性文件的方式作出的，缺乏上位法依据。但是，根据法律效力位阶关系，下位法只能对上位法中已有规定进行解释与细化，而不能超出上位法原有范围与上位法相抵触，或创设出新的法律规定。本研究可以为修订《消费者权益保护法》做好相应的实践准备，以促进立法结构的严谨性，促进地方性法规等规范性法律文件真正为消费者保驾护航。

（四）促进社会营商环境改善

无理由退货制度是检验一个国家和地区市场经济发展水平、商业文明和社会诚信是否成熟的重要指标之一。设立消费者线下无理由退货权，除有利于实现契约的实质公平与自由外，也对改善社会营商环境和维护我国市场经济体制良好的运行起到了重要作用。一方面有利于促进诚信经营者的服务和产品质量的提高，避免"柠檬市场效应"的出现，提升企业的品牌效应；另一方面也提供了一种便捷、高效的消费纠纷解决机制，使消费者避免了烦琐复杂的诉讼程序，促进了市场经济的有效运行，改善我国的社会营商环境。

五、完善"线下七日无理由退货"制度的建议

无理由退货制度是检验一个国家和地区市场经济发展水平、商业文明和社会诚信是否成熟的重要指标，目前各地区在线下七日无理由退货的领域已有一定的实践。各省市已经开始以各种不同形式呼吁广大企业，坚持消费者至上理念，坚持诚信规范经营，坚持践行社会责任。

目前市场监管部门探索开展线下实体店无理由退货承诺活动，主要基于两方面的考虑：一是退换货线上线下消费的售后服务体验落差较大，广大消费者期待"七日无理由退货"制度能够实现线上线下全覆盖；二是推行线下实体店无理由退货，有助于推动线下实体店落实经营者主体责任，提升诚信经营水平和品牌竞争力，营造安全放心的消费环境，提振消费信心。

为响应国家市场监督管理总局在"3·15"晚会上呼吁实体店商户自愿加入线下购物七日无理由退货承诺活动，完善售后服务体系的倡议，我国应出台相关法律，借鉴以苏州为主的长三角地区先行先试的相关做法，对其利弊进行分析和总结，基于此提出在全国推行"线下无理由退货"的政策，并且鉴于各地在具体实施中的可预见风险性问题，提出相应的应对建议。

（一）出台《线下七日无理由退货实施办法》

目前，我国的消费环境仍不成熟，国内的消费环境整体上跟国外还有差距，不能与国际完全接轨。实行线下七日无理由退货政策在各行业，全品类开展还存在着一定难度，由此可以进行分类缓行，逐步推进的方式，来缓解商家的退货柠檬市场（也称次品市场、阿克洛夫模型）。柠檬市场效应指在信息不对称的情况下，往往好的商品遭受淘汰，而劣等品会逐渐占领市场，从而取代好的商品，导致市场低效率和市场失灵。

减少恶意退货和恶意索赔的"商闹"现象。国家市场监管总局应立足"广""精""实"，优化融合"无理由退货"和"先行赔付"制度，向辖区重点商圈、商业综合体、品牌连锁企业进行覆盖。

第一，在新兴科技的运用下，零售经营平台在商品交易过程中的角色将会发生跨时代的变化。具有极大优势地位的新零售平台，不仅仅会通过中间商或者平台角色出现，而且变成了为整条产业链中商务关系与商品交易活动提供组织或服务角色。可以从零售业经营平台出发，一方面，新零售平台直接为消费者服务，了解消费者的生活方式、探索消费者的潜在之需求，为消费者提供满足需求的商品和一系列的商业服务。另一方面，由于新零售平台可以利用自身平台所掌握的消费者大数据信息，直接为上游企业提供准确而到位的消费者需求信息，向上可以是产品研发，向下可以是市场开拓。可以说以后的零售主体，必定是产业链的核心。因此做好零售业的退货服务才能更好地研究消费者的需求，更好地打造营销环境。

第二，具体到行业，线下无理由退货的最大问题是，要保证商品的二次销售，像美妆产品、食品生鲜、精密仪器、腕表首饰、烟酒、黄金、高端数码产品、定制品等行业，不便于进行线下退货。依据政策规定，无理由退货商品类型逐步实现"全覆盖"，除了散装食品零售、黄金珠宝、奢侈品零售等八大类负面清单外的商品都应做到无理由退货，应退尽退。

第三，基于线上无理由退货的机制经验，基于线下无理由退货的实践支撑，线下无理由退货法治化的环境已经逐渐成熟，有必要推动线下无理由退货由契约责任上升为法律责任，依法规定线下经营者的无理由退货义务和消费者对应的实体消费"无条件解除权"，明确线下无理由退货的商品或服务范围、条件、流程、时限以及不予退货的商品或服务范围、经营者不履行义务的法律责任、监管部门的监督措施等。有法可依的线下无理由退货更规范、更权威、更公平，也更具可行性，能为消费者营造更加放心、满意的消费环境。

第四，政府应积极完善相关立法，逐步向全国范围推广，出台《线下七日无理由退货实施办法》等实施细则，明确"自愿承诺、自觉践诺、主动公示、接受监督"的开展线下实体店无理由退货工作基本原则。《线下七日无理由退货实施办法》所涉及的消费，是指为生活消费需要而购买、使用商品的行为，经营者发现消费者购买商品非出于生活需要，或有违诚实信用原则，或存在恶意情形的，有权拒绝退货。《线下七日无理由退货实施办法》中应包括：鼓励广大实体店经营者向消费者公开承诺实行无理由退货，并在营业场所醒目位置公开展示"无理由退货承诺单位"统一标识，主动说明适用无理由退货的商品范围、退货时限、退货条件、退货流程等，并自觉接受消费者监督。

第五，国家市场监督管理总局可以在前期动员倡议、调查征询、自愿申报的基础上，让经营者根据自身实际经营条件及经营商品属性，确定本店承诺无理由退货的具体商品品种范围，以有一定的代表性和覆盖面的商品为主，制定退货流程、退货方式、退货条件、退货时限等，逐步形成实体店经营者"积极承诺、诚信经营"的良好氛围。在经营者承诺的无理由退货期限内，消费者凭购物发票或其他购物凭证可以向经营者提出退货要求，经营者应当履行承诺做好退货处理相关工作。经营者应在醒目位置向消费者公示无理由退货规则，墙上张贴"放心消费示范单位"的牌子，收银处摆放《放心消费公开承诺书》，明示承诺内容、适用无理由退货的商品范围和时限，并安排工作人员主动向顾客详细说明退货政策和流程，积极接受相关部门和社会的监督。

(二)《线下七日无理由退货实施办法》相关保障措施

我国要充分发挥市场主体积极性，更好地满足人民群众品质化、多元化、便利化消费需求。进一步深化线下无理由退货推广，充分发挥标杆引领作用，以大型商超、品牌连锁企业为重点，制定线下无理由退货 3 年规划，争取短期内打造全域线下无理由退货示范区域，有力有序推动无理由退货承诺在多区域、多行业、多领域覆盖落地。通过提供资金保障、完善退货体系建设、加强地域联动、建立企业信用体系、开展消费者教育活动5种保障措施有助于政策的顺利实施。

1. 提供资金保障

为最大限度地保障市民消费的权利和效率，为加强消费维权和线下无理由退货网络建设，提升维权惠民能力，营造放心、舒心的消费环境，在资金保障方面，可以借鉴苏州市的由政府先行垫付退付资金的全方位支撑无理由退货工作，由市场监管部门监督，资产（物业）管理单位出资，搭建无理由退货平台并设立无理由退货资金池，由政府提供技术支持（建立无理由退货平台）和资金担保（政府先行垫付一定数额的"全国放心消费保障基金"），设立专款专用的"消费保障基金"。杭州市目前已推行这一政策，设置了"杭州东站放心消费保障基金"对杭州东站内发生的现场消费投诉，经调解达成100元及以下赔付结果的，由保障基金实现现场快速赔付，指导各设区市和龙头企业成立先行赔付基金，为普通消费者增加了制度性托底，保障旅客"无忧购物、满意消费"。由政府设立"无理由退货"资金池，只要符合退货条件的，在线上由资金池向消费者先行支付退款，让消费者放心购物无忧退。凡符合退货条件，可由"消费保障基金"在线上向消费者先行退付。同时消保委可专门设立远程视频调解室处置消费争议，力求"线下购物线上退、本地消费异地退、商家承诺先行退、消费争议调处退"。线上"扫码"，开通绿色服务通道，线下"布局"，建立无理由退货2处管理服务站和7处退货寄存点，不断简化退货手续，优化退款流程，畅通从受理、核实到退付的全链条快速通道，确保高效响应消费者诉求。

这既为普通消费者增加了制度性托底，让公众安心放心地退货，也让企业商家消除成本顾虑，把精力放在提升产品和服务质量上来。无理由退货制度正是因为有企业承诺和政府担保，就可以做到"线下购物线上退，本地消费异地退，政府垫付先行退，消费争议调处退"。由政府搭建无理由退货平台并设立无理由退货资金池，显然，要让无理由退货的社会价值真正发挥出来，促进商业环境良性循环，促进实体经济发展，助力实现商业、企业与消费者的共赢，政府的作用极其重要。

2. 完善退货体系建设

为进一步为营造安全消费环境，打造品质消费高地，在推动线下无理由退货政策的同时，也应该注重相关基础设施的投入和完善，在全国推进线下购物无理由退货工作中，为承担起无理由退货线下服务职能，实现线上线下一体化优质退货体验，应在重点商圈、大型商超、游客中心、基层消保委等建立无理由退货管理服务站、退货寄存点，有利于持续推进线下购物无理由退货的各项工作，提升商家诚信经营水平，营造放心、安心、舒心的消费环境。具体实施方面，包括平台建设和服务站的建设以及网站的建设。借鉴苏州的具体做法，可以在全国范围内，线上建立"智慧315"无理由退货平台，通过"扫码退"实现线上快速退货。线下布局建立一批无理由退货管理服务站和退货寄存点，方便线下调解办理。便民服务上，各重点商圈均设置了管理服务站，建立商品寄存点，并配备专职工作人员，线上24小时全天候受理无理由退货。各实体店商家将公示牌、承诺内容等统一公开上墙，让消费者一目了然。商品类型上，突出"全覆盖"，除了负面清单外的商品均能无理由退货。调处时间上，突出"一长一短"。一方面尽量拉"长"承诺时间，商家根据自身实际，承诺退货时限不少于七天（含七天）。尽量缩"短"退货时间，原则上商家在收到商品确认无误后的24小时内，直接将所退货款返还给消费者。可建立相应的网站，无理由退货承诺单位自愿在网站上公示，消费者可随时上网查询本地区线下无理由退货商家的承诺，同时查看无理由退货商家的信用，并要求所有参与承诺的商家，都在营业场所统一标志标识，为消费者提供指引。在制定具体实施方案的同时，国家市场监管总局需要强化经营者维权主体责任意识，鼓励和引导消费环节经营者建立赔偿先付制度，以承诺书的方式完善经营者"先行赔付"和"七天无理由退货"制度，有效规范市场经营行为，在消费维权工作中可以加强与消协的工作配合，形成1+1>2的联合效应。建立固定的投诉中心，消费者除了通过"12345""12315"等平台进行投诉，也可以前往投诉中心进行投诉，对现场投诉确保15分钟到达现场调解，实现消费投诉立接立调、快办快结。同时对于商家的证照管理、食品安全、消费维权等方面应做出具体要求。另外，为确保服务质量，相关退货服务站要定期开展专题培训，妥善处理消费者的退货需求，及时与商家协作沟通，并做好工作台账和信用记录。推举一部分区域的服务站作为标杆，在服务态度、业务本领、工作效率等方面形成一定的标准，树立优良的服务形象。根据综合材料审定、日常工作考评、消费者评价等相关情况，定期评选月度、年度"线下购物无理由退货优秀服务站"，一方面为其他站点做出表率，另一方面也会起到一定的激励作用。同时，为保证消费者可查询到无理由退货的商家，还可以建立消费者快速纠纷响应处理机制，加快处理消费者纠纷，努力实现线下实体店退货平台化、信息化、规范化。"线下购物无理由退货优秀服务站"创造的规范、经验、模式对在全国范围内开展线下无理由退货、完善消费纠纷解决机制、消费评价机制等都将具有重要的借鉴意义。

线下购物无理由退货必将成为消费趋势，借鉴现阶段形成的"长三角实体店异地异店退换货联盟"，可在全国范围内形成退货联盟，跨区域建立企业联盟，通过相关企业的联动，实行跨区域异地异店退换货制度，在"政府鼓励倡导、企业自愿承诺、承诺即受约束"的原则下，建议国家市场监督管理总局推行《"异地异店线下退换货"服务承诺工作指引》，明确在退货联盟区域内做出异地异店线下退换货承诺的直营店、加盟店、专柜等业态的经营者，应当在其营业场所醒目位置明示异地异店线下退换货实施细则。在销售商品过程中，应当主动向消费者详细说明异地异店线下退换货的商品品种、范围、时限、流程等注意事项。跨区域的消费者可在经营者承诺期内（不少于七天），凭消费凭证到经营者认可的线下退换货直营店、加盟店、专柜等（以经营者承诺为准）退换货。消费者提出异地异店线下退换货的有效期限，自经营者出具消费凭证次日起计算。虽然"七日无理由退货"政策的落实程度和实施效果，还有待长期观察，但这背后都折射出各地对优化消费环境的切实努力，今后消费者退换货渠道必将更加畅通。

市场监管部门可以通过建立各种退货联盟圈，进一步释放消费潜力，提振消费信心，结合区域特点形成各自特色，围绕商圈集中的特点，着力打造一批放心消费"满意商城"，让百姓感知实惠。

3. 建立企业信用体系

全国范围应全力打造一批质量高、效果好、引领性强的品牌样板，以推动更多企业参与无理由退货承诺活动，大力鼓励和倡导企业实施七天无理由退货政策，包括但不限于本地企业，凡是开展线下零售经营活动的外省企业、商家均可参加，并鼓励同品牌连锁企业实行异地同品牌连锁店退货，不断扩大消费者受益面。通过向审查合格企业发放"放心消费承诺单位"和"线下无理由退货承诺单位"牌匾的方式，向社会承诺品质保证、诚信保证及维权保证。在与商家达成承诺时，根据不同类型的企业可以设置不同的退货时间，最少是七天，最多的不设上限。"放心消费承诺单位"承诺内容包括不提供假冒伪劣商品等品质保证、不作虚假宣传等诚信保证、履行保护消费者权益第一责任等维权保证。"线下无理由退货承诺"的适用商品是自营电器类（注：未安装或使用）、自营 3C（注：需激活的商品，激活后不参加无理由退换货）。通过对线下无理由退货的相关细则进行约定承诺，为消费者营造良好的消费环境，提升消费者线下购物体验。

国家市场监管总局应坚持综合施策，实行共建共治，引导实体店切实增强社会责任意识，主动参与活动，积极做出承诺，指引消费者选择重信誉、守信用的经营者进行消费。同时，继续完善线下无理由退货工作的规章制度等，解决实体店经营者的担忧。通过开展"七日无理由退货"服务承诺，展现线下零售企业高质量供给催生创造新的市场需求，改善消费市场信用环境，努力增进消费市场活力。国家市场监管总局与中国消费者协会可以同多家商业企业联合发出并签署《线下无理由退货倡议书》，根据倡议书，签署企业应建立无理由退货制度，明示无理由退货原则，提升消费者全流程购物体验，并接受消费者和社会公众的监督。与此同时，建立消费者权益保护制度，完善消费者权益保护措施，从源头减少消费纠纷；健全售后服务体系，落实经营者首问责任，快速和解消费争议，积极引导和鼓励更多企业参与，进一步扩大覆盖面，让消费者感受到诚意。

同时，国家市场监管部门、消费者权益保护组织应当建立《无理由退货单位动态名录库》，实行动态管理，在消费体验、社会监督、行政检查、消费投诉等动态监督过程中，对不履行承诺或停止营业的无理由退货承诺单位，由市场监管部门停止其使用"无理由退货承诺单位"统一标识。要用好企业信用信息公示系统，发挥"经营异常名录"和"严重违法失信企业名单"的约束作用，加强消费投诉信息公示工作，减少消费者和经营者之间的信息不对称，更好保障消费者的知情权、选择权，让市场在资源配置中发挥决定性作用，倒逼经营者诚信守法。

除此以外，还可以通过建立和完善组织协调、消费维权、信用约束、创建评估、共建共治等机制，强化经营者主体责任，提高消费纠纷的调处效能，多维度开展消费环境评估评价，加强对行业协会等社会组织的指导，广泛吸纳新闻媒介、消费者代表等社会力量参与放心消费环境创建工作。

4. 开展消费者教育活动

赋予消费者"线下无条件解除权"是对于消费者权益保护的一种制度性完善，是对于消费信息不对称、消费地位不平等的可控性"校正"，但是退货考验的是社会诚信问题，要引导消费者善意退货，如果一方的诚信代价太大，只能说明另一方诚信不足。一些消费者恶意退货，与人们经常遇到的退货难的原因一样，不过是同一问题的两面。诚信是双向的。商家在退货上急人所急、想人所想，这是对消费者的信任；而消费者也应为商家着想，给予良性回应，这才能达成诚信。除了对经营者进行规制和引导，还应积极开展消费者教育活动，促进消费者理性消费。第一，引导消费者积极利用"12315"平台维护自身合法权益，市场监管部门应加大行政执法力度，严厉打击侵犯消费者权益和扰乱公平公正市场秩序的违法行为。第二，消费者在线下实体店购物，遇到合法权益受到侵害时，应及时向市场监管部门反映，该部门应按照"政府鼓励倡导，企业自愿承诺，承诺即受约束"的原则，依法协调好消费者和经营者双方利益。对无正当理由不履行无理由退货承诺的实体店，由属地市场监管部门停止其使用"无理由退货承诺单位"统一标识。

广大消费者应该明晰的是，线下无理由退货服务承诺的推进，离不开社会信用体系建设的支撑和消费者、经营者的共同努力。建议政府将线下零售企业服务承诺的履约情况与诚信平台进行数据对接；鼓励零售企业进行大数据采样、分析，维护自身合法经营权益，打击"免费租衣客"之类的恶意"无理由退货"行为；同时提醒"线下七日无理由退货"的消费者应注意以下四点：第一，在经营者承诺的期限内，凭购物发票或其他购物凭证向经营者提出退货。第二，消费者提出无理由退货的有效期限，属配送类商品的，自消费者实际签收商品次日起计算；属自提类商品的，自经营者开具购物发票或其他购物凭证当日起计算。第三，消费者退回的商品应当完好，不影响经营者二次销售。第四，消费者退货时，应当将商品本身、配件、赠品（包括赠送的实物、积分、代金券、优惠券等形式）、保修卡、说明书、发票、外包装等一同退回。从某种意义上讲，消费者诚信也是建立信用市场的关键。

而要让消费者做到诚信消费，不恶意退货，最紧要是对目前的无理由退货规则进行适当修订，以保证也照顾到商家的权益。可以首先从完善线上及线下诚信制度入手。如对恶意利用该规则的用户，查实后可以降低其信用分；情节严重的要纳入黑名单，以促进买卖双方诚信交易。当然，赋予消费者更大范围的"无条件解除权"，并不意味着这一权益可以不设边界，更不意味着消费者可以滥用这一权益。正如有专家指出，赋予消费者"无条件解除权"是对于消费者权益保护的一种制度性完善，是对于消费信息不对称、消费地位不平等的可控性"校正"，而非立法保护手段的泛化和滥用，不能简单地理解为"消费者可以无条件地、单方面地任意撕毁合同"。如果消费者"无条件解除权"与"消费冲动权"画上了等号，市场的正常秩序就会受到侵害，而最终消费者还得为此买单。由此看来，"无条件解除权"法定化及扩大边界能够实现更大社会价值，离不开一个重要的前提：社会诚信程度总体较高，"无条件解除权"滥用现象不会成为常态。这就要求必须尽快完善建立社会诚信体系，完善和严格执行相关诚信规范机制，对社会各领域的个体失信或者集体失信行为制定惩戒标准。这是"无条件解除权"能规范适用、落到实处的一个基础。

（三）总结

当前，我国正在加快构建以国内大循环为主体、国内国际双循环相互促进的新发展格局，内需已成为拉动中国经济增长的主要力量，也成为中国经济平稳运行的"压舱石"和"稳定器"。消费对经济发展具有基础性作用，连续多年成为我国经济增长的第一拉动力。最近，不少城市都推出了拉动消费增长的消费券，起到了很好的效果。最大限度且持久地激发消费潜力，就要从提升产品质量、改善消费体验、保障合法权益等方面，线上线下同步构建更加理想的消费环境。对准消费领域存在的突出问题，通过思维的转变、规则的改变，解除消费者的后顾之忧。作为提振消费信心的新趋势，在更广阔的范围内建立线上线下标准化的退换货服务机制值得期待。当然，要使这一举措能够真正落到实处也需要做好信用监管和恶意退货处罚工作，线下无理由退货制度也是一种保护消费者的"事后"预防机制。当今社会消费者维权成本高、维权难度大，当其高于、大于损害损失时，消费者往往选择忍气吞声。无理由退货制度为消费者开辟了天然之维权渠道，消费者不仅仅在面对商品质量问题时可以选择无理由退货，而且是在"不想要"时也能利用无理由退货制度，无须再做出其他的证明，就能避免自己遭受损失。让消费者拥有线下消费退货途径，是现代商业发展的必然要求，是实体店对产品与服务自信的表现。线下购物无理由退货服务将消费者退货的"最后一公里"的难度由政府来承担，实体商家应当看到，疫情当前，只有创新销售模式，改善消费体验，唯有尊重消费者权益，创新消费环境生态，才能激发消费潜力，进一步拉动内需。线下购物无理由退货政策，是为城市名片增光添彩的一项重要举措。无理由退货，不仅没有成为网购行业的禁锢，反而促进了它的大发展。同样，实体店为消费者权益提供更多保障，也能促进商业文明的发展和进步，实现经营者和消费者的双赢。

民事诉讼法与民法典实施配套研究

张钢成*

引 言

2020 年 5 月 28 日，第十三届全国人大第三次会议审议通过了新中国成立以来第一部以法典命名的法律——《中华人民共和国民法典》（以下简称《民法典》或"民法典"）。民法典的颁行，是我国社会主义法治建设的重大成果。法律的生命在于实施，作为一部全面、完整的权利法典，民法典的实施除要求法官正确理解和适用民事法律规范，也对民事诉讼法律和理论的体系化和现代化提出了更高要求。习近平总书记强调，"民法典颁布实施，并不意味着一劳永逸解决了民事法治建设的所有问题，仍然有许多问题需要在实践中检验、探索，还需要不断配套、补充、细化"。[1]民法典颁行以来，学者、实务人员持续地进行民法典的理论探讨和运用探索。其中，民法典和民事诉讼法的衔接横跨实体法和程序法领域，关系到个案裁判规范、类案指南的形成、法典体系化的完善，系重中之重。当前对于二者衔接讨论主要有两个维度：一是从宏观制度衔接、整合角度出发，讨论如何以民法典的颁行为契机，配套进行民事诉讼法的修改与完善。二是从微观切入，以具体制度为着眼点，将实体法与程序法运用整合，梳理统一的法律逻辑和适用标准。其中，从证明责任理论切入探讨民法典和民事诉讼法的衔接是重点。然从证明责任理论分析二者衔接，需要体系化地梳理实体法和程序法关系，并依托有

　＊　课题主持人：张钢成，北京市海淀区人民法院党组成员、副院长。立项编号：BLS（2021）B020。结项等级：合格。

〔1〕　2020 年 5 月 29 日，习近平总书记主持中共十九届中央政治局第二十次集体学习时的讲话——《充分认识颁布实施民法典重大意义，依法更好保障人民合法权益》。

效的裁判方法研究。现有阐述或者过于倚重证明责任的属性探讨，或是侧重于具体问题的纠偏，缺乏体系性的输出。文章立足证明责任的程序法与实体法属性，辅以裁判技术的探讨，以统一裁判方法的视角分析民法典与民事诉讼法的衔接，以期为立法完善提供扎实的理论依据，为实践裁判提供切实可行的方法参考，为实体法与程序法的配套完善提供翔实有力的具体方案。

一、民法典与民事诉讼法的关系廓清

（一）民法典定位与功能

民法是万法之王。民法法系的法理学是以民法为基础建构的。作为将民法智慧集大成的法典，民法典的诞生彰显了其举足轻重的法律地位，也宣示了国家对于公民权利保护的思想与立场。作为新中国的第一部法典，民法典立足习近平法治思想，坚持"以人民为中心"的总基调，围绕人民权益确认和保护展开立法工作。民法典作为民事权利的宣言书、人民权益的保障书，内容涉及生命健康、财产安全、交易便利、生活幸福、人格尊严等各方面权利。其功能在于推动国家治理体系和治理能力现代化及维护人民权益。就国家治理体系和治理能力现代化维度而言，民法典通过物权、债权、人格权、继承权等权利设定，激发每个人的创造力，充分发挥个人在国家治理中的作用；同时，通过对民事规范按照法学逻辑进行系统梳理，形成了逻辑一致、层次分明的有机体系，部分解决了我国民事单行立法时期存在的体系性不足、规范缺漏等问题，保障了推进国家治理现代化过程中保护私权的目标实现。就维护人民的合法权益维度而言，民法典贯彻了以人为本的思想，通过总则编到分则编各类权利的赋予，建立完备的权利保障体系，体现了对每个人"从孕育到亡故"切身利益的全面关怀，推动积极追求权利，实现人的全面发展。同时，侵权责任编提供了权利救济的途径，为社会公众提供详尽的权利索引并强化对司法公正的监督，形成了完善的权利实施体系，为我国社会的现代化、民事主体权利的综合保护奠定了基础。

（二）民事诉讼法的价值与功能

民事诉讼法则是规定诉讼主体、参与者如何推进诉讼程序、开展诉讼的法律，其价值在于为诉讼主体提供详细的程序指引，使民众更接近司法、亲近司法，实现司法正义；其功能在于预防救济和权利生成、政策形成两个方面。就预防救济功能而言，民事诉讼法通过制度设定，体现强烈的防止将来的侵害发生的意图。具体表现为通过证据保全、财产保全、行为保全等前置性程序设计,减轻对当事人的损害,预防损失进一步扩大;通过非诉程序、小额诉讼等多样化程序引入,最大程度地实现诉讼主体的救济目标。就政策形成功能而言,诉讼过程允许当事人以实体法没有规定的权利为依据提出主张,法官通过司法实践将法律上值得保护的利益上升为权利,创造了诸如"虚拟财产权益"等权利类型,完成了将实践上升为规范的深层意志。

(三)民法典与民事诉讼法的共同目标

实体法是所有民事主体主张权利的基础,但民事权利的保障有待于诉讼程序来实现,因此实体法和程序法目的一致,一旦二者缺乏统一,实体权利的实现便没有手段,没有实体保障,诉讼法也失去了存在的正当性。当然,因为是两个部门法,也存在不同学科、不同部门法各自的质的差异。总体而言,统一大于区分。具体而言,其一,所涉内容互有蕴含。如民法典虽然法律属性总体是实体法,但在规范的内容上也包含相当数量的民事程序性规范。其二,所涉内容互补。民事诉讼的实践反馈有助于民法解释学的推进和展开,甚至通过诉讼实践弥补其遗漏缺失之处。更重要的是,二者的施行目标一致,即实现"努力让人民群众在每一个司法案件中都能感受到公平正义"的目标。该目标是当代中国司法对于法的安定性和判决妥适性的再整合,既强调在个案裁判中实现类案的安定,也要求个案裁判中,且通过裁判精准、科学地处理实现裁判政治效果、法律效果和社会效果的统一,从而实现裁判的妥适性。

二、民法典与民事诉讼法衔接适用存在问题及成因分析

(一)存在问题一:法典体系化、系统化与个案裁判规范适用孤立化、简单化的矛盾

民法典的亮点之一即形成逻辑自洽,富有系统性的制度体系。在法典适用时,体系化、系统化的目标则具象为在案件裁判中尽可能实现类案裁判尺度的统一;在法条适用时要结合法典修订的背景,关照条文适用,形成前后照应的法条应用模式;在法律衔接方面,需穿梭于诉讼法的证明责任和实体法的规范,厘清具体实体规范的构成要件,运用证明责任制度分配举证责任。然而,目前大部分个案裁判仍主要沿用单行法时代的裁判思路,常规案件直接寻找法条的适用根据经验法则直接判断;新类型案件会考虑民法典的具体规定,总体而言很少将目光聚集到民法典所欲实现的体系化和系统化中,对

法条编排、删减及适用影响关注有限，全然未摆脱以往孤立适用法律条款的情况。最重要的是，适用法律规范时，未关注具体规范要件与证明责任分配的联系，同类案件对于法律构成的举证责任仍有很大偏差，个案裁判的孤立化、简单化问题依旧严重，与民法典体系化、系统化的价值目标相去甚远。

（二）存在问题二：实体法与程序法相互关照不足

（1）疑难案件实体裁判规范缺失，难以找寻与程序法匹配的连接点。立法的滞后性决定了法律的诞生无法周全地涵盖社会生活各方面。随着技术进步速度加快，新生事物迅猛发展。实践中疑难复杂案件层出不穷，并普遍面临着"缺法可依"的局面。而司法不能拒绝裁判的本质决定了即使在法律规范缺失的情境下，裁判者也必须进行科学裁判。证明责任理论明确了案件事实真伪不明的情形下，承担不利法律后果的责任规范。但是，该理论适用的基本前提是有法可依，即有特定的实体规范作为基本的要件分析基础。因此，对于缺乏法律规范的类型化案件，显然并非仅仅依靠证明责任分配理论即可完成相应的裁判，还需要结合立法理论，综合法典的体系化安排、价值目标等进行权衡，进而找出可适的法律依据。该类案件的裁判过程复杂、难度技术高，需要反复往返于实体法和程序法的具体规范。而无论民法典还是民事诉讼法均未提供该情境下的问题处理指引，形成了二者衔接的真空地带。实践中，裁判者或通过引用其他案件中类似的实体规范作为裁判依据，但造成"四不像"的尴尬局面，如对于夫妻共同遗嘱分别按照自书遗嘱和代书遗嘱的形式要求进行一分为二的具体认定；或是直接根据个人价值判断进行具体说理，但缺乏具体的分析和理由阐述，最终看似完成裁判，实则可能偏离了正确的价值预设和方法论。

（2）实体要件界定不清晰，加剧类案裁判尺度统一难度。裁判尺度统一有几项既定的标准：一是引用的实体规范的统一性；二是对于具体实体规范的要件认定和举证责任的分配是统一的；三是对于案件存在真伪不明的情况下，证明责任分配的后果是一致。三项内容的共性问题为，实体规范如何准确查找，实体规范的要件当如何精准分类，以及对应的举证责任应当如何分配。而民法典和民事诉讼法均未对此进行探讨，二者分别就各自立场对实体法律规范，证明责任原则性运用进行界定。对于二者如何连接，特别是法律规范的构成要件应当如何解释，并与证明责任衔接未做具体阐述，加剧了类案裁判尺度统一的难度。

（三）成因分析

1. 民法典与民事诉讼法对"要件表达"的需求差异

不同部门法有截然不同的思维方式和话语体系。民法典作为民事实体法，是关于主体权利配置的法律，条文侧重对主体的权益保障的规范表达，同时预设民事诉讼法的适用前提为"在事实清楚的基础上适用法律"。换言之，民法学忽略了诉讼过程中的事实审查需要往返于民法典和民事诉讼法之间，需要以实体规范为基础，分析诉讼主体的举证责任，乃至证明责任的客观过程。该预设削弱了民法典在制定条文时以"要件表达"为主旨的导向。而民事诉讼法对于民法典的适用保障倚重于以"请求权基础"为核心的要件解构与方法适用，首先需要索引个案指向的基础法律规范，并在此基础上进行解构，确认对应的举证责任主体；一旦个案指向的规范缺乏要件表达，将可能产生法律规范使用偏差，或影响对法律规范的理解适用，或影响个案的最终裁判。

2. 民法典与民事诉讼法对证明责任内容的界定差异

证明责任理论是横跨实体法和程序法领域的基础理论是当前法学领域的学术共识，且罗森贝格的法律要件分类说之"规范说"系立法基础。尽管如此，两大领域的研究者对于证明责任理论的属性认识分析依然存在，且制度适用壁垒并未打破，具体表现为证明责任分配法律规定失衡，如对于特定情形下的法律规定偏离了一般的规律性认识，或者偏离了社会的基础共识。同时，实体法对于证明责任分配过于简略。如部分实体规定过于简单，缺乏前后条款的联系，容易造成证明责任理解和适用的偏差。

三、以证明责任制度衔接民法典与民事诉讼法的考量

成熟的成文法体系与裁判技术能够在大多数案件中保证"同案同判"。为更好地维护法秩序的稳定，更好地衔接实体法与程序法的运用，需要设立一套稳定的机制贯穿于其中，在努力确保个案裁判公正实现的同时，也最大程度地维护司法秩序的稳定和统一。证明责任分配理论，作为"民事诉讼法的脊梁"，因连接实体法与程序法，因而成为连接民法典与民事诉讼法的载体。

（一）证明责任是衔接程序法与实体法的桥梁

1. 证明责任与民法典的关系

按照诉讼证明的一般逻辑，当事人提出诉讼请求，明确法院需要保护的权利范围。民法典作为一部实体法律规范，详尽地规定了公民的民事权利，是当事人提出诉讼请求保护的来源。当事人需要对请求权的要件事实进行主张，并在要件事实有争议时通过证据加以证明。如对于一般侵权，损害赔偿请求权的构成要件包括违法行为、损害事实、因果关系和主观过错，诉讼主体需就相关构成要件进行证明，才能完成诉讼过程。其中，哪些主体证明特定的构成要件，有待于证明责任分配规则的使用。应当说，民法典为当事人诉讼提供了具体的规范指引，明确了待证事实的相关内容。进一步而言，民法典从总则到分则的体系化设计，内含制度架构和权利保障的逻辑，为证明责任的分配适用提供了详尽的权利要件构成和具体证明内容依据；同时，民法典的出台解决了民事单行法适用时存在的法律规范矛盾，尽可能解决了规范之间的冲突，为证明责任的分配与适用奠定了坚实的基础。因此，民法典是证明责任运用不可或缺的基础。

2. 证明责任与民事诉讼法的关系

就民事诉讼理论研究而言，证明责任理论与诉讼标的理论并驾齐驱，是民事诉讼研究的核心。就制度价值而言，证明责任是民事诉讼进行的载体，支撑案件裁判的进行，贯穿案件裁判的始终。证明责任的分配为个案在时间、真相、成本之间的价值取舍提供了基本框架。其中，客观证明责任的确定彰显了个案在真伪不明情况下的裁判考量和结果判断，由此奠定了"正义以真相和裁判的正确性为基本前提"的基础，换言之，证明责任通过抽象性规则的订立，推定着民事诉讼追求公平正义的价值目标实现。就具体规范界定而言，目前我国关于证明责任的基础规范主要规定在民事诉讼法和对应的司法解释中，民事诉讼法上明确了"谁主张、谁举证"的一般规则，司法解释进一步明确实体规范中的构成要件分类以及对应的举证责任及相应不利后果。此外，还有证据规定中免证事实，诸如众所周知的事实、推定的事实、仲裁裁决所认定的事实等所产生的证明力等，均涉及证明责任的不同分配。就实际应用而言，任何个案的裁判都离不开证明责任的支持与适用，离开证明责任，案件的裁判将寸步难行。

3. 证明责任连接民法典和民事诉讼法的桥梁作用

证明责任通过为法律规范在个案中的具体适用制定了系列规则，一方面促使法官在案件裁判过程中，不断往返于实体法和程序法的要求，实现个案科学裁判;另一方面促使司法实践持续反馈目前实体法和程序法尚存的问题和不足,推动立法技术、司法内容与时俱进、持续精进,尽可能减少"法的滞后性"所造成的影响。此外,证明责任分配理论还将通过持续的适用弥合实体法和程序法在立法表达上的不统一,促进法律表达的"规范化",为民法典乃至中国特色社会主义法律体系建构不断提供可行的样本。基于证明责任是法官在具体的诉讼中所适用的证明责任规范,是对每部法律和法规的必要补充。个案中的证明责任的分配取决于待裁决案件所涉及的实体法律关系的结构等原因,证明责任分配理论是架接实体法和程序法的桥梁。

(二) 证明责任的属性

1. 证明责任的主客观含义

大陆法系通说认为,证明责任有两种含义,一种是指客观上的举证责任、实质上的举证责任、说服责任,即当某种事实的存在与否处于真伪不明的状态时,规定应由哪一方当事人承担其不利法律后果的一种负担。另一种是指主观上的举证责任、形式上的举证责任、证据提出责任,即指当事人在具体的诉讼中,为了避免败诉的危险,而向法院提出证据,证明其主张的一种行为责任。《中华人民共和国民事诉讼法》第 67 条第 1 款将证明责任表述为"当事人对自己提出的主张,有责任提供证据"。就二者关系来看,主观证明责任是客观证明责任使用的前提。任何理性当事人的诉讼行为目的是追求胜诉利益结果。反映到辩论主义模式中,诉讼的进行成为一个充满"对抗性"的过程,提出主张一方要想方设法证成其权利产生规范构成要件的相关事实,另一方就权利妨碍规范、权利消灭规范、权利阻却规范进行证明,以获得法官对各自诉讼意见积极的评价。追究胜诉利益结果的现实必然性会伴随着当事人持续的证明行为。其次,客观证明责任决定了主观证明责任的范围。双方当事人通过主观证明责任证成各自观点,当法律要件事实依然处于真伪不明的情形下,客观证明责任则会依据实体法律要件的构成及证明责任分配,让应当承担举证责任的一方承担败诉责任。换言之,客观证明责任的实质是实体法的风险分配,决定着案件的裁判结果,使用的效果意义更强。

2. 证明责任兼具实体法和程序法属性

对于证明责任属于哪一法律领域,实践中存在争议。德国学者阿弗特、莱昂哈德等认为证明责任属于实体法。大部分观点则认为证明责任属于诉讼法，证明责任就是诉讼法规则。从概念上，主观证明责任是阐述当事人在诉讼过程中，需要为之的具体行为。而在证明的过程中，需要围绕主张中的构成规范，逐一论述。民事实体法构成要件只是证明的依据和具体指向；客观证明责任则是一项确定的诉讼规则。证明责任本质上是为了推动案件有效裁判设立的规则，符合程序法中为解决纠纷提供指引的具体范畴；在内容上，无论主观证明责任或是客观证明责任均以实体法为据，法官需要在个案裁判中持续往返于实体法和程序法之间。因此，证明责任分配理论是横跨于实体法和程序法的法律范畴，兼具实体法和程序法属性。依托哲学的矛盾认识观点，证明责任的承担问题是解决主要矛盾的主要方面。首先是为了解决诉讼主要矛盾的一项规则。其一，证明责任分配规范应用于诉讼程序之中证明责任分配理论自诉讼启动便开始发生作用，于当事人而言，一方当事人依照请求权基础提出具体主张，根据证明责任分配理论的指引对请求权基础中由其证成的要件事实结合案件事实进行证明，直至辩论结束。另一方当事人同样依据证明责任规定的权利阻却要件、权利消灭要件等内容进行证明。于法官而言，其自当事人提出主张责任伊始，则需要依据其对请求权基础中的构成要件、证明责任分配进行预判，并随着诉讼的进行，引导当事人进行诉讼活动，持续检视个案"小前提"是否满足请求权基础中的"大前提"，当主观证明责任完成，法官已经形成内心确信，则依法裁判；若依然要要件事实真伪不明，需要引入客观证明责任运用，并在此基础上作出裁判。证明责任运用贯穿于诉讼自启动到结束的全过程。若没有民事诉讼的进行，证明责任分配理论只是一个具有制度意义的规范。其二，证明责任分配内容、分配向度均来源于实体法。民事实体法是指规定具体权利义务内容或法律保护具体情况的法律。民事实体法应当具备双重功能，既作为行为规范的民法，也作为裁判规范的民法。在作为裁判规范的意义下，民法应当具备分配证明责任的功能。民事实体法规范预设了证明实体规范的内容、范围，在诉讼中可以理解为依据"请求权基础"拆解构成要件，并从构成要件与案件事实的对应关系还原案件真实。其中，请求权基础中已经预设了每一个构成要件在证明责任分配规范中的地位，由此才能确保当案件要件事实真伪不明时，法官可以依据证明责任分配规范作出裁判。同时，民事实体法在设置上，充分考虑了当事人证明的利益衡平性，无论是请求权行使还是抗辩权构成都有需要为之证明的内容，以此在保障各方当事人诉讼权利的基础上，实现利益平衡。基于证明责任的内容来源为实体法，不可否认，证明责任分配理论具有实体法属性。从证明责任来源、内容、分配主体来说，其静态属性是实体法，启动和发挥的动态过程具有程序法属性。

四、识别、解释与分配证明责任的民事案件裁判方法

依照"规范说"，在原告一方提出主张，明确"请求权基础"时，原告面临拆解请求权基础和搜集证据、举证两项任务；相对方则需分析个案中权利产生规范对应的阻却规范、消灭规范等，依据其立场对原告主张选择否认或抗辩，选择诉讼策略。法院则在原告提出主张时，了解"请求权基础"，并迅速分析出该请求权基础是否为真正的请求权基础。在确定当事人所述为真正请求权基础后根据裁判经验理出其构成要件，以及法条本身可能对应的阻却规范、消灭规范等；在确定当事人所提请求权基础非真正请求权基础，则需对当事人进行进一步释明、指导，确保诉讼有序推进。在该过程中，常见当事人无法明确请求权基础，甚至不理解请求权基础；或者证明事项无法与证明责任的构成要件直接对应；抑或是所阐述的"请求权基础"中，系"不完全法条"或准用、拟制规范，乃至构成要件的证明责任分配有待进一步商讨等问题。这些都制约着法典的功能发挥，影响公平正义的实现。因此，文章提出识别、解释和分配证明责任的裁判方法。

（一）裁判方法适用的前提

1. 具体条件

根据约束性辩论原则可知，直接决定法律效果发生或消灭的必要事实必须在当事人的辩论中出现，没有在当事人的辩论中出现的事实不能作为法院裁判的依据。因此，要件事实必须经过证明和辩论，才能作为裁判依据。客观证明责任适用的前提是当事人主张的事实处于真伪不明的状态。而主观证明责任实则自原告一方主张之时，就开始持续使用，可以说无论在给付之诉、确认之诉还是在变更之诉中，自当事人提出具体主张之始，主观证明责任就在持续发挥作用，其作用发挥不受诉的具体类型或诉讼主体变更影响，因此，本部分主要就客观证明责任的使用条件进行明确。具体来说，客观证明责任使用的前提条件包括：诉因明确、请求权基础明确和当事人主张事实、理由明确。其中，请求权基础分析的起点是提出"谁得向谁依据什么请求什么"。

2. 配套方法

无论法律制定如何周详，其终究是一套形诸文字并由概念和规则交织复合而成的逻辑系统，可能存在的漏洞、歧义、含糊不清等问题迟早会在司法过程中暴露。因此，这种用来弥合规则和事实之间暴露出来的裂痕，对法律条文含义的重新界定，被笼统地称为"法律解释"。法律解释的运用过程，需遵循一般认识规律，可以按照"法律本体论—法律价值论—法律社会论"过程。法律本体论、法律价值论解释"法之内理"，法律社会论解释"法外之理"。首先，本体论是探讨存在即一切现实的基本特征的一种学说，是探究世界的本质，探求世界存在、发展、变化的根本原因和内在依据。价值论是研究什么是有价值的，主要从主体需要和客体能否满足及如何满足主体需要角度、考察和评价各种物质的、精神的现象以及人民的行为对个人或社会的意义。强调法律解释需从本体论出发的原因在于，任何纠纷的产生都带有其所处时代的特点，是一类社会现象的典型表现，而法律条文的拟定都是基于对一定时期内法律纠纷属性的认识、总结和回应。因此，从纠纷全貌入手查找矛盾根源，厘清"请求权基础"蕴含的制度含义、制定背景，能够为正确识别并适用证明责任分配规范奠定基础。其次，从价值论视角进一步着眼的缘由在于法律条文中蕴含着清晰的价值立场认识。法律作为一门社会科学，作为社会发展的产物，法条蕴含的价值和坚持的立场会随着社会的发展持续发生意义上的改变。这也是长期国家会在一段时间后修法、出台司法解释的具体原因。比对立法时和现行法律适用时的价值主张视角差异，才能为恰如其分地运用法律、不偏不倚地适用法律提供可靠保障。再次，法律是一门实践性极强的学科。从社会论的视角进一步分析其实是从实践的角度检视法律适用的可行性，确保诉讼对当事人权利义务分配公允、安排切实可行，裁判的结果合理客观，从而对权利人的利益保护充分实现。因此，本文主张在分析请求权基础的时候，在解读法条，乃至考虑证明责任分配原意及其构成要件的拆解时，要遵循该进路对法条进行"全景式"分析。

（二）识别、法律解释与分配证明责任"三步走"的裁判方法

1. 识别、法律解释与证明责任分配融合的裁判方法与特点

（1）裁判方法阐述。识别、法律解释与证明责任分配融合的裁判方法可以分为如下步骤：

识别请求权基础：法官根据当事人主张识别其请求权基础是否合理，识别的内容主要包括当事人陈述的案件事实是否与请求权基础相匹配，尤其需要核实在请求权竞合的情况下，当事人所主张的权利依据是否与其请求相适应。例如对于消费者主张赔偿的情形，应明确其依据的是消费者权益保护法的三倍赔偿还是民法典的违约条款，二者对应的情形各不相同，并非简单的赔偿主张可以涵盖。同时法官需要对该请求权基础中的权利产生规范、阻却规范、妨碍规范、消灭规范有大致的判断，为后续诉讼中进一步甄别当事人举证、质证，推动诉讼的进行以及形成内心确信奠定基础。其中，特别需要注意的是对"不完全法条"的判断。当当事人的请求权基础系"不完全法条"时，法官需要从行政法规、司法解释等规范中寻找对应条文，努力实现"不完全法条"向"完全法条"转变，尽可能从法条层面确保无法律漏洞，构成要件可识别。需要强调的是，随着社会生活的复杂性加剧，实践中经常出现现行立法中缺乏明确法律规范的纠纷。此时当事人仅能模糊地提出大致请求权基础，甚至无法明确请求权基础。裁判者可以根据结合诉争案件的行为本质进行甄别，确定行为属性，并索引对应的法律规范及同类法律规定，以为后续裁判奠定基础。解释具体条款：法官在识别当事人的请求权基础后，引导当事人进入诉讼调查环节。该阶段法官将根据各方当事人诉辩称举证、质证情况提炼案件争议焦点。需要注意的是，本阶段法官需要明确对应条款的裁判使用规则，包括具体的利益平衡解构、证明责任分配有无特殊情况等，以在诉讼中有效引导当事人进行举证质证。此时，可能涉及解释方法第一次运用。同时，法官也会在当事人举证过程中，适时用前一阶段识别出的请求权基础构成要件及其与当事人之间陈述、证明的要件事实相结合，不断裁剪案件事实，逐一对应要件事实。其中，法官需着重就具体规范的适用进行考虑，特别注重要件对应的证明责任分配的分析，以确保公平妥适。对于按照一般证明责任规则分配存在有失公允的情形，需要进一步解释缘由，以确保对要件的证明责任分配妥当。当部分要件事实不明时，法官将进一步引导当事人进行举证、质证，以确定双方是否已经穷尽证明手段。对于当事人申请法官调查的内容，在符合民事诉讼法及相应证据规定等规范前提下，法院将依职权调查。完成举证质证后，法官总结案件争点，并要求当事人围绕案件争点进行辩论。对于疑难复杂案件，即缺乏直接请求权基础的案件，法官在根据基础性规范基础上，需要根据案件情况构建对应的裁判分析框架。其中，需要对基础性规范进行进一步解构，在基础性规范的要件基础上对特定要件进行进一步解构。解构的难点在于如何保持与抽象要件的一致性。具体而言，首先要分析具体案件中争议行为的本质，确定是合同行为还是侵权行为，若是合同行为则应当将其放在合同争议的基本框架中，明确合同行为内容、确定争议原因、明确违约方、守约方，然后根据行为的特殊性进行进一步分析，有无需要证明责任特别适用的具体情形；若是侵权行为则应当放在侵权的基本框架中，根据侵权行为的构成要件进行解构，在各个要件之内再进一步设定分析框架。对于行为定性存争议的复杂情况，则需根据当事人的主张，分别解构，以实现合理裁判的目的。分配举证责任：在当事人围绕争点辩论阶段，法官将持续在案件事实和要件事实之间审视，判断要件事实是否都已成就。同时，通过当事人的辩论再次明确内心确信。若法庭辩论终结，案件事实与要件事实逐一契合，法官形成了内心确信，那么该案将可以结束庭审；若法庭辩论终结时，案件事实与要件事实仍有一环节不吻合或者存在缺位，法官此时需要启用客观证明责任，并且根据第一阶段逐一判断的要件属性，明确本案中所缺一环究竟属于权利阻却要件、消灭要件抑或其他，据此判断其究竟应由哪方承当对其不利的法律后果。如前所述，囿于请求权基础并非都是完全法条以及"规范说"存在的局限性，直接划定各类权利要件存在困难，需要法官通过解释方法的引入促使其完整证明责任的合理分配。在该阶段，可能解释方法的再次运用。其中，在解释方法的应用上，主要以文义解释为先，然后辅之以其他解释方法恰当引入。文书写作阶段，本质是法官内心确信的阐述，法官将其请求权基础所对应的要件事实证明情况逐一论述，重点在需要适用客观证明责任时，结合案情强调法官对于构成要件关系的认识，以此确保案件裁判清晰，说理充分。总体而言，识别、解释与证明责任分配的运用过程可表述为：识别请求权基础—解释具体条款—分配证明责任—完成裁判。其中，对于缺乏法律规范的疑难案件，该裁判方法可进一步抽象为：识别一般性请求权基础—构建要件裁判框架—解释要件匹配情况—分配具体证明责任—完成裁判。

（2）裁判方法特点。其一，明确证明责任分配归属。该方法的适用一方面让法官形成了根据请求权基础厘清构成要件属性，合理分配证明责任的思维方式和习惯，从而更好地引导诉讼进行；另一方面通过法律解释的适时引入保证法官在确定证明责任分配归属时思路清晰、论述详尽。

其二，指导当事人举证、质证。该裁判方法让法官在程序法和实体法的穿梭中持续深入理解法律，促使"法官知法"更精准；同时，基于法官对于案件的进展有了清晰的推进方向和纯熟的技能把握，在诉讼中可以有效引导当事人进行举证、质证，并持续检视其证明行为对于案件事实的证明是否符合法律要件内容，提高胜诉可能性。

其三，诉讼主动性与被动性交错，诉讼针对性持续提升。在该裁判方法的适用中，原告方自诉讼启动就需要明确请求权基础、完成主张责任，被诉一方也需要持续围绕请求权基础中的构成要件，完成有效的抗辩工作等。当然，该方法的适用也意味着当前诉讼中常见的当事人不完全围绕请求权基础的自由举证可能会得到适度修正，在当事人举证内容无法与任一要件事实相契合的情况下，法官会进行实名并且要求进一步举证，该方法提升了法官的指挥性，同时也意味着当事人需要更进一步配合法官的引导，因此在诉讼中证明方向的自由度有所降低。恰因如此，诉讼的效率和准确性会不断提升。

结　语

民法典是习近平法治思想的智慧体现，是中国特色社会主义法治建设的又一里程碑。民法典和民事诉讼法作为审判体系中不可或缺的两个环节，二者必须进行相应的调整和对接。从裁判方法的视角剖析民法典与民事诉讼法的衔接，实现了从法律基本原则和精神的高度，把握实体法和程序法的内在联系，也催化着法官审判观念、审判思维的改变和演进。裁判方式的优化，将持续督促民法典和民事诉讼法的同步修正、完善，共同实现"努力让人民群众在每一个司法案件中都能感受到公平正义"的目标。

附　录

青年课题核心成果

商业领域算法风险的法律规制

徐慧丽[*]

一、算法与算法规制相关主体

算法是源于数学与计算机学科的概念，而非法律领域的既有概念。英国人工智能委员会在报告《英国人工智能：有准备、有信心、有能力》中，把算法概念描述为"一系列执行计算或解决问题的指令，尤其是在计算机上。它们构成了计算机可以完成的所有事情的基础，因而是所有人工智能系统的一个基础要素"。[1]这一解释较为准确地阐释了算法与人工智能的关系：算法只是构成人工智能系统的一个基础要素，人工智能也只是算法应用的一个领域。作为数学与计算机学科中计算方法的统称，算法并不能简单地等同于人工智能算法。然而在法律研究中，算法普遍用于指代人工智能场景中的自动化决策算法。本报告为表达简洁，同样以算法直接指代人工智能场景中的自动化决策算法。

算法广泛应用于商业机构的营销推送、司法机构的辅助裁判、政府部门的辅助决策等场景中。司法机关和行政机关属于公共管理领域。商业机构应用算法所导致的法律风险，则有可能受劳动法、价格法等兼具公法与私法性质的法律制度所规制，不宜直接将其划定为私领域的算法风险。本报告拟将其归纳为"商业领域的算法风险"。当前理论层面研究较多的，是算法在公共

---

  [*] 课题主持人：徐慧丽，北京理工大学助理研究员。立项编号：BLS（2021）C001。结项等级：优秀。

[1] See Great Britain, "Select Committee on Artificial Intelligence, AI in the UK: Ready, Willing and Able?", *London: The House of Lords* 14, 2018, Chapter 1, Article 12, https://publications. parliament. uk/pa/ld201719/ldselect/ldai/100/10002. htm, last visited: 2021/6/14.

管理领域的研发与应用[1]。然而，商业领域的算法落地实践，早已如雨后春笋般密集涌现，应用态势远超公共管理领域的算法应用。应然状态的公共管理领域算法在应用合理性与必要性方面的研究固然重要，实然状态的商业领域算法应用如何防范与规制风险，也亟待厘清。

在算法风险的规制研究中，不同文献对算法所涉利益主体采取了不同的称谓与术语，造成理解上的困难。例如受算法影响的群体，可能被界定为算法服务接受者、自动化决策相对人、辅助驾驶员、算法用户、数据主体等。本研究拟将算法开发与应用过程中所涉主体划分为四种类型：①算法设计者是商业领域算法风险法律规制中的主要责任主体之一，是指开发设计自动化决策算法的程序员及其用人单位；②算法产品（服务）提供者也是主要责任主体之一，是指应用自动化决策算法到产品或服务中，并提供给用户使用的商业主体；③算法相对人是商业领域算法风险法律规制中的主要权利主体；④政府相关部门是商业领域算法风险的监督管理者。政府相关部门参与商业领域算法风险的法律规制，建议采纳"网信部门统筹协调"+"有关部门分散监管"的模式。

二、商业领域算法实践的风险分类

随着人工智能技术在商业领域落地，算法应用几乎遍布各行各业。在智慧金融领域，算法被广泛应用于智能风控、智能投顾、智能保险等场景中。在智慧医疗领域，算法被应用于医学影像、辅助诊断、疾病预测、药物研发、健康管理等医疗行业细分领域，目前智能医疗影像和智能辅助诊疗已经出现了较为成熟的应用实践。在智能车领域，基于算法的自动驾驶系统与相应设备被装载于普通车辆之中，最终实现车辆代替人类驾驶员来操作的目的。此外，还有智能家居、智能零售、网络智能、智能客服等，算法的应用带来了生产效率的大大提升。传统产业之外的互联网服务行业中，商业算法的应用更为普遍，潜在法律风险引发的冲突也更为突出，如交通出行平台的大数据

---

[1] 参见左卫民：《关于法律人工智能在中国运用前景的若干思考》，载《清华法学》2018 年第 2 期。季卫东：《人工智能时代的司法权之变》，载《东方法学》2018 年第 1 期。张恩典：《人工智能算法决策对行政法治的挑战及制度因应》，载《行政法学研究》2020 年第 4 期。刘东亮：《技术性正当程序：人工智能时代程序法和算法的双重变奏》，载《比较法研究》2020 年第 5 期。

杀熟现象、外卖平台压缩送餐时间、谷歌图像识别算法将黑人误判为大猩猩等。诸如此类法律风险，给人们合法权益的保护构成了实际威胁。

对商业领域算法风险进行规制，需要先厘清算法应用的类型。《人工智能安全白皮书（2018 年）》将算法安全风险划分为五类：算法设计风险、算法偏见风险、算法黑箱风险、训练数据风险和样本攻击风险。这种分类方法以算法运行的阶段为区分。法律研究者则从法律治理角度出发，根据受算法影响的法益不同，以开放形式对算法风险作出了分类，包括生命权、健康权风险；平等权风险；思想与行为自由风险；财产安全风险；获得公平裁量或审判机会之风险；劳动权或获得就业机会的风险；国家安全、社会安全及金融安全之风险等。[1]然而，商业领域实践中算法风险所影响的法益并不止于此。例如算法创作可能侵犯公民的著作权、名誉权、隐私权、商标权等。[2]从受影响的法益角度对算法风险进行分类，难以完整列举所有类型。本报告拟依据来源性质，将算法风险划分为主观来源风险与客观来源风险。主观风险由算法背后隐藏的相关利益群体主观恶意而导致；客观风险则源于技术独特的运行逻辑。主客观性质二分的思路，将有利于简化商业领域算法风险的法律规制路径探讨。

针对人工智能算法风险的规制，国内外业已启动立法探索。其中，欧盟治理趋势跟欧盟新型技术发展较弱的产业实践较为契合，但零风险的要求可能会阻碍人工智能技术的发展。美国算法风险治理则以促进创新为基本原则，构建了算法问责模式的治理框架，基本思路是在公共领域组建专门机构和人员以构成问责主体。中国也在陆续制定相关法规政策，以回应算法风险，如《中华人民共和国个人信息保护法》（以下简称《个人信息保护法》）、《国务院反垄断委员会关于平台经济领域的反垄断指南》、《互联网信息服务算法推荐管理规定》等。我国现有的商业领域算法规制，更加倾向于采用基于赋权的平台责任治理模式。然而，算法的商业应用并不限于平台企业。传统汽车、医疗、安保门禁等行业也渗入了自动化决策算法的应用。因此，单纯依靠平

---

[1] 参见苏宇：《算法规制的谱系》，载《中国法学》2020 年第 3 期。

[2] 参见徐康平、张莉、冷荣芝等：《图书出版著作权保护导论》，中国财富出版社 2017 年版，第291 页。

台的注意义务与治理义务来防范算法风险，无法全面涵盖算法应用的商业场景。同时，给平台施加过多义务和责任还有可能影响产业的发展，不利于中小平台的生存与发展。针对复杂的商业领域算法应用场景，仍有必要进一步探索有效规制机制。

三、主观来源算法风险及其法律规制

主观来源的算法风险即因主观故意或过失而形成的算法风险。根据现行侵权责任制度，因算法设计者、算法产品（服务）提供者主观过错而形成算法风险，且对算法相对人或其他主体合法权益造成损害的，主观过错者应当承担相应的法律责任。接下来以算法运行的阶段为区分，分别对算法设计、算法黑箱、算法偏见、算法数据中的主观来源风险及其法律规制展开分析。

算法设计风险是算法模型设计或代码转换过程中的不完善之处带来的法律风险。算法需求提供者与程序开发人员，均属于算法设计者。主观来源的算法设计风险，除了设计者、开发者的疏忽以外，更大威胁在于算法背后资本逐利而嵌入算法中的不合理规则。例如外卖平台受经济利益与效率最大化目标驱使，在送餐人员调度算法中不断压缩送餐时间，给送餐人员的健康权、生命权及财产权带来实质性威胁，还形成了公共交通中的社会安全风险。除市场监管以外，规制送餐人员调度算法，还可依据《中华人民共和国劳动法》等现有法律制度。值得补充的是，算法设计者针对已经出现的客观来源算法风险，应当尽到合理注意义务。否则，可视为算法设计者存在疏忽大意的过失，依相应法规追究其法律责任。

算法黑箱风险是因为大数据分析以因果关系缺位为基本特征，难以清晰地描述数据信息与决策结果之间的关联。这就意味着算法相对人与算法提供者之间，除了技术鸿沟之外，又隔了一道神秘的幕布。若算法产品（服务）提供者将侵权行为隐藏于幕布之后，则可能构成算法黑箱中的主观来源风险。目前应对思路主要是构建算法解释权。然而算法解释权本身还有诸多问题待厘清，如可解释性、可靠性方面的理论障碍等。极端情形下，算法产品（服务）提供者将算法设计资料完全向算法相对人公开，虽然可靠性得到满足，但算法相对人难以理解算法工作原理、自身权益是否受到侵害等。同时，算法产品（服务）提供者的商业秘密等知识产权，还有可能遭受侵害。然而，仅向算法相对人提供工作原理层面的解释说明，虽可克服可解释性障碍，但

又难以确保算法产品（服务）提供者是否将不法目的加以遮掩，造成可靠性方面的问题。因此算法解释权并非规制算法黑箱风险的有效手段。尤其是算法黑箱中的主观来源风险，典型表现为算法相对人的个人信息被不当利用。当算法产品（服务）提供者违规收集或利用算法相对人的个人信息时，应当利用《个人信息保护法》等相关法规予以规制。

算法偏见风险直接影响社会公平价值与个人的平等权利。现有研究关于算法偏见的规制思路相对复杂，甚至将算法偏见的治理上升到"人的尊严"这一宪法价值。[1]在主客观二分思路下，主观来源的算法偏见源于背后主体掺入不合理规则或者算法设计者的人为偏见，并非社会上存在的固有刻板印象，如不同肤色之间的种族歧视、不同职业之间的社会地位歧视等。此时，对算法进行适当修改与更新，就有可能矫正偏见者的主观意图。例如，实施区别定价策略的企业在算法运行过程中，将价格歧视规则掺入定价算法中，可依据《中华人民共和国价格法》《中华人民共和国消费者权益保护法》等，督促主观意图者修改算法中掺入的主观偏见，并追究其法律责任。

数据噪声风险是算法模型构建或动态更新过程中，训练数据含噪声或偏差而影响决策结果准确性，从而带来的社会安全风险。算法数据噪声风险与数据安全风险有所不同。数据噪声风险关注的是训练数据对算法模型准确度的影响。通常噪声越大，对算法模型的影响越严重。源于客观生活现实的数据噪声风险，如样本量小导致的信息不充分等，通常会由算法设计者主动优化，故而无需法律介入。源于主观人为因素的数据噪声风险，容易导致算法模型出现偏差后决策失误，可能蕴含较大的社会危害性。以数据投毒为例。技术层面预防人工智能算法"中毒"的困难包括：技术研发者和用户难以发现数据投毒风险、无暇顾及安全问题、无足够技术实力来提供有效的解决方案等。[2]算法攻击者实施数据投毒行为通常具有主观恶意，因此仍应结合现有法律制度加以惩治。诸如在网络中发布种族主义或性别歧视言论等不当言论，污染机器学习语料库的，可依据《中华人民共和国网络安全法》《互联网

---

[1] 参见洪丹娜：《算法歧视的宪法价值调适：基于人的尊严》，载《政治与法律》2020 年第 8 期。

[2] 参见代小佩：《数据投毒致人工智能失控 AI 杀毒软件市场尚为一片蓝海》，载《科技日报》2020 年 5 月 6 日，第 8 版。

信息服务管理办法》等予以规制。

总体上，针对主观来源的算法风险，基本思路是运用现有法律法规对主观意图者予以规制，而无需对法律制度革新作过高要求。主观意图之下的行为，通常不会超越现行法律制度的规制范围。故而应当以主观意图者为责任主体，根据其行为已经导致或可能导致的侵害类型，在现行法律制度中选择相应条款，以督促整改与追责。主观来源算法风险的规制难点，则在于主观人为因素及其导致的风险通常具有较强的隐蔽性。主观意图者出于逐利或其他因素，造成的算法缺陷，很难从代码或训练数据中直接推断出来。往往要等到侵害发生之后，主观来源的算法风险才能受到社会普遍关注。即便实际损害已经发生，算法中导致缺陷的主观意图也难以定位，受害人将面临举证困难的问题。因此，建议在现行法律制度的规制基础上，还应当建立畅通有效的沟通反馈渠道，以及健全的行政监管与投诉、司法保障制度。

四、客观来源算法风险的法律规制

客观来源的算法风险跟主观来源的算法风险相比，不存在主观人为因素，难以根据主观过错追究侵权责任，甚至无法追究特定主体的法律责任。导致客观来源算法风险的技术因素动态发展而变动不居，则意味着传统法律制度可能面临着挑战。客观来源的算法风险包括设计阶段难以预料的技术漏洞或技术局限、源于社会固有偏见的算法歧视、自主学习技术带来的算法黑箱等，接下来拟分别加以分析。

客观来源的算法设计风险主要源于算法设计中难以预料的疏漏之处。计算机代码讲求科学逻辑性，而现实生活情形则千变万化。代码程序投入实践应用，难免会遇到算法设计中未能考虑到的新问题。商业领域所应用的自动化决策算法，运用复杂的人工智能技术，更是难免存在设计漏洞，若构成对他人合法权益的威胁，则形成算法设计中的一类客观来源风险。客观来源的算法风险源于无法预料的设计漏洞时，如何认定法律责任则存在较大争议。[1]

算法黑箱源于深度学习技术本身的特点，若无主观人为因素掺入的不合理规则，也属于客观来源的算法风险。客观来源的算法黑箱风险主要源于人

---

[1] 参见付玉明：《自动驾驶汽车事故的刑事归责与教义展开》，载《法学》2020年第9期。

们对技术黑箱普遍的担心与恐惧心理。深度学习算法的研发人员都无法准确描述输入与输出之间的逻辑关系。信任源于了解，技术黑箱导致人工智能算法难以获得用户与社会的信任。[1]因此，相较于事后规制，算法黑箱风险更强调事前防范。防范算法中技术黑箱带来的风险，就是要让算法决策过程变得透明。然而，理论研究关于算法透明的内涵、实现机制等均未形成一致的认识，还存在可行性与必要性方面的分歧。算法公开的形式似乎并不可取。相对透明的透明程度难以把握，无法消除算法相对人因信息不充分而产生的担忧与疑虑。被寄予厚望的算法透明原则，可能只是一个伪命题，对客观来源的算法黑箱风险防范并无助益。

算法偏见带来的歧视，大部分内生于社会现存的偏见，如种族、性别、宗教等，于算法而言属于客观性来源风险。美国卢米斯案中，COMPAS 工具针对非裔美国人与白人的区别评估，涉及的种族歧视，即为典型的客观来源算法风险。

因社会刻板印象造成的偏见程度很难用数值来评估，故而无法在算法模型中得到矫正。又由于社会刻板印象类偏见客观存在，通过算法审查或影响评估，在风险防范方面的作用较为局限。人们生活在社会当中，虽然并不希望受到社会固有印象类偏见带来的不利影响，但也只能接受社会生活中普遍存在偏见的事实。社会本身就在朝向一个更加公平的方向而发展。根据技术中立原则，似乎并无必要对客观来源的算法偏见问题作过分苛责的零风险要求。

综言之，客观来源算法风险的基本特征是缺乏明确的责任主体。客观风险或者源于技术发展局限，或者源于社会现存问题，而不是组织或个人的特定行为。缺乏具有主观意图的责任主体，若引发侵权事故，难以进行法律责任分配。在算法相对人与算法产品（服务）提供者之间建立的沟通反馈机制，可能也起不了太大的作用，例如算法黑箱中的客观来源风险因技术发展局限而存在。提高人工智能的可解释性，让人们更好地理解机器学习的结果，本

---

[1] 参见王众磊、陈海波：《TensorFlow 移动端机器学习实战》，电子工业出版社 2019 年版，第 255 页。

身就是未来人工智能发展的一个重要方向。[1]故而客观来源的算法黑箱风险无需算法相对人反馈。理论上，客观来源的算法黑箱风险无法进行事前防范。再如算法偏见中的客观来源风险，也并不存在风险隐蔽性较强的问题。即便算法相对人向算法产品（服务）提供者反馈了客观来源的算法偏见风险，后者也无法确定社会刻板印象所导致的偏见程度，继而无法对算法偏见进行纠偏性调整。针对客观来源算法风险的规制，应当绕开责任主体缺位的困境，赋予算法相对人以自主选择权。商业领域的算法应用，通常不会涉及国家安全、国家紧急状态等非常情况，不会构成对自主选择权的阻碍。现有立法涉及个性化推荐算法的条款，通常会赋予算法相对人以自主选择权，如《个人信息保护法》《互联网信息服务算法推荐管理规定》等。除了个性化推荐算法，日常生活普遍使用的社区门禁面部识别算法、智能语音识别算法等，算法相对人也应当被赋予自主选择权。

---

[1] 参见王众磊、陈海波：《TensorFlow 移动端机器学习实战》，电子工业出版社 2019 年版，第 255 页。

北京法院应对上市公司破产重整重大问题研究

陈科林*

随着企业拯救文化的普及，对于一些经营困难的企业而言，如何开展自我拯救是一个永恒的话题。2019 年年末以来，预重整已经成为上市公司及其子公司、控股股东在庭内重整程序之外，积极尝试的新型公司拯救的手段。预重整制度的出现符合全球破产法界的改革思路，即在法庭外重组与法庭内重整程序之间探索出折中性质的混合型机制。预重整制度的主要功能价值在于避免产生过多直接或间接成本，服务于拯救企业的目标。陷入困境的债务人企业在进入立法明确规定的正式重整程序之前，通过预重整程序与其债权人（特别是主要债权人）达成重整协议或某种重整安排，然后再转入正式重整程序，以提高重整效率，进而更好地发挥重整制度的困境拯救功能。

同时，需要注意上市公司进入重整程序后产生的问题。在我国的证券监管体制之下，由于上市公司"壳资源"的稀缺性，重整制度在上市公司破产中被运用得最为充分。虽然现行《中华人民共和国企业破产法》为破产重整制度提供了法律依据，相关司法解释、证监会的规范性文件以及各地法院的操作指引等文件在一定程度上为上市公司重整提供了规范指引。但问题在于，既有的立法层面对于上市公司的特殊性关注程度不够，对于破产制度与证券法律制度之间的衔接协调问题亦缺乏体系性回应。因此，在上市公司重整实践中，也存在许多尚不明确之处。上市公司因其股票在证券交易所公开交易，

* 课题主持人：陈科林，中国人民大学法学院博士研究生。立项编号：BLS（2021）C002。结项等级：合格。

在重整过程中的特殊性必然与证券交易市场的各种制度相关联，由此，上市公司重整构成了破产法律制度与证券法律制度的连接点。在上市公司重整过程中，参与主体不仅需要遵守破产法上的规则，还需要按照证券法的规定履行相应义务，并接受证券监管部门的监管。诸如破产重整的申请受理是否需要以及如何考虑上市公司的特殊性，并在制度层面作出必要回应，证券法上的证券交易、信息披露等一系列规则是否需要考虑破产重整这一特殊语境来进行相应调整等问题都值得深入研究。

因此，在本研究中，需要将上市公司的特殊性与预重整的特殊性进行整合提炼，结合我国上市公司预重整的司法实践以及地方性预重整规则，分析上市公司预重整规则的缺陷，提出值得检讨之处，并对此提出完善进路。此外，本研究将着重从上市公司破产重整的申请问题、上市公司对外担保问题、重整中的证券交易和重整中的信息披露这四个方面，研究破产法与证券法的衔接协调问题。

一、地方性上市公司预重整制度的反思与完善

在上市公司预重整方面，应当首先考察上市公司预重整案件以及地方性预重整制度规则建设现状，并对规则缺陷进行分析。上市公司预重整案件呈现出三个特点：第一，重整程序已然成为拯救上市公司的最佳制度工具，但是，重整程序作为庭内正式程序，内容较为烦琐，如果上市公司在濒临破产之际直接选择进入重整程序，则可能会错过摘除退市警示的时机，造成股票退市的结果。上市公司在预重整期间可以事先制定重整计划预案，提高重整效率，在强制退市之前重新激发上市公司的生命力。同时，预重整成为上市公司重整的试错程序，具备试错功能，为上市公司重整奠定扎实的基础。第二，上市公司的强监管性决定了其在预重整期间不可避免地需要证监会的积极介入以及法院的居中协调，此外，上市公司重整因涉及面广而对当地的经济秩序产生较大影响，当地政府对于上市公司重整的关注度较高，这里存在"双刃剑"的问题，政府有可能仅做适当的引导以及进行必要的协助，也有可能过度干预，阻碍上市公司的重整工作。第三，由于我国尚未形成统一的预重整规则，所以各地开展上市公司预重整时适用的规则不尽相同，既有共性，也有个性，需要加以梳理分析。根据地方性预重整规则的文本梳理情况，地方性预重整规则主要呈现出以下缺陷：一是公权力机关过度介入；二是地方

性规则没有把握债务人预重整申请的实质要件；三是预重整与重整之间的关系问题，预重整不是重整程序的前置程序。

结合上市公司的特点来看，可以对制度安排作出如下检讨：一是注意公权力介入上市公司预重整的尺度把握，在既有框架下，公权力机关对上市公司预重整的介入应当秉持"弱干预"的基本理念，平衡预重整程序应契合庭外重组特性与债权人保护、资本市场风险防范二者的关系。二是部分上市公司的债务形态与预重整程序的制度目标契合度较低，在债权人人数众多且分散，或者债权难以量化的情形下，并不适用于预重整程序。三是上市公司预重整的功能定位失准。预重整程序并非重整程序的前置程序或者预设程序，对上市公司实施预重整的实质是债务人或债权人在发现上市公司具备债务困境或者经营困难情形时进行自救的行为，是为了及时发现上市公司生产经营的问题，而不是为避免上市公司直接进入重整程序后造成时间局促的情况，从而通过预重整程序扩充上市公司拯救的时间，以预重整为名来行重整之实。四是预重整规则的地方化有碍于上市公司预重整工作。

对此，本研究认为，建立我国上市公司预重整规则整体上应当分两步走，其改革思路应当是让预重整程序的本原价值和原本面貌逐渐回归。第一步应当是在现有基础之上，结合实践反馈，统一做法，将地方性规则中具有明显错误的地方先行纠正，转变对预重整制度价值的认识，从人民法院、地方政府的"强干预"转变为"弱干预"，既需要增强债权人对债务人的信心，也应当保持对上市公司的严格监管，明确行政监管与司法审查之间的边界。第二步是从完善配套制度的角度，在加强社会信用体系建设的基础上，从公权力机关的"弱干预"向当事人意思自治方向转变，促使上市公司预重整制度的本原功能回归。

在第一步中，首先，改变由公权力机关决定是否启动预重整的现状，向引导式的"弱干预"转变。其次，强化上市公司预重整中的信息披露，结合深交所规则以及上交所规则的规定，上市公司预重整信息披露内容应至少包括如下几个部分：①预重整辅助机构的选任及履职情况；②上市公司的基本财务状况；③上市公司预重整的必要性、其他可行方案及其后果；④预重整可能存在的障碍及解决措施；⑤后续进入重整的不确定性，上市公司可能被实施退市风险警示以及终止上市的相关风险提示；⑥投资人招募情况；⑦上市公司的估值情况；⑧最终形成的预重整方案，等等。最后，预重整方案应当符合重整计划草案强制批准规则，只要预重整表决符合程序规定，方案获得的表决意见是各方当事人的真实意思表示，那么这些表决意见应与重整程序中的表决具有同等效力，在此基础上应允许适用重整程序中的强制批准。

在第二步中，首先应予以明确，预重整制度在我国本土实践中产生各种变化的根本原因在于，我国社会信用体系的建设相对滞后，在此背景下完全由债务人与主要债权人进行庭外谈判可能会产生反效果，也让预重整制度的引进失去应有的价值。围绕上市公司预重整制度建设，社会信用体系应作为配套制度来发挥支撑作用。质言之，社会信用体系需要为上市公司预重整提供合适的谈判与利益博弈环境，在这个环境下，债权人或其他利害关系人愿意积极参与预重整程序并非基于对人民法院或者政府的公信力，而是基于对上市公司本身的信任。社会信用体系建设可以区分宏观和微观两个层面，宏观层面是发挥社会信用体系的作用机制，让履约践诺成为信用主体的理性选择，通过守信激励与失信联合惩戒机制实现守信收益、失信受损的格局。在微观层面上，主要是结合上市公司董事信义义务进行分析，将董事违反信义义务的行为纳入失信惩戒机制中，这涉及上市公司与董事之间信义关系的转化，需要注意的是，董事信义义务的转化要明确转化界限，该界限是以预重整程序的启动要件具备为依据。若转化界限不定，董事在特定情形下就会陷入"对所有人负责"的困境，既增加董事义务的模糊性，也会造成董事法律风险扩张化的结果。董事信义义务的受益主体从公司及公司股东转为债权人时，即从公司内部转化为公司外部，董事信义义务转化的时间节点是公司发生预重整原因的时间，根据联合国国际贸易法委员会出台的《破产法立法指南》的规定，预重整程序属于破产申请前程序，因此，公司发生经营及债务困境是董事信义义务转化的节点，也是公司法与破产法发生衔接的节点。

二、上市公司破产重整的申请问题

在上市公司破产重整申请方面，需要考虑两个方面的问题，一是哪些机构能够代表公司提出重整申请，本研究认为应当充分尊重上市公司的意思自治，尊重其在章程中作出的职权分工。如果章程没有对此作出明确规定，则应当将重整申请权赋予更为了解上市公司实际经营状况的董事会，以便及时启动重整程序。二是对申请上市公司重整的债权种类不应设置过多条件，不论债权基于何种法律关系产生，公司的全部债务都是公司在运营过程中所应承担的必要成本或取得收益所需付出的对价。只要公司出现破产原因，债权人即可申请债务人破产。职工债权人也有权申请上市公司重整，建议设置一定的债权数额下限来防止权利滥用。

三、上市公司对外担保问题

在上市公司对外担保问题上，应当明确《全国法院民商事审判工作会议纪要》和《最高人民法院关于适用〈中华人民共和国民法典〉有关担保制度的解释》的规定都只是对担保合同效力及上市公司是否需要对此承担责任作出了规定。但是在上市公司实践中，对外担保普遍存在无视自身清偿能力超额对外提供担保、控制股东利用对外担保侵占公司利益和相互担保影响金融安全的问题。上市公司对外担保的数额不断加大，意味着其面临的不确定性风险也越来越高，数额巨大的担保规模也会影响上市公司的财务状况和信用评级，进而影响其自身融资便利程度。一旦上市公司因过度担保或者存在被实控人利用担保掏空情形时，可能会因为担保圈的传导效应而引发系统性金融风险。要想根治上市公司违规对外提供担保这一顽疾，首先是进一步优化上市公司治理结构，应当引导上市公司继续向更为分散的股权结构方向发展、增强董事会的独立性，加强上市公司的内部监督，实现监事会和独立董事在监督职能方面的配合与互补。其次是强化上市公司对外担保的预警机制和处罚力度，监管部门应根据监管过程中获取的以及上市公司披露的对外担保信息对其所要进行的担保事项进行风险评估，同时加强对于上市公司违规担保的处罚力度、强化问责机制。最后是要激活因违规担保遭受损失的中小股东的民事救济途径，建议最高人民法院在提炼既有裁判实践经验的基础上，对于民事赔偿的主体范围、损失赔偿范围及其认定标准、因果关系认定标准以及相应的举证责任分配作出明确规定，以鼓励中小股东通过民事诉讼积极维护自身合法权益。

四、上市公司重整中的证券交易问题

在重整中的证券交易问题上，因上市公司进入重整程序在证券法意义上属于可能影响股票交易价格的重大事项，会引发上市公司的停牌与复牌。既有上市公司重整程序中的具体停牌复牌规则以及上市公司重整与退市之间的

衔接规则都有待明确。在重整申请受理时，按照证券交易所的股票交易规则，人民法院受理上市公司重整申请后，应当及时进行信息披露，并暂停股票交易，在披露重整受理情况后的次一交易日起复牌。在复牌后至重整程序终结前这段时间，上市公司的重整期间短则数月，长则 1 年以上，在此期间，股票交易是否停牌涉及股东交易自由和避免利用重整操纵股价等不当行为之间的利益平衡问题。本研究建议，为了避免进入重整程序给上市公司股价带来的剧烈波动，人民法院应当尽量在上市公司停牌期间受理重整申请。在依法披露上市公司进入重整程序并复牌后到重整程序终结前，一直停牌虽然可以锁定股票价格，有利于战略投资人顺利进入，但这种长期限制投资者交易权的做法显然不符合比例原则。上市公司在重整过程中原则上不停牌，但上市公司董事会或者管理人认为确有需要的，可以按照股票交易规则的规定申请停牌。至于利用重整操纵股价或者内幕交易行为，需要指出的是，此类行为并非因上市公司进入重整所导致的，即便在非破产情形下的股票交易中也会出现，而其治本之道在于加强证券市场监管。对于进入重整程序的上市公司而言，在是否退市问题上，应当充分考量重整程序的特殊性，在考察交易类、财务类指标时，也应从严把握，充分考虑其重整成功后所能创造的价值，不宜轻言退市。

五、上市公司重整中的信息披露问题

在上市公司重整中的信息披露问题上，上市公司重整信息披露问题在法源结构上同时受公司法、证券法和破产法的多重调整，特定的披露行为会产生破产法和证券法上的双重意义，引发不同的法律效果。破产法视角下的信息披露目的在于保障债权人和其他利益相关者的知情权，尽可能地实现债权人、债务人和其他利益相关者之间的利益平衡，没有考虑上市公司重整的特殊性。证券法、证监会的监管规则以及证券交易所的规范性文件对上市公司重整中的信息披露问题作出了详细的规定，但其信息披露要旨在于反欺诈，通过强制性的信息公开确保投资者能够公平地获取作出决策所需的必要信息，通过强制公开的手段来维护投资者的合法权益。缺乏对于重整这一特殊语境的必要回应。本研究认为，破产重整中的信息披露主要是面向有表决权的利害关系人，应当更多地允许利益相关者根据自身需要，要求管理人或债务人披露相关信息，至于是否需要披露特定信息，以及披露到何种程度，应当由立法明确授权人民法院来做出判断。此外，应当明确在上市公司重整语境下，对于其信息披露问题，证券法上的规范为一般性规范，而破产法上的规范为特别规范。在特定情形下因遵守破产法上的重整信息披露要求而做出的行为，可以豁免由此而产生的违背证券法上信息披露要求而产生的责任。

我国农村宅基地"三权分置"下流转方式研究和机制创新

吴 迪[*]

一、宅基地"三权分置"的法律进路

(一)落实宅基地所有权权能

1. 占有权能

占有权能体现了土地所有人对土地实际掌握和控制的权利,宅基地所有权人并不直接占有宅基地,而是将宅基地占有权能让渡给宅基地使用权人。既然宅基地使用权人只是代行宅基地所有权人的权利而占有宅基地,那么这种"占有"就应该有时间限制。参考城市居住用地的使用年限,应当将宅基地使用权的使用年限设定为 70 年。

2. 使用权能

强化宅基地所有权的使用权能,就应该对闲置宅基地的情况予以治理,一户多宅、违规多占宅基地等情况应该及时调查、记录,至于是农村集体经济组织对上述宅基地实行有偿使用,或通过农地农屋使用税的形式实现尚待研究。

3. 收益权能

宅基地收益权作为一种分享权,通过宅基地所有权人和宅基地使用权人的权利分享和义务分担实现宅基地使用权的经营和流转,如果不赋予宅基地所有权人和宅基地使用权人必要的收益权,那么放活宅基地使用权的流转就丧失了流转动力。

---

* 课题主持人:吴迪,北京化工大学讲师。立项编号:BLS(2021)C003。结项等级:合格。

4. 处分权能

有无土地处分权是区分土地所有权和土地使用权的界限。根据《中华人民共和国民法典》（以下简称《民法典》）物权编第 240 条的规定，所有权人对自己所有的不动产或者动产，依法享有占有、使用、收益和处分的权利，但是关于宅基地所有权的行使，却受到诸多限制，无法落实其处分权能。宅基地"三权分置"下应充分赋予宅基地所有权主体的处分权能，强化其对宅基地的管理和处分权能

（二）宅基地资格权的股权固化

宅基地资格权的法律内涵应该与集体成员权相一致，我们研究宅基地资格权应与集体成员权统筹考虑，充分考虑到集体成员资格认定的难点和特殊性。"户"作为我国农村的基本单位，有其特殊性和合理性，但涉及"户"的成员如何认定以及如外嫁女的问题时，将宅基地资格权认定为股权就显得更具操作可能性。

（三）放活宅基地使用权的流转

我国宪法明确规定了国有土地和集体土地这两个概念，并且应该是平行概念。宅基地"三权分置"放活宅基地使用权的流转，就是对当前宅基地使用权弱物权性的调整，赋予宅基地所有权用益物权的完整权能，明确宅基地资格权的含义，并放开宅基地使用权的流转，积极面对各种所有制作为物权主体的平等，赋予国有土地与集体土地两种所有权同等的法律地位应是物权平等原则的内在需要。

二、宅基地"三权分置"下宅基地使用权流转之探析

（一）宅基地使用权流转的理论分歧及流转进路

1. 宅基地使用权流转的理论争议

（1）禁止的观点。从地方立法和国家政策来看，我国之所以严格限制宅基地使用权的转让，主要是因为流转宅基地有失地的风险，有损农民的基本生活保障。而且，如果完全放开宅基地使用权的流转，大量农户进入城市，直接会冲击城市的社会秩序，最后，宅基地制度与土地承包经营权制度紧密相连，给予农户必要的生存居住空间，有利于保护我国的农业生产环境，对保护耕地亦有巨大作用。

（2）流转的观点。宅基地的财产属性决定了宅基地需要被激活，宅基地

流转可以促进农民土地资源的保值和增值，宅基地不流转，就会成为"死产"。而宅基地作为农民仅有的可供融资的财产，如果限制流转，农民就没有办法进行资本融通，不利于农村经济发展。

2. 宅基地使用权流转的进路

"三权分置"下宅基地使用权由宅基地利用权放开流转限制而来，属于完整用益物权。宅基地使用权的债权流转方式，虽然只是转移了宅基地的占有，但也产生了宅基地使用权。由于宅基地使用权的债权流转并不改变物权的归属关系，因此宅基地使用权的债权流转并不会对农户的物权归属造成实质影响。宅基地成员权人在保留资格权的基础上，通过让渡宅基地使用权给宅基地使用权人，从而生成完整的宅基地使用权。

宅基地使用权流转方式则可以参考土地承包经营权"用益物权—次级用益物权"的流转模式，在宅基地使用权上设立其他用益物权，从而将宅基地使用权让渡给宅基地使用权受让人，在约定或者法定的期限内宅基地受让权人可以行使宅基地使用权的权利。

（二）博弈论视角下宅基地使用权的流转取向及流转试点解析

1. 博弈论下宅基地使用权的流转取向

（1）假设条件。第一，理性经济人假设。农户宅基地流转中存在的利益主体大致可分为农户、政府和土地使用者，将三者均视为理性经济人。第二，流转中存在两种模式。宅基地的流转模式一种是政府主导模式，一种是市场主导模式。第三，各博弈主体行为假设。农户的策略（转出，不转出），政府策略包括（干预，不干预），土地使用者策略包括（转入，不转入）。

（2）宅基地流转中各利益主体博弈分析及流转模式选择。第一，农户与政府之间的博弈。基地流转中各利益主体对流转方式的选择都起着至关重要的作用。自然状态下农户与政府博弈的收入矩阵如表 1 所示：[1]

---

[1] 假定农户宅基地的价值为 OIB，而转出土地之后农户可将流转所得资金用于其他投资，从而获得的税后收入为 SO，在政府干预下农户所需缴纳交易费用为 FO，若转出则为政府缴纳税收为 OT，政府在农户方的干预成本为 OC。如果政府采取不干预的政策，则农户交易费用为 FO*，若转出则为政府缴纳税收为 OT*，同时带来其他中间机构的额外税收 OPT*；若农户宅基地不转出，缴纳税收为 Ot。税收与农户的总收入成正比。

表1 农户与政府博弈的收益矩阵

农 户	政 府	
	干 预	不干预
转 出	(OIB+SO-FO, FO+OT-OC)	(OIB+SO-FO*, OT*+OPT*)
不转出	(OIB, Ot-OC)	(OIB, Ot)

对于农户来说，无论宅基地流转中是否存在政府干预，只要其宅基地流转后投资收入（或因为生产力的解放而从事非农收入）大于交易成本（SO>FO，或者SO>FO*），则农户总会选择转出，否则将会选择不转出。一般而言，由于经济发达地区对宅基地流转的需求性较强，因此会对市场机制的形成产生助推效应，"看不见的手"发挥主导作用，从而市场交易费用FO*小于政府干预下的交易费用FO，于是有农户流转收入OIB+SO-FO<OIB+SO-FO*，因此政府不干预状态下农户缴纳税金更高，即OT*大于OT，市场在进行资源配置时，由于农户的需要会有诸如金融机构、律师事务所、会计师事务所等中间机构的配合，该类机构的收益增加，同样会为政府带来额外税收OPT*。加上由于发达地区市场复杂，虽然政府干预费用FO较高，但是其干预成本OC同样较高，否则便会产生一系列社会问题。对于政府来说总体会呈现出OT*+OPT*>FO+OT-OC的结果，于是无论是对于农户还是政府，此时（转出，不干预）均为最优策略；反之，若是在欠发达地区，市场很难自发形成交易机制，即使形成交易费用也比政府干预费用高很多，最后导致OT*+OPT*<FO+OT-OC，此时对于农户和政府来说，（转出，干预）为该博弈的纳什均衡。

第二，土地使用者与政府之间的博弈。土地使用者与政府之间博弈的收益矩阵如表2所示：[1]

---

[1] 假定土地使用者转入宅基地之前收入为IIB，而转入土地之后所获得税后收入为SI，在政府干预下农户所需缴纳交易费用为FI，若转入则为政府缴纳税收为IT，政府在土地使用者一方的干预成本为IC；在政府未干预情况下土地使用者交易费用为FI*，若转出则为政府缴纳税收为IT*，同时带来其他中间机构的额外税收IPT*；若土地使用者选择不转入土地，则缴纳税收为It。

表2　土地使用者与政府博弈的收益矩阵

政　府	使用者	
	转　入	不转入
转　出	(IIB−OIB+SI−FI, FI+IT−IC)	(IIB−OIB+SI−FI*, IT*+IPT*)
不转出	(IIB, It−IC)	(IIB, It)

对于土地使用者而言，只要宅基地转入后的收入 SI 大于宅基地成本与交易费用之和（OIB+FI 或者 OIB+FI*），便会采取转入的策略。与农户和政府的博弈类似，在发达地区，由于市场主导下交易费用较小，因此 IIB−OIB+SI−FI*>IIB−OIB+SI−FI 且存在额外税收 IPT*，加上高昂的政府干预费用 IC，于是最终将有 IT*+IPT*>FI+IT−IC，此时，土地使用者和政府的纳什均衡为（转入，不干预）。反之，若是在欠发达地区，则纳什均衡为（转入，干预）。

第三，农户与土地使用者之间的博弈。两种不同状态下农户与土地使用者之间博弈的收益矩阵分别如表3和表4所示：[1]

表3　发达地区市场主导模式下农户与土地使用者博弈的收益矩阵

政　府	使用者	
	转　入	不转入
转　出	(OIB+SO−FO*, IIB−OIB+SI−FI*)	(OIB+SO−FO*, IIB)
不转出	(OIB, IIB−OIB+SI−FI*)	(OIB, IIB)

表4　欠发达地区政府主导模式下农户与土地使用者博弈的收益矩阵

政　府	使用者	
	转　入	不转入
转　出	(OIB+SO−FO*, IIB−OIB+SI−FI*)	(OIB+SO−FO*, IIB)
不转出	(OIB, IIB−OIB+SI−FI*)	(OIB, IIB)

---

[1]　由于发达地区和欠发达地区所适用的宅基地流转模式不同，因此需分别考虑政府干预与不干预状态下农户与土地使用者之间的博弈。发达地区因市场交易成本较低，政府通常采取不干预的策略，而欠发达地区政府通常采取干预策略。

对于农户和土地使用者来说,只要宅基地周转后的收入大于周转成本,无论是处于发达地区还是欠发达地区,其博弈的纳什均衡均为(转出,转入)。

因此,由农户、土地使用者及政府之间的博弈可以得出:对于农户和土地使用者来说,在宅基地周转后的收入大于周转成本的情况下,发达地区的农户、政府与土地使用者的博弈的纳什均衡为(转出,不干预,转入);而在欠发达地区三方博弈的纳什均衡为(转出,干预,转入)。同时,在这两种选择下,市场的整体收益水平最高。但是,我们也应该看到,如果农户或者土地使用者任何一方在宅基地周转后的收益小于周转成本,则该均衡便不会产生。但现实中,越是经济发达的地区,农户越是能够获得更多收入渠道,土地使用者越是能够收到更多收益,此时市场机制产生,宅基地有效流转。而在欠发达地区,农户缺乏非农收入来源,或者即使农户拥有投资渠道,但对于土地使用者而言,在欠发达地区获得宅基地盈利的空间也十分有限,因此宅基地自发流转就不可能实现,此时便需要政府的有效干预,这种干预除了对宅基地的流转本身的干预之外,还需要为农户未来生活提供有效保障机制,同时积极探索诸如宅基地退耕等流转方式。

2. "三权分置"下宅基地使用权流转实践试点解析——以辽宁省沈阳市沈北新区为例

(1)信息普查:为宅基地确权流转奠定基础。摸清当地实际,因地制宜制定计划是改革路上的关键一环。沈北新区在改革之初,通过采用农房档案电子化,房地数据关联等措施,对辖区内部的宅基地宗数,面积以及闲置情况进行摸底统计。为全面推进宅基地制度改革试点工作扫清障碍,提供基础性支持。

(2)夯实集体所有权:农村集体经济组织作为流转主体。在宅基地使用权流转过程中,为了保障农户的合法权益,沈北新区的试点村庄多由村集体牵头,整合农户分散的闲置宅基地。再由村集体将整合后的宅基地使用权以转租的形式流转给受让方。在这种模式中,村集体起到的更像是一个"中介"的作用,这样能够避免农户与社会资本直接接触,降低社会资本侵害农户权益的风险。

(3)保留农户资格权:用债权方式流转闲置宅基地。孟家台村借助此次宅基地制度改革，大力发展乡村文化，打造乡村文化产业，吸引作家、画家入村，将闲置宅基地的使用权流转给这些文艺从业人士，带动乡村文化产业的发展。流转双方先自行协商，协商之后提出申请，签订宅基地使用权流转协议，并经街道办事处核准之后才可生效。依照"房地一体"主义，宅基地使用权流转后，宅基地上的房屋及其他附属设施一并流转于受让方。

（4）激活宅基地使用权：提高宅基地使用权的财产属性。改革不是照搬前人经验，也不是照抄现有模式，应当是结合当地实际，充分利用既有资源，形成具有本地特色的发展模式。在沈北新区成为全国宅基地制度改革试点地区后，其辖区内各街道、村庄积极响应，充分利用、盘活闲置的宅基地。除上述单家村采取的宅基地使用权租赁模式外，黄家街道腰长河村采用"宅基地使用权入股模式"。

根据上述分析，宅基地使用权新一轮的流转主要要注意以下几方面：一是宅基地流转模式的选取需结合当地实际，发挥特有优势，探索多种闲置宅基地开发模式，用以支持和引导工商资本参与闲置宅基地和农房盘活利用。二是稳慎推进农村宅基地制度改革及宅基地使用权的流转。在充分利用闲置宅基地价值的同时，也应当继续重视农村宅基地的社会保障属性，一旦农户无法融入城市，要保证其能够顺利"回流"农村。无论，宅基地使用权流转如何实现，都必须要把维护农民权益作为一条不容触碰的底线。三是在稳慎推进宅基地使用权流转的基础上，深度探索宅基地流转模式。沈北新区各试点村庄所采用的宅基地使用权流转模式多为租赁或者入股，应当在完善现有模式的基础上，继续深入探索如"宅基地使用权融资担保"等新型流转模式。

（三）宅基地使用权放活流转之立法建议

1. 宅基地使用权租赁期限 20 年是否应予突破

宅基地使用权 20 年的租赁期限过短，这会极大损害社会资本投资农村宅基地建立民宿的投资意愿和热情，也会影响整体投资回报率。对于宅基地使用权的期限应该如何设置，可以参考我国其他类型土地使用权的规定。譬如，《中华人民共和国城镇国有土地使用权出让和转让暂行条例》第 12 条第 1 项明确规定了居住用地的土地使用权出让最高年限为 70 年。《民法典》第 359 条也规定，住宅建设用地使用权期限届满的，自动续期。明确规定农村宅基地与城市住宅同等期限，是构建土地二元结构向一元结构转型的必要举措。

2. 宅基地流转的权属登记是否具有对抗效力

作为不动产的宅基地使用权进行流转，是否需要颁发相应的不动产权利证书呢？部分试点地区就对此进行了规定，如绍兴市上虞区就颁发了首本宅基地及房屋租赁使用权证，承租人不仅可以以此作为租赁关系凭证，还可以凭此证书向银行抵押贷款。明确宅基地使用权进行流转，比如租赁、抵押等方式，并进行相应的不动产登记，有其充分的理由：①宅基地作为不动产，是农民的重要财产，宅基地使用权流转如抵押时应该参照城市《中华人民共和国城市房地产管理法》进行登记。②明确物权的登记效力，有助于规范流转秩序。③宅基地使用权流转的前置程序是评估和审查，通过评估和审查后，宅基地就具备了财产性的流通价值，对于后续的流转起到了保驾护航的作用。

3. 明确宅基地使用权受让主体必要的经济补偿权

宅基地流转最大的障碍就是可能涉及宅基地被征收。以北京市大兴区赵庄子村为例，农村集体经济组织收购村民的宅基地时就约定在本合同生效期内收益补偿款属于村民。村民非常在乎政府的征收行为，因为这会直接产生巨大的经济收益。因此在流转宅基地时，首先就是看看该片土地是否在土地规划区内。其次就是要充分保障农民对于征收土地款项的绝对所有权，这是流转农村宅基地的执行动力所在。最后就是要给予承租人的合法权益，最好可以通过与出租人约定补偿款的归属进行保护。原则上社会主体没有补偿请求权，但针对社会主体投入过多的情况可以在合同中约定给予相应的补偿权，因为征收、拆迁都属于不可抗力的国家行为，但补偿标准如有约定按照约定，没有约定应该本着公平的原则针对投资期限、投资数额、收益情况等给予社会投资者一定程度的补偿。

人工智能法律伦理规则比较研究

人工智能（AI），被认为是一场广泛且持续的现代技术"革命"。在这场"革命"中，机器学习、深度学习和人工神经网络等人工智能方法正在重塑数据处理和分析，自主和半自主系统正越来越多地应用于各领域。人工智能技术逐渐深入人们的生活，引发了关于如何指导其开发和使用的原则和价值观的大量讨论。人们担心人工智能可能会危及人类工人的工作岗位，被恶意分子滥用，被用以逃避责任或无意中传播偏见，从而破坏社会整体的公平性，以上这些一直处于最近的科学文献和媒体报道的最前沿。一些研究报告中讨论了人工智能伦理话题，关注点集中在元评估和与系统有关的风险上，以及人工智能造成的意想不到的负面后果，如算法偏见或者算法歧视等。各国政府、私营机构、高等院校等为了应对人工智能技术可能带来的伦理担忧已经制定或者准备制定用以规范人工智能伦理的报告和指导文件。为了解当今世界关于人工智能伦理规范的现状，以及决定人工智能发展的伦理原则是什么，我们对国外现有的人工智能伦理指南进行了全面审查，分析旨在指导人工智能发展的伦理原则和指导方针。本项目采用文献研究法和比较分析法，通过查阅现有的文献资料，分析、归纳、总结国外公共部门、私营机构或其他科研机构对人工智能伦理规制制定的现状，并对比分析了目前人工智能伦理规制的趋势和各组之间的异同，从而为我国建立符合我国国情和人工智能发展规划的人工智能伦理规则提供比较法的参考。

我们以关键词搜索的方式，从 Google、百度、知网、Web of Science 等多个

---

[*] 课题主持人：郑飞，北京交通大学副教授。立项编号：BLS（2021）C004。结项等级：合格。

数据库采集到自 2011 年至 2021 年 12 月底 90 份有关人工智能伦理的规范性文件，并以此为出发点展开对比研究。我们发现在这 90 份文件中，其中 88% 的文件是在 2016 年之后发布的。按照政府、私营公司、学术研究机构、国际组织进行分类，由政府颁布的占据约 18.9%、私营公司 25.6%、学术研究机构 10%、国际组织 8.9%。通过分析内容，我们发现现有的人工智能伦理规范文件中包含有透明度、正义与公平、不伤害、责任、隐私、慈善、自主和自由、信任、可持续、尊严和团结在内的 11 个伦理原则。从全球来看，人工智能伦理规制策略，似乎尚未有一个统一的原则框架，但是透明、公平和公正、非恶意、责任和隐私等内容，被一半以上的文件所引用和讨论。

我们通过分析和总结发现，第一个原则透明度原则在各个规范文件中提及最多，也是最为普遍接受的原则。文件中指出，人工智能系统的透明度和可解释性是确保人权、基本自由的前提，确保人权得到尊重、保护和促进的必要条件，相关国家和国际组织应该承担确保人工智能系统具备透明性和可解释性的责任。在上述 90 份文件中，有 77 份文件提到了该原则，由于大多数人工智能解决方案存在"黑匣子现象"，对中间发生的事情知之甚少或一无所知，只有输入数据和结果是已知因素，因此将透明度原则作为算法"黑匣子现象"的解决方案。此外，随着人工智能系统越来越多地被用于决策，要求解释决策过程的呼声将越来越高，对大部分人产生了重大影响。因此提高透明度，即打开黑匣子，一方面确保公众对人工智能技术保持信息；另一方面确保透明度也是实现"可解释性"的应有之义。

第二个原则是公平与公正原则。公平与公正原则用以解决人工智能的偏见问题。在某种意义上，算法都是带有偏见的，因为它们始终是一组社会选择和价值观的反映。人工智能算法很可能基于包含偏见信息的数据而产生有偏见的结论，进一步加强原有的歧视或产生新的歧视。因此，保证人工智能系统运行的公平与公正是重要的问题之一。现阶段公平与公正原则还存在概念模糊、原则价值冲突、理论分散，制度薄弱等问题。为解决该原则现存的问题，首先应该明确定义公平正义在人工智能应用场景之下的具体含义。其次，通过具体的措施确保和维护公平与公正，例如：技术解决方案，如标准或明确的规范编码；透明度，特别是通过提供信息和提高公众对现有权利和法规的认识；测试、监控和审计是数据保护办公室的首选解决方案；发展或加强法治以及上诉、追索、补救的权利等。

第三个原则是无害原则，无害原则是与生物伦理学相关的关键原则之一，它规定："机器人应该作为朋友、助手和伙伴来服从人类，不应该伤害人类。"无害原则中包括对安全和安保的一般呼吁，或声明 AI 不得造成不可预见或无意伤害。无害原则要求避免特定风险或潜在危害，例如利用网络战和恶意黑客攻击的行为，并建议建立风险管理策略。"伤害"主要被解释为歧视、侵犯隐私或身体伤害，以及由于技术进步带来的可能超过监管措施的风险、对长期社会福利、基础设施或心理、情感或经济方面的负面影响。

第四个原则是责任原则，联合国教科文组织提倡，人工智能行为者和会员国应根据国家法律和国际法，以及会员国承担的人权保障义务，确保人工智能系统的整个生命周期都符合伦理准则，具体而言，会员国应该尊重、保护和促进人权和基本自由，并且还应促进对环境和生态系统的保护，同时承担各自的伦理和法律责任。以任何方式基于人工智能系统作出的决定和行动，其伦理责任和义务最终都应由人工智能行为者根据其在人工智能系统生命周期中的作用来承担。应建立适当的监督、影响评估、审计和尽职调查机制，包括保护举报者，确保在人工智能系统的整个生命周期内对人工智能系统及其影响实施问责。技术和体制方面的设计都应确保人工智能系统（的运行）可审计和可追溯，特别是要应对与人权规范和标准之间的冲突以及对环境和生态系统福祉的威胁。

第五个原则是隐私原则，隐私被视为维护价值观的重要权利。虽然在众多文件中并未对"隐私"下定义，但通常与数据保护和数据安全相关。人工智能模型、解决方案及其应用取决于对个人、实体和社区行为的大量数据的生成、收集和处理。未经适当同意的数据收集、个人隐私侵犯、固有的选择偏见和分析数据可能带来的歧视风险，以及人工智能解决方案的不透明性，是一些需要深思熟虑的问题。

第六个原则是慈善原则，我们发现上述文件中很少直接提及促进人工智能的"善"，但是多有提到促进人类福祉和繁荣、和平与幸福、创造社会经济机会和经济繁荣。促进善的战略包括使人工智能与人类价值观保持一致、促进"对世界的科学理解"、最大限度地减少权力集中，或者反过来，使人工智能"有利于人权"，与人类更密切地合作，最大限度地减少利益冲突，并为人类福祉做贡献。

第七个原则是自由与自治原则，自由主要是指人工智能时代的言论自由、信息自决或者"用户控制"自由，一些文件中将自治称为一种积极的自由，期待通过民主手段实现自决的自由、与他人建立和发展关系的权利、撤回同意的自由或使用首选平台或技术的自由。其他一些文件集中探讨了如何避免消极。自由和自治的实现应该通过以下方式实现：①提升透明和可预测性；②积极增加人们对人工智能的知识；③给予用户获得通知的权利，以及在没有知情同意的情况下积极避免收集和传播数据的权利。

第八个原则是信任原则，我们发现在上述涉及的文件中，只有不到三分之一的资料中提及人工智能伦理中的信任问题，但信任原则可以解决人工智能治理中的一个关键的道德难题：决定建立公众对人工智能的信任在道德上是否可取。文件中对信任的提及包括：开展值得信赖的人工智能研究、开发值得信赖的人工智能技术、确保人工智能开发者和组织者值得信赖、"设计原则"核心理念包含值得信赖，以及强调客户信任的重要性等方面。在私营部门的文件中，强调了通过教育和提高认识等活动来培养人们对人工智能信任的重要性。其他文件则认为，增加对人工智能的信任，相应地就会减少对人工智能生产者的审查，以及人工智能生产者的一些社会义务。这种可能性将挑战人工智能伦理学中的主流观点，即建立公众对人工智能的信任是道德治理的基本要求。关于信任，我们还注意到了一些额外的概念性挑战。目前的文件中似乎缺乏明确的关于信任的含义。大多数文件中都没有说明他们所描述的信任关系中的委托人和受托人，忽略了"信任"是一种高度复杂的关系，它至少涉及两个行为者，他们相互信任对方去做或不做某项活动。这种关系受到一系列框架性因素的影响，例如文化、信仰体系、背景以及信任关系中的行为者的特征。这些背景因素在目前的文献中似乎都被忽略了。最重要的是，我们所审查的人工智能参与者经常把"可信度"这一特征和关系结构"信任"混为一谈或互换使用。这种混淆不仅导致了概念上的混乱，而且还可能在人工智能用户和政策制定者中助长错误的希望。信任和值得信赖是不同的概念，值得信赖本身并不导致信任关系。因此，这一领域的治理工作应该澄清这一关键的概念性区别，并对信任关系的要求作出进一步澄清。对信任的提及包括呼吁值得信赖的人工智能研究和技术、值得信赖的人工智能开发者和组织、值得信赖的"设计原则",或强调客户信任的重要性。一些准则要求人工智能透明、可理解或可解释,以确保信任的建立,但另一个准则提及与其要求可理解性,不如确保人工智能满足公众期望。其他报告的信任原则涉及多方利益相关者对话、对使用个人数据价值的认识以及避免伤害等内容。

第九个原则是可持续性原则,相对于其他几种原则而言,可持续性原则的主题代表性不足。可持续发展要求 AI 的开发和部署,应该考虑保护环境,改善地球的生态系统和生物多样性,为建立更公平和更平等的社会,促进和平作贡献。理想情况下,人工智能可以创建可持续的系统,以可持续的方式处理数据,并且随着时间的推移,其见解仍然有效。为了实现这一目标,人工智能的设计、部署和管理应该谨慎,以确保在提高其能源效率基础上实现生态影响最小化。为了确保未来的发展具有可持续性,要求企业制定政策,做出应对。

第十个原则是尊严原则,虽然尊严在现有的指南中仍然没有定义,但它是人类的基本权利,而不是机器人的特权。尊严原则认为人工智能不应该减少或破坏人类尊严,而应该尊重、维护甚至提高人类尊严。

第十一个原则是团结原则,团结原则代表性不强,但由于人道主义观念,团结原则似乎逐渐被重视。团结原则强调人工智能的发展必须与人民保持团结一致,绝不能威胁到维护已实现的道德和情感人际关系,并实现促进和睦关系的发展,减少人们的脆弱性和孤立。人工智能的开发目标必须能够与人类在复杂的任务上进行合作,并致力于促进人机之间的合作工作。人工智能应有助于为个人和集体创造更公平的社会资源分配环境。

本项目选取了近年来各国家地区、国际组织、私营企业、学术机构发布的具有影响力的人工智能伦理规范性文件,提取其中包含的人工智能伦理原则框架和核心内涵。我们通过分析发现人工智能伦理政策规范性文件的数量和种类正在迅速增加,这表明国际社会越来越积极关注和参与人工智能的治理。发布人工智能伦理指南的组织来自广泛的行业。尤其是公共部门(即政府和政府间组织)和私营部门(公司和私营部门联盟)发布的文件比例占比极大,这表明人工智能的伦理挑战问题被公共实体和私营企业广泛关注。然而,为应对人工智能的伦理挑战而提出的解决方案确存在重大的分歧,尚未呈现出趋于统一的原则框架。此外,非洲、南美洲、中美洲和中亚等地理区域的文件代表性相对不足。

我们综合分析认为，要求人工智能研发透明、无害、公正、责任和隐私方面呈现出明显的跨利益相关者趋同的倾向。但是，关于哪些道德原则应该优先考虑、道德原则之间的冲突应该如何解决、谁应该对人工智能实施道德监督以及研究人员和相关机构如何遵守由此产生的指导方针等方面，仍然存在着不一致性。在原则制定和具体实践上也存在差距，这很难通过技术专业知识或自上而下的方法解决。尽管现有的准则尚未明确认可某一项道德原则，但半数以上的准则都提到了透明度、公正和公平、无害、责任和隐私。这表明，在全球政策格局中，围绕这些原则，人工智能伦理规则正在趋同。

我国社会各界也提出众多伦理原则，试图确保人工智能发展向善，但人工智能伦理的治理仅仅依靠宏观层面的原则是远远不够的。有学者指出，伦理原则本身无法直接落地，而我们没有一套将原则转译为实践的有效方法——原则无法与人工智能技术从研发到应用的每一个环节结合起来，同时缺乏一套强有力的执行机制，当研发者的行为违背伦理原则时，几乎没有处罚与纠偏机制。"还有学者指出，人工智能伦理原则之所以难以落地，是因为具体到现实场景中，不同的理论、流派的观点也存在着冲突和分歧。在有些文献中还提到，人工智能伦理原则还应该包括家庭伦理、交往伦理，以及职业伦理等方面，但是纵观世界各国现有的人工智能伦理规范均未对上述几方面尚未做出有效回应。因此，我国在制定人工智能伦理原则时，首先，应该避免内容过于抽象，可以先针对医疗、生物等领域的应用建立人工智能伦理审查制度，之后再逐渐向其他各领域扩展。其次，各专业领域的人员要承担起相应的职责，积极推进人工智能的向善发展。例如，伦理学家要更多地关注人工智能技术的发展，提出相应的规制意见，并详细阐述各原则的内涵，将宏观的原则转变成能操作、易操作的具体制度。最后，政府、私营公司、学术研究机构等规则制定主体，应积极参与人工智能伦理规则的制定，并且积极推进相关人员对人工智能伦理规则的了解和学习。

优化北京营商环境背景下的专利滥用问题研究

季冬梅*

一、问题的提出

专利制度的实际运作中，专利滥用行为层出不穷，形式多样，专利权滥用及其他不当行使专利的行为影响市场运行效率，偏离了激励创新、维护公平竞争和增进社会福利的目标，[1]尤其是标准必要专利滥用行为带来交易成本上升、公共利益受损的问题。[2]为推动专利制度的合理实施，避免专利制度异化引发社会成本问题，我国长期以来在禁止专利滥用方面采取多种措施，由行政机关、司法机关对专利滥用行为进行制止。2021 年 12 月 14 日《国务院关于印发"十四五"市场监管现代化规划的通知》中在"持续优化营商环境，充分激发市场主体活力"部分指出，要"完善防止知识产权滥用相关制度"，体现出将制止专利滥用行为作为优化营商环境中的重要措施。

《中华人民共和国专利法》（以下简称《专利法》）2020 年修改时还专门增加"禁止权利滥用条款"，但这一条款属于原则性规定，在何种情况、以何种方式对何种滥用行为进行应对和处理，仍处于不确定状态。实践中，专利滥用的情形十分多样，涉及专利法、反不正当竞争法与反垄断法的交叉，且由于专利滥用方面存在"实践先于制度"的现象，即实践中先出现大量涉及

* 课题主持人：季冬梅，首都经济贸易大学讲师。立项编号：BLS（2021）C005。结项等级：合格。

[1] 徐棣枫：《不正当行为抗辩制度之移植可行性及设计构想——基于〈专利法〉第四次修改中的"诚实信用原则"》，载《东方法学》2018 年第 6 期。梁心新、徐慧：《知识产权制度异化的国家博弈分析》，载《知识产权》2013 年第 9 期。

[2] 祝建军：《标准必要专利滥用市场支配地位的反垄断法规制》，载《人民司法》2020 年第 13 期。

专利滥用的案例，继而才建立禁止专利滥用制度。因此学术讨论十分频繁，尤其是针对专利滥用的行为认定、法律责任、利益平衡方面展开的研究颇多，相关文献浩如烟海，但学术研究的焦点十分集中，重点围绕以下方面展开：一是聚焦"专利滥用"概念的界定与诠释，探讨在不同法域、不同时代对于专利制度中滥用行为的法律解释与司法认定；二是基于专利滥用行为的不同类型进行梳理，从行为外观、所涉法益、行为效果等方面展开；三是探讨应对专利滥用问题的有效对策，基于该问题发生的法律原因与社会原因，相关制度对行为人产生的作用与影响，以及专利制度内在与外在机制方面提出不同对策；四是部分文献针对较为突出、典型的专利滥用问题展开研究，例如标准必要专利、生物制药领域等专利滥用问题，结合产业特征与市场效应进行分析。

虽然针对专利滥用问题国内外已展开众多研究，但整体缺乏对市场中专利滥用问题的理论体系梳理与应对机制研究，存在以下问题：

首先，现有研究多探讨滥用中的"垄断"现象，缺乏从专利禁止权利滥用的维度分析优化北京营商环境的路径。现有研究过于偏重从反垄断法研究专利滥用问题，未能很好衔接专利法与反垄断法之间的关系，也未能对专利法中的"诚实信用原则""禁止权利滥用"条款作体系性解读与细化规定。其次，当前学术界与实务界对"专利滥用"的行为界定与概念内涵模糊影响研究目标的一致性。现有研究对"专利滥用"的具体内涵存在分歧，具体而言，法律中缺乏对"专利滥用"概念的准确界定，导致司法实践中法院对"滥用"行为的认定标准不一，无法形成具有统一性和权威性的解读。最后，在当前研究中，缺乏从中国实践的视角观察专利滥用的具体样态。很多专利滥用、权利垄断的域外理论、学说，甚至司法实践经验，被用来进行对中国实践的剪裁。而中国营商环境中，针对专利滥用行为的独有特征与样态，应当加强对中国实践的关注与实证分析，从中国的行政与司法实践出发展开社会观察，并提出本土化的对策与建议。

二、专利滥用行为的社会观察与实践分析

专利滥用（patent misuse）的相关法律问题，虽然长期以来颇受关注且讨论诸多，但对其概念界定与含义理解却莫衷一是。我国 2020 年《专利法》新增"禁止专利滥用"条款，为规范行使专利权的行为提供指引。但这一概括性条款缺乏明确界定和概念解读，引发理论争议和实践问题。反垄断法和专利法在应对滥用行为时可协同发挥约束和规制的作用，但需厘清各自边界。基于类型化思维，采取专利制度滥用和专利权利滥用的初级分类、实体性权利滥用和程序性权利滥用的次级分类，能够为构建相关制度框架提供参考，并增强问题研究的条理性、实践应对的逻辑性。

首先，需要明确的一组概念，是"权利滥用"与"制度滥用"。根据权利人进行滥用的对象和行为性质的不同，滥用行为首先可以划分为"权利滥用"和"制度滥用"。对专利权的滥用则是超出专利权合理范围所采取的不正当行为，而对专利制度的滥用，并没有超出法授权利的范围，而是借助制度机制，达成违反制度目标的其他不合理目标，以此攫取收益。最为典型的一种滥用专利制度的行为就是专利海盗（或称"专利蟑螂"）。"专利海盗"是对一种专利权人（通常是小公司）的贬称，其获取专利并不是为了实施，而是通过诉讼威胁来获取极高的专利许可使用费。由于导致滥用的原因不同，因此，解决"滥用"问题专利或者坏专利的问题的措施主要不是规范权利行使的行为，而是通过完善专利制度来提高专利授权的质量、减少问题专利或坏专利的数量。[1]专利制度本身的局限难以完全依赖内部的调整进行矫正或消除，需要借助外部力量的介入，来完善制度措施，推进制度功能的有效发挥。

而专利权利滥用，往往是指"超出专利权的合理边界或范围"，除此之外，我国司法实践中还会包含以不当方式行使专利权并攫取利益的行为，具体可以进一步细分为程序性权利滥用和实体性权利滥用。

其次，在专利实体性权利滥用行为中，针对涉及的法益、规制的手段，还可以进一步分为垄断行为与其他专利滥用行为。这一划分在《专利法》第20条的规定中就可以看出。此条明确了滥用专利权构成垄断行为的，受到反垄断法的规制和调整。因此，可以认为，专利滥用与专利垄断在逻辑上构成包含与被包含的关系，滥用的范围较垄断更加广泛，而垄断行为则是构成滥用的一种样态。构成违法垄断的专利滥用行为表现形态多样，但大多数借助

---

〔1〕 张伟君、单晓光：《滥用专利权与滥用专利制度之辨析——从日本"专利滥用"的理论与实践谈起》，载《知识产权》2006 年第 6 期。

合同或契约的形式实现。其行为类型与反垄断法中规定的违法垄断行为类型具有高度重合性，但同时又带有与专利结合的特殊性与独特性。《国家反垄断委员会关于知识产权领域的反垄断指南》将知识产权垄断行为分为三大类，即"可能排除、限制竞争的知识产权协议""涉及知识产权的滥用市场支配地位"和"涉及知识产权的经营者集中"；除了垄断行为之外，专利滥用行为还会以其他形式呈现，例如在合同条款中不合理扩展专利的物理范围与时间期限。

美国最高法院在长期的司法实践中，将专利滥用认定为是"超越专利范围"的行为，以专利权的立法宗旨和目标作为该原则的解释和适用基础，由于专利法和反垄断法在价值理念上存在不同之处，法院对专利权人滥用专利权的行为规制与"竞争法""反托拉斯法"中对违法垄断行为的规制相区别、相独立。[1]欧盟地区对于专利滥用行为的规制，带有保护市场竞争的色彩。《建立欧洲共同体条约》集中体现了有关知识产权滥用的反垄断法规制的实体规范，并通过《240/96 号规章》对知识产权条款进行类型化安排，区分其是否使用反垄断豁免。[2]以德国地区的司法实践为代表，BGH "橘皮书"案中明确规定了专利权人对市场支配地位的滥用可以构成专利侵权的一项抗辩事由，其采用较为严格的认定标准，提出了被告可以主张原告构成专利权滥用的条件和要求，该标准被称为"橘皮书标准"。[3]橘皮书标准确立后，对于德国和欧盟其他成员国应对专利侵权与专利权滥用等问题时提供了重要的参考价值。日本对于"禁止专利滥用"原则采用广义的理解。一方面，专利权超出合理范围的实施构成滥用，另一方面，专利权无效或效力存在明显问题时，权利人行使专利权的行为也可能被法院认定为权利滥用。但是在适用"禁止专利权滥用"作为约束专利权滥用的原则、支撑被告的抗辩主张时，其实践中适用范围却偏窄，目前主要见于"专利无效抗辩"这一情形中。日本

---

[1] Herbert Hovenkamp, "The Rule of Reason and the Scope of the Patent", *San Diego Law Review* 52 , 2015, pp. 515-518.

[2] 李浩成、王立武：《欧、美、日知识产权滥用反垄断立法规制比较与借鉴》，载《山东社会科学》2015 年第 6 期。

[3] "Orange-Book-Standard ", BGH GRUD 2009, 694. Thomas Kühnen , https：//www. amazon. de/Patent-Litigation-Proceedings-Germany-Thomas/dp/javascript：void（0）, Frank D. Peterreins, Patent Litigation Proceedings in Germany, translated by Frank D. Peterreins, Heymanns Carl, 2015, note. 1421.

广泛地运用专利滥用的概念，希冀对实践中出现的违背专利制度价值目标的行为进行约束。但是，日本的"滥用专利"抗辩和美国的"滥用专利权"抗辩是没有关联的两个不同的概念。无论是从历史起源，还是从实际内容来看，都是完全不同的。[1]这也是我们在比较其他国家在禁止专利滥用相关制度时需要明确的。

最后，专利制度中的滥用行为还会涉及对程序规则的滥用，对其进行规制既符合利益平衡的要求，也是对专利领域程序规则产生异化现象进行矫正的需要。第一，不正当申请行为。具体是指在获得专利授权的时候，通过不正当的方式，以欺诈等手段获得本不应当授权的专利，不正当的行为发生在申请专利的过程中。不正当申请属于专利体系中不正当行为的一种表现类型，而广义的不正当行为，则是贯穿专利权存续期间，从专利权授权、行使，到保护和救济整个过程中，专利权人所从事的不正当行为，包括但不限于专利权垄断、恶意诉讼、拖延诉讼等。不正当申请抗辩源自英美法中"不洁之手"（unclean hand）原则，该原则反对任何欺诈或不诚信行为，并拒绝向那些实施欺诈或者不诚信行为的主体提供禁令或公平救济。[2]在构成要件上，不正当行为抗辩需要满足主观恶意和客观欺骗两个要素，由于专利权人申请时存在的不正当行为，专利权丧失其合法存在的正当性依据，被控侵权人自然而然不再需要承担侵权责任。

第二，滥用诉权的行为。滥用诉权的现象不仅出现在专利保护中，其实在很多民事诉讼案件中都可能存在。从行为类型上，对诉权的滥用，属于滥用程序性的权利，而非实体性权利的滥用。这也是滥用诉权与滥用专利权行为的区别所在。对专利权的滥用，是实体性权利的滥用，是对专利权的不正当行使，是对专利权范围的扩张。专利权人针对侵权行为人提起的专利侵权诉讼，本是基于保护权利人的合法利益而存在的一种救济途径，但在现实中却可能演变为专利权人借机损害他人正当利益的工具。一般情况下，不正当诉讼中的原告方或带有"赌博"的心态，明知自己可能缺乏诉讼事由的权利

---

〔1〕 张伟君、单晓光：《滥用专利权与滥用专利制度之辨析——从日本"专利滥用"的理论与实践谈起》，载《知识产权》2006 年第 6 期。

〔2〕 Therasense, Inc. v. Becton-Dickinson, Inc. United States Court of Appeals for the Federal Circuit, 649 F. 3d 1276, Fed. Cir., 2011.

基础，却依然想作出尝试，"敲诈"被告以获得收益；或"醉翁之意不在酒"，原告可能并不在意自己的诉讼最终是否能够成功，而是将诉讼作为竞争手段，通过提起侵权之诉，达到损害对方商誉、影响对方市场前景或拖延时间等目的。日本判例中，将提起侵权诉讼自身属于违法行为解释为"明知欠缺事实上、法律上的根据，或者普通人容易知道明显欠缺事实或法律上的根据，还是提起了诉讼等，参照裁判制度的趣旨，权利人提起诉讼被认为明显不妥当"。[1]对提起专利侵权诉讼自身的违法性进行主张，是被告可采取的更加积极的对抗手段。

第三，拖延诉讼的行为。拖延诉讼，可以划分为起诉前和起诉后两种情形。起诉前的拖延诉讼，即谓"懈怠"（laches），是指专利权人自知道或应当知道专利侵权行为之日起，出于某种特定的目的，不合理地延迟提起诉讼。该原则在司法上创设出这样一种制度：被控侵权人能够限制或者忽视其责任，当权利人在不合理迟延或者作出不起诉的错误陈述后却不公正起诉之时。[2]而起诉后的拖延行为，是指在诉讼开展的过程中，当事人通过一系列行为，阻碍诉讼进程，比如反复多次提起专利权无效宣告甚至还进入中止诉讼程序、随意提起管辖权异议、回避申请或者轻率地申请诉前临时禁令等。[3]拖延诉讼行为会带来额外的社会成本。侵权纠纷不能得到及时的解决，违背了诉讼经济理念，浪费了司法资源。而权利人怠于行使权利，不利于市场交易的安全和稳定，影响社会整体的经济效率。

三、禁止专利滥用条款的中国实践与域外比较

（一）禁止专利滥用条款的中国实践与行为类型

通过司法案例的实证研究发现，目前在我国司法实践中，涉及"禁止专利滥用"原则的滥用行为可以分为三类，第一类是利用属于现有技术等的无效专利权进行诉讼；第二类是滥用维权手段，根据《专利法》第65条，又分

---

[1] 参见［日］增井和夫、田村善之：《日本专利案例指南》（原书第4版），李扬等译，知识产权出版社2016年版，第351页。

[2] ［美］罗杰·谢科特、约翰·托马斯：《专利法原理》（第2版），余仲儒组织翻译，知识产权出版社2016年版，第279页。

[3] 朱雪忠、彭祥飞：《论专利侵权诉讼滥用的规制：价值与模式》，载《西北大学学报（哲学社会科学版）》2019年第4期。

为滥用自力维权手段、滥用行政维权手段、滥用司法维权手段；第三类则是滥用专利构成垄断的行为。其中第三类"滥用专利构成垄断"的行为，由《中华人民共和国反垄断法》（以下简称《反垄断法》）及《关于知识产权领域的反垄断指南》进行专门的调整与监管，往往不再直接适用《专利法》第20条"禁止专利滥用"这一笼统的原则性条款。因此，实践中，直接适用"禁止专利滥用"这一条款的仅涉及上述第一类和第二类行为。

首先，在涉及专利权效力存疑的诉讼中，专利滥用的构成需要考察权利人的主观状态是否恶意。专利需要经过行政授权方能获得，行政授权是专利私权确立的形式要件。但由于专利授权存在不确定性，即专利可能因错误授权而被无效，因此会造成相关侵权诉讼案件审理结果的不确定、交易相对方的期待利益受损等问题。专利效力的不稳定、不确定是专利制度本身固有的特征，而这一特征容易沦为专利权人滥用权利、不当行使权利的工具。当专利权人明知自己的专利属于无效或问题专利却仍然提起诉讼之时，就会造成专利滥用之虞。

其次，恶意维权行为是适用"禁止专利滥用"条款的第二类情形。专利权除了作为私权获得运用与保护之外，在商业活动中常作为市场主体进行竞争的工具存在。一些专利权人却会对此加以不当利用，为打压竞争对手而发出恶意警告函，造成对方市场声誉受损，利益下降。以"石家庄 SH 汽车股份有限公司（简称'SH 公司'）与 BT 技研工业株式会社（简称'BT 公司'）确认不侵害专利权纠纷上诉案"为例，BT 公司向 SH 公司及其经销商发出侵权警告，在起诉后仍继续发出警告并扩大发送范围，并采取新闻报纸等方式让公众知悉，影响 SH 公司生产经营。[1]被侵害的商事主体不仅遭受经济损失其商业信誉、市场声誉等也遭到影响。因此，对受害方应当提供全面救济，除金钱赔偿之外，还应包括公开的赔礼道歉，尽量将损害降低到行为发生前的状态避免不当竞争影响市场环境与合理秩序。

最后，司法实践中的专利滥用行为还会与不正当竞争行为存在交叉，上述两种滥用行为也会存在一定程度的重叠，除专利法"禁止专利滥用"条款

---

[1] 石家庄 SH 汽车股份有限公司与 BT 技研工业株式会社确认不侵害专利权纠纷上诉案，最高人民法院（2014）民三终字第 7 号民事判决书。

以外，也需要结合《中华人民共和国反不正当竞争法》（以下简称《反不正当竞争法》）的规定展开体系化解读与适用。实践中，诸多专利滥诉行为的发生，存在于市场竞争主体之间。专利的不确定性和强排他性促使市场主体利用其作为竞争工具，打压竞争对手，获得竞争优势，而非通过实施专利技术方案来获得市场收益。目前国内外对专利进行强保护的环境，也成为滋生专利滥诉行为的土壤。我国《反不正当竞争法》作为知识产权法的补充性、兜底性立法，可以为知识产权领域无法涵射的对象纳入调整范围，诚实信用原则、商业道德条款也可以在此过程中充分发挥其灵活性，从行为规制的视角对权利行使行为进行更为直接、有效的治理。

（二）禁止专利滥用原则的域外做法与差异之处

域外应用禁止专利滥用原则约束与规制的因为类型亦呈现多样性特征。首先，专利权无效情形下，专利权人仍然提出诉讼主张的，在域外亦被认定为构成专利滥用。其次，滥用专利进行商业垄断的行为也为"禁止专利滥用"原则所禁止。再次，扩大专利权范围行使权利的行为亦归于专利滥用行为之中，其往往以许可合同的形式来延伸专利权的范围，专利权人借此获取超出合理比例的回报与利益。最后，滥用维权手段损害他人利益的行为，也会受到禁止专利滥用条款的约束。对专利权滥用行为的规制，各国的制度与实践中，差异性和趋同性并存。[1]因此，对我国法律制度的反思，需要结合当下国际社会中不同国家针对专利权滥用司法救济的不同做法，进行对比分析，从中获得启示并学习借鉴。在美国、欧盟和日本专利侵权诉讼中，均存在将专利权滥用作为抗辩事由的情形，其中，美国的相关实践更加普遍，无论是针对过期专利收费的行为，还是专利不合理捆绑销售条款，都在判例中得到及时的规制；而欧盟和日本则相对保守，欧盟法院虽然已经承认可以将专利权滥用作为侵权抗辩的一项事由，但实践中相关的案例并不常见；日本则将专利无效抗辩纳入"禁止专利权滥用"的原则之下，从而对专利权进行限缩和控制。

对比中国专利滥用与域外专利滥用的法律实践可以发现，专利滥用行为

---

〔1〕 李浩成、王立武：《欧、美、日知识产权滥用反垄断立法规制比较与借鉴》，载《山东社会科学》2015 年第 6 期。

样态在国内外呈现出鲜明的差异。域外专利滥用的认定，往往以突破专利权的边界为判断标准，重视对专利制度中"比例原则"的维护，即专利权人借助专利获得的利益应当与其作出的贡献成比例，不能以专利垄断作为利益杠杆，攫取超出合理边界的利益。而中国很多专利滥用行为，已经不再是单纯地讨论是否超出专利实体权利边界的问题，而是延伸到获取专利权的方式是否合理、专利行使的方式是否正当以及维权的背后是否有不良动机等方面，对"滥用"概念做扩大解释与泛化适用，希望以禁止专利滥用的原则来矫正专利制度的异化，同时对不当行使权利（无论是实体权利还是程序权利）的行为进行修正。

差异化理解与适用的背后，蕴含的是相关制度的社会背景、体系框架与利益选择等多重原因。专利制度作为一种"舶来品"，很容易在中国产生"水土不服"的问题。早期专利滥用制度的设立就是基于维护中国企业的利益的考量，如 2006 年 3 月 27 日发布的《国务院办公厅关于印发保护知识产权行动纲要（2006—2007 年）的通知》（已失效）中指出，要支持企业运用法律武器和国际规则维护自身权益，防止知识产权滥用，这是首次在规范性文件中提出要防止知识产权滥用，其适用语境是为了维护中国企业的自身权益。此外，专利滥用行为中有很多带有"中国特色"的理解与适用，例如对恶意诉讼、恶意维权行为通过禁止滥用原则予以规制。这与中国缺乏"懈怠"抗辩以及"商业道德条款"适用不足有关，同时对一些不当行为缺乏明确的法律依据，导致实践中只能向"禁止专利滥用"条款进行逃逸。基于此，中国与域外的专利滥用制度的社会基础、制度运行存在诸多差异，这些差异的存在要求我们应当结合中国自身社会发展的需求进行制度剪裁，而非完全照搬或过度参照域外规则经验，避免相关规则制度在中国出现"水土不服"的问题。

四、优化北京营商环境背景下专利滥用行为的治理现状

（一）相关规则的细化与具体设置

理想的专利立法政策应该在不影响专利权人创新的积极性的前提下，尽可能地降低社会代价，超出这一底线，社会就没有必要让权利人获得超出范围的利益回报。[1]很多行为虽然与专利权有关，但并不适合全部将其归于

---

〔1〕 崔国斌：《专利法：原理与案例》（第 2 版），北京大学出版社 2016 年版，第 682 页。

"滥用"行为中进行同质化的探讨与应对,而是应当结合相关行为的主体身份、产生原因、行为动机、具体样态来类型化地作出分析。

2020年《专利法》修改,首次引入"禁止权利滥用"条款。作为概括性条款,其理解和适用存在较大弹性空间,为避免误读误用,制度异化,需回归条款设置意图,探明规则设置旨趣。首先,保护公共利益,界定权利行使边界。妥善处理专利权与他人合法权益、社会公共利益之间的边界与冲突,是此条款设置的重要目的。其次,划定专利法与反垄断法的效力范围。最后,禁止权利滥用条款是引导专利资源有效转化的重要措施之一。对涉及专利的滥用行为进行对比分析与梳理,探明规制不同类型滥用行为规则背后的理论与价值,从而构建出专利侵权抗辩中的专利滥用抗辩的体系与合理、严密的思考逻辑。

(二)行政监督与执法等行政措施

为应对专利滥用问题,行政机关多次发文,要求对滥用行为予以制止,规范专利使用行为。2021年12月14日发布的《国务院关于印发"十四五"市场监管现代化规划的通知》中提出"完善防止知识产权滥用相关制度",以"持续优化营商环境,充分激发市场主体活力"。《北京市专利保护和促进条例》(2021年修正)第16条规定,专利权人或者利害关系人应当合理运用专利制度,不得滥用专利权限制技术竞争和技术发展,维护公平竞争的市场秩序、公共利益以及他人合法权益。这就明确将规制专利滥用的行为归入优化营商环境的整体目标当中。

为制止专利滥用行为,规范专利申请、授权、行使等具体方面,北京市相关行政机关采取多种措施应对。例如北京知识产权局发布2022年第一起专利代理行政处罚。北京两家专利代理机构共计接受33件申请人委托代理非正常专利申请而被罚款。专利代理机构在专利申请方面发挥重要作用,具有较高的专业性,其很容易成为盲目申请专利、非正常申请专利的主体,因此在实践中加大监管,采取警告、罚款等处罚措施进行遏制。此外,对于滥用专利排除、限制竞争构成垄断的行为,则由反垄断执法机构进行查处。根据《反垄断法》的规定,滥用知识产权排除、限制竞争的行为本身就构成违法了垄断,行为人将面临行政责任。

除上述对专利滥用行为进行行政处罚之外,北京行政主管部门针对专利滥用问题,还采取了其他多样化的对策,以规范专利权的行使方式,实现专利制度的预期目标。例如调整完善资助和奖励等政策，全面取消各级专利申请资助；采取措施打击不以保护创新为目的的非正常专利申请行为；建立知识产权代理行业监管长效机制，加强对代理人员和机构的监管；健全知识产权失信违法重点监管名单制度。

（三）司法审判与矫正机制

专利制度利益存在于制度中各个具体环节中，对专利制度利益的具体实现方式可以继续进行类型化的分析，从而使得在每一个环节中，专利制度利益都能够得到充分的保障。在专利侵权抗辩中，专利制度利益得以维护的重要途径就是借助原被告双方的对抗机制，通过支持被告提出的侵权抗辩对原告的主张进行否认或削弱，抑制原告不合理地利用专利制度，造成社会资源的浪费和制度利益受损。针对损害专利制度利益实现的制度滥用行为，侵权行为人不妨借助我国司法实践中对停止侵权的限制适用规则予以应对，通过个案中的利益衡量、行为性质的判定，分析是否支持原告专利权人的诉讼请求或救济主张，可以通过限制适用部分救济的方式达到规制专利滥用行为的效果。

关于是否构成专利权滥用的决定建立在范围较小的具体行为模式的判断上，通常是发生在专利权许可的过程当中。[1]关键的判断标准在于，专利权人是否通过施加额外条件，"未经许可地扩大了专利权的物理范围和时间范围并造成了反竞争的效果"。[2]法院审判可对行为人提供指引，而专利侵权诉讼的抗辩中，法院应主要依据《专利法》的侵权判定规则与抗辩事由来进行审理和判断。当专利被滥用的时候，由于缺乏正当性基础，法院不应当支持该专利权可以继续获得保护。

五、优化北京营商环境背景下禁止专利滥用的优化路径

（一）民事救济与行政监管的双重机制

基于法律领域的区分和不同功能的设置，对专利权滥用行为的约束可以

---

[1] Donald S. Chisum, Chisum on Patents section 19.04, 2008. 美国司法部提供了关于专利权许可过程中的相关文件，即1995年《知识产权许可的反垄断指南》[Antitrust Guidelines for the Licensing of Intellectual Property (1995)]。

[2] "反竞争的效果"是在 Windsurfing 案件中，联邦巡回上诉法院后加的；其之前的判决先例 Blonder-Tongue Labs., Inc. v. Univ. of Ill. Found., 402 U.S. 313, 343 (1971) 中，未考虑是否存在"反竞争的效果"，而仅仅是引用在 Morton 案件中"超出物理和时间范围"构成专利权垄断的标准。

从专利法与反垄断法两个维度入手。专利法和反垄断法对待专利权滥用行为所适用的法律后果还是存在差别，[1]即使专利权人违反了反垄断法，该行为并不一定就构成对专利权的滥用[2]，因为专利权滥用原则规制的是超出专利权范围的行为，而反垄断法规制的是垄断性的市场行为。虽然禁止专利权滥用原则与反垄断法追求的价值目标存在不同，但二者在对特定行为的规范方面存在交叉与重合。我国《反垄断法》赋予行政机关职权，以对专利权行使行为作主动性审查和规范；通过禁止权利滥用抗辩规则的设置，则可以赋予司法机关在个案中，对专利权行使的正当性做被动性审查和规范。行政机关与司法机关互相独立，互为补充又相得益彰，通过双重方式对专利权滥用行为进行全面的约束和限制。建立在我国既有法律规范基础上，反垄断法与专利法的协同作用可以对专利滥用行为进行约束，共同形成禁止专利滥用的制度内容。

行政和司法程序将不可避免地发生交叉，[3]但依然会存在仅有行政执法而无民事诉讼的现象，对因垄断行为或权利滥用而导致的民事利益的重视仍需加强。轰动一时的"高通案"在国家行政机关对高通实施巨额罚款之后，落下帷幕，却鲜有人去探讨，因高通的违法垄断行为造成的损失如何追究。高通对专利权利的滥用造成社会公众受损的局面，似乎仅以高通单方面受到惩罚而告终。针对此，在专利侵权诉讼中，可以借助侵权抗辩规则的完善，约束滥用专利的行为，并为因滥用行为而遭受损失的一方提供救济。

（二）知识产权信用体系的构建与完善

诚实信用要求人们在市场活动中讲究信用、恪守诺言、诚实不欺，在不损害他人利益和社会利益的前提下追求自己的利益。[4]这一原则对专利权人也发挥同样的效力，要求专利权人应当合理、正当地行使权利，避免滥用权利损害他人利益与社会利益。专利制度的本质是申请人以技术信息的充分公开换取一定时间内专利的垄断特权，在权利人和社会之间形成一种"契约"。

[1] 张以标：《专利权滥用法律问题研究》，中国政法大学出版社 2018 年版，第 40 页。
[2] Princo Corp v. Int'l Trade Comm'n 616 F. 3d at 1329.
[3] 宁宣凤、尹冉冉：《最高人民法院〈关于审理垄断民事纠纷案件适用法律若干问题的规定（征求意见稿）〉解读》，载《金杜中国法律期刊》2011 年第 5 期。
[4] 徐家力：《诚实信用与知识产权的保护》，载《知识产权》2005 年第 5 期。

社会契约论构成上述专利契约理论的依据。[1]在这一契约关系中，专利权人申请、行使、保护专利权的相关行为亦需要满足诚实信用原则的要求，不得出尔反尔、违背承诺。

《北京市进一步优化营商环境更好服务市场主体实施方案》中提出，要建立知识产权失信主体'黑名单'制度，对重复侵权、故意侵权的企业进行公示，对严重失信主体，在政府采购和招标投标领域进行限制。这一规定针对侵权行为进行专项打击，遏制侵犯知识产权权利人的违法行为。但失信行为的本质是对诚实信用原则的背离，其范围要比一般的侵权行为更加广泛，判断的视角也更加具有社会利益考量的色彩。知识产权人滥用权利和知识产权侵权一样，都是在不诚实地行使权利，构成知识产权失信行为。[2]在知识产权信用体系建设与完善进程中，对专利权人的考量也应当纳入其中，作为评估制度实施效果及知识产权综合治理的重要因素。通过该机制，实现对专利权权利行使的良性引导功能，对专利滥用行为进行否定性评价，并要求其承担不利后果，行政责任、业务禁止或限制等，发挥行为导向功能。

---

〔1〕 参见饶先成：《"诚实信用原则"引入专利驳回和无效理由的法律构造——兼评专利法第四次修正案（草案）第20条》，载《科技与法律》2020年第4期。

〔2〕 柯林霞：《诚信社会建设背景下知识产权失信行为的法律规制》，载《电子知识产权》2021年第7期。

营商环境背景下担保制度与破产重整的协同治理研究

乔博娟[*]

近年来，我国企业杠杆率高企，债务规模增长过快，债务负担不断加重。在国际经济环境更趋复杂、我国经济下行压力仍然较大的背景下，一些企业经营困难加剧，一定程度上导致债务风险上升。为优化营商环境，有效防范和化解债务风险，助推经济转型升级，有必要对担保制度与破产重整的协同治理问题进行研究，从而发挥破产法在完善市场主体拯救和退出机制方面的积极作用。破产程序是根据破产法启动并运行的须受法院监督的集体程序，旨在及时、高效地解决债务人的财务困境，从而公平、有序地清偿债务。与此同时，担保信贷的逻辑在于债务人不履行到期债务时，担保债权人可以依法享有就担保财产价值优先受偿的权利。因此，为担保交易提供支持的法律制度是降低交易的预期风险和宏观上促进提供信贷的关键，尤其是离不开破产法律制度的确认与支持。

由于破产制度与担保制度的价值目标不同，二者在规则设计上也存在差异，破产程序启动将影响到受担保制度规范的权利。在诸多破产债权中，担保债权因对债务人的特定财产享有担保权而独具一格。正常情况下，破产法承认并执行担保债权人在破产程序启动前对债务人及特定担保物所享有的各种权利，尤其是赋予担保债权人优先受偿的权利。然而，在破产重整中，除了尊重担保债权人的权益之外，还要考虑如何挽救有价值的企业，从而最大限度地保持其营运价值。假设允许担保债权人不受限制地行使其权利，或许

* 课题主持人：乔博娟，北京航空航天大学法学院副教授。立项编号：BLS（2021）C006。结项等级：优秀。

并不利于实现重整的价值目标，尤其是在对债务人继续经营所必需的担保物设定担保的情况下。因此，为保全破产财产，破产法通常规定中止债权人的各项求偿行动，包括在重整期间暂停行使对债务人特定财产享有的担保权，从而实现破产财产价值最大化的目标。

如此一来，中止措施将不可避免地影响担保债权人的既有权利，主要体现在担保债权的暂停行使，担保财产的处分和保护，程序启动后融资以及担保债权人的参与权等方面。因此，破产法普遍承认在重整期间限制担保债权人行使担保权的同时，也应当提供某种保护机制。例如，尊重担保债权人在破产程序启动前取得的优先权，充分保护担保财产的价值，就担保财产的使用和处分征询担保债权人意见，在担保物并非重整所必需等情况下免于适用暂停行使，以及在担保物价值减损时及时恢复行使担保权等。无论采取何种保护措施，其目的均在于尽量减少适用中止措施对担保债权人造成的不利影响，为担保债权人提供透明和可预测的规则，以确保其对破产重整抱有信心，不因此扭曲正常的担保信贷和交易安排。

由此可见，依法限制重整期间担保债权的行使具有正当性，而给予担保债权人充分的保护也十分必要，如何在必要限制与充分保护之间取得平衡就显得至关重要。然而，我国现行立法对于重整期间担保债权的行使与实现缺乏明确的规则，仅原则上规定了重整期间担保权暂停行使，在担保物价值减损时可请求恢复行使担保权，以及批准重整计划时应确保延期清偿损失得到公平补偿且担保权未受到实质性损害。除此以外，破产法缺乏明确而具体的规则，例如，担保债权暂停行使的适用范围和期限如何，是否存在免于中止的情形；管理人使用或处分担保财产时是否需要征得担保债权人的同意，如何为其提供充分保护；担保债权人能否参与制定重整计划草案，如何在债权调整和清偿方案中保障担保债权的优先受偿权，等等。

正是由于对上述问题缺乏明确规定，导致在实践中理解与适用破产法存在偏差，出现了重整期间过度限制甚至损害担保债权人的权利，未能给予有效和充分的保护。有鉴于此，本课题以"营商环境背景下担保制度与破产重整的协同治理研究"为题，旨在对破产法和担保法的规则冲突与协调进行研究，以期为解决破产重整中担保债权限制有余而保护不足的问题提供有益借鉴。因此，本课题主要围绕破产重整期间担保债权的行使与实现展开，提出对担保债权必要限制与充分保护并举的思路，总结归纳出在破产重整中与担保债权实现有关的三大关切，即重整期间担保债权的暂停与恢复、担保财产的处分与保护以及担保债权人的参与机制，并以此展开对营商环境背景下担保制度与破产重整协同治理问题的研究。本报告整体框架结构分为绪论、本论和结论三大部分。正文部分共五章，具体内容阐述如下：

第一章为破产重整与担保债权的耦合关系。作为社会现象中的破产重整与担保制度的耦合具有内在的必然性。破产重整程序启动后，依破产法的规定会对债务人及其财产产生相应的法律效力，主要包括破产财产的构成、破产财产的保全、资产的使用和处分、启动后的融资、合同的处理、撤销权行使的规定、抵销权以及金融合同等。破产程序的效力集中体现为对破产财产的特殊保护，目的在于停止个别清偿，保全破产财产，确保资产价值最大化，最终在债权人之间进行公平分配。因此，破产重整难免会对担保债权造成影响，由此产生担保债权所受限制与保护之间的张力。研究表明，办理破产与获得信贷之间存在正向激励关系，设计良好的破产法律制度是债务回收的重要决定因素，进而影响信贷的可获得性。此外，参考营商环境报告关于办理破产的评价指标，借鉴破产法律框架改革实践，有利于实现破产重整中担保债权的价值目标。

第二章为破产重整中担保债权的暂停与恢复。基于保护破产财产的立法考量，破产法通常会采取包括程序中止在内的保全措施，防止破产财产不当减少。由于破产清算与重整的程序目标不同，中止对担保债权的影响也不尽相同。重整期间中止措施难免延及担保债权人，暂停行使担保债权。因此，破产法必须明确中止措施的范围及其所适用的行动和当事方，确定担保债权暂停行使适用的范围、权利和期限，以及给予相应的保护措施。首先，担保债权暂停行使适用的范围应以担保财产是否为重整所必需为判断标准，并且考虑暂停行使对担保权本身的影响。其次，担保债权人暂停行使应限于变价处置权，优先受偿权不在此限。最后，担保债权暂停行使的期限应以确保重整程序有序推进为限，不宜过长或久拖未决。此外，应当为有担保债权人提供必要的保护，措施包括符合条件时免于暂停行使或在特定情形下恢复行使担保权。

第三章为破产重整中担保财产的处分与保护。破产法应当明确规定受到破产程序管辖的财产范围以及将纳入破产财产的范围，并且明确指出破产程序会对各类财产尤其是有担保的财产产生哪些影响，以及相关程序参与者的权利义务。明确担保财产范围及其处置方法有利于确定破产程序尤其是重整程序的范围和形式，进而影响相关程序能否顺利推进。在破产法中纳入有关担保财产的处分与保护的规定，将确保其对担保债权人和债务人均具有透明度和可预测性。基于破产财产价值最大化原则，担保财产通常纳入破产重整程序，属于破产财产的构成部分。在破产重整中使用或处分担保财产时，应当区分使用或处分行为是否为重整企业正常经营所必需，明确担保财产的使用或处分的权力主体。破产法通常允许管理人在正常经营过程中使用或处分破产财产中的资产，同时赋予债权人对破产财产处分行为的决定权，并且保障债权人的知情权和异议权。重整期间应当坚持担保财产的充分保护原则，防范担保财产价值缩减，其核心是确定担保财产的估值机制，包括估值基础、估值时间和估值目的。

第四章为破产重整中担保债权人的参与机制。债权人是破产程序中的主要利害关系人，对于破产程序的顺利推进具有重要作用。确保债权人有效行使权利，保护债权人的合法利益，也是破产法的价值追求之一。破产法规定的各项制度，诸如债权申报、债权人会议、重整计划表决与批准、破产财产变价分配等，有利于债权人参与破产程序，依法行使权利，最终获得公平清偿。在破产重整中，担保债权人对破产程序的参与和接纳程度，不仅关系到破产法的适用效果，而且从长远来看也影响信贷的可获得性。因此，应当依法维护债权人的自治权，完善债权人参与破产程序的各项机制。担保债权人对破产程序的参与程度，主要取决于相关事项是否影响其担保权益，即担保财产价值能否完全清偿其附担保债务。在破产重整中，担保债权人主要通过参与制定、分组表决重整计划草案的方式参与重整程序。此外，重整期间吸引融资十分必要，但应合理区分新旧担保债权的清偿顺位，程序启动后的融资应当尽量避免对此前已经成立的担保债权造成不利影响。担保债权人对重整程序的参与和接纳程度，不仅关系到企业重整能否成功，而且从长远来看也影响担保信贷能否维系。

第五章为破产重整中担保债权的实现路径。在破产重整中，担保债权人经申报和确认债权后取得债权人资格，参与重整程序并依法获得清偿。担保债权清偿的基本原则是就担保财产享有优先受偿权，即使破产重整也不例外。当然，某一项具体担保债权的清偿顺位还会受到同一担保物上不同担保债权之间以及担保债权与法定优先权之间竞合的影响。此外，即使破产法与担保法的立法宗旨和价值目标不同，甚至存在制度设计的冲突，但是过度限制与一味保护均不可取，应当认识到在集体程序中限制担保债权的正当性与在信贷逻辑下保护担保债权的必要性，从而在必要限制与充分保护之间求得平衡。

通过分析集体清偿程序与信贷交易逻辑可知，破产制度与担保制度有着不同的价值目标和规则设计，破产重整将不可避免地影响担保债权的行使与实现。在破产重整中，既要维护担保债权人的合法权益，也要保全担保财产以实现重整目标。其中，一个重要的议题就是，如何在破产重整中适当限制担保权的行使，同时给予担保债权人以明确的预期和充分的保护。一方面，破产重整中适当限制担保债权的行使具有正当性。作为一种集体清偿债务的法律机制，破产法应当保全破产财产以便公平分配给所有债权人。在破产重整中，如果允许担保债权人随意行使其对担保财产的权利可能不利于实现重整程序的基本目标。因此，破产法通常允许对担保债权人适用中止等措施，暂停行使担保权以保全担保财产。此外，为实现破产财产价值最大化原则，管理人或自行管理的债务人通常需要在重整期间使用或处分担保财产。另一方面，破产重整中充分保护担保债权的权益具有必要性。首先，明确限定担保债权暂停行使的适用范围、具体权利和适用期间，并且采取适当措施以提供必要保护。其次，使用或处分担保财产应当坚持充分保护原则，防范担保财产价值缩减，其核心是确定担保财产的估值机制。再次，应当完善担保债权人参与机制，保障债权人的参与权、决定权、知情权、监督权，并贯穿重整计划制定、表决、批准和执行的全过程。最后，必须确保担保债权就担保财产优先受偿，厘清担保债权与其他债权、优先权之间的清偿顺位，减少非商业因素对担保债权的不当影响。

综上所述，破产重整中限制担保债权情有可原，但保护担保债权也不容忽视。在破产法律制度设计时，既要防范担保债权人强制执行其对担保财产的权益，又要考虑以何种方式在重整期间保全担保权益的经济价值。其中，最重要的就是应阐明破产重整对担保债权的影响，为担保债权人提供透明和可预测的规则。有鉴于此，本报告提出必要限制与充分保护并举的思路，以期为解决破产重整中担保债权限制有余而保护不足的问题提供有益借鉴。必须承认，为学力和时间所限，本报告的研究仍有诸多不足之处，且尚存未能论及或解决的问题，本报告意在抛砖引玉，以期对后续研究有所裨益。

北京自由贸易试验区加强国际对标深入改革开放和制度创新研究

一、北京自由贸易试验区对接国际高标准经贸规则的重要意义

（一）参与国际经贸规则制定，抢占国际经贸规则制高点

《全面与进步跨太平洋伙伴关系协定》（CPTPP）与《数字经济伙伴关系协定》（DEPA）作为目前全球最高标准的多边贸易协定，在数字经济、投资贸易、竞争政策、争端解决等议题方面构建起高标准规则体系，成为新一代国际贸易协定的模板范例。在经济全球化和贸易一体化的大背景下，谁掌握经贸规则和标准制定的话语权，谁就站在了新一轮全球产业与国际经贸竞争领域的制高点。[1] 所以，积极对接新一代国际贸易协定有利于北京自由贸易试验区参与国际经贸规则制定，抢占国际经贸规则制高点，增强北京自由贸易试验区在国际规则制定中的话语权和影响力。

（二）建设开放型经济新体制，以制度开放促进体制改革

新一代国际贸易协定将推进实施"零关税零壁垒零补贴"（即"三零"规则）作为其核心内容和主要目标，"三零"规则能够最大限度地消除国际贸易壁垒，现已成为国际贸易自由化便利化的最高标准。[2] 对于北京自由贸易试验区而言，将对外经贸体制改革朝着"零关税零壁垒零补贴"方向发展，不

＊ 课题主持人：李猛，中国科学院大学人文学院（国家创新与发展战略研究会）助理研究员。立项编号：BLS（2021）C007。结项等级：合格。
〔1〕 李巍、罗仪馥：《从规则到秩序——国际制度竞争的逻辑》，载《世界经济与政治》2019 年第 4 期。
〔2〕 刘世锦：《国内大循环不是闭关自守，必要时可实行零关税、零壁垒、零补贴政策》，载 https://www.sohu.com/a/415306965_100160903，最后访问日期：2022 年 5 月 16 日。

仅有助于补齐全面开放新格局的制度短板，还能增强北京自由贸易试验区对外贸易综合竞争力，在新发展格局中重塑国际合作和竞争新优势。除"三零"规则以外，CPTPP 等新一代国际贸易协定还包括国企改革、竞争中性、市场监管、劳工标准、透明度等边境后规则，通过对接这些高标准规则能够促进北京自由贸易试验区完善相关立法、转变政府职能、加强市场监管，进而打造国际一流营商环境，推进北京自由贸易试验区治理体系和治理能力现代化。

（三）打通循环经济堵点，助力循环经济畅通

通过对接国际高标准经贸规则，能够加快构建开放型经济新体制，在要素开放的基础上推动更高层次的制度型开放。在循环经济中，除硬件基础设施以外，以规则对接为桥梁的"制度融通"是实现北京自由贸易试验区市场与国际市场联通的前提条件。一是打通阻碍北京自由贸易试验区与国际市场接轨的制度障碍，助力循环经济畅通稳健发展，为北京自由贸易试验区实施高水平开放奠定基础。二是破除阻碍市场要素自由流动的规制壁垒，在"走出去"的同时，引进海外优质资本、技术、人才、数据等高端生产要素，从整体上提升北京自由贸易试验区市场的吸引力和竞争力，利用优质外资推动产业结构升级，构建高质量发展新格局。

（四）对接国际高标准数字经济规则，提升数字经济治理水平和能力

2020 年以来，新冠肺炎疫情在全球范围内暴发与蔓延对世界经济造成严重影响，传统国际货物贸易和国际服务贸易均遭到剧烈冲击，然而在此背景下以数字贸易、数字经济、共享经济为代表的新经济新业态却逆势而上，展现出巨大的潜能和活力。[1]研究发现，DEPA 在协定形式、框架、内容、语言等方面具有鲜明的优势特点，在规则适用上更具灵活性、开放性、包容性，为全球数字经济制度安排提供了模板范例。对接 DEPA 国际高标准数字经济规则，将能够帮助北京自由贸易试验区完善数字经济政策法规，提升数字经济治理水平和能力，将北京自由贸易试验区打造成为"数字自贸区"。

---

〔1〕 马述忠、潘钢健：《从跨境电子商务到全球数字贸易——新冠肺炎疫情全球大流行下的再审视》，载《湖北大学学报（哲学社会科学版）》2020 年第 5 期。

二、北京自由贸易试验区对接国际高标准经贸规则的主要问题

(一) 服务贸易开放度有待提升

一是金融服务市场准入限制。外资银行在北京自由贸易试验区的经营范围仍是局限于证券、存贷款、支付结算、外汇买卖等基础性业务，监管中的显性和隐性限制措施依然较多。[1]同时，北京自由贸易试验区对外资金融机构资本账户开放、资金跨境支付和流动依然采取较为严格的限制；二是物流服务市场准入限制。北京自由贸易试验区对于交通运输、仓储和邮政业领域的外资限制依然较多，其中针对公司股权控股、法人国籍、合资要求、投资领域等事项均作出限制性规定；[2]三是教育服务市场准入限制。北京自由贸易试验区对于外资教育投资限制较为严格，主要集中在中外合作办学准入限制、范围限制、形式限制、国籍限制、人员构成比例限制等方面；[3]四是医疗服务市场准入限制。北京自由贸易试验区在外资医疗机构市场准入、医生职业资格互认、医疗人员国籍等方面还存在诸多限制；五是文化服务市场准入限制。北京自由贸易试验区对于文化内容提供者（部门）存在较多的禁止准入限制，文化服务业市场准入审批程序较为严格，包括内容审查、业务审查、机构审批等在内的多个环节；六是电信服务市场准入限制。北京自由贸易试验区电信服务市场的开放水平相比 CPTPP 要求仍然存在较大差距，在新闻信息服务、网络出版服务、网络视听服务等领域仍是禁止或限制外资准入。

(二) 货物贸易零关税实施水平较低

首先，在产品适用范围上，目前北京自由贸易试验区零关税产品的税目

---

[1] 刘振中：《金融业放宽外资准入的逻辑路径研究》，载《宏观经济管理》2020 年第 7 期。

[2] 《自由贸易试验区外商投资准入特别管理措施（负面清单）（2021 年版）》规定，公共航空运输公司须由中方控股，且一家外商及其关联企业投资比例不得超过 25%，法定代表人须由中国籍公民担任。通用航空公司的法定代表人须由中国籍公民担任，其中农、林、渔业通用航空公司限于合资，其他通用航空公司限于中方控股。民用机场的建设、经营须由中方相对控股。外方不得参与建设、运营机场塔台。禁止投资邮政公司、信件的国内快递业务。

[3] 《自由贸易试验区外商投资准入特别管理措施（负面清单）（2021 年版）》规定，学前、普通高中和高等教育机构限于中外合作办学，须由中方主导（校长或者主要行政负责人应当具有中国国籍，理事会、董事会或者联合管理委员会的中方组成人员不得少于 1/2）。《中外合作职业技能培训办学管理办法（2015 年修订）》规定，外国教育机构不得独资职业培训机构。《中华人民共和国中外合作办学条例实施办法》规定，中外合作办学机构不得设立分支机构，理事会、董事会或联合管理委员会的中方组成人员不得少于 1/2。

比例仍然较低，与 CPTPP 要求差距较大；其次，从行业细分来看，出于发展国内生产、保护国内工业的目的，工业产品面临较大的降税压力，短期内北京自由贸易试验区尚无法将工业产品的进口降低到零关税水平；[1]最后，从现有贸易协定分析，虽然我国已经与多数 CPTPP 成员签署了双边或多边贸易协定，明确了可享受优惠税率的适用条件和范围，进一步缩小了与 CPTPP 间的税收规则差距，但总的来看立即实施零关税的产品比重依然较低，而且我国还未与加拿大、墨西哥签署贸易协定，彼此之间的货物贸易零关税待遇面临着较大压力，这也直接影响到北京自由贸易试验区货物贸易零关税政策的制定实施。

（三）数字经济治理体系亟待建立

第一，数据跨境自由流动规则缺失。北京自由贸易试验区至今缺少推进数据跨境自由流动的具体实施方案。另外，由于尚未针对数据资产确权、跨境数据监管、数据安全评估、数据分级分类、对外安全合作等事项出台相关具体措施，导致无法为数据跨境自由流动提供安全可靠的制度保障，数据泄露等潜在风险依然突出，难以在数据跨境流动与风险防控之间实现最佳平衡；第二，数字知识产权保护有待加强。伴随数字经济快速发展，以网络、数据、软件为载体的数字知识产权保护问题日益突出；第三，在线消费者权益和个人信息保护缺乏具体措施。虽然《中国（北京）自由贸易试验区总体方案》《中国（北京）自由贸易试验区条例》对在线消费者权益和个人信息已作出规定，但在条款内容上多是原则性表述且缺乏严厉的惩罚措施。

（四）外资营商环境仍需改善

一是市场外资市场准入限制较多。从《自由贸易试验区外商投资准入特别管理措施（负面清单）（2021 年版）》来看，北京自由贸易试验区在外资进入意愿最为强烈的物流运输、教育医疗、数字服务、电信服务、文化传播等领域的市场准入限制依然较多；二是跨境资本流动受到较多限制。北京自由贸易试验区目前只是开放经常账户，资本项目开放程度依然较低，北京自由贸易试验区外资市场依然存在投资渠道偏窄、资本剩余较大、自由流动限

---

〔1〕 李钢、叶欣：《中国入世廿周年：进口贸易与关税政策的调整与不断完善》，载《国际贸易》2021 年第 12 期。

制较多等主要问题；〔1〕三是北京自由贸易试验区内尚未建立起包括协商、调解、诉讼、仲裁、ODR 等程序在内的一站式多元化投资争端解决机制，一旦发生投资争端还无法为各类市场主体提供切实有效的解决路径，北京自由贸易试验区对于投资争端解决依然缺乏实践经验。

（五）公平竞争政策体系仍未建立

首先，国有企业竞争中立规则存在差距。北京自由贸易试验区内国有企业在市场竞争中依然享有较多的隐性或显性优惠政策，这显然与 CPTPP 中的国有企业竞争中立、禁止商业援助等规则存在矛盾冲突；其次，市场主体非歧视待遇仍未落实。一方面，北京自由贸易试验区在电力、石油、航空、铁路等领域依然限制民营企业和外资企业市场准入，国有企业在这些行业领域形成了一定的垄断地位。另一方面，北京自由贸易试验区在市场监管、政府采购、特惠融资、重大工程招标等方面也还存在不平等竞争，区内政策整体仍向国有企业倾斜，国有企业相较于其他市场主体享有特殊待遇和优先权；再次，国有企业信息披露机制缺失。北京自由贸易试验区还未针对国有企业透明度出台相关规定，尚未设立国有企业信息披露机制；最后，市场竞争法律制度亟待建立。目前《中国（北京）自由贸易试验区条例》所采用的综合立法模式缺少适应性和灵活性，不能全面覆盖各种反竞争行为，尤其是新型不正当竞争行为，一些规定在内涵界定上不够准确、在表述上也缺乏法律规范性。

（六）金融开放创新遭遇法律体制障碍

目前，北京自由贸易试验区金融开放创新相关规定主要集中在"总体方案""试验区条例"等规范性文件之中，然而其中多是一些总体性、指引性、框架性规定，还未有针对区内金融开放创新及其市场监管制定专门的法律法规，相关实施细则也暂未出台，这使得北京自由贸易试验区金融开放创新及其市场监管缺乏相应的法律依据。另外，根据《中华人民共和国立法法》第8条规定，基本经济制度以及财政、海关、金融和外贸的基本制度属于国家事权，只能通过制定法律的方式对相关事项内容进行修改。也就是说，按照我

〔1〕 CPTPP 第9.9条规定，每一缔约方应允许与涵盖投资相关的所有资金转移可自由进出其领土且无迟延。

国现行法律规定，除全国人大及其常委会特殊授权立法或依照程序修订相关法律法规以外，北京自由贸易试验区无权对涉及金融领域的法律进行变更适用，只能多是局限于金融行业领域的政务服务创新，仍然无法突破现有法律层面的束缚进而自主全面深化改革。由此，自下而上的地方改革试验与自上而下的法律体系之间的矛盾成为当前北京自由贸易试验区金融开放创新中所面临的体制性障碍。

三、北京自由贸易试验区对接国际高标准经贸规则的对策建议

（一）推进服务贸易重点领域开放，进一步放宽市场准入限制

第一，扩大金融服务开放。促进资本项下跨境资金自由流动，支持北京自由贸易试验区利用政策优势率先探索资本项目可兑换的实施路径，提升跨境投融资自由化便利化水平。同时以北京自由贸易试验区为有力支点和平台，创新人民币国际化金融产品，扩大人民币境外使用范围，加快实现人民币资金跨境双向均衡流动；第二，扩大物流服务开放。减少北京自由贸易试验区交通运输服务业对外资的股比限制并适时取消合资要求，吸引更多外国企业投资交通运输市场；第三，扩大教育服务开放。取消区内合作办学与教学管理人员的国籍限制，逐步放开除义务教育、宗教教育以外的其他教育行业的市场准入，可在北京自由贸易试验区内尝试放开外资开办学前教育、高等教育的限制；第四，扩大医疗服务开放。可以在北京自由贸易试验区试行取消对外商独资医疗机构的限制，参照民营医疗机构监管方式以完善相关规章制度，并且规定在外资医疗机构就医同样可享有医保待遇，吸引更多患者到外资医疗机构就医，平衡区内医疗资源配置；第五，扩大文化服务开放。充分利用"一线放开，二线管住"政策优势，试行开放院线服务、电视节目、团体演出等文化服务内容，作为我国与国际文化接轨的先行窗口，并在内容审查等方面对内外资一视同仁、平等对待；第六，扩大电信服务业开放。逐步放宽电信服务业的外资市场准入限制，并取消区内外商投资经营电信业务的股比限制、合资要求，争取内外资企业在电信经营服务方面享有同等待遇。

（二）探索实行货物贸易零关税，改革货物贸易监管体制

首先，实施关税减免优惠税制。北京自由贸易试验区应积极落实 RCEP 等贸易协定减免关税的国际义务，提升零关税产品税目数比例，加大整体关税减让力度，尽量使零关税比重向 CPTPP 缔约方水平靠拢；其次，创新货物

贸易监管方式。打造"智慧协同"的北京海关监管体系，依托数据搭建北京海关监管服务创新平台，加快实现跨部门协作、资源信息共享、执法监督互助的高效海关监管新模式；再次，促进货物贸易自由化便利化。依托5G、大数据、云计算、AI等数字化集成创新优势，将前沿数字化信息技术应用于北京自由贸易试验区货物通关、交通运输、海关监管之中，搭建数字化信息资源共享平台，提升货物通关效率和运输服务质量；最后，深化海关国际合作。在货物通关方面加强北京自由贸易试验区国际合作，增强与各国各地区间货物通关信息系统的兼容性和互操作性，并提升对以电子方式提交的贸易管理文件的接受度。

（三）完善数字经济治理体系，提高数字经济治理能力

一是强化数字经济顶层制度设计。加快制定出台《北京自由贸易试验区数字经济创新发展条例》，作为专门立法改变北京自由贸易试验区数字经济法律法规的分散化、碎片化现状，突出数字经济立法的系统集成与规制创新，为北京自由贸易试验区数字经济健康持续发展提供坚实法治保障；二是推进数字经济法治建设。北京自由贸易试验区应加快完善跨境数据自由流动、个人信息保护、在线消费者权益保护、网络数据安全等数字经济重点领域立法，探索构建全领域覆盖的数字经济法律制度体系，同时加强区内数字经济违法犯罪的执法惩戒力度，严厉打击侵犯数字知识产权的违法违规行为；三是大力发展跨境数字贸易。借鉴海南自由贸易港跨境服务贸易负面清单实践经验，制定出台北京自由贸易试验区跨境服务贸易负面清单，助力北京自由贸易试验区跨境数字贸易高质量发展；四是加强数据分级分类管理。针对跨境数据流动探索实行"分级分类+负面清单"监管制度，通过负面清单列明涉及国家安全、经济安全、个人信息安全及高风险领域的数据，在此基础上推动数据跨境自由流动，力求实现数据跨境流动与风险可控间的平衡；五是加强数字经济国际合作。在数字技术、数字人才、网络安全、信息保护等方面加强国际合作，推进数字经济规则的国际对接和标准互认，提升北京自由贸易试验区参与数字经济国际规则制定的能力。

（四）推进外资管理体制改革，营建国际一流营商环境

首先，放宽市场准入，缩减负面清单。制定更加开放透明的北京自由贸易试验区负面清单。大幅度减少负面清单中的禁止准入、股比限制、高管要

求等硬约束规则条款，逐步取消对教育、医疗、文化、电信、交通运输等行业领域的限制性壁垒措施，吸引更多外资进驻北京自由贸易试验区；其次，强化事中事后监管，完善市场监管体系。坚持监管一致性原则，加强和改进事中事后监管，建立与外商投资自由化便利化相适应的监管制度，同时贯彻执行《中华人民共和国外商投资法》及其实施条例，落实负面清单+准入前国民待遇管理制度，打造国际一流外资营商环境；最后，构建投资争端解决机制。支持通过仲裁、磋商、调解、和解等多元化非诉讼方式解决投资纠纷，以有效维护外资合法权益，力争将投资中的矛盾纠纷在区内化解。同时，推进涉外商事仲裁国际化建设，通过区内引入国际商事仲裁机构和仲裁机制、邀请境外专家担任仲裁委员会委员等方式，提升北京自由贸易试验区解决国际商事争端的影响力和竞争力，加快建设"一站式"国际商事纠纷多元化解决平台，为国际商事争端解决提供公正高效的法律服务和制度保障。

（五）打造公平竞争政策体系，建设公平正义的市场环境

第一，成立竞争政策委员会。在北京自由贸易试验区成立竞争政策委员会，作为区内竞争政策综合执法机构，改变当前反垄断与反不正当竞争监管中多头执法、重复执法、难以形成合力的现状，并由其统一负责北京自由贸易试验区竞争政策的制定与实施、公平竞争审查、反垄断和反不正当竞争执法、竞争领域国际协调与合作等相关事宜；第二，制定出台《北京自由贸易试验区反垄断条例》。对标 CPTPP 市场竞争和国有企业规则条款，制定出台专门的《北京自由贸易试验区反垄断条例》，进一步完善市场垄断认定标准、反垄断执法实施细则、反垄断调查程序，同时补充关于网络交易监管、平台经济反垄断、线上消费者权益保护等方面的条款内容；第三，建立和完善竞争中立法律制度。秉持"保证各类企业公平竞争"的核心理念，加快完善北京自由贸易试验区竞争中立法律法规，构建既与国际接轨又能促进区内公平竞争的竞争中立法律制度，为区内各类企业平等参与市场竞争提供相应法治保障；第四，增强竞争政策透明度。根据 CPTPP 透明度规则要求，北京自由贸易试验区应保证竞争政策制定实施的公开透明，建立健全国有企业信息披露机制，强化反垄断与反不正当竞争执法的信息公开，打造公正、透明、可预期的竞争政策体系；第五，加强公平竞争执法监督。要加强对垄断协议、经营者集中、滥用市场支配地位、滥用行政权力排除和限制竞争等市场垄断行为的执法力度，奉行公正严格的反垄断执法监督，深入推进公平竞争政策实施。同时，遵循 CPTPP 非歧视待遇原则，尽力消除市场中的所有制歧视，确保在市场准入、市场竞争、市场监管、产权保护、知识产权保护等方面对区内各类企业一视同仁、平等对待。

（六）完善金融领域立法，构建金融法治保障体系

一方面，完善金融领域立法。在《中国（北京）自由贸易试验区条例》基础上，北京市需要利用好地方立法权及时完善与北京自由贸易试验区金融开放创新相关的政策法律法规，作为配套性措施保障《中国（北京）自由贸易试验区条例》的全面贯彻落实，并借此加快建立起较为完善的北京自由贸易试验区金融法律制度体系，以更好地规范区内金融服务创新，通过法律方式防控可能发生的各类金融市场风险，为北京自由贸易试验区金融业健康可持续发展"保驾护航"。

另一方面，争取中央特殊授权立法。金融开放创新和金融市场监管属于《中华人民共和国立法法》第 8 条的绝对法律保留与立法事项，只能通过法律进行修改或变更适用。如果北京自由贸易试验区为金融开放创新需要调整《中华人民共和国商业银行法》《中华人民共和国证券法》《中华人民共和国保险法》等金融法律制度、试验新型金融产品和金融工具、建立金融开放创新容错机制，就需要在金融开放创新和市场监管方面获得足够的特殊立法授权。因此，北京市政府应积极寻求中央赋予北京自由贸易试验区更多自主改革和创新管理权限，并逐步建立起与北京自由贸易试验区建设发展需求相适应的特殊授权立法制度。

互联网公益诉讼研究

田海鑫*

一、互联网公益诉讼的界定

互联网民事公益诉讼是特定的机关和组织根据法律规定，为了保护众多互联网用户的权益，对违反法律法规、侵犯用户权益的主体向人民法院提起并要求其承担民事责任，由法院按照民事诉讼程序依法审判的诉讼。首先，互联网公益诉讼自然是被诉行为应当发生于互联网中，"涉网"成为必备要素，线下发生的案件不构成互联网公益诉讼的审理对象；其次，根据侵害的公共利益是否主要属于互联网场域中的特定利益，可以分为两种情况，一种是被侵害的利益并非主要属于互联网公益，笔者称之为载体型互联网公益诉讼，另一种是被侵害的利益主要属于互联网公益，笔者称之为实质型互联网公益诉讼。前者是指如果互联网仅作为案件发生的特定时空，也就是互联网仅作为一种载体，而案件本身在非互联网领域也将按照公益诉讼进行审理，则此类互联网公益诉讼可以认为仅具有"涉网"的外衣，本质上仍属于传统公益诉讼的范畴，抑或仅能将此类诉讼纳入广义的互联网诉讼当中。后者中笔者认为互联网公共利益的内容集中体现为个人信息利益、互联网公共秩序、互联网空间净化和互联网系统安全。

二、互联网公益诉讼的立法梳理

（一）互联网公益诉讼的相关立法

根据《中华人民共和国民事诉讼法》（以下简称《民事诉讼法》）第 58

---

* 课题主持人：田海鑫，华北电力大学人文与社会科学学院副教授。立项编号：BLS（2021）C008。结项等级：合格。

条的规定，对污染环境、侵害众多消费者合法权益等损害社会公共利益的行为，法律规定的机关和有关组织可以向人民法院提起诉讼。人民检察院在履行职责中发现破坏生态环境和资源保护、食品药品安全领域侵害众多消费者合法权益等损害社会公共利益的行为，可以向人民法院提起诉讼。由此可见，民事诉讼法对公益诉讼的案件范围采用列举加开放的立法模式，对环境污染案件和消费案件进行明确规定，其他案件类型用"等"进行概括，预留了后续相关立法的空间。

在互联网公益诉讼领域，相关的立法和司法解释主要集中在《中华人民共和国个人信息保护法》（以下简称《个人信息保护法》）第70条，《中华人民共和国军人地位和权益保障法》第62条，《中华人民共和国英雄烈士保护法》第25条，《中华人民共和国未成年人保护法》（以下简称《未成年人保护法》）第106条等。

（二）互联网公益诉讼立法评析

整体而言，我国互联网公益诉讼立法仍处在起步阶段，相关立法并不完善，主要体现为以下两个方面：

1. 立法分散

目前互联网公益诉讼的立法模式呈现为以《民事诉讼法》为概括性总领，各实体法具体规定特定领域的公益诉讼的总分结构。这一结构的优点在于开放性较强，在某一特定领域案件事宜纳入公益诉讼时，由专门的部门法进行规定即可。但这种立法模式也存在弊端，即各案件领域的公益诉讼立法表述和标准不统一，一方面重复立法，另一方面因为规定在实体法中，并不能对公益诉讼的具体实施进行细化规定，细化规定由司法解释进行规定，进而造成规定更加分散。

2. 立法缺位

由于缺少统一立法，尽管看似存在相关司法解释，但缺少宏观把握，对公益诉讼的诸多程序问题并没有明确规定。例如，互联网公共秩序、互联网空间净化、网络系统安全等领域，如何纳入公益诉讼案件范围，缺少法律支持，没有明确的法律授权；再如检察机关公益诉权与社会组织的公益诉权衔接、顺位、协同关系的规定，不同诉讼主体应如何配置不同权利义务；调查取证权以及诉前程序等都需要通过立法来进一步明确和规范。

三、互联网公益诉讼的司法实践

(一) 个人信息保护公益诉讼的实施与困境

在司法实践上，可以说个人信息保护公益诉讼在《个人信息保护法》实施前后已经进行了初步的探索，尤其在检察机关提起民事公益诉讼上已经有了一定的实践经验和典型案例，除了检察机关的实践，消费者权益保护协会通过提起消费公益诉讼实现消费者信息保护，《个人信息保护法》实施后各地也出现了诸多"首例"案件，这为构建和完善独立的个人信息保护民事公益诉讼体系积累了经验。

个人信息保护公益诉讼在实施中，在当事人主体资格、能否提起损害赔偿的诉讼请求、证明责任分配、管辖、保全、裁判效力和诉讼费用上存在一定立法空白。

(二) 互联网消费公益诉讼的实施与困境

在司法层面，笔者以"消费""公益诉讼"为关键词，再以"互联网"或"网络"为关键词在裁判文书网中搜索近五年案例，经过人工筛选涉及互联网消费民事公益诉讼的裁判文书共 102 件，其中刑事附带民事公益诉讼共计 89 件，民事公益诉讼 13 件；3 件由消费者组织提起，99 件由检察机关提起；检察机关提起的民事公益诉讼均以被告住所地的检察机关为原告，刑事附带民事公益诉讼中以被告住所地的人民检察院为原告的有 48 件，剩下 41 件是因人民检察院办理刑事案件过程中发现涉及民事公益诉讼而附带提起。而消费者组织提起的诉讼中 1 件为被告住所地省级消费者组织提起，2 件为被侵权人住所地消费者组织提起；就案件的裁判结果而言，是否适用惩罚性赔偿则几乎取决于原告是否提起，原告提出惩罚性赔偿的 64 起案件，法院支持 61 起，3 起未支持，其中 2 起法院认为 10 倍赔偿是惩罚性赔偿金，属于间接损失法院因此不支持，[1]1 起法院认为应当根据实际损失确定赔偿；[2]至于惩罚性赔偿金的归属，没有确切结论，在 61 起案件中，36 件未予以明确其归属，剩余 25 件中，6 件由检察院代领转交公益基金组织，11 件由法院直接上

---

〔1〕 罗某销售有毒有害食品案，(2020) 鲁 0902 刑初 127 号刑事附带民事判决书，王某、王某某生产销售有毒有害食品、销售有毒有害食品案，(2018) 鲁 0902 刑初 293 号刑事判决书。
〔2〕 杨某某生产、销售伪劣产品案，(2019) 鄂 01 刑终 200 号刑事附带民事判决书。

交国库，8 件汇入检察院指定账户专用于消费者权益保护。对于网络消费平台是否承担责任这一问题，则是取决于其是否履行了法律规定的义务。

由此发现，存在检察机关作为原告比重过高的问题，同时在管辖、赔偿金处理、平台责任认定上存在障碍。

（三）互联网未成年人保护公益诉讼的实施与困境

2020 年修订的《未成年人保护法》第 106 条规定，人民检察院有权提起公益诉讼，体现了国家对于青少年身心发展的保护。从该条规定的内容来看，检察机关的职责是督促、支持相关组织、个人提起诉讼和直接提起公益诉讼。同时，《未成年人保护法》专章规定了网络保护，对互联网企业如何合法、合规处理儿童个人信息做出了原则性规定。实践中涉及网络游戏的案件，是典型的互联网未成年人保护公益诉讼的情况，还有一类互联网未成年人保护公益诉讼，与个人信息保护、互联网空间安全交叉。除此之外，针对未成年人直播打赏、沉迷网络、网游充值、通过父母账户观看不良信息等侵害未成年人网络权益的行为，各地检察机关在实践中均存在相应的公益诉讼行动。

实践中发现，互联网未成年人保护公益诉讼案件、线索少，取证难，获得赔偿难，各部门协调难。

（四）互联网军人、英烈保护公益诉讼的实施与困境

在互联网领域，军人保护公益诉讼案件目前未检索到相关案例，但英烈保护公益诉讼中侵权行为常见于互联网中。更有甚者，在互联网中侵犯英烈伴随着营利行为，网络空间并非法外之地，侮辱烈士、损害社会公共利益的行为，必将受到法律严惩。

互联网军人、英烈保护公益诉讼在实施中，存在诉前程序不完善和惩处力度不足的问题，刑事附带民事公益诉讼在管辖和诉前公告方面也存在实施障碍。

四、互联网公益诉讼的优化进路

（一）平衡互联网发展与公共利益保护

不言而喻，互联网的发展促进了全社会的转型，是社会进步的动力，但互联网也是一把双刃剑，其中也存在着诸多风险，尽管如此，如果过分强调风险，甚至过分强调侵害社会公共利益，采用司法救济，也会抑制互联网产业的发展，所以在风险与机遇并存的社会，如何平衡互联网发展与公共利益

保护是必须思考的问题。

（二）完善相关立法

公益诉讼司法实践和制度不断完善的前提下，建议有必要制定专门的法律法规，可以考虑制定公益诉讼法，其中制定互联网公益诉讼案件处理的专章。这样能够促进法律衔接和法治统一，统一规定案件范围，明确案件管辖、诉讼程序、保全措施、举证规则、证明标准、责任承担及法律适用，强化调查核实权等；完善检察建议办理机制，建立公益诉讼惩罚性赔偿制度，规定起诉顺位、赔偿金的管理和使用等。

尤其在案件范围上，因为互联网公共利益具有抽象性和广泛性，例举和罗列不能穷尽受案范围，应当按照载体型互联网公益诉讼和实质型互联网公益诉讼的分类概括式地进行规定，即对于利用互联网技术实施侵害公共利益的行为或侵害互联网中个人信息、互联网公共秩序、互联网空间净化、互联网系统安全等互联网公共利益的行为，人民法院应当按照互联网公益诉讼案件依法受理。

（三）具体制度的构建

1. 起诉主体

互联网公益诉讼案件中，检察机关目前起主导作用，这与其谦抑性并不相符，检察机关虽积极推动办理公益诉讼案件，具有先天的办案优势，但应当激活有关组织提起公益诉讼，才符合立法本旨。例如在个人信息保护公益诉讼中的中国互联网协会，互联网军人、英烈保护公益诉讼中的关爱退役军人协会，互联网未成年人保护公益诉讼中的北京青少年法律援助与研究中心，都可以成为适格原告。

在起诉顺位上，检察机关仍应履行提起诉讼之前的公告环节，提示其他适格主体提起公益诉讼，当没有适格主体、适格主体不提起诉讼或者私益诉讼也未提起的情况下，检察机关才应当提起公益诉讼，在前置环节有相应主体起诉的情况下，检察机关可以通过提供法律咨询、提交意见书、协助调查取证、出席法庭等方式支持起诉。

2. 共同被告

互联网公益诉讼通常会出现多个侵权主体，在被告地位上，以个人信息保护为例，原告可以起诉个人信息处理者或者网络服务提供者，原告仅起诉网络服务提供者，网络服务提供者请求追加可以确定的个人信息处理者为共同被告或者第三人的，人民法院应予准许。原告仅起诉个人信息处理者，个人信息处理者请求追加涉嫌侵权的网络服务提供者为共同被告或者第三人的，人民法院应予准许。

3. 惩罚性赔偿

笔者认为在互联网公益诉讼中可以适用损害赔偿及惩罚性赔偿，其一，在美国的集体诉讼中，在例外情况下，对于故意行为或造成人身损害的案件，可以适用损害赔偿，我国也有法院支持了原告的惩罚性赔偿诉讼请求；其二，客观上损害赔偿之外的责任方式在互联网公益案件中往往不能起到有效的作用，如果不苛以损害赔偿或惩罚性赔偿，就不能有效对侵害行为起到威慑和预防的作用；其三，损害赔偿或惩罚性赔偿的实际意义往往体现在原告可以凭此与被告进行平等谈判，从而达成调解或和解，更加有利于彻底解决纠纷。

4. 管辖制度

互联以个人信息保护公益诉讼为例，笔者建议由中级人民法院管辖或最高人民法院指定的中级人民法院以及互联网法院集中管辖，尤其是互联网法院目前对涉网纠纷处理经验较为丰富，便于提高司法效率。在地域管辖上，可以参考侵权案件，由被告住所地或者违法处理个人信息行为地人民法院管辖。

5. 行为保全

在公益诉讼中可以根据原告的申请责令被告实施一定行为或者禁止实施一定行为，例如责令被告及时删除或更正有关信息，原告没有提出申请的，人民法院在必要时也可以依职权采取保全措施。

6. 证明责任

以个人信息保护公益诉讼为例，在因果关系方面，实务中的难题在于个人信息处理者较多，可能均处理过涉案个人信息，公益诉讼原告难以证明究竟是哪些处理者的行为导致公益受到侵害，此时因果关系要件应当倒置，因为信息控制者具有更强的能力和需要更低的成本证明其行为与信息损害无因果关系。[1]并且，被告如果能够证明其他主体有侵权的高度可能性，也不能

---

〔1〕 刘海安：《个人信息泄露因果关系的证明责任——评庞某某与东航、趣拿公司人格权纠纷案》，载《交大法学》2019 年第 1 期。

直接否定其行为与损害之间的因果关系，因为其他主体有侵权的高度可能性，不等于被告就没有侵权的高度可能性。《德国联邦数据保护法》（BDSG）中也进行了类似的规定，认为在自动化数据处理场合，如果不能查明多个数据控制人中的哪一个引发了损害，则每个控制人或其权利实施者都承担责任。[1]在过错方面，根据《个人信息保护法》第69条的规定，个人信息侵权适用过错推定，在证明责任上就体现为公益诉讼原告不必对过错要件承担证明责任，在倒置的情况下，个人信息处理者对自己没有过错承担证明责任。值得注意的是，过错推定的规则原则仅适用于"造成损害"的情况，也就是过错推定仅适用于损害赔偿，而非所有侵权责任的归责原则。同时，笔者认为，在涉及敏感个人信息处理引发的公益诉讼案件中，公益诉讼原告无需对过错这一要件进行证明。当然，如果个人信息处理者能够证明已经采取了法定的或必要的措施，对个人信息进行了妥善处理，则不应当认为个人信息处理者存在过错。

7. 判决效力

互联网公益诉讼的判决在事实方面体现为，公益诉讼案件中事实的认定对于后诉具有证明效力，后诉的公益诉讼或者私益诉讼就侵害事件的违法性进行证明，只需要援引公益诉讼的判决即可。[2]在司法实践中，可以考虑用先行判决的方式，对被告是否构成侵权进行判决，暂不处理赔偿的总额及如何分配，[3]个人可以根据先行判决的结果，再选择是否提起私益诉讼。

8. 诉讼费用

为了增强公益诉讼起诉主体的诉讼动力，减轻经济压力，应当在相关诉讼费用及其他合理支出上进行特别规定。首先，原告起诉时无需交纳案件受理费，原告败诉时免收受理费，被告败诉则须负担受理费；其次，原告可以主张由被告负担案件调查、咨询、鉴定、评估等合理费用及合理的律师费，原告败诉时上述费用可由财政或专项基金负担；最后，原告为停止侵害、排除妨碍、消除危险采取合理预防、处置措施而发生的费用可以请求被告承担；

---

〔1〕 叶名怡：《个人信息的侵权法保护》，载《法学研究》2018年第4期，第93页。

〔2〕 张卫平：《民事公益诉讼原则的制度化及实施研究》，载《清华法学》2013年第4期。

〔3〕 朱伦攀：《互联网金融消费公益诉讼制度适用研究》，载《中山大学法律评论》2018年第2期。

最后，原告申请行为保全的，不要求提供担保。

（四）配套制度的完善

互联网公益诉讼的审理，因涉网因素繁多，应当培养相应的具有互联网知识背景的审判人才，在审理方式上，也应当更多借助在线审判、大数据技术，打造优化电子诉讼平台，完善与各机关的数据对接方式，更多应用大数据、区块链等技术收集固定证据，确保公正高效审理互联网公益诉讼案件。同时，鉴于互联网公益案件涉及多方主体，应建立司法机关、行政机关、行业组织等多方主体联动沟通机制，在取证、调查、监督层面协作，促进互联网案件的多方治理。

《社区矫正法》施行后地方社区矫正实施细则及其配套规范研究

曹兴华 *

一、地方社区矫正实施细则及其配套规范的现状

为了顺应《中华人民共和国社区矫正法》（以下简称《社区矫正法》）和《中华人民共和国社区矫正法实施办法》（以下简称《社区矫正法实施办法》），不少地方也加快了社区矫正地方立法的修改和制定工作。自《社区矫正法》颁布至 2022 年 5 月，我国共计 22 个省、自治区、直辖市废止了之前的地方社区矫正立法或规范性文件，并依据新出台的《社区矫正法》及《社区矫正法实施办法》制定或修改了相应的社区矫正实施细则或工作细则。这些文件都由各省法院、省检察院、公安厅、司法厅等部门联合制定，性质上皆为规范性文件。地方除了上述社区矫正实施细则对《社区矫正法》进行细化之外，各地还围绕社区矫正实施细则出台了很多配套的规范性文件，对社区矫正中的个别问题进行单独规定。由于这些规范性文件都是依据《社区矫正法》及《社区矫正法实施办法》制定或修改的，所以名称有些称为实施细则有些称为工作细则。在《社区矫正法》制定后，具体各地社区矫正地方立法及规范性文件统计如表 1 所示。不过限于网络搜索工具的选择和笔者的查阅能力，天津、北京、黑龙江、青海等四个地区的规范性文件，笔者并未查询到文件全文。

---

* 课题主持人：曹兴华，北京中医药大学法律系讲师。立项编号：BLS（2021）C010。结项等级：合格。

表1 《社区矫正法》制定后各地社区矫正地方立法及规范性文件统计

未修改或制定	湖北、江苏、西藏自治区、内蒙古自治区、浙江、重庆、海南、河北、云南			
修改或制定		地方性法规	地方政府规章	地方规范性文件
	修改	—	—	福建
	制定	—	—	北京、上海、吉林、江西、天津、黑龙江、青海、湖南、广东、山西、山东、广西壮族自治区、辽宁、陕西、贵州、甘肃、宁夏回族自治区、四川、福建、安徽、河南、新疆维吾尔自治区

从总体上看，实施细则的配套规范性文件主要分为程序性规范文件、实体性规范文件和衔接性规范文件三大类。程序性规范文件主要包括围绕社区矫正执行过程中的程序问题进行规范的规范性文件。这类文件通常是对某个方面问题的单独规范。但也存在对社区矫正的程序问题进行通览规定，涉及社区矫正全过程。实体性规范文件主要包括围绕社区矫正执行过程中的实体问题进行规范的规范性文件，涉及社区矫正过程中的各个细节问题，例如关于社区矫正过程中的档案管理问题、社区矫正对象分类教育管理问题等都有专门文件进行规定。衔接性规范文件主要包括围绕社区矫正执行过程中涉及需要不同机构之间衔接解决的问题的规范性文件。由于社区矫正工作并不单纯涉及社区矫正机构，某些问题的解决还涉及和其他部门的配合才能解决，因此才需要与其他部门的衔接。这类衔接性规范文件往往是由多个部门联合制定。

二、地方社区矫正实施细则及其配套规范的问题

从宏观上，目前地方社区矫正实施细则及其配套规范存在的问题包括三个方面：

一是社区矫正地方规范性文件的扩权问题。由于我国《社区矫正法》《社区矫正法实施办法》等存在的立法缺失或立法模糊等问题，各地在制定社区矫正实施细则或者配套规范性文件的过程中，不少地方的实施细则或者配套规范性文件增强了日常监管的规范性、操作性，甚至一些的地方的实施细则中明确列明了外出请假等详细细节问题，对日常监管的规定非常详细，但是这种自我扩权、任务层层加码，导致实施细则或者配套规范性文件的规定过于详细、过于严苛、过于烦琐，实际上给基层工作造成了极大的压力和困难。

二是社区矫正分类管理规定的一刀切问题。为了落实《社区矫正法》规定的分类管理、个别化矫正等工作要求，各省纷纷出台了相应的社区矫正工作细则等地方性规范性文件。这些细则本意是对社区矫正法相关工作措施的细化，形成制度化的规范，以利于统一工作标准，指导各地基层实务部门有据可依地开展工作，总体思路上是正确的，但有的监督管理措施要求，由于具体化地作出一刀切地的硬性要求，让基层实务部门难以依靠自身实际工作条件和现有的工作保障能力去完成。

三是部门之间的衔接仍然存在空档。社区矫正工作不是司法行政部门一家就可以完成的任务，从本质上来说，社区矫正是一项综合性的工作，虽然由司法行政部门牵头，但并不是由司法行政部门一家单独完成，需要多部门的配合协调，因此这就需要多部门之间的衔接问题。但是地方社区矫正实施细则及配套规范中部门衔接存在空档的问题仍然非常突出。

三、完善地方社区矫正实施细则及其配套规范的对策

针对上述这些问题，我们提出了完善地方社区矫正实施细则及其配套规范的逻辑原则和具体措施。

（一）完善地方社区矫正实施细则及其配套规范的逻辑原则

1. 合法性原则

合法性原则是地方社区矫正实施细则及其配套规范完善过程中首先需要考虑的原则。首先，地方社区矫正实施细则及其配套规范的规定要有上位法的授权。例如上位法对于社区矫正对象的日常管理并没有要求要每月等固定具体的走访排查次数，没要求集中教育和公益活动次数等。并且取消了以前的每月走访，每月"双八"等不具操作性的规定。相反上位法的要求是分类管理、个别化矫正，是有针对性的矫正措施，强调的是有弹性的管理措施，不是机械的管理措施。这里的针对性措施应当是具有灵活性的，基层实务执行部门量力而行，可依据实际制定的矫正实施方案和能做到的切实可行的措施，而不是没有可能做到的一刀切的管理措施。其次，地方社区矫正实施细则及其配套规范的规定要与上位法立法精神符合。社区矫正法一方面保护社区矫正机构工作人员依法开展社区矫正工作，另一方面也要保护社区矫正对象合法权益。在基层实务部门工作人员力量不足，正常工作仍难以完成工作任务的情况下，规定更多的工作任务与立法精神不符，而完不成工作措施，势必造成工作人员被追究各种责任，甚至刑事责任，不能保障工作条件和工作力量却提出难以完成的工作措施，与社区矫正法保护工作人员依法开展社区矫正工作的精神背离。为社区矫正对象设置了更多的义务与上位法应当保障社区矫正对象的合法权益，社区矫正的措施和方法应当避免对社区矫正对象的正常工作和生活造成不必要的影响不符合。

2. 人文关怀原则

社区矫正针对的是一类特殊的对象，即被判处管制、宣告缓刑、假释或者暂予监外执行的罪犯，并非一般意义上的罪犯。这从我国将社区矫正对象从以前的"社区服刑人员"确定为现在的"社区矫正对象"就可见我国立法上对社区矫正对象的人文关怀，以及与一般罪犯的差别化对待。社区服刑人员其本质上还是一种罪犯的标签化理解，带有一种歧视的含义，而社区矫正对象则是一种中性的表达。在社区矫正人员和社区矫正对象的关系理解上，社区矫正人员和社区矫正对象应当是平等的，社区矫正人员是教育帮扶协助社区矫正对象顺利通过考验期融入社会的生力军，不能把社区矫正对象放在对立面，自己高高在上成为新一级行政管理机构。倘若戴着有色眼镜看待社区矫正对象，把社区矫正场所社区矫正工作看成没有围墙的监狱，那社区矫正法的现实意义何在？或者说其与监狱矫正的区别又在什么地方呢？因此，完善地方社区矫正实施细则及其配套规范应当坚持人文关怀原则，理性看待社区矫正对象，克服以报应为主的重刑主义理念，引导公众消解认知偏差，重塑对社区矫正对象的身份认同，从而提高对社区矫正对象的社会接纳，促进社区矫正对象的社会融入，实现回归社区的目的。

（二）完善地方社区矫正实施细则及其配套规范的具体措施

1. 避免社区矫正地方实施细则及其配套规范的自我扩权

前文指出，由于我国《社区矫正法》《社区矫正法实施办法》等存在的立法缺失或立法模糊等问题，使得我国社区矫正地方实施细则及其配套规范存在自我扩权等现象，导致社区矫正地方规范性文件的规定在某些方面过于烦琐、过于严苛，起到适得其反的作用。因此，在完善地方社区矫正实施细则及其配套规范的过程中，要避免地方社区矫正实施细则及其配套规范的自我扩权和层层加码问题。在这个问题上，我们认为可以由司法部通过出台权责清单的方式，将《社区矫正法》《社区矫正法实施办法》等立法和文件中社区矫正机构的权责范围清晰化，也给地方社区矫正地方实施细则及其配套规范的制定与修改指明边界。目前，山西、安徽、河南、福建等地的司法厅已经出台了相关权责清单，但是这些权责清单之间差异甚大。例如《安徽省司法行政系统社区矫正权责清单》共梳理出省级权责事项 4 项、市级权责事项 7 项、县级权责事项 27 项、司法所权责事项 16 项，对每一项权责事项，均明确了实施依据、工作流程和追责情形。但是《福建省社区矫正工作权责清单》则梳理出省社区矫正管理局权责事项 10 项、设区市社区矫正管理局权责事项 15 项、县（市、区）社区矫正管理局权责事项 43 项、受县（市、区）社区矫正管理局委托的司法所权责事项 24 项。因此，建议由司法部通过出台权责清单的方式，明确社区矫正权责清单的事项与边界。

2. 避免地方社区矫正实施细则及其配套规范中一刀切的规定

很多地方的细则对日常监督管理措施的提法大都是要求每日或每周或每月或每季或每年等（固定期限内）以"不少于"或"应当"等方式要求要怎么怎么做的规定，其中很多措施这可能只有极其少数的个别工作力量确实充足的司法所等基层单位能做到，但这样也会给这些工作力量充足的司法所开展其他大量的司法所工作造成重大影响，而其他的很多司法所是根本做不到的。因此，完善地方社区矫正实施细则及其配套规范时要避免一刀切的规定。一方面，在完善社区矫正制度时对管理措施的规定宜以大的方面提出原则性的要求为主，但具体操作的管理措施的落实则可以由基层社区矫正机构和司法所等实际执行单位根据各地具体情况，有针对性地落实和制定具体可行的管理措施。另一方面，规定的管理措施应当有一定的灵活性，以便工作人员在现有工作条件下已努力工作了仍出现社区矫正对象再犯罪时，这些措施规定不成为被追责的把柄。总体上应当是一般人员的监管是在司法所现有人力和执法条件下能实现正常工作量的情况下开展，监管措施是让社区矫正对象多报告，让其监督人多反馈，司法所少下去走访和集中教育，尽量只在必要时走访，以节省出人力物力来应对特殊事件和重点人员、重点时段的监管，如一般管理对象出现异常行为，或重点时段等特殊时期需要核查相关情况时；

重点人员在一般人员监管的基础上，可加大监管力度，增加报告和信息化定位打卡等，必要时加强走访核查等。

3. 强化地方社区矫正实施细则及其配套规范中的部门衔接

前文指出，社区矫正是一项综合性的任务，需要多部门协作共同完成，因此，要强化地方社区矫正实施细则及其配套规范中的部门衔接，避免同一事项上的部门衔接空档，让司法行政机关唱"独角戏"。一方面是社区矫正机构与相关司法、行政管理部门的衔接。在晚上地方社区矫正实施细则及其配套规范的过程中，对于相关事项的规定要梳理清楚涉及的相关部门，对相关部门之间权限的分配、事项的衔接、责任的划分等都做出明确规定，避免出现空档。在具体的规范形式上，我们认为可以采取多部门联合制定规范性文件的方式比较妥当，实际上这种多部门联合制定规范性文件的方式也是社区矫正实践中常见的方式，包括各地的社区矫正实施细则本身也通常都是省司法厅、省高院、省检察院、省公安厅等联合制定。另一方面是社区矫正机构与社会部门力量的衔接。社会力量广泛参与是社区矫正区别于监禁矫正的显著特点。在工作力量上，既要有专职执法队伍，又要广泛动员社会工作者、志愿者、社会组织等各种社会力量参与。这就需要在地方社区矫正实施细则及其配套规范的完善中，加强与社会力量的衔接，例如规定增设社区矫正工作人员编制，定期不定期召开社区矫正工作联席会议、充分调动社会各方面资源、依靠基层组织和社会力量开展社区矫正工作。